Julian Schröter
**Quantitative Gattungsgeschichte**

# Deutsche Literatur
# Studien und Quellen

---

Herausgegeben von
Beate Kellner und Claudia Stockinger

## Band 51

Julian Schröter

# Quantitative Gattungsgeschichte

Zur Modellierung der deutschsprachigen Novelle im 19. Jahrhundert

DE GRUYTER

Diesem Buch liegt die geringfügig überarbeitete Fassung einer Habilitationsschrift zugrunde, die der Philosophischen Fakultät der Universität Würzburg im Frühjahr 2024 mit dem Titel *Gattung – Medium – Politik: Eine quantitative Geschichte der Novelle im 19. Jahrhundert* vorgelegt wurde. 2025 wurde das Habilitationsverfahren für die Fächer Neuere deutsche Literaturgeschichte und Digital Humanities erfolgreich abgeschlossen.

Teile der Arbeiten an diesem Buch wurden durch ein Walter-Benjamin-Stipendium der Deutschen Forschungsgemeinschaft (DFG-Projektnummer: 449668519) sowie durch den Forschungsfonds der Philosophischen Fakultät Würzburg gefördert.

Die frei zugängliche Veröffentlichung dieses Buchs wurde durch den *Open Access Publikationsfonds* der Julius-Maximilians-Universität Würzburg und durch den *LMU Open Access Fonds* der Ludwig-Maximilians-Universität München finanziell unterstützt und ermöglicht.



Dieses Buch ist als Open-Access-Publikation verfügbar über www.degruyterbrill.com.

ISSN 2198-932X
ISBN 978-3-11-223668-0
ISBN 978-3-11-223669-7 (PDF)
ISBN 978-3-11-223670-3 (EPUB)
DOI https://doi.org/10.1515/9783112236697

Library of Congress Control Number: 2026933088

Bibliografische Information der Deutschen Nationalbibliothek
Die Deutsche Nationalbibliothek verzeichnet diese Publikation in der Deutschen Nationalbibliografie; detaillierte bibliografische Daten sind im Internet über http://dnb.dnb.de abrufbar.



De Gruyter und Walter de Gruyter GmbH sind Teil von De Gruyter Brill.
www.degruyterbrill.com

Fragen zur allgemeinen Produktsicherheit:
productsafety@degruyterbrill.com

Einbandabbildung: Brief von Christian Gottfried Körner an Friedrich Schiller vom 28. September 1788, BSB Autogr.Cim. Körner, Cim:
https://www.bavarikon.de/object/bav:BSB-HSS-00000BSB00091568?view=meta
Druck: CPI books GmbH, Leck

MIX
Papier | Fördert gute Waldnutzung
FSC® C083411
www.fsc.org

# Danksagung

Wie jedes Projekt dieses Umfangs wäre auch dieses Buch ohne die vielfältige und intensive Unterstützung vieler Menschen nicht möglich gewesen. Zuvorderst möchte ich Fotis Jannidis, der auch die akademischen Möglichkeitsbedingungen für die Arbeit an diesem Buch bereitgestellt hat, für die Betreuung, Beratung und schließlich die Begutachtung danken. Von der Themenfindung bis zu den Korrekturen auf dem Weg zur Drucklegung verdankt dieses Buch ihm viele Ideen, Anregungen und Weichenstellungen. Entscheidende Anregungen kamen auch von Ted Underwood, Thomas Ernst und Mike Kestemont, denen ich für die Unterstützung und ihre Gastfreundschaft während meines Walter-Benjamin-Stipendiums 2022 und 2023 in Antwerpen und Urbana-Champaign (Illinois) sehr herzlich danke. Ich bin dankbar, dass die DFG es in Zeiten der Pandemie mit hoher Flexibilität möglich gemacht hat, das Walter-Benjamin-Stipendium an den besten Orten zu einem günstigen Zeitpunkt durchzuführen. Glen Wayne-Worthey, Ryan Cordell, Zoe LeBlanc, Wouter Haverals, Thomas Smits und vielen anderen Kolleginnen und Kollegen von der School of Information Sciences an der University of Illinois at Urbana-Champaign sowie von der Universität Antwerpen danke ich für die vielen Diskussionen – nicht nur – der Thesen dieser Arbeit. Ebenso Katrin Dennerlein, Steffen Pielström und vielen anderen in Würzburg. Ich danke Tilmann Köppe und Thomas Weitin für die Gelegenheit, die Arbeit in einem frühen Stadium in ihren Arbeitsgruppen zur Diskussion stellen zu können und für wichtige Anregungen. Claudia Stockinger und Christof Schöch danke ich für wichtige Anregungen während der Entstehungsphase dieses Buchs und für die Begutachtung, Stephan Kraft und Karl Mertens für die Unterstützung als Mentoren meines Habilitationsverfahrens. Waldemar Fromm und Benjamin Gittel danke ich für die Lektüre einzelner Kapitel und die fruchtbaren Diskussionen. Keli Du, Simon und Friedrich Sperling, Martin Ruhl, Theresa Valta, Franziska Danner, Teresa Stäblein, Anda Dumitrescu, Simon Schkade, Jana Grimm, Anna-Maria Hartmann, Agnes Hilger, Korbinian Mayr-Kennerknecht, meinen Brüdern Raphael und David sowie meiner Mutter danke ich für Lektüren, Korrekturarbeiten und anregenden Diskussionen zu einzelnen Kapiteln. Sophie Gerger danke ich für die viele Arbeit im Rahmen der Drucklegung. Vor allem aber danke ich meiner Frau Karoline: für die inhaltliche Diskussion der Thesen der Arbeit, für die Lektüre einiger Kapitel, für die Begleitung während der Auslandsaufenthalte und dafür, dass sie den Raum, der das Arbeiten an einem solchen Buch überhaupt erst möglich macht, immer offengehalten hat.


https://doi.org/10.1515/9783112236697-202

# Inhaltsverzeichnis

# 1 Einleitung

> Fortunately, statistical models are good at blurriness.
> In fact, the imprecision of the human world is part of the reason
> why numbers are so useful in social science: they allow researchers
> to describe continua instead of sorting everything into discrete categories.
> (Ted Underwood: *Distant Horizons*)[1]

Zur deutschsprachigen Novelle, die in der Literaturgeschichtsschreibung neben dem Roman als Leitgattung der zweiten Hälfte des 19. Jahrhunderts gilt,[2] gibt es – wenn man sich die komplizierte Lage zunächst einfach vorstellt – in der an Beiträgen nicht gerade armen Novellenforschung zwei widersprüchliche Auffassungen. Eine Seite hält sie für eine geschlossene und strenge Form und damit für eine Gattung, die von ihren engsten Nachbargattungen strikt abzugrenzen sei. In der Wahrnehmung des 19. Jahrhunderts und weiten Teilen der Literaturwissenschaft des 20. Jahrhunderts tauchen hier zwei Nachbargattungen auf: Die Erzählung – nicht als Modus oder Schreibweise (*narration/narrative*), sondern eben als historisches Genre – und der Roman.[3] Diese Seite der Novellenforschung war sich ihrer Sache so sicher, dass man nicht einmal auf die historischen Autoritäten verweisen musste, die diese Position stützen könnten; denn mit Goethe und Tieck stehen zwei Gewährsleute zur Verfügung, die in ihren poetologischen Bemerkungen die Novelle explizit von der Erzählung abhoben.[4] Die andere Seite der Forschung ist davon überzeugt, dass die Novelle überhaupt keine klar konturierte und eine insbesondere von der Erzählung[5] und

1 Underwood (2019b, 19–20).

2 Vgl. Schulz (1989, 307) in Band 7.2 der von De Boor und Newald herausgegebenen *Geschichte der deutschen Literatur*. Das Bild vom Roman als Leitgattung des 19. Jahrhunderts wurde mittlerweile revidiert, u. a. in Detering/Sina (2013, 445).

3 Dazu gehören neben den allein aufgrund ihrer nationalsozialistischen Biographie bereits problematischen Positionen von Klein (1960) und Pongs (1929) die älteren Novellengeschichten von Borcherdt (1926), Himmel (1963) und Kunz (1973) sowie viele der jüngeren Einführungsbücher, darunter Degering (1994), Freund (2009), Füllmann (2010), Meier/Vrckovski (2014), Gelfert (2013) und einige Forschungsbeiträge wie die von Schlaffer (1993), Rath (2008) und Korten (2009). Eine Tendenz zur ahistorischen Suche nach einem Idealtyp der Novelle haben auch Baker (1999), Bennett (1961), Henel (1985), Malmede (1966), Remak (1982), Swales (1977) und Cadwell (1990).

4 So lässt Eckermann in seinen Gesprächen mit Goethe diesen sagen: »So vieles, was in Deutschland unter dem Titel Novelle geht, ist gar keine Novelle sondern bloß Erzählung oder was Sie sonst wollen« (Eckermann 1836, 319). Und bei Tieck (1829, LXXXV): »Wir sollten das Wort Novelle nicht mit Begebenheit, Geschichte, Erzählung, Vorfall oder gar Anecdote als gleichbedeutend brauchen.«

5 Die Ununterscheidbarkeit von Novelle und Erzählung behaupten Polheim (1981), Lukas (1998, 251) und, nach anfänglicher Fixierung auf diese Unterscheidung in der historischen literarischen Kommunikation, Meyer (1987, 29).


https://doi.org/10.1515/9783112236697-001

sogar vom Roman[6] gar nicht unterscheidbare Gattung bildet.[7] Manche sind zu dem interpretationsbedürftigen Schluss gekommen, dass es die Novelle als Gattung gar nicht gibt.[8] Das eigentliche Problem, das hinter diesem Dissens steckt, ist vielschichtig und auf seinen unterschiedlichen Ebenen erst noch zu entfalten. Dieses Buch wird in einem korpusbasierten, quantitativen und hypothesengeleiteten Untersuchungsdesign die Frage beantworten, welche der beiden Seiten recht hat, und zeigen, dass eine historisch angemessene Rekonstruktion zwischen den beiden Extrempositionen hindurch manövrieren muss.

## 1.1 Dimensionen und Ziele einer Novellengeschichte

Die Novelle, so wird dieses Buch zeigen, entwickelt sich erst in der zweiten Hälfte des 19. Jahrhunderts zu einer greifbaren Gattung, allerdings in nur marginalen Tendenzen sowie auf sehr unterschiedlichen Ebenen, die sich erst in einer umfassenden Synthese zu einem größeren Bild einer gattungsgeschichtlichen Entwicklung zusammensetzen lassen. Das Buch wird so zum Ergebnis kommen, dass die Novelle im späten 19. Jahrhundert an Kontur gewinnt. Diese Annahme ist nicht neu.[9] Neu ist, wie diese Kontur rekonstruiert wird. Es wird sich zeigen, dass die Konsolidierung der Gattung nicht nur und nicht einmal primär textueller Art ist, sondern ein Mix aus normativen Genreerwartungen, gattungstypischen Textmerkmalen, medialen Faktoren und politischen Praktiken. Der Zeitverlauf und die Art und Weise, wie die Novelle Kontur gewinnt, sind erklärungsbedürftig: Da die Poetiken bereits um 1800 an die Existenz der Novelle geglaubt haben, wäre ebenso eine deutlich frühere Etablierung der Gattung zu erwarten. Es ist also die Diskrepanz und zeitliche Differenz zwischen der früher einsetzenden poetologischen Bestimmung und der später erfolgenden Konturierung der Gattung als Textsorte und als politischer Effekt, die es aufzuklären gilt.

Die skizzierte Ausgangssituation deutet bereits an, dass die Literaturwissenschaft, wenn es um Gattungen geht, zur Manie neigt: Die Novelle, so glaubte man lange, und

6 So Meyer (1987, 29), bei dem der Unterschied aber, wie im Folgenden noch wichtig wird, als Differenz zwischen Medienformaten wieder ins Spiel kommt.

7 Dazu zählen insbesondere die grundlegenden Arbeiten von Polheim (1965; 1970; 1981), Meyer (1987; 1998) und Lukas (1998). Vorbereitet wurde diese skeptische Position bereits aus einer romanistischen Perspektive auf übersteigerte Gattungserwartungen der Germanistik von Pabst (1949). In der jüngeren Forschung berücksichtigen insbesondere Garrido Miñambres (2009) und Kiefer (2010) die skeptische Haltung. Eine differenzierte Zwischenposition nehmen Schröder (1970), Hoffmeister (1990) und Aust (2012) ein. Insbesondere bei Hoffmeister wird die hier skizzierte Gegenüberstellung mit Steinhauer (1970) als der Gegensatz von ›Rigoristen‹ versus ›Latitudinariern‹ beschrieben. Die skizzierte Frontstellung ist mithin in der philologischen Selbstbeobachtung bereits so alt, dass sie längst überholt sein müsste. Doch der Rigorismus ist ebenso stabil wie die radikale Skepsis.

8 Zuerst Pabst (1953, 245) und später wieder Polheim (1981).

9 Vgl. Garrido Miñambres (2009, 55).

so liest man heute noch, gibt es als strenge ästhetische Form im emphatischen Sinn.[10] Für diejenigen, die nicht daran glaubten, gab es die Gattung überhaupt nicht.[11] Ein Dazwischen schien kaum vorstellbar.[12] Das vorliegende Buch will die Grau- und Zwischentöne sichtbar machen, die zu verstehen helfen, in welch schwacher und nur partieller Weise die Novellen des 19. Jahrhunderts eine konturierte Gattung bilden; und zwar mit quantitativen Verfahren, weil diese Verfahren dazu besonders geeignet sind. So soll verständlich gemacht werden, inwiefern es die Gattung der Novelle im 19. Jahrhundert gab und inwiefern nicht. Gattungsgeschichten tun sich bislang schwer damit, begreifbar zu machen, dass und in welcher Weise es bestimmte Gattungen zu bestimmten Zeiten nur bedingt und partiell gegeben hat. Noch schwerer tun sich Gattungsgeschichten in den bestehenden Formen damit, die relative epistemische Unsicherheit der eigenen Annahmen und Generalisierungen transparent zu machen. Kommuniziert wird in der Novellenforschung seit etwa 100 Jahren im Modus höchster Selbstgewissheit.[13] Diese Sicherheit im Umgang mit dem historischen Gegenstand der Novelle halte ich für unangemessen.

Um die hier bereits umrissene Rekonstruktion einer sich erst allmählich konturierenden Gattung leisten zu können, sind neben dem Aufbau eines Korpus eine neuartige Modellierung von Text, Gattung und Literaturgeschichte sowie Operationalisierungen der Suche nach gattungsrelevanten Textmerkmalen erforderlich. Notwendig sind diese Schritte, weil sich das Bild einer allmählich Kontur gewinnenden Gattung erst durch eine Vielzahl von semantischen, praxeologischen, mediengeschichtlichen und politischen Perspektiven ergibt. Weder in der philologischen Novellenforschung, noch in der computergestützten Gattungsstilistik hat man bislang hinreichend multiperspektivisch auf Gattungen geblickt. Ein monoperspektivischer Ansatz vermag jedoch nicht sichtbar zu machen, wie die Novelle sich im Laufe des 19. Jahrhunderts herauskristallisiert; er würde nur die alten Frontstellungen wiederholen. Daher ist das vorliegende Buch nicht nur ein Beitrag zur Novellengeschichte, sondern im gleichen Maß ein methodologischer Beitrag zur quantitativen und computergestützten Gattungsforschung, der zugleich an literatur- und novellengeschichtliche Untersuchungen aus dem Bereich der digitalen Literaturwissenschaft anschließt.[14] Dass eine historische Untersuchung der Novelle nach einem multiperspektivischen Zugang verlangt, ist zugleich der konkrete Ausdruck eines allgemeinen methodologischen Pro-

**10** Siehe Anm. 3 in diesem Kapitel.

**11** Siehe Anm. 5 bis 8 in diesem Kapitel.

**12** Zu den Ausnahmen gehören Schröder und Aust. Sie vertreten die Position, die bei Hoffmeister und Steinhauer das Label ›Latitudinarier‹ erhalten hat, siehe Anm. 7 in diesem Kapitel.

**13** Ich folge Martus (2015, 179), der für die Philologie des 19. Jahrhunderts eine stärkere Neigung zum Eingeständnis von Unsicherheit und Vorläufigkeit angesichts einer immer nur ungenügend einzuholenden Komplexität des Gegenstands diagnostiziert. Hinsichtlich der Textsorte Novellengeschichte scheint mir diese Gegenwartsdiagnose richtig zu sein.

**14** Vgl. Weitin (2021) und die etwa zeitlich mit diesem Buch entstandene Monographie zu einer »Mixed-Methods-Analyse der Deutschen Novellenschätze« von Herget (2025).

blems, auf das dieses Buch reagiert. Es ist, ganz allgemein gesprochen, das Problem der Suche nach Dingen, von denen man nicht weiß, ob es sie gibt, wo sie sind und mit welchen Mitteln man sie nachweisen kann. Die Lösung, die ich im Folgenden ausarbeiten werde, möchte daher auch eine allgemeine Beschreibungssprache heterogener und historisch schwach strukturierter Gattungen wie der Novelle für die *computational literary studies* – im Folgenden: *CLS* – liefern. Dazu gehört ein umfassender Programmcode in Python, der die Erforschung von Gattung mit einer multiperspektivischen Modellierung von Text, Gattung sowie von Medien-, Praxis- und Literaturgeschichte ermöglicht.[15] Was dies konkret heißt, soll im Folgenden deutlicher werden.

Der skizzierte Dissens in der Frage, ob es die Novelle als Gattung überhaupt gibt, ist nicht ausschließlich empirischer Art. Die Frage, wo und wie man die Novelle überhaupt suchen und finden soll, verweist auch auf ein theoretisches Problem; denn der Dissens geht auf theoretisch unterschiedliche Ansichten darüber zurück, was eine Gattung eigentlich leisten sollte. Unterscheidet man mit Polheim zwischen normativer und historischer Perspektive,[16] dann kann man feststellen, dass viele Vertreter der ersten Gruppe bis heute an der Novelle nicht im Sinn einer historischen Textsorte interessiert sind, sondern zu bestimmen versuchen, welche Eigenschaften eine Novelle haben sollte. Was der Fall ist, und was der Fall sein sollte, sind zwei verschiedene Fragen.

Auch wenn das normative Interesse in der historisierenden Novellenforschung als überholt gilt, sollte man verstehen, warum es so robust ist. Hierfür muss man einsehen, dass es in besonderer Weise der Lektüre und Interpretation konkreter Werke zu dienen scheint. In welchem Maß ein Werk als gelungen oder innovativ beurteilt wird, entscheiden Interpreten, indem sie feststellen, in welchem Grad der betreffende Text ästhetische Regeln, häufig die Regeln einer Gattung, erfüllt oder von diesen abweicht.[17] Dass die Forschung der ersten Gruppe – ich spreche im Folgenden der Einfachheit halber von Gruppen, ohne dass die beiden Gruppen zwingend ein Geist der Zusammengehörigkeit verbindet – dieses ästhetische Interesse hat, ist zunächst legitim. Ihr Fehler liegt darin, dass sie nicht nach den *historischen* Gattungsregeln sucht. Der Fehler ist aber, wie sich zeigen wird, in der Gattungstheorie weit verbreitet, und dürfte daher kommen, dass man im ästhetischen Interesse das Verhältnis zwischen Text und Gattung häufig als das der Exemplifikation aufgefasst hat, und dass man dafür die Gattung gerne stabil stellt. Die erste Aufgabe dieser Arbeit wird in Kapitel 2 daher sein, das Gefüge der möglichen und miteinander konkurrierenden ästhetischen und historischen, normativen und deskriptiven Interessen ausgehend von einer so-

---

15 Der für die Analysen kontinuierlich weiterentwickelte Programmcode in Python ist als modular aufgebaute und umfangreiche Bibliothek *PyNovellaHistory* (Schröter 2024d) zugänglich. Auf die relevanten Klassen, Funktionen, Module und Skripte wird im Folgenden referenziert, wobei die elektronische Fassung dieses Buchs auch mit exakten Hyperlinks zum Repositorium hinterlegt ist.

16 Vgl. Polheim (1981, 14–16).

17 Vgl. Schröter (2019).

wohl novellengeschichtlichen als auch gattungstheoretischen Problemanalyse zu diskutieren. Dieses gattungstheoretische Kapitel soll nicht nur helfen, den Dissens in der Forschung besser zu verstehen. Es wird überdies eine Grundlegung für die anschließenden quantitativen Modellierungen von gattungsgeschichtlichem Wandel liefern und dazu beitragen, den Erklärungswert der in diesem Buch vorgestellten historisch-empirischen Studien abzuschätzen und in ein Verhältnis zu einem übergreifenden philologischen Interesse an Gattungen zu setzen.

Die Idee von Gattung als regulatives oder normatives Gebilde ist in einer Hinsicht zentral für die Beschreibung der Novelle. In den historischen Poetiken wurden anspruchsvolle Novellenbegriffe postuliert. Diesen Sachverhalt blenden die auf das Textmaterial konzentrierten Arbeiten aus der zweiten Gruppe (insbesondere Meyer) aus.[18] In beiden Gruppen wurde jedoch übersehen, dass bereits in den historischen Poetiken der Wille zur Gattungshomogenität im Bewusstsein der Heterogenität der Textproduktion formuliert wurde. Diese Spannung, die ich im Folgenden in einem schwachen Sinn dialektisch nennen werde, wird selbst in den neuesten Studien noch nicht berücksichtigt, die sich in die Tradition der zweiten Gruppe stellen.[19] Der Begriff der Erzählung spielt in den Poetiken des 19. Jahrhunderts dagegen nur eine marginale Rolle. Die Differenz zwischen Novelle und Erzählung liegt, so ist zu vermuten, nicht primär auf der Ebene der Textsorten und der Textproduktion. Deshalb lässt die Differenz sich nicht durch Gattungsdefinitionen einholen, sondern nur dadurch, dass man das Verhältnis von poetologischem Anspruch und tatsächlicher Textproduktion beschreibt. Die Rekonstruktion einer sich im Laufe des 19. Jahrhunderts zunehmend konturierenden Gattung der Novelle wird sich daher auf eine Beschreibung des semantischen Wandels des dialektischen Verhältnisses zwischen Poetik und Praxis der Gattungsbegriffe stützen. Auf diese Weise wird sich verstehen lassen, weshalb die deutschsprachige Literatur des 19. Jahrhunderts einen Bedarf sowohl an der dialektisch gespannten Gattung der Novelle als auch an der undialektischen Gattung der Erzählung hat, obwohl eine Gattungsdifferenzierung mit Blick auf die Textsortenmerkmale und Genreerwartungen möglicherweise nicht erforderlich gewesen wäre. Dieser Bedarf ist auch deshalb erklärungsbedürftig, weil er in anderen literarischen Kulturen, die mit nur einem Gattungsbegriff für mittellange Erzählprosa zurechtkamen, nicht oder deutlich weniger besteht.[20] Die alte Frage der Normativität ist daher wich-

18 So auch die Kritik von Blamberger (1991, 84).

19 Dies betrifft die ansonsten methodologisch sehr sorgfältigen Arbeiten von Garrido Miñambres (2009), Kiefer (2010) und Aust (2012), siehe Anm. 7 in diesem Kapitel.

20 Das Englische kennt im Kern nur den Begriff der *novella*. In welchem Grad andere Kulturen ihren Gattungsbegriff für Erzählprosa mittlerer Länge in ähnlicher Weise vervielfältigen wie die deutsche Literatur, scheint mir noch weitgehend ungeklärt. Für das Französische konstruieren Deleuze/Guattari (2020) eine originelle Unterscheidung zwischen *conte* und *nouvelle*, die aber, wenn man einer älteren Studie folgt, mit der historischen Semantik nichts zu tun haben dürfte; vgl. Kromer (1972)

tig, aber ausschließlich unter einer historisierenden Perspektive, also als Normativität in historischen literarischen Kulturen.

Es geht dieser Arbeit um Phänomene, die nicht nur eine kleine Anzahl kanonischer Texte oder poetologischer Äußerungen betreffen. Es geht um Fragen, die sich auf das literarische Feld und den Buch- sowie Journalmarkt in seiner Breite beziehen. Novellengeschichtliche Thesen wurden bislang meist jedoch nur durch eine hermeneutisch zu bewältigende Datenbasis abgesichert. Diese konnte in vereinzelten Studien, wie etwa bei Meyer und Schröder, einen beeindruckenden Umfang gewinnen.[21] Doch keine der verfügbaren Studien hat ihre in Form von Archivbesuchen gesichteten Daten je gesichert und nachkommender Forschung zur Verfügung gestellt. Diese Arbeit hat beides geleistet: Sie hat eine umfangreiche Datenbasis erschlossen; und zwar so, dass diese weiter genutzt werden kann. Dafür wurde ein digitales Korpus aufgebaut, das etwa 800 Texte umfasst, und damit erstmals seit den Arbeiten von Schröder und Meyer mehr als nur einen kleinen Hochkanon in den Blick nimmt. Im Repositorium *19CproseCorpus*[22] lässt sich das Korpus einsehen, das dank finanzieller Förderung seit 2018 kontinuierlich ausgebaut wird. Da bislang kein repräsentatives digitales Korpus und nur ansatzweise wissenschaftliche Bibliographien der Novellen und der einschlägigen Publikationsmedien aus dem 19. Jahrhundert existieren,[23] ist die digitale Erschließung der Texte sowie der medien- und sozialgeschichtlich relevanten Metadaten in der Bibliographie ein eigenständiger Beitrag für eine datenreiche[24] literaturgeschichtliche Forschung. In den bestehenden Textsammlungen sind zudem die Angaben zu Entstehungs- oder Publikationszeit sowie zu Gattungszugehörigkeit häufig ungenau oder falsch bzw. unangemessen konzeptualisiert.[25] Das Korpus dieser Arbeit liefert daher auch eine Modellierung und Präzisierung von Metadaten, die für die historische Forschung insgesamt wichtig sind. Das Korpus und die Methode der Daten- sowie Metadatenerschließung werden in Kapitel 3 erläutert.[26] Das Korpus mit den Metadaten, die Python-Programmbibliothek und die vorliegende Habilitationsschrift sind mithin drei – voneinander auch unabhängig nutz- bzw. lesbare – Teile eines größeren Projektzusammenhangs.

---

**21** Siehe Anm. 7 in diesem Kapitel.

**22** Schröter (2024c). Zu Forschungsdaten und Projektförderung siehe die Abschnitte 10.1 und 10.2 im Anhang.

**23** Die nach wie vor umfangreichste Zusammenstellung bietet Meyer (1987, 229–271).

**24** Vgl. Bode (2018).

**25** Dies gilt insbesondere für die aus *zeno.org* in das *TextGrid-Repositorium* (*textgridrepository.org*) übertragenen Texte, bei denen Gattungszuordnung nicht in der nötigen Weise historisiert wird und die Entstehungsdaten nicht immer zuverlässig das Jahr der Erstdrucke angeben.

**26** Für die Beschreibung einer früheren Fassung vgl. Schröter/Leitgeb/Valta (2023).

## 1.2 Methodologie und Hypothesen

Für philologische Leseerwartungen dürfte der Aufbau dieses Buchs gewöhnungsbedürftig sein: Die ›Entstehung‹ der Novelle im 19. Jahrhundert als ein sich sukzessive konturierendes Verhältnis zwischen Politik, Poetik und Schreibpraxis wird nach methodologischen Gesichtspunkten in eine Reihe von Teilaufgaben auf drei Ebenen unterteilt. Der vorliegende Abschnitt will daher auf den Aufbau dieses Buchs so vorbereiten, dass das Verhältnis zwischen historisch-philologischen und quantitativ-methodologischen Anteile absehbar wird. Jedes der Teilkapitel widmet sich einer Methode und Perspektive auf Gattung, ohne die Komplexität des ›Ganzen‹ ständig mitzutragen. Aufgrund der Komplexität des Gegenstands ist diese Vorgehensweise nötig. Es ist ein kleinschrittiges und mitunter auch kleinteiliges Unterfangen. Der folgende Abschnitt skizziert diesen Aufbau ausgehend von Abbildung 1, die das übergreifende Design dieser Arbeit zeigt. In welcher Weise diese Abbildung zugleich ein Metamodell von Gattung insgesamt zeichnet, wird im Lauf des Kapitels 2 klar werden.

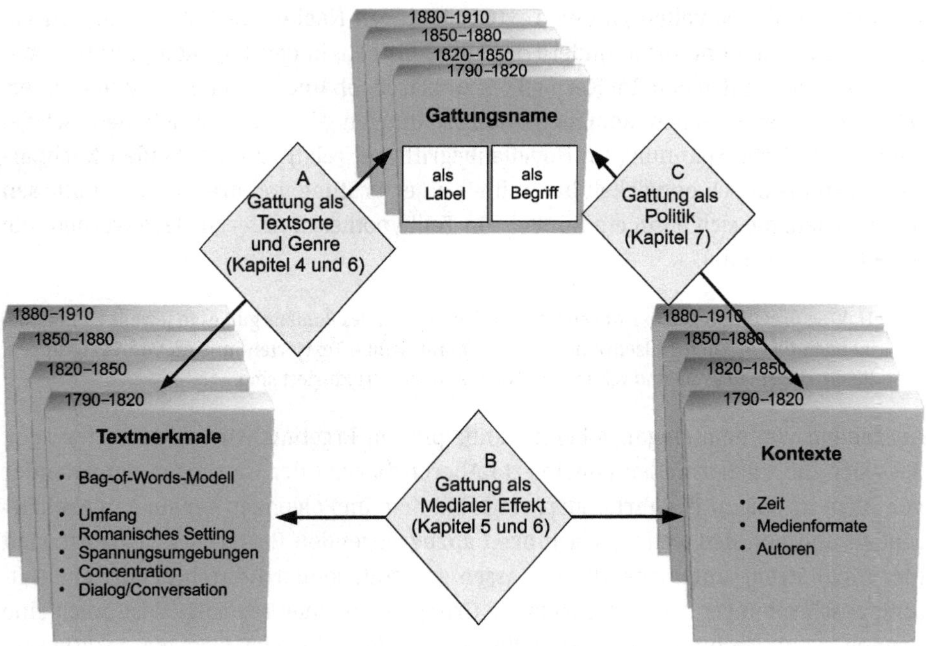


**Abbildung 1:** Untersuchungsdesign und Metamodell der Gattung: Triadisches und historisierendes Modell gattungsprägender Faktoren.

An den Ecken finden sich die Datenfelder, auf die sich evidenzbasierte Gattungsforschung stützt. Dazu gehören Merkmale, die in Texten mit mehr oder weniger starker Rekurrenz auftreten, die Begriffswörter und Begriffe der Gattung, die im poetologischen Diskurs zirkulieren und den Texten anhaften, sowie die für Gattungsgeschichte relevanten Kontexte. Gattung selbst wird am Verhältnis zwischen jeweils zwei Datenfeldern beobachtbar und untersuchbar. Jede der Relationen steht also für ein bestimmtes Modell von Gattung, manchmal auch für ein Bündel von Modellen. Historische Tiefe entsteht in der hier verfolgten Forschungslogik dadurch, dass sich die Datenfelder in historische Teilblöcke aufteilen lassen. Für die Analyse der zeitlichen Dimension wird es jeweils aufgabenspezifischer Lösungen bedürfen. Empirisch verfahrende Gattungsforschung hat sich bislang fast immer ausschließlich dem Verhältnis A gewidmet. Das gilt für gattungsstilistische Studien der *CLS* ebenso wie für viele Novellengeschichten.[27] Dass textuelle, mediale und soziale Aspekte in historischen Gattungen aufeinandertreffen, wurde in den *CLS* bisher nur tentativ umschrieben,[28] aber noch nicht umfassend modelliert. Die multiperspektivische Anlage dieses Buchs besteht darin, alle drei Relationen A bis C zu kombinieren. Die methodologisch zentralen Kapitel 4 bis 7 dieses Buchs werden sich jeweils einer oder zwei dieser Relationen widmen.

Ich beginne dort, wo empirische Gattungsforschung meist endet: bei Relation A. Dort sind die Novellen zu den Texten aus ihren Nachbargattungen hinsichtlich ihrer textuellen – und insbesondere der einschlägigen, in den Poetiken postulierten – Merkmale zu vergleichen. Im Kern gilt es zu klären, ob und inwiefern es einen Unterschied zwischen Novellen, Romanen und Erzählungen gibt, und wie sich die beschriebene dialektische Spannung im Novellenbegriff und relativ zu den beiden Nachbargattungen historisch entwickelt hat, mittels einer Prüfung von drei Haupthypothesen untersuchen, die sich dann ein Bündel von Teilhypothesen untergliedern werden. Die erste Leitthese lautet:

> ($H_A$) Die drei Gattungen der Novelle, der Erzählung und des Romans gibt es in jeweils zu untersuchenden historischen Teilzeiträumen als temporär stabile Textsorten im Sinn von Textgruppen, die durch gemeinsame und rekurrente Textmerkmale strukturiert sind.

Ausgehend von dem eingangs bereits antizipierten Ergebnis wird zu erwarten sein, dass sich die solchermaßen konzipierte Abgrenzbarkeit der Gattungen voneinander vor allem im späten 19. Jahrhundert zeigt. Mit dem im Folgenden genauer zu explizierenden und von den Genreerwartungen abzugrenzenden Begriff der Textsorte sind hier nicht streng unterscheidbare Klassen gemeint, sondern durch historische Gattungszuschreibungen zusammengefasste Gruppen. Zu einer Textsorte wird solch eine Gruppe, wenn sie hinsichtlich textueller Merkmale mehr oder weniger stark konturiert ist. Die Kontur muss nicht auf einem Klassenbegriff beruhen, sondern sie kann auch durch Familienähnlichkeiten oder eine prototypensemantische Struktur zu-

27 Vgl. Jockers (2013), Piper (2018), Schöch (2017b), Weitin/Herget (2017). Wegweisend für eine erweiterte Perspektive ist indes Bode (2018).

28 So insbesondere bei Underwood (2016, 2).

stande kommen. Diese These wird in ein Bündel von Teilhypothesen zu untergliedern sein. Ziel ist es, die Kontur der Gattungen von Novellen und Erzählungen als historisch variable Textsorten in einem schwachen Sinn zu beschreiben und auf die poetologisch postulierten Erwartungen zu beziehen.[29] Gesucht wird nach Anhaltspunkten dafür, dass sich im Lauf des 19. Jahrhunderts ein ästhetisches Regelsystem von Genreerwartungen der Novelle entwickelt.

Die Digitalen Literaturwissenschaften haben bislang, insbesondere in der computergestützten Gattungsstilistik, häufig mit Textfeatures nach dem *Bag-of-Words*-Modell (im Folgenden *BoW*-Modell) gearbeitet. Dieses Modell repräsentiert Texte über die Häufigkeiten von Wörtern (oder anderen zählbaren sowie technisch extrahierbaren *Features*) und lässt dabei deren syntagmatische Strukturen außer Acht. Die Arbeit nutzt dieses Modell für zwei Perspektivierungen auf Gattungen. In Kapitel 4.1 mit einer Modellierung der stilometrischen Distanz zwischen Textsorten zur Bestimmung der Kohärenz historischer Textsorten; und in Kapitel 4.2 für eine Modellierung begrifflicher Geschlossenheit. Begriffliche Geschlossenheit wird mit Algorithmen überwachten maschinellen Lernens als Klassifikationsaufgaben im Design perspektivischer Modellierung entwickelt.[30] Das Ziel ist, Struktur und Stabilität der historischen Gattungsgruppen besser abschätzen zu können.

Die methodologische Leistung des Kapitels 4 besteht darin, dass sie die für Novellengeschichte wesentlichen und in Kapitel 2 vorbereiteten modellierungstheoretischen Unterscheidungen in quantitative Methoden einbaut. In diesem Sinn versteht sich das Kapitel 4 als primär methodologischer Forschungsbeitrag, der bestehende Verfahren, die mathematisch formalisiert, statistisch und zum großen Teil auf maschinelles Lernen gestützt sind, von literaturgeschichtlichen und theoretischen Überlegungen kommend unter zwei Zielvorgaben weiterentwickelt. Diese sind, erstens, größtmögliche Sicherheit und Reichweite der Analyseergebnisse, und, zweitens, literaturgeschichtliche Interpretierbarkeit. Die Stärke der perspektivischen Modellierung liegt darin, dass sie Verfahren des überwachten maschinellen Lernens dafür nutzt, historische Praktiken und deren Wandel, in diesem Fall den semantischen Wandel der Gattungsbegriffe zu modellieren und beschreibbar zu machen. Es wird daher darum gehen, begriffliche Vagheit im Sinn der Prototypensemantik und des Familienähnlichkeitsbegriffs in die Verfahren der perspektivischen Modellierung einzubauen und nach Gattungen in drei unterschiedlichen historischen Situationstypen zu suchen. Diese sind, erstens, die Zuordnungen der Gattungsbezeichnungen in den Erst-

---

29 Das heißt außerdem, dass der Begriff der Erzählung hier nicht, wie in der Narratologie üblich, als *mode* im Sinn eines invarianten Schreibverfahrens aufgefasst wird (vgl. Genette 1979, 78), sondern – wie die Novelle – als potenziell textmerkmalsbasiertes und in seiner jeweiligen historischen Konfiguration zu beschreibendes Genre.

30 Die Idee der perspektivischen Modellierung wurde insbesondere von Underwood (2016; 2019b; 2020) entwickelt, bezieht sich dort aber nur auf Probleme, die in Abbildung 1 durch die Relation A gekennzeichnet sind.

drucken, zweitens die für das 19. Jahrhundert zentrale Konstruktion eines Novellenkanons durch die Textauswahl des *Deutschen Novellenschatzes* 1871 bis 1876 von Paul Heyse und Hermann Kurz, sowie, drittens, die durch Interpretations- und Textsammlungen hergestellte retrospektive Konstruktion des Novellenkanons. Im Lauf der Analysen wird sich zeigen, dass sich die Gattung der Novelle vor allem im zweiten und dritten Situationstyp abzeichnet, und dass die Identifikation geeigneter historischer Konstruktionssituationen zu den größten praktischen Herausforderungen einer empirisch verfahrenden Novellengeschichte gehört.[31]

Eine Besonderheit der Analyseverfahren in diesem Buch besteht darin, Gattungen radikal historisierend und paarweise zu betrachten; das heißt konkret, in den bereits im historischen Diskurs zur Novelle im Vordergrund stehenden Paarungen Novelle versus Erzählungen, Novelle versus Roman und Erzählung versus Roman. In der älteren Gattungsforschung sehr verbreitet ist ein Verfahren, das man als differenzialdiagnostisch bezeichnen könnte,[32] und das darin besteht, Gattungen paarweise über Abgrenzungen zu Nachbargattungen zu bestimmen. Darum geht es hier nicht. Es geht vielmehr darum, analytisch und historisierend zu klären, in welchem Grad Gattungsbegriffe in historischen Kulturen dadurch an Kontur gewannen, dass die Trennschärfe zu ihren Nachbargattungen in unterschiedlichem Grad und in unterschiedlicher Weise zu- oder abgenommen hat. Indem die drei Gattungsbegriffe – Novelle, Roman, Erzählung und fallweise auch weitere angrenzende Gattungen wie das Märchen – in ihren unterschiedlichen Kontrastverhältnissen betrachtet werden, werden sich Phasen einer Konsolidierung oder Konturierung ausfindig machen lassen. Das dafür verwendete Verfahren werde ich als Differenzialanalyse bezeichnen.

Der literaturgeschichtliche Ertrag des vierten Kapitels wird darin liegen, dass sich eine Konturierung der Textsorte der Novelle im Verhältnis zu Erzählung und Roman für kurze historische Teilzeiträume und nur in relativ schwacher Tendenz nachweisen lässt. Solche Konturen können nur sichtbar werden, wenn man begriffliche Vagheit als einen graduellen Aspekt auch quantitativ modelliert und abbildet. Ein wichtiges Zwischenergebnis wird sein, dass mit den bis dahin entwickelten und verwendeten Verfahren die Gattung der Novelle im Unterschied zu Nachbargattungen zwar der Tendenz nach, alles in allem aber noch nicht besonders gut greifbar wird.

An dieser Stelle wird die Arbeit auf das oben bereits skizzierte zentrale methodologische Problem jeder empirischen Forschung stoßen, die sich auf die Suche nach schwer nachweisbaren Phänomenen begibt. Der Zwischenbefund eines schwachen Gattungssignals beweist nicht, dass sich die Textgruppen grundsätzlich nicht über Gattungsmerkmale beschreiben lassen. Es kann sein, dass mit den falschen Mitteln

---

**31** Meyers (1987) Argumentationslogik deutet die Herausforderung bereits implizit an, wenn er zunächst (ebd., 13–26) eine konsequente Orientierung an den Gattungszuschreibungen des Erstdrucks einfordert, um diese dann als unergiebig (ebd., 27–39) zu verwerfen und in ein medientheoretisches Untersuchungsdesign umzuschwenken (ebd., 40–50).

**32** Vgl. Klein (1960, 8–28).

gesucht wurde. So ist damit zu rechnen, dass es sich bei den wichtigen Gattungsmerkmalen um komplexe, im *BoW*-Modell nicht abgebildete Strukturmerkmale oder Formaspekte handelt, wie sie insbesondere in den Novellenpoetiken formuliert wurden. Die Arbeit wird daher die in den *CLS* geläufige Präsumtion hinter sich lassen müssen, dass das *BoW*-Modell die Form und die strukturelle Komplexität der Texte agnostisch und innerhalb einer ›Blackbox‹ einfängt. An der Operationalisierung komplexer Merkmale kommt die Arbeit nicht vorbei. Es gibt beim gegenwärtigen Stand der Forschung grundsätzlich zwei Optionen, syntagmatische Komplexität und formale Struktur von Texten zu modellieren: Zum einen die Verwendung kleinerer oder größerer Sprachmodelle, meist in *Transformer*-Architektur.[33] Diese Modelle schließen, anders als das einfache *BoW*-Modell, syntagmatische Beziehungen ein, allerdings wiederum in einem gegenüber einer qualitativen oder hermeneutischen Beschreibung komplexer Merkmale agnostischen Modus. Zum anderen gibt es die Option einer Operationalisierung einzelner komplexer Merkmale. Aufgrund des übergreifenden Forschungsdesigns und der Arbeitsblöcke B und C (aus Abbildung 1) wird diese Arbeit in erster Linie auf die zweite Option zurückgreifen und relevante Merkmale einzeln operationalisieren.

Auf ihrem gegenwärtigen Stand setzt die Gattungsstilistik voraus, dass die einer Gattung zugerechneten Texte eine von anderen Gattungen klar unterscheidbare Textsorte ergeben, um dann deren spezifische Merkmale nachweisen zu können. Das bereits antizipierte Ergebnis macht es notwendig, dass man sich darauf gefasst macht, dass in den Erzählprosagattungen diese Voraussetzung nicht zu jedem historischen Zeitpunkt erfüllt ist. Stattdessen ist, auf einer zweiten Analyseebene, in Rechnung zu stellen, dass es zum einen Faktoren literarischen Wandels gibt, die nicht auf Gattungen zurückführbar sind, und dass zum anderen die Zuschreibung von Gattungen Bestandteil sozialer Praktiken ist, die sich nicht allein auf textueller Basis erklären lassen. Es geht also darum, die Gattung auch in den Relationen B und C nachzuweisen.

Der Arbeitsblock zur Untersuchung der Relation B zwischen Textmerkmalen und Kontexten greift in Kapitel 5 eine Annahme von Meyer auf, der den vorzeitig abgebrochenen Nachweis erbringen wollte, dass die Erzählprosa des 19. Jahrhunderts nicht oder nur in geringem Grad durch Gattungsregeln geprägt wurde, sondern durch Mechanismen der Medienformate.[34] Daraus ergibt sich folgende leitende These:

> ($H_B$) Anstelle von Gattungspoetiken bestimmen mediale Faktoren des Buch-, Taschenbuch- und des Journalmarkts die Regeln des Schreibens von Novellen, Erzählungen und anderer Erzählprosa in den einzelnen historischen Situationen.

33 In dieser Arbeit wird diese Option nur punktuell eine Rolle spielen. Genutzt wird hierbei ein deutschsprachiges *BERT*-Modell zur Klassifikation (vgl. Chan/Schweter/Möller 2020), das sich auf Devlin et al. (2019) stützt.

34 Vgl. Meyer (1987, 7–8), siehe Anm. 7 in diesem Kapitel.

Diese These lässt sich auch als These eines moderaten ›medialen a priori‹ begreifen. Meyer hat diese These zwar anhand zahlreicher Beispiele formuliert, aber nie systematisch und mit breiter Evidenz erhärtet. Kapitel 5 modelliert und vergleicht historische Szenarien, in denen unterschiedliche Konstellationen einer Konkurrenz zwischen Gattung und Medium als prägenden Faktoren vorliegen können und versucht so zugleich, die gegenüber der mediengeschichtlichen Forschung zum 19. Jahrhundert in Rückstand geratene Novellengeschichte auf den aktuellen literaturwissenschaftlichen Diskussionsstand zu bringen.[35] Grundlage ist ein aus der quantitativen Sozialforschung in die *CLS* übertragenes Verfahren auf der Grundlage linearer Regression, bei der Gattung und Medienformate als kategoriale Prädiktor-Variablen die Ausprägung relevanter Textmerkmale erklären.[36]

Wenn man die Hypothese $H_B$ prüft, ob es die Gattung oder das Medienformat als potenzieller Faktor ist, der die Textgestalt prägt, dann muss man konkrete Textmerkmale in den Blick nehmen, um deren Prägung es geht. Die Operationalisierung leistet die Arbeit in Kapitel 6 für eine Reihe von Merkmalen, die in den Poetiken als ›klassische‹ Gattungsmerkmale der Novelle kodifiziert wurden und die auch geeignete Kandidaten für die Annahme einer eigentlich medialen Prägung sind. Dazu gehören das Merkmal (6.1) der mittleren Länge,[37] (6.2) romanisches Setting als eine besondere Lesart des bekannten romanischen Traditionsbezugs, (6.3) Spannung in einer möglichst offen gehaltenen Operationalisierung als Spannungsumgebung und als ein in den Novellenpoetiken um 1870 explizit zurückgewiesenes und daher umso interessanteres Medien- und zugleich negatives Gattungsmerkmal,[38] (6.4) das hermeneutisch nur schwer operationalisierbare, in der poetologischen Diskussion des 19. Jahrhunderts jedoch wichtige Merkmal der Konzentration,[39] und (6.5) das in den poetologischen Thesen zur – meist kritisierten – Dominanz der Konversationsnovelle implizierte Merkmal der direkten Figurenrede.[40] Man wird an dieser Stelle einige Klassiker vermissen: etwa die unerhörte Begebenheit (Goethe), den Wendepunkt (Tieck) und den

35 Zentral werden hierfür die Arbeiten zur Serialitätsgeschichte (Kelleter 2012; Scherer/Stockinger 2016) und den populären Medien sein, in denen sich die Novellen der zweiten Hälfte des 19. Jahrhunderts entwickeln (Graf/Pellatz 2003; Hipp 2016; Stockinger 2018).

36 Ausgangspunkt hierfür sind die Studien von Vaisey/Lizardo (2016) und Underwood et al. (2022).

37 So die kanonische, Staiger zugeschriebene ›Rückzugsposition‹, die Novelle sei eine mittellange Erzählung, vgl. das Referat von Staigers Äußerung in Arx (1953).

38 So in der Einleitung von Heyse und Kurz zum *Deutschen Novellenschatz* 1871.

39 Einschlägig sind hierfür insbesondere die Poetiken von Mundt (1828; 1833; 1837), Vischer (1846; 1854; 1857) und Spielhagen (1876; 1882), vgl. auch Polheim (1970, 64–74, 122–125, 160–169). Nach Möglichkeit werden alle Belege, wie es auch Meyer (1987, 14) fordert, in den Erstdrucken oder späteren zeitgenössischen Werkausgaben ermittelt und nach diesen zitiert, zumal Polheims Selektion den gattungspolitisch relevanten und für Kapitel 7 wesentlichen kommunikationsgeschichtlichen Kontext poetologischer Äußerungen herausschneidet und unsichtbar macht.

40 So zuerst bei Wilhelm Hauff, und immer mit Blick auf die Novellen von Ludwig Tieck.

Konflikt (Storm).[41] Behandelt werden diese ›klassischen Merkmale‹ zusammen mit der Konzentration, die in den Poetiken des mittleren und späten 19. Jahrhunderts in alle Richtungen wuchert, und deren metaphorische Logik auch mit die meisten der übrigen vagen Ideen verwächst. Dort wird auch deutlich werden, warum diese Merkmale – zumindest beim gegenwärtigen Stand der Methodenentwicklung in den *CLS* – keine eigenen Teilkapitel verdienen. Interessanter sind andere Merkmale; insbesondere das romanische Setting. Dieses wurde in der Forschung bislang nicht in dieser Fassung eines Sujets, sondern traditionell seit Friedrich Schlegels Reflexionen in der »Nachricht von den poetischen Werken des Johannes Boccaccio« als genealogischer Stil- und Formbezug zur romanischen Tradition und insbesondere zu Boccaccio und Cervantes betrachtet.[42] Es wird sich zeigen, dass das Merkmal des romanischen Settings in dieser Variante eines Sujets neben Umfang und direkter Figurenrede der wichtigste Faktor zur Erklärung der Gattungssemantik der Novelle des 19. Jahrhunderts ist.

Die in Kapitel 6 durchgeführten Operationalisierungen der genannten fünf komplexen Merkmale erfüllen zwei Aufgaben: In Arbeitsblock A ersetzen die komplexen Merkmale in ihrem Zusammenspiel als komplexes Textmodell (Abschnitt 6.6) das *BoW*-Modell und erlauben auf diese Weise eine philologisch aussagekräftigere Operationalisierung der These, dass sich im Lauf des 19. Jahrhunderts Novellenproduktion und Gattungspoetik konsolidieren. Mit Blick auf die Relation A wird die Fragerichtung aus Kapitel 4 fortgesetzt. In Arbeitsblock B ist die Verwendung einzelner komplexer Merkmale von vornherein erforderlich, weil sich immer nur für jeweils konkrete Merkmale die Frage nach der Faktorenkonkurrenz zwischen Gattung und Medium stellen lässt. In dieser Hinsicht wird in jedem der Teilkapitel 6.1 bis 6.5 für die komplexen Merkmale die in Kapitel 5 entfaltete Faktorenanalyse jeweils separat durchzuführen sein. Kapitel 5 und 6 verhalten sich daher zueinander wie Exposition und Durchführung im Sonatenhauptsatz, wobei in der Durchführung die jeweils relevanten historischen Kontexte zu einer philologischen Diskussion der komplexen Merkmale mitverarbeitet werden.

Den für eine Sozialgeschichte der Literatur größten Aufklärungswert verspricht schließlich eine Variante, in der die Hypothesen $H_A$ und $H_B$ kombiniert werden:

> ($H_A$+$H_B$) Es lassen sich Texttypen als Effekte medialer Prägung identifizieren, die in folgenden Perioden prägend für die Ausbildung eines poetologischen Novellenbegriffs werden.

Diese Variante bindet die statische und einseitig medientheoretische These von Meyer wieder enger an Gattungsgeschichte an. Warum sie interessant ist, wird klarer, wenn man sie etwas detailreicher formuliert und annimmt: In den Medienformaten des 19. Jahr-

41 Das zumeist mit Tieck in Verbindung gebrachte Novellenmerkmal des Wendepunkts wurde zuerst 1803/1804 von August Wilhelm Schlegel formuliert (vgl. A. W. Schlegel 1884, 245, auch in Polheim 1970, 18). Polheims Sammlung poetologischer Äußerungen dient dieser Arbeit als Ausgangspunkt für die Sichtung und Analyse poetologischer Bemerkungen zur Novelle.

42 Vgl. Polheim (1970, 9–14) und Schröter/Du (2022).

hunderts haben sich jene Schreibverfahren[43] ausgebildet, die in der literarischen Kultur anschließend als Regeln der Gattung so erfolgreich maskiert wurden, dass die Literaturwissenschaft des 20. Jahrhunderts sie schließlich als genuine Regeln missverstanden hat, die der bis zu Boccaccio zurückreichenden Gattungstradition der Novelle entspringen.

Interessant ist diese These, weil sie der literarischen Kultur des 19. Jahrhunderts den Bedarf unterstellt, die heteronomen Regulatoren des literarischen Wandels über die Gattungsbegriffe zu literarisch autonomen Regulatoren umzudeklarieren. Die Begriffe von Heteronomie und Autonomie sind zwar grob, aber sie können helfen, die Reichweite der These klarer zu machen. Es geht um die Fragen, ob die Transformationen der literarischen Kultur des 19. Jahrhunderts primär heteronom durch medialen Wandel bestimmt wurden, ob die Kultur selbst ein Bewusstsein für wirksame Regulationsmechanismen hatte und ob sie bereits das Bedürfnis hatte, sich in die Illusion einer Autonomie zu begeben. Es ist, im Kern die These, einer literaturpolitischen Funktion des Gattungsbegriffs der Novelle, die es im letzten Schritt zu prüfen gilt.[44]

Die Leitthese des Kapitels 7 zur Untersuchung der Relation C zwischen den Kontexten und dem Gebrauch der Gattungsbegriffe integriert die Perspektive auf Gattung als Aggregat idiosynkratischer, sozialer und politischer Praktiken. Sie lautet:

> ($H_C$) Novellen sind nicht oder nicht nur eine durch gemeinsame Textmerkmale verbundene Textsorte. Stattdessen sind es idiosynkratische, ökonomische, literaturpolitische und positionierungsstrategische Regeln im Sinn gattungspolitischer Praktiken, die den Eindruck einer stabilen Gattung erwecken.

Diese These läuft auf die Annahme hinaus, dass der Unterschied zwischen Novelle und Erzählung eher einer des Dialekts ist, und dass die Frage, welche Gattungsbegriffe gebraucht werden, von Fragen der Sozialisierung abhängen, sowie davon, für welche literaturpolitischen Spiele die Gattungsbegriffe zum Einsatz gebracht werden konnten. Der Begriff gattungspolitischer Praktiken, der sich an dem der Werkpolitik orientiert,[45] wird dabei recht weit gefasst. Die Regeln für den Gebrauch der Gattungsbegriffe können rein kontextbasiert und allein von den Gewohnheiten einzelner Gruppen von Autoren,[46] einem bestimmten Journaltyp usw. abhängen. Meyer ist die-

---

**43** Ich werde den Begriff der Schreibverfahren in diesem Buch als einen vor-theoretischen Begriff ohne besonderen Bezug zu *écriture* und zu medientheoretischen Aspekten verwenden. Unter diesen Begriff fallen zum Einen die durch Genreerwartungen regulierten, zum Anderen aber auch die durch Medialität, Materialität oder andere Faktoren bedingten Techniken; vgl. Viollet (1994). Wichtig wird im Folgenden die radikale Historisierung und damit die Abgrenzung zu Hempfers transhistorischer Konzeptualisierung des Begriffs der Schreibweise sein; vgl. Hempfer (1973; 2010a; 2010c).

**44** Die deutlichsten Ansätze zu dieser Perspektive auf Gattung finden sind bei Aust (2012, 2); dort aber eher punktuell in den Besprechungen der einzelnen Autoren (vgl. z. B. ebd., 75, 93, 102).

**45** Vgl. Martus (2008).

**46** Zur besseren Lesbarkeit wird diese Arbeit auf im historischen Gegenstandsbereich verankerte Rollen etwa der Autoren, Leser, Kritiker, Verleger, Redakteure oder Herausgeber die maskuline Pluralform verwenden.

ser Annahme – wenn auch nicht explizit – gefolgt, wenn er von weitgehend ökonomischen Gründen für die Zuschreibung von Texten zu Gattungen spricht.[47] Diese Möglichkeit, die in Abbildung 1 durch die Relation C zwischen Gattungslabel und Kontexten angedeutet wird, – wird in Kapitel 7 in einer Kombination aus quantitativen Verfahren und philologischen Analysen operationalisiert und untersucht.

Mit einer Weiterentwicklung algorithmischer Modellierung wird geprüft, wie gut sich die Wahl der Gattungsbezeichnungen bei der Zuordnung zu Texten allein über Kontextfaktoren und ohne Rücksicht auf die Textmerkmale erklären lässt. So kann es beispielsweise die Marketingstrategie eines bestimmten Typs von Journalen in einer bestimmten Region in einem bestimmten historischen Zeitraum sein, Texte als Novellen zu bezeichnen. Ob dies der Fall ist, lässt sich quantitativ dadurch prüfen, dass man die Gattungszuordnung nicht anhand der Textmerkmale, sondern anhand der Kontextfaktoren (Medium, Herausgeber, Marktsituation) vorhersagt. Mit anderen Worten: Anstelle der textuellen Merkmale werden die Kontextfaktoren zu den ›eigentlichen‹ Gattungsmerkmalen. Dies ist der entscheidende Zug, um auch kultur- und literaturpolitische Gründe für den Gebrauch von Gattungsbegriffen quantitativ analysierbar zu machen. Damit macht diese Arbeit in neuer Weise ein historisches Feld von Praktiken rekonstruierbar, das man auch als das der Gattungszuschreibungspolitik bezeichnen kann. Da eine politische mit einer ästhetischen Funktion des Gebrauchs von Gattungsbegriffen grundsätzlich Hand in Hand gehen kann, wird dieses Schlusskapitel zugleich die Aufgabe einer Synthese aller Befunde zur Konturierung der historischen Gruppen als Textsorten (Relation A) sowie zur Frage der Faktorenkonkurrenz zwischen Gattung und Medium (Relation B) und der Konsolidierung von Textsorten und poetologisch gepflegten Genreerwartungen leisten (Relation A in der Erweiterung aus Kapitel 6). Dafür wird sich philologisch relevante Evidenz aus einzelnen poetologischen Äußerungen heranziehen lassen, um die spezifischen Formen der sich um 1870 stärker konturierenden literaturpolitischen Funktionen des Novellenbegriffs anschaulich zu machen. Das Kapitel wird dafür auch eine bislang unbekannte Novellenpoetik heranziehen: einen »dramatische[n] Prolog« von Stephan Schütze, der mit dem Titel »Die Neujahrsversammlung« das *Taschenbuch der Liebe und Freundschaft gewidmet für das Jahr 1813* eröffnet. Es geht diesem Kapitel nicht um eine semantische Rekonstruktion der Poetiken, sondern um eine praxeologische Analyse dessen, wofür die Poetiken und andere Interventionsmöglichkeiten mit kultur- und literaturpolitischen Strategien eingesetzt werden können. Die Novellenschätze, die Paul Heyse mit anderen in den Jahren nach 1871 herausgegeben hat, erscheinen dann weniger als bloße Sammlungen, sondern als nationalistische Interventionen zur Konstruktion der Idee einer Nationalliteratur über den Begriff der Novelle.

Das Metamodell aus Abbildung 1 stellt daher eine sowohl textanalytische als auch praxeologische Untersuchungsperspektive in einem korpusbasierten und statistisch ver-

47 Vgl. Meyer (1987, 31). Zur positionierungsstrategischen Funktion vgl. Bourdieu [1992] (2001).

fahrenden Forschungsdesign vor.[48] Dass es ein solches Design noch nicht gibt, ist keineswegs ein Desiderat nur der digitalen Literaturwissenschaften; sondern eines der Gattungsforschung insgesamt; denn die verfügbaren Modelle gehen entweder von vordefinierten Textsortenbegriffen[49] oder von einem festen Verlaufsschema der Institutionalisierung[50] aus und können deshalb die scheinbar unregulierten Prozesse des Gattungswandels im Feld der Novellen nicht abbilden. Das in dieser Arbeit entwickelte Modell kann sich als grundlegend für künftige, literatur- und sozialgeschichtlich breit angelegte quantitative Forschung erweisen; denn schwach strukturierte und heterogene Gattungen sind, wenn man der Gattungsforschung folgt, keineswegs eine Ausnahme.[51]

## 1.3 Zum Paradigma theorie- und datengetriebener Literaturgeschichte

Während es im zurückliegenden Abschnitt darum ging, die Leserinnen und Leser dieses Buchs auf den hypothesengeleiteten und methodologischen Aufbau dieser Arbeit vorzubereiten, soll der vorliegende Abschnitt die spezifische Leistung dieses Buchs für die Methodologie der *CLS* sowie für die gattungsgeschichtliche Erkenntnis im Rahmen germanistischer Literaturwissenschaft antizipieren. Dafür komme ich noch einmal auf die drei Hauptthesen zurück: Während mittels der Hypothese $H_A$ die historischen Textsorten beschrieben und auf die Genreerwartungen von Novellen und Erzählungen bezogen werden können, wird es die Prüfung der Thesen $H_B$ und $H_C$ ermöglichen, die von den Gattungssemantiken unabhängigen Tendenzen der Textproduktion sowie die für die Ausbildung dieser Tendenzen relevanten externen Faktoren zu erfassen. Das Buch verspricht damit Antworten auf zwei literaturgeschichtlich nach wie vor offene Fragen: Erstens, ob die Literaturprogramme des 19. Jahrhunderts nicht nur als poetologische Visionen, Fiktionen und Halluzinationen existent, sondern auch für die Textproduktion wirksam waren; und zweitens, in welche Richtung sich das Feld der Journalprosaproduktion auch jenseits des Hochkanons und relativ zu seinem sozialgeschichtlichen Kontext entwickelt hat.

Die Arbeit will damit zu einem besseren Verständnis der *longue durée* der literarischen Evolution beitragen, wie dies im Bereich der *CLS* von Underwood vorgezeichnet wurde;[52] und zwar in erster Linie mit Blick auf das spannungsreiche Verhältnis zwi-

---

**48** Mit dem Begriff der Praxeologie beziehe ich mich auf Dücker (2014), Elias et al. (2014), Martus (2015), Martus/Spoerhase (2022).

**49** Vgl. Fricke (1981), Hempfer (1973), Zymner (2003), Gymnich/Neumann (2007).

**50** Vgl. Voßkamp (1977; 1987).

**51** Vgl. u. a. Hempfer (2010c, 26–28) und Schaeffer (1989).

**52** Vgl. Underwood/Sellers (2016) und Underwood (2019b). Für einen alternativen aktuellen Ansatz, literarischen Wandel des Romans im Paradigma der *CLS* als Evolution zu modellieren, vgl. Paige (2021, 177–202).

schen Marktrealität und der durch die poetologische Gattungspolitik genährten Erwartungen an die Novelle. Die Novellenforschung und insbesondere die Einführungsbände haben diese Spannung selten in den Blick genommen.[53] Auf diese Weise möchte dieses Buch über die eingangs diagnostizierte dialektische Spannung der Gattung zwischen Textproduktion und Poetik aufklären und mithelfen, das überholte ›Gattungswissen‹[54] von der Novelle durch eine breite Evidenz zu revidieren. Ohne selbst hermeneutisch zu arbeiten, stellt diese Arbeit sich auf diese Weise konsequenter in den Dienst einer historischen Hermeneutik als die älteren Novellengeschichten, die immer nach dem alles verbindenden Idealtyp der Gattung gesucht und dabei sowohl das historische Material ignoriert als auch aus dem Blick verloren haben, was die jeweils zeitgenössischen Leser von Novellen und Erzählungen eigentlich erwarten konnten. Auch wenn die Methoden dieser Arbeit es nicht erwarten lassen würden, so sind die Diagnosen vermutlich recht nah an dem, was diskursanalytische und im weiten Sinn konstruktivistische Ansätze ebenfalls betonen: Gattungen wie die Novelle sind strategische Konstrukte, die eine Vielzahl von Funktionen haben können und nicht zuletzt politischen Ein- und Ausschüssen dienen; es sind aber Konstrukte, bei denen der Anspruch einer ästhetischen Funktion immer mitläuft. Gerade das ist ein wesentlicher Grund, weshalb eine Novellengeschichte multiperspektivisch arbeiten sollte.

Das Resultat dieses Buchs soll nicht eine Aneinanderreihung einzelner Befunde sein, sondern eine Theorie für eine Sozial- und Mediengeschichte literarischer Gattungen. Diese Theorie besteht aus zahlreichen Modellannahmen und empirischen Hypothesen darüber, wie homogen die Gattung der Novelle war, welches die treibenden Faktoren in literaturgeschichtlichem Wandel waren, welche Ursachen die Diskrepanz zwischen poetologischer Erwartung und faktischer Marktsituation hatte und welche Funktion der Gattungsbegriff für die literarische Kultur zu jedem Zeitpunkt hatte. Eine solche Gattungsgeschichte ist kleinteilig. Es ist eine Gattungsgeschichte von zum Teil nur winzigen Tendenzen. Aber die Zusammensetzung der vielen kleinen Teile ist aufschlussreich, weil sie es erlaubt, die kleinen Veränderungen als Teile eines chaotischen Systems zu sehen, in dem es die Gattungen auf den unterschiedlichen Ebenen von politischer und idiosynkratischer Praxis, Genreerwartung und Textsorte immer nur partiell gab, und an dem die literarischen Akteure sich abarbeiten mussten, als sie das Projekt der Konstruktion und Imagination einer homogenen Gattung namens Novelle in Angriff genommen haben.

Sowohl dem Untersuchungsgegenstand als auch der Gliederung auf seiner Makroebene nach ist dieses Buch ein Beitrag zur Literaturgeschichte. Alle der folgenden Kapitel sind, für sich genommen, jedoch primär gattungstheoretisch (Kapitel 2 und 3) oder methodologisch (Kapitel 4 bis 7) organisiert. Da eine solche Anlage nicht nur den

---

53 Siehe Anm. 3 in diesem Kapitel.

54 Vgl. zum Begriff des Gattungswissens aus wissenspoetologischer Perspektive Bies/Gamper/Kleeberg (2013).

Schreibenden, sondern auch die Lesenden dieses Buchs vor Herausforderungen stellen wird, möchte ich zwei zentrale kommunikative Absichten dieses Buchs skizzieren und eine Art Leseanleitung geben. Für diejenigen, die das Buch primär als Beitrag zur Literaturgeschichte lesen, lässt sich die programmatische Idee dieses Buchs noch einmal aus einer anderen Richtung perspektivieren: Wie viele Spielarten literaturwissenschaftlichen Arbeitens wählt diese Arbeit zur Erreichung ihres Ziels einen spezifischen methodischen Zugriff und verhält sich zu ihrem akademischen Fach in etwa so, wie sich quantitative Sozialforschung zur Soziologie verhält. Dazu passt die Nähe der Methoden zu denjenigen der quantitativen Sozialforschung. Die Methoden der *CLS* entwickeln sich in Anlehnung an Statistik, Mathematik, maschinelles Lernen und an digitale Technologien innerhalb einer sich formierenden Gemeinschaft von Forschenden, die sich den *CLS* zurechnen. Die Frage, ob die *CLS* zur Literaturwissenschaft gehören, ist eher disziplinpolitisch als sachlich motiviert. Ausgrenzungen sind immer möglich, aber nicht notwendig. Ich betrachte diese Arbeit als eine im Kern philologische Studie und zugleich als einen Beitrag innerhalb und für die *CLS*, die ihrerseits ein Teil der Literaturwissenschaft sind. Aber ich habe die Erfahrung gemacht, dass unterschiedliche Menschen in solchen Fragen zu sehr unterschiedlichen Ansichten neigen. Spannungen zwischen unterschiedlichen Arbeitspraktiken und -auffassungen sollte man zwar nicht unnötig dramatisieren, zugleich aber auch nicht unterschätzen.[55] Eine der entscheidenden Fragen scheint mir zu sein: Können die im Folgenden gewonnen Ergebnisse von Literaturwissenschaftlerinnen und Literaturwissenschaftlern, die selbst nicht die Methoden der *CLS* verwenden, in bestehenden Praktiken der Gegenstandskonstitution und -beschreibung integriert werden? Auf diese Frage gibt es nicht eine einfache Antwort; aber die Arbeit wird versucht, viele kleine Teilantworten zu liefern. Wenn man sich primär für den literaturgeschichtlichen Ertrag dieser Arbeit interessiert und um die quantitativen Methoden lieber einen Bogen machen möchte, bietet es sich an, die Arbeit von hinten, also von Kapitel 7 und dem Schlusskapitel 8 her zu lesen, und von dort zunächst in die Synthesen am Ende der vorangehenden Kapitel zu springen. Wer sich für Begriff, Theorie und Geschichte literarischer Gattungen interessiert, sollte mit Kapitel 2 beginnen.

Für diejenigen, die sich primär für die Methodologie der *CLS* und vielleicht weniger für eine sehr spezifische historische Problemlage der germanistischen Literaturwissenschaft interessieren, wird dieses Buch einen Entwurf dafür anbieten, wie Literaturgeschichte innerhalb der *CLS* aussehen kann: Dafür werde ich erstens versuchen, die Voraussetzungen, die Unsicherheiten, und vor allem die Datenbasis der gewonnen Befunde so transparent wie möglich zu machen. Indem die Arbeit diesen Versuch unternimmt, will sie ein Modell dafür liefern, wie man quantitative Literaturforschung als Literaturgeschichte disponieren, präsentieren und argumentativ durchführen kann.

55 Sowohl in der Beschreibung als auch im Umgang mit der disziplinären Konstellation folge ich Underwood (2019b, 143–170).

Solche Modelle gibt es – im Buchformat – nach wie vor selten in den *CLS*. Dass diese Arbeit ein buchförmiges Modell für quantitative Literaturgeschichte liefern möchte, heißt nicht, dass ihr Verfasser glaubt, in jeder Hinsicht vorbildhafte Ergebnisse anzubieten; vielmehr soll es ein Entwurf sein, der die *CLS* zum Nachdenken anregt, wie sich historische und philologische Argumente mit technischen Beschreibungen, Operationalisierungen, modellierungstheoretischen Skizzen in einen Zusammenhang bringen lassen, der ein historisches Problem löst und zugleich die Vorgehensweise wissenschaftlich begründet. Ich glaube, dass die *CLS* erst dabei sind, herauszufinden, wie man Bücher dieser Arbeit schreibt, die – um mit Ian Hacking zu sprechen – heterogene Argumentationsstile (*styles of reasoning*)[56] ansprechen und vereinen müssen. Den an Gattungsfragen interessierten Leserinnen und Lesern aus den CLS empfehle ich, bei Kapitel 2 zu beginnen. Methodologisch zentral für Fragen der Modellierung von Gattungsgeschichte sind, neben Kapitel 3 (zu Korpus und statistischer Stichprobengewinnung) die Kapitel 4 (zur Struktur historischer Gattungsbegriffe), 5 (zur Modellierung literarischen Wandels) und 7.2 (zur quantitativen Analyse der strategischen Instrumentalisierung von Gattungsbegriffen).

Wie sich die Ergebnisse dieses Buchs revidierend, modifizierend, bestätigend oder ergänzend an bestehendes literaturgeschichtliches Wissen anschließen lassen, ist letztlich Sache des literaturwissenschaftlichen Diskurses, in dem sich unterschiedliche Arbeitsweisen kreuzen. Gleichwohl scheint es mir die Aufgabe einer Arbeit aus dem Feld der *CLS* sein, selbstständig die Anknüpfungspunkte und Verständigungsanker für Interessierte aus den nicht-quantitativ arbeitenden Teilen der Literaturwissenschaften bereitzustellen. Dies zu leisten ist daher die theoretische Aufgabe dieses Buchs. In den Digital Humanities benennt man Arbeitsprogramme, die unterschiedliche Perspektiven und Methoden zusammenbringen sollen, häufig mit dem Begriff der *Mixed Methods*.[57] Es handelt sich aber um einen taktischen Begriff, der mir für methodologische Fragen zu vage ist. Als nützlicher werden sich der in der sozialwissenschaftlichen Diskussion entwickelte Begriff der Triangulation erweisen.[58] Triangulation wird je nach Aufgabe und damit in jedem Kapitel unterschiedlich aussehen.

Man hat behauptet, dass die Forschung daran gescheitert sei, die ›klassischen‹ und in den Poetiken formulierten Novellenmerkmale zu operationalisieren.[59] Die in Kapitel 6 vorgenommenen Operationalisierungen komplexer Strukturmerkmale stellt in jedem Fall eine gehörige Herausforderung dar, die diese Arbeit methodologisch anhand einer Vermittlung zwischen hermeneutischem Sinn und quantitativem Verfahren neu in Angriff nimmt. Jedes der zu operationalisierenden Merkmale steht para-

56 Vgl. Hacking (1994, 145).

57 Vgl. zur sozialwissenschaftlichen Diskussion Tashakkori/Teddlie (1998), R. B. Johnson/Onwuegbuzie (2004), Greene/Hall (2008), B. Johnson/Gray (2010), Döring/Bortz (2016) und Mackey/Bryfonski (2018) sowie zur Übertragung in die *Digital Humanities* Kleymann (2022) und Schröter (2023a).

58 Vgl. Flick (2012), Hammersley (2008), Kelle (2017).

59 Vgl. Lukas (1998, 251).

digmatisch für eine besondere Art von Herausforderung im Verhältnis zwischen Operationalisierung, Validierung und Interpretation. An dieser Stelle bringt die Arbeit einen auch in den digitalen Literaturwissenschaften fruchtbaren Gedanken ins Spiel: Man sollte bestehende poetologische und literaturwissenschaftliche Gattungsdefinitionen nicht als adäquate Beschreibungen der Realität missverstehen, sondern ihrerseits als Modellierungen der jeweils wahrgenommenen literarischen Welten. Quantitative Verfahren sollten daher nicht den Anspruch haben, bestehende Gattungsdefinitionen im Sinn einer Reproduktion zu operationalisieren. Daher wird die kanonisch gewordene Auffassung von Operationalisierung, wie Moretti sie für die Digital Humanities populär gemacht hat, einer grundsätzlichen Kritik und Revision zu unterziehen sein (Abschnitt 6.1.3). Anstelle einer Operationalisierung wird es darum gehen, historisch-poetologische Merkmalsdefinitionen rational zu rekonstruieren und so als Heuristiken zu nutzen,[60] um ein zweites Modell neben die bestehenden philologischen Modelle zu stellen und somit zwischen historischem Sinn und quantitativer Modellierung in einer Weise zu vermitteln, die ich als validierungsbasierte Triangulation bezeichnen werde.[61] Konkret wird es zu zeigen gelten, wie quantitative Methoden im Zusammenspiel mit anderen philologischen Verfahren einen literaturgeschichtlichen Erkenntnisbeitrag jeweils zu den Gattungsmodellen innerhalb der Relation A liefern können. Einer Triangulation im Sinn komplementär und parallel geführter Ergänzung der kontextuellen Gattungsgebrauchs-Modellierung durch philologische Beschreibungen idiosynkratischer und politischer Praktiken einzelner Autoren (Relation C) widmet sich Kapitel 7.

Die übrigen Kapitel haben es hinsichtlich der Frage der Triangulation noch schwerer. Für die Übertragung stilometrischer Distanz auf stilistische Ähnlichkeit (Kapitel 4.1) sowie von Klassifikationsalgorithmen auf die Idee begrifflicher Geschlossenheit im Design perspektivischer Modellierung (Kapitel 4.2) ist eine Form der Triangulation nötig, die ich in einem spezifischen, nämlich lediglich die Extensionen (nicht aber die Intensionen) betreffenden Sinn, als strukturelle Modellverdopplung bezeichnen werde. Gattungstheorie und quantitative Gattungsmodelle lassen sich triangulieren, indem in beiden Bereichen die gleichen Unterscheidungen homolog vollzogen werden, so dass man strukturell von einem Familienähnlichkeits- und einem prototypentheoretischen Modell eines Klassifikationsalgorithmus sprechen kann, ohne dass man weiß, ob und in welchem Grad das Modell tatsächlich reproduzieren kann, wie Menschen Begriffe gebrauchen.

---

60 Vgl. zum Verständnis der rationalen Rekonstruktion Bühler (2002), Spoerhase (2007, 312), Stegmüller (1970, 4), Carnap (1950).

61 Das allgemeine Modell einer validierungsbasierten Triangulation wurde in Schröter/Du (2022) ausgearbeitet. Für diese Arbeit spielen Validierungen keine zentrale Rolle, aber weil die Validierung der Operationalisierung komplexer Merkmale Annotationen erfordert, haben studentische Hilfskräfte im Rahmen des Korpusaufbaus einen kleinen Teil (etwa 10%) des Korpus hinsichtlich der relevanten komplexen Strukturmerkmale auf Textebene annotiert.

Mit der mediengeschichtlichen Hypothese $H_B$ (Relation B) in Kapitel 5 ist ein theoretisches Grundlagenproblem aufgerufen, um das die Gattungstheorie ebenso wie die mediengeschichtliche Forschung in der Literaturwissenschaft immer einen großen Bogen gemacht hat.[62] Es stellt sich die Frage, was es eigentlich heißen soll, dass Gattung in Konkurrenz zum Medium ein prägender Faktor werden kann. Es scheint zu heißen, dass Gattung kausal wirksam ist.[63] Auch wenn es ratsam ist, sich kausalitätstheoretisch nicht unnötig zu exponieren und in Kontroversen zu verlieren, die man nicht lösen kann, muss Gattungsforschung eine Antwort auf die Frage liefern, was man sich unter der Prägung von Texten und von literarischem Wandel durch Gattungen, Medien oder andere Faktoren vorstellen soll. Um zu verstehen, was es heißen soll, dass literarischer Wandel eher durch Medialität als durch Gattungen (oder umgekehrt) vorangetrieben wird, muss man eine Idee davon haben, wie solche treibenden Kräfte im Detail wirken und wodurch sie sich eigentlich unterscheiden.

Obwohl der Begriff der Triangulation in der Literaturwissenschaft wenig gebräuchlich ist, kennt man in den Philologien das zugrunde liegende Problem gut; paradigmatische Differenzen gibt zwischen zahlreichen Methoden, ›Schulen‹ und Theorien: Sozialgeschichte, Ideengeschichte, Hermeneutik(en), Poetologien des Wissens, kulturwissenschaftliche und poststrukturalistische Verfahren bilden je eigene Denkräume mit eigenen Erkenntniszielen, Arbeitsweisen, und Argumentationsstilen,[64] die manchmal als inkompatibel wahrgenommen werden,[65] wobei praxeologische Studien in den letzten Jahren vermehrt Hinweise darauf gegeben haben, dass der Eindruck der Inkompatibilität oder Inkommensurabilität primär durch die Differenz der theoretischen Programme geschürt wird und an Dramatik verliert, wenn man die Unerschütterlichkeit zumindest von Teilbereichen literaturwissenschaftlicher Arbeitspraxis vergleicht.[66]

Diese Arbeit möchte daher auch einen literatur- und praxistheoretischen Beitrag leisten, indem sie versucht, Zwischenräume der Interaktion mit Räumen philologi-

62 Geschickt umgeht beispielsweise Underwood (2019a) alle Fragen der Kausalität dadurch, dass er seine Modellierung mit Breiman (2001a) als algorithmische und nicht-explanatorische Modelle entwickelt. Dagegen ist nichts einzuwenden. Die Vorgehensweise löst aber nicht das Problem der Kausalität, sondern umgeht es nur.

63 Es sind meist Nebenbemerkungen, in denen die grundsätzlich kausalistische Auffassung davon durchscheint, wie Gattung und Literaturgeschichte miteinander zusammenhängen; bei Underwood (2019b, 78) etwa im Kontext der Unterscheidung von Gattung und Prestige: »Genres influence the creation of a literary work, and it is not surprising that they leave textual traces.«

64 Vgl. Hacking (1994).

65 Diese Wahrnehmung ist auch ein Effekt der Form, in der die einschlägigen Debatten in der deutschsprachigen Literaturwissenschaft geführt wurden. Vgl. exemplarisch die von Stiening (2007) und Vogl (2007) ausgelöste sowie u. a. von Köppe (2007), Borgards (2007) u. a. weitergeführte Debatte.

66 Vgl. insb. Martus (2015, 187), der sich hier auf die Formulierung von Lorraine Daston stützt. Zu einer frühen Studie zu einer gemeinsamen Praxis bei theoretisch kontroversen Ansichten zum Konzept des Autors vgl. Winko (2002).

schen Denkens zu eröffnen, die eine Kompatibilität mit quantitativen Beschreibungen gattungsgeschichtlichen Wandels nicht von vornherein ausschließen. Diese Räume des gattungsgeschichtlichen Denkens zu identifizieren und diese für die Interpretation der Ergebnisse der quantitativen Analyse zu nutzen, wird eine an jeder einzelnen Stelle neu zu lösende Aufgabe sein. Quines Problem der ›Unbestimmtheit der Übersetzung‹ wird auch zwischen den Räumen gattungsgeschichtlichen Denkens und zwischen unterschiedlichen Argumentationsstilen nie ganz verschwinden. Triangulation ist daher nichts, das man einfach nur durchführen muss; sondern etwas, das von allen beteiligten Seiten gewollt sein muss und dessen Gelingen auch immer problematisiert werden darf. Es bedarf erheblicher Verständigungsbereitschaft bei allen Beteiligten, um quantitative und nicht-quantitative Evidenz so zu verbinden, dass ein nuanciertes und zugleich tiefes Verständnis von Literaturgeschichte möglich wird. In dieser Hinsicht ist das Buch der programmatische Versuch einer prinzipiengeleiteten Verständigung zwischen unterschiedlichen Argumentationsstilen der Literaturwissenschaft. Und ein Versuch, der nicht ›oben‹ bei allgemeinen wissenschaftstheoretischen Paradigmen und bei einem allgemeinen Gattungsbegriff, sondern ›unten‹ an geschichtlichen Gegenständen – nämlich den als Novellen, Erzählungen und Romanen veröffentlichten Texten des 19. Jahrhunderts – ansetzt.

# 2 Modelle von Gattungsgeschichte

Das vorliegende Kapitel nutzt eine systematisierende gattungstheoretische Beschreibung des bereits in der Einleitung skizzierten Problems, um gattungsgeschichtlichen Wandel zu modellieren. Und zwar als Gattungstheorie ›von unten‹, die nicht bei den allgemeinen Grundsätzen beginnt, sondern beim konkreten Problem der Novellen und so zu einer partiellen Revision einzelner allgemeiner Grundsätze der Gattungstheorie gelangen wird. Das in der Einleitung vorgestellte Modell ist ein Metamodell der Gattung bzw. das Modell für das Untersuchungsdesign dieser Arbeit. Hinter jeder der drei in Abbildung 1 vorgestellten Relationen A, B und C verbergen sich unterschiedliche Modelle sowohl des Texts, der Gattung als auch der Modellierung von historischem Wandel. Die theoretischen und methodologischen Vorklärungen neuerer Arbeiten zur Novelle werden nützliche Unterscheidungen für die erforderliche multiperspektivische Modellierung liefern.

## 2.1 Problem der Novelle

Das bereits in der Einleitung angesprochene ›Problem der Novelle(n)‹ ist vielfach beschrieben worden.[1] Gemeinsam ist allen Beschreibungen, dass die Gattung nicht das ist, was sie zu sein scheint. In der Erwartung, was die Novelle eigentlich sein solle (eine poetologische Erwartung, ein den Texten gemeinsames Muster von Merkmalen), und in der Blickrichtung, unter der diese Erwartung dann enttäuscht wurde (Blick auf den Hochkanon, auf das historische Material, auf die Poetiken), unterscheiden sich die Beschreibungen jedoch deutlich. Eine Konsequenz aus dem bereits seit der Mitte des 20. Jahrhunderts punktuell aufscheinenden Problembewusstsein ist, dass die Probleme bislang immer einseitig gelöst wurden. Einseitigkeit ist hier ganz im Sinn des Metamodells aus der Einleitung zu verstehen: Man hat immer nur eine Seite des Dreiecks in den Blick genommen. Die Probleme der Gattung der Novelle lassen sich dennoch gebündelt ins Auge fassen, wenn man von jeweils paarweise auftretender Inkommensurabilität ausgeht.

Die Situation der Novellen, aus der das ›Problem‹ resultiert, besteht darin, dass die Novellenproduktion im deutschsprachigen Raum des 19. und frühen 20. Jahrhunderts, wenn man einmal nach den Gattungszuschreibungen der Erstveröffentlichungen geht, ein heterogenes Massenphänomen ist, das wenig mit jenem anspruchsvollen Begriff der Novelle zu tun hat, den die Literaturwissenschaft den Poetiken entlehnt hat und den man nach wie vor in Einführungsbüchern findet. Man stößt daher auf eine ganze Reihe von Unstimmigkeiten im Verhältnis zwischen Textgruppen und Gat-

1 Am rücksichtslosesten von Meyer (1987, 13–26), und zuvor bereits bei Pabst (1953) und Polheim (1965). Von den jüngeren Arbeiten tragen nur Aust (2012), Garrido Miñambres (2009) und Kiefer (2010) dem bereits verfügbaren und im Folgenden referierten Problembewusstsein Rechnung.


https://doi.org/10.1515/9783112236697-002

tungsbegriffen, die sich deutlicher sichtbar machen lassen, wenn man zunächst festhält, was empirisch vorliegt:

a) Zur Novelle liegen poetologische Aussagen vor.[2] Etwa 130 solcher meist recht kurzen Äußerungen aus der Zeit zwischen 1772 und 1914 sind in literaturwissenschaftlichen Sammlungen dokumentiert. In manchen Arbeiten wird eine zweite Phase poetologischer Gattungsbestimmung ab 1915 mit Walzels Aufsatz »Die Kunstform der Novelle« angesetzt, der die Zeit der längeren und vor allem stark normativen Novellenpoetik einläutet.[3] Über diese normativen und im weiten Sinn philologischen Novellenpoetiken sind aus den Poetiken des 19. Jahrhunderts eine gute Hand voll Schlüsselbegriffe und Metaphern in das heutige ›Novellenwissen‹ eingegangen, die an bekannte Autorennamen geknüpft wurden: etwa die Goethe zugeschriebene ›unerhörte Begebenheit‹, Tiecks ›Wendepunkt‹, der eigentlich von A. W. Schlegel kommt, Storms Rede von der Novelle als ›Schwester des Dramas‹ und Heyses Metaphern der starken Silhouette und des ›Falken‹, sowie das besonders vage Konzept der Konzentration. Die Poetiken sind der Aspekt der Gattung, der sich in den Forschungsarbeiten zur Novelle am stärksten durchgesetzt hat.[4] Lange Zeit gab es nur vereinzelte Studien zur Begriffsgeschichte im Sinn eines tatsächlichen Gebrauchs des Gattungsbegriffs.[5] Die Novellenforschung hat ihr Gattungswissen und ihre Novellendefinitionen weitestgehend auf vage Bezugnahmen zu den poetologischen Äußerungen gestützt.

b) Vornehmlich in Journalen und Taschenbüchern erscheinen ab etwa 1820 massenhaft Prosaerzählungen, die im Paratext die Gattungsbezeichnung ›Novelle‹[6] mit sich

---

2 Gesammelt wurden die bekannteren Äußerungen von Polheim (1970) und Kunz (1973). Kritisch wurden insbesondere die Auswahlkriterien diskutiert: Während Polheim nur Äußerungen in seine Sammlung aufnimmt, in denen das Begriffswort ›Novelle‹ verwendet wird, integriert Kunz auch Äußerungen, in denen das Wort ›Novelle‹ zwar nicht verwendet wird, aber über literarische Verfahren nachgedacht wird, die Kunz seinem implizit vorausgesetzten, aber nicht geklärten Begriff von Novelle zurechnet. Meyer (1987, 14) weist Polheims Verfahren als Ausdruck ›fauler Vernunft‹ zurück. Aufgrund seines völlig unbedarften und idiosynkratischen Gebrauchs des Novellenbegriffs ist Kunz' Verfahren m. E. bedenklicher; so auch die Kritik von Meyer (1987, 16) gegen die gleichartig verfahrende Literaturgeschichte desselben (Kunz 1970; 1992). Die Schwäche von Polheims Auswahl scheint mir eher in ihrer dekontextualisierenden Kürzung zu liegen. So tilgt er beispielsweise aus Storms Brief an Keller, in dem erstmals von der Novelle als ›Schwester des Dramas‹ die Rede ist, den Anlass dieser Äußerung, nämlich die antisemitische Beleidigung gegen Ebers. Dazu ausführlich der Abschnitt 7.1 (und insb. Anm. 38 in Kapitel 7) unten.

3 Vgl. Garrido Miñambres (2009, 15) und Walzel (1915). Wie sehr diese normativen Novellenpoetiken bereits didaktisch und literaturpädagogisch motiviert waren, wird bereits dadurch nahegelegt, dass Walzels Aufsatz in der *Zeitschrift für den Deutschunterricht* erschien.

4 Vgl. Schlaffer (1993), Koskimies (1959), Malmede (1966) und Dedert (1993). Für eine kritische Perspektive vgl. den Forschungsbericht von Polheim (1965).

5 Vgl. Hirsch (1928).

6 Zur Markierung von Objektsprache werde ich einfache Anführungszeichen verwenden und etwa von der Gattungsbezeichnung oder dem Begriffswort ›Novelle‹ sprechen. Wenn dagegen metasprach-

führen. Es liegen also Texte vor, die in einer bestimmten historischen Situation und einem medialen Kontext als Novellen erschienen sind und in der zeitgenössischen literarischen Kultur dank solcher Rubrizierungen als Novellen wahrgenommen werden konnten. Die Menge dieser Texte ist erheblich, der Grad ihrer Erschließung hingegen gering. Mit Schröder und Meyer haben erst zwei Studien die Mühe unternommen, diese Texte und deren historische Gattungszuordnungen in einem größeren Umfang zu untersuchen.[7] Die Größenverhältnisse lassen sich nach wie vor nur grob abschätzen: Meyer kommt mit einer deutlichen Korrektur der Zählung von Zuber auf 300 jährlich erscheinende Taschenbuchtitel zwischen 1800 und 1850.[8] Die Anzahl der Bände ist bis heute kaum seriös abzuschätzen. In einem mehr oder weniger spekulativen Szenario, bei dem die Taschenbücher im Durchschnitt eine Lebensdauer von 10 Jahren hatten, käme man auf 8000 Bände für den Zeitraum. Ebenso schwierig ist abzuschätzen, wie viele Prosaerzählungen durchschnittlich pro Band erscheinen. Wenn es im Mittel drei Beiträge pro Band waren, kann man von 24.000 Prosabeiträgen in der ersten Hälfte des 19. Jahrhunderts ausgehen. Vermutlich ein Drittel davon trägt die Gattungsbezeichnung ›Novelle‹, ein weiteres Drittel heißt ›Erzählung‹, und das letzte Drittel erschien mit anderen oder ohne Gattungsbezeichnungen. Dieser konservativ gerechnete Umfang liegt vermutlich weit unter den Mengen der tatsächlichen historischen Produktion und Distribution. Sicher ist eigentlich nur, dass die Literaturwissenschaft die genauen Größenverhältnisse nicht kennt und auf mehr als 90% der historischen Journalprosaproduktion nach wie vor keinen Zugriff hat.

Da die Novellenpoetiken des 19. Jahrhunderts zu einem Teil behaupten, dass Novelle und Erzählung zwei unterschiedliche Gattungen seien, hat die poetologisch ausgerichtete Novellenforschung eine Zeit lang auch eine Gattungsdifferenz zwischen Novelle und Erzählung behauptet.[9] Seither haben historisch vorgehende Studien wie die von Schröder, Meyer und Aust den Unterschied auch im Material nachzuweisen versucht – mit unterschiedlichen Einschätzungen des immer nur beschränkten Erfolgs: ›Novelle‹, ›Erzählung‹ und andere Gattungsbezeichnungen wie ›Sittengemälde‹, ›Begebenheit‹ oder ›Geschichte‹ scheinen innerhalb der Gruppe der mittellangen Erzählprosa oder der Journalprosa keine unterscheidbaren Textsorten zu markieren. Wäh-

lich von den Novellen des 19. Jahrhunderts, der Gattung oder dem Begriff der Novelle die Rede ist, bleiben die Ausdrücke unmarkiert. Variablenbezeichnungen und Abkürzungen werden kursiviert. Alle terminologischen Ausdrücke, die sich – wie *Feature*, *Suspense*, *Discours*, *Recall*, usw. – auf dem Weg von Fremd- zu Lehnwörtern des Deutschen befinden, werden groß, kursiv und in Komposita mit Bindestrich geschrieben.

7 Vgl. Schröder (1970) und Meyer (1987).

8 Vgl. Meyer (1987, 161–162). Schröder kommt mit seiner Schätzung, die sich auf Zuber stützt, nur auf die Hälfte, vgl. Schröder (1970, 59) und Zuber (1955). Wenn man berücksichtigt, dass Meyer davon ausgeht, dass Zubers Schätzung »um mindestens 100% zu niedrig« (Meyer, ebd., 161) liegt, nähern sich die Schätzungen an.

9 Wert auf diese Unterscheidung legen Klein (1960, 9–11) und Müller (1961). Zurückgewiesen wurde die Berechtigung dieser Unterscheidung u. a. von Polheim, Lukas und Meyer (siehe Anm. 5 in Kapitel 1)

rend die genannten Studien die Genrelabels der Erstpublikationen – im Sinn dessen, was man in der Gattungstheorie gelegentlich als induktive Methode bezeichnet hat – als Maßstab ihrer gattungsgeschichtlichen Rekonstruktionen nehmen,[10] hat sich der größte Teil der germanistischen Forschung für die Gattungszuweisungen in den Erstdrucken – mehrheitlich waren dies Journale, Taschenbücher, und Anthologien – nie interessiert.

c) Wofür sich die Germanistik anstelle des historischen Textmaterials interessiert hat, sind Novellen in einem lange für unproblematisch gehaltenen Sinn: nämlich in Gestalt eines sehr kleinen Kanons von zwischen 1790 und 1930 erschienenen Texten, die der Literaturwissenschaft und -didaktik als besonders wertvolle oder als ›wahre‹ Novellen gelten. Dieser Kanon konnte bei Bedarf immer durch wichtige Frühformen und Vorläufer seit dem Mittelalter ergänzt werden.[11] Dies sind größtenteils Texte, die bei der Erstpublikation nicht das Label ›Novelle‹ geführt haben.[12] Die Autoren, die immer als wichtige Verfasser von Novellen geführt werden, lassen sich leicht benennen: Tieck, Goethe, Kleist, E. T. A. Hoffmann, Grillparzer, Mörike, Stifter, Keller, Storm, C. F. Meyer, Thomas Mann, Schnitzler, Musil, Kafka. Etwas seltener, tauchen die Namen von Wieland, Schiller, Arnim, Brentano, Chamisso, Heyse, oder Keyserling auf.[13] Obwohl es eine erhebliche Anzahl von erfolgreichen Schriftstellerinnen wie Johanna Schopenhauer oder Karoline Pichler in der ersten Jahrhunderthälfte gab und in der zweiten Jahrhunderthälfte mit Ottilie Wildermuth oder der unter dem Pseudonym E. Marlitt bekannten Friederike H. C. Eugenie John noch weitaus populärere, umfasst der engere Kanon der von Frauen verfassten Texte nur Annette von Droste-Hülshoffs »Die Judenbuche«.

(d) Schließlich dominiert in der gegenwärtigen Literaturdidaktik und -pädagogik ein unhistorischer allgemeiner Novellenbegriff, der wiederum zu allen Bereichen (a) bis (c) in einem Spannungsverhältnis steht. Blickt man in die einschlägigen, und von Studierenden ohne Hürden nutzbaren Definitionsangebote, findet man vornehmlich nach idiosynkratischen Vorlieben zusammengefügte Aggregate aus poetologischen Versatzstücken (a) und besten Beispielen aus dem Kanon (c). Als Beispiel hierfür mag folgende Definition dienen:

---

**10** Zur Unterscheidung zwischen deduktiver und induktiver Methode im Verhältnis zwischen Text-Gattungs-Zuweisung und Gattungs-Begriffsbestimmung vgl. Müller (2010), der diese Unterscheidung als Leitdifferenz für die Korpuskonstruktion begreift; siehe dazu das Teilkapitel 3.4.

**11** So auch in den neuen Einführungsbänden, etwa bei Rath (2008) und Füllmann (2010) sowie, mit methodischer Reflexion, bei Aust (2012).

**12** Vgl. Meyer (1987, 14).

**13** Diese Zusammenstellung listet die Autoren, die in beiden jeweils zweibändigen und in der Hochschuldidaktik geläufigen Interpretationssammlungen auftauchen: *Die deutsche Novelle von Goethe bis Kafka* von Benno von Wiese (1956) sowie *Erzählungen und Novellen des 19. Jahrhunderts* aus dem Reclam Verlag (2011).

> Die Novelle ist eine kürzere Erzählung, die durch prägnante Struktur, dezidierten Kunstwillen und einen strengen Aufbau gekennzeichnet ist. Der Begriff stammt aus dem Italienischen und ist erst seit dem 18. Jahrhundert im Deutschen gebräuchlich. [...] Traditionellerweise lauscht das Publikum in einer Rahmenerzählung einer Geschichte, die ein fiktiver Erzähler aus seiner Mitte in Form der Binnenerzählung vorträgt. (vgl. Stimme, Metafiktionalität) Diese Rahmenstruktur trägt wesentlich zur geschlossenen Form der Novelle bei, aber auch zu einer spezifischen Perspektive, da das Erzählte aus der Distanz objektiviert erscheint und auch belehrend reflektiert werden kann. Diese Geschlossenheit wird aber bei rahmenlosen Novellen gewahrt. Formal sind hier ebenfalls eine erzählerische Einsträngigkeit, das Fehlen abschweifender Episoden und ein recht kontinuierlicher Zeitablauf kennzeichnend. Goethe sah im Zentrum der Novelle »eine sich ereignete unerhörte Begebenheit« (Gespräch mit Eckermann vom 25.1.1827). Sie fungiert als Wendepunkt des Geschehens und wird bildhaft durch das Motiv des »Falken« veranschaulicht.[14]

Gattungsbeschreibungen wie diese liefern die Projektion einer mit poetologischen Versatzstücken und kanonischen Beispielen angereicherten Sachgeschichte, in der die Novelle alles Mögliche und zugleich dessen Gegenteil sein kann: beispielsweise ein Erzähltext mit oder ohne Rahmenerzählung usw. Wie wenig die Zugriffe dieser Art mit der historischen Realität der Textproduktion (b) zu tun haben, haben Pabst, Polheim und Meyer – mit ausreichender Polemik – dargelegt.[15] Auch wenn die Gattungsbeschreibungen in den einschlägigen literaturwissenschaftlichen Kodifizierungen etwa des *Handbuchs literarischer Gattungen* oder des *Reallexikons der Literaturwissenschaft* einen höheren Grad an Differenziertheit erreichen,[16] bleibt die Tendenz zur Aggregierung poetologischer Versatzstücke und ›bester Beispiele‹ zu einer griffigen Kurzbestimmung ein auch der literaturwissenschaftlichen Textsorte ›Gattungsbestimmung‹ geschuldetes Problem. Eine Grundspannung werden systematisierende Fassungen eines Gattungsbegriffs grundsätzlich nicht los: nämlich die, dass ein historisches Konstrukt zu einer Art Konstante (bei Genette und Hempfer Modus bzw. Schreibweise)[17] aggregiert werden muss.[18] Historisches Bewusstsein (z. B. »Der Begriff [...] ist

---

**14** Richter/Vogt (2009, o. S.).

**15** Vgl. Polheim (1970; 1965; 1981), Pabst (1949), Meyer (1987).

**16** Vgl. Thomé/Wehle (2007), Kindt (2009).

**17** Vgl. Genette (1979, 78), Hempfer (2010c, 15). Häufig bezeichnet ›Erzählung‹ (*récit*) einen Modus und nicht eine historische Gattung (*nouvelle, conte*). Im Deutschen verdoppeln sich die Bedeutungen für den Ausdruck ›Erzählung‹ als historische Gattung und als Modus. Dies gilt auch für diese Arbeit.

**18** Die verschiedenen Theoriestränge gattungstheoretischer Reflexion dramatisieren diese Spannung in sehr unterschiedlichem Grad. Während das von den systematischen Arbeiten des Strukturalismus und den Arbeiten von Zymner, Hempfer und Fricke ausgehende *Handbuch Gattungstheorie* (Zymner 2010) diese Spannung für handhabbar zu halten scheint, wird sie in den Bänden *Gattung und Geschichte* (Kohns/Liebrand 2012) und *Gattungstheorie* (Keckeis/Michler 2020b), in denen die Arbeiten von Szondi den Ausgangspunkt gattungstheoretischer Reflexion bilden, zu einem Grundproblem einer Gattungstheorie der Moderne, dessen Lösung etwas Prekäres und Aporetisches anhaften wird – insb. in Derridas Aufsatz »La loi du genre« (1986), auf dessen englische Fassung (1980) ich mich aufgrund der auch im Vergleich zur deutschen Übersetzung (1994) leichteren intellektuellen Zugänglichkeit beziehen werde.

erst seit dem 18. Jahrhundert im Deutschen gebräuchlich«) lässt sich so nur schwer in die Bestimmung des Begriffs einbauen.

Bereits aus dieser knappen Skizze lassen sich eine Reihe von Unstimmigkeiten benennen, die man in der Literaturwissenschaft etwa seit der Mitte des 20. Jahrhunderts zu sehen begonnen hat: Uneinig ist man sich erstens, auf welcher Grundlage eigentlich die Sachgeschichte der Novellen bestimmt werden soll: aus der Menge der historisch als Novellen publizierten Texte (b)? Oder aufgrund des etablierten Novellenkanons (c)? Oder vielleicht auf der Grundlage eines literaturwissenschaftlich erst zu etablierenden Begriffs (d)? Im letzteren Fall stellt sich die Frage, welche Anleihen ein solcher Novellenbegriff bei den historischen Poetiken (a) machen sollte. Je nachdem, wie man diese erste Frage beantwortet, ergeben sich Unstimmigkeiten im Verhältnis zwischen Sach- und Begriffsgeschichte: Die Sachgeschichte passt, das ist die zweite Ungereimtheit, weder im Sinn von (b), d. h. als historische Novellenproduktion, noch im Sinn des Kanons (c) zur Begriffsgeschichte, sofern man diese als Poetikgeschichte (a) auffasst. Drittens passt die Sachgeschichte in keiner der genannten und in Frage kommenden Konstruktionsweisen zu dem in der Literaturwissenschaft selbst verwendeten Begriff der Novelle, weil dieser sich nicht aus der Textproduktion, sondern aus recht freien Variationen und Kombinationen der historischen Poetiken aggregiert hat. Viertens passt der in Literaturwissenschaft, Hochschul- und Schuldidaktik etablierte Kanon (c) weder zur Sachgeschichte noch zur Begriffsgeschichte. Am ehesten spiegelt sich der Kanon im systematischen Novellenbegriff der Literaturwissenschaft. Schließlich und fünftens ist noch weitgehend offen, ob die große Menge der seit den 1820er Jahren mit der Gattungsbezeichnung ›Novelle‹ publizierten Texte eine homogene Textsorte bildet; Schröder sieht Anzeichen dazu, Polheim und Lukas gehen dagegen eher von einer amorphen und heterogenen Masse aus.[19]

Aber wo liegt nun das Problem? Ein Problem liegt hier zunächst in dem allgemeinen und empirischen Sinn vor, den Karl Popper als »Spannung zwischen Wissen und Nichtwissen«[20] beschrieben hat: Das überkommene, in handliche ›Definitionen‹ komprimierte ›Novellenwissen‹ (d) ist – wenig überraschend – ungeeignet, mit dem Nicht-Zusammenstimmen der drei genannten Aspekte (a) bis (c) umzugehen oder diese mit einer Komplexität zu integrieren, die literaturgeschichtlicher Rekonstruktion angemessen wäre. Dass das Problem komplexer ist als eine einfache Wissenslücke, d. h. als ein ›Noch-Nicht-Wissen‹, sieht man von einer wissenschaftsgeschichtlichen Perspektive aus bereits daran, dass das Problem in den einzelnen Arbeiten zur Novelle in ganz unterschiedlicher Weise, an unterschiedlichen Stellen gesehen wurde.

Um das Problem besser zu verstehen, kann man zunächst festhalten, dass es für die historischen Arbeiten zur Novellengeschichte, die von vornherein nur eine der drei Dimensionen (Poetik, historische Textproduktion, Kanon) gesehen und die anderen bei-

19 Vgl. Polheim (1981), Schröder (1970, 214) und Lukas (1998, 251).
20 Popper (1962, 106).

den überhaupt nicht wahrgenommen haben, nie ein Problem gab. Ein Problem trat erst auf, als man erkannte, dass die genannten drei Dimensionen zwar bestehen, dass sie aber im Fall der Novelle(n) inkommensurabel sind. Hier war der Romanist Walter Pabst der Erste, der das Problem diagnostiziert und lapidar bemerkt hat: »[E]s gibt weder die romanische Urform der Novelle noch die Novelle überhaupt. Es gibt nur Novellen.«[21] Pabst meinte damit zweierlei: erstens, dass es die Gattung der Novelle nicht als streng definierbare Gattung in dem Sinn gibt, den die Literaturwissenschaft mit ausschließlicher Aufmerksamkeit auf Poetiken und einzelne Kanonbeispiele konstruiert hat; und, zweitens, dass es die Gattung der Novelle im Sinn einer Menge von historisch als Novellen wahrgenommenen Texten gibt, dass aber offen ist, in welchem Maß daraus ein einheitliches Gattungsverständnis abgeleitet werden kann.

Hier kommt eine weitere zentrale Voraussetzung ins Spiel, die man in der Gattungsforschung meist getroffen, aber nie explizit gemacht hat: Sowohl diejenigen, die nie ein Problem gesehen haben, als auch diejenigen, die wie Pabst und später Polheim und Meyer ein Problem diagnostiziert haben, gehen davon aus, dass sich im Fall einer ›idealen‹ oder – aus ihrer Sicht – ›normalen‹ Gattung alle vier Dimensionen bruchlos ineinanderfügen: Zumindest zwei Paare sollten zusammenpassen: Sachgeschichte (b) und Begriffsgeschichte (Poetikgeschichte) (a) einerseits, und Kanon (c) und Begriffsgeschichte (a) andererseits. Diese doppelte Passung sollte sich dann ›problemlos‹ in einen klar und deutlich definierten systematischen Gattungsbegriff (d) überführen lassen, den die Literaturwissenschaft und -didaktik dann zuverlässig in ihren analytischen Operationen nutzen können wie jedes andere, z. B. narratologische Instrumentarium auch. Definitionen wie die oben vorgestellte inszenieren in naiver Geste das bruchlose Ineinandergreifen von Poetik und Kanon sowie von Poetik und einer wie auch immer aufgefassten (und meist vom Kanon her konzipierten) Sachgeschichte, übertünchen dabei aber die Brüche zwischen den historischen Dimensionen.

Der erste Schritt, um überhaupt ein Problem anzuerkennen, lag also darin, die Inkompatibilität zwischen den Dimensionen (a) bis (c) bzw. (d) einzusehen. Die Problemlösungen bestanden bislang darin, dass man sich – in Abkehr von einer kritisierten Beschränkung auf eine dieser Dimensionen – auf eine der anderen Dimensionen gestürzt hat. Schröder folgt Pabst, wenn er sich von der Orientierung an Kanon und Poetik ab- und ausschließlich dem historischen Material (b) zuwendet. Blickt man auf die neuesten Arbeiten und Einführungsbücher, dann zeigt sich, dass auch die Dimensionen von Poetik und Kanon ihr Eigenleben führen. Diese Arbeit geht daher davon aus, dass jede der vier Dimensionen in ihren jeweiligen Räumen von Rationalität ihre Berechtigung haben kann und dass, wie im Folgenden zu zeigen ist, jede dieser vier Dimensionen ihr Modell bzw. ihre Modelle der Gattung hat. Diese Modelle gilt es zunächst zu beschreiben. Einige Modelle von Gattung und Gattungsgeschichte werden sich als unhaltbar erweisen. Aber es werden dennoch viele Arten von Gattungsgeschichte möglich und legitim bleiben.

21 Pabst (1953, 245).

## 2.2 Gattungsgeschichte als Wandel von Regelsystemen

Wenn man an diesem Punkt angelangt ist und mit der eigentlichen Arbeit beginnen will, steht man vor einer neuen Frage, von der die älteren Novellengeschichten erstaunlich wenig Rechenschaft ablegen, nämlich vor der Frage, wo man die Gattung der Novelle denn nun eigentlich suchen und finden will. Beantworten lässt sich diese Frage nur über eine Vorentscheidung, wofür man sich eigentlich interessiert. Diese Arbeit interessiert sich für zwei Aspekte: Erstens für die historische Situation. Das mag zunächst wenig informativ und – im Rahmen literaturgeschichtlicher Arbeit – nach einer nicht weiter erwähnenswerten Selbstverständlichkeit klingen. Diese Entscheidung hat jedoch bereits eine wichtige Konsequenz: Die aus dem gegenwärtigen Forschungsstand ableitbare und paarweise auftretende Inkommensurabilität interessiert mich nicht hinsichtlich ihrer etwaigen Schizophrenie innerhalb der Systematik literaturwissenschaftlicher Begriffe. Es geht mir nicht darum, das Inkommensurable aufzulösen, es kommensurabel zu machen, am Ende gar als ›schöne Paradoxie der Literaturwissenschaft‹ zu hegen oder für eine systematische Gattungsbestimmung zu glätten.[22] Stattdessen ist zu untersuchen, ob und in welchem Grad es das Inkommensurable, die Schizophrenie, das manische Schwanken zwischen übersteigerter Erwartung an die Gattung und deren völliger Aufgabe, oder, etwas vorsichtiger formuliert, die dialektische Spannung zwischen poetologischer Erwartung und Marktrealität bereits in der Wahrnehmung des 19. Jahrhunderts gab.[23] Damit lässt sich eine Anforderung an die Modellierung von Gattungsgeschichte formulieren: Ein multiperspektivisches Modell der Gattung muss es ermöglichen, die Spannungen in der historischen Situation sichtbar zu machen, anstatt sie durch Vereinfachungen oder Einseitigkeiten ungreifbar zu machen.[24] Was aber, so kann man weiter fragen, ist an der Beschreibung einer dialektischen Spannung in der literarischen Kultur des 19. Jahrhunderts nun interessant?

Hier kommt das zweite Interesse ins Spiel: Ich interessiere mich für Gattungen als Regelsysteme. Auch hier folge ich einer bei Meyer noch nicht methodisch explizit

---

22 Den Vorwurf einer unnötigen Mästung eines nur vermeintlich prinzipiell paradoxen oder antinomischen Gefüges von Gattung und Gattungstheorie erhebt Cohen (1986, 206) u. a. gegen Derrida; siehe Anm. 18 in diesem Kapitel. In der Novellenforschung hat die Arbeit von Rath (2008) eine starke Neigung, Aporetisches in einem vermeintlich systematischen Novellenbegriff zu reproduzieren.

23 Im Unterschied zu marxistischen Arbeiten wie der von Jameson (1981) geht es dieser Arbeit nicht um die Rekonstruktion einer historischen Dialektik mit der Methode der Dialektik (vgl. auch die Einordnung bei Keckeis/Michler (2020a, 29–31), sondern um eine methodologisch nicht-dialektische Analyse dessen, was ich hier nur vorläufig und in einem nicht-terminologischen Sinn eine dialektische Spannung nenne.

24 Diese Anforderung findet sich bei Meyer (1987, 19) vorformuliert, wenn er an den bestehenden Arbeiten kritisiert: »Die [bisherige, J.S.] Theorie bemüht sich nicht etwa darum, eine u. U. heterogene (historische) Wirklichkeit zu erfassen, sondern liefert das simplifizierende Instrumentarium, mit dem die Historie den gegenwärtigen Bedürfnissen, Interessen und/oder Verhältnissen angepaßt werden kann.«

reflektierten Modellierung. Als Regelsystem begreife ich das Zusammenspiel von überindividuellen Faktoren, die Ausprägungen von Merkmalen in Texten und Semantiken (Gattungsbegriffen) prägen oder bedingen. Im Folgenden werden Epoche, Gattung und Medienformate als potenzielle Faktoren des literarischen Regelsystems betrachtet. Von Gattungen als Regelsystemen erwartet man, dass sie die Textproduktion ebenso steuern wie die Rezeption und damit den literaturgeschichtlichen Wandel insgesamt. Gattungen sind die wichtigsten Kandidaten für ästhetische Regelsysteme, insofern sie ästhetisch relevante Erwartungen regulieren. Das gilt auch für die Novelle. Doch die paarweise beobachteten Inkommensurabilitäten legen nahe, dass der Anspruch an die Novelle als ästhetisches Regelsystem im 19. und frühen 20. Jahrhundert hoch gewesen sein dürfte, dass dieser Anspruch aber in der Realität der Textproduktion und im konkreten historischen Umgang mit den Gattungsbegriffen keine nennenswerte regulative Kraft hatte. Zu dieser Einschätzung kann man kommen, wenn man, zunächst vereinfachend, annimmt, dass der Bereich der Poetiken der Diskursraum ist, in dem der Anspruch einer Gattung als ästhetisches Regelsystem artikuliert, rationalisiert und diskursiv zur Geltung gebracht werden soll, während der Markt den Raum absteckt, in dem sich die Effekte der regulativen Kraft der unterschiedlichen Regelsysteme in Form in sich homogener und voneinander unterscheidbarer Textgruppen beobachten lassen müsste. Die zentrale Frage dieses Buchs lautet also: Wie hoch ist die regulative Kraft der Gattung Novelle in der deutschsprachigen literarischen Kultur des 19. Jahrhunderts? Zu klären sind daher im Folgenden die relevanten Modelle von Gattung, die den zunächst zu entfaltenden Sinn eines ästhetischen Regelsystems zu operationalisieren helfen.

### 2.2.1 Ästhetische Kategorie und Historisierung

Gattungen haben in der Praxis literarischer Produktion und Rezeption dann ihre höchste Relevanz, wenn sie als ästhetische Kategorien fungieren. Der Begriff der ästhetischen Kategorie ist im Folgenden insbesondere negativ und im Sinn einer *Privation* von analytischem Wert: Von der Novelle erwartet man, dass sie eine ästhetische Kategorie sei. Die entscheidende Frage wird daher sein, was die Novelle in den Zeiträumen ist, in denen sie keine oder nicht erfolgreich oder nur ganz partiell eine ästhetische Kategorie ist. Zu klären sind daher zunächst die Begriffe der ästhetischen Kategorie und eines ästhetischen Interesses.[25] Beschreibungen des ästhetischen Interesses an Gattungen finden sich in gattungstheoretischen Arbeiten eher vereinzelt, etwa bei Fishelov: »In order to understand and to evaluate the writer's work, we are

25 Für eine formalisierte Abgrenzung des ästhetischen vom klassifikatorischen Interesse vgl. Schröter (2024b, 175–180).

expected to take into account the generic background against which he operates«.[26] Systematisch wurde sie am anspruchsvollsten und völlig unabhängig voneinander von Jauß und Walton formuliert.[27] Während Jauß auf eine rezeptionsästhetisch und literaturgeschichtliche Dimension der ästhetischen Funktion von Gattungen abzielt, steht bei Walton, für den der Gattungsbegriff selbst nur eine untergeordnete Rolle spielt, die produktionsästhetische Dimension im Vordergrund.

Viele ästhetische Eigenschaften eines Kunstwerks können, so Waltons These, nicht kontextfrei wahrgenommen werden, sondern nur dadurch, dass ein Kunstwerk einer bestimmten Kategorie zugerechnet wird: Beethovens Weiterentwicklungen im Bereich der Symphonien und Sonaten könne man nur dann als Innovationen verstehen, wenn man die Sonatenhauptsatzform kennt, die Relation des zweiten zum ersten Thema, die Durchführung und die Reprise ausgehend von den durch die Form geweckten Erwartungen[28] zu lesen vermag und so den konkreten Sonatenhauptsatz als Aktualisierung, Erneuerung oder Herausforderung einer Form wahrnimmt.[29] Walton sagt zwar nicht, mit welchen Kategorien wir es im Bereich der Literatur zu tun haben. Aber es fällt nicht schwer, an analoge und syntagmatisch (d. h. in einem zeitlichen Nacheinander) aufeinander bezogene Erwartungen bei einer ›aristotelischen Tragödie‹ und einigen anderen stark kodifizierten literarischen Formen zu denken. Sogenannte *standard features*, deren Vorliegen erwartet wird, sind genauso relevant wie *contra standard features*, die man nicht erwartet und von denen man irritiert ist, wenn sie vorliegen, weil sie gegen die Zugehörigkeit zur betreffenden ästhetischen Kategorie sprechen.[30] Insbesondere die in der Novellenforschung nie berücksichtigten *contra standard features* werden in den folgenden Untersuchungen wichtig werden.

Bei der Novelle wird man ausgehend vom kodifizierten Novellenwissen (d) insbesondere an den Wendepunkt und den Konflikt denken, der im poetologischen Diskurs des 19. Jahrhunderts über das vage Aggregat der Konzentration zusammengehalten und deshalb in Kapitel 6.4 ausführlich zu besprechen sein wird. Das Argument, dass kategoriale Erwartungen die Möglichkeitsbedingung der Wahrnehmung bzw. Kommunikation von ›etwas als etwas‹ seien, wurde nicht nur in hermeneutischen, sondern auch in strukturalistischen,[31] kognitionswissenschaftlichen sowie semiotischen

---

**26** Fishelov (1991, 135).

**27** Vgl. Jauß (1993) und Walton (1970). Das Argument findet sich in komprimierter Form und ohne Bezug zu den genannten Theorien bei Baßler (2010). Auch für Frank (1989, 161) ist die Annahme zentral, dass die Werkhaftigkeit aus der Gattungszugehörigkeit resultiert.

**28** Für eine analytische Klärung des meist vortheoretischen Begriffs der Erwartung vgl. Gittel (2021, 24–28). Wichtig wird am Ende die Unterscheidung zwischen prognostisch-faktualen und normativen Erwartungen; vgl. grundlegend Tuomela (2002, 250).

**29** Vgl. Walton (1970, 339–341).

**30** Vgl. ebd., 351–352.

**31** So bei Culler (1975; 2020, 97).

Gattungstheorien vertreten[32] und liegt auch funktionsgeschichtlichen[33] Ansätzen von Gattungsgeschichte zugrunde. Gattungen sind demnach auf den Begriff gebrachte Kondensate von Erwartungen. Daraus folgt: Das Wissen um eine bestimmte Gattung ist unter einer ästhetischen Perspektive dann maximal relevant, wenn der Gattungsbegriff möglichst genau die von Walton beschriebenen Arten von kategorialen Erwartungen erfasst.

Um als Grundlage für Aussagen über literarische Kommunikation dienen zu können, muss sich die Konzeption von Gattungen als Kategorien auf historische Semantiken und Praktiken beziehen. Walton formuliert vier Bedingungen dafür, dass es zulässig ist, ein Werk im Zuge einer Interpretation einer Kategorie *K* zuzuschreiben:

> a) Das Werk muss in die Kategorie *K* passen; b) Es ist interessanter, das Werk in der Kategorie *K* wahrzunehmen als in einer anderen Kategorie; c) Der Autor hat von seinem zeitgenössischen Publikum erwartet, dass das Werk in der Kategorie *K* wahrgenommen wird; und: d) Das zeitgenössische Publikum hat/hatte einen Begriff der Kategorie *K*.[34]

Walton liefert Beispiele und Gründe dafür, dass möglichst viele der vier Bedingungen erfüllt sein sollten, dass aber häufig nicht alle vier erfüllbar seien; (c) und (d) sind die historisierenden Bedingungen: (c) historisiert in produktions-, (d) dagegen in rezeptionsästhetischer Hinsicht.[35] Wenn man diese beiden Bedingungen beim Interpretieren ganz ignoriert und ausschließlich auf die wert-maximierende Anforderung (b) zielt, kommt man in der Regel zu anachronistischen Ergebnissen.

Das Problem mit anachronistischen Auffassungen ästhetischer Erwartungen lässt sich an Beispielen konkret fassen: Ein Interpret könnte zu einem Text *ad hoc* eine beliebige, gut zu diesem aber zu sonst nur wenigen Texten passende Kategorie definieren. Er könnte dieser Kategorie, weil die Wahl des Definiendums in Definitionen willkürlich ist, den Namen ›Novelle‹ geben. In seiner Interpretation dürfte er dann zu dem Ergebnis kommen, dass das betreffende Werk eine besonders markante und treffende Realisierung einer sehr seltenen – weil vom Interpreten zu genau diesem Zweck konstruierten – Gattung ist. Greiners Interpretation von Kleists Erzählung »Die Marquise von O … .« und Raths Interpretation von Hartmanns Verserzählung »Der arme Heinrich« als herausragende Novellen auf Grundlage jeweils idiosynkratisch konstruierter Novellenbegriffe sind Beispiele für diese Art anachronistischen Interpretierens.[36] Eine Gattungsgeschichte, die Gattungen als ästhetische Kategorien ohne Sensibilität für den semantischen Wandel der ästhetischen Erwartungen formuliert, ist ungeeignet, literarischen Wandel zu beschreiben. Einen Fehler begehen die beiden

32 Vgl. Rabinowitz (1987), Raible (1980) sowie Neumann/Nünning (2007, 11).
33 Vgl. Voßkamp (1977; 1987) und Aust (2012).
34 Vgl. Walton (1970, 357–362).
35 Dass eine historisierende Auffassung maßgeblich sei, hat auch Ryan (1981, 112) angemerkt: »The significance of generic categories thus resides in their cognitive and cultural value, and the purpose of genre theory is to lay out the implicit knowledge of the users of genres.«
36 Vgl. Greiner (2000, 312), Rath (2008, 66), siehe die Rekonstruktion in Schröter (2019, 232).

Interpreten in dem Moment, in dem sie mit ihrer Interpretation eine Erklärung dafür liefern wollen, warum die jeweils untersuchten Texte *als* Novellen innovativ und deshalb literaturgeschichtlich relevant seien. Eine konsequente Historisierung des an die Interpretation herangetragenen Gattungsbegriffs sollte daher für die Literaturwissenschaft selbstverständlich sein. Doch Greiner und Rath sind mit dieser Art von anachronistischer Gattungskonstruktion bei Weitem nicht allein. Die von Walton formulierten Bedingungen (a) und (b) laden geradezu zu einer Auffassung von Gattung als universeller, transhistorisch stabiler Kategorie ein, die möglichst festgestellt sein muss, um die Passung des Einzelwerks zur Gattung nicht unnötig zu verkomplizieren. Diese – für die Novellengeschichte verhängnisvolle – Tendenz zur Feststellung des Gattungsbegriffs im ästhetischen Interesse findet sich auch in der ansonsten auf gedankliche Flexibilität setzenden Reflexion von Manfred Frank.[37]

Eine konsequent historisierende Fassung des Verhältnisses von ästhetischer Erfahrung und kategorialen Erwartungen strebt dagegen Jauß' rezeptionsgeschichtliche Modellierung an:

> Die Rekonstruktion des Erwartungshorizontes, vor dem ein Werk in der Vergangenheit geschaffen und aufgenommen wurde, ermöglicht andererseits, Fragen zu stellen, auf die der Text eine Antwort gab, und damit zu erschließen, wie der einstige Leser das Werk gesehen und verstanden haben kann.[38]

Gattungsbegriffe sind ein Kandidat für semantisch kultivierte Aggregate dessen, was in Jauß' rezeptionsgeschichtlichem Theoriezuschnitt Erwartungshorizont heißt. Wenn wir die ästhetische Relevanz im Sinn einer Abweichungsästhetik, aber auch wenn wir einfach die historische literarische Kommunikation mit Mitteln u. a. von Gattungsbegriffen beurteilen oder nachvollziehen wollen, müssen wir uns auf die historischen, in einer literarischen Kultur verwendeten Gattungsbegriffe beziehen.

Man sollte erwarten, dass Novellengeschichten, wenn sie von einem ästhetischen Interesse ausgehen, einen solchen historisierenden Sinn von ästhetischen Kategorien ins Zentrum rücken. Es ist daher verblüffend, wie selten dies geschehen ist: Nicht nur die heute obsoleten Zugriffe von Borchert, Klein und Pongs, sondern auch noch die Entwürfe von Himmel und Kunz, die sich explizit als ›Novellengeschichte‹ verstehen, definieren zunächst – recht willkürlich – einen Idealtyp, der damit zum fest geronnenen Erwartungshorizont wird.[39] In diesen Novellengeschichten verändert sich nur, wie sich einzelne Texte zum Erwartungshorizont bzw. Idealtyp der Novelle verhalten. Es verwundert daher nicht, dass diese Ansätze zu einer vordefinierten Höhepunkt-

---

37 Siehe Anm. 27 in diesem Kapitel.

38 Jauß (1993, 136). Henny-Krahmer (2023, 35) nutzt Jauß' Überlegungen ebenfalls für historisierende Fassungen von Genres, nimmt aber deren Zuschnitt auf ästhetische Funktionen nicht in den Blick.

39 Vgl. Borcherdt (1926), Pongs (1929), Klein (1960), Himmel (1963) und Kunz (1970; 1992). Zum Wert, den die Arbeiten von Kunz und Himmel für das Textverständnis und sogar für Tendenzen innerhalb enger Zeiträume haben, vgl. die differenzierte Kritik von Garrido Miñambres (2009, 46–47).

und Verlustgeschichte der Gattung werden. Bei Pongs und Klein fällt der Höhepunkt aus völkischen und nationalistischen Motiven auf Kleist, Himmel findet ihn am Übergang zum Realismus um 1850 in den Poetiken von Theodor Mundt, bei Kunz dagegen scheint er im Spätrealismus realisiert zu sein.[40] In diesen Novellengeschichten sind nur die besprochenen Texte geschichtlich, insofern sie in eine historische Reihe gestellt werden. Der Gattungsbegriff und der über diesen Begriff semantisch kultivierte Erwartungshorizont selbst wird in diesen Arbeiten nicht geschichtlich. Selbst Walton neigt dazu, ästhetische Kategorien – so wie Genette den Modus oder Hempfer die Schreibweise als Konstanten auffassen – für etwas Stabiles, geradezu anthropologisch Konstantes zu halten. Man muss sich daher aus theoriegeschichtlicher Perspektive nicht wundern, wenn ältere Gattungsgeschichten von Jolles' Konzept der einfachen Formen oder von Staigers existenzialontologischer Konfiguration von Epischem, Dramatischem und Lyrischem als *a priori* gültigen Daseinsmodi beeinflusst sind und ihren Gattungsbegriff stabil gestellt haben.[41] Das ändert dennoch nichts daran, dass der Erwartungshorizont und dessen Semantisierung als sich geschichtlich wandelnde Prozesse zu beschreiben sind, wenn man literarischen und kulturellen Wandel anhand von Gattungsgeschichte begreifen will.

Zwei zentrale Komponenten aus Jauß' etwas in die Jahre gekommenen Begriff des Erwartungshorizonts werden im Folgenden noch nützlich und daher in einem Modell von Gattungsgeschichte quantitativ zu operationalisieren sein:[42] Die Aspekte der Wertung und der Symmetrie zwischen Produktion und Rezeption. Die Erwartungen werden bei Jauß explizit an ästhetische Würdigung und Wertung angeschlossen:

> Die Art und Weise, in der ein literarisches Werk im historischen Augenblick seines Erscheinens die Erwartungen seines ersten Publikums einlöst, übertrifft, enttäuscht, oder widerlegt, gibt offensichtlich ein Kriterium für die Bestimmung seines ästhetischen Werts her.[43]

Jauß klingt, als sei es die Aufgabe und der Sinn von Literaturgeschichtsschreibung, für die jeweils wichtigsten literarischen Werke zu zeigen, dass ihre Bedeutung durch ihre Abweichung zum jeweils historischen Literatursystem zustande kommt. Wie bereits Polheim deutlich gemacht hat, sollte es nicht die Aufgabe literaturwissenschaftlicher Gattungsforschung sein, Wertungen selbst zu vollziehen oder Gattungen als

---

**40** Vgl. zu einer systematischen Beschreibung dieses Problems Schröter (2019, 249).

**41** Keckeis/Michler (2020a, 15–17) lassen die Abkehr von dieser Form von Gattungstheorie als anthropologisch fundierten Konstanten (Jolles 2006 [1930]; Staiger 1951, 153) mit den Arbeiten von Szondi beginnen, insb. mit dessen *Theorie des modernen Dramas* (Szondi 2004 [1963]).

**42** Jauß' Ansatz wurde bereits in der Funktionsgeschichte literarischer Gattungen von Voßkamp (1977, 30) aufgegriffen.

**43** Jauß (1993, 133).

Wertkategorien zu reproduzieren.[44] Doch unabhängig davon, wie normativ, ästhetisch essenzialistisch und wertungs- sowie kanonaffin Jauß' Modell ursprünglich gemeint war, lässt es sich für eine in den Objektbereich verschobene Analyse ästhetischer Kategorien nutzen. Es führt zwei Maße ein, das der ästhetischen Distanz und das des Horizontwandels: Die ästhetische Distanz soll den Abstand eines Werks zum Erwartungshorizont erfassen; der Horizontwandel die Veränderungsleistung des Werks, den Grad also, in dem das Werk den historischen Erwartungshorizont zu verändern vermag. Man kann Polheims berechtigte Kritik am Fetisch des Wertens in der Novellenforschung präzisieren: Ästhetischer Wandel, reguliert über Gattungsbegriffe und die ihnen innewohnenden Wertungsakte, vollzieht sich innerhalb literarischer Kulturen. Gattungsgeschichte hat es daher mit Wertung zu tun: Aber nicht in Form des eigenen Vollzugs, sondern in Form von Beobachtung.

Eine wichtige Idee für die Gattungsgeschichtsforschung liefert Jauß mit einem Gedanken, den er in einer eher umständlichen Formulierung versteckt hat:

> Im Schritt von einer Rezeptionsgeschichte der Werke zur ereignishaften Geschichte der Literatur zeigt sich diese als ein Prozeß, in dem sich die passive Rezeption des Lesers und Kritikers in die aktive Rezeption und neue Produktion des Autors umsetzt.[45]

Es gehört zu den zentralen und ein wenig schwer zu rechtfertigenden Voraussetzungen, die Gattungsforschung macht, dass leserseitige Erwartungen und autorseitige Erwartungserwartungen symmetrisch seien und so aufeinander bezogen sind, dass sie sich in einem Gleichgewicht befinden und einander sukzessive angleichen.[46] Die Konzeptualisierung von Gattung als ästhetische Kategorie hilft, diese Voraussetzung zu plausibilisieren: Autoren und Leser nehmen an einem gemeinsamen Spiel des Ausweises von Innovation, Perfektion, Konventionalität und Variation teil. Wollen Autoren das Spiel um Aufmerksamkeit im Bereich ästhetischer Würdigung zu ihren Gunsten spielen, liegt es auch an ihnen selbst, die kategorialen Erwartungen in Form von Gattungsbegriffen zu kultivieren und zu kommunizieren. Zu einem Teil ist die Geschichte der Novelle im 19. Jahrhundert als der Versuch von Autoren und anderen Akteuren rekonstruierbar, die Gattungssemantik im Sinn einer ästhetischen Kategorie im jeweils eigenen Interesse zu lenken.

---

**44** Vgl. Polheim (1981, 14–16), der Jauß einen Rückfall in normatives Denken im Rahmen eines zunächst historisierend konfigurierten Modells vorwirft.

**45** Jauß (1993, 141).

**46** Die Annahme, dass sich Erwartungserwartungen komplementär zu Erwartungen etablieren, ist eine Grundannahme der Systemtheorie; vgl. Luhmann (1984, 412) und Müller/Nassehi (2013, 103–104).

### 2.2.2 Funktionsgeschichte

Dass die Novelle dem Modell von Gattung als ästhetischer Kategorie, wie sich aus der paarweisen Inkommensurabilität zwischen Poetik (a) und Marktsituation (b) ableiten lässt, nicht oder nur eingeschränkt zu folgen scheint, wirft die Frage auf, was eine Gattung denn ist, wenn sie keine ästhetische Kategorie ist. Diese Frage wird in dieser Arbeit funktionsgeschichtlich formuliert, also als die Frage, welche Funktion eine Gattung in einer literarischen Kultur erfüllt, in der sie keine oder nicht nur eine ästhetische Funktion erfüllt. Ein umfassendes Modell einer Funktionsgeschichte der Literatur ist nach wie vor ein Desiderat.[47] Eine funktionsgeschichtliche Theorie literarischer Gattungen wurde in den 1970er Jahren von Wilhelm Voßkamp entworfen.[48] Diese Version von Funktionsgeschichte, deren Leistungsfähigkeit für die Rekonstruktion einzelner Gattung von Tilman Venzl für das Militärdrama des 18. Jahrhunderts gezeigt wurde,[49] hatte jedoch primär ästhetische Funktionen im Blick.[50] Eine sinnvolle Taxonomie nicht-ästhetischer Funktionen steht noch aus. Man kann hier, je nach Gegenstand und Interesse, an Unterschiedliches denken: Primär natürlich an die klassifikatorische Funktion der Gattungsbegriffe, dann an die Vereinnahmung für letztlich anthropologische und philosophisch-ästhetische Argumente, in denen ästhetische Funktionen eine Rolle spielen, in denen Gattungen aber eher zu Theoriebausteinen werden. Auch um diese Funktionen geht es hier nicht; sondern um folgende drei: ökonomische, allgemein literatur- und kulturpolitische sowie individuelle (auf persönlichen Nutzen zielende) Positionierungsstrategien. Man kann vorläufig und in erster Annäherung davon ausgehen, dass sich diese letzte Gruppe auf sozial einfachere Funktionszusammenhänge und Grundbedürfnisse bezieht, als die spezifischen ästhetischen Konzeptionen für komplexe und kulturell vermittelte Funktionen, die Gattungen in der Funktionsgeschichte bei Voßkamp zugeschrieben wurden.[51]

Sobald ein Begriff verfügbar ist, wird er auch als kulturpolitischer Begriff verfügbar und kann in verschiedenen Kommunikationssituationen unterschiedliche Funktionen übernehmen. Die grundsätzliche, und von Stegmüller umfassend analysierte Problematik des Funktionsbegriffs im Verhältnis zu alternativen Erklärungsmodellen, insbesondere der intentionalen und der Kausalerklärung, tritt auch hier auf: Alles

---

47 Vgl. Jannidis/Lauer/Winko (2009, 23).

48 Vgl. Voßkamp (1977; 1983; 1987; 2016).

49 Vgl. Venzl (2019) und darin die Rekonstruktion sowie theoretische Aktualisierung von Voßkamps Ansatz zu Gattungen als literarischen Institutionen in einem sozialgeschichtlichen Rahmen, ebd., 80–87.

50 Das zeigt sich insbesondere in den Fallstudien zu einzelnen historischen Gattungen wie dem Abenteuer- und Bildungsroman oder der Utopie, vgl. Voßkamp (1987; 1983; 1989). Die Engführung auf ästhetische Funktionen ist aber nicht theoretisch zwingend in der Funktionsgeschichte bei Voßkamp angelegt.

51 Vgl. zur Unterscheidung von Grundbedürfnissen in Primärsituationen und Folgebedürfnissen in einem Zusammenhang der Institutionalisierung Venzl (2019, 84–85), der sich auf Schelsky (1970, 19) bezieht.

Mögliche kann zur Funktion werden.[52] In vielen Fällen ist der Rückgriff auf den Begriff der Funktion nur eine Maskierung des Begriffs der Intention. Dass der Novellenbegriff positionierungsstrategische Funktion einnimmt, heißt auch, dass er von den literarischen Akteuren in der entsprechenden Absicht verwendet wird. In einer funktionalen Beschreibung kommt hinzu, dass das kulturelle Feld einen bestimmten Handlungstyp – beispielsweise den der Positionierung im literarischen Feld über einen bestimmten Gebrauch von Gattungsbegriffen – so zulässt, dass dieser Handlungstyp zum Erfolg führt. Die funktionale Beschreibung blickt dabei auf die Systemkomponente, während die intentionale Beschreibung der gleichen Vorgänge auf die individuelle Handlungskomponente zielt. Die in der analytischen Handlungstheorie sowie der Theorie der Sozialwissenschaften geführte Diskussion, ob die funktionale Dimension letztlich auf die intentionale Dimension reduzierbar ist oder umgekehrt, kann und muss hier nicht entschieden werden.[53]

In einer Kultur und in Kommunikationssituationen, in denen das Wort ›Novelle‹ als Gattungsbegriff zwar bereits verfügbar ist, aber nicht erfolgreich ästhetische Erwartungen reguliert, ist zu prüfen, welche alternativen und ergänzenden Funktionen der Begriff übernimmt. Ästhetische und andere Funktionen schließen dabei einander nicht notwendig aus: Der Novellenbegriff kann eine mehr oder weniger schwache ästhetische Funktion und zugleich politische Funktionen übernehmen.[54] Lediglich eine Annahme asymmetrischer indirekter Proportionalität wird im Folgenden wichtig sein: Je schwächer die ästhetische Funktion eines Gattungsbegriffs ausgeprägt ist, desto stärker sind seine vermarktungsstrategischen, literaturprogrammatischen, politischen und positionierungsstrategischen Funktionen.

Ein theoretischer Begriff, der in der Funktionsgeschichte bislang fehlt, ist für die Gattungstheorie dieses Buchs an dieser Stelle einzuführen: der des Bezugsproblems in dem von Eibl explizierten Sinn, wenn er folgende zwei ›Kardinalfragen‹ für Literaturgeschichte formuliert:

> 1. Was ist das Bezugsproblem, das das System mit seinen Mitteln lösen wollte/mußte? 2. Welche Umweltfaktoren haben diesen und nicht einen anderen Problemlösungsversuch erfolgreich sein lassen?[55]

---

52 Vgl. zu unterschiedlichen Systematiken und der prinzipiellen Offenheit des Funktionsbegriffs in literaturgeschichtlichen Kontexten Sommer (2000, 341) und Schmücker (2001, 28).

53 Vgl. Stegmüller (1969, 556), Rohwer/Pötter (2001, 56) und Schröter (2018, 27–33) sowie, für einen funktionalistischen Zugriff aus den Sozialwissenschaften, Nassehi (2011, 63). Wichtig sind nicht die in der Literaturtheorie häufig und jüngst z. B. von Baßler (2017) zurückgewiesenen semantischen Intentionen (vgl. Schröter 2023c), sondern die kategorialen oder generischen Intentionen; vgl. Walton (1970), Levinson (1996) und zu einer Rekonstruktion der Kontroversen zu dieser Unterscheidung Spoerhase (2007, 127–128).

54 Vgl. zur Kombinierbarkeit von Funktionen Jannidis/Lauer/Winko (2009, 24).

55 Eibl (1996, 14).

Es sind diese zwei Fragen, die am Ende der Arbeit in der funktionsgeschichtlichen Synthese zu stellen sind. Als Funktion der Gattungsbegriffe wird in dieser Arbeit jeweils die diskursive und praxeologische Problemlösungsstrategie bei der Verwendung dieser Gattungsbegriffe aufgefasst. Die grobe Rubrizierung der Funktionstypen kann ausgehend von der Art des Bezugsproblem erfolgen. Die Funktion des Einsatzes des Novellenbegriffs ist politisch, ökonomisch oder positionierungsstrategisch, wenn das Bezugsproblem ein politisches, ökonomisches oder positionierungsstrategisches Problem ist. Insbesondere der Bereich der ästhetischen Funktion, der von Walton ebenso wie von Jauß stark auf die essenzialistische Logik von Perfektion und Abweichung eingeschränkt wurde, könnte sich in künftiger Forschung besser dadurch historisieren lassen, dass die in den Gattungsbegriffen verschränkten ästhetischen, politischen und sonstigen Bezugsprobleme differenziert und dann in ihrem Zusammenspiel analysiert werden.

Das Verhältnis zwischen ästhetischen und anderen Funktionen zu bestimmen ist für das historische Verständnis einer literarischen Kultur nützlich, weil es zu verstehen hilft, was einer Kultur ›wichtig‹ war. Man kann etwas über die kulturellen Werte lernen. Und indem man nachvollziehbar macht, inwiefern die ästhetische Funktion nicht oder nur bedingt eingelöst wird, kann man sehen, wie sehr Selbstbild einer Kultur und deren produktive Realität auseinanderdriften. Und schließlich kann man untersuchen, in welchem Grad die historische Kultur ein Bewusstsein für dieses Auseinanderdriften hat, ob sie blind dafür war, ob sie es mit einigem Aufwand aktiv ausblendet, oder ob sie es als dialektische Spannung wahrnimmt.

Die Frage, ob es eine Gattung in einem literarischen Sinn gibt, ob es also nicht nur Novellen, sondern die Novelle als literarische Gattung gibt, lässt sich als Frage nach einem Funktionswandel formulieren. Es ist zu untersuchen, ob für den Novellenbegriff zunächst nicht-ästhetische Funktionen dominieren, ob sich im Lauf der Zeit indes eine ästhetische Funktion durchsetzt, und ob die ästhetische Funktion dann wieder schwächer und durch andere Funktionen ersetzt wird. Man sieht hier vielleicht das leitende Modell hinter einer solchen Verlaufsannahme durchscheinen. Es wurde von Fishelov treffend über die Metaphorik des Organischen beschrieben.[56] Man unterstellt Gattungen eine Phase des Werdens, der Blütezeit, und des Vergehens. Aufgrund der hinlänglich diskutierten Probleme mit dieser organologischen Metaphorik hat man dieses Verlaufsmodell, insbesondere in der Funktionsgeschichte, in die Phasen der Institutionalisierung und De-Institutionalisierung von Gattung übersetzt.[57] Als solches prägt es aber immer noch die Annahmen über Novellengeschichte. Die bestehenden Novellengeschichten haben immer eine bestimmte Blütezeit postuliert, und zwar in Abhängigkeit von ihrer eigenen Wertvorstellung, bei welchen Autoren die ›beste‹ oder ›ideale‹ Form der Novelle realisiert war. Dies hat letztlich immer einem literaturpolitischen ›Argument‹ über den Wert unterschiedlicher Literaturvers-

56 Vgl. Fishelov (1993).

57 Vgl. Voßkamp (1977, 30).

tändnisse gedient.[58] Ein differenzierteres Bild gattungsgeschichtlichen Wandels lässt sich über den Funktionswandel fassen, ohne literarische Wertungen vollziehen zu müssen, und ohne auf die Abfolge vorbestimmter Phasen (wie Blühen und Verblühen bzw. Institutionalisierung und De-Institutionalisierung) festgelegt zu sein.

### 2.2.3 Gattung als Genre und als Textsorte

Eine analytische Unterscheidung, die in der englischsprachigen Gattungsforschung und auch in der älteren Funktionsgeschichte noch keine Berücksichtigung gefunden hat, hat sich in einer jüngeren quantitativen Studie zur Gattungsgeschichte bewährt: die von Fricke kommende Unterscheidung zwischen Gattung als Textsorte und Gattung als Genre. Textsorten sind, so die rationale Rekonstruktion, die Gittel für die von Fricke entwickelte Dichotomie vorschlägt, »Generalisierungen über Textmerkmale, während Genrebegriffe Generalisierungen über Einstellungen von Personen zu Texten darstellen.«[59] Im Unterschied zu Hempfers – an Genette angelehnte – Unterscheidung zwischen Genre und Schreibweise (*mode*), an die sich Fricke selbst später jedoch in verunklärender Weise wieder anzunähern versucht hat, geht es in diesem Verständnis des Begriffspaars Genre/Textsorte nicht um die Differenz zwischen historischen (Genre) und transhistorischen Schreibweisen, sondern zwischen Textgruppierung nach Merkmalen und den semantischen Erwartungen solcher Merkmale.[60]

Diese Unterscheidung ist analytisch unverzichtbar, um Novellen- als Funktionsgeschichte zu rekonstruieren, wenn man die wesentlichen Züge der historischen Komplexität und der Dialektik des Novellenbegriffs gerade nicht verdecken, sondern sichtbar machen möchte. Mit Gittels rationaler Rekonstruktion von Frickes Terminologie sind Textsorten Generalisierungen über Merkmale, Genres dagegen Generalisierungen über Erwartungen. Komplex ist die Unterscheidung zwischen Textsorte und Genre auch deshalb, weil sie sich in Teilen, aber nicht exakt, mit der Unterscheidung

---

**58** Vgl. zu dieser Kritik M. Neumann (2011).

**59** Gittel (2021, 48) mit Bezug auf Fricke (1981).

**60** Vgl. Fricke (2010b). Ich halte es für offen, ob Fricke tatsächlich den von Gittel rekonstruierten und hier fortgeführten Sinn des Textsortenbegriffs im Blick hatte. Sowohl Garrido Miñambres (2009, 87–88) als auch Schröter (2019, 237–238) und Henny-Krahmer (2023, 41–43) haben Frickes Unterscheidung so rekonstruiert, dass sie auf eine Unterscheidung zwischen systematischem und historischem Sinn hinausläuft. Für die Rekonstruktion von Gittel (2021, 47–48) spricht, dass sie für ein Modellierung von Gattungsgeschichte deutlich fruchtbarer gemacht werden kann. Allerdings wird Frickes Modell von der Fixierung auf die klassifikatorische Funktion des Textsortenbegriffs zu befreien sein. Am Ende wird von Frickes ursprünglichem Modell so wenig übrigbleiben, dass man den Begriff der Textsorte auch durch Alternativen ersetzen könnte; aber mir geht es im Folgenden nicht um die Neuprägung terminologischer Ausdrücke. Zum Problem der Vermittlung zwischen systematischer und historisierender Perspektive, die beispielsweise Todorov [1970] (2015, 25–26) für unverzichtbar hielt, vgl. Zipfel (2010, 214).

zwischen dem Bereich der Poetiken und der Textproduktion auf dem Buch- und Journalmarkt deckt. Der primäre Ort der Artikulation von Erwartungen und damit von Gattung als Genre sind die poetologischen Äußerungen; insbesondere dann, wenn sie mit normativem Anspruch auftreten. In einem sekundären Sinn können aber auch Poetiken deskriptiv die beobachteten Gattungen als Textsorten zu beschreiben versuchen. Und aus der Lektüre von Texten und der Wahrnehmung von Texten nach Gattungsgruppen können Leser Genreerwartungen entwickeln, und zwar auch weitgehend unabhängig von den Poetiken. Genreerwartungen können also in literarischen Kulturen aus der Wahrnehmung von Textzusammengehörigkeit als Textsorten aggregiert werden.

Wenn man die Textsorte der Novelle als die Gruppe der Texte bestimmt, die in einer literarischen Kultur als Novellen galten, dann trifft man auf die nächste und für die Gattungsgeschichte zentrale Frage, welche Texte als Novellen gelten sollen. Klar ist nur, dass diese Frage nach Kriterien historischer Wahrnehmung und Gattungszuschreibung erfolgen sollte, wenn man an Gattungen als Einheiten in der historischen literarischen Kommunikation interessiert ist. Da diese Arbeit ein Interesse an den historischen Regeln der literarischen Kommunikation verfolgt, bildet sie Textsorten im Folgenden immer als Gruppierungen nach historischen Kommunikationsmaßstäben. Der wichtigste Anhaltspunkt wird, wie bei Schröder, Meyer und Aust, die Zuschreibung in den Paratexten der Erstdrucke sein. Da die Wahl des Kriteriums zur Gruppenbildung jedoch vom Erkenntnisinteresse abhängt, wird diese Frage in Kapitel 3.4 unter systematischen Gesichtspunkten der Korpuskonstruktion sowie der Metadatenerschließung zu entwickeln sein. Die Zuordnung von Texten zu Gattungen ist keine ontologische Frage; ja, es ist nicht einmal eine logische Frage, sondern eine perspektivische: Texte gehören Gattungen nur innerhalb und damit nur relativ zu historischen Kommunikationssituationen an.[61] Grundsätzlich wird zu unterscheiden sein, ob Gattungsbegriffe in natürlicher Einstellung gebraucht werden, oder ob man sich auf den historischen Gebrauch der Gattungsbegriffe in perspektivischer Einstellung bezieht. Das Interesse an der historischen Semantik erfordert grundsätzlich eine perspektivische Einstellung.

Im Rahmen von Funktionsgeschichte hat Voßkamp nach der ästhetischen Funktion von Gattungen im Sinn von Textsorten gesucht, wenn er etwa die These entwickelt, dass in den Jahrzehnten vor 1800 der Bildungsroman die Funktion des Abenteu-

61 In der Novellenforschung ist diese Modelloption, etwa bei Schröder (1970), Meyer (1987), Kiefer (2010) und Aust (2012), gut etabliert. In den *CLS* wurde sie von Underwood (2016; 2019b) als Aspekt der perspektivischen Modellierung stark gemacht. Auch die Arbeiten von Calvo Tello (2021) und Henny-Krahmer (2023) folgen diesem Modell. Henny-Krahmer entwickelt dieses Modell als semiotisches Gattungskonzept (ebd., 18–22) in Anlehnung an die gattungstheoretischen Grundlegungen von Raible (1980) und Schaeffer (1989).

erromans übernimmt.[62] Ihm ging es also um die Texte, die Bildungs- oder Abenteuerromane sind, und darum, welche Aufgabe sie im Sozialsystem Literatur übernehmen. Zumindest für die Novellen ist diese Selbstbeschränkung auf die Gattung als Textsorte nicht hilfreich, weil die Funktionen des Gattungsbegriffs zu einem erheblichen Teil über die Funktion der Genreerwartungen laufen. Die analytische Unterscheidung zwischen Gattung als Textsorte und Genre mag in den Fällen nicht so wichtig sein, in denen beide Aspekte in Einklang miteinander stehen. In einem idealisierten Gesamtmodell einer ›unproblematischen‹ Gattung haben Genre und Textsorte die gleiche Intension und Extension. In solchen Fällen (wenn es sie denn gibt), kann man diese Unterscheidung als eine analytisch zwar mögliche, für die empirische Forschung aber verzichtbare Unterscheidung ausklammern. Bei den Novellen geht das nicht; denn wenn man die normativ ausgerichteten Poetiken als Artikulation von Genreerwartungen begreift, dann driften bei den Novellen Textsorte und Genre auseinander. Als Genre scheint die Gattung in keiner Hinsicht zur Textsorte zu passen, gleich ob man diese nun über den Massenmarkt (Dimension b) oder über den Kanon (Dimension c) fasst. Daher muss eine Novellengeschichte, die sich für die Diskrepanz zwischen Sach- und Begriffsgeschichte interessiert, von der Unterscheidung zwischen Genre und Textsorte ausgehen. Die Sachgeschichte fällt in den Bereich der Textsorte. In der Begriffsgeschichte überschneiden sich dagegen Aspekte von Genre und Textsorte.

### 2.2.4 Normativität

Wie nützlich die Modellunterscheidungen zwischen Genre und Textsorte sind, lässt sich über den uralten Streit über die Normativität von Gattung begreifen. Seit den Arbeiten von Polheim gelten normative Gattungstheorien auch in der Novellenforschung als überholt.[63] Polheim wendet sich insbesondere gegen die vorherrschende Praxis, den Novellenbegriff ohne besondere Rücksicht auf historische Sachverhalte so zu bestimmen, dass er – wie in allen älteren Novellengeschichten – zur oft auch politischen Bewertung literarischer Texte als ästhetisch wertvolle oder wertlose Novellen benutzt werden konnte. Polheim stellt daher das Ideal einer historischen Gattungsforschung einer verfehlten normativ-poetologischen Herangehensweise entgegen.

Polheims binäre Unterscheidung zwischen normativer vs. historischer Gattungsforschung übersieht jedoch einen wichtigen historisch-normativen Aspekt, der in sozialwissenschaftlicher Forschung zum Selbstverständnis normativer Wissenschaft nach Simmel gehört: Indem es bei der Rekonstruktion von Gattungen auch um die Rekonstruktion von Genreerwartungen geht, geht es zugleich um potenziell normativ wirk-

62 Siehe Anm. 50 in diesem Kapitel.
63 Vgl. Polheim (1965; 1981).

same Praktiken.[64] Richtigerweise gilt es diese jedoch empirisch und deskriptiv zu rekonstruieren. Es gilt also historisierend zu beschreiben, in welcher Weise Gattungssemantiken und gattungsrelevante soziale Praktiken normativ wirksam waren. Zum Begriff des Genres gehört also normative Kraft innerhalb der zu rekonstruierenden literarischen Kultur.[65] Der Textsortenbegriff soll dagegen analytisch Textgruppen ungeachtet der normativen Aspekte greifbar machen. Eine Textsorte kann als rein nachträgliche Klassifikation operationalisiert werden oder als zu einer Textgruppe geronnenes Ergebnis normativ wirksamer Genreerwartungen.[66] Beide Gruppierungslogiken werden im Folgenden wichtig sein: die erste unter anderem für Medientextsorten, die zweite für die historischen Gattungsgruppen.

Zu beachten ist an Polheims Argument, dass das Normative nichts in der Metasprache und damit in unserem interpretierenden *Gebrauch* der Gattungsbegriffe (im Sinn von *use* im Unterschied zu *mention*) innerhalb der Literaturwissenschaft zu suchen hat. In Anbetracht dessen, dass emphatische und normative Literaturbegriffe in der Literaturwissenschaft nach wie vor vorkommen, dürfte Polheims Forderung nach Verzicht auf Normativität und Wertung weiterhin auf Widerstand stoßen. Doch Polheims Forderung ist richtig, wenn man ahistorische und idealtypische Novellenpolitik vermeiden will. Polheim macht es sich jedoch zu einfach, wenn er meint, Normativität spiele überhaupt keine Rolle. Normativität ist Teil des Modells von Gattung als historischem Genre im Sinn von Erwartungen, die Produktion und Rezeption prägen. Überhaupt fällt die Gattungstheorie hier mitunter einem Kurzschluss zum Opfer: Die etablierte Annahme, dass die frühneuzeitlichen Regel- und Normpoetiken im Lauf des 18. Jahrhunderts von spekulativen Gattungstheorien abgelöst werden,[67] führt mitunter zur Auffassung, Normen spielten seit etwa 1800 keine Rolle mehr.[68] Hempfer spricht hier von »kommunikativen Normen«,[69] die auch in literarischen Kulturen wirksam bleiben, die nicht mehr durch sogenannte Normpoetiken dominiert werden. Wie die Normativität sozialer Praktiken für literarische Gattungen im Detail zu konzipieren ist, ist eine komplexe und sozialtheoretisch voraussetzungsreiche Frage. Es ist primär die Frage, wie sich aus der empirischen Beobachtung von Regelmäßigkeit auf normative Regelwirksamkeit schließen lässt.

---

64 Vgl. zu diesem Begriff deskriptiver normativer Wissenschaft Simmel (1911, 321).

65 Zu einer gattungstheoretischen Diskussion dieses Aspekts von objekt-inhärenter Normativität vgl. auch Hempfer (1973, 104–106).

66 Vgl. ebd., 115–118.

67 Vgl. Zymner (2003, 23–32), Trappen (2001).

68 So etwa bei Schmitz-Emans (2010, 120).

69 Hempfer (1973, 223). Zu Ansätzen, die Gattung als normativ geprägte Praktiken oder Institutionen begreifen, vgl. auch Miller (1984), Andersen (2015), Voßkamp (1977), Gittel (2021).

### 2.2.5 Begriffsstruktur und Text-Merkmal-Relation

Zu einem im historischen Kontext normativ wirksamen Regelsystem wird eine Gattung primär in ihrer Ausprägung als Genre, denn Gattungen prägen Texte als Genreerwartungen. Empirisch beschreibbar sind Gattungen dagegen, sofern man korpusbasiert von den Texten und nicht von den Poetiken kommend arbeitet, als Textsorten. Das heißt: Man kann Gattungen als Textsorten beobachten; interessiert sich aber in vielen Szenarien für Gattung als Genre. Für diese Szenarien stellt sich die Frage, wie sich Gattung als Genre anhand der Beobachtung von Gattung als Textsorte rekonstruieren lässt. Genau hierfür bedarf es eines Modells oder besser: einer Reihe von geeigneten Modellen, und zwar auf zwei Ebenen.

Die erste Ebene betrifft die Begriffsmodelle für die Fassung sowohl der Genre- als auch der Textsortenbegriffe. Für die Frage, nach welchem Modell eine Gattung als Textsorte repräsentiert ist, ist es nicht angemessen, sich auf Frickes Arbeiten zu stützen, der Textsorten grundsätzlich als klassifikatorische Begriffe modelliert.[70] Wenn der Begriff der Novelle in der Kultur des 19. Jahrhunderts überhaupt als Textsortenbegriff im hier explizierten Sinn verfügbar war, dann nicht im Sinn einer streng definierbaren Klasse, sondern eines vagen und an seinen Grenzen ausfransenden Begriffs, oder genauer: als eine Abfolge vager Begriffe.[71] Zieht man mit Klassenbegriff (nach dem scholastischen Verständnis von *genus proximum* und *differentia specifica*),[72] Prototypentheorie (nach Rosch) und Familienähnlichkeitsbegriff (nach Wittgenstein) die drei in Frage kommenden und prominenten Modelle als Optionen heran, kommen insbesondere Familienähnlichkeit und Prototypentheorie als Modelle dafür in Frage, wie der Novellenbegriff als Textsorte in der literarischen Kultur des 19. Jahrhunderts – zu unterschiedlichen Zeiten und in unterschiedlichen Gruppen möglicherweise in unterschiedlicher Weise – instanziiert gewesen sein konnte.[73] Diese beiden Modelle wird es daher in Kapitel 4 detailliert zu beschreiben und zu operationalisieren gelten.

Die zweite Ebene betrifft die Frage, welche Merkmale herangezogen werden können, um Textsorten der Sache nach zu identifizieren und begrifflich zu fassen.[74] Hierfür verwendet die Arbeit im ersten Schritt das *Bag-of-Words*-Modell (im Folgenden *BoW*-Modell).[75] Man kann davon ausgehen, dass Merkmalskombinationen in diesem

---

70 Vgl. Fricke (1981, 132–138; 2010b, 20).

71 Vgl. hierzu Strube (1986), Garrido Miñambres (2009), Schröter (2019) mit Blick auf den nichtklassifikatorischen Charakter des Novellenbegriffs und für die Gattungstheorie insgesamt Hempfer (2010c).

72 Vgl. Zymner (2003, 86–88).

73 Vgl. Rosch (1978), Taylor (2007), Fishelov (1991), Strube (1986) und Hempfer (2010c).

74 Vgl. Gittel (2021, 47–49).

75 Dieses insbesondere in der Stilometrie zum Standard gewordene Textmodell wurde bereits bei Harris (1954, 156) als Grundlage der Idee einer distributionellen Semantik so benannt, auch wenn das *BoW*-Modell selbst noch nicht die zentrale distributionelle Hypothese realisiert.

Modell zugleich als eine Art »Stellvertreter«[76] für viele Arten auch komplexerer Merkmale interpretiert werden können, allerdings so, dass das Modell selbst für die komplexen Merkmale agonistisch bleibt. In den historischen Poetiken wurden Gattungen dagegen über komplexe Merkmale konzipiert. Das gilt in besonderem Maß für die Novelle. Daher wird es poetologisch relevante komplexe Merkmale zu operationalisieren gelten.[77]

Gattungen, und somit auch die Novelle, wurden seit jeher über ihre Merkmale definiert und modelliert: An irgendeiner Stelle wurde in jeder Forschungsarbeit zur Novelle über deren Merkmale gesprochen. In der Regel als Genremerkmale, also ausgehend von dem, was nach den Poetiken und der Lektüre zu erwarten war. Für eine quantitative Gattungsgeschichte ist die Modellierung der Textsorte über die Merkmale unverzichtbar.[78] Nicht-quantitativ verfahrende Novellengeschichten können in einem meist am Anfang stehenden Kapitel die bekanntesten der in den Poetiken kodifizierten komplexen Novellenmerkmale besprechen und – korrespondierend damit, dass man lesend immer alles zu sehen glaubt – in den anschließenden Textanalysen alle möglichen Beobachtungen auch jenseits der vorab antizipierten Merkmale machen. Dagegen finden und erkennen quantitative Verfahren nicht spontan die wichtigen Gattungsmerkmale, sondern sie erfassen den Textsortencharakter von Textgruppen ausschließlich für die Merkmale, die ihnen im Zuge der Modellierung zur Verfügung gestellt wurden. Das mag aus philologisch-hermeneutischer Perspektive als eine Art Blindheit und Schwäche der quantitativen Verfahren erscheinen. Diese Schwäche lässt sich aber auch als methodische Stärke nutzen: Man kann zeigen, unter Berücksichtigung welcher Textmerkmale eine historische Textsorte greifbar wird, und unter Berücksichtigung welcher Merkmale keine Textsorte erkennbar ist. Auf diese Weise kann man die zu unterschiedlichen Zeiten mehr oder weniger für die Gattung als Textsorte relevanten Merkmale – sowohl innerhalb des *BoW*-Modells als auch für komplexe Merkmale – bestimmen und als Teil von Genreerwartungen interpretieren.

### 2.2.6 Differenzialanalyse und Gattungsvergleich

Als Begriffsmodell spielt der Klassenbegriff für die Modellierung historischer Gattungstextsorten in dieser Arbeit keine Rolle; doch die klassifikatorische Funktion von Gattungsbegriffen spielt sowohl im philologischen Diskurs als auch im historischen literarischen Diskurs der Novellenpoetiken seit jeher eine zentrale Rolle. Hinter dem

76 Vgl. Jannidis (2014, 182); siehe hierzu ausführlich Abschnitt 4.1.1 unten.

77 Nicht berücksichtigt werden nicht-textuelle Merkmale wie intertextuelle Bezüge, auf die Gittel/Köppe (2022) als eine Art blinder Fleck der quantitativen Gattungsstilistik hinweisen.

78 Für eine begriffliche Klärung des Begriffs des Textmerkmals im Verhältnis zu dem der Gattung mit Berücksichtigung auch technischer *features* quantitativer Forschung vgl. Gittel (2021, 48–50).

scholastischen Verständnis des Klassenbegriffs steckt die Logik von *genus proximum* und *differentia specifica.*[79] Diese Logik schlägt sich im literarischen Diskurs darin nieder, dass die Novelle im 19. Jahrhundert im ersten Schritt konsequent als eine erzählende Gattung – Epik als *genus proximum* – konfiguriert wird. Im zweiten und wichtigeren Schritt ging es immer um die Bestimmung der *differentia specifica* zu anderen epischen Gattungen: primär zur Erzählung und zum Roman, aber – selten – auch zum Märchen. Die in dieser Arbeit untersuchte literarische Kultur dürfte durch den von Derrida einer Dekonstruktion unterzogenen Imperativ »genres are not to be mixed«[80] insofern und zumindest auf den ersten Blick richtig beschrieben sein, als in den Poetiken des 19. Jahrhunderts Gattungen dadurch bestimmt wurden, dass sie miteinander verglichen und paarweise voneinander abgegrenzt wurden. Das gilt auch noch für die philologischen Arbeiten zur Novellengeschichte bis zur Mitte des 20. Jahrhunderts.[81] Kapitel 4.2 wird diese Logik als eine historische Praxis modellieren und rekonstruieren. Im paarweise vollzogenen Gattungsvergleich ist die quantitative Gattungsstilistik gut. Es geht dieser Arbeit jedoch, wie ich im vorangehenden Abschnitt zur Normativität betont habe, nicht um Geltung: Es geht nicht darum, die Gattungen – mit Geltungsanspruch – so voneinander abzugrenzen und (extensional oder intensional) zu definieren, dass man die vermeintlich richtige und bislang unentdeckte *differentia specifica* gefunden zu haben glaubt. Es wird vielmehr um die Frage der Genese gehen, nämlich darum, zu verstehen, wie die literarische Kultur des 19. Jahrhunderts ihr ›Gattungswissen‹[82] über Differenzierungen in paarweisen Gattungsvergleichen konstruiert hat, welche Gattungspaare zu welcher Zeit als wichtiger ›gehandelt‹ wurden, in welche Schwierigkeiten diese Vergleichspraktiken geraten sind, und wie die Abgrenzungen auf der Ebenen der Textsorten mit den diskursiv vorgenommenen Vergleichen auf der Ebene der poetologischen Genreerwartungen korrespondieren. Diesen historisierenden Ansatz der paarweise vorgenommenen Rekonstruktion von Gattungsdifferenzierungen innerhalb literarischer Kulturen bezeichne ich im Folgenden als differenzialanalytische Modellierung.

### 2.2.7 Genealogische und analogische Modulation

Insbesondere für die am Kanon (c) oder den Poetiken (a) orientierte Novellenforschung waren die historischen Gattungszuschreibungen (b) etwa in den Erstdrucken ohne Bedeutung. Wenn es um einen Zusammenhang einer Gattung als Textsorte ging, dann häufig mit Blick auf die genealogischen Beziehungen zwischen Texten. Nicht his-

79 Vgl. Zymner (2003, 86–88).

80 Derrida (1980, 55).

81 Am deutlichsten für Klein (1960, 8–30).

82 Diese stark konstruktivistische Auffassung von historischem Gattungswissen deckt sich nur zum Teil mit einer Wissenspoetologie von »Gattungs-Wissen« (Bies/Gamper/Kleeberg 2013).

torische Semantik oder Zuordnungspraxis, sondern intertextuelle Bezüge – und, bis zur Mitte des 20. Jahrhunderts, ein morphologisches Entwicklungsmodell – sind hier das Rationale zur Bestimmung einer Gattung.[83] Auch hierbei handelt es sich um ein Modell von Gattung. Ein Verdienst der Studie von Garrido Miñambres liegt darin, dass er für ein genealogisches Gattungsmodell den im deutschsprachigen Raum wenig rezipierten Theorierahmen von Jean-Marie Schaeffer für die Novellenforschung aufbereitet hat, der – wenn man einige Korrekturen und Ergänzungen vornimmt – zu beschreiben hilft, wie aus vagen und recht losen intertextuellen Beziehungen eine Art von Textsorteneffekt entstehen kann. Aus Schaeffers weitreichendem Entwurf ist im Folgenden nur eine der vielen Differenzierungen relevant, die zwischen Genealogie und Analogie in einer Logik der Text-Gattungs-Beziehung, die er als modulatorisch bezeichnet. Während in einer exemplifikatorischen Beziehung zwischen Gattungen und Texten die einer Gattung zurechenbaren Texte grundsätzlich die Gattungsmerkmale aktualisieren, ist dies in modulatorischen Beziehungen nicht der Fall.[84] Bei der Exemplifikation denkt Schaeffer an die Gattung des Sonetts, vor allem aber an den *mode* in Genettes Sinn.[85] Es ist das starre Verhältnis zwischen Text und Gattung, das in dem oben mit Walton rekonstruierten ästhetischen Interesse häufig dominiert. Die modulatorische Beziehung meint eine freiere Bezugnahme des Texts auf die Gattung; wobei man präzisieren kann, dass Gattung hier die Dimension der Genreerwartungen meint.[86] Von Relevanz für die Novellengeschichte sind die modulatorischen Beziehungen der Genealogie und der Analogie.[87] Schaeffer liefert damit ein beachtenswertes Modell, das helfen kann, die in den Novellengeschichten dominierende, der historischen Semantik aber unangemessene exemplifikatorische Feststellung des Gattungsbegriffs aufzubrechen.

Bei der genealogischen Modulation stehen die einer Gattung zurechenbaren Werke als Instanzen einer Textsorte in einem kontinuierlichen, vielfach verbundenen intertextuellen Bezugszusammenhang. Einzelne der Studien mit poetologisch engem Blick lassen sich als Versuche der Rekonstruktion genealogischer Beziehungen untersuchen. Wenn Schlaffer mit Boccaccio und Cervantes zwei große Typen von Novellen als wirksame Vorbilder identifiziert, betrachtet sie die Geschichte dieser Gattung als genealogisches Filiationsverhältnis dieser beiden Typen, wobei einzelne Novellen in unterschiedlichen Mischungsverhältnissen auf beide Vorbilder bezogen sein kön-

83 Vgl. die Rekonstruktion von Garrido Miñambres (2009, 28–36).

84 Vgl. Schaeffer (1989), Garrido Miñambres (2009, 90–102) und Henny-Krahmer (2023, 19–22 und 52–55).

85 Vgl. Schaeffer (1989, 167).

86 Vgl. ebd., 73.

87 Innerhalb der modulatorischen Beziehungen kann die Applikation hier übergangen werden, die einen Sonderfall der exemplifikatorischen Beziehung beschreiben soll, bei dem eine Art gesetzesartiger Variationslizenz in die Gattungsregeln eingeschrieben ist. Auch hier dient als Beispiel das Sonett.

nen.[88] Derartige genealogische Bezüge in Form intertextueller Bezugnahmen erscheinen der Leserschaft als mehr oder weniger vager Zusammenhang, der dann als Familienähnlichkeitsbegriff beschrieben werden kann.

Für die Novellengeschichte relevant ist neben der genealogischen insbesondere die analogische Modulation, die man, auch wenn weder Schaeffer noch Garrido Miñambres sie so beschreiben, als die Idee von ›Gattung als Illusion‹ auffassen kann. In Henny-Krahmers Systematisierung fällt dieser Aspekt unter den Begriff des *conventional literary genre*, der m. E. aber zwischen unterschiedlichen Arten von ›Illusionen‹ zu wenig differenziert.[89] Bei der analogischen Modulation gibt es keinen klar zu rekonstruierenden Zusammenhang intertextueller Bezugnahmen, und insbesondere keine dauerhaft im Vordergrund stehenden Vorbilder, sondern nur einen aufgerufenen Bezug zu einem Idealtyp.[90] Der Zusammenhang zwischen den Texten einer Gattung ist zunächst nur über den Namen kommuniziert. Dieser kommunikative Aufruf des Gattungsbezugs – z. B. über das Label im Paratext – hat aber zunächst nur den Rang einer Prätention: Der Bezug prätendiert einen Bezug zu einem Idealtyp der Gattung.[91]

Schaeffers Ansatz läuft über die Unterscheidung zwischen auktorialer (autorseitiger) und lektorialer (leserseitiger) Gattungshaftigkeit: Während die Bezugnahmen zwischen den Texten im genealogischen Modell auktorial sei, werde der Bezug eines Texts als Novelle zu einem Idealtyp nur als lektoriale Erwartung aktualisiert. Es stellt sich die Frage, auf welchen Idealtyp die einer Gattung zugerechneten Texte lektorial bezogen werden. An diesem Punkt fällt Garrido Miñambres jedoch hinter den mühsam errungenen Reflexionsstand zurück und wiederholt die Fehler der am Idealtypus orientierten Arbeiten, indem er – mit divinatorischem Gestus – den relevanten (aber als textprägendes Regelsystem nicht zwingend wirksamen) Idealtyp benennen muss. Die Wahl fällt bei ihm auf Tieck und Heyse, später dann auf Cervantes. Diese Wahl ist nicht falsifizierbar, wenn man nicht mit empirischer und rezeptionsgeschichtlicher Evidenz begründet, an welche Idealtypen historische Leser bei welchen Texten tatsächlich gedacht haben.

Die Bezugnahmen zu Vorbildern in Form bloßer Prätention können interessant sein, allerdings innerhalb der Konstruktion von Gattung als Genre, und zwar im Rahmen der poetologischen Äußerungen, also in Form behaupteter Bezüge. Aus der Frage der Modellierung von Gattung als Textsorte sollte man diese Frage heraushal-

---

**88** Vgl. Schlaffer (1993).

**89** Vgl. Henny-Krahmer (2023, 39–52, insb. 43).

**90** Vgl. ebd., 173 und Garrido Miñambres (2009, 92–93).

**91** Garrido Miñambres' (2009, 93) Lösung der Bezugsfrage über eine Art von unsichtbarer Intertextualität halte ich für einen ›Taschenspielertrick‹, der es erlauben soll, die Heterogenität im Bereich der historisch als Novellen wahrgenommenen Texte zu erklären, der aber dazu führt, jede beliebige und nicht falsifizierbare Idealtyp-These (z. B. Cervantes' *La fuerza de la sangre* zunächst als Idealtyp für Kleist und dann als Idealtyp für die Novellen insgesamt) einzuführen.

ten, weil sie zu haltlosen Spekulationen führt, welche Texte sich – aufgrund textueller Merkmale – mutmaßlich auf welchen Text zu beziehen vorgeben, ohne dass die Bezugnahme im Text sichtbar würde. Für die Bestimmung von Gattungen als Textsorten sind das – anders als bei der Rekonstruktion historischer Semantisierungen von Genreerwartungen – ein paar Konjunktive zu viel. Gleichwohl ist die Idee der analogischen Modulation wertvoll, weil sie ein offenes Problem zumindest umkreist, nämlich das Problem, dass bei der Novelle damit zu rechnen ist, dass die Textsortenkohäsion ›irgendwie‹ vorhanden ist, allerdings schwächer als bei der genealogischen Modulation; denn die analogische Modulation ist zwar selbst nicht messbar, aber die mutmaßlich nur schwach ausgeprägte Textsortenkohäsion der Novelle könnte sich – im Sinn des Erklärungsmodells der Abduktion bzw. des Schlusses auf die beste Erklärung – am besten dadurch erklären lassen, dass sie durch Prozesse zustande kommt, die mit dem Modell der analogischen Modulation beim gegenwärtigen Stand der Theoretisierung am besten erklärt werden können.[92]

Die interessante Frage auf der Ebene der Textsortenkohäsion ist die nach der Intensität und Kontinuität sowie der Anzahl an gegebenenfalls konstanten Vorbildtexten. Graduell werden dichte und kontinuierliche von eher lichten und diskontinuierlichen genealogischen Zusammenhängen zu unterscheiden sein. Je dichter und kontinuierlicher die genealogischen Bezüge zwischen den Instanzen einer Textsorte, desto größer ist die Wahrscheinlichkeit für die Emergenz einer stabilen Textsorte und eines historischen Textsortenbegriffs in den zeitgenössischen literarischen Kulturen. Dieser Textsortenbegriff wird aber sehr wahrscheinlich aufgrund der Variabilität und relativen Diversität intertextueller Bezugnahmen die Struktur eines Familienähnlichkeits- oder Prototypenbegriffs annehmen. Es wird zu untersuchen sein, ob in der Kultur des 19. Jahrhunderts eine Textsortenwahrnehmung dadurch zustande kommen konnte, dass jeder Text sich auf mindestens einen anderen Text bezieht, wobei folgende zwei Einschränkungen angenommen werden müssen: Zu erwarten ist zum einen, dass kein Text zu einem stabilen Vorbild für viele Texte über einen längeren Zeitraum wurde; und zum anderen, dass die vielen punktuellen Bezüge dennoch die Illusion eines textsortenartigen Gattungszusammenhangs erzeugen.

In der Modellierung der beiden Begriffstypen – der Familienähnlichkeit und der Prototypikalität – in Kapitel 4 wird es nicht darum gehen, die Unterschiede zwischen beiden Modellen zu dramatisieren, sondern als Unterschiede der Perspektive zu operationalisieren, zumal die Prototypensemantik wissenschaftsgeschichtlich aus Wittgensteins Familienähnlichkeitsbegriff hervorgegangen ist. Die Prototypentheorie zielt in den einschlägigen gattungstheoretischen Applikationen zumeist darauf, dass die Instanzen einer Gattung stärker im Zentrum oder in der Peripherie eines Begriffs angesiedelt sind: Texte sind also mehr oder weniger typische und ›gute‹ Beispiele für

92 Zum Modell des Schlusses auf die beste Erklärung vgl. Klärner (2003), Bartelborth (2017), Schröter (2018, 100).

eine Gattung. Im Familienähnlichkeitsbegriff, so wie er in der Gattungstheorie seit Fishelov über Strube bis Hempfer konzipiert wird, geht es stärker um die Ablehnung der Idee notwendiger und hinreichender Merkmale sowie darum, dass es möglich ist, dass die Exemplare einer Gattung zwar immer irgendwelche Merkmalsüberschneidungen haben, allerdings so, dass keines der Merkmale in allen Exemplaren auftreten muss.[93]

Die quantitativen Modellierungen werden in Teilkapitel 4.1 damit beginnen, die interne Textsortenkohäsion der historisch den Gattungen Roman, Novelle und Erzählung zurechenbaren Texte zu untersuchen: zunächst über die Entwicklung eines Verfahrens zur Bestimmung stilometrischer Gruppendistanz. Zu untersuchen ist, ob die Distanz zwischen den Instanzen einer Textgruppe gering ausfällt, die Distanz zwischen den Exemplaren unterschiedlicher Textsorten dagegen hoch. Sofern dies der Fall ist, kann man von einem Textsortencharakter der nach historischen Kriterien gebildeten Gruppen sprechen. Für diese Gruppierungen wird sich prüfen lassen, ob in ihnen ein genealogischer Zusammenhang stilometrisch beobachtbarer Nähe vorliegt.

### 2.2.8 Textsortenprägende Faktoren

Ein wesentlicher Schritt für multiperspektivische Gattungsforschung wird sein, die Textsorte wieder an das Genre anzubinden. Dies erfolgt darüber, dass der zunächst stilometrisch untersuchte Gruppenzusammenhang in Teilkapitel 4.2 in ein Modell begrifflicher Zuordnung überführt wird, indem algorithmische Modelle zur Klassifikation im Rahmen überwachten maschinellen Lernens im Sinn perspektivischer Modellierung trainiert werden. Der methodologisch entscheidende Beitrag wird sein, die Verfahren überwachten maschinellen Lernens so weiterzuentwickeln, dass sie als Modelle vager Familienähnlichkeits- und Prototypenbegriffe fungieren können. Auf diese Weise wird sich der Grad begrifflicher Vagheit fassen lassen.

Je besser eine Textsorte zu einem Begriff abstrahiert werden kann, desto höher ist die Wahrscheinlichkeit, dass die Textsortenwahrnehmung schließlich einen Status als Genre im Sinn wirksamer Erwartungen an Texten gewinnt. Nur als Genre kann eine Gattung, die zugleich mehr oder weniger gut als Textsorte beschreibbar ist, die literarische Produktion über Erwartungserwartungen regulieren. Um den Genre-Charakter bzw. die regulative Kraft der zunächst als Textsorten untersuchten Gattungsgruppen zu bestimmen, bedarf es eines erweiterten Modells bzw. einer Modellgruppe der Gattung. Hier ist die Arbeit von Meyer wegweisend, auch wenn sie ihr Modell nie explizit gemacht hat. Wenn man Gattung als Regulator betrachten möchte, ist es im Sinn eines empirisch angelegten Forschungsdesigns am besten, Gattung als einen potenziellen regulativen Faktor von mehreren in Frage kommenden Faktoren

---

**93** Vgl. Fishelov (1991), Strube (1986) und Hempfer (2010c).

der Textprägung vergleichend zu untersuchen. Die Arbeiten von Meyer geben Anhaltspunkte dafür, dass die Medienformate hier der wichtigste und auch der literaturgeschichtlich aufschlussreichste konkurrierende Faktor sind. Künftige Forschung kann und wird weitere Typen von Faktoren berücksichtigen müssen. In Kapitel 5 wird ausgehend von Ansätzen aus der quantitativen Sozialforschung ein statistisches Modell linearer Regression mit Gattung (im Sinn von Genre), Medienformat und Entstehungszeit als kategorialen erklärenden Variablen entfaltet. Hierbei wird das Forschungsdesign quasi-experimentell: Es gilt zu prüfen, ob Gattung oder Medium die Texte stärker prägen. Ein solches Design setzt voraus, dass man die prägende Kraft der Faktoren Gattung und Medienformat für einzelne relevante Textmerkmale überprüft. Relevant sind hier diejenigen Merkmale, die traditionell – das heißt poetologisch kodifiziert – als durch die Gattung geprägte Faktoren in Frage kommen. Diese Merkmale gilt es daher zu operationalisieren.

Insbesondere für dieses Modell von Gattung empfiehlt sich eine analytische Präzisierung der Unterscheidung von Gattung als Genre und Gattung als Textsorte: Als textprägender Faktor ist Gattung ein Genre. Als Resultat einer Prägung durch Genreerwartungen ist die als Gattung beobachtbare Textgruppierung eine Textsorte. Man sollte daher den Textsortenbegriff, so wie er bereits vor Fricke in der Textlinguistik etabliert war,[94] abstrakter fassen und auf alle Arten der auf Merkmalsrekurrenzen gestützten Textgruppenbildungen beziehen. Als Textsorte begreife ich im Folgenden jede durch Textmerkmale zusammengehaltene Textgruppierung. Wenn sich herausstellt, dass die Medienformate die Texte so stark prägen, dass aufgrund der beobachtbaren Merkmalsrekurrenzen sinnvoll von einer Sorte der Taschenbuchtexte im Unterschied zu den Familienblatt- oder Anthologietexten gesprochen werden kann, dann hat man es mit Medientextsorten zu tun.[95] Ich werde daher bei durch Genreerwartungen geprägten Textsorten von gattungsbasierten Textsorten, bei von Medienformaten geprägten Textsorten von Medientextsorten sprechen.

Hier ist noch einmal zu betonen, dass es sich um historisierende Textgruppenbildungen handelt. Es geht nicht um die Definition operativ nutzbarer analytischer Begriffe der Literaturwissenschaft. Fricke hatte bei Textsorten immer Begriffe im Blick, die Teil der literaturwissenschaftlichen Beschreibungssprache und damit als klassifikatorische Begriffe möglichst streng definiert werden müssen.[96] Die Textsorten, um

94 Vgl. Bormann/Hinck (1977), Germanistentag [1979] (1983), Fix et al. (2001) und Kessler/Pollo (2024).

95 So auch der Begriff der Textklasse bei Gansel (2011, 12–13), wobei für die Modellierung historischer Textsorten schwach strukturierter Gattungen wie der Novelle das klassifikatorische Begriffsmodell, wie oben beschrieben, zugunsten alternativer Begriffsmodelle zurückgenommen werden muss. Ich verzichte in dieser – primär auf Fragen der Gattung fokussierten – Arbeit auf eine medientheoretisch anspruchsvolle Fassung des Begriffs der Medialität. Medien sind im Folgenden immer die nach bestimmten Kriterien zusammengefassten Formate des 19. Jahrhunderts wie Taschenbuch, Rundschau, Familienblatt, Anthologie; siehe hierzu Abschnitt 5.2.4.

96 So auch noch einmal in Fricke (2010a; 2010b).

die es hier geht, sind jedoch die in historischen Kontexten entstandenen Textgruppen mit mehr oder weniger stark merkmalsbasierter interner Kohäsion. Diese Gruppen als Textsorten zu rekonstruieren, erfordert die Hypostasierung entsprechend flexibler Begriffsmodelle. Das Ergebnis der Beschreibung der historischen Gruppen als Textsorten ist indes – hierin folge ich Gittels Rekonstruktion – eine systematische und analytische Beschreibung einer historischen Gruppenbildung, die dadurch erfolgt, dass man die Gruppenbildung anhand textueller Merkmale zu erklären versucht. Zwar sind sowohl die Semantik als auch die Extension der hier relevanten Gattungs- und Medientextsorten jeweils Ergebnis historischer Prägungsprozesse. Diese Prozesse kann man aber mit literaturwissenschaftlichen Instrumentarien und damit in wissenschaftlicher Metasprache beschreiben.

Auf diese Weise lässt sich die These der Konsolidierung der Gattung der Novelle zur Zeit des poetischen Realismus und zur Moderne hin doppelt operationalisieren: zum einen dadurch, dass gezeigt wird, dass der Faktor Genre die einzelnen Textmerkmale stärker reguliert als der Faktor des Medienformats; und zum anderen dadurch, dass sich zeigen lässt, dass insgesamt anhand der operationalisierten Merkmale, die in den Poetiken eingefordert werden, ein Effekt der Textsortenkohäsion für die Gruppe der historisch als Novellen wahrgenommenen Texte eintritt. Beantworten lässt sich auf diesem Weg die Frage, wie stark die Divergenz zwischen Produktion und poetologisch artikulierter Erwartung in den Teilperioden des 19. Jahrhunderts *de facto* war, und ob sie sich im Zuge einer Konsolidierung der Gattung sukzessive auflöst.

Für die Modellierung von Gattung hat die Faktorenanalyse eine weitreichende und in der Gattungstheorie wenig berücksichtigte Konsequenz. Als Faktor muss Gattung etwas sein, das neben anderen potenziellen Faktoren Wirksamkeit entfaltet. Gattung ist unter dieser Perspektive also nicht nur historische Semantik und erst recht nicht nur eine nachträgliche Konstruktion. Um Gattung als Faktor untersuchen zu können, müssen Texte nach der gemeinsamen Kompositionsstrategie und den produktionsrelevanten Erwartungserwartungen gruppiert und zu Textsorten zusammengefasst werden. Dieses Erfordernis zieht einen erhöhten Rechtfertigungsbedarf für die Textgruppierung nach sich. Dieser wird in Kapitel 5 diskutiert. Die Idee von Gattung als Faktor hat jedoch wissenschaftstheoretische Implikationen für die Fragen von Kausalität und Erklärungsanspruch, die zwar nicht die Modellierungen und Operationalisierungen der Arbeit selbst betreffen, wohl aber die Einschätzung der Erklärungsleistung literarischer Gattungsgeschichten. Auf die allgemeine Frage der Erklärungsleistung von Gattungen als prägenden Faktoren werde ich am Schluss der Arbeit zurückkommen.

### 2.2.9 Praxeologie und nicht-ästhetische Funktionen

Den Schluss dieses Kapitels wird ein Modell der politischen Funktion von Gattungspraxis machen, das mediengeschichtliche Relevanz von einer anderen, nicht textuellen, sondern kontextuellen Seite her in den Blick nimmt. Dieses Modell stützt sich auf die Annahme, dass die Verwendung von Gattungsbezeichnungen nur eingeschränkt etwas mit den Textmerkmalen zu tun hat, und zu einem erheblichen Teil durch kontextuell bedingte Praktiken zu erklären ist. Je nachdem, welche Aspekte des Kontexts man in Betracht zieht, wird man Anzeichen für unterschiedliche nicht-ästhetische Funktionen des Gattungsgebrauchs finden. Dieses Modell dient daher dazu, den Anteil nicht-ästhetischer, also der oben eingeführten politischen, ökonomischen und positionierungsstrategischen Funktionen am Gebrauch der Gattungsbegriffe abzuschätzen. Dieses Modell rechnet sich im weiten Sinn einem neueren und meist als Praxeologie umschriebenen Interesse zu. Praxeologische Studien haben für zahlreiche Diskursphänomene gezeigt, dass der Umgang mit Begriffen sowohl innerhalb der Wissenschaft als auch im literarischen Feld deutlich von dem abweicht, was die theoretischen Reflexionen dieser Begriffe erwarten lassen.[97] Am Beispiel von Romanuntergattungen hat Gittel gezeigt, dass dies auch für Gattungen gilt.[98] Während Gittels Studie an semantischen Lektürepraktiken interessiert ist, wird in dieser Arbeit die praxeologische Dimension radikal und ausschließlich über Kontextfaktoren modelliert.

Eine radikal kontextualistische praxeologische Modellierung ist Teil einer multiperspektivischen Modellierung von Gattung, die dabei helfen wird, die oben diagnostizierte Inkompatibilität zwischen historischen Poetiken (a) und Textproduktion (b) zu erklären: Die Produktions- und Gebrauchsregeln, denen die historisch als Novellen bezeichneten Texte folgen, werden durch die historischen Novellenpoetiken nicht adäquat abgebildet. Bei der Zuordnung von Texten zu Gattungen herrscht, so die praxeologische Hypothese, eine eigene, möglicherweise idiosynkratische oder politische Gebrauchslogik vor. Zur praxeologischen Modellierung der Regeln von Gattungsbegriffsgebrauch werden die Faktoren Medienformat, Zeit und Autorname herangezogen. Die Aufklärungsleistung dieser Modellierung kann sich konträr oder komplementär zu den textuellen Gattungsmodellen verhalten.

In einer radikal kontextualistisch-praxeologischen Modellierung verschwindet der Text selbst aus dem Gattungsmodell ganz. Das Werk, so könnte man sagen, ist nurmehr ein Relais, an dem die Kontextfaktoren mit einer Gattungsbezeichnung verschaltet sind. Wenn sich die Regelmäßigkeiten im Gebrauch der Gattungsbezeichnungen ausschließlich durch Kontextfaktoren aufklären lassen, dann hätte man es ausschließlich mit politischen oder ökonomischen Funktionen sowie einem potenziell idiosynkratischen Gebrauch der Gattungsbegriffe zu tun. Es ist aber auch möglich, dass sich in der Überlagerung von Textsorten- und Kontextmodellierung zeigt, dass sich Genre- und Textsortenlogik mit politischer Funktion und idiosynkratischem Gebrauch verbinden. Für die Konsolidierung des Novellenbegriffs in der zweiten Hälfte des 19. Jahrhunderts wird sich die Situation solch einer komplementären Ergänzung

97 Dücker (2014), Elias et al. (2014), Martus (2015), Martus/Spoerhase (2022).

98 Vgl. Gittel (2021).

beobachten lassen. In einer philologisch informierten Zusammenstellung mit poetologischen und anderen Äußerungen der Autoren und deren Verleger wird sich zeigen, dass ökonomische, allgemein literatur- und kulturpolitische und persönliche Positionierungsstrategien um 1870 zunehmen und mit einer stärkeren Konturierung der Novelle als merkmalsbasierter Textsorte Hand in Hand gehen.

## 2.3 Zusammenfassung

**Tabelle 1:** Übersicht der gattungstheoretischen Modellunterscheidungen.

| **Modellebene** | **Modellalternativen** | |
|---|---|---|
| (1) Aggregatzustand | Genre | Textsorte |
| (2) Funktion/Interesse/ Praxiszusammenhang | Ästhetisch | Klassifikatorisch |
| | Politisch | |
| | Ökonomisch | |
| | Positionierung | |
| (3) Gattung-Merkmal-Relation (auch: Textmodell) | *Bag-of-Words*-Modell | |
| | Komplexe Textmerkmale | |
| | Intertextuelle Merkmale | |
| (4) Historizität | Historische Gattung | Modus /Schreibweise |
| (5) Begriffsstrukturmodelle | Familienähnlichkeit | Klassenbegriff |
| | Prototypentheorie | |
| (6) Text-Gattungs-Beziehung (nach Schaeffer) | Genealogisch | Exemplifikatorisch |
| | Analogisch | |
| | Applikatorisch | |
| (7) Textsortenprägende Faktoren (Modell der Literaturgeschichte) | Gattung als Kompositionsstrategie | |
| | Medium | |
| | Zeit | |
| (8) Normativität | Deskription von Normen in historischen Praktiken | präskriptiv-normative Praxis |
| | Deskription von Tatsachen | |
| (9) Gattung-Text-Relation (Einstellung) | Historisch-stabil | Natürlich: Ontologisch-stabil |
| | Historisch-perspektivisch (situationsrelativ) (Kap. 3.4) | Natürlich: Nominalistisch-stabil (Kap 3.4) |

Die Modellierung von Genre als Erwartung und damit als potenziell textprägendem Faktor sowie von Textsorten über interne genealogische Relationen, über historische Textgruppierungen und über die Modellierung vager Begriffsstrukturen (Prototypen und Familienähnlichkeit) ermöglicht eine multiperspektivische Rekonstruktion gattungsgeschichtlichen Wandels. Insbesondere lässt sich auf diese Weise die auf den ersten Blick widersprüchliche Situation der Novellen im 19. Jahrhundert erfassen, die im Folgenden als dialektische Spannung zwischen normativer Erwartung und Marktwirklichkeit beschrieben wird. Die Ebenen, auf denen jeweils unterschiedliche, zwischen den Modellen aber häufig wiederholte Aspekte unterschieden wurden, sind in Tabelle 1 zusammengefasst, wobei die für die folgenden Studien produktiv nutzbaren Alternativen grau hinterlegt sind.

Die Gattungstheorie hatte lange Zeit einen Fetisch für die Kombination der Alternativen in der rechten Spalte, also für Gattungen als Normen und transhistorisch stabile Textsorten im Sinn von Schreibweisen, mit der Struktur eines Klassenbegriffs (und in klassifikatorischer Funktion), so dass jeder Text die Gattung exemplifiziert: das Ganze war im vormodernen idealistischen Modell z. B. als ästhetische Notwendigkeit, als anthropologische oder existenzial-ontologische Konstante, später dann zumindest (bei Fricke) nominalistisch stabil gestellt. Die Kombination der in der rechten Spalte angeordneten Optionen lief auf etwas hinaus, das ich als ›Dogma der Gattungsgeschichtstheorie‹ bezeichnet habe.[99] Dieses Dogma besagt, dass jede gattungsgeschichtliche Studie mit einer klassifikatorischen Definition ihres Gegenstandsbereichs, also der zu untersuchenden Gattung, beginnen müsse. Dieses Dogma ist, wie in Abschnitt 3.4 im folgenden Kapitel ausgeführt wird, schädlich. Dort wird daher die für diese Arbeit wichtigste Unterscheidung im Rahmen der Datenerschließung erläutert, die ich in der Tabelle bereits (auf Modellebene 9) ergänzt habe: die zwischen einer perspektivischen Einstellung, und einer Einstellung, die davon ausgeht, dass man mit den Gattungsbezeichnungen die Sachen selbst beschreibt. Ich werde dort erläutern, warum ich diese Einstellung mit Husserl als ›natürliche Einstellung‹ bezeichne.[100] Die in der Tabelle gestaffelten Modellalternativen müssen nicht in einer bestimmten Weise kombiniert werden.

Die gattungstheoretischen Unterscheidungen in diesem Kapitel dienen dem Erkenntnisinteresse der hier in den Blick genommenen Novellengeschichte. Da quantitative Textanalyse vom Vergleich zwischen Textgruppen ausgeht, steht immer zuerst die Perspektive auf Textsorten (Ebene 1) im Fokus. Dieser Perspektive wird sich daher das Kapitel 4 widmen. Im Hintergrund steht dabei ein meist vage bleibendes ästhetisches Interesse (Ebene 2). Der Blick auf Gattung als Textsorte ist so etwas wie der na-

---

**99** Vgl. Schröter (2019, 237).

**100** Damit ist keineswegs gemeint, dass die natürliche Einstellung die richtige Einstellung ist; im Gegenteil: In der Novellenforschung ist die natürliche Einstellung meistens eine schlechte Wahl. Man könnte sie auch die naturalistische oder naturalisierende Einstellung nennen; aber auch das hätte unerwünschte Konnotationen.

türliche‹ Modus der quantitativen Gattungsstilistik. Das bleibt zunächst auch in Kapitel 4 dieser Arbeit so; und zwar mit dem gängigen Textmodell der *Bag-of-Words* (Ebene 3). Es wird aber darum gehen, Textsorten konsequent als historische Textsorten zu modellieren (Ebene 4). Dies wird über die erst im folgenden Kapitel im Detail ausgeführte perspektivische Modellierung (Ebene 9) erfolgen. Gattungssemantik wird so zu modellieren sein, dass der Sachzusammenhang (Kapitel 4.1) ebenso beschrieben werden kann wie die unterschiedlichen Begriffsmodelle (Ebene 5) der Gattung (Kapitel 4.2). Zu berücksichtigen ist überdies die für Literaturgeschichte unter ästhetischer Perspektive geläufige genealogische Auffassung einer Text-Gattungsbeziehung (Ebene 6), um die es in Kapitel 4.1.6 gehen wird.

Literaturgeschichtlich interessant ist insbesondere das ästhetische Interesse im Sinn der Genreerwartungen (Ebene 1). Erst dann lässt sich auch die für diese Arbeit zentrale Frage nach der Konsolidierung von Textsorten im Feld des Novellenmarkts und Genreerwartungen im Feld der poetologischen Diskurse untersuchen. Kapitel 5 wird sich daher der Frage widmen, wie sich Gattung im Sinn von Genre als textprägender Faktor neben konkurrierenden Faktoren wie Medium und Epoche (Zeit) untersuchen lässt (Ebene 7). Kapitel 6 wird diese Frage an einem aufwändigeren Textmodell mit komplexen Textmerkmalen durchführen (Ebene 3) und dabei gezielt klären, inwiefern im Lauf des 19. Jahrhunderts eine Konsolidierung von normativer Poetik und deskriptiv zu rekonstruierender Textproduktion (Ebene 8) zu beobachten ist. Da die ästhetische Funktion im Fall der Novelle nur einen kleinen Teil des literaturgeschichtlich interessanten Geschehens abdeckt, wird sich Kapitel 7 dem Feld der politischen, ökonomischen und positionierungsstrategischen Funktionen widmen (Ebene 2) und diese ins Verhältnis zur ästhetischen Funktion setzen. Jede der neun Modellebenen ist daher für diese Arbeit wichtig. Auf den jeweiligen Ebenen werden aber nur einzelne, nämlich die in der Tabelle grau hinterlegten, Modellalternativen eine Rolle spielen.

Die Tendenz zur Konsolidierung der Gattung in Form einer Zusammenführung von Textsorte und Genre bei gleichzeitiger Stärkung ihrer politischen Funktionen zum Ende des 19. Jahrhunderts wird sich als diachrone Abfolge und synchrone Überlagerung der hier unterschiedenen Funktionen und Modelle von Gattung beobachten lassen. Die hier skizzierten Modellierungen werden sich für künftige Analysen skalieren lassen, indem drei Bestandteile der Arbeit, die nicht den Kern der hier beschriebenen Modellierung betreffen, sukzessive ausgebaut werden. Dazu gehören, erstens, die in Kapitel 6 entwickelten Operationalisierungen komplexer Textmerkmale, die in den Poetiken des 19. Jahrhunderts als klassische Novellenmerkmale kodifiziert wurden. Wichtig wird zweitens ein sukzessiver Ausbau des Korpus sein. Entscheidend wird drittens die bereits in dieser Arbeit geleistete Erweiterung von Perspektiven auf Gattung (Modellebene 9) sowie die Ergänzung zusätzlicher relevanter Kontextinformationen sein. Dieser Aspekt betrifft die Sammlung von Metadaten und das folgende Kapitel. Genreerwartungen werden in den hier verwendeten Modellen von Gattungen rekonstruiert, indem die Mechanismen der Bildung von Gattungs-Textsorten aus diesen gewissermaßen herausgeschält werden.

# 3 Korpus und Metadaten

Unterfangen, die sich der historischen Erschließung literarischer Kommunikation widmen, müssen einen erheblichen Teil ihrer Arbeitszeit der theoretischen Konzeption sowie der Erstellung des Untersuchungskorpus sowie dessen Nutzung in einem datengetriebenen Forschungsdesign widmen. Ein Novellenkorpus, auf dessen Grundlage sich die Fragen dieses Buchs beantworten lassen, gibt es, wenn man von der Menge des Materials absieht, das Meyer gesichtet hat, bislang nicht. Doch auch Meyers Sichtung war nach frühzeitigem Abbruch für die Nachwelt verloren, weil sie abgesehen von einer Bibliographie[1] nirgends gespeichert und daher nicht nachnutzbar ist. Methodologisch reflektierte Entscheidungen bei der Korpuskonstruktion waren in den Literaturwissenschaften lange Zeit eine Ausnahme.[2] Das gilt erst recht für die Novellenforschung. Daher galt es ein für diese Arbeit geeignetes Projektkorpus zu erstellen. Mit einem Umfang von etwa 800 Texten (Stand: April 2024) und reichhaltigen Metadaten zum historischen und medialen Kontext erlaubt das Projektkorpus, die auf den Literaturmarkt des 19. Jahrhunderts bezogenen Fragen zu beantworten. Dank der Erschließung von Metadaten zum historischen Kontext ist dieses Projektkorpus künftig für die *CLS* sowie für die Literaturwissenschaft nutzbar.

Zu klären sind im vorliegenden Kapitel die systematischen Fragen danach, in welchem Format und in welcher Aufbereitung die Texte erschlossen, nach welchen Kriterien sie in das Korpus eingeschlossen, und welche Metadaten in welcher Systematik und Ontologie erfasst werden sollen, um die projektspezifischen Fragen beantworten zu können. Grundsätzlich handelt es sich bei dem für diese Arbeit entwickelten Korpus um eine projektbezogene Datensammlung (*research data collection*), die unter Beachtung von Urheberrechtsschranken in einem frei zugänglichen Repositorium (*Zenodo*) veröffentlicht wird. Das Projektkorpus soll in den nächsten Jahren in eine Gemeinschafts-Datensammlung (*community data collection*) überführt und öffentlich zugänglich gemacht sowie langfristig in literaturgeschichtliche Referenzkorpora eingegliedert werden.[3]

Da das Korpus seit 2018 durch Fördermittel der Philosophischen Fakultät Würzburg und aus Mitteln des Lehrstuhls für Computerphilologie Würzburg als Projektkorpus entwickelt wurde, wurde der grundlegende Aufbau der Text- und Metadatensammlung auf die textanalytische Verarbeitbarkeit hin optimiert und für die Maschinenverarbeitung möglichst einfach gehalten.[4] Deren Bestandteile sind im

1 Vgl. Meyer (1987, 229–271).

2 Vgl. zu dieser Diagnose Gius/Krüger/Sökefeld (2019) und Schruhl (2019).

3 Vgl. zur Terminologie Schöch (2017, 224). Offen ist noch, ob und wie die einfach gehaltene Datenstruktur für ein Referenzkorpus in Richtung eines hierarchischen *XML-TEI*-Textformats (vgl. Burnard/Bauman 2010, Burnard 2014, Schöch 2016) oder eine Datenbankstruktur überführt werden sollte.

4 Zur Projektförderung siehe Anhang, Abschnitt 10.2.


https://doi.org/10.1515/9783112236697-003

Wesentlichen ein Ordner (»novella_corpus_all«), der sämtliche Textdokumente im *Plain-Text*-Format enthält, aus dem die für die Untersuchungen wichtigen abgeleiteten Textformate mit spezifischen Textmerkmalsrepräsentationen (z. B. Dokument-Wort-Matrizen) gewonnen wurden, und eine zugleich als Bibliographie nutzbare Metadatentabelle (»Bibliographie.csv«).[5] Die Textdateien wurden aus bestehenden digitalen Textsammlungen übernommen oder anhand der von digitalen Bibliotheken zur Verfügung gestellten Bilddateien einer automatischen Texterkennung mit *Abby Fine Reader* und anschließend einer Korrektur unterzogen.[6]

Bibliographische Metadaten und Texte sind über eine ID im Dateinamen der Textdateien sowie der ersten Spalte der Metadatentabelle miteinander verknüpft. Die IDs haben die folgende Form: Sie beginnen jeweils mit einer 5-stelligen natürlichen Zahl für jede erfasste Manifestation eines Werks und enden nach einem Bindestrich mit einer zweistelligen Zahl, in der die Folgen- oder Episodennummer des Drucks angezeigt wird. Handelt es sich, wie in den meisten Fällen, um eine Erfassung des gesamten Texts, dann ist die Episoden-Zählnummer ›00‹. Die ID ›00310-00‹ verweist auf das gesamte digitalisierte Dokument von Kleists Erzähltext, in der Form, in der er im Erstdruck des Journals *Der Freimüthige* 1811 mit dem Titel *Die Verlobung* erschienen ist. Erfasst wurden auch die einzelnen Folgen der seriellen Erstpublikation. Die ID ›00310-09‹ verweist beispielsweise auf die neunte (und letzte) Folge des Werks.

## 3.1 Population und Stichprobe

Wenn man von der etablierten, philologisch aber nicht sonderlich aussagekräftigen Definition ausgeht, dass ein Korpus eine »large and principled collection of natural texts«[7] ist, dann lässt sich die kritische Rekonstruktion des Forschungsstands zur Novellengeschichte aus dem zurückliegenden Kapitel auch als die Diagnose reformulieren, dass die Novellenforschung bislang, mit Ausnahme der Arbeiten von Schröder und Meyer, nie korpusbasiert gearbeitet hat. Häufig hat man mit poetologischem Besteck und einer Reihe von kanonischen Novellen als Demonstrationsbeispielen operiert. Die Korpuslinguistik stützt sich auf eine Tradition methodischer Reflexion der Kriterien der Korpusbildung,[8] die in den letzten Jahren im Feld der *CLS* fruchtbar gemacht wurden.[9] In ihren gattungsgeschichtlichen Dissertationen haben Henny-Krahmer und Calvo Tello zuletzt nicht nur die allgemeinen Anforderungen an die Bildung digitaler Korpora für die *CLS* formuliert, sondern auch die Kriterien und Strategien zur Korpuserschließung

5 Zur Verwendung der Daten siehe Anhang, Abschnitt 10.1.

6 Der Workflow folgt im Wesentlichen dem in Henny-Krahmer (2023, 203) beschriebenen Ablauf. Zum Korrekturablauf siehe Anhang, Abschnitt 10.4.

7 Biber/Conrad/Reppen (1998, 4).

8 Vgl. Sinclair (1991), McEnerny/Wilson (2001) und Wynne (2004).

9 Vgl. Percillier (2017) und Schöch (2017).

reflektiert.[10] Im Folgenden gilt es die bestehenden Spezifikationen präziser auf das literaturgeschichtliche Interesse an heterogenen und schwach strukturierten Gattungen und damit auf den Gegenstandsbereich dieser Arbeit zuzuschneiden.

Um die methodischen Herausforderungen des Korpusaufbaus systematisch in den Griff zu bekommen, gilt es zunächst die analytisch unterscheidbaren und arbeitsteilig trennbaren Bereiche voneinander zu isolieren: Dies sind die Kriterien erstens der Balanciertheit mit einer explorativen Darstellung der Struktur und Merkmale des Korpus, zweitens der Repräsentativität hinsichtlich des Zusammenhangs zwischen Stichprobe und Grundgesamtheit, drittens die Frage der Herstellung hinreichender Qualität der digitalisierten Volltexte, viertens die Erschließung der historisch-kulturellen Metadaten der literarischen Kommunikation, fünftens – und soweit erforderlich – die Erfassung von Annotationen zu Texten.

Schöch stellt drei geläufige Techniken der Datensammlung vor: die opportunistische, die balancierte und die repräsentative Sammlung.[11] Durch Zufallsziehungen aus einer bekannten und verfügbaren Grundgesamtheit lassen sich repräsentative Stichproben gewinnen. Repräsentativ ist eine Stichprobe, wenn sie die Variabilität der Daten aus der Grundgesamtheit reproduziert.[12] Balanciert ist ein Korpus, wenn es nach bestimmten Auswahlkriterien (im Folgenden Gattungen, Medienformate, Teilzeiträume, Kanonisierungsstatus, Gender des Autors) gleichmäßig aufgebaut ist. Opportunistisch ist eine Textsammlung, wenn man sich die Texte sucht, die leicht zu bekommen sind. Für das Projektkorpus spielen alle drei Strategien eine Rolle.

Im Folgenden wird die vorgestellte Systematik an einigen Stellen begrifflich zu präzisieren sein; denn um einsehen zu können, nach welchen Kriterien ein literaturwissenschaftliches Korpus aufgebaut werden und welche Aufgaben es eigentlich erfüllen soll, müssen die Implikationen der Begriffe der Stichprobe und des Korpus, sowie der Balanciertheit und der Repräsentativität konsequenter voneinander unterschieden werden. Eine meist unterschlagene Frage ist, wo genau sich Korpora zwischen Grundgesamtheit und Stichprobe positionieren. Die gängige Forderung, dass ein Korpus idealerweise repräsentativ für eine Grundgesamtheit sein solle,[13] setzt voraus, dass es seinerseits als Stichprobe aus einer Grundgesamtheit betrachtet wird. Diese Voraannahme ist richtig, aber unvollständig und daher in der Praxis mitunter irreführend; denn häufig kommt es weniger darauf an, ob das Korpus als Ganzes eine repräsentative Stichprobe einer Grundgesamtheit ist, sondern darauf, dass das Korpus als eine systematische Textsammlung verwendet werden kann, aus der sich eine möglichst große Zahl repräsentativer Stichproben ziehen lässt. Dies ist das abstrakte Kriterium für den Korpusaufbau, das ich für die *CLS* vorschlage und das in Abbildung 2 veranschaulicht wird.

**10** Vgl. Calvo Tello (2021, 95–175) und Henny-Krahmer (2023, 111–294).

**11** Vgl. Schöch (2017, 225–226).

**12** Vgl. Biber (1993, 243): »[R]epresentativeness refers to the extent to which a sample includes the full range of variability in a population.«

**13** Vgl. Schöch (2017, 226).

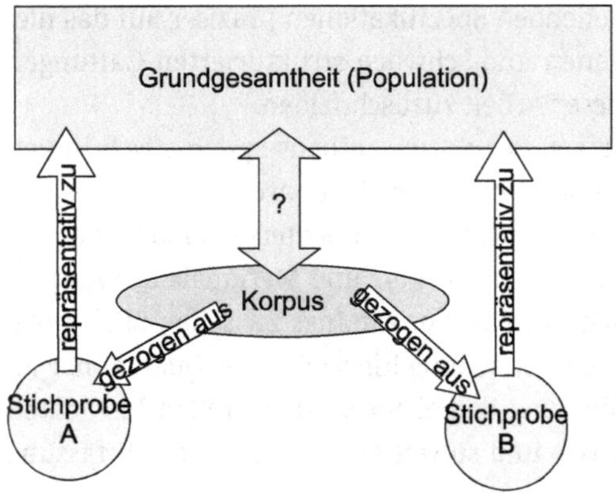


**Abbildung 2:** Repräsentativität: Korpus im Verhältnis zu Population und Stichprobe.

Die Frage nach der Repräsentativität von Korpus bzw. Stichprobe kann als ein Gefüge von Fragen wie folgt reformuliert werden: Wie muss ein Korpus aufgebaut und gegebenenfalls zur Grundgesamtheit ins Verhältnis gesetzt werden, damit sich Stichproben aus dem Korpus derart ziehen lassen, dass diese repräsentativ für die Grundgesamtheit sind? Balanciertheit und Repräsentativität sind zwei unterschiedliche Antworten auf diese Frage, die in Abbildung 2 durch das Fragezeichen im gelben Pfeil angedeutet wird. Repräsentativität erscheint so als Eigenschaft von Stichproben, wobei das Korpus entweder selbst als Stichprobe betrachtet werden kann oder als Reservoir relevanter Stichproben. Balanciertheit ist dagegen eine Eigenschaft des Korpus und bedeutet, dass das Korpus die Bildung hinreichend großer Teilgruppen ermöglichen soll. Analysen, die auf maschinellem Lernen oder statistischen Hypothesentests beruhen, setzen hinreichend und ähnlich große Teilgruppen innerhalb der Stichproben voraus. Balanciertheit ist also eine forschungspraktische Anforderung an Korpora. Sie gewährleistet für sich genommen aber noch nicht die Repräsentativität der Stichproben. Ich beginne daher mit einer Darstellung der Dimensionen der Balanciertheit im Projektkorpus.

## 3.2 Balanciertheit

Zunächst dient die Darstellung der Größen der einzelnen Teilgruppen der Korpusbeschreibung, zugleich aber auch einer Diskussion der Herausforderungen bei der Gewährleistung von Balanciertheit. Schwierig ist die Erzeugung von Balanciertheit, weil man es unter einem sozialgeschichtlichen und multiperspektivischen Forschungsinteresse mit vielen Teilgruppen und Kategorien zu tun hat, wobei jeder Text in jeder Kategorie einer oder sogar mehreren Teilgruppen angehören kann: einer oder mehreren Gattungen, einem Medium der Erstpublikation, einem Autor, einer Region, einem Publikationsdatum usw. Für diese Arbeit spielen eine ganze Reihe von Metadatenkategorien eine zentrale Rolle. Balanciertheit sollte dabei für die vier Kategorien des Jahres bzw. der Periode der Erstpublikation, der Zuordnung des Gattungslabels der Erstpublikation, des Medienformats und des Kanonisierungsgrads gewährleistet werden.

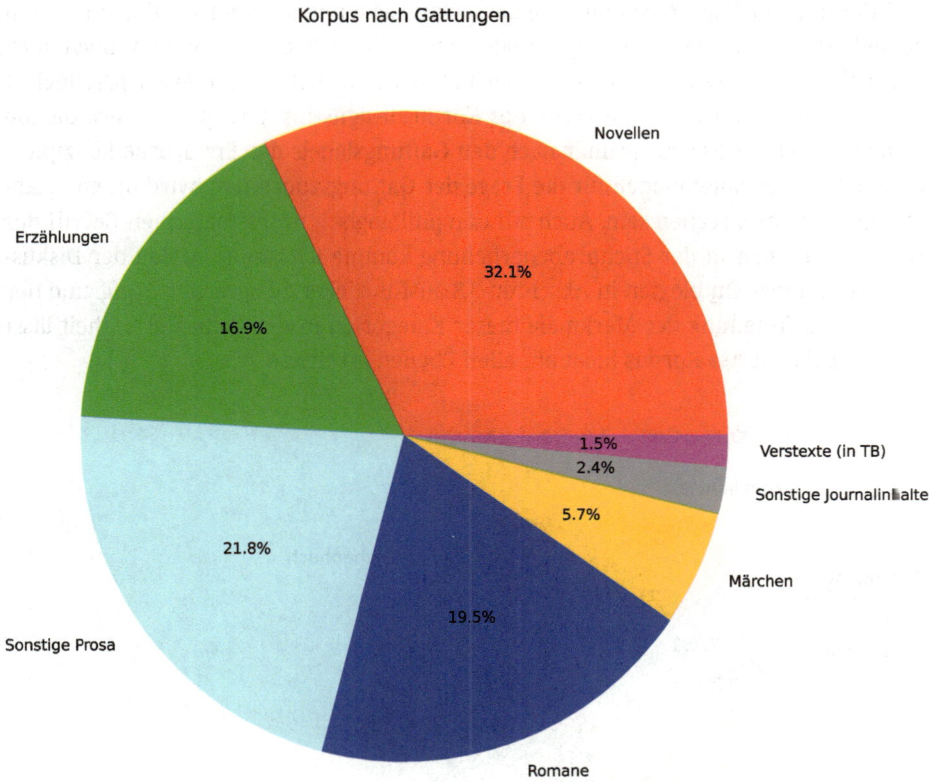


**Abbildung 3:** Korpus: Anteil Gattungen (nach Labels des Erstdrucks) (Stand: Mai 2022).

**Tabelle 2:** Balanciertheit des Korpus nach Gattungen (absolute Zahlen) (Stand: Mai 2022).

| Gattungszuordnung (Erstdruck) | Anzahl |
|---|---|
| Novellen | 229 |
| Erzählungen | 121 |
| Sonstige Prosaerzählungen | 156 |
| Romane | 139 |
| Märchen | 41 |
| Sonstige Journalinhalte | 17 |
| Verstexte (in TB) | 11 |
| Summe | 714 |

Abbildung 3 und Tabelle 2 zeigen den relativen Anteil und die absolute Anzahl der Werke nach den Gattungszuschreibungen im Paratext der Erstdrucke. Da dieses Kapitel die Datengrundlage der folgenden empirischen Untersuchungen transparent macht, wird der für die Analysen eingefrorene Stand aus dem Jahr 2022 wiedergegeben. Wie bereits in Kapitel 2 angekündigt wurde, wird die Zuordnung zwischen Werk und Gattung in dieser Arbeit als eine perspektivische und situationsbedingte Relation modelliert, nicht als eine ontologisch oder nominalistisch stabile Relation. Doch auch wenn die Gattungszuweisungen in den Erstdrucken nicht ontologisch privilegiert sind, so sind sie doch für die Frage des Korpusdesigns insofern privilegiert, als die Balanciertheit des Korpus primär nach den Gattungslabels der Erstdrucke konzipiert wurde. Das Metadatenmodell für die Frage der Gattungszuordnung wird unten in Abschnitt 3.4 zu besprechen sein. Auch auf den philologisch problematischen Begriff des Werks als Einheit in der Stichprobenerhebung komme ich unten im Zug der Diskussion alternativer Ontologien in Abschnitt 3.3 ausführlicher zu sprechen. Aufgrund der ungleichen Verteilung der Merkmale dieser Kategorien in der Grundgesamtheit lässt sich ein balanciertes Korpus nicht auf allen Ebenen erreichen.[14]

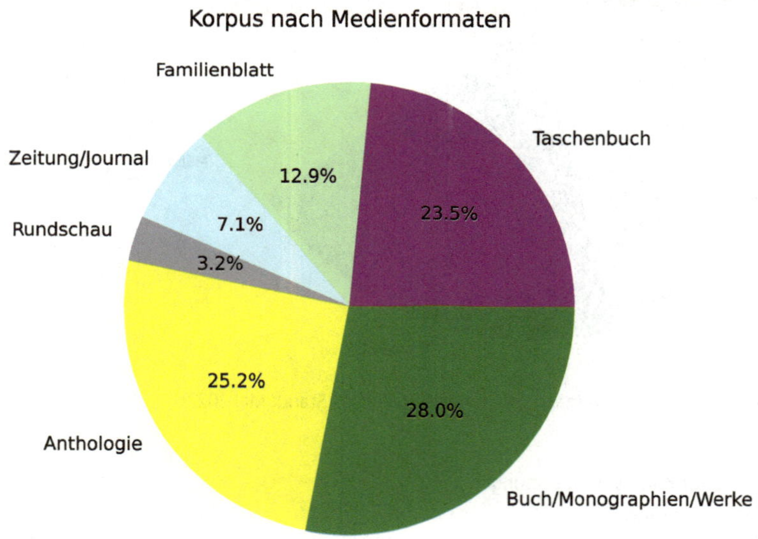


**Abbildung 4:** Anteil der Texte nach den Medienformaten der Erstdrucke (Stand: Mai 2022).

Abbildung 4 zeigt die relativen Anteile der in das Korpus aufgenommenen Texte nach den Medienformaten der Erstdrucke. Da die Erzählprosagattungen des 19. Jahrhunderts für die drei Gruppen der Novellen, der Erzählung und der sonstigen Prosaerzählungen balanciert erfasst wurden, ergibt sich, da keine gegenüber der Grundgesamt-

14 Für Skripte zur Analyse siehe den Ordner »scripts_novellas/3_corpus_exploration«.

heit bewussten oder indirekten Verzerrungen erfolgen, eine Ungleichverteilung bei den Medienformaten, die die Verhältnisse in der Grundgesamtheit widerspiegeln dürfte. Tabelle 3 zeigt die zugehörigen absoluten Zahlen für die Anteile der Medienformate in den Erstdrucken. Die Ungleichverteilung resultiert daraus, dass mit Meyers Schätzungen zu erwarten ist, dass 97% der Prosaerzählungen der Restaurationszeit in Journalen (inklusive Taschenbücher) erschienen sind.[15] Die hier ausgewählten Gruppierungen nach Gattungslabels (Novelle, Erzählung und sonstige Erzählprosa) abzüglich der Romane sollen im Prinzip das gesamte Feld der Prosaerzählungen fassen. Daher ist zu erwarten, dass lediglich drei Prozent aller Texte des Korpus auf Buchpublikationen entfallen. Wie Tabelle 3 zeigt, ist das Korpus gegenüber dieser Annahme in der Grundgesamtheit sogar verzerrt und tendiert auch dann noch zur Balanciertheit, wenn man von den 200 Buchpublikationen die 140 Romane subtrahiert, so dass (mit 62 von 550 Werken) ca. 11 Prozent der Erzählprosa bereits im Erstdruck im Buchformat erschienen ist. Diese mutmaßlichen Verzerrungen gegenüber der Grundgesamtheit kommen durch die Kriterien der Einschließung von Texten in das Korpus zustande, die im Abschnitt 3.3 zur Repräsentativität zu reflektieren sind.

**Tabelle 3:** Anzahl der Werke nach Medienformaten des Erstdrucks (Stand: Mai 2022).

| Medienformat | Anzahl | Bemerkung |
|---|---|---|
| Taschenbuch (TB) | 168 | |
| Familienblatt (FB) | 92 | |
| Zeitung/Journal | 51 | |
| Rundschau (RS) | 23 | |
| Anthologie | 180 | |
| Buch | 200 | Davon 62 als Erzählprosa (nicht als Roman) |
| Summe | 714 | |

Für die Perioden der Erstpublikationen strebt das Korpus eine Balanciertheit insbesondere hinsichtlich der beiden für die Arbeit zentralen Zeiträume von 1820 bis 1850 (in etwa die Restaurationszeit) und von 1850 bis 1880 (in etwa die Zeit des Realismus) an. Nach Möglichkeit wurden Texte aus der Zeit vor 1820 und nach 1880 opportunistisch ins Korpus aufgenommen, um Analysen für das sogenannte lange 19. Jahrhundert zu ermöglichen. Abbildung 5 zeigt die Verteilung der Gattungsbezeichnungen nach Erstdrucken in den Teilzeiträumen. Der Fokus der Analysen liegt jedoch auf synchronen Betrachtungen jeweils für die Restaurationszeit und die Zeit des Realismus

15 Vgl. Meyer (1998, 235), der an dieser Stelle allerdings nicht verrät, wie er auf diese Zahlen kommt. Vermutlich handelt es sich um eine freihändige Vermittlung zwischen den Schätzungen, die Meyer (1987, 161) aus Zuber (1955) aufgreift und dem Eindruck, den er aus seiner Archivrecherche gewonnen hat.

sowie auf dem diachronen Vergleich beider Perioden. Die hier gewählten 30-Jahres-Zeiträume mit den Periodengrenzen auf 1790, 1820, 1850, 1800, 1910 und 1940 sind zunächst rein heuristisch motiviert.[16] Für die folgenden quantitativen Analysen werden mit Zeitfensterverschiebungen und unterschiedlichen Skalierungen der Intervalle auch andere Periodisierungen gewählt. Dennoch lässt sich vorläufig mit Blick auf literaturgeschichtliches Wissen und die historiographischen Hypothesen dieser Arbeit davon ausgehen, dass die hier zur Darstellung gewählten 30-Jahres-Zeitäume und Periodengrenzen den Wandel der Gattungsgeschichte recht gut zu fassen erlauben.

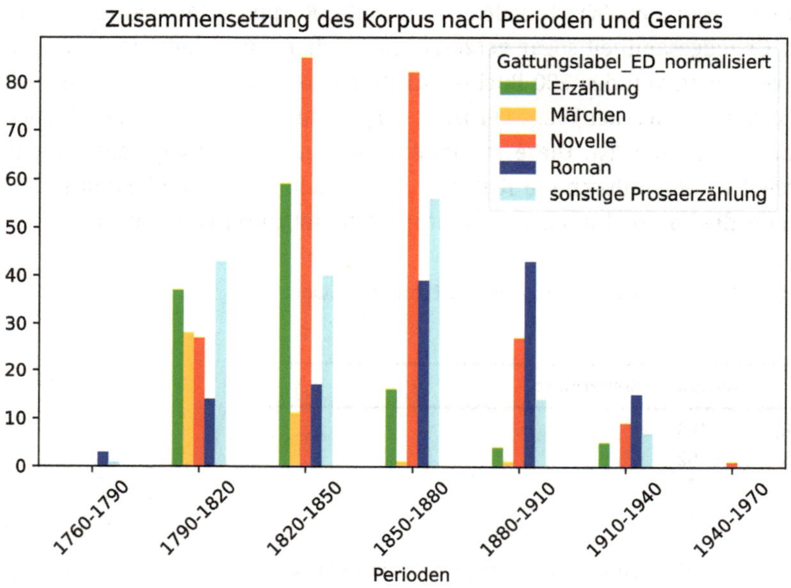


**Abbildung 5:** Zusammensetzung des Korpus nach Teilperioden (30 Jahre) und Gattungszuordnungen in den Erstdrucken (Stand: Mai 2022).

Die letzte Dimension, für die Balanciertheit systematisch angestrebt wurde, ist das Verhältnis zwischen kanonischen und nicht-kanonischen Werken. Literarisches Prestige für literaturgeschichtliche Erkenntnisinteressen zu erfassen, gehört zu den bereits gut vorbereiteten Aspekten der Metadatenerschließung.[17] Hier hat uns bei der Datener-

16 Dass in den *CLS*, insbesondere infolge der Arbeit von Jockers (2013), häufig mit Generationen von 30 Jahren für den Wandel literarischer Gattungen gearbeitet wird, spielt für den Begründungs- oder Rechtfertigungszusammenhang an dieser Stelle keine Rolle.

17 Vgl. Algee-Hewitt/McGurl (2015), Underwood/Sellers (2015), Underwood/Sellers (2016) für die Beurteilung von Prestige nach der Maßgabe von Gegenwartslesern Koolen et al. (2020). Für die Operationalisierung textbasierter Merkmale der Kanonizität vgl. Brottrager/Stahl/ Arslan (2021), Brottrager et al. (2022). Berücksichtigt wurde der Kanonisierungsstand in der hier übernommenen Skala von 0 bis 3 bereits im *ELTeC*-Korpus; vgl. Schöch et al. (2021).

schließung eine opportunistische Verfahrensweise sogar in die Hände gespielt. Wenn es um eine repräsentative Verteilung hinsichtlich des Kanonisierungsgrads geht, müsste man – indem man die Schätzung von Meyer zur Menge der heute vergessenen, weil nicht wiedergedruckten Werke als unteren Grenzwert zugrunde legt – davon ausgehen, dass mindestens 85% des historischen Bestands vergessen sind, und höchstens 15% der Grundgesamtheit schwach bis stark kanonisierte Texte bilden.[18] Da am ehesten die kanonischen Werke als digitale Texte verfügbar sind, wird ein opportunistisch nach Verfügbarkeit gebildetes Korpus weitestgehend kanonische Texte enthalten und dann mit der Erweiterung zunehmend weniger kanonische Texte aufnehmen. Wie aus Tabelle 4 hervorgeht, sind die kanonischen Texte im Korpus im Verhältnis zur Grundgesamtheit überrepräsentiert. Das partiell opportunistische Verfahren der Aufnahme leicht zugänglicher Texte hat jedoch den positiven Effekt eines unter Kanonisierungsperspektive relativ balancierten Korpus, das quantitative Vergleiche zwischen kanonischen und nicht-kanonischen Texten erlauben wird.

**Tabelle 4:** Kanonisierungsgrad der Werke im Korpus (Stand: Mai 2022).

| | Absolut | Relativ | | Population geschätzt |
|---|---|---|---|---|
| 0 (nicht-kanonisiert) | 452 | 0,66 | | ≥0,85 |
| 1 (schwach) | 71 | 0,1 | 0,34 | <0,15 |
| 2 (mittel) | 83 | 0,12 | | |
| 3 (hoch) | 81 | 0,12 | | |

Geht man weiter ins Detail und fragt nach der Verteilung der Gattungen oder Medienformate innerhalb der Teilzeiträume, wird die Sache noch komplizierter und verweist auf das in den quantitativ forschenden Geisteswissenschaften grundsätzlich auftretende Problem, dass Geschichte kein balancierter Vorgang ist. Abbildung 6 und Tabelle 5 zeigen, dass sämtliche Taschenbücher aus der Zeit zwischen 1790 und 1850 stammen, während alle Familienblätter aus der Zeit nach 1850 stammen. Dieses Ungleichgewicht, das auch zwischen Zeit und Gattung sowie zwischen Autorschaft und Gattung auftritt, lässt sich nicht beheben. Es ist Ausdruck historischer Realität. Taschenbücher wurden um 1850 durch Illustrierte wie das Familienblatt abgelöst. Für statistische Analysen stellt dieser Sachverhalt ein Problem dar. Wenn man Unterschiede beispielsweise hinsichtlich der Schreibverfahren zwischen Texten der Restaurationszeit und Texten des Realismus analysiert, wird man nicht feststellen können, ob die Unterschiede, sofern sie erkennbar sind, auf die Zeit oder auf das Medienformat zurückzuführen sind. Um inferenzstatistische Aussagen treffen und Kausalfaktoren ermitteln zu können, müssten eigentlich ausgewogene Stichproben auch für die

**18** Siehe Anm. 15 in diesem Kapitel. Für die Zuordnungskriterien zu den hier unterschiedenen Kanonisierungsniveaus vgl. Schröter (2024c).

relevanten Schnittmengen von Textgruppen erzeugt werden können – beispielsweise auch Familienblattnovellen der 1820er Jahre usw. Diese Forderung lässt sich in Disziplinen oder Forschungsbereichen einlösen, in denen es alle relevanten Merkmalskombinationen gibt. Für historische Kulturen ist diese Voraussetzung offensichtlich nicht erfüllt. Die Tatsache, dass es sie nicht gibt, muss aber nicht zu unnötigem Kopfzerbrechen führen, sondern stellt einen historisch interessanten Sachverhalt dar und sollte daher als solcher beschrieben und erklärt werden.

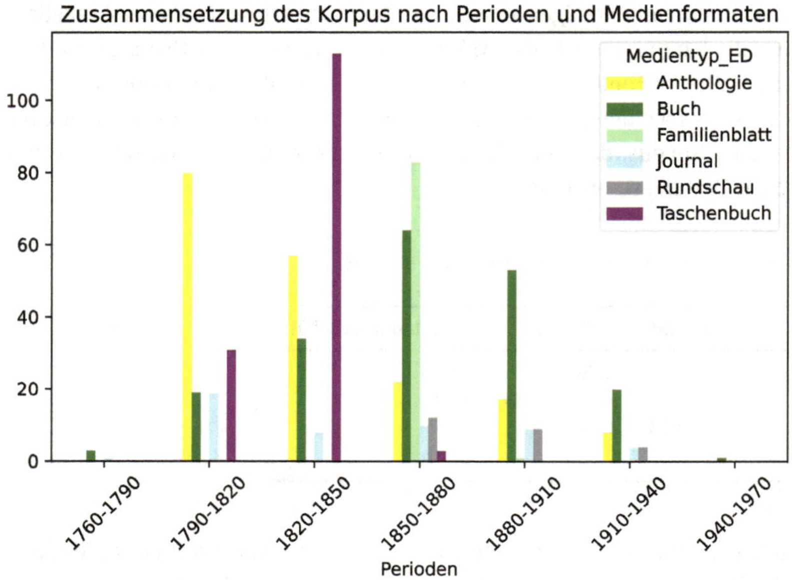


**Abbildung 6:** Zusammensetzung des Korpus nach Teilperioden (30 Jahres-Zeiträume) und Medienformaten (Stand: Mai 2022).

**Tabelle 5:** Anzahl der Werke nach Medienformaten und 30-Jahres-Zeiträumen zwischen 1790 und 1880 (Stand: Mai 2022).

| | Taschenbuch | Familienblatt | Anthologie | Sonstige Journalinhalte | Werke/Bücher |
|---|---|---|---|---|---|
| 1790–1820 | 26 | 0 | 79 | 19 | 20 |
| 1820–1850 | 120 | 0 | 58 | 10 | 13 |
| 1850–1880 | 4 | 91 | 21 | 21 | 67 |

## 3.3 Repräsentativität

Repräsentativität der Stichproben oder des Gesamtkorpus herzustellen ist die eigentliche methodologische Herausforderung. Die Korpuslinguistik beschäftigt sich seit jeher mit Fragen der Repräsentativität,[19] während die literaturgeschichtliche Gattungsforschung mit wenigen Ausnahmen bei der Zusammenstellung der für die Analyse verwendeten Textgruppen kaum auf Repräsentativität in einem methodologisch informierten Sinn geachtet hat.[20] Daher hat die Literaturwissenschaft durch eine Orientierung an ihrer Nachbardisziplin viel zu gewinnen.[21] Novellenforscher haben selbst dann, wenn sie wie Schröder ein Korpus im engeren Sinn aufgebaut haben, oder wenn der Umfang der besprochenen Texte, wie bei Himmel,[22] beträchtlich ist, nicht konsequent danach gefragt, wofür, d. h. für welche Bereiche, Sparten oder Felder der literarischen Kommunikation dieses eigentlich repräsentativ sein solle. Repräsentativität bezieht sich immer auf die Grundgesamtheit. Die Bestimmung der Grundgesamtheit ist eine Voraussetzung dafür, Repräsentativität einer Stichprobe sicherzustellen. Diese Bestimmung ist jedoch nicht trivial – weder hinsichtlich der Modellierung der Ontologie der Grundgesamtheit noch für die Vermessung ihrer Extension.

### 3.3.1 Die Form der Grundgesamtheit

Bevor die Frage der Repräsentativität in der für die Statistik üblichen Weise diskutiert werden kann, sollte man sich einem grundsätzlichen Problem stellen, nämlich der ontologischen Frage: Was ist eigentlich die Grundgesamtheit? Ist es die Menge an Äußerungen, an gedruckten Texten bzw. Werken, oder eine historische Situation einer literarischen Kommunikation, die auch so etwas wie die Faktizität des Gelesenwerdens von Texten, und vielleicht sogar die Häufigkeit des Lesens und die Dichte der Zirkulation innerhalb der literarischen Kommunikation berücksichtigt? Ich nenne dies im Folgenden die Frage nach der Form der Grundgesamtheit. Diese Frage lässt sich auch umdrehen. Es handelt sich dann um die Frage, als was man die einzelnen Instanzen eigentlich betrachtet: als Textobjekte, Werkeinheiten oder als Kommunikationsereignisse.

Das Projektkorpus geht zunächst von der etablierten ›konservativen‹ Ontologie aus, wonach Werke als die basalen Einheiten der Stichprobe, des Korpus und der Grundgesamtheit betrachtet werden. Diese Ontologie wurde in den *Fucntional Re-*

19 Vgl. Lemnitzer/Zinsmeister (2015) und Andresen/Zinsmeister (2019). Pionierarbeit für die theoretische Grundlegung von Korpusbildung in der Gattungsforschung hat Zymner (2003, 122–139) geleistet.

20 Zu dieser Diagnose kommen auch Gius /Krüger/Sökefeld (2019, 165)

21 Den Grund, weshalb systematische Korpusbildung in den Literaturwissenschaften eine geringere Rolle spielt als in der Linguistik, sieht Henny-Krahmer (2023, 194, dort Anm. 248) in der philologischen Konzentration auf die Einzelwerkinterpretation.

22 Vgl. Himmel (1963).

*quirements for Bibliographic Records* von der *International Federation of Library Associations and Institutions* (*IFLA*) 2009 kodifiziert.[23] Sie unterscheidet zwischen abstraktem Werk, dessen Ausdruck sowie Manifestation und wurde für die Korpusbildung gattungsgeschichtlicher Studien in den *CLS* bereits entfaltet.[24] In der Literaturwissenschaft hat der – neben den bibliographisch immer wichtig gebliebenen Großkategorien von Autor, Epoche und Gattung – lange Zeit in Verruf geratene und vom Textbegriff verdrängte Werkbegriff zuletzt einige Revisionen und Neubestimmungen erfahren, die für eine differenziertere Ontologie in philologischen Kontexten nützlich sein können.[25]

Für dieses Projektkorpus sind Dokumente nicht als Werkeinheiten, sondern als Manifestationen repräsentiert. Jeder als Digitalisat vorliegende Text verweist auf die Manifestation, d. h. eine in einem bestimmten Medium publizierte Version eines Werks, das als solches in der Bibliographie dokumentiert und über die oben bereits beschriebene ID, die sich nun als eine Werkmanifestations-ID fassen lässt, mit dem digitalen Text verbunden wird. Philologisch interessante und im Detail kontrovers zu diskutieren sind die Fragen nach der Werkeinheit insbesondere bei Neudrucken mit starken Eingriffen in die Texte und bei sich änderndem Werktitel. Dieses Projekt folgt Meyer in der grundlegenden Annahme, dass die mediale Erscheinungsform prägenden Charakter auf die Texte haben kann.[26] Daher wurden die in unterschiedlichen medialen Kontexten erschienen Manifestationen des potenziell gleichen Werks als jeweils unterschiedliche Einheiten gespeichert, um auf die unterschiedlichen Manifestationen tatsächlich in Form einzelner Textdateien zugreifen zu können.[27] In der Metadatenkategorie ›spätere_Fassung_von‹ wird die Werkmanifestations-ID der frühesten, potenziell dem gleichen Werk zugerechneten Fassung ermittelt. Mit Meyers Schätzung eines Wiederdrucks von insgesamt 15% aller Prosaerzählungen der Restaurationszeit müssten bei umfassender Datenerschließung ein erheblicher Anteil der Werke in zwei Manifestationen vorliegen.[28] De facto enthält das Projektkorpus nur eine geringe Anzahl ($n = 6$) textuell erfasster Manifestationen je Werk. In den Fällen, in denen keine eigene Textfassung für eine zweite oder dritte Manifestation erschlossen werden konnte, sind die Zweit- und ggf. weitere Folgedrucke in weiteren Metadatenkategorien bei der Manifestation des Erstdrucks bibliographisch dokumentiert.

---

23 Vgl. International Federation of Library Associations and Institutions (2009).

24 Vgl. Henny-Krahmer (2023, 157–159).

25 Vgl. Danneberg/Gilbert/Spoerhase (2019, 7) für den Begriff des »Werkmediums«.

26 Vgl. Meyer (1987), und siehe Teilkapitel 2.2.8 oben.

27 Für digitale Editionen oder strukturell komplexere Referenz- bzw. Gemeinschaftskorpora ist zu überlegen, ob die unterschiedlichen Manifestationen in ein gemeinsames hierarchisches *XML-TEI*-Dokument integriert werden können, so dass das Werk als Einheit des Korpus fungieren kann.

28 Wenn für jedes wiedergedruckte Werk exakt ein Zweitdruck dokumentiert wird, ergibt sich bei einem Anteil von 15% wiedergedruckten Werken ein relativer Anteil von jeweils ~ ca. 13% Erst- und Zweit- (jeweils 15 von 115 Manifestationen) sowie 74% Einmal-Drucken (85 von 115 Manifestationen) im Korpus.

Für eine radikale Ereignisgeschichte der literarischen Kommunikation mit quantitativen und statistischen Verfahren kann es in künftiger Forschung sinnvoll sein, die Instanzen des Korpus auf der Ebene der konkreten Druckexemplare (*expression*) und gegebenenfalls sogar als nicht-materielle Kommunikationsakte unterschiedlicher Typen zu betrachten.[29] Das kann zur Folge haben, dass ein Werk in unterschiedlichen, aber für die jeweilige Forschung relevanten, historischen Situationen als ein jeweiliges Kommunikationsereignis aufgefasst und somit mehrfach als Instanz im Korpus auftaucht. Es dürfte sich lohnen, künftig auch die Novellengeschichte in dieser Weise zu modellieren, weil sich auf diese Weise noch konsequenter die Zirkulation der Texte und deren kulturelle Relevanz rekonstruieren ließe. Auf diese Weise ließe sich die Geschichte der Novelle als populäres Genre sichtbar machen.

Doch dafür fehlen die Daten. Um dies leisten zu können, werden eine Reihe zunächst qualitativer Erschließungen tatsächlich stattgefundener Kommunikationsereignisse nötig sein: etwa die Häufigkeit der Ausleihe-Ereignisse und die Anzahl der Exemplare in Leihbibliotheken und Lesezirkeln. Umfangreiche rezeptionsgeschichtliche Daten wären zwar prinzipiell vorhanden,[30] aber nicht als Daten zu den einzelnen Werken. Gegenwärtig ist noch nicht abzuschätzen, ob eine hinreichend große Menge solcher Ereignisse überhaupt empirisch ermittelbar ist. Es ist vor allem eine Frage des Erkenntnisinteresses, ob man die Grundgesamtheit und damit auch die Einzelinstanzen des Korpus als statische Werkobjekte oder als immaterielle Kommunikationsereignisse auffasst (bzw. auf Ebene der Population als Summe der Objekte oder Ereignisse). Zu klären ist daher, ob es um die Rekonstruktion eines textuellen Archivs oder um eine Sozialgeschichte des Leseverhaltens oder anderer Aktionsformen geht. Genau genommen hat selbst die bestehende Sozialgeschichte des Lesens noch keinen korpusbasierten Ansatz entwickelt, in dem die Instanzen als Kommunikationseinheiten modelliert werden.[31] Die Geschichte literarischer Kommunikationsereignisse hier als Vision zu skizzieren kann auch einen theoretischen Bedarf sichtbar machen. Unabhängig davon, wie man ein Projektkorpus modelliert, gilt: Wenn man Repräsentativität herstellen möchte, kommt man nicht umhin, vorab zu klären, wofür man anhand der bestehenden Datenlage und des historischen Kontextwissens überhaupt in der Lage ist, Repräsentativität herzustellen.

### 3.3.2 Externe und interne Kriterien

Die Korpuslinguistik kennt eine alte Maxime, wonach Korpora nicht nach internen, sondern weitgehend nach externen Kriterien aufzubauen seien.[32] Mit internen Krite-

29 Vgl. Schröter (2022).

30 Vgl. Wittmann (1982), Rarisch (1976) und Jäger (2003).

31 Vgl. Schneider (2004).

32 Vgl. Clear (1992, 29–30), dessen These von Sinclair (2004, o. S.) als die Behauptung reproduziert wird, dass Korpora ausschließlich anhand externer Kriterien konstruiert werden müssen.

rien sind sprachliche Merkmale der Texte gemeint. Externe Merkmale hingegen sind die kommunikativen Funktionen der Texte in kulturellen Situationen. Diese korpuslinguistische Maxime, die für die Anwendung auf literarische Korpora gleichwohl angepasst werden muss, kann sich die Gattungsgeschichtsforschung wie folgt zu eigen machen: Ein Korpus oder eine Stichprobe sind genau dann repräsentativ für eine Grundgesamtheit unter einer bestimmten Perspektive auf konkrete Merkmale, wenn die Verteilung der externen Merkmale im Korpus der Verteilung dieser Merkmale in der Grundgesamtheit entspricht.

Tatsächlich spielen auch interne Kriterien bei der systematischen Rahmung eines Korpus eine Rolle. Diese Arbeit spannt den Raum der Grundgesamtheit und damit auch des Korpus durch das allgemeine interne Kriterium der Schriftlichkeit sowie durch das externe Kriterium der Öffentlichkeit auf. Das Kernkorpus wird weiterhin durch die internen Kriterien der Narrativität, der metrisch nichtgebundenen Prosaform und der Fiktionalität eingegrenzt. Nur für einzelne Analysen – etwa zur Untersuchung der Dominanz von Prosa und von fiktionalen Texten im Journalmarkt – wurden faktuale und metrisch gebundene Texte aus den Medienorganen eingeschlossen, die ansonsten vornehmlich fiktionale Erzählprosa auf den Markt brachten. Repräsentativ ist das Korpus daher potenziell und bei Einhaltung weiterer Kriterien für eine Grundgesamtheit, die systematisch als der Raum von Objekten, bei denen es sich um Manifestationen von Werken handelt, die fiktional und narrativ sind, in Schriftform veröffentlicht wurden und Prosaform aufweisen. Abgesteckt ist damit die potenzielle Reichweite dieser Arbeit: Sie trifft keinerlei Aussagen über Novellen, die keine fiktionalen Erzähltexte sind; auch nicht über den Roman im Allgemeinen; sondern über die Gattungssemantiken und Praktiken in der über die genannten internen Kriterien abgesteckten Feld der Literaturproduktion.

Es wurde nicht im Einzelfall geprüft, ob jeder Text alle internen Kriterien erfüllt. Texte, die im Erstdruck Gattungsbezeichnungen wie ›Novelle‹, ›Erzählung‹, ›Roman‹, ›Geschichte‹, ›Nach einer wahren Begebenheit‹, ›Märchen‹ etc. getragen haben, wurden eingeschlossen, wenn sie, dem ersten Anschein nach, die systematischen internen Kriterien erfüllen. Konkret heißt das, dass Novellen im Sinn von Gesetzesnovellen und Instanzen anderer homonymer Textsorten nicht in das Korpus aufgenommen wurden. Texte aus einschlägigen Medienformaten ohne Gattungsbezeichnungen wurden dagegen grundsätzlich darauf überprüft, ob sie fiktional, narrativ und in Prosa verfasst sind. In der Metadatenkategorie ›Gattungslabel_ED‹ wurde, sofern vorhanden, das Gattungslabel des Erstdrucks dokumentiert. Abweichende Genrezuschreibungen zwischen Paratext und Inhaltsverzeichnis eines Taschenbuchs oder Journals wurden in den Metadatenkategorien ›Untertitel_im_Text‹ bzw. ›Untertitel_im_Inhaltsverzeichnis‹ dokumentiert. Die Metadatenkategorie ›Gattungslabel_ED_normalisiert‹ stellt eine Mischform aus standardisierten historischen Gattungslabels der Erstdrucke und, im Fall fehlender paratextueller Gattungsindikatoren, einer systematischen Klassifikation als fiktionaler Erzählprosatext ohne Label ›*0E*‹ bzw. als nicht-fiktionaler Text ›*0P*‹ dar.

Für die systematische Bestimmung der Kriterien von Fiktionalität folge ich den Ansätzen, die Fiktion ausgehend von den Arbeiten von Lamarque und Olsen als Institution begreifen.[33] Tatsächlich gab es im Rahmen der Korpuserschließung, insbesondere im Familienblatt *Die Gartenlaube*, interessante Grenzfälle. Anstatt direkt über textuelle Signale über die Fiktionalität (*signposts of fictionality*)[34] zu entscheiden, wurde in Projektbesprechungen aller an der Korpuskonstruktion Beteiligten diskutiert und entschieden, ob ein Werk im historischen Kontext in einem pragmatischen Sinn gemäß der Institution der Fiktionalität wahrgenommen worden sein dürfte. Die Entscheidung, ob ein Text narrative Struktur hat, kann in Grenzfällen, insbesondere wegen des graduellen Charakters von Narrativität, noch schwieriger sein als die Zuordnung von Fiktionalität. Wir haben uns bei der Metadatenerschließung daher darauf beschränkt, in schwierig zu entscheidenden Fällen von Manifestationen ohne historische Genrezuweisung einen allgemeinen Charakter als Verssprache (V) oder als nicht weiter klassifizierten Prosatext (*0P*) zu klassifizieren.[35] Das Kriterium der Öffentlichkeit ist dadurch erfüllt, dass die Manifestation einen nachweisbaren Druckort hat und nicht beispielsweise ausschließlich als handschriftliches Manuskript eines Autors vorliegt.[36]

Die Einschränkung eines Korpus auf bestimmte interne Kriterien – hier die der Fiktionalität, Narrativität und der Prosaform – ist eine notwendige Bedingung, um die potenzielle Reichweite der Aussagen über die abstrakt modellierte Grundgesamtheit ermessen zu können. Interne Kriterien sind aber nicht hinreichend für eine sinnvolle Korpuskonstruktion. Ein Korpus kann nie repräsentativ für eine Grundgesamtheit hinsichtlich aller internen Kriterien sein;[37] ein Korpus der fiktionalen, narrativen Prosatexte sagt nichts darüber aus, wie groß der Anteil an fiktionalen narrativen Prosatexten in der historischen Wirklichkeit war. Stattdessen stecken die internen Kriterien den Rahmen ab, innerhalb dessen sich Aussagen darüber treffen lassen, wie die externen Merkmale und die für die Untersuchung relevanten internen textuellen Merkmale in der Grundgesamtheit verteilt waren. Diese empirisch interessanten internen Merkmale sind aber nicht identisch mit den internen Merkmalen, nach denen das Korpus abgegrenzt wird.

Unter den externen Kriterien sind für diese Arbeit folgende Aspekte wesentlich: Gattungszuordnung in einer je spezifischen Kommunikationssituation, mediales und

---

33 Vgl. Lamarque/Olsen (1994, 34). Expliziert findet sich eine Theorie der Fiktionalität als Institution in Klauk/Köppe (2014) und Köppe (2014). In empirisch verfahrenden gattungsgeschichtlichen Studien wurde dieser Typ von Fiktionalitätstheorie zuletzt von Gittel (2021, 66–70) und Henny-Krahmer (2023, 113–119) implementiert.

34 Vgl. Cohn (1990).

35 Für die begriffliche Bestimmung von ›Narrativität‹ und ›Prosa‹ sowie deren Anwendung in der Korpuskonstruktion folge ich Henny-Krahmer (2023, 119–122), die sich auf die Definitionen von Weber (1998, 63) (Narrativität) und Kleinschmidt (2007) (Prosa) stützt.

36 Der Sonderfall einer rein mündlichen öffentlichen Verlautbarung wird dadurch ausgeschlossen.

37 Es sei denn, es handelt sich um eine Zufallsstichprobe aus allen Arten von sprachlichen Äußerungen.

materiales Format der Manifestation eines Werks, Entstehungszeitraum, Autorschaft und Kanonisierungsstatus. In älteren Arbeiten wurde die Gattungszuordnung wie ein internes Kriterium betrachtet, d. h. als eine systematische Klassifikation der Textsorte gemäß interner sprachlicher Merkmale der Texte. Eine der zentralen Entscheidungen dieser Arbeit ist es, die Gattungszuordnung als ein externes Merkmal der historischen literarischen Kommunikation zu betrachten. Nur so lassen sich historische Gattungssemantiken empirisch untersuchen. Auf diese Weise lässt sich auch die alte gattungstheoretische Scheinparadoxie aus dem in Kapitel 2 angesprochenen Dogma der Gattungstheorie auflösen, wonach ein Korpus zunächst nach einer *a priori* festgesetzten Gattungsdefinition eingegrenzt werden müsse, die dann aber zur Folge hat, dass man den Gegenstandsbereich aufgrund der Variabilität jeder Gattung historisch nie angemessen eingrenzen kann.[38] An die Stelle einer systematischen Definition tritt eine Eingrenzung nach den für das Untersuchungsinteresse sinnvollen, aber nicht direkt die Gattungssemantik kodifizierenden internen und externen Kriterien.

Die Auswahl der externen Kriterien, für die eine der Population entsprechende Verteilung im Korpus hergestellt werden soll, bestimmt mithin die Perspektive, unter der das Korpus als repräsentativ betrachtet wird. Für die Novellengeschichte heißt dies konkret: Ein Korpus, dessen Texte hinsichtlich der Verteilung der Autoren und der Medienformate der tatsächlichen Verteilung in der literarischen Produktion des 19. Jahrhunderts entspricht, ist für diese Merkmale für die betreffende Grundgesamtheit repräsentativ. Eine solche Auswahl stellt für sich genommen nicht automatisch sicher, dass das Korpus auch andere Aspekte, etwa der regionalen Verteilung, der Distributionswege oder der tatsächlichen Reichweite der Texte in der ursprünglichen Leserschaft der Grundgesamtheit entsprechend abbildet. Um Repräsentativität herstellen können, bieten sich unterschiedliche Strategien an.[39] Entscheidend ist, dass die Grundgesamtheit bekannt oder verfügbar ist. Eines von beidem genügt. In den bestehenden Adaptionen wurde zwischen Verfügbarkeit und Bekanntheit jedoch nicht analytisch klar unterschieden. Tatsächlich ist die Grundgesamtheit für die meisten literaturgeschichtlichen Gegenstandsbereiche jedoch weder bekannt noch verfügbar.[40] Und das ist ein Problem.

Als bekannt kann die Grundgesamtheit in den wenigen Fällen gelten, in denen sie von der literaturgeschichtlichen Forschung hinreichend erschlossen wurde. Für die Novellen des 19. Jahrhunderts liegen indes nur partielle, hypothetische und vorläufige Annahmen zur Grundgesamtheit vor. Den ersten nennenswerten Versuch hat Schröder unternommen.[41] Mit Blick auf den Journalmarkt hat Meyer den Wissensstand in

38 Siehe Anm. 99 in Kapitel 2.
39 Vgl. Cochran (1972), Thomas/Schofield (2013) und Bortz/Schuster (2010).
40 Vgl. Schöch (2017, 226).
41 Vgl. Schröder (1970).

einer Weise aktualisiert, die bislang nicht mehr überholt wurde.[42] Wir haben also nur wenige und lediglich grob geschätzte Populationsparameter für den Novellenmarkt des 19. Jahrhunderts. Leider fehlen für Meyers Schätzungen die Datengrundlage und die Begründungen der Schätzungen, so dass unklar ist, wie gut die Schätzungen sind. Dennoch wird damit zu arbeiten sein. Je nach Bekanntheit und Verfügbarkeit der Grundgesamtheit ist mit unterschiedlichen Verfahren der Stichprobenziehung zu arbeiten. Bevor diese diskutiert werden, ist daher zunächst der Begriff der Verfügbarkeit zu explizieren.

Mit Verfügbarkeit ist gemeint, dass jedes Element aus der Grundgesamtheit einer Ziehung für die Stichprobe zugänglich ist. Die faktische Nicht-Verfügbarkeit der Grundgesamtheit ist ein ernstzunehmendes Problem für quantitative literaturgeschichtliche Forschung. Einige Texte sind entweder ganz verschollen oder im Lauf der Zeit verloren gegangen. Andere wurden lediglich noch nicht entdeckt. Zugleich ist der Umfang des Verlusts strittig. Lösungen für dieses Problem könnten in Abschätzungen von Verlustraten liegen, wie sie zuletzt für mittelalterliche Handschriften und Werke anhand von Modellierungen aus der Ökologie vorgestellt wurden.[43]

Die für das Korpus dieser Arbeit aufbereiteten Texte stammen zum großen Teil aus dem Bestand der digitalen Sammlungen der Bayerischen Staatsbibliothek in München. Drei Stufen der Selektion muss man hier wie bei jeder anderen Sammlung in Rechnung stellen: Erstens die politischen und kulturellen Faktoren, von denen ab Erscheinen jeder Publikation abhängt, ob die Publikation dem Bibliotheksbestand einverleibt wird, zweitens die Faktoren, die bedingen, dass eine Publikation im Lauf der Zeit aus einer Sammlung verschwindet, und drittens die bibliothekarische Entscheidung, eine Publikation in eine digitale Sammlung aufzunehmen. Die Ein- und Ausschlüsse der ersten beiden Stufen kann man, wenn man ein Korpus aufbaut, nicht korrigieren. Die letzte Stufe kann man mit einigem Aufwand selbst nehmen, indem man die Digitalisierung selbst in Angriff nimmt. Es ist jedoch einzuräumen, dass die zur Verfügung stehenden Maßnahmen zur Beschaffung digitalisierter Texte nicht im strengen Sinn gewährleisten, dass es sich um eine Ziehung aus der Grundgesamtheit aller historisch publizierten Texte mit exakt gleicher Wahrscheinlichkeit handelt. Für eine zufallsbasierte Stichprobe im strengen Sinn wäre dies erforderlich. Man muss es mit dem ›strengen Sinn‹ nicht übertreiben, aber man sollte bei den statistischen Inferenzen aus korpusbasierten Analysen auf die Zusammensetzung der Grundgesamtheit die entsprechende epistemische Unsicherheit im Hinterkopf behalten und diese als Unsicherheit kommunizieren. Eine transparente Reflexion beschränkter Verfügbarkeit erleichtert es im nächsten Schritt, den Grund für die Schwächen veralteter Inferenzen einzusehen und zu erkennen, ob und in welchem Grad Abweichungen ge-

42 Vgl. Meyer (1987). Für die bereits mehrfach aufgegriffenen Schätzungen zum Anteil nicht wieder gedruckter Werke vgl. Meyer (1998).
43 Vgl. Kestemont et al. (2022).

genüber anderen und neueren Forschungsergebnissen durch die Korpuszusammensetzung verursacht sind.

### 3.3.3 Korpus als Grundgesamtheit und echte Zufallsstichproben

Die Statistik bietet Lösungen für den Umgang mit entweder mangelhafter Kenntnis der Grundgesamtheit oder der nicht gleichmäßigen Verfügbarkeit aller Instanzen der Grundgesamtheit an. Wenn die Grundgesamtheit klein und im Ganzen verfügbar ist, stellt sich das Problem der repräsentativen Stichprobe erst gar nicht, weil sich die Grundgesamtheit als Korpus erschließen lässt.[44] Für letzteres sind jedoch eine ganze Reihe zusätzlicher statistischer Anforderungen zu erfüllen. Ist die Grundgesamtheit groß, aber im Prinzip verfügbar, kann man mit hinreichend großen Zufallsstichproben aus der Grundgesamtheit gewährleisten, dass eine zufällig gezogene Stichprobe mit einer statistisch berechenbaren Wahrscheinlichkeit repräsentativ für die angenommene Grundgesamtheit ist. Diese Lösung ist in demoskopischen Erhebungen aufgrund ihrer Einfachheit und Zuverlässigkeit häufig der Königsweg.[45] Für die Literaturwissenschaft ist die Grundgesamtheit jedoch, wie bereits deutlich wurde, meist nicht verfügbar. Eine zufallsbasierte Stichprobe aus der Grundgesamtheit könnte nur dann gezogen werden, wenn erstens nicht nur eine abstrakte Beschreibung der Grundgesamtheit vorliegt, sondern eine Liste aller Texte etwa in Form einer Bibliographie; und wenn man zweitens die Mühe und Kosten nicht scheut, die Texte im Anschluss an eine randomisierte Auswahl aus dieser Liste auch zu beschaffen. Niemand könnte dies gegenwärtig leisten, denn die meisten Texte sind unauffindbar. Man könnte Texte, die nicht zu finden sind, sozusagen überspringen und so lange weitersuchen, bis man ein hinreichend großes Sample von Texten zusammengetragen hat. Dass jeder Zugriff über Archive erfolgt, die ihrerseits bereits eine historische Kanonisierungsprozesse durchlaufene und damit die Grundgesamtheit verzerrende Selektion anbieten, behindert eine ›echte Zufallsziehung‹ zusätzlich.

Der Grund, weshalb ich diesen eher abstrakt statistischen Zusammenhang zwischen Verfügbarkeit und Repräsentativität der Zufallsstichprobe betone, ist, dass er in den *CLS* meist unterschlagen wird. Auch die beiden jüngsten, stark auf Fragen der Korpuskonstruktion konzentrierten gattungsgeschichtlichen Studien von Calvo Tello und Henny-Krahmer übergehen die Komplexität dieses Zusammenhangs, wenn sie bei der Benennung der Kriterien für die Aufnahme eines Texts in ihre Projektkorpora nicht zwischen notwendigen und hinreichenden Bedingungen unterscheiden. Eine bestimmte Publikationszeit, eine Medien- und Gattungszugehörigkeit als Kriterien für

44 Zur Frage der Behandlung einer Textsammlung entweder als eigenständige Grundgesamtheit oder als repräsentative Stichprobe am Beispiel des *Deutschen Novellenschatzes* vgl. Weitin (o. J.; 2017; 2018).
45 Vgl. Cochran (1972, 26).

die Aufnahme in das Korpus zu benennen, suggeriert, dass diese Kriterien zusammen hinreichend seien. *De facto* sind sie aber bestenfalls notwendig. Hinreichend wären sie unter der Bedingung, dass die Forschenden auf den Text erstens aufmerksam werden, zweitens in der Lage sind, diesen zu beschaffen, und ihn dann bedingungslos in die Stichprobe einschließen. Die Tatsache, dass ein verschollener Text aus der Population bestimmte Kriterien erfüllen würde, reicht nicht hin, dass er in das Korpus eingeschlossen wird. Nur wenn man die Abweichungen vom Szenario einer echten Zufallsstichprobe, das man als regulatives Ideal der ›empirischen Vernunft‹ beschreiben könnte, transparent macht, kann man die relative Sicherheit der analytischen Resultate kritisch einschätzen. Es mag paradox klingen, doch novellengeschichtliche Forschung kann nur dadurch ›stabiler‹ werden, dass sie beginnt, die relativ hohe Unsicherheit ihrer Befunde transparent zu machen.

### 3.3.4 Stratifizierung und Klumpenstichprobe

Für die in der Realität vorherrschenden Mischungen aus relativer Unbekanntheit der Zusammensetzung der Grundgesamtheit und ihrer partiellen Unverfügbarkeit kennt die Statistik neben der echten Zufallsstichprobe weitere Strategien der Stichprobenkonstruktion, von denen nur die zwei wichtigsten auch hier relevant sind: die Klumpenstichprobe (im Folgenden: *Cluster Sample*) und die stratifizierte bzw. geschichtete Stichprobe (*stratified sample*). Das *Cluster Sample* besteht darin, dass mehrere, aus pragmatischen Gründen relativ einfach als *Cluster* verfügbare Textgruppen eingeschlossen werden. Das am einfachsten zu findende *Cluster* ist die Sammlung der in den Jahren nach 1871 von Heyse und Kurz herausgegebene *Deutsche Novellenschatz* im Deutschen Textarchiv, der im Rahmen eines Projekts von Thomas Weitin als digitale Edition aufbereitet wurde.[46] Relativ einfach waren die Texte des digital als Volltexte ebenfalls gut erschlossenen Familienblatts *Die Gartenlaube* und, mit etwas höherem Nachbereitungsaufwand, Texte aus dem Familienblatt *Daheim* zu beziehen. Die Texte aus der digitalen Sammlung des *TextGrid*-Repositoriums[47] ist ein weiteres *Cluster* – allerdings in einem anderen Sinn. Während die erstgenannten historischen *Cluster* eines gemeinsamen Publikations- und Medienzusammenhangs bilden, ist das letzte nur als gegenwärtige digitale Sammlung ein *Cluster*. Ein einzelner Klumpen macht indes noch keine repräsentative, sondern lediglich eine opportunistische Stichprobe.[48] Repräsentativität einer Klumpenstichprobe kann nur dadurch gewährleistet werden, dass hinreichend viele Klumpen randomisiert erschlossen werden. Die Klumpenstichprobe ist mithin ein pragmatischer Kompromiss zwischen Opportunismus

**46** Vgl. Weitin et al. (2023).
**47** Siehe Anm. 25 in der Einleitung.
**48** Vgl. Bortz/Schuster (2010, 88).

und Randomisierung. Dieser Kompromiss wurde im ersten Erschließungsschritt für das Projektkorpus genutzt, indem zufällig die Taschenbücher *Urania* und *Aglaja* ausgewählt und für die Zeit zwischen 1820 und 1840 als Volltexte digitalisiert wurden. Ebenso die im 19. Jahrhundert noch recht frühe, heute vergessene und nach dem von Pustkuchen in den Jahren nach 1820 herausgegebenen *Novellenschatz des Deutschen Volkes* mutmaßlich zweite Novellensammlung mit dem Titel *Pantheon* (1828 bis 1831), aus der randomisiert 30% des Textbestands ausgewählt und aufbereitet wurden. Weitere Teilklumpen sind Textgruppen aus dem *Deutschen Novellenschatz*, der *Deutschen Rundschau*, aus den Familienblättern *Gartenlaube*, *Daheim*, und *Am Häuslichen Herde*.[49]

Weitere Formate, darunter etwa *Cotta's Morgenblatt*, *Westermanns Illustrierte deutsche Monatshefte*, *Unterhaltungen am häuslichen Herd*, das *Rheinische Taschenbuch*, *Becker's Taschenbuch zum Geselligen Vergnügen* und weitere Taschenbücher sind in größerem Umfang im Korpus repräsentiert, allerdings nicht unter Gesichtspunkten der Aufnahme von Klumpenstichproben, sondern durch den Versuch einer randomisierten Selektion nach digitaler Erschließung. *Cluster Sampling* bietet sich daher in den Fällen an, in denen die Zusammensetzung der Grundgesamtheit unklar ist, aber hinreichend viele Klumpen von Instanzen verfügbar sind, um daraus eine Stichprobe ganzer Klumpen zu ziehen. Diese Voraussetzung ist für das vorliegende Projekt nur bedingt erfüllt. Aufgrund der relativ geringen Anzahl bekannter und verfügbarer *Cluster* mussten alle verfügbaren *Cluster* erschlossen werden. Das Kriterium der Randomisierung ist damit nicht optimal erfüllt. Daher wurde auch ein weiteres Verfahren für die Korpus- und Stichprobenbildung wichtig: die stratifizierte Stichprobe.

Eine stratifizierte oder geschichtete Stichprobe setzt die zumindest partielle Bekanntheit der Zusammensetzung der Grundgesamtheit in Form von Hypothesen über wichtige Populationsparameter voraus. Sie ist daher mit Blick auf die Bekanntheit der Population anspruchsvoller als das *cluster sample*. Bei stratifizierten Stichproben gilt es das Verhältnis aller relevanten und aus der Grundgesamtheit hinsichtlich ihrer Verteilung bekannten externen Merkmale wie Medium, Format, Gattung oder Autorschaft in der Stichprobe zu reproduzieren. Leider ist die Anzahl der aus der Forschung bekannten Populationsparameter überschaubar. Diese sind: die Verteilung der Texte nach Medienzugehörigkeit, eine daraus resultierende Abschätzung des Anteils kanonisierter Texte, sowie die historischen Perioden, in denen einzelne Medienformate und Gattungen auftreten und wieder vom Markt verschwinden. Zur Verteilung der Texte nach Medienformaten liegt lediglich die bereits mehrfach angesprochene Schätzung von Meyer vor, dass 85% der Erzählprosaproduktion aus der ersten Hälfte des 19. Jahrhunderts in Journalen erschien und nicht wieder gedruckt wurde. Lediglich 3% der Texte wurden

49 Tabelle 48 im Anhang zeigt die absolute Anzahl und den relativen Anteil von Texten der genannten *Cluster*. Nur die dort genannten Organe wurden als *Cluster* ausgehend von der Selektion nach Formaten erschlossen.

in diesem Zeitraum als eigenständige Buchpublikationen gedruckt.[50] Doch Meyer liefert zu dieser Schätzung weder die epistemische Datengrundlage noch expliziert er sein Schätzverfahren.[51] Zumindest Abschätzungen zum Kanonisierungsgrad lassen sich aus Meyers Richtwerten aber ableiten; denn die Zahl markiert zugleich einen unteren Grenzwert für den Anteil an Texten, die aus dem Kanon verschwunden sind und schnell vergessen wurden. Wenn Meyer richtig liegt, sind höchstens 15% der Texte mittels erneuter Publikation zumindest vorübergehend ins kulturelle Gedächtnis gelangt. Von Schröder kommt der Befund, dass das Label ›Novelle‹ erst ab ca. 1820 häufig auftritt.[52] Bekannt ist auch, dass das Medium des Taschenbuchs ab 1850 vom Markt verschwand und von Illustrierten, Familienblättern, und anderen periodisch erscheinenden Formaten und Journalen abgelöst wurde.[53] Mangels alternativer Daten muss die vorliegende Arbeit mit diesen Zahlen arbeiten. Auf diese Weise lässt sich die aus den Kriterien der Balanciertheit des Gesamtkorpus resultierende Überrepräsentation von Erzählungen aus Anthologien sowie von kanonischen Texten durch die Ziehung stratifizierter Stichproben wiederum korrigieren.

Der Königsweg wäre ein für alle relevanten Populationsparameter balanciertes Korpus bei Kenntnis dieser Parameter für die Grundgesamtheit. Auf diese Weise könnte man für sämtliche statistische Analysen hinreichend große, ausgeglichene und stratifizierte Stichproben ziehen. Da dies aufgrund der historischen Ungleichverteilung von Gattung und Medium nicht geht, ist der pragmatisch beste Weg, Repräsentativität durch partiell randomisierte Klumpenstichproben und stratifizierte Stichproben herzustellen. Angesichts der Vorläufigkeit und Unsicherheit bestehender Abschätzungen zu den relevanten Populationsparametern sind stratifizierte Stichproben jedoch weniger belastbar.

Die insgesamt höchste Repräsentativität stellt das Projektkorpus aufgrund der Kombination von Strategien zur Stichprobenziehung für den Teilzeitraum zwischen 1820 und 1850 her, also die Restaurations- oder Biedermeierzeit. Der Forschungsstand erlaubt die Annahme, dass in diesem Teilzeitraum der größte Teil der Erzählprosa in Taschenbüchern erschienen ist. Das Korpus enthält Klumpenstichproben aus zwei einschlägigen Taschenbüchern (*Urania* und *Aglaja*) dieses Zeitraums sowie einer Novellensammlung (*Pantheon*), randomisierte Zufallsziehungen aus zuvor nur grob digitalisierten Taschenbüchern und Zeitschriften dieser Zeit sowie opportunistisch aufgenommene Anthologien. Die Verteilung der Texte nach den externen Kriterien (Gattung, Medienformat) spiegelt grob die bestehenden Abschätzungen für die Grundgesamtheit wider. Dement-

50 Vgl. Meyer (1998, 235).

51 Aus dem Vorwort in Meyer (1987, 7–11) geht hervor, dass für die Studie etwa 1000 Texte in ca. 40 Bibliotheken gesichtet wurden. Die genannten Zahlen beruhen daher vermutlich auf hermeneutischer und handschriftlich bei der Recherche dokumentierter Evidenz.

52 Vgl. Schröder (1970, 58).

53 Vgl. neben Schröder (1970), Meyer (1987) auch Zuber (1955) und Jäger (2003).

sprechend werden die Analyseergebnisse für diesen Teilzeitraum des Biedermeier die höchste epistemische Zuverlässigkeit aufweisen.

Für den Teilzeitraum von 1850 bis 1880, den man literaturgeschichtlich grob als die Zeit des Realismus umreißen kann, ist die Lage diffuser, zumal der Buchmarkt nun deutlich größer war als in der ersten Jahrhunderthälfte. Hier konnte daher nur von vornherein mit Annahmen zur Stratifizierung in der Grundgesamtheit operiert werden. Zentral war die Annahme, dass der Literaturmarkt im Wesentlichen durch eine Ausdifferenzierung von Familienblatt (Unterhaltung) und Rundschauformat (intellektuelle Kultur) getragen wurde. Das Korpus hat, wiederum in *Cluster Samples*, randomisiert Erzähltexte aus einigen der bekanntesten Familienblätter und den einschlägigen Rundschauformaten aufgenommen, sowie die Texte des *Deutschen Novellenschatzes*. Dass das Korpus für diesen Teilzeitraum repräsentativ ist, kann vorläufig angenommen, aber nicht unabhängig bestätigt werden. Für einige Analysen ist es wichtig, auch über den Kernzeitraum des Projekts hinauszugehen. Die Texterschließung für die Zeit vor 1820 und nach 1880 erfolgte jedoch ausschließlich nach opportunistischen Kriterien. Deshalb sind in den Randzeiträumen kanonische Werke überrepräsentiert. Daher wird jeweils explizit und im Detail zu reflektieren sein, mit welchem Grad an Sicherheit diese Randzeiträume ausgewertet werden können.

## 3.4 Metadaten und Perspektivische Einstellung

Ebenso wichtig wie die Gewährleistung von Ausgewogenheit und Repräsentativität sowie die Herstellung einer hinreichend guten Textqualität ist die Bereitstellung zuverlässiger Metadaten: dies schon allein deshalb, weil die externen Kriterien der Korpusbildung nichts anderes sind als die Metadaten selbst. Zunächst umfasst der Terminus ›Metadaten‹ alle Informationen zum historischen Gegenstand, die außerhalb der Zeichenfolge (Syntagma) des fiktionalen oder faktualen Texts liegen. Dazu gehören administrative und technische Metadaten zum (digitalen) Dateiformat, zum urheberrechtlichen Status, zur Archivquelle, der ein Text entnommen wurde. Im Wesentlichen beziehen sich Metadaten im Folgenden auf deskriptive Metadaten. Diese können Annotationen zum Text umfassen, die den Text analytisch beschreiben (etwa narratologische Kategorien der Erzählweise),[54] und Informationen zum historischen Kommunikationskontext des Werks. Im Folgenden bezeichnet der Ausdruck Metadaten vorwiegend die Informationen zum historischen Kommunikationskontext.

Unter den in den letzten Jahren attraktiv gewordenen Forschungsperspektiven aus der Praxeologie und der materiellen Kultur sind Merkmale oder Dimensionen,

---

54 Die Annotation von Texten spielt in diesem Projekt eine nachgeordnete, für die Validierung der quantitativen Verfahren aber dennoch unverzichtbare Rolle. Für die Konzeption der Annotationsrichtlinien folgt der Korpusaufbau dieses Projekts Gius/Reiter/Willand (2019). Zur Beschreibung der Annotationen siehe Anhang, Abschnitt 10.3.

die zuvor weniger in Betracht gezogen wurden, ins Aufmerksamkeitsfeld der Literaturwissenschaft gerückt: Format, Materialität des Papiers, Schrifttypen, Struktur der Cover und Einbände, die Distributionswege in den Bibliotheken und Lesezirkeln sowie weitere Daten zum historischen Gebrauch der Bücher. Die Auswahl von Metadaten muss sich daher am spezifischen Forschungsinteresse jedes Projekts ausrichten. Das Interesse dieser Arbeit ist das des Verhältnisses zwischen Gattung und Medium sowie des zeitlichen Kanonisierungsprozesses. Dabei geht es nicht primär um die Kanongeschichte der Novelle, sondern um die Frage nach einer sich historisch gegebenenfalls verzögert einstellenden Konsolidierung von Genreerwartungen und Textsorte, wobei sich diese Konsolidierung möglicherweise nur in einem engeren Bereich kanonischer Novellen feststellen lässt. Erfasst werden daher die im Abschnitt zur Balanciertheit oben bereits vorgestellten Merkmale des Gattungslabels der einzelnen medialen Manifestationen, der Position des Texts im Medium, der Kanonisierungsstatus des Texts aus der Gegenwartsperspektive und der Zeitpunkt der Erstpublikation sowie zwei zentrale weitere Kanonisierungsstationen, auf die ich noch eingehen werde. Erfasst wurden zudem der Name, Pseudonym und Gender des Autors, die genauen Untertitel im Paratext sowie im Inhaltsverzeichnis der Taschenbuch- und Journalformate. Als Boolescher Wert wurden erfasst, ob die Manifestation des Werks als serieller Text in mindestens zwei Folgen vorliegt, und ob eine explizite Wahrheits- oder Authentizitätsbeglaubigung im Paratext (z. B. ›Eine wahre Begebenheit‹) vorliegen. Schließlich wurde der gegebenenfalls explizit genannte Kulturraum eines Referenz- und Prätextes (z. B. ›Aus dem Französischen‹) erfasst.

Für die meisten der relevanten Metadatenkategorien wie Autorschaft, Erscheinungsjahr und Medium gilt, dass deren Dokumentation entweder korrekt oder falsch ist. Anders sieht es mit der Zuschreibung der Gattung aus. Gattung wird, wie oben skizziert wurde, als perspektivische und kommunikationsrelative Zuschreibung aufgefasst.[55] Diese Auffassung gilt es nun auf der Grundlage korpustheoretischer Überlegungen zu entfalten. Während Medienformat, Autor, Entstehungs- und Erscheinungsdatum unstrittig externe Merkmale sind, wurde die Gattung in älteren Arbeiten als internes Merkmal der Texte konzipiert. Die linguistische Unterscheidung zwischen internen und externen Kriterien hat sich in der gattungstheoretischen Diskussion der Literaturwissenschaft bei Fragen der Korpuskonstruktion etwas unglücklich mit der Unterscheidung zwischen induktivem und deduktivem Verfahren etabliert. Diese Unterscheidung ist so verworren und zugleich für die Frage der gattungsgeschichtlichen Korpuskonstruktion auf der Ebene der Metadatenerfassung so wichtig, dass ich es bevorzuge, sie vom Begriff der perspektivischen Einstellung her zu konfigurieren. Es geht dabei um die Regeln der Zuordnung von Texten zu Gattungen.

Die Frage der Zuordnung von Texten zu Gattungen wurde in der Novellenforschung lange Zeit nicht als methodisches Problem erkannt. Oben hat sich dieser

55 Siehe Anm. 61 in Kapitel 2.

Schritt bereits als ein Problem angedeutet, und zwar als Uneinigkeit darüber, ob die Gattungszugehörigkeit aufgrund textueller Merkmale und einer systematischen Definition (aufgrund interner Kriterien in der Terminologie der Korpuslinguistik) oder aufgrund der Zuordnungen in der historischen Kommunikationssituation (aufgrund eines externen Kriteriums) erfolgen soll. Diese Unterscheidung werde ich im Folgenden durch eine kulturwissenschaftlich geeignetere Theorie rahmen. Ich unterscheide zwischen einer Einstellung, die ich in Anlehnung an Husserl die natürliche Einstellung nenne,[56] und einer kulturanalytischen Einstellung, die sich mit Underwood als perspektivisch bezeichnen lässt.[57] Die natürliche Einstellung war lange Zeit Standard in der Gattungsforschung. Sie wird aber in der Novellenforschung sowie in der digitalen Gattungsstilistik der *CLS* von der perspektivischen Einstellung verdrängt. Die natürliche Einstellung beruht auf der logischen Form einer ontischen Prädikation mit der Syntax ›Objekt x ist ein X‹. Dazu gehören Gattungszuordnungen wie: ›Kleists *Marquise von O ...* ist eine Novelle‹ bzw. – je nachdem, wen man fragt – ›Kleists *Marquise von O ...* ist keine Novelle, sondern eine Erzählung‹,[58] oder die von Heyse und Kurz vorgetragene Rechtfertigung dafür, Goethes *Die neue Melusine* in den *Deutschen Novellenschatz* aufzunehmen: »Sie scheint nur ein Märchen zu sein, in Wirklichkeit ist sie eine Novelle.«[59]

Um die natürliche Einstellung nicht vorschnell zu diskreditieren, sollte man zugestehen, dass sie heute meist nominalistisch funktioniert und längst nicht mehr universalienrealistisch gemeint sein muss.[60] Insbesondere dekonstruktivistische Argumente suggerieren,[61] dass in der natürlichen Einstellung grundsätzlich universalienrealisti-

56 Vgl. Husserl (1913, 1. Halbband, 56). Die konträre, perspektivische oder kulturanalytische Einstellung entspricht nicht Husserls Gegenstück, der durch eine *epoché* eingenommenen transzendentalphänomenologischen Einstellung.

57 Underwood (2019, 36) spricht nicht von Einstellung, sondern von perspektivischer Modellierung. Er verzichtet auch auf eine systematische Beschreibung des Gegenstücks, also dessen, was ich hier natürliche Einstellung nenne.

58 In der Literaturwissenschaft wäre dies eine mögliche Kontroverse zwischen Pongs (1929), Klein (1960) und Greiner (2000) auf der einen und Meyer (1987) sowie Schröder (1970) auf der anderen Seite. In den Poetiken des 19. Jahrhunderts sind Spielhagen (Novelle) und Solger (Erzählung) die zwei prominentesten Gewährsleute für diesen Dissens in natürlicher Einstellung, vgl. die poetologischen Äußerungen, gesammelt in Polheim (1965, 39 und 168).

59 Heyse/Kurz, *Deutscher Novellenschatz*, Bd. 1(1871), 3. Die Autorschaft für die Einleitung zum *Deutschen Novellenschatz* wird in der Regel allein Heyse zugeschrieben, vgl. Hillenbrand (2001, 78). Hier handelt es sich aber um einen separaten Einleitungsparatext. Auch im Folgenden beziehe ich mich in der Regel auf Heyse und Kurz als Koautoren.

60 Vgl. zu einer Rekonstruktion der ontologischen Dimension von Gattungsbegriffen im Verhältnis zwischen Nominalismus und Realismus Hempfer (2010, 122).

61 So am prominentesten Derrida (1980, 56–57), der aber einen interessantesten Punkt trifft, wenn man sein Argument so liest, dass biologische, anthropologische Annahmen zur ›Substanz‹ von Gattungen sehr leicht und häufig unbemerkt wieder ins Spiel kommen und sehr eng mit der Semantik literarischer Gattungen verstrickt sind.

sche Voraussetzungen in Kraft seien. Man kann auch sagen: Dekonstruktivistische Argumente unterstellen der natürlichen Einstellung immer eine Naturalisierung. Dies ist jedoch, wie Stegmüller gezeigt hat,[62] erstens nicht logisch zwingend und zweitens – obwohl es häufig das ideologisch oder politisch zentrale Problem sein kann – nicht das entscheidende Problem der natürlichen Einstellung in der Gattungstheorie. Zunächst ist wichtig, dass in der älteren Gattungsforschung die Gattungsbegriffe und im Standarddesign statistischer sowie quantitativer Analysen der digitalen Gattungsstilistik sowohl die unabhängigen als auch die abhängigen Variablen in der natürlichen Einstellung – und häufig mit problematischen Naturalisierungen – konfiguriert wurden. In der perspektivischen oder kulturanalytischen Einstellung, die diese Arbeit im Umgang mit den Gattungszuordnungen bevorzugt, erfolgen Zuordnungen von Texten zu Gattungen nicht mit dem Geltungsanspruch einer Objektbeschreibung oder -klassifikation, sondern in Form der Beobachtung von Zuordnungen.

Für die Metadatenerschließung läuft die perspektivische Einstellung darauf hinaus, dass man Gattungszuordnungen nicht im Modus des *use* vollzieht, sondern des *mention* beobachtet. Erfasst werden, wie ich an anderer Stelle theoretisch beschrieben habe, historische Situationen $S_i$, in denen ein Text T einer Gattung G zugeordnet wurde. Diese Haltung empfiehlt überdies eine für gattungsgeschichtliche Forschung generell nützliche Offenheit gegenüber unterschiedlichen historischen Perspektiven.[63] Einige am historischen Material orientierte Studien zur Novellengeschichte haben sich dadurch, dass sie sich auf die Gattungszuordnungen der Erstdrucke gestützt haben, deutlich in Richtung einer perspektivischen Einstellung bewegt. Aber sie waren meist insofern nicht konsequent, als sie die Situation der Erstdrucke als ›eigentliche‹ und ›ursprüngliche‹ Verknüpfung zwischen Text und Gattung verabsolutiert haben.[64]

Die empirisch wichtigste Herausforderung besteht darin, die historischen Situationen sinnvoll zu wählen. Hacking wählt für das, was ich Situationstyp nenne, den Begriff der kulturellen Matrix.[65] Diese Metapher hält einen nützlichen Gedanken bereit. Die sozialen Regeln, die den Gebrauch von Gattungsbegriffen regulieren, sind Felder oder Reihen neben bzw. senkrecht zu anderen Feldern oder Reihen, mit denen sich das soziale Gefüge einer historischen Situation beschreiben lässt. Die einzelnen Felder und Reihen sind mit allen Arten von Regeln und Konventionen. Was die Zuordnung einer bestimmten Gattungsbezeichnung wie ›Novelle‹ zu einem Text im weiten Sinn ihrer auch sozialen Implikationen bedeutet, hängt davon ab, wie die ökonomischen, sozialen, medialen Komponenten einer Kultur in der jeweiligen historischen Situation zusammenwirken.

62 Vgl. Stegmüller (1965, 63).
63 Am konsequentesten führt Underwood dies in seinem jüngsten Beitrag durch (Underwood 2020).
64 So Schröder (1970), Aust (2012), Kiefer (2010) und sogar Meyer (1987), den das Scheitern an der Gattungssemantik der Erstdrucke unmittelbar zur Abkehr von Gattungssemantik insgesamt führt.
65 Vgl. Hacking (2000, 10–12).

**Tabelle 6:** Perspektivische Gattungszuordnung nach Situationstypen.

| Situationstyp | | Goethe: »Die neue Melusine« | Arnim: »Der tolle Invalide« | Tieck: »Der blonde Eckbert« |
|---|---|---|---|---|
| $S_{ED}$ | Erstdruck | – | Erzählung | Märchen |
| $S_{ZR}$ | Zeitgen. Rezeption | – | – | – |
| $S_{W}$ | späte Werkfassung | Märchen | Novelle | – |
| $S_{N\text{-}Sch}$ | *Deutscher Novellenschatz* | Novelle | Novelle | – |
| $S_{K}$ | Kanon: Text- und Interpretationssammlungen | – | Novelle | Novelle / Märchennovelle |

Erstdrucke sind ein zwar mit spezifischen Problemen behafteter, aber dennoch wichtiger Situationstyp ($S_{ED}$), in dem, je nach Publikationsformat, ein mehr oder weniger starker kompositionsstrategischer Plan des Autors auch in der Wahl der Gattungsbezeichnung realisiert sein kann. Eine solche Verknüpfung zwischen Gattungsperspektive und Kompositionsstrategie wird für das Modell von Gattung als textprägendem Faktor wichtig sein.[66] Zudem liegt der Erstdruck häufig nah am Produktionszeitraum. Man sollte sich hüten, die Gattungszuweisungen aus den Erstdrucken als grundsätzlich korrekten Ausdruck der eigentlichen, gattungssemantisch kodierten Kompositionsstrategie und damit als richtige Gattungszuweisung zu überschätzen. Es ist nur eine Perspektive, von der man nicht zu viel erwarten darf, nachdem Meyer für die Zeit von 1790 bis 1860 keine klaren Gattungsregeln im Gebrauch der Bezeichnungen ›Novelle‹, ›Erzählung‹, ›Roman‹, ›Märchen‹, ›Geschichte‹ etc. finden konnte.[67] Aber es ist die mittlerweile dominierende Perspektive in der Novellenforschung. Tabelle 6 veranschaulicht, wie sich die Gattungszuordnungen für einzelne Texte je nach Situation ändern konnten.

Zeitgenössische Rezeption $S_{ZR}$ ist eine literaturgeschichtlich relevante Perspektive.[68] Im Fall von Goethes *Unterhaltungen deutscher Ausgewanderten* ist beispielsweise interessant, dass die Erzählsammlung von den Zeitgenossen schnell zur ersten deutschsprachigen Novellensammlung deklariert wurde, ohne dass Goethe vor 1800 den Begriff der Novelle bereits gebraucht hätte.[69] In dieser Arbeit spielt die zeitgenössische Rezeption

---

66 Siehe die modelltheoretische Vorbereitung in Abschnitt 2.2.8 oben und die statistische Modellierungen in Kapitel 5 unten.

67 Vgl. Meyer (1987, 39).

68 Zu einem Begründungsversuch literarischer Bedeutung über zeitgenössische Rezeption vgl. Mellmann/Willand (2013). Zum Modell einer empirischen Rekonstruktion von Genreerwartungen und Textsortenmerkmalen über zeitgenössische Rezeption vgl. Gittel (2021).

69 Vgl. etwa Friedrich Schlegels ›Athenäumsfragment‹ 383; Schlegel (1967 [KFSA, I/2], 236), (auch in Polheim 1970, 6).

auf der Ebene systematischer Metadatenerfassung jedoch keine Rolle, weil nur zu sehr wenigen Texten Informationen auffindbar sind. Interessant sind Gattungszuordnungen in späteren Wiederdrucken $S_W$, meist in ›Gesammelten Werken‹ in Buchform, die häufig am Lebensende bekannt gewordener Autoren selbst oder von Freunden bzw. Förderern nach deren Tod besorgt wurden. Information zu späteren Drucken wird in den Metadaten erfasst, aber nicht als eigene Perspektive genutzt.

Systematisch genutzt werden stattdessen zwei Kanonisierungsstationen: Die des *Deutschen Novellenschatzes* ($S_{N\text{-}Sch}$) und die der Kanonisierung durch Text- und Interpretationssammlungen des 20. Jahrhunderts ($S_K$).[70] Es sind zwei praxeologische Rekonfigurationen der Gattung der Novelle unter der Perspektive auf literarischen Wert. Dass der *Deutsche Novellenschatz*, wie Weitin bemerkt, ein wichtiges »Kanonisierungsinstrument«[71] gewesen sein könnte, geht – zumindest der Absicht nach – aus Heyses Briefverkehr hervor,[72] und wurde von Reinhart Meyer eingeräumt, wenn er die Textauswahl von Heyse und Kurz für eine gegenüber den ›ursprünglichen‹ Gattungszuordnung geschichtsvergessene, aber hochgradig wirksame revisionistische Konstruktion hält, welcher die Literaturwissenschaft bis heute folgt, ohne sich darüber im Klaren zu sein.[73] Vor allem für Grillparzers 1848 im Taschenbuch *Iris* erschienene ›Erzählung‹ *Der arme Spielmann* dürfte der *Deutsche Novellenschatz* tatsächlich ein erfolgreicher ›Wiederbelebungsversuch‹ gewesen sein.[74] Wie der *Deutsche Novellenschatz* für sich genommen funktioniert und wie innerhalb des Novellenschatzes die Gattung der Novelle konfiguriert wird, hat in einem ebenfalls multiperspektivischen Mixed-Methods-Ansatz Katharina Herget untersucht.[75] Im Unterschied zu Hergets Studie untersucht diese Arbeit die Rolle des *Deutschen Novellenschatzes* für die Kanonisierung und Entwicklung der Gattung als einer von vielen Bausteinen im Literaturmarkt des 19. Jahrhunderts.

Mit diesen drei für die Arbeit wesentlichen Situationstypen ($S_{ED}$, $S_{N\text{-}Sch}$ und $S_K$) lässt sich untersuchen, ob sich ein Novellenverständnis auf der Ebene der Textproduktion bereits von vornherein als Kompositionsstrategie etabliert hat, oder ob ein Textsortenbegriff der Novelle zumindest als ein konstruktiver Prozess im Lauf des 19. Jahrhunderts bzw. als ein Kanonisierungsergebnis des 20. Jahrhunderts zustande

70 Zugrunde liegen dieser Auswahl im Kern die Texte, die in mindestens einer der in Anm. 13 in Kapitel 2 aufgeführten Sammlungen enthalten sind.

71 Weitin (o. J., o.S.).

72 Die Absicht der Herausgeber, einen literarischen Kanon zu erstellen, lässt sich auch vielfach im Briefwechsel nachvollziehen, z. B. in Heyses Brief an C. F. Meyer vom 5. September 1883 (Meyer 2022, 159); zu einer Korrektur der edierten Passage aus dem Briefverkehr vgl. Hettche (2023, 79).

73 Vgl. Meyer (1987, 41).

74 Vgl. die Bemerkung von Heyse und Kurz in der Einleitung zum *Deutschen Novellenschatz*, Bd. 1., XXI. Insgesamt kann man davon ausgehen, dass neben Grillparzers Erzählung auch Kellers »Romeo und Julia auf dem Dorfe« und Drostes »Die Judenbuche« erst durch den *Novellenschatz* kanonisch wurden.

75 Vgl. Herget (2025).

kam. Diese Dimension von Multiperspektivität ist zugleich einer der entscheidenden Vorteile einer quantitativen Gattungsforschung im Vergleich zu bestehenden philologischen Entwürfen. Nachdem Meyer unter der Perspektive auf die Erstdrucke keinen klaren Textsortenzusammenhang für die Novellen sehen konnte, musste er sozusagen wieder von vorne anfangen. Dagegen werden sich mit quantitativen Verfahren unterschiedliche Perspektiven parallel untersuchen und vergleichen lassen.

Die Identitätsbedingungen sind für jeden Situationstyp unterschiedlich: Jeder Erstdruck hat seine eigene Produktions- und Publikationssituation und einen eigenen historischen Kontext. Zusammengehalten wird dieser Situationstyp ($S_{ED}$) durch soziale Metaregeln, die für Erstdrucke immer oder meistens gelten. Der Situationstyp des Erstdrucks ist mithin eine sehr abstrakte kulturelle Matrix. Der Situationstyp $S_{N\text{-}Sch}$ ist dagegen hochgradig homogen: Es handelt sich um einen von wenigen Personen, im Wesentlichen von Heyse und Kurz, in kurzer Zeit zwischen 1870 und 1876 vollzogenen Selektionsprozess, an dem nur einzelne weitere Akteure wie Theodor Storm nennenswerten Anteil hatten.[76] Der Situationstyp $S_K$ ist wiederum heterogener und wird durch institutionelle Regeln der Kanonisierung zusammengehalten.

Wenn in dieser Arbeit von Novellen und Erzählungen die Rede ist, dann immer im Sinn der situationsrelativen perspektivischen Einstellung, die explizit machen muss, in welcher Perspektive ($S_{ED}$, $S_{N\text{-}Sch}$, oder $S_K$) von Novellen die Rede ist. In Einzelfällen und mit expliziter Markierung kann bei konkreten Fallbetrachtungen auch von Novellen gemäß der Situationen $S_{ZR}$ und $S_W$ (siehe Tabelle 6) die Rede sein. Technisch ist diese Zuordnungslogik von Texten zu Gattungen mit einigem Aufwand in der Metadatenerschließung gut zu bewältigen. Interessanterweise ist der Aufwand bei den zunächst opportunistisch aus bestehenden digitalen Sammlungen eingeschlossenen Texten besonders hoch, weil es schwierig sein kann, die paratextuellen Informationen der Erstdrucke ($S_{ED}$) zu ermitteln. Die methodologische Frage ist jedoch, welchen Wert oder welchen Vorteil die perspektivische Einstellung hat, und welche Probleme bzw. Nachteile oder Herausforderungen sie mit sich bringt.

Ein Problem an der Verwendung ›späterer‹ Situationstypen wie $S_{N\text{-}Sch}$ und $S_K$ ist, dass dabei immer nur für eine recht kleine Gruppe von Texten ein Urteil getroffen wird: Im *Deutschen Novellenschatz* wurden 86 Texte zu ›wichtigen Novellen‹ deklariert. Von der gewaltigen Mehrheit aller anderen Texte kann man nicht sagen, dass sie als Nicht-Novellen deklariert wurden, sondern lediglich, dass sie nicht in dieser Auswahl berücksichtigt wurden. Das Gleiche gilt für die Kanonisierungen des 20. Jahrhunderts. In dieser Hinsicht ist der Situationstyp $S_{ED}$ im Vorteil, weil zu jedem Text ermittelbar ist, welcher Gattung er zugeschrieben wurde.

Die methodologischen Probleme der hier beschriebenen und gewählten perspektivischen Einstellung wurden in der Gattungstheorie über den Konflikt zwischen in-

76 Vgl. den Briefwechsel zwischen Heyse und Storm, in dem Heyse Storm für die »stille Compagnonschaft beim Novellenschatz« (Storm/Heyse 1969, 64) dankt; vgl. Grube (2017, 307–308).

duktivem und deduktivem Verfahren der Korpuskonstruktion diskutiert.[77] Ich werde daher die Herausforderungen und den Wert der perspektivischen Einstellung über deren Anschluss an diese etablierte Unterscheidung diskutieren. Die Unterscheidung zwischen induktiver und deduktiver Methode ist etymologisch unglücklich. Daher wird sie hier auch nicht systematisch verwendet. Doch die methodologischen Herausforderungen und Fallstricke, die die perspektivische und die natürliche Einstellung mit sich bringen, lassen sich von der Diskussion um induktive und deduktive Methode gut herleiten. Ohne das Gleiche zu meinen, geht die natürliche Einstellung mit der deduktiven Methode einher; die perspektivische Einstellung dagegen kann helfen, die in der Gattungstheorie diagnostizierten Mängel bzw. Aporien[78] des induktiven Verfahrens zu beheben oder zumindest zu dämpfen.

Beim deduktiven Verfahren wird anhand einer merkmalbasierten systematischen Definition des Gattungsbegriffs, die vor Beginn der Korpusbildung verfügbar sein muss, entschieden, welcher Gattung jeder Text zugerechnet wird. Man schreitet hier also von der begrifflichen Intension zur Extension. Die aufgrund ihrer textuellen Merkmale unter den definierten Novellenbegriff fallenden Texte gelten dann als Novellen, alle anderen nicht. Damit das deduktive Verfahren erfolgreich durchgeführt werden kann, muss die Definition eine dafür geeignete Form aufweisen: sie muss Klassifikation zulassen. Der Weg von der durch die Definition festgelegten begrifflichen Intension zur Extension, d. h. zum Gegenstandsbereich ist im Idealfall eindeutig. So ergibt sich der Gegenstandsbereich, in einem idealisierten Szenario, aus der Definition des Gattungsbegriffs. Im strengen Sinn erlauben nur Definitionen mittels notwendiger und zusammen hinreichender Merkmale eine klassifikatorische Definition, aus der sich konklusiv ein eindeutiger Gegenstandsbereich ergibt. Dies dürfte der Grund sein, weshalb Fricke – sozusagen bis zum Schluss – am Modell des klassifikatorischen Begriffs für Textsortendefinitionen festgehalten hat.[79] Ein solches klassifikatorisches Verfahren hat einige Vorteile: Der größte Vorteil liegt in der hohen Beschreibungskraft und Systematizität: Von jedem Text, der nach diesem Verfahren als Novelle klassifiziert wurde, wissen wir genau, dass er die in der Definition geforderten Merkmale erfüllen muss. Die Menge der einer Textsorte zugerechneten Texte ist also inhaltlich aussagekräftig.

Die Nachteile der deduktiven Methode sind vielfältig: Jede klassifikatorische Definition eines Novellenbegriffs als erster Schritt im deduktiven Verfahren wird also zu einem Gattungsbegriff führen, der nicht zur historischen Semantik passt. Lukas bestimmt die Gattung der Novelle, nachdem er induktive Verfahren zurückgewiesen hat, deduktiv kurzerhand als fiktionale Journalprosa.[80] Dies ist eine rein nominalisti-

77 Vgl. Hempfer (1973, 128–132), Zymner (2003, 124–131) und Müller (2010).
78 Zur Rekonstruktion der Aporien des induktiven (als auch deduktiven Verfahrens) vgl. Hempfer (1973, 130–32).
79 Vgl. Fricke (2010a; 2010b).
80 Vgl. Lukas (1998, 252).

sche Festlegung ohne jede universalienrealistische Voraussetzung. Daher ist an dieser nominalistischen Festlegung grundsätzlich nichts falsch. Und doch ist Lukas' Entscheidung unglücklich. Das deduktive Verfahren führt dazu, dass man Fragen zur historischen Gattungssemantik nicht mehr greifbar bekommt. Denn Lukas' Entscheidung für eine mediale Gattungsdefinition verhindert, nach der konkreten historischen Novellensemantik zu suchen. Dass es Romane in Journalen und Novellen in Büchern geben kann, ist nicht mehr abbildbar, nachdem man die Gattungsbegriffe einmal als Medientextsorten festgesetzt hat.[81]

Wiederum in korpuslinguistischer Terminologie kann man sagen, dass die Gattungszuordnung im deduktiven Verfahren als internes Kriterium fungiert, wenn sie eine systematische Textsortenklassifikation nach textuellen Kriterien liefern soll. Der Grund für diese Herangehensweise lag, wie ich am Ende von Kapitel 2 oben angedeutet habe, häufig in einem blinden Befolgen des gattungstheoretischen Dogmas des klassifikatorischen Interesses.[82] Dieses Dogma besagt, dass es notwendig sei, von einer vorgängigen Gattungsdefinition auszugehen. Es verlangt, dass ein Korpus, das der Untersuchung beispielsweise von Novellen dienen soll, auf einer vorgängigen klassifikatorischen Definition der Novelle beruhen müsse. Und es beruht auf der Intuition, dass man zu Beginn der Suche bereits wissen müsse, wonach man sucht. Die auf dieses Dogma gestützte deduktive Strategie erfüllt zwar tatsächlich die unerlässliche Anforderung, das Arbeits- und Untersuchungskorpus klar zu definieren,[83] doch es gibt bessere Optionen für eine solche Definition. Das Korpus dieser Arbeit ist über die Kriterien der Öffentlichkeit, Schriftlichkeit, Narrativität, der mittleren Länge und der Fiktionalität eingegrenzt. Hier treffe ich tatsächlich eine deduktive Vorauswahl: In Journalen und Taschenbüchern trifft man auf Texte aus unterschiedlichen Textsorten. Ein großer Bereich sind fiktionale Erzähltexte. Und einen Teilbereich dieser fiktionalen Erzähltexte bildet die Gruppe der Texte, die auch das Label ›Novelle‹ erhalten haben. Eine weitere Teilmenge daraus ist die Gruppe der Texte, die das Label ›Erzählung‹ tragen. Es gibt weitere Gruppen mit Labels wie ›Geschichte‹, ›nach einer wahren Begebenheit‹, ›Eine Begebenheit‹, usw., und Texte ohne Gattungslabel.

Abbildung 7 illustriert, wie die in natürlicher und perspektivischer Einstellung verwendeten internen und externen Kriterien sowie die Gattungszuordnungen genutzt wurden, um das Korpus sowohl an seinen Außengrenzen als auch intern zu

---

**81** Streng genommen wäre dies natürlich durch Dopplungen abbildbar, wenn man einen deduktiv gebildeten Novellenbegriff der Korpuskonstruktion – sozusagen *a priori* – von einer historischen Novellensemantik unterscheidet. Dafür ist es aber unpraktisch, die Bezeichnung ›Novelle‹ vorab als logisches Prädikat vergeben zu haben und nochmals als historische Semantik einzuführen.

**82** Ausführlich und systematisch habe ich dieses Dogma, die daraus resultierenden Fehler und ein Modell zur Lösung der damit einhergehenden Probleme in Schröter (2019, 237–242) diskutiert.

**83** Der Vorwurf der »Selbsttäuschung« (Ermatinger 1930, 335) gegen radikal induktive Verfahrensweisen ist daher insofern berechtigt, als jedes induktive Verfahren – notfalls unreflektiert – mit systematischen Festsetzungen des Gegenstandsbereichs operiert, vgl. Hempfer (1973, 129).

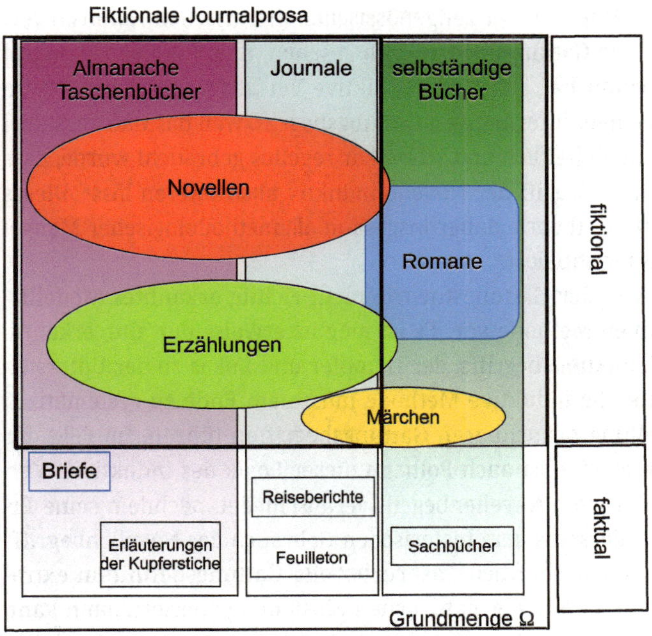


**Abbildung 7:** Einbettung induktiv gebildeter Gruppen (ovale Felder) in systematische Ordnungen und deduktiv gebildete Klassen (rechteckige Felder) mit Romanen als Mischkategorie (siehe unten).

strukturieren. Die induktiv gebildeten Textgruppen (oval und schraffiert) sind von vornherein in systematische und nach der hier skizzierten Terminologie deduktive Ordnungen (rechteckige Felder) eingebettet. Dies ist unerlässlich, um induktiv gebildete Mengen auf deduktive Klassen wie der fiktionalen Journalprosa[84], des Sachbuchs, des Feuilletons etc. beziehen zu können. Um für das Projektkorpus erkennen zu können, dass Gesetzesnovellen, Zeitungsnovellen und literarische Novellen um 1820 drei deutlich zu unterscheidende Arten von Dingen waren, muss man, mittels der ausgewiesenen deduktiven Kategorien, Trennlinien in die Menge der als Novellen bezeichneten Texte einziehen. Das Zuordnungsverfahren aufgrund von beobachteter Gattungszuordnung setzt die klassifikatorische Vorstrukturierung der Grundmenge voraus, die all die Gegenstandsbereiche (z. B. Gesetzesnovellen) vorab aussortiert, die man nicht in der Untersuchung haben möchte. Anders als im radikal deduktiven Verfahren bleibt die literarische Kommunikation hinsichtlich der historischen Gattungssemantik und -pragmatik auf diese Weise transparent und somit untersuchbar.

Doch auch das induktive Verfahren hat mit Schwierigkeiten und sogenannten Aporien zu kämpfen. Das induktive Verfahren soll, so legt es die in der Gattungstheorie zumeist vereinfachte Konzeptualisierung nahe, zu den historischen Gattungsbe-

84 Vgl. Schröter (2019, 245–246).

griffen führen, die von den Akteuren der zeitgenössischen literarischen Kulturen verwendet wurden. Doch wie die Gattungstheorie früh gesehen, und wie Lukas konkret für den Novellenbegriff betont hat, führt das induktive Verfahren ausgerechnet im Fall der Novellen nicht zu einem informativen Gattungsbegriff, weil das Gattungslabel im 19. Jahrhundert derart uneinheitlich und scheinbar regellos gebraucht wurde, dass sich daraus kein brauchbarer Begriff der Novelle induktiv abstrahieren lässt. Dieses Problem wurde in der Gattungstheorie daher insgesamt als methodologischer Mangel des induktiven Verfahrens identifiziert.[85]

Hier liegt jedoch ein von der Gattungstheorie nicht richtig erkanntes Modellierungsproblem der induktiven Methode vor. Es ist möglicherweise der alte, erkenntnistheoretische Sinn des Induktionsbegriffs, der Hempfer und Lukas zu der Unterstellung verleitet haben dürfte, die induktive Methode müsse am Ende zu systematisch und in natürlicher Einstellung brauchbaren Gattungsbegriffen führen. Im Feld der Forschung zur Novellengeschichte ist auch Polheim dieser Logik des induktiven Verfahrens gefolgt, wenn er sich vom Novellenbegriff verabschiedet, nachdem seine Erwartung enttäuscht wurde, dass aus dem historischen Gebrauch des Novellenbegriffs im 19. Jahrhundert eine wissenschaftlich anspruchsvolle Gattungsdefinition extrahiert werden könne.[86] Wenn man in der natürlichen Einstellung operiert, dann kann das induktive Verfahren nur in einer Vermittlung mit deduktiven Aspekten durchführen. Doch die natürliche Einstellung ist weder notwendig noch die im Folgenden bevorzugte Einstellung.

Der hier eingeführte Begriff der perspektivischen Einstellung hilft dabei, den theoretischen Fehler in der Kritik des induktiven Verfahrens zu verstehen. Vom induktiven Verfahren wird zu viel verlangt. Zumindest für die Begriffsgeschichte der Novelle gilt, dass das induktive Verfahren als systematisches Verfahren wenig aussichtsreich ist, um zu einem systematischen Novellenbegriff zu gelangen, der sich als klassifikatorischer Terminus in der Beschreibungssprache und in natürlicher Einstellung benutzen ließe. Doch darum geht es zumindest diesem in Buch gar nicht. Mit der Überzeugung, dass man von einer Extraktion gemeinsamer Merkmale der weitgehend heterogenen Masse der als Novellen publizierten Texte seit dem 19. Jahrhundert nicht auf induktivem Weg der Abstraktion zu einem systematisch brauchbaren Novellenbegriff für die literaturwissenschaftliche Beschreibungssprache gelangen könne, liegt Lukas richtig.[87] Worum es dieser Arbeit geht, ist aber die Rekonstruktion einer sprachlichen Praxis in zeitlich und räumlich eng begrenzten historischen Situationen und damit der historischen Gat-

85 Siehe Anm. 77 in diesem Kapitel; vgl. insbesondere Müller (2010, 23). Zur Diskussion des Verhältnisses zwischen induktivem Verfahren der Gattungstheorie und Induktionsproblem aus der Wissenschafts- und Erkenntnistheorie nach Hume vgl. Schröter (2019, 240–241). Insbesondere ist ein radikal induktives Verfahren blind für Homonymie, also beispielsweise dafür, literarische Novellen von Gesetzesnovellen zu unterscheiden, wenn man die Textgruppen ausschließlich nach dem Label ›Novelle‹ bilden würde.
86 Vgl. Schröter (2019, 243).
87 Vgl. Lukas (1998, 251–252).

tungssemantik für diese Situationen. Die induktive Methode kann und soll lediglich zur Rekonstruktion historischer Gattungssemantiken beitragen, nicht zur Konstitution eines in natürlicher Einstellung verwendbaren Gattungsbegriffs.[88]

In der hier verfolgten induktiven Modellierung können Gattungszuordnungen daher nicht in einem systematischen Sinn korrekt oder falsch als Textklassifikationen sein. Stattdessen geben sie die historische literarische Kommunikation einer bestimmten kulturellen Situation wieder. Korrekt oder falsch kann hier lediglich die Rekonstruktion dieser historischen Situation sein. Überdies kann die Situation mehr oder weniger gut oder schlecht konstruiert sein, denn es gibt keine objektiv eindeutigen, sondern nur mehr oder weniger geschickt konstruierte Situationstypen. Geschickt konstruiert ist ein Situationstyp dann, wenn er die gemeinsamen Regeln einer kulturellen Matrix möglichst gut einfängt. Die Kombination aus deduktiven und induktiven Aspekten, die auf historische Kommunikationssituationen blickt, verträgt sich mit der von Hempfer und Zymner favorisierten dialektischen Synthese für ein semiotisches Gattungsmodell.[89] Die hier entwickelte modellierungstheoretische Unterscheidung zwischen natürlicher und perspektivischer Einstellung kann auch als Spezifikation des semiotischen Modells verstanden werden, das die von Hempfer nur knapp angedeutete Pluralität historischer Gattungszuordnungen unterscheidbar und operationalisierbar macht.

Ein Design, wonach die Variable der Gattungszugehörigkeit situationsrelativ konzipiert wird, wird erst aufgrund einer Hypothese empirisch interessant, die zunächst den Status einer Vorannahme hat, die sich im Lauf der Untersuchungen bewähren muss, und die in einem Zweischritt erfolgt. Diese implizite Hypothese lautet, dass sich daraus, welche Texte in einer historischen Situation als Novellen bezeichnet wurden, im ersten Schritt eine Art Gebrauchslogik ermitteln lässt, und dass diese Gebrauchslogik auf einer in einem zweiten Schritt erschließbaren Gattungssemantik beruht. Induktiv ist dieses Verfahren insofern, als es die historische Gattungssemantik aus den Gruppen von Texten erschließt, die in einer historischen Situation einer Gattung zugerechnet wurden. Man sollte diese Verfahrenstechnik aber besser als Variante einer hypothetisch-deduktiven Methode auffassen,[90] bei der die aus einer Hypothese deduk-

88 Selbst die Arbeiten von Strube (1986) und Hempfer (2010c) sehen diesen Unterscheidungsbedarf zwischen natürlicher und perspektivischer Einstellung nicht und arbeiten sich an der Frage ab, wie aus dem Chaos historischer Gattungssemantik ein wissenschaftlicher Gattungsbegriff zu gewinnen sei. Am ehesten deutet sich eine historisierende Perspektivierung innerhalb des induktiven Verfahrens bei Zymner (2003, 128) an.

89 Vgl. Hempfer (1973, 135–136) und Zymner (2003, 131–134).

90 Vgl. Føllesdal (1979, 329–331) und Schröter (2018, 122–125) für die Formulierung in spezifisch hermeneutischen Kontexten. Das Modell der hypothetisch-deduktiven Methode ist in die Jahre gekommen und vielfach ungenau. Daher ist es weder förderlich noch nötig, dieses Modell hier allzu stark zu betonen. Zu einer Diskussion von Problemen des Modells auch innerhalb empirischer Forschungslogiken vgl. Bartelborth (2017, 108–134). Um Verwirrungen zu vermeiden: Schon bei Popper war die hypothetisch-deduktive Methode als eine exakte Beschreibung dessen intendiert, was in der Forschungslo-

tiv abgeleiteten Konsequenzen empirisch geprüft werden. Lassen sich diese Konsequenzen beobachten, dann bleibt bis aus Weiteres auch die Ausgangshypothese – hier die Gruppierung nach einem Situationstyp – plausibel.

Wenn man sich diesen hypothetisch-deduktiven Charakter eines radikal perspektivischen induktiven Verfahrens vor Augen führt, wird zugleich deutlich, dass die Kritik am induktiven Verfahren einen wichtigen Punkt trifft, der auch das Korpus dieser Arbeit einholt. Das Projektkorpus hat aus pragmatischen Gründen Romane aus anderen digitalen Korpora aufgenommen, insbesondere aus dem *ELTeC*-Korpus.[91] Dieses Korpus nutzt für die Gattungszuordnung jedoch ein deduktives Verfahren und eine Gattungszuordnung in der natürlichen Einstellung. Indem Texte aus diesem Korpus importiert wurden, kollidieren die unterschiedlichen Metadatenmodelle der kombinierten Korpora. Wenn man den Status der Gattungszuschreibungen zwischen Textsammlungen mit unterschiedlichem Metadatenmodell hinsichtlich der Gattungszuschreibung anzugleichen versucht, muss man die in natürlicher Einstellung vollzogenen Gattungszuordnungen entweder perspektivisch deuten oder die perspektivisch gewonnenen Zuordnungen in die natürliche Einstellung übertragen. Im letzteren Fall geschieht genau der oben beschriebene Fehler des induktiven Verfahrens: Aus historischen Perspektiven würde man versuchen, einen systematischen Novellenbegriff zu gewinnen. Für dieses Problem gibt es zwei Lösungen: Entweder – und das wäre die sorgfältigere Lösung – wird für das gesamte Projektkorpus ein einheitliches perspektivisches Metadatenmodell verwendet. Oder – und das ist die hier gewählte pragmatische Lösung – es werden die unterschiedlichen Perspektiven in unterschiedlichen Metadatenkategorien getrennt gehalten. In den konkreten Stichprobenziehungen muss für die einzelnen Untersuchungen dann gewährleistet bleiben, dass nur Textgruppen miteinander verglichen werden, deren Metadaten kompatibel sind. Diese pragmatische Variante wurde aus zeitökonomischen Gründen gewählt, um das *ELTeC*-Korpus nutzen zu können, ohne sämtliche Metadaten neu erschließen zu müssen.[92]

Über die systematische Kritik am induktiven Verfahren hinaus bringen die einzelnen Situationstypen, nach denen die Metadatensammlung in perspektivischer Einstellung erfolgt, auch konkrete Probleme mit sich. Diese Probleme betreffen insbesondere den wichtigsten Situationstyp der Gattungszuschreibungen nach Erstdrucken $S_{ED}$. Der bekannteste Einwand betrifft die potenzielle Ironie der Gattungsbezeichnungen. Es ist nicht auszuschließen, dass das Gattungslabel bei einzelnen Texten ironisch oder anderweitig uneigentlich gebraucht wurde. Derrida hat angemerkt, dass Texte nicht

gik der empirischen Wissenschaften induktives Schließen galt. Dementsprechend kann man auch hier sagen, dass das induktive Verfahren der Korpusbildung in perspektivischer Einstellung nach der hypothetisch-deduktiven Methode beschrieben werden kann.

91 Vgl. Schöch et al. (2021). Gekennzeichnet sind die Einschlüsse aus dem deutschsprachigen *ELTeC*-Korpus in der administrativen Kategorie ›source_repository‹ der Bibliographie.

92 Eine umfassende Metadatensammlung nach dem eigentlichen Metadatenmodell dieser Arbeit hätte einen sowohl zeitlich als auch finanziell größeren Zuschnitt dieses Projekts erfordert.

unter Gattungen fallen, sondern immer aus Gattungserwartungen ausbrechen.[93] Etwas vorsichtiger modelliert Kiefer die Relation zwischen Gattungslabel und Text als Kommunikationsakt.[94] Dass regelwidrige, insbesondere ironische Gattungsbegriffsverwendungen in der Literaturwissenschaft so häufig betont werden, liegt an ihrem ästhetischen Reiz, und nicht notwendig an ihrer Häufigkeit. Zudem ist anzunehmen, dass sie in literaturgeschichtlichen Phasen, die von abweichungsästhetischen Normen geprägt sind, eine Reaktion auf Stabilisierungen von Standardmerkmalen in Gattungsbegriffen darstellen. Doch mir geht es nicht um Mutmaßungen zu Relevanz und Häufigkeit. Der entscheidende Punkt ist: Wie regelmäßig Gattungsbezeichnungen letztlich ironisch oder subversiv gemeint gewesen sein dürften, ist eine empirische Frage, die sich nur beantworten lässt, wenn man die Gattungszuordnungen aus den Erstdrucken $S_{ED}$ sammelt und untersucht. Das Gleiche gilt für alle anderen Einwände gegen die Annahme einer Nähe zwischen Kompositionsstrategie.

Eine Herausforderung bei der perspektivischen Erfassung von Gattungszuordnungen liegt in der nur schwer zu berücksichtigen Verbindlichkeit. Im Fall der historischen Zuordnung von Texten zur Gattung Novelle lassen sich unterschiedliche Grade von Regelmäßigkeit und Verbindlichkeit beobachten. Die Frage der Verbindlichkeit betrifft jedoch weniger die in diesem Projektkorpus berücksichtigten Situationstypen, sondern die Situationstypen, bei denen aus einer Vielzahl von Zuschreibungen auf eine durchschnittliche Zuschreibung geschlossen werden muss. Dies betrifft vor allem die Zuschreibungen in der Masse historischer Rezeptionszeugnisse ($S_{ZR}$). Auch aufgrund der Schwierigkeit der Systematisierung von Verbindlichkeit wird dieser Situationstyp im Metadatenmodell dieses Korpus hier nicht strukturiert erfasst

Grundsätzliche Einwände gegen einzelne Situationstypen können einem Missverständnis der hypothetisch-deduktiven Forschungslogik. Der Situationstyp $S_{ED}$ geht mit der Hypothese einher, dass die paratextuellen Zuschreibungen eine potenzielle Nähe zu einem kompositionsstrategischen Plan des Autors aufweisen. Die Situationstypen $S_{N\text{-}Sch}$ und $S_K$ gehen indes mit Hypothesen darüber einher, wie sich ein Gattungsverständnis nach literarischen Wertmaßstäben historisch neu und in Abkehr von älteren Gattungsverständnissen neu ordnen kann. Ob diese Hypothesen jeweils plausibel sind, wird durch die Ergebnisse der empirischen Untersuchungen gestützt oder entkräftet. Dort, wo es gelingt, homogene Textgruppen nach den Situationstypen zu bestimmen, sind die Hypothesen ein guter Kandidat zur Erklärung der Homogenität von Textgruppen im Sinn eines Schlusses auf die beste Erklärung.

---

93 Vgl. Derrida (1980, 64).

94 Vgl. Kiefer (2010, 14).

## 3.5 Zusammenfassung

Dieses Kapitel hatte zwei Aufgaben: Zum einen galt es das Projektkorpus zu beschreiben, um die empirische Grundlage der nachfolgenden Studien transparent und um dieses Korpus für andere Projekte zugänglich zu machen. Zum anderen galt es, bislang nicht hinreichend geklärte methodische Herausforderung für ein Metadatenmodell auszuarbeiten. Werke werden als Manifestationen erfasst. Im Zentrum stand die Frage der Zuordnung der Gattungen zu den einzelnen Werkmanifestationen, die unter der Leitdifferenz von natürlicher vs. perspektivischer Einstellung diskutiert wurde. Die in der Gattungstheorie geläufige, aber ungeschickte Unterscheidung zwischen induktivem und deduktivem Verfahren der Korpusbildung hat geholfen, theoretische und praktische Schwierigkeiten sowohl der natürlichen als auch der perspektivischen Einstellung klarer zu sehen. Dabei sollte es nicht darum gehen, die natürliche Einstellung prinzipiell zurückzuweisen. Studien, die sich nicht primär für historische Semantiken und Praktiken interessieren, können ihre Korpora durchaus nach vordefinierten Gattungsdefinitionen strukturieren.

Für diese Arbeit, die sich für die Konsolidierung von Genreerwartungen und Textsorten interessiert, kommt nur die perspektivische Einstellung in Frage; und zwar für drei historische Situationstypen, die jeweils eigene Regeln einer kulturellen Matrix realisieren: Die Situation der Gattungszuordnungen in Erstdrucken ($S_{ED}$), die erste praxeologisch wichtige Kanonisierungsstufe mit dem *Deutschen Novellenschatz* ($S_{N\text{-}Sch}$), sowie den Kanonisierungsstand des späten 20. Jahrhunderts ($S_K$). Am wichtigsten wird die Perspektive der Gattungszuordnungen aus den Erstdrucken sein, weil sie – in der hypothetisch-deduktiven Forschungslogik dieser Arbeit – die empirisch über die beobachteten Konsequenzen zu prüfende Hypothese eines Sachzusammenhangs zwischen gattungssemantisch regulierter Kompositionsstrategie und Textsortenkohäsion enthält. Der deduktive Hypothesenzusammenhang besagt: Wenn es zu einem historischen Zeitpunkt eine semantisch als Gattungstradition kodifizierte Kompositionsstrategie gab, und wenn eine literarische Kultur Gründe dafür hatte, diese semantisierten Gattungstraditionen für die Rezeption der Texte explizit zu machen, dann sollten sich die in den Erstdrucken einer gemeinsamen Gattung zugeschlagenen Texte als eine mehr oder weniger homogene Textsorte beschreiben lassen. Empirisch überprüft werden im Folgenden immer die deduktiv formulierten Konsequenzen, die, sofern sie sich bestätigen lassen, die Annahme einer einheitlichen kulturellen Matrix hinter dem jeweils eingesetzten Situationstyp stützen.

# 4 Gattung als historische Textsorte

Dieses Kapitel widmet sich den Novellen im Verhältnis zu Erzählungen und Romanen als historische Textsorten. Als Textsorte bezeichnet eine Gattung die über ihre in erster Linie textuellen Merkmale gruppierten und eben so der Gattung zurechenbaren Texte. Als Genre bezeichnet Gattung die in der Regel begrifflich fassbaren Erwartungen, die sowohl für die Rezeption als auch (als Erwartungserwartungen) für die Produktion der einer Gattung zurechenbaren Texte leitend sind.[1] Beide Aspekte von Gattungen werden in dieser Arbeit historisch konzipiert. Historische Textsorten sind die nach den historischen Kommunikationssituationen – zunächst nach den Gattungszuordnungen in den Paratexten der Erstdrucke – gruppierten Texte. Sie als Textsorten zu betrachten heißt, diese Gruppierungen durch die Rekurrenz textueller Merkmale zu erklären. Dass auch der Textsortenbegriff in historischer Perspektive verwendet wird, heißt: geht es nicht um die Differenz zwischen historischem Genre und transhistorischen Schreibweisen, sondern um die Unterscheidung zwischen Textgruppierung nach Merkmalen und der semantischen Erwartungen solcher Merkmale. Dem übergreifenden triadischen Untersuchungsdesign aus Abbildung 1 der Einleitung ist es die – auch in der bestehenden computergestützten Gattungsstilistik dominierende – Relation A, die im Zentrum dieses Kapitels steht.

Gattungen als historische Textsorten zu rekonstruieren ist der erste Schritt, um festzustellen, ob Novellen im Verhältnis zu Erzählungen und Romanen im historischen Buch- und Journalmarkt als Gattungsbegriffe überhaupt konturiert waren und eine potenziell ästhetische Funktion im oben explizierten Sinn einnehmen konnten (Kapitel 2.2.1). Für ein ästhetisches Interesse im oben rekonstruierten Sinn eines Erwartungshorizonts sind Gattungen zwar in erster Linie als Genre interessant. Genreerwartungen können sich aber aus der kollektiven Wahrnehmung von – wie auch immer entstandenen – Textsorten hinsichtlich der sie differenzierenden Merkmale und einer Semantisierung dieser Textsorten nach Gattungsbegriffen entwickeln. Textsorten können sozusagen das Substrat sein, aus dem sich Genreerwartungen etablieren. Grundsätzlich kann man das Verhältnis zwischen Textsorte und Genre als ein wechselseitiges modellieren. Sofern die Genreerwartungen produktionsästhetisch von den Autoren als Erwartungserwartungen berücksichtigt und befolgt, unterlaufen, perfektioniert oder ironisiert werden, stellen sich Textsorteneffekte ein. Textsorten können mithin temporal und kausal eine Folge von Genreerwartungen sein. Gattungen als historische Textsorten zu suchen ist daher auch der Versuch, die Wirkungen oder Konsequenzen produktionsästhetisch effektiver Gattungssemantiken zu identifizieren.

Die Betrachtung von Gattungen als Textsorten hat zwei relevante Dimensionen: erstens die eines Sachzusammenhangs einander ähnlicher Texte und zweitens die der begrifflichen Geschlossenheit, die danach fragt, ob ein Gattungsbegriff so organisiert

1 Vgl. Gittel (2021, 48) und Fricke (1981). Zum Begriff der Erwartungserwartung siehe Kapitel 2, Anm. 46.


https://doi.org/10.1515/9783112236697-004

ist, dass er eine eindeutige Zuordnung aller Texte in der Weise erlaubt, dass die Akteure in einem bestimmten Situationskontext einer literarischen Kultur entscheiden können, ob ein Text aufgrund seiner Eigenschaft einer Gattung zuzurechnen ist.[2] Die quantitative Analyse kennt zwei Verfahrenstypen, die in ihrer eigenen Logik etwas leisten, das in der Forschung als Ausdruck stilistischer Ähnlichkeit und begrifflicher Geschlossenheit gedeutet werden: Stilometrische Distanz und Klassifikation. Diese beiden Verfahrenstypen gilt es in diesem Kapitel auszuarbeiten.

Die erste Dimension betrifft den Grad der Ähnlichkeit zwischen zwei oder mehreren Gattungen. Der Begriff der Ähnlichkeit hat zahlreiche Facetten, darunter Gehalt (Thematik, Motivik, Setting, Figuren), Textorganisation (Narrativität, Deskripitivität, Prosa vs. gebundene Sprache, Stilebenen) und genealogische Beziehungen zwischen Texten.[3] Die Gattungsforschung ist geprägt von der letztgenannten Perspektive auf die genealogischen Beziehungen, etwa in Form gemeinsamer Vorfahren und Vorbilder, seien diese Vorbilder nun einzelne prototypische Werke oder bereits zu Gattungen kondensierte Textmodelle.[4]

Im ersten Teil dieses Kapitels (4.1) geht es um die Entwicklung eines methodologischen und formalisierten stilometrischen Instrumentariums, das eine Annäherung an einen hermeneutischen Sinn von stilistischer Ähnlichkeit in einem hypothesengeleiteten Design ermöglicht.[5] Damit kann die Textsortenkohäsion innerhalb der drei für diese Arbeit wichtigen historischen Situationskontexte der Gattungszuweisung – Erstdrucke, *Deutscher Novellenschatz* und Kanon des 20. Jahrhunderts ($S_{ED}$, $S_{N\text{-}Sch}$, $S_K$; siehe Abschnitt 3.4) – untersucht werden, indem zunächst die mittlere Distanz der Texte innerhalb einer Textsorte und die mittlere Distanz zwischen den Texten unterschiedlicher Textsorten bestimmt wird (4.1.2), die dann in ein hypothesengeleitetes Verfahren zur Bestimmung von Textsortenkohäsion überführt (4.1.3) und mit einer Methode zur Berechnung der Effektstärke für die Textsortenkohäsion ausgestattet wird (4.1.4). Mit dieser Methode kann nicht nur die Geschlossenheit von historischen Gattungsgruppen bestimmt werden (4.1.5), sondern sie ermöglicht es auch, die Gattungstraditionen bildenden Genealogien unabhängig von den historischen Gattungszuordnungen zu untersuchen (4.1.6).

Der zweite Teil dieses Kapitels (4.2) befasst sich mit einer Modellierung begrifflicher Geschlossenheit im Rahmen überwachten maschinellen Lernens. Ich möchte

---

2 Vgl. zur Explikation gattungsbegrifflicher Eindeutigkeit Fricke (2010).

3 Vgl. Corbineau-Hoffmann (2013).

4 Vgl. zu einer Fruchtbarmachung dieser Unterscheidungen für die Novellenforschung Garrido Miñambres (2009), der sich hierfür auf Schaeffer (1989) stützt. Für eine Kritik der Naturalisierung dieser biologischen oder genetischen Sprechweise von Abstammung im literarischen Gattungsdiskurs vgl. Derrida (1980, 56–57).

5 Ähnlichkeit auf der Ebene von Gehalt und anderen Aspekten der textuellen Organisation ist quantitativ noch immer schwierig zu untersuchen. Dieser Aufgabe widmet sich u. a. das DFG-Projekt *The beginnings of modern poetry* im Rahmen des SPP 2207 *Computational Literary Studies*.

dafür noch einmal das in Kapitel 2.1 beschriebene Problem der Novellen aufrufen: In literarischen Kulturen, in denen Genreerwartungen produktionsästhetisch wirksam sind und in denen die Beobachtung rekurrenter Textmerkmale wiederum gattungspoetologisch relevant ist, ist zu erwarten, dass sich Genre- und Textsorteneffekte für die einzelnen Gattungen ausbalancieren. Da das 19. Jahrhundert die Novelle ausgesprochen wichtig nahm, wird man eine solche Balance eigentlich erwarten. Während der größte Teil der Forschung diese Balance implizit vorausgesetzt und nie thematisiert hat, haben die Arbeiten von Polheim und Meyer diese Erwartung in Zweifel gezogen.[6] Um dieses mutmaßliche Ungleichgewicht zu beschreiben, werden in den nachfolgenden Kapiteln die Genreerwartungen mit zu berücksichtigen sein. Im Fokus des Teilkapitels 4.2 steht die Identifikation der begrifflichen Verfasstheit von Textsorteneffekten, auf die sich anschließend die Genreerwartungen beziehen lassen. Mit quantitativen Verfahren gilt es überdies den *Grad* der Textsortenkontur von Novellen, Erzählungen und Romanen im Verhältnis zueinander zu fassen.

Die im poetologisch und kulturell tradierten Gattungswissen gesammelten Novellenmerkmale, die Polheim in seiner polemischen Aufzählung – »Mittelpunktereignis, unerhörte Begebenheit, zentrales Geschehnis, Wendepunkt, Falke, Silhouette, Leitmotiv, Spannung von Ordnung und Chaos, Novellenidee, Symbol, Zufall, Zeichen: Ironie, Reflexion, geschlossene Form, Einheit, Ordnung, Konzentration, abgeschlossener Mikrokosmos, Zirkellinie, teleologische oder bilaterale Struktur, doppelter Boden, Rahmen, Bindung des Erzählers; Verbergen des Erzählers u. a.«[7] – zusammengefasst hat, sind die Textmerkmale, nach denen man die Gattung der Novelle poetologisch zu ordnen versucht hat. Nach Textmerkmalen geordnete Gattungsbegriffe sind, auch als historische Textsorten, mit allen in Kapitel 2 explizierten Begriffsmodellen kompatibel: Textsorten können Typen oder Klassen unabhängig davon bezeichnen, ob man ihnen die Struktur von Klassen-, Familienähnlichkeits- oder Prototypenbegriffen zugrunde legt, d. h. unabhängig davon, ob man erwartet, dass die durch Gattungsbegriffe erfassten Textgruppen Klassen im strengen Sinn einander ausschließender Kategorien sind, oder sich weitgehend überlappende Typen mit unscharfen Rändern.[8] Diese drei Begriffstypen wird es quantitativ zu modellieren gelten: Ausgehend von einer allgemeinen Struktur von Klassifikation werden Prototypikalität 4.2.3 und Familienähnlichkeit 4.2.4 modelliert. Der erste Teil des vorliegenden Kapitels befasst sich mit historischen Textsorten als Sachzusammenhang, der zweite Teil dagegen mit historischen Textsorten als begrifflicher Struktur. Ausgangspunkt ist hierfür immer eine historische Perspektivierung auf den in Abschnitt 3.4 explizierten Situationstyp der Erstdrucke $S_{ED}$. Kapitels 4.3 nimmt die beiden weiteren perspektivischen Situationstypen der Kanonisierung ($S_{N\text{-}Sch}$ und $S_K$) in den Blick.

6 Vgl. Pabst (1953), Polheim (1981) und Meyer (1987; 1998).

7 Polheim (1981, 13).

8 Vgl. Fishelov (1991), Hempfer (2010c) und Schröter (2019).

## 4.1 Sachzusammenhang: Distanz und Ähnlichkeit

Bevor von stilistischer Ähnlichkeit gesprochen werden kann, geht es in diesem Kapitel zunächst um die hypothesengeleitete Prüfung der Differenz in Form stilometrischer Distanz zwischen Gattungen. Dafür werden die bestehenden Annahmen aus der Novellenforschung als Hypothese reformuliert: Polheim, Lukas und Meyer behaupten, Novellen, Erzählungen und andere Prosagattungen seien – nach den Gattungszuordnungen in den Erstdrucken – keine unterscheidbaren Textsorten.[9] In der hier gewählten Reformulierung einer Indifferenz bei stilometrischer Distanz lautet die in der Einleitung als $H_A$ eingeführte These:

> ($H0_A$) Die beiden Gruppen der in $S_{ED}$ als Novellen und als Erzählungen publizierten Texte haben keine signifikante Distanz im Verhältnis zueinander.

Es bietet sich an, Polheims, Lukas' und Meiers Behauptungen der Indifferenz, wenn man sie in die Logik der statistischen Unterschiedshypothese übersetzt, als Null-Hypothesen aufzufassen, die es einem Falsifikationsversuch zu unterziehen gilt. Die Alternativhypothese wäre die These der Existenz einer Gattungsdifferenz. Diese lautet:

> ($H1_A$) Die beiden Textgruppen stehen in erkennbarer Distanz zueinander.

Um diese Hypothese geht es im Folgenden. Da es im Abschnitt 4.1 ausschließlich um die Hypothese $H1_A$ gehen wird, und da im Folgenden unterschiedliche Varianten dieser Hypothese unterschieden werden, kürze ich diese in diesem Abschnitt mit H0 für die Nullhypothese und H1 für die Alternativhypothese ab. Für den Falsifikationsversuch von H0 ist ein entsprechendes Verfahren der Analyse von Distanzen auf der Ebene des Textgruppenvergleichs zu entwickeln.

Einen ersten Eindruck stilometrischer Nähe und Distanz zwischen Texten unterschiedlicher Gruppen bietet die Dimensionsreduktion mit einer Hauptkomponentenanalyse (*PCA*). Für die Unterscheidung zwischen Märchen und Romanen, zwei Textgruppen, die hier nicht streng perspektivisch nach historischen Gattungszuordnungen gebildet wurden, sondern im Sinn der natürlichen Einstellung (siehe Abschnitt 3.4), und von denen man erwarten kann, dass sie sich wie klar unterscheidbare Textsorten verhalten, zeigt die Abbildung 8 links tatsächlich eine leicht erkennbare Gruppenbildung bei mäßiger Varianzaufklärung von 6% auf der ersten und für die Gruppenseparation hier relevantesten Komponente. Dagegen scheinen sich die Erzählungen (grün) und Novellen (rot) in der Visualisierung rechts zu einer ununterscheidbaren Masse zu vermischen. Dass die *PCA* für die Gruppierung von Romanen im Verhältnis zu Märchen einigermaßen gut funktioniert, spricht dafür, dass Novellen und Erzählungen zumindest nicht in der gleichen Weise unterscheidbar sind wie andere, klarer konturierte Gattun-

9 Vgl. Polheim (1981), Meyer (1987; 1998) und Lukas (1998).

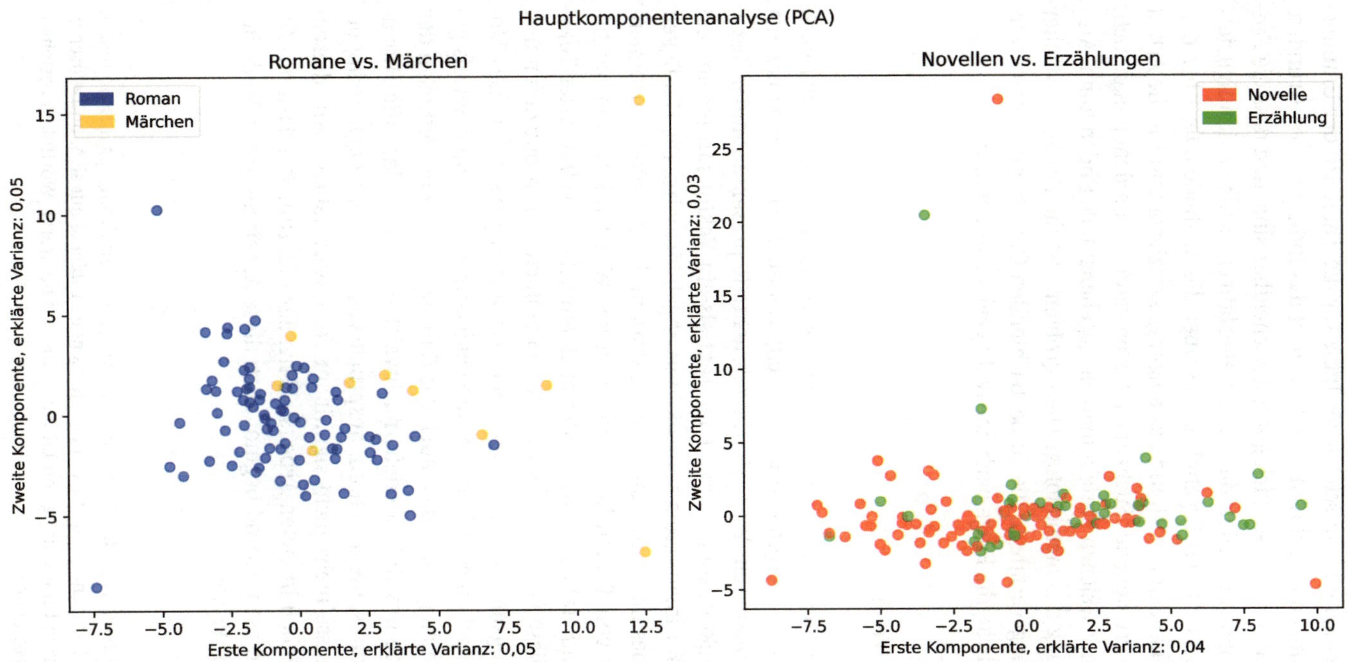


**Abbildung 8:** PCA für Märchen vs. Romane (links) und Novellen vs. Erzählungen (rechts) mit den Gattungszuweisungen aus den Erstdrucken ($S_{ED}$). Zugrunde liegt die im Zuge einer rekursiven Feature Elimination vorgenommene Reduktion auf die 381 wichtigsten häufigsten Wörter. Das Feature-Set wird im folgenden Abschnitt zum Bag-of-Words-Modell erläutert.

gen. Dennoch ist das Ergebnis nur ein schwaches Indiz für die These H0 der Ununterscheidbarkeit von Erzählungen und Novellen. Schwach ist das Indiz aus zwei Gründen: Es ist möglich, dass die Gattungen eigentlich gut unterscheidbar sind, und dass die *Features* lediglich schlecht gewählt oder das Analyseverfahren schlecht konfiguriert waren. Man weiß also nicht, ob das Ergebnis etwas über die Methode oder über den Gegenstand sagt. Hierbei handelt es sich um das eingangs skizzierte und für die Arbeit zentrale methodologische Problem der Suche nach Gegenständen, von denen man nicht weiß, ob es sie gibt, und mit welchen Mitteln man sie gegebenenfalls finden kann. Ausgangspunkt für eine Lösung des methodologischen Problems ist die Frage, in welcher Gestalt einem Untersuchungsverfahren die zu beobachtenden Objekte präsentiert werden. Dies ist, im ersten Schritt, die Frage nach der Wahl geeigneter *Features.*

### 4.1.1 Textmodell: *Bag of Words*

Die *PCA* nutzt als *Features* die häufigsten Wörter (*most frequent words* / *mfw*) nach dem *Bag-of-Words*-Modell (im Folgenden *BoW*-Modell). Geometrisch gesehen erzeugt diese in die Form einer Dokument-Wort-Matrix gebrachte Repräsentation der Texte einen *n*-dimensionalen Vektorraum, wobei jeder Text als ein Vektor mit jedem *Feature* (Wort) als einer der *n* Dimensionen dieses Raums abgebildet wird. Die Häufigkeit des betreffenden Worts bestimmt die Länge des Vektors in der betreffenden Dimension. Die Repräsentation von Texten im Vektorraum der Worthäufigkeiten hat bestechende Stärken: Anhand etablierter *NLP*- oder auch einfacher regelbasierter Tokenisierungsverfahren ist diese Form der Repräsentation einfach zu reproduzieren und hinsichtlich der Erzeugungsmechanismen vergleichsweise transparent.[10] Dieses Modell hat eine hohe Leistungsfähigkeit in der Autorschaftsattribution unter Beweis gestellt.[11] Zudem haben Studien gezeigt, dass auch das Gattungssignal mit Methoden der Stilometrie auf Grundlage des *BoW*-Modells nachweisbar ist, und dass die Hinzunahme komplexerer *Features*, die durch ein anspruchsvolles *Feature Engineering* erzeugt werden, die Ergebnisse meist nicht signifikant verbessert haben.[12] Aus diesem Grund wurde das *BoW*-Modell in vielen Arbeitsfeldern der *CLS* zum Standard des *Distant Reading.*[13] Und aus diesem Grund beginnt auch diese Arbeit mit einer Modellierung der Texte als *Bags of Words.*

---

10 Aus linguistischer Perspektive bringt die Tokenisierung, wie jedes Verfahren, spezifische und je nach Anwendungsdomäne und Sprachtyp nicht zu unterschätzende Probleme mit sich, im Deutschen etwa bei der leerzeichenbasierten Unterteilung von Entitäten, die aus mehreren Worttoken bestehen, wie ›Bad Homburg‹, vgl. Mikheev (2003).

11 Vgl. Evert et al. (2017). Zu einer vergleichenden Übersicht unterschiedlicher Typen von *Features* vgl. Stamatatos (2009).

12 Vgl. Hettinger et al. (2015).

13 Vgl. Underwood (2019b, 43) und Karsdorp/van den Bosch (2016).

Die Schwäche der Repräsentation von Texten über Worthäufigkeiten nach dem *BoW*-Modell tritt insbesondere dann zutage, wenn die Ergebnisse (wie etwa bei der Unterscheidung von Novelle und Erzählung) nicht positiv interpretierbar sind. In solchen Fällen ist zu befürchten, dass ein Gattungsunterschied, der *de facto* in den Texten des Korpus gegeben sein könnte, im *BoW*-Modell verloren geht, weil dieses die zur Unterscheidung relevanten Gattungsmerkmale möglicherweise nicht abbildet. Strukturelle Textmerkmale bildet das Modell insofern nicht explizit ab, als es weder die Makroeigenschaften von Gattungen oberhalb der Wortebene noch die Reihenfolge des Auftretens der syntagmatischen Elemente repräsentiert. Dennoch ist in den *CLS* die Ansicht verbreitet, dass strukturelle und komplexe Merkmale implizit im Vektorraummodell der Worthäufigkeiten enthalten sein können, allerdings so, dass die Textrepräsentation eine Art Blackbox für diese Merkmale bildet, weil nicht ohne weiteres ersichtlich ist, wo und wie komplexe Strukturmerkmale in den Worthäufigkeiten enthalten sind.[14] Konstruktiv wurde die Frage, wie viel Information über eigentlich komplexe Textmerkmale in einem *BoW*-Modell eigentlich enthalten sein können, bislang insbesondere für den Stil und damit für individuelle Sprachverwendung diskutiert.[15] Aufgabe dieser Arbeit ist daher, dieser Frage für die Erzählprosagattungen nachzugehen.

Die methodologische Herausforderung in der Beantwortung dieser Frage soll ein Gedankenexperiment illustrieren: Wenn für zwei Textpaare (*A*:*B*) und (*C*:*D*) die hermeneutische Vorannahme vorliegt, dass *A* und *B* sich hinsichtlich komplexer literarischer Merkmale ähnlich sind, während *C* und *D* einander unähnlich sind, dann kann ein positives Analyseergebnis (geringe Distanz zwischen *A* und *B* sowie große Distanz zwischen *C* und *D*) durchaus so interpretiert werden, dass das *BoW*-Modell in der Lage ist, auch die Differenzen komplexer Merkmale in der Verteilung der Worthäufigkeiten, wenn auch in einem agnostischen Modus einer Blackbox, in sich aufzunehmen. Man kann daher auch davon sprechen, einzelne Worthäufigkeiten seien »Stellvertreter«[16] für philologisch komplexere und abstraktere Merkmale. Scheitert die Analyse indes in der Weise, dass sich die quantitativ gemessenen Distanzen nicht proportional zur lektürebasierten Ähnlichkeitswahrnehmung verhalten, dann bleibt offen, wie die gemessene Abweichung zustande kommt. In solchen Fällen ist nicht zu entscheiden, ob der Interpret sich die Ähnlichkeit nur eingebildet hat (z. B. aufgrund einer behaupteten geistigen Verwandtschaft zwischen zwei Autoren, die nie richtig für die textuelle Evidenz überprüft wurde), oder ob das Verfahren schlicht die Differenz zwischen Texten hinsichtlich der für die Differenzbeobachtung relevanten komplexen Merkmale nicht zu messen vermag. Diese Unentscheidbarkeit ist das methodologische Ausgangsproblem dieser Arbeit. Um dieses Problem lösen zu können, gilt es zunächst ein bestmögliches *BoW*-Modell zu ermitteln. Dafür ist eine Reihe von Entscheidungen zu treffen.

---

**14** Vgl. Kestemont/Karsdorp (2021) und Underwood (2019b).

**15** Vgl. Pennbaker (2011) und Jannidis/Lauer (2014).

**16** Jannidis (2014, 182).

Zu den Entscheidungen, die für diese Arbeit bei der Konfiguration des *BoW*-Modells getroffen wurden, gehören: (1a) Die automatisierte und manuelle Korrektur häufiger *OCR*-Fehler beim Auslesen der Frakturschrift und (1b) die Normalisierung der Schreibweisen nach heutiger Rechtschreibung, um etwa Token der Wortformen ›Thüre‹, ›Thür‹ oder ›Tür‹ dem vereinheitlichten Begriffswort ›Türe‹ zurechnen zu können, (2) die Lemmatisierung, d. h. die Überführung grammatischer Formen von Substantiven, Verben und Adjektiven in die Grundform (z. B. ›Türen‹ in ›Türe‹), ggf. (3) die Entfernung von (3a) Funktionswörtern, (3b) von Eigennamen, (3c) bestimmten Wortarten oder (3d) Wörtern aus bestimmten semantischen Feldern, (4) die Auswahl eines Werts *n* für die Anzahl der häufigsten Wörter, (5) die Form der statistischen Normalisierung (*L1*, *L2*), (6) die Entscheidung für oder gegen eine spezifische Form der *IDF*-Gewichtung, und (7) die Skalierung (z. B. *Z*-Transformation) der *Features*.[17] Für die hier gezeigte *PCA* wurden nach dem Kriterium der Ergebnisoptimierung, basierend auf einer manuellen, einer Gridsuche ähnlichen Analyse der Klassifikationsergebnisse aus unterschiedlichen *Feature*-Repräsentationen, wenn nicht anders angegeben, die 2500 häufigsten lemmatisierten, in der Rechtschreibung normalisierten Wörter mit Skalierung (*Z*-Transformation) und *L1*-Normalisierung verwendet. Zusätzlich wurde für die Analyse in Abbildung 8 dieser *Feature*-Raum mit einer auf Kreuzvalidierung beruhenden *recursive feature elimination* (*RFE*) im Zuge einer Modellierung mit logistischer Regression auf das für die Klassifikation effizienteste Set von 381 Wörtern als *Features* reduziert.[18] Dieses Verfahren erzeugt in der *PCA* eine vergleichsweise gute Separation zumindest für die Gegenüberstellung von Märchen und Romanen. Falls eine RFE in den nachfolgenden Analysen vorgenommen wird, wird dies immer im Einzelfall ausgewiesen.

Eine wichtige, in der computergestützten Gattungsstilistik bislang wenig berücksichtige methodologische Frage ist, ob die Auswahl der *Features* nach dem Kriterium der Ergebnisoptimierung erfolgen soll oder aus internen Gründen sachlicher Angemessenheit an den Gegenstand. So könnte es beispielsweise als angemessen erscheinen, für die Analyse von Distanzen zwischen Genres Eigennamen oder Funktionswörter zu entfernen, wenn man davon ausgeht, dass die Genredifferenzen nicht auf einem Unterschied zwischen Eigennamen beruhen sollten oder davon, dass Funktionswörter in hohem Grad das stilometrische Autorsignal bestimmen, das durch eine

---

17 Für einen systematischen Vergleich unterschiedlicher *Feature*-Selektionen in gattungsgeschichtlichen Studien vgl. Calvo Tello (2021, 273–285). In *PyNovellaHistory* (Schröter 2024d) sind diese Verarbeitungsschritte in der Klasse Text implementiert, die dann in der Klasse *DTM* (in den Modulen preprocessing.text bzw. .corpus) zusammen mit den nachfolgenden Konfigurationen weiterverwendet wird. Meine Implementierung nutzt die Klassen des StandardScaler für die *Z*-Transformation, *TfidfVectorizer* sowie *CountVectorizer* aus der Bibliothek *Scikit-Learn* (Pedregosa et al. 2011).

18 Verwendet wurde eine rekursive *Feature Elimination* auf einem Trainingsset von 50% des Gesamtkorpus, bei der auf die Klassifikation von Novellen, Erzählungen, Märchen, Romanen, Erzählprosa mit sonst. Labels und Erzählprosa ohne Labels trainiert wurde. Die *Feature Elimination* kann in *PyNovellaHistory* mit dem Skript »run_RFE.py« reproduziert werden und nutzt die Klassen *RFE* und *RFECV* in *sklearn.feature_selection*. Skripte sind im Ordner »scripts_novellas/4-1-1« zu finden.

Elimination von Funktionswörtern abgeschwächt werden kann.[19] In dieser Arbeit werden Optimierung und Adäquatheit getrennt untersucht und aufeinander bezogen.

Entlang der Achsen für die erste und zweite Hauptkomponente werden *Features* gebündelt, die häufig zusammen auftreten.[20] Dieses Verfahren entspricht dem etablierten Verständnis der Struktur von Gattungen als Textsorten, wonach die Differenz zwischen zwei Gattungen darin besteht, dass bei den Texten der einen Gattung ein Bündel von Merkmalen gemeinsam (d. h. als Bündel) und gehäuft (d. h. bei allen oder zumindest vielen Texten der Gattung) auftritt, während bei den Texten der anderen Gattung ein anderes Bündel von Merkmalen gemeinsam und gehäuft auftritt.[21]

Es ist möglich, eine *PCA* auf die *Loadings* jeder Komponente zu befragen, und so zu klären welche der ursprünglichen Dimensionen, und das heißt, welche *Features* (hier: lemmatisierte Worttypen), in den dimensionsreduzierten Hauptkomponenten stark repräsentiert sind. In der Vergleichsanalyse von Märchen und Romanen sind dies, wenn man allein auf die beiden Enden der ersten (waagrechten) Komponente blickt, auf der positiven (rechten) Seite in der Visualisierung, die Wörter ›Wald‹, ›Prinzessin‹, ›herunter‹, ›prächtig‹, ›anfangen‹, ›heim‹, während für diese Komponente die Wörter ›Menschheit‹, ›schreiben‹, ›über‹, ›jedenfalls‹, ›Persönlichkeit‹ ›Form‹ ›Bildung‹ und ›Zukunft‹ besonders untypisch sind. Man kann die *PCA* so interpretieren, dass die auf der linken Seite der Komponente angeordneten Texte eine hohe Häufigkeit genau dieser für die Komponente eigentlich uncharakteristischen Worte aufweisen. Da es die Romane sind, die am linken Ende der ersten Komponente angeordnet wurden, kann man davon ausgehen, dass diese Wörter eher für Romane charakteristisch sind.

Es wäre jedoch ein Trugschluss, wollte man von einer Visualisierung einer *PCA* auf Gattungsmerkmale schließen. Und zwar aus vielen Gründen, die die gesamte Ar-

---

19 Vgl. Kestemont/Karsdorp (2021).

20 Für ein erstes und grobes Verständnis der *PCA* genügt es, folgende beiden Aspekte im Blick zu behalten: Zum einen, dass es sich um ein nicht-überwachtes Verfahren handelt, das für die Positionierung jedes Texts im Koordinatensystem ausschließlich die Verteilung der *Features* (also die Worthäufigkeiten) nutzt, nicht aber die in Abbildung 8 farblich markierte Gattungszugehörigkeit. Die Einfärbung nach Gattungszuordnung beruht auf einer Entscheidung im Zuge der Visualisierung unabhängig von der vom Algorithmus vorgenommenen Positionierung des Punkts im Koordinatensystem. Der Algorithmus versucht also nicht, die Texte nach Gattungen zu gruppieren, sondern er gruppiert die Texte so, dass im dimensionsreduzierten Raum möglichst viel Information über die Verteilung der Texte im Verhältnis zueinander erhalten bleibt. Erst nach dieser Gruppierung macht die Einfärbung sichtbar, ob die Gruppierung den Gattungen – nach Erstdrucken – entspricht. Zum anderen gilt es den Wert der erklärten Varianz im Blick zu behalten. Dieser Wert gibt, stark vereinfacht gesagt, an, wie viel Information über die Streuung der Daten im ursprünglichen *n*-dimensionalen Vektorraum in der betreffenden Komponente erfasst ist. Der hier vorliegende Wert von 6% auf der ersten Komponente für Märchen und Romane ist, obwohl er gering ist, bereits vergleichsweise stark und lässt sich nur aufgrund der hier vorgenommenen rekursiven *Feature Elimination* erzeugen, siehe Anm. 18 in diesem Kapitel. Wir haben es daher mit einem Bündel nur in einem schwachen Sinn zu tun. Die Merkmale sind in den Texten nicht eng miteinander verschnürt. Für eine kurze, über die hier genutzten Aspekte aber bereits weit hinausgehende Einführung in die *PCA*, vgl. Abdi/Williams (2010).

21 Vgl. Fricke (2010a).

beit durchziehen. Das Hauptproblem wird die Vermittlung zwischen quantitativ messbaren *Features* und für Gattungsbegriffe relevanten, philologisch beschreibbaren Merkmalen sein. Kern der Lösung dieses Problems wird für diese Arbeit das Kapitel 6 sein, das einige der in Anbetracht der historischen Gattungssemantik wichtigen Novellenmerkmale operationalisieren und sowohl quantitativ als auch in philologischen Tiefenbohrungen untersuchen wird.[22] Zuvor wird es mir um die ›Maschinerie‹ gehen, die in Gang kommt, nachdem die *Features* ermittelt sind. Im Wesentlichen soll diese Maschinerie in diesem Teilkapitel über die Abgrenzung von Textsorten hinsichtlich der Distanzen zwischen einzelnen Texten laufen. Hierfür bedarf es einer Übersetzung der Distanz zwischen Texten in eine Distanz zwischen Textgruppen.

### 4.1.2 Distanz zwischen Textgruppen

Die *PCA* ist Ausdruck der Distanz, wobei der Abstand im ursprünglichen *n*-dimensionalen Vektorraum in den hier gewählten Visualisierungen auf die zwei wichtigsten Dimensionen reduziert wurde. Der in der *PCA* sichtbare Abstand zwischen den (je nach Gattungszuordnung unterschiedlich) eingefärbten Punkten gibt in komprimierter Form die mathematische Distanz zwischen den Texten wieder. Für eine metrische Quantifizierung der Distanz zwischen Texten, die als Gattungsgruppen-Distanz und somit als Textsorten-Separation interpretiert werden kann, gilt es daher in den *n*-dimensionalen Vektorraum zurückzukehren. Da es bislang keine etablierten Verfahren zur Bestimmung der Distanz zwischen Gruppen gibt, war ein Verfahren aus der Struktur des Distanzmaßes zu entwickeln. Die Distanz im mathematischen Sinn ist der Abstand zwischen zwei Punkten. Für den Vektorraum mit mehreren hundert oder tausend häufigsten Wörtern als *Features* funktioniert dieser Abstand, geometrisch gesehen, genau so wie im zweidimensionalen Raum, der in Abbildung 9 veranschaulicht wird.

Die Distanz zwischen den Texten *A* und *B* lässt sich geometrisch über die Koordinaten der den Text erzeugenden Vektoren bestimmen. Die Abbildung zeigt drei unterschiedliche Distanzmaße: Die Manhattan-Distanz (auch *cityblock* oder *cab-driver distance*) geht in Form eines Schachbretts jeweils geradlinig in den Richtungen der Koordinaten und summiert den Weg, den man insgesamt von *A* nach *B* in dieser rechtwinkligen Straßenordnung abschreiten müsste. Die euklidische Distanz ist die kürzeste Verbindung zwischen beiden Punkten, also das, was man im dreidimensionalen Raum die Luftlinie nennt. Eine im Alltag weniger gebräuchliche, aber in der Stilometrie besonders robuste Methode, die Distanz zu bestimmen, ist die Cosinus-Distanz, die über

22 Ausgehend von philologischem Gattungswissen würde man dagegen im philologischen Gattungswissen kodifizierte Merkmalsbündel erwarten. So könnte man beispielsweise, wenn man die Definition aus dem Reallexikon zugrunde legt, bei Märchen ein Bündel aus den Merkmalen des Erzählens vom Wunderbaren und der »Eindimensionalität der Wirklichkeitswahrnehmung« (Rölleke 2007, 514) erwarten.

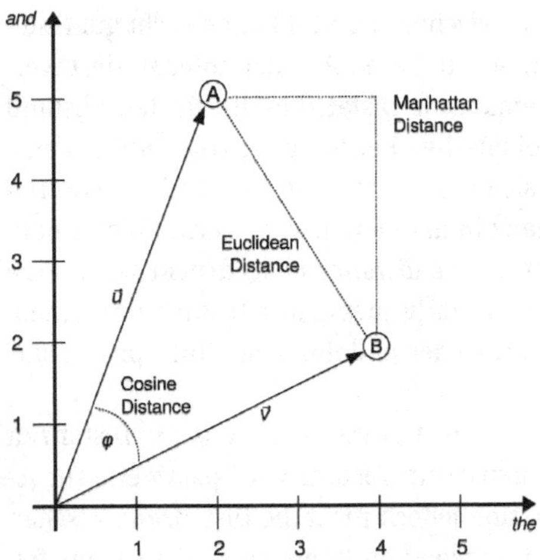


**Abbildung 9:** Distanzmaße im zweidimensionalen Raum (Evert et al. 2017, 7).

den Cosinus des Winkels zwischen den beiden Textvektoren $v$ und $u$ definiert ist. Nicht nur im zwei- sondern auch im drei- und $n$-dimensionalen Raum bleibt die Distanz zwischen den zwei durch die Vektoren $v$ und $u$ erzeugten Punkte $A$ und $B$ (bei der euklidischen Distanz) eine Linie, bzw. (bei der Manhattan-Distanz) ein aufsummierbarer Weg in drei oder mehr Richtungen) oder (bei der Cosinus-Distanz) ein Winkel.

Die Gleichungen zur Berechnung der Manhattan- $D_M$, euklidischen $D_Q$ und der Cosinus-Distanz $D_{cos}$ zwischen den die Texte repräsentierenden Punkten $A$ und $B$ bzw. zwischen den diese Punkte erzeugenden Vektoren $u$ und $v$ für $i$ Dimensionen lauten:

$$D_M(A,B) = \sum_{i}^{n} |A_i - B_i|$$ (Gl. 4.1 Manhattan-Distanz)[23]

$$D_Q(A,B) = \sqrt{\sum_{i}^{n} (A_i - B_i)^2}$$ (Gl. 4.2 Euklidische Distanz)

$$D_{cos}(A,B) = \frac{\vec{u} \cdot \vec{v}}{\|\vec{u}\| \|\vec{v}\|}$$ (Gl. 4.3 Cosinus-Distanz)

Wenn man die Berechnung der Distanz im Detail nachvollzieht, für die man am Beispiel aus Abbildung 9 lediglich einen Taschenrechner benötigt,[24] sieht man, dass der

23 Eingesetzt werden für die Dokumente A und B jeweils die Häufigkeiten des Worttyps mit dem Index i. Die folgende Anmerkung spielt dies an einem einfachen Beispiel durch.

24 Konkret lässt sich die euklidische Distanz DQ ist mit dem Taschenrechner für das obige Beispiel aus Abbildung 9 wie folgt berechnen: $D_Q = \sqrt{(2-4)^2 + (5-2)^2} \approx 3.6$ bestimmen. Für die Manhattan-Distanz ist die Berechnung noch einfacher, weil Quadrieren und Wurzelziehen wegfallen. Für jede weitere Dimension kommt lediglich ein weiterer, und je nach Distanzmaß als absoluter Betrag oder quadriert anzuschließender Summand ($A_{i+1} + B_{i+1}$) hinzu, was die Berechnung von Hand mühsamer, aber mathematisch nicht komplizierter macht. Zur Cosinus-Distanz in der Stilometrie vgl. Evert et al. (2017).

Anschein, der als Distanz bestimmte Abstand zwischen *A* und *B* könne recht gut (indirekt proportional) als relative Ähnlichkeit zwischen diesen Punkten interpretiert werden, mit Vorsicht zu genießen ist. Der mathematische Distanzbegriff für den Abstand zwischen Texten folgt nicht der Logik philologischer Begründung von Ähnlichkeitsverhältnissen zwischen Texten. Man sollte sich die Sache daher auch nicht dadurch zu einfach machen, dass der Begriff der Distanz in mathematischer Terminologie häufig als *cosine similarity* als Komplement zur *cosine distance* ausgedrückt wird. Eine terminologische Unterscheidung zwischen quantitativ messbarer Distanz und einem qualitativen Sinn der Ähnlichkeit ist für die Frage der philologischen Interpretierbarkeit eher nützlich als schädlich.

Ein wichtiger Aspekt für die Konzeption eines Analyseverfahrens für Distanzen zwischen Gattungen ist im Folgenden die Paarstruktur: Distanz wird paarweise für jeweils zwei Texte gemessen. In diesem Kapitel sind jedoch nicht die Distanzen zwischen einzelnen Textpaaren, sondern die Gruppendistanzen von Interesse, und zwar für folgende, mit Großbuchstaben bezeichnete Gruppen, die jeweils nach den Situationstypen der Erstdrucke (in Kapitel 3.4 als $S_{ED}$ eingeführt): *N* als Menge der Texte, die in $S_{ED}$ als Novellen gedruckt wurden, *E* als Menge der Erzählungen in $S_{ED}$, *R* als Menge der Romane in $S_{ED}$, *M* als Menge der Märchen in $S_{ED}$, *0E* als Menge der sonstigen fiktionalen Erzählprosatexte des Korpus, d. h. aus den Taschenbüchern und Journalen, die in $S_{ED}$ kein Gattungslabel erhalten haben, *XE* als Menge der sonstigen fiktionalen Erzählprosa des Korpus, die in $S_{ED}$ andere Gattungslabel, z. B. ›Geschichte‹, ›Begebenheit‹ oder ›Sittengemälde‹, erhalten haben, und *RD* als unterschiedliche, und im weiteren Verlauf spezifizierte Zufallsstichproben aus jeweils geeigneten Vereinigungsmengen. Jede der Mengen ist als Extension der zugehörigen Texte *t* des Korpus bestimmt: Ein als Novelle erstveröffentlichter Text wird im Folgenden als $t_i(›N‹_{ED})$ bezeichnet, so dass in aufzählender Notation bzw. extensionaler Mengenbeschreibung gilt:

$$N = \{t_1(>N<_{ED}), t_2(>N<_{ED}), t_3(>N<_{ED}), \ldots, t_m(>N<_{ED})\}.$$

Für alle ungeordneten Textpaare $\{t_i, t_j\}$ wird im nächsten Schritt die jeweilige Distanz berechnet: $D_{intra\text{-}pair}(\{t_i, t_j\} \mid t_i, t_j \in N, t_i \neq t_j)$.[25] Dies ergibt bei einer Mächtigkeit m einer Textgruppe die Anzahl von (m·(m–1)/2) Distanzpaarwerten, über die das arithmetische Mittel berechnet wird. Dies ist im Folgenden die gruppeninterne mittlere Distanz, für die Menge der Novellen und Erzählungen im Folgenden $D_{intra}(N)$ und $D_{intra}(E)$.

$$D_{intra}(N) = \overline{\{D|D\{t_i, t_j\}|t_i, t_j \in N, t_i \neq t_j\}} \qquad \text{(Gl. 4.4 Gruppeninterne Distanz)}$$

Der zweite relevante Wert ist die Distanz zwischen zwei Gruppen, z. B. zwischen *N* und *E*: $D_{inter}(N, E)$. Hier wird die Distanz für alle ungeordneten Paare aus den beiden

25 Bei ungeordneten Paaren ist die Reihenfolge der beiden Elemente für die Distanz egal, so dass für die Tupel geordneter Paare über die Menge $\{t_1, t_2\}$ gilt: $D(t_1, t_2) = D(t_2, t_1)$.

zu vergleichenden Gruppen mit $D_{inter\text{-}pair}(t_k, t_l, \mid t_k \in N, t_l \in E, t_k \neq t_l)$ gebildet.[26] Damit ergibt sich als $D_{inter}$ $(N, E)$:

$$D_{inter}(N,E) = \overline{\{D|D\{t_k,t_l\}|t_k \in N, t_l \in E, t_k \neq t_l\}} \qquad \text{(Gl. 4 5)}^{27}$$

Die Gruppe $N$ ist stilometrisch kompakter als $E$, wenn gilt: $D_{intra}(N) < D_{intra}(E)$. Es ist also kein metrischer, sondern ein lediglich komparativ interpretierbarer Wert mit indirekter Proportionalität zwischen Distanz und stilometrischer Kompaktheit. Für die Gruppe mit geringer Distanz $D_{intra}$ gilt, dass ihre Texte sich im Mittel stilometrisch näher sind, als die Texte der Vergleichsgruppe.[28] Abbildung 10 veranschaulicht dies für ein fiktives Beispiel aus zwei Gruppen (Romane und Märchen) mit drei bzw. zwei Instanzen und für die Berechnung der Distanz für die zwei Dimensionen der Wörter ›Wald‹ und ›Menschheit‹. In den *Loadings* der *PCA* hat sich gezeigt, dass es sich hierbei um tatsächlich märchen- bzw. romantypische Wörter handeln dürfte. Ein Vorteil dieser distanzbasierten Methode gegenüber Verfahren maschinellen Lernens, wie sie von Kapitel 4.2 an verwendet werden, liegt darin, dass sie auch bei sehr kleinem Stichprobenumfang prinzipiell funktioniert. Bereits Gruppen aus zwei oder drei Texten erlauben die Bestimmung von Inner- und Zwischengruppendistanz. Mit zunehmender Stichprobengröße steigt jedoch die Robustheit der Ergebnisse. In welcher Weise der Stichprobenumfang die Distanzwerte auch systematisch beeinflusst, ist in umfangreicheren Validierungsstudien zu prüfen.[29]

Die durchgezogenen Linien werden für $D_{intra}$ jeweils für jede der Gruppen zur Berechnung der durchschnittlichen gruppeninternen Distanz verwendet (für Märchen der Übersichtlichkeit halber hier für nur ein Textpaar und damit nur eine Distanz). Die gestrichelten Linien bilden die einzelnen Distanzen zwischen den Instanzen der unterschiedlichen Gruppen. Deren Mittelwert ergibt $D_{inter}$. Diese Distanz zwischen

---

26 Für den Fall, dass sich der gleiche Text sowohl in $N$, als auch in $E$ befindet (d. h. für den Fall, dass die Schnittmenge zwischen $N$ und $E$ nicht leer ist), wird hier zusätzlich ausgeschlossen, dass die Distanz eines Texts zu sich selbst hier in die Bestimmung der Distanz aufgenommen wird. Dies ist eine kontingente Entscheidung, die darauf zielt, $D_{intra}$ und $D_{inter}$ direkt vergleichbar zu halten. Die Einschränkung wird später fallengelassen, wenn es darum geht, die Schnittmengen zwischen Gattungsgruppen für die Distanzbestimmung zu berücksichtigen, wenn ausschließlich Distanzen zwischen Gruppen verglichen werden.

27 Die Gl. 4 und 5 sind in der Klasse DistResults in metrics.distances implementiert.

28 Die hier vorgeschlagene Formalisierung von $D_{inter}$ und $D_{intra}$ entspricht vermutlich der in einem Konferenzbeitrag verwendeten, dort aber nicht mathematisch beschriebenen Unterscheidung zwischen *ingroup*- und *outgroup*-Distanz in Jannidis et al. (2015).

29 Würde es im Folgenden ausschließlich um Fragen der Gruppenkohäsion gehen, wären Verfahren der Clusteranalyse mit Bestimmung von Centroiden (geometrischer Schwerpunkt) und den mittleren euklidischen Distanzen der Instanzen von ihren Cluster-Mittelpunkten etwas naheliegender und, beispielsweise über die Funktionen centroid und distance in der Bibliothek scipy.spatial, einfacher zu berechnen. Der Grund für die hier gewählte Operationalisierung, die sich auf die Summe aller Text-Distanzpaare stützt, wird weiter unten deutlicher, wenn es in Abschnitt 4.1.6 darum gehen wird, die Analyseergebnisse auf der Ebene individueller Werk-Distanzen aufzulösen.

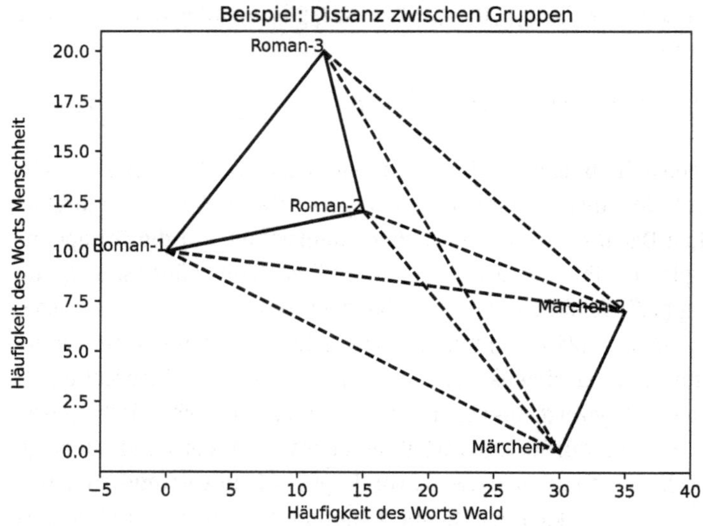


**Abbildung 10:** Fiktives Beispiel für Distanz innerhalb und zwischen zwei Gruppen für zwei Dimensionen, hier die Worthäufigkeiten für ›Wald‹ und ›Menschheit‹.

den Gruppen ist aber für sich genommen als Maß für die stilometrische Unterschiedlichkeit zwischen Textgruppen nicht hinreichend; denn es kann trotz einer großen Distanz $D_{inter}$ vorkommen, dass die eine Gruppe als kompakte, d. h. auf einen kleinen Raum komprimierte Gruppe innerhalb der anderen, weiter gestreuten Gruppe mit größeren Distanzen liegt. Daher ist eine weitere Einschränkung einzuführen: Zwei Gattungsgruppen haben nur dann einen stilometrisch erkennbaren Abstand voneinander, wenn die Distanz zwischen den Gruppen größer ist als jede der gruppeninternen Distanzen. Dies lässt sich durch die folgende Äquivalenzrelation ausdrücken:

Ein Gruppenunterschied liegt vor $\Leftrightarrow D_{inter}(N, E) > D(N) \wedge D_{inter}(N, E) > D(E)$.
(Ä1, Äquivalenzrelation: Konditionalität der Gruppendistanz)

Dies könnte man alternativ auch so ausdrücken: Der Abstand zwischen den beiden Gruppen muss größer sein als der größere der beiden gruppeninternen Abstände.

Warum Hypothesen über Textgruppendistanzen den Weg über diese Äquivalenzrelation gehen sollten, ergibt sich aus dem fiktiven Beispiel in Abbildung 11. In diesem Beispiel ist $D_{inter}$ zwischen Märchen und Romanen geringer als die interne Gruppendistanz $D_{intra}$ der Romane. Es ist aber nicht so, dass sich Romane und Märchen in diesem künstlichen Beispiel besonders nah sind, sondern dass die Märchen als deren Teilmenge in die Romane eingelagert sind. Mittels der Operationalisierung der Distanzmaße $D_{intra}$ und $D_{inter}$ sowie mit Ä1 kann man die hypothesengeleitete Analyse für den konkreten Gegenstandsbereich beginnen. Die Annahme, dass zwischen Novellen und Erzählungen eine stilometrisch bestimmbare Gruppendistanz besteht, kann als statistisch signifikante Differenz geprüft werden.

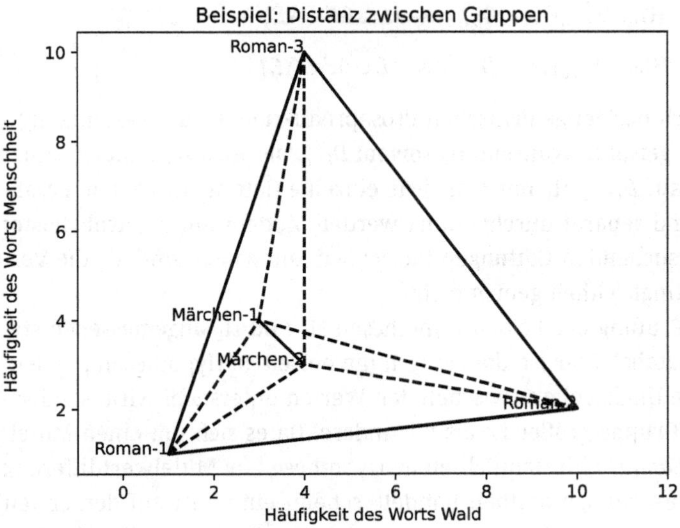


**Abbildung 11:** Fiktives Beispiel zur Distanz zwischen Textgruppen, bei dem eine Gruppe in die andere eingelagert ist.

### 4.1.3 Hypothesentest zur Distanz zwischen Gruppen

Der erste Schritt zur zuverlässigen Bestimmung einer Textsortendifferenz ist die Widerlegung der Thesen von Meyer, Lukas und Polheim. Wie zu Beginn dieses Kapitels beschrieben, haben sie die Nullhypothese H0 vertreten, dass keine Gattungsunterschiede bestimmbar seien. Die hier vorgeschlagenen Maße $D_{intra}$, $D_{inter}$ und Ä1 ermöglichen es, zwei unterschiedliche Formen dieser Hypothese zu formulieren. Die erste Form der Nullhypothese $H0_a$ lautet in ihrer philologischen Formulierung: Es gibt keinen Textsortenunterschied zwischen Novellen, Erzählungen und anderen Prosagattungen nach $S_{ED}$, d. h., wenn man diese Gattungsgruppen extensional nach dem induktiven Verfahren von den Labels der Erstdrucke her bildet. Die Arbeitshypothese, die darauf zielt, einen relevanten Unterschied zwischen Erzählungen und Novellen auszumachen, hat dann folgenden mathematischen Ausdruck, der die im zurückliegenden Abschnitt eingeführten Variablen nutzt:

$$H1_a\colon D_{inter}(N,E) > \max(D_{intra}(N), D_{intra}(E))$$

Die zu falsifizierende Nullhypothese lautet dementsprechend:

$$H0_a\colon D_{inter}(N,E) \leq \max(D_{intra}(N), D_{intra}(E))$$

Die zweite Form der Hypothese einer Nichtexistenz von Gattungen lautet, dass die Novelle (und respektive die Erzählung) jeweils für sich genommen nicht als Gattungen gegenüber der zeitgenössischen Prosaproduktion erkennbar sind.

$$\text{H1}_\text{b}: D_{intra}(\text{N}) < D_{intra}(N \cup E \cup 0E \cup XE)$$

$$\text{H0}_\text{b}: D_{intra}(N) \geq D_{intra}(N \cup E \cup 0E \cup XE)$$

Für $H_b$ wird der Bereich der zeitgenössischen Prosaproduktion als die Vereinigungsmenge $N \cup E \cup 0E \cup XE$ gewählt. Während $H_a$ sowohl $D_{inter}$ als auch $D_{intra}$ nutzt, stützt sich $H_b$ ausschließlich auf $D_{intra}$. $H_b$ muss für jede einzelne Gattung (Novellen, Erzählungen) unabhängig und separat durchgeführt werden. Zudem muss gewährleistet sein, dass die zu untersuchenden Gattungen tatsächlich kompakter sind als die Vergleichsgruppen. Bloße Ungleichheit genügt nicht.

Die Wahl des zur Prüfung der beiden Hypothesen $H_a$ und $H_b$ angemessenen statistischen Tests ist diskutabel. Klar ist, dass es sich um einseitige Hypothesen handelt, bei denen nicht nur die Ungleichheit zwischen den Werten untersucht wird, sondern die Frage, ob die eine Gruppe größer ist als die andere. Da es sich um einen Mittelwertvergleich zweier *Samples* hinsichtlich einer Hypothese zur Mittelwertdifferenz über die angenommene Grundgesamtheit handelt, scheint ein t-Test auf den ersten Blick naheliegend. Dieser macht jedoch strenge Voraussetzungen hinsichtlich der Verteilung und Unabhängigkeit der Daten aus beiden *Samples*. Die Distanzen bestehen jedoch aus Distanzpaaren zwischen Texten. Die Texte der Gruppen *N* und *E* sind auch in der Berechnung von $D_{inter}(N, E)$ eingeschlossen. Außerdem steigt die Menge der Datenpunkte enorm an. Die Anzahl der Distanzpaare für $D_{intra}$ bei *n* Texten ist $n \cdot (n-1)/2$. Bekanntlich führen zu große Samples jedoch immer zur Widerlegungen der Nullhypothese, selbst wenn die so nachgewiesene Mittelwertdifferenz letztlich unbedeutend und praktisch irrelevant ist.[30] Eine Alternative wäre ein relativer t-Test für abhängige Paare, bei dem die Differenz zwischen Innengruppen und Außengruppendistanz für jeden einzelnen Text als ein Wertepaar betrachtet wird. Dieser Test hat jedoch den Nachteil, dass er viele Informationen zur Verteilung der Distanzen ignoriert und aus der eigentlich symmetrischen Distanz zwischen zwei Gruppen künstlich eine asymmetrische Distanz generiert, weil nur die Texte aus einer der beiden Gruppen nun als Ausgangspunkt für den Vergleich von gruppeninterner und Zwischengruppendistanz verwendet werden können. Daher ist hier ein nicht-parametrischer Test, und aufgrund der zu erhaltenden Symmetrie der MannWhitneyU-Test zu verwenden.[31]

Da in jeder der Gattungsgruppen *N* und *E* einige Autoren stärker vertreten sind als andere, ist das stilometrische Autorsignal zu kontrollieren. Dafür wurden jeweils Stichproben aus *N* und *E* für die Berechnungen sowohl von $D_{intra}$ als auch von $D_{inter}$ (*N*, *E*) verglichen, aus denen jeweils nur maximal ein Text jedes Autors gezogen wurde.[32] Somit wird das Risiko unerwünschter Verzerrungen des stilometrischen Gat-

30 Vgl. Bortz/Schuster (2010, 119–120).

31 Vgl. Mann/Whitney (1947) und Wilcoxon (1945). In Tabelle 46 im Anhang findet sich ein Vergleich zum ebenfalls durchgeführten und implementierten relativen t-Test.

32 Da in der Novellensammlung *Pantheon* (1828–1832), die für das Projekt digitalisiert wurde, die Autorschaft vieler Texte unbestimmt ist, und da anzunehmen ist, dass die Texte von einer kleinen Autoren-

tungssignals durch das Autorsignal reduziert, die dadurch zustande kommen können, dass es eine hohe Korrelation einiger Autoren mit Erzählungen und anderer Autoren mit Novellen gibt. Jedes gezogene Stichprobenpaar aus *N* und *E* wird einem Signifikanztest unterzogen. Dieser Test wird in einem *Bootstrapping*-Verfahren (mit 10 Iterationen) wiederholt, um sicherzustellen, dass nach Abschluss des Tests zumindest einige Kombinationen von Texten der einzelnen Autoren realisiert und für die Berechnung berücksichtigt wurden.[33] Mit diesem Verfahren fließen in jeden Test nur die Menge der Texte jeder einzelnen Ziehung ein. Auf diese Weise wird das Problem der zu großen *Samples* vermieden. Ein Problem, das beim wiederholten Testen in der gleichen Stichprobe auftritt, ist das der Alphafehler-Akkumulation, das häufig und auch im Folgenden durch eine Bonferroni-Korrektur[34] gelöst wird, auch wenn Korrekturverfahren für multiples Testen strittig sind.[35] Zur Kontrolle wurden zudem auf der einen Seite randomisierte Samples mit willkürlichen Gruppenzuordnungen getestet, deren Mittelwertdifferenz für die Distanzen in jedem Fall nicht signifikant sein darf. Auf der anderen Seite wurde die Distanzdifferenz für Romane im Gegensatz zu Märchen in der Erwartung getestet, dass für dieses Textgruppenpaar sowohl aufgrund philologischer Vorannahmen hinsichtlich der stilistischen Unähnlichkeit als auch aufgrund der Visualisierungen der *PCA* eine deutliche und statistisch signifikante Zwischengruppendistanz beobachtbar werden sollte.

Innerhalb der im *Bootstrapping* iterierten Stichproben sind die Distanzen in Abbildung 12 als *Boxplots* verteilt. Das für eine Bestätigung der Arbeitshypothese gewünschte Ergebnis eines höheren Werts für $D_{inter}$ als für die $D_{intra}$ Distanzen ist für die Gegenüberstellung von Romanen (*R*) und Märchen (*M*) etwas deutlicher als für den Vergleich von *N* und *E*. Die lediglich schwache Erhöhung des Medians bei $D_{inter}$ gegenüber $D_{intra}$ liegt innerhalb des Interquartilbereichs von 50% der Distanzen (Kasten) aus den beiden $D_{intra}(N)$ und $D_{intra}(E)$.[36] Der optische Eindruck lässt überdies keinen Unterschied von $D_{inter}(N, E)$, $D_{intra}(N)$ und $D_{intra}(E)$ zur Innergruppendistanz einer randomisierten Zufallsauswahl von Texten aus allen Prosagruppen $D_{intra}(RD)$ erkennen. Dies legt auf den ersten Blick nahe, dass die Gruppen der Novellen und Erzählungen unter der Perspektive stilometrischer

gruppe nacherzählt oder neu verfasst wurden, habe ich anhand einer Verifikationsanalyse von Autorschaft über die Methode imposters in *Stylo* (Kestemont et al. 2016, Eder/Rybicki/Kestemont 2016 und Eder 2018) im Vorfeld Hypothesen über Texte desselben Autors gebildet, so dass von den stilometrisch nahen Texten jeweils nur einer für die Stichproben gezogen wird. Auf diese Weise wird eine Verzerrung der Ergebnisse durch vermutlich gleiche Autorschaft vermieden; siehe Abschnitt 10.7.1 im Anhang.

**33** Siehe das Skript »run_distance_signific_tests.py«.

**34** Nach Bonferroni (1936). Verwendet wird die Funktion multipletests aus der Bibliothek *statsmodels* (Seabold/Perktold 2010).

**35** Insbesondere in den *CLS* ist die Diskussion noch undurchsichtig und eher allgemein. Seit der Forderung von Da (2019, 609, dort Anm. 18), in den *CLS* müsse im Fall von *Resampling* grundsätzlich immer eine Bonferroni-Korrektur vorgenommen werden und der Zurückweisung sowie Präzisierung dieser Forderung durch Schmidt (2019) hat m.W. noch nicht viel getan.

**36** Für die exakten Mittel- und Streuwerte siehe Tabelle 44 im Anhang.

Distanz nicht als Textsorten unterscheidbar sind. Überdies fallen die hohe Streuung der Daten und die Menge an Ausreißern auf. Dagegen ist die stilometrische Distanz zwischen den Textpaaren der Märchen deutlich enger um den Median verteilt als bei den Romanen.[37] Die Stichprobe der Märchentexte zeigt, wie eine Verteilung einer aus philologischer Erwartung stilistisch geschlossenen und homogenen Textgruppe in der stilometrischen Modellierung von Homogenität über Textpaardistanzen aussehen kann.

**Tabelle 7:** MannWhitneyU-Test der Hypothese $H_a$: Abgrenzbarkeit der Gattungen.

| Vergleichspaar | P-Wert zu max($D_{intra}$) | Test-Statistik | Stichprobengröße |
|---|---|---|---|
| *N/E* | 0,0357 (zu *N*) | 33091406,24 | 123/67 |
| *R/M* | 0,000012 (zu *M*) | 24948,59 | 59/11 |
| *RD_all/RD_all* | 0,94 | 372943709 | 200 /190 |

Tabelle 7 zeigt die Resultate des Signifikanztests für die 1000fach iterierten *Samples*. In Anbetracht des *Boxplots* zu Novellen und Erzählungen in Abbildung 12 entkräftet das Ergebnis des Tests überraschend deutlich die Nullhypothese bei einem Signifikanzniveau von $\alpha = 0{,}05$. Der Test stützt damit die Arbeitshypothese $H1_a$ der Unterscheidbarkeit von Novellen und Erzählungen in der Weise, dass das beobachtete Ergebnis mit hinreichend geringer Wahrscheinlichkeit eintreten würde, wenn die Nullhypothese – gleiche Verteilung der Distanzen in $D_{inter}(N, E)$ und $D_{intra}(N)$ wahr wäre. Mit einem *p*-Wert von 0,94 für zwei überschneidungsfreie Zufallsstichproben (*RD_all*) zeigt sich, dass das Verfahren zwischen der Kalibrierung gut unterscheidbarer Gattungen (*R* vs. *M*) und ununterscheidbarer Zufallsgruppen erwartungsgemäß zuverlässig funktioniert. In der Mengenschreibweise werden Zufallsstichproben *RD_all* aus $N \cup E \cup 0E \cup XE \cup M \cup R$ gezogen.

Die zweite Spielart $H_b$ der Hypothese lässt sich durch einen Vergleich der zwei Gruppen $D_{intra}$(Gattung) und $D_{intra}$(randomisiertes Sample) testen. Um die Aussagekraft des Tests zu erhöhen, wurden die randomisierten Stichproben für die Gegen-

37 Da das Autorsignal in der beschriebenen Weise kontrolliert wurde, ist dies kein direkter Effekt der Tatsache, dass die meisten Märchen von insgesamt nur wenigen Autoren verfasst wurden; aber möglicherweise ein indirekter Effekt der Tatsache, dass zwischen den Märchen auch unterschiedlicher Autoren (z. B. zwischen Perrault und den Brüdern Grimm) stärkere intertextuelle Bezüge bestehen als zwischen anderen Gattungen; vgl. zu einer Studie, die diesen Sachverhalt für die Modellierung intertextueller Netzwerke nutzt, Karsdorp/van den Bosch (2016). Wahrscheinlich spielt die Textlänge in einer schwer zu kontrollierenden Weise in die Streuung der Distanzen hinein. In den Voruntersuchungen hat sich gezeigt, dass die Abhängigkeit der Distanz von Textlänge bei euklidischer und Manhattan-Distanz bei hoher *Feature*-Anzahl stärker ist als bei der Cosinus-Distanz. Dies liegt daran, dass mit zunehmender Textlänge die Häufigkeit der selteneren Wörter ausgewogener wird. Je kürzer der Text, desto größer ist die relative Häufigkeit selten vorkommender Wörter. Dieser Effekt wurde m.W. bislang nicht beschrieben, lässt sich aus den Befunden der Studie von Evert et al. (2017) aber plausibilisieren.

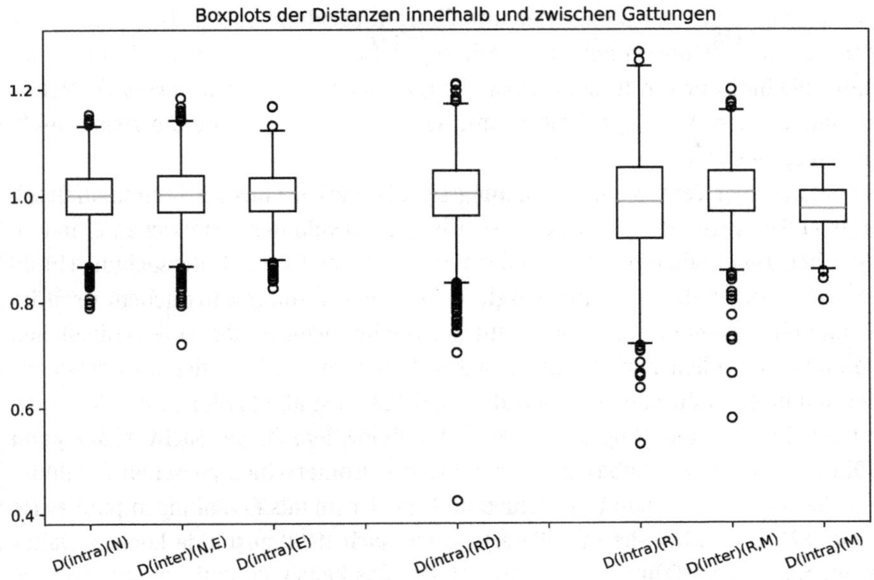


**Abbildung 12:** Distanzen innerhalb und zwischen den Gattungen, mit Ziehung eines Autors je Gruppe; mit 2500 lemmatisierten häufigsten Wörtern ohne Funktionswörter und ohne Eigennamen.

**Tabelle 8:** MannWhitneyU-Test der Hypothese $H_b$: Innere Geschlossenheit der Gattungen. Für *N* wird zusätzlich der korrigierte p-Wert mit angepasstem alpha-Niveau angegeben (bei 10 Iterationen).

| | Kontrastzufallsstichprobe | p-Wert | Teststatistik | Stichprobengröße |
|---|---|---|---|---|
| *N* | *RD_mid_length*: *N* ∪ *E* ∪ *0E* ∪ *XE* | 0,00050 (Bonf.: 0,0005 adj. α = 0,005) | 18590269 | 123 / 150 |
| *E* | | $3{,}468 \cdot 10^{-7}$ | 5211274 | 67 / 150 |
| *M* | *RD_prose*: *N* ∪ *E* ∪ *0E* ∪ *XE* ∪ M ∪ *R* | 0,00028 | 21161 | 12 /50 |
| *R* | | $9{,}7592 \cdot 10^{-8}$ | 1211912 | 85 / 50 |
| *RD_mid_length* | *RD_mid_lenth* | 0,51 | – | 150/150 |
| *RD_prose* | *RD_prose* | 0,4 | – | 150/150 |

überstellung zu Novellen und Erzählungen aus der Menge nur der mittellangen Erzähltexte gezogen (*RD_mid_length*): dies ist die Menge *N* ∪ *E* ∪ *0E* ∪ *XE*. Auf diese Weise operationalisiert der Test die Nullhypothese, dass es zwischen Novellen (bzw. Erzählungen) und mittellanger Erzählprosa keinen stilometrisch beschreibbaren Gattungsunterschied gibt. Tabelle 8 zeigt für alle Gattungen eine signifikante Differenz zu

Zufallsstichproben aus der Menge der mittellangen Erzählprosa für die Prüfung der stilometrischen Geschlossenheit. Dies gilt sogar für die Variante mit Bonferroni-Korrektur, die hier nur für die schwächste Gruppe der Novellen referiert wird. Neben dem stilometrischen Autorsignal gilt es mit der Entstehungsperiode die zweite maßgebliche Störgröße zu kontrollieren.

Die Gefahr einer Verzerrung des Gattungssignals erwächst aus der Kombination folgender zwei Sachverhalte: erstens, dass sich infolge sowohl der historischen Situation der faktischen Textproduktion als auch der Kernzeiträume für die Untersuchung (1820–1850 und 1850–1880) die Texte aus einzelnen Perioden in unterschiedlichem Grad im Korpus häufen,[38] zweitens, dass die Gattungsbezeichnungen in den unterschiedlichen Perioden unterschiedlich stark dominiert haben (Texte vor 1820 wurden sehr selten als Novellen publiziert, während zwischen 1830 und 1840 fast alle Erzähltexte in Taschenbüchern die Bezeichnung ›Novelle‹ führen).[39] Die Koinzidenz beider Sachverhalte kann dazu führen, dass der scheinbar signifikante Gattungsunterschied zwischen Erzählungen und Novellen durch einen Unterschied im Periodenstil (als Erzählungen publizierte Texte vor 1820 vs. als Novellen publizierte Texte nach 1830) zustande kommt. Daher wurde ein *Sampling*verfahren implementiert, das das Zeitsignal dadurch kontrolliert, dass aus allen Stichproben für jedes Erscheinungsjahr nur genau ein Text, und von den so reduzierten Texten wiederum je ein Autor, randomisiert ausgewählt werden.[40]

Tabelle 9 zeigt die Resultate des Signifikanztests für die Hypothesenvariante $H_a$ unter Kontrolle nicht nur des Autor-, sondern auch des Zeitsignals. Während die Distanz der so gegenüber dem Zeitsignal regulierten $D_{inter}(N, E)$ zu $D_{intra}(N)$ unverändert geblieben ist, hat in dieser Kontrolle des Zeitsignals die Differenz zu $D_{intra}(E)$ ihre Signifikanz verloren. Eine Korrektur für multiples Testen erübrigt sich damit. Für die Unterscheidung zwischen Romanen und Märchen bleibt der Befund auch mit Bonferroni-Korrektur indes unverändert. Das Gattungssignal ist beim Vergleich von Märchen und Romanen robuster gegenüber dem Zeitsignal. Für Erzählungen scheint das Ergebnis im Vergleich zu Novellen dagegen nahezulegen, dass die Kontrolle des Zeitsignals das Gattungssignal schwächt. Es sieht so aus, als hätten Verzerrungen durch den temporalen Einfluss im ersten Testlauf ohne Kontrolle des Zeitsignals den Schein einer Textsortendifferenz erzeugt. Die Robustheit des Ergebnisses für den Vergleich von Romanen und Märchen legt diese Interpretation nahe. Es könnte aber auch sein, dass infolge der doppelten Reduktion die *Sample*-Größe (mit 58 Novellen zu 38 Erzählungen) nun so stark gesunken ist, dass ein möglicherweise vorhandener Unterschied nun nicht mehr als sta-

38 Siehe Abschnitt 3.2 zur Balanciertheit des Korpus.

39 Vgl. Schröder (1970).

40 Eine Alternative wäre, den Test auf einzelne Zeitperioden zu beschränken. Dabei würde jedoch die Generalisierbarkeit der Gattungsdifferenz über den Gesamtzeitraum von 1790 bis 1940 verloren gehen.

tistisch signifikant erscheint. Der Abhängigkeit von Gattung zu stilometrischem Zeitsignal gilt es daher weiter nachzugehen.

**Tabelle 9:** MannWhitneyU-Test für die Hypothese $H_a$ mit Kontrolle des Zeitsignals (10 Iterationen).

| Vergleichspaar | p-Wert | Test-Statistik | Stichprobengröße |
|---|---|---|---|
| *N/E* | 0,3970 (zu *E*) | 420004 | 58 / 35 |
| *R/M* | 0,0003231 (zu *M*) (Bonf. $1{,}5 \cdot 10^{-8}$ adj. $\alpha = 0{,}005$) | 23113 | 57 /11 |
| *RD_all/RD_all* | 0,83 | 15805019 | 109 / 109 |

In der Variante der Hypothese $H_b$ bestätigt Tabelle 10 den Befund zu $H_a$. Mit 0,39 liegt der *p*-Wert für Erzählungen im Verhältnis zur Zufallsstichprobe im gleichen Bereich wie der für den Vergleich zweier randomisierter Paare (0,5). Die Differenz der Innergruppendistanzen der Erzählungen zu denen einer Zufallsstichprobe von Erzählprosa mittlerer Länge verliert bei einer stärkeren Kontrolle des Zeitsignals gegenüber einer Analyse ohne Zeitkontrolle ihre statistische Signifikanz. Doch die Novellen scheinen, anders als die Erzählungen, im Vergleich zu Zufallsstichproben, mit $p = 0{,}6$ zumindest zu einer schwachen Textsortenkohäsion zu neigen, die sich jedoch – insbesondere nach Bonferroni-Korrektur – nicht als statistisch signifikant erweist. Novellen und Erzählungen bilden möglicherweise also nicht im direkten Vergleich unterscheidbare, sondern nur indirekt im Vergleich mit zufälligen Textgruppen aus dem Feld der fiktionalen Erzählprosa erkennbare Textsorten. Die entscheidende Frage ist, wie groß der Unterschied als Textsortendifferenz ist.

**Tabelle 10:** MannWhitneyU-Test für $H_b$ mit Kontrolle des Zeitsignals.

| Untersuchte Gruppe | Kontrastsample | p-Wert | Teststatistik | Stichprobengröße |
|---|---|---|---|---|
| *M* | *RD_all_prose* | 0,00028 | 21161 | 12/109 |
| *R* | | $9{,}7592 \cdot 10^{-8}$ | 1211912 | 85/109 |
| *N* | *RD_mid_length* | 0,06 | 1078069 | 56/65 |
| *E* | | 0,39 | 417818 | 35/65 |
| *RD_mid_length* | | 0,5 | 418349 | ca. 60/60 |
| *RD_prose* | *RD_prose* | 0,49 | 811854 | ca. 75/75 |

### 4.1.4 Effektstärke

Für die Situationen, in denen man die Nullhypothese $H0_I$ ablehnen kann, stellt sich die Frage, wie sich dieser Unterschied als Effektstärke sinnvoll ausdrücken lässt. Auch hierzu gibt es keine etablierten Verfahren. Ich schlage daher zwei einfache Berechnungsweisen für die Effektstärke eines Unterschieds zwischen den Gruppen $\bar{O}$ und $\bar{U}$ vor, die Distanzdifferenz (*DD*) und den Distanzquotienten (*DQ*).[41]

$$DD(\bar{O},\bar{U}) = D_{inter}(\bar{O},\bar{U}) - \max(D_{intra}(\bar{O}), D_{intra}(\bar{U}) \qquad \text{(Gl. 4.6)}$$

$$DQ(\bar{O},\bar{U}) = D_{inter}(\bar{O},\bar{U}) \,/\, \max(D_{intra}(\bar{O}), D_{intra}(\bar{U}) \qquad \text{(Gl. 4.7)}$$

Aufgrund der besseren Verallgemeinerbarkeit bevorzuge ich im Folgenden *DQ*. Quantitativ interpretierbar sind zunächst die Relationen. Ein Differenzquotient *DQ* mit dem Wert 1 bedeutet, dass die Distanz $D_{inter}$ zwischen den Textgruppen genauso groß ist wie $D_{intra}$ innerhalb der heterogeneren der beiden Gruppen. Erwartungsgemäß liegt der Vergleich zweier randomisierter Stichproben bei einem Wert um 1. Dies ist daher die *Baseline*.

Tabelle 11 zeigt die Effektstärken für Gattungspaare. Der Distanzquotient *DQ* für Romane vs. Märchen liegt etwa 3% oberhalb der *Baseline* und markiert die stärkste stilometrische Gattungsdifferenz. Für Novellen vs. Erzählungen liegt *DQ* bei 1,0015 und damit unterhalb des im Mittel für alle betrachteten Paare beobachteten *DQ* von 1,0088. Dass die über *DQ* gemessene Gruppendistanz zwischen Novellen und Erzählprosatexten ohne Gattungsbezeichnung (*0E*) sogar unterhalb der *Baseline* liegt, bestätigt die Annahme, dass das Fehlen einer Gattungsbezeichnung in den Journalen des 19. Jahrhunderts keine eigenständige Gattung bildet, sondern eine unstrukturierte Menge von Texten, die im Durchschnitt den Novellen sogar näher sind als den übrigen Texten ohne Gattungsbezeichnung.

**Tabelle 11:** Effektstärken *DD* und *DQ* für die Differenz zwischen Gattungspaaren ohne Kontrolle des Zeitsignals.

| Gruppe A | Gruppe B | DD | DQ | Stichprobengrößen | |
|---|---|---|---|---|---|
| *M* | *R* | 0,0302 | 1,0308 | 10 | 83 |
| *E* | *R* | 0,0268 | 1,0271 | 61 | 80 |
| *E* | *M* | 0,0217 | 1,0219 | 67 | 11 |
| *N* | *M* | 0,0122 | 1,0122 | 120 | 8 |
| *N* | *R* | 0,0040 | 1,0040 | 111 | 73 |

41 Die Balken über den Variablen $\bar{O}$ und $\bar{U}$ zeigen an, dass es sich nun um Textgruppen und nicht wie oben (bei den Variablen *A* und *B*) um Einzeltexte handelt.

**Tabelle 11** (fortgesetzt)

| Gruppe A | Gruppe B | DD | DQ | Stichprobengrößen | |
|---|---|---|---|---|---|
| *N* | *XE* | 0,0019 | 1,0019 | 121 | 18 |
| *N* | *E* | 0,0015 | 1,0015 | 112 | 56 |
| *E* | *OE* | 0,0015 | 1,0015 | 81 | 58 |
| *rd_sample1* | *rd_sample_2* | -0,0009 | 0,9991 | 157 | 163 |
| *N* | *OE* | -0,0017 | 0,9983 | 112 | 82 |
| Mittelwert | | 0,0087 | 1,0088 | | |

Tabelle 12 zeigt eine gleichmäßige leichte Abnahme der Effektstärke für alle Gattungspaare. Der Signifikanztest hat für den Vergleich von *N* und *E* einen Verlust signifikanter Gruppendifferenz ergeben, während für die Gegenüberstellung von *M* und *R* die Unterschiedlichkeit signifikant geblieben ist. Von der Effektstärke her betrachtet sieht es dagegen so aus, als würde die Differenz zwischen allen Gattungsgruppen bei einer Kontrolle des Zeitsignals leicht reduziert, aber nicht aufgehoben. Die leitende Frage für den folgenden Abschnitt wird daher sein, wie die Größe der Effektstärke philologisch interpretiert werden kann, also ob und unter welchen Bedingungen ein *DQ* bereits ab 1,3 oder 1,5 ‰ oder erst ab 2,8 oder 3,5 % oberhalb der *Baseline* auch einen stilistisch relevanten Unterschied ausmacht.

**Tabelle 12:** Effektstärken *DD* und *DQ* für die Differenz zwischen Gattungspaaren mit Kontrolle des Zeitsignals.

| Gruppe A | Gruppe B | DD | DQ | Stichprobengrößen | |
|---|---|---|---|---|---|
| *M* | *R* | 0,0286 | 1,0292 | 9 | 56 |
| *E* | *M* | 0,0105 | 1,0105 | 34 | 10 |
| *E* | *R* | 0,0082 | 1,0082 | 30 | 54 |
| *N* | *M* | 0,0060 | 1,0060 | 53 | 8 |
| *N* | *E* | 0,0027 | 1,0027 | 51 | 29 |
| *E* | *rd_sample* | 0,0035 | 1,0035 | 25 | 25 |
| *N* | *rd_sample* | 0,0011 | 1,0011 | 41 | 41 |
| *N* | *XE* | 0,0008 | 1,0008 | 54 | 17 |
| *rd_sample_1* | *rd_sample_2* | -0,0010 | 0,9990 | 62 | 73 |
| *N* | *R* | -0,0015 | 0,9985 | 51 | 49 |
| *N* | *OE* | -0,0020 | 0,9980 | 49 | 44 |
| Mittelwert | | 0,0044 | 1,0045 | | |

### 4.1.5 Triangulationen: Philologische Interpretation der Distanz

Die aus philologischer Sicht zentrale methodologische Frage ist die nach dem gerechtfertigten Transfer der quantitativen Analyseergebnisse in einen für diese Form der

Gattungsanalyse geeigneten Raum philologischen Denkens. Als Problem der Übersetzbarkeit handelt es sich dabei um die Frage, wie stilometrische Distanz sich in einen hermeneutischen Ausdruck stilistischer Ähnlichkeit übersetzen lässt. Dieses Problem hat Salgaro jüngst beschrieben.[42] Er bleibt aber, wie Moretti, methodologisch auf der Stufe der Operationalisierung stehen, ohne sich der Aufgabe der Triangulation systematisch zu stellen.[43] Er begnügt sich damit, eine als ›Stilanalyse‹ definierte quantitative Operation zu definieren, ohne weiter zu fragen, was diese Analyse mit der Auffassung von Stil in anderen Forschungskontexten zu tun hat.[44] Als Aufgabe einer Methodentriangulation handelt es sich um die Frage, welcher Art von philologischer Evidenz die quantitativ beobachtbaren Distanzen entsprechen. Abbildung 13 veranschaulicht die Herausforderung. Die aus der Geodäsie in die Diskussion um *Mixed Methods* als Forschungsparadigma der Sozialwissenschaften importierte Metapher der Triangulation beschreibt die Aufgabe, das Verhältnis zwischen zwei unterschiedlichen Daten, Ergebnissen, Designs oder Methoden.[45] Hier betrifft es das Verhältnis zwischen quantitativer Stilometrie und hermeneutischer Stilbeschreibung im Sinn der Methodentriangulation. Zu klären ist dieses Verhältnis dadurch, dass man vergleicht, wie beide Seiten auf den Gegenstand blicken. Der Gegenstand ist hier eine Relation, nämlich die stilistische Ähnlichkeit bzw. stilometrische Nähe zwischen Erzählungen und Novellen. Für diese Aufgabe unterscheide ich zwischen dem bereits eingeführten theoretischen Problem der intensionalen begrifflichen Differenz und der praktischen Aufgabe des extensionalen Vergleichs jeweils von quantitativer und qualitativer Seite.

Ich beginne mit dem theoretischen Problem der intensionalen Differenz zwischen stilometrischer Distanz und qualitativer Ähnlichkeit. Dieses Problem betrifft die Frage der Triangulation zwischen Begriffen. In den einschlägigen Diskussionen ist dieses Problem auch als *trilingualism* bekannt.[46] Man könnte auch von Begriffstriangulation sprechen. Es wäre kühn, an dieser Stelle entscheiden zu wollen, wie der insbesondere in Philosophie und Psychologie intensiv diskutierte Begriff der Ähnlichkeit allgemein zu bestimmen sei. Aus der Ferne betrachtet fällt dennoch auf, dass sich zwei Begriffe der Ähnlichkeit gegenüberstehen: ein auf Distanzmetriken basiertes Verständnis einerseits, und ein holistisches andererseits, das in der Gestalttheorie bzw. -psychologie und den hermeneutischen Disziplinen dominiert. Dem holistischen Verständnis zu-

---

**42** Vgl. Salgaro (2023, 13–32), Bally (1921) und Spitzer (1967).

**43** Vgl. Salgaro (2023, 33–50). Das, was bei Salgaro methodologisch an der Stelle zum Einsatz kommt, an der es die Aufgabe der Triangulation zu leisten gilt, ist eine einfache Abbildung in Anlehnung an einen hermeneutischen Zirkel, in dem quantitatives Arbeiten und qualitative Interpretation aufeinander bezogen bleiben, vgl. ebd., 42.

**44** Auf diese Blindheit einer auf Operationalisierungen fixierten und daher für den Bedarf an Triangulation blinden Variante quantitativer Forschung werde ich in Abschnitt 6.1.3 am Beispiel der Messung von Länge und im Zuge einer methodologischen Kritik des Operationalisierungsbegriffs bei Moretti (2013a) zurückkommen.

**45** Vgl. Clark (1944), Flick (2012) und Schröter (2023a), siehe Anm. 42 in diesem Kapitel.

**46** Vgl. Teddlie/Tashakkori (2010).

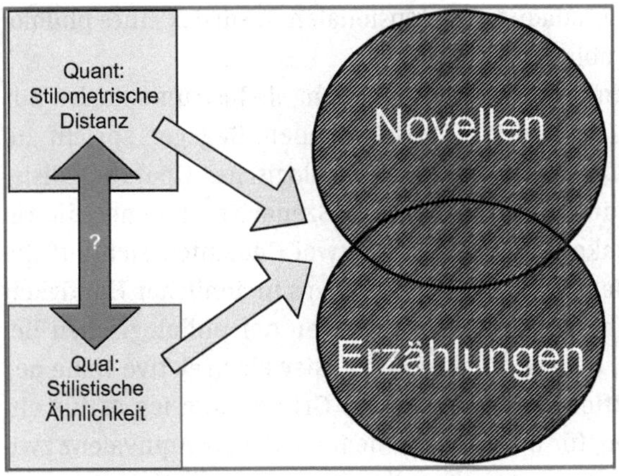


**Abbildung 13:** Triangulation zwischen Stilometrie und Gattungsstilistik.

folge besteht Ähnlichkeit in der Übereinstimmung qualitativer Merkmale, d. h. in der Übereinstimmung hinsichtlich der Art von Merkmalen.[47] Ohne die umfangreiche und bereits seit dem Ende des 19. Jahrhunderts geführte Diskussion der unterschiedlichen Disziplinen hier wiedergeben zu können, genügt es an dieser Stelle, mit Blumson festzuhalten, dass zumindest für einige Vertreter einer hermeneutischen Position die Distanzmaße nicht den Sinn oder die begriffliche Intension von Ähnlichkeit abdecken.[48] Wenn man annimmt, dass Blumsons These der Unabhängigkeit und Inkommensurabilität der beiden Begriffe von Ähnlichkeit richtig sein könnte, dann ist zum gegenwärtigen Zeitpunkt der Forschung nicht *aufgrund* der begrifflichen Intensionen entscheidbar, ob ein Distanzmaß den Sinn von qualitativer Ähnlichkeit abdeckt. Der Begriff der Ähnlichkeit gibt also noch kein hinreichendes Kriterium zur Vergleichbarkeit von stilometrischer Distanz und stilistischer Ähnlichkeit ab. Dies gilt mit Blick auf die Einzelphilologien umso mehr, als der Begriff der Ähnlichkeit, den man dort in erster Linie aus Foucaults *Ordnung der Dinge* als *Episteme* oder Denkordnung der frühen Neuzeit kennt, als operativer oder analytischer Begriff keine prominente Rolle spielt.[49] Wichtiger ist er in der Komparatistik.[50] Anstatt von Ähnlichkeit spricht man, zumindest innerhalb der germanistischen Literaturwissenschaft, in der Textanalyse konkreter von genealogischen Verhältnissen, von Vorbildbezügen, direkten intertextuellen Bezugnahmen usw. Die hermeneutische Wahrnehmung von Ähnlichkeit gilt dagegen eher als eine Expertise und Kenntnis voraussetzende Evidenz.[51] Diese terminologische Unterbestimmtheit des Ähnlichkeitsbegriffs im Feld der Textanalyse

47 Vgl. Blumson (2018).
48 Vgl. Blumson (2018).
49 Vgl. Bhatti/Kimmich (2015).
50 Vgl. Corbineau-Hoffmann (2013), siehe Anm. 3 in diesem Kapitel.
51 So Bhatti et al. (2011).

macht es schwierig, Distanzmaße als adäquaten intensionalen Ausdruck eines philologischen Begriffs von Ähnlichkeit etablieren zu wollen.

Gleichwohl sollte man die quantitativen Verfahren nicht als Instrumentarien aus einer anderen und hoffnungslos fremden Welt missverstehen. Dagegen spricht zunächst die Attraktivität der Distanzmaße innerhalb psychologischer Operationalisierungen von Ähnlichkeit.[52] Es gibt durchaus philologische Szenarien, in denen die rationale Begründung einer Ähnlichkeit etwa zwischen zwei Gedichten sich auf die Beobachtung stützen kann, dass Metaphern des gleichen Typs in ähnlicher Häufigkeit auftreten. Daher kann man annehmen, dass einige Formen der philologischen Begründung von Ähnlichkeit stärker, andere weniger stark über eine relative Nähe der Häufung gleicher Merkmale funktionieren. Aus diesem Grund halte ich es für ein wenig aussichtsreiches Unterfangen, für oder gegen eine intensionale Äquivalenz zwischen quantitativer Methode und hermeneutischem Begriff zu argumentieren.

Die hier verfolgte Idee von Triangulation als Validierungsstrategie besteht daher darin, nicht über die Intensionen, sondern über die Korrelation der Extensionen zu operieren. Über die Extensionen im hier konkret zur Diskussion stehenden Zusammenhang von Ähnlichkeit und Distanz kann man sich annähern, indem man von den Anwendungsbereichen ausgeht, in denen die stilometrische Distanz erfolgreich derart validiert werden konnte, dass auch eine hermeneutische Interpretation möglich wird. Der bekannteste dieser Anwendungsbereiche ist die Autorschaftsattribution. Über folgende Dreisatzstruktur lässt sich eine vorläufige Interpretierbarkeit begründen: (1) Es gab in der Literaturwissenschaft immer Positionen, die, auch wenn es literaturtheoretisch kontrovers ist, von einer individuellen Stimme des Autors als stilistisch wahrnehmbare Einheit ausgegangen sind.[53] Quantifizierende Beschreibungen des Stils einzelner Autoren sind älter als die Verwendung von Computern und kommen aus der philologischen Forschung.[54] (2) Stilometrische Verfahren der Autorschaftsattribution liefern Ergebnisse mit Hilfe von Methoden, die von den qualitativen Argumenten in (1) unabhängig sind, die aber die stilistischen Annahmen von (1) stützen. Das *Tertium Comparationis* ist hier der Begriff der Differenz. In einem falsifikationistischen Forschungsdesign kann dies als vorläufig hinreichend dafür gelten, dass sich Stilometrie (zwar nicht in der charakterisierenden Beschreibung eines individuellen Stils, aber in der komparativen Bestimmung stärkerer oder geringerer Ähnlichkeit) proportional zu stilistischer Ähnlichkeitswahrnehmung verhält.[55] Für Epochenstil gibt es ebenfalls

52 Vgl. Osgood (1952).

53 Formen hermeneutischer Stilbegriffe finden sich in Abraham (2009), Fix (2007) und Herrmann/Schöch/van Dalen-Oskam (2015) systematisch – insbesondere unter den Gesichtspunkten von Gestalteinheit und Ganzheitlichkeit – diskutiert bzw. zusammengefasst.

54 Vgl. u. a. Bailey/Doležel (1968), Doležel/Bailey (1969) sowie Doležel (1972).

55 Vgl. Jannidis et al. (2015).

(analog zur Annahme 1 des Dreisatzes im Kontext des Autorstils) hermeneutische Evidenz.[56] Für die Kategorie Gattung ist die Rede von charakteristischen Stilen einzelner Gattungen in den *CLS* verbreiteter als in der nicht-digitalen Gattungsforschung.[57]

In den *CLS* ist es gängige Praxis, an der Trias Gattung, Epoche, Autor anzusetzen, um Faktoren stilistischer Distanz voneinander zu unterscheiden, wobei die Annahme einer Überlagerung des durch diese Faktoren zustande kommenden Signals plausibler ist als das Postulat der Trennbarkeit unterschiedlicher Stilsignalebenen.[58] Diese Trias lässt sich nutzen, indem für das Untersuchungskorpus dieser Arbeit die Ergebnisse der gattungsstilometrischen Distanzen ins Verhältnis zu autor- und periodenstilometrischen Distanzen gesetzt werden, die ihrerseits hermeneutisch besser interpretierbar sind als das gattungsstilometrische Signal.

**Tabelle 13:** $D_{intra}$ (Cosinus) für die Textgruppen einzelner Autoren (mit 2500 *mfw*, lemmatisiert, *L1*-Normalisierung, aber ohne weitere *Feature*-Reduktion).

| Name | $D_{intra}$ | Anzahl der Texte |
|---|---|---|
| J. Freiherr v. Eichendorff | 0,5516 | 3 |
| Chr. M. Wieland | 0,7875 | 6 |
| Heinrich v. Kleist | 0,8003 | 8 |
| Johanna Schopenhauer | 0,8142 | 3 |
| Ludwig Tieck | 0,8258 | 26 |
| Charlotte von Ahlefeld | 0,8885 | 4 |
| J. W. Goethe | 0,9524 | 8 |
| Märchen | 0,9701 | 11 |
| Romane | 0,9792 | 57 |
| Novellen | 0,9971 | 55 |
| Prosa ohne Label | 1,0008 | 50 |
| **Mittelwert für Autoren** | **0,8156** | |
| **Mittelwert für Gattungen** | **0,9896** | |

Tabelle 13 zeigt die gruppeninternen und Zwischen-Gruppen-Distanzen für die Autoren mittellanger Erzählprosatexte im Korpus ($N \cup E \cup 0E \cup XE$) mit den extremsten Werten interner stilometrischer Homo- bzw. Heterogenität sowie drei im Autorenvergleich durchschnittliche Autoren. Märchen und Romane wurden ausgeschlossen, weil sie das stilometrische Signal verzerren. Die Tabelle liefert nebenbei auch interessante

56 Vgl. allgemein W. Müller (2009) und Schulz-Buschhaus (1985) für den Epochenstil des Barock sowie Titzmann (2007) im Reallexikon für eine strukturalistische Operationalisierung des Epochenbegriffs.

57 Vgl. insbesondere das Projekt *Computational Literary Genre Stylistics*, Schöch (2013). Es gibt indes einzelne philologische und nicht-quantitative Beiträge zum Konzept des Gattungsstils von Göttsche (2011) und Wolf (2009). Für eine systematische Diskussion von Autor-, Epochen- und Gattungsstil vgl. Fix (1997).

58 Vgl. Weitin (2021, 63–65).

Befunde jenseits der Gattungen: Goethes Erzähltexte haben eine, verglichen mit den übrigen Autoren, außergewöhnliche große Distanz zueinander. Man kann vermuten, dass Goethe der stilistisch vielseitigste Autor des langen 19. Jahrhunderts ist. Das Ergebnis dürfte aber auch dadurch bedingt sein, dass zwischen den Texten aus den *Unterhaltungen deutscher Ausgewanderten* (1795) und den zwischen 1807 bis 1829 entstandenen Erzählungen, die in den ›Wanderjahren‹ (wieder) gedruckt wurden, eine enorme zeitliche Spanne liegt. Doch die Erzähltexte Tiecks weisen eine noch größere zeitliche Spannbreite (1796 bis 1840) bei – im Autorenvergleich – durchschnittlicher stilometrischer Homogenität auf. Goethe dürfte daher auch individuell ein Sonderfall sein. Doch auch Eichendorff am anderen Ende der Messreihe ist ein Sonderfall, der zusammen mit Tieck im Lauf dieser Arbeit noch mehrfach thematisiert werden wird, weil er auch als Vorbild in einer genealogischen Gattungstradition wieder in Erscheinung tritt. Hier zeigt sich, dass Eichendorff mit einer internen Cosinus-Kohäsion seiner Erzählprosa von 0,55 ein stilometrisch extrem homogen schreibender Autor ist. Der Weg zu einer Triangulation kann hier nur angedeutet werden: Wenn sich auch in hermeneutisch verfahrender Stilistik die gleiche Ordnung stilistisch homogener, durchschnittlicher und heterogener Autoren zeigen lässt, kann das stilometrische Signal als Ausdruck von Stil gerechtfertigt werden.

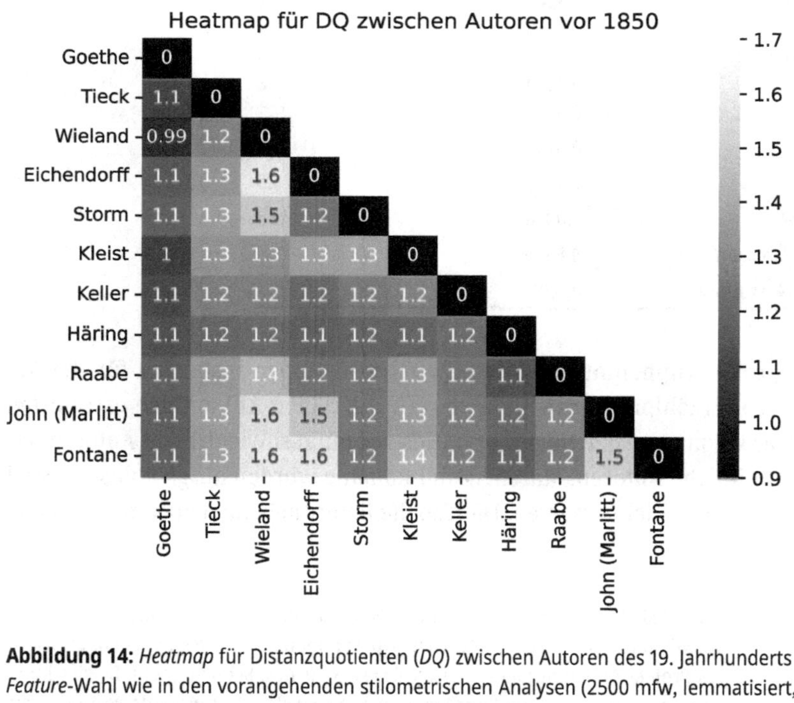


**Abbildung 14:** *Heatmap* für Distanzquotienten (*DQ*) zwischen Autoren des 19. Jahrhunderts mit gleicher *Feature*-Wahl wie in den vorangehenden stilometrischen Analysen (2500 mfw, lemmatisiert, *L1*-Normalisierung und mit Distanzpaaren nach Cosinus-Distanz).

Verwertbar für die Triangulation sind aber bereits hier die Größenordnungen und komparativ fassbaren Relationen: Für die untersuchten Autoren liegt die mittlere Innergruppendistanz $D_{intra}$ bei ca. 0,82, die Spanne der Werte liegt zwischen 0,55 und 0,95. Für die Triangulation von Interesse ist die Effektstärke *DQ*. Für den Vergleich der Autoren ergeben sich die in einer *Heatmap* in Abbildung 14 gezeigten Effektstärken für ausgewählte Autoren über das gesamte 19. Jahrhundert hinweg.[59] Innerhalb der ersten Hälfte des 19. Jahrhunderts haben Wieland und Eichendorff mit einem *DQ* von 1,64 die größte stilometrische Entfernung zueinander. In der zweiten Hälfte des 19. Jahrhunderts liegen Fontane und Marlitt mit einem *DQ* von 1,49 am weitesten auseinander. Am anderen Ende der Skala stehen Goethe und Wieland mit einem *DQ* < 1 einander näher als die Erzählungen von Goethe zueinander. Dies liegt auch an der starken stilistischen Nähe zwischen Goethes Erzähltexten aus den *Unterhaltungen deutscher Ausgewanderten* und denen aus Wielands *Hexameron von Rosenhain*, die u. a. dadurch zustande kommen dürfte, dass es sich in beiden Fällen um ein Erzählen nach dem Modell von Boccaccios *Decamerone* handelt, und dass zumindest einige von Goethes Erzähltexten etwa zur gleichen Zeit entstanden sind wie die von Wieland. Dieser Befund ist daher zugleich eine Aufforderung für den folgenden Abschnitt, der Frage nach stilistischer Ähnlichkeit des zyklischen Erzählens unabhängig von den historisch zugewiesenen Gattungsbezeichnungen nachzugehen. Als einen Ausreißer mit enormer innerer stilistischer Variabilität sollte man Goethe ausnahmsweise einmal außen vor lassen. Auch deshalb, weil die durchgehend niedrige Distanz zu den anderen Autoren (<1,1) zum Teil auch eine technische Konsequenz des hier entwickelten Berechnungsverfahrens für *DQ* sein dürfte. Interessant sind die Autoren, die eine breite Streuung an sowohl niedriger als auch hoher Distanz zu anderen Autoren aufweisen. Hier fallen Eichendorff, Wieland, Fontane und Marlitt auf. Die Effektstärke *DQ* zu den übrigen Autoren liegt hier zwischen 1,1 und 1,6. Während es für viele Gattungen schwierig ist, zu zeigen, dass sie in sich homogen und zugleich zu ihren Nachbargattungen unterschiedlich sind, lässt sich für Autoren gut nachweisen, dass sie sich selbst sehr ähnlich und anderen wahlweise nahe oder fern stehen können.

In der gleichen Weise wie für Gattungen und für Autorschaft lassen sich historische Teilperioden vergleichen; allerdings mit dem Unterschied, dass Teilperioden mehr oder weniger willkürlich gebildet wurden. Ich habe 30-Jahresperioden gebildet und diese miteinander verglichen. An dieser Stelle geht es mir nur um die allgemeinen Größenverhältnisse zwischen den Faktoren Autorschaft, Zeit und Gattung. Die konkreten Ergebnisse sind im Anhang einsehbar.[60] Verglichen mit Zeit und Gattung

59 Eine *Heatmap* für Autoren für die Zeit vor 1850 mit einer stärkeren Gewichtung der Schriftstellerinnen (Caroline Pichler, Charlotte von Ahlefeld und Johanna Schopenhauer) findet sich im Anhang, siehe Abbildung 81.

60 Siehe Tabelle 45, die nebenbei zeigt, dass die Zeit um 1850 eine Umbruchphase sein dürfte, denn die stilometrische Distanz zwischen Teilperioden ist – sogar bei direkten Nachbarzeiträumen – im Mittel größer, wenn Teilperioden vor 1850 mit Teilperioden nach 1850 verglichen werden.

hat Autorschaft das stilometrisch stärkste Signal einer Gruppenkohäsion. Tabelle 14 zeigt die Innergruppendistanzen und den mittleren Distanzquotienten für die Kategorien Gattung, Periode und Autorschaft.

**Tabelle 14:** Mittlere Gruppenkohäsion für die Kategorien Autorschaft, Periode und Gattung. Für den Vergleich von Teilperioden wurden 30-Jahres-Perioden gewählt.

| | $D_{intra}$ | DQ |
|---|---|---|
| Gattung | 0,99 | 1,005 |
| Periode (30 Jahre) | 0,96 | 1,02 |
| Autorschaft | 0,81 | 1,21 |

Das Ergebnis entspricht den in ihren theoretischen Begründungen innerhalb der Stilistik zwar häufig problematisierten, aber dennoch in ihrer Wahrnehmbarkeit ungebrochenen Behauptungen der Wahrnehmbarkeit einer individuellen Autorstimme. Im Durchschnitt liegt die Distanz zwischen den Texten unterschiedlicher Autoren in der gleichen Entstehungsperiode um das 1,2 fache über der durchschnittlichen Distanz, die die Texte jeweils eines Autors zueinander haben. Für 30-Jahres-Perioden liegt die Differenz nurmehr beim Faktor 1,02. Für Romane vs. Märchen liegt die Effektstärke mit dem Wert von 1,04 im Bereich einer stilometrischen 30-Jahres-Periodendifferenz. Für Novellen vs. Erzählungen beträgt der Wert nurmehr 1,0015 und liegt damit noch deutlich unterhalb des Mittelwerts für die untersuchten Gattungspaare (1,008). Der Verlust des stilometrischen Signals von Autorschaft über Periode zu Gattung liegt also, wenn man seine Effektstärke als Quotient der Differenzen *DQ* misst, jeweils in der Größenordnung des Faktors zehn. Dies zeigt, dass das stilometrische Gattungssignal für die historischen Textgruppen der Novelle im Verhältnis zur Erzählung gering ist, dass aber für Gattungen, für die eine Differenz beschreibbar sein sollte – wie etwa für Märchen vs. Romane – tatsächlich eine stilometrische Distanz identifizierbar ist, die der Stärke dessen entspricht, was auch als einer Änderung des Zeitstils zwischen zwei literaturgeschichtlichen Nachbarperioden entspricht.

Bedenkt man, dass stilistische Zusammengehörigkeit im hermeneutischen Sinn am häufigsten für Autorschaft, gelegentlich für Epochen und nur selten für Gattungen beobachtet wurde, kann man zumindest sehen, dass das stilometrische Signal diese Verhältnisse der Evidenz reproduziert. Für eine Studie zum Gattungsstil, als die sich dieses Teilkapitel begreift, ist das kein erfreuliches Ergebnis. Unbeantwortet ist indes die Frage, ob das gattungsstilometrische Signal seiner Qualität nach überhaupt mit Zeit- und Autorstil vergleichbar ist. Dies ist die Frage, ob beim stilometrischen Vergleich von Autorschaft, Epoche und Gattung überhaupt die gleiche Art von stilistischer Differenz gemessen wird. Häufig werden Fragen nach der qualitativen Interpretierbarkeit durch eine mitunter als ›impressionistisch‹ bezeichnete Methode der

Spekulation über einige besonders markante *Features* in Angriff genommen.[61] Ich will dieses Spiel hier nicht fortsetzen, sondern nur exemplarisch andeuten: Es ist durchaus verbreitet, einzelne der dem Anschein nach charakteristischen Wörter als Stellvertreter für ein ganzes Paradigma zu deuten. Ausgehend von den *PCA-Loadings* für die Unterscheidung von Märchen und Novellen könnte es verlockend sein, zu behaupten, ›Wald‹ in den Märchen stehe dafür, dass Märchen immer (oder typischerweise) in Naturräumen lokalisiert seien, ›Prinzessin‹ stellvertretend für das charakteristische Figureninventar der Gattung, das Adverb ›herunter‹ für die märchentypische hierarchische Raumordnung, das Adjektiv ›prächtig‹ für die Polarität der Axiologie, ›anfangen‹ und ›heim‹ für die Geschlossenheit von Handlungsfolgen, usw. Für den Roman könnte man versucht sein, zu den *Features* ›Menschheit‹, oder ›schreiben‹ noch originellere paradigmatische Deutungen als Indikatoren etwa von Universalität oder medialer Reflexivität zu generieren. Derartige explorative und impressionistische Deutungen können ein Anfang für weitere Untersuchungen sein. Für den Nachweis gattungstypischer Semantik in einem hypothesengeleiteten Forschungsdesign taugen sie jedoch nicht.

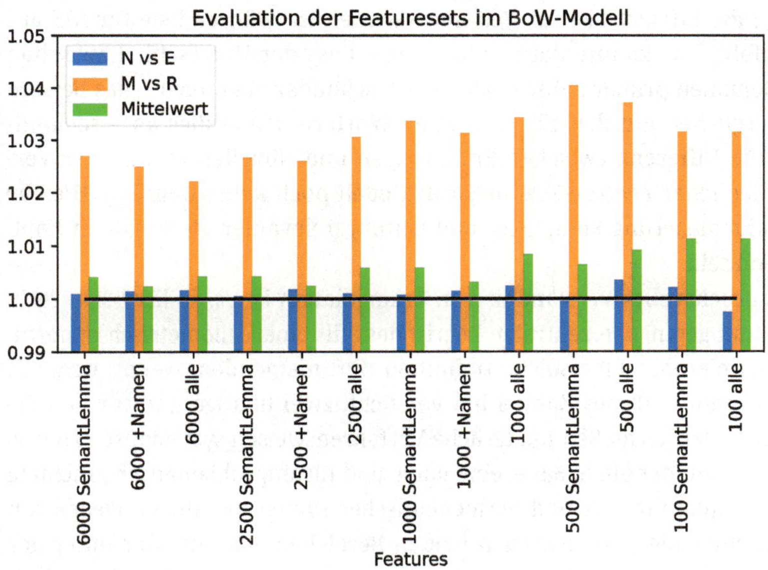


**Abbildung 15:** Evaluation der *Feature*-Sets im *BoW*-Modell anhand von *DQ* und von Gattungspaaren für 100, 500, 2500 und 6000 *mfw*, sowie für die Reduktion auf semantische Lemmata (›SemantLemma‹: Substantive, Verben, Adjektive), die Hinzunahme von Namen (› + Namen‹), und sämtliche *Features* einschließlich der Funktionswärter (›alle‹). Die *Baseline* einer Effektstärke, die keinerlei Textsortenkohäsion entspricht, liegt bei $y = 1$ und ist als waagrechte Linie eingezeichnet.

61 Vgl. zur Kritik ›impressionistischer‹ Interpretation Gries (2009) und Schröter et al. (2021).

Ein solideres Verfahren, um in die Richtung einer qualitativen Interpretation der stilometrischen Analysen vorzudringen, kann darin bestehen, unterschiedliche *Feature*-Sets zu vergleichen. In Abbildung 15 wurde die Effektstärke dafür genutzt, unterschiedliche *Feature*-Reduktionen hinsichtlich semantischer Interpretierbarkeit zu vergleichen (siehe auch Tabelle 47 im Anhang). Für die über alle betrachteten Gattungspaare beobachteten durchschnittlichen Distanzen $D_{inter}$ steigt *DQ* kontinuierlich mit abnehmender Anzahl der häufigsten Wörter. Dies deutet vorläufig darauf hin, dass stilometrisch messbare Gattungsdifferenz stärker über die relativ häufigen Wörter erfasst werden kann, und dass seltenere Wörter das Signal eher stören. Für die beiden betrachteten Paare *N/E* und *R/M* gilt dieser Trend jedoch nicht. Interessant ist der Befund, dass Eigennamen – wie man erwarten würde – für die meisten Gattungspaar-Vergleiche ein Störsignal erzeugen, das die Trennschärfe der Gattungsunterscheidung reduziert.

Bei der Hinzunahme von Funktionswörtern (›alle‹) zeigt sich ein uneinheitliches Bild, sowohl innerhalb der Gruppen mit gleicher Anzahl der häufigsten Wörter als auch zwischen den beiden untersuchten Gattungspaaren. Überraschend ist zudem, dass bei 500 mfw und einer Verwendung ausschließlich semantischer Wörter (›500 SemantLemma‹) die Effektstärke für *R/M* am stärksten ist, während sie für *N/E* auf die *Baseline* abfällt. Das könnte darauf hindeuten, dass der Unterschied zwischen Märchen und Romanen primär stilistischer Art ist, sekundär aber auch – das bessere Abschneiden verglichen mit den 100 häufigsten Wörtern deutet dies an – semantischer Art. Für die Differenz zwischen Erzählungen und Novellen erlaubt der Vergleich unterschiedlicher *Feature*-Sets im *BoW*-Modell noch keine Deutung. Hierfür wird die Operationalisierung komplexer und gattungsrelevanter Merkmale in Kapitel 6 entscheidend sein.

Für ein anspruchsvolles Verständnis von Triangulation ist es, so lässt sich resümieren, nicht damit getan, den zentralen Begriff des Stils einer stilometrisch opportunen Weise zu definieren.[62] Eine solche Definition hilft niemandem weiter, dem Stil etwas anderes bedeutet. Dieses Kapitel hat versucht, zwei häufige und für den Erkenntnisfortschritt gleichermaßen hinderliche Verfahrensweisen systematisch zu vermeiden: Diese sind, auf der einen Seite, eine naive und für unproblematisch erachtete Gleichsetzung von quantitativer und hermeneutischer Dimension, die entweder von vornherein von einer Identität zwischen beiden Bereichen ausgeht oder unter der Hand unbemerkt von der quantitativen Prozedur zum hermeneutischen Sinn übergeht, indem beispielsweise der Begriff der Distanz von einem bestimmten Punkt im Argumentationsgang an heimlich oder unabsichtlich durch den Begriff der Ähnlichkeit ersetzt wird, ohne diesen Übergang oder diese Ersetzung zu begründen.[63]

62 Für eine solche, auf die Triangulation des quantitativen Verfahrens mit hermeneutischem Sinn verzichtende Herangehensweise vgl. Henny-Krahmer (2023, 87–93) mit Bezug auf Herrmann/Schöch/Dalen-Oskam (2015).

63 Dieser Art von Gleichsetzung oder Übergang, den man sich analog zum Sein-Sollen-Fehlschluss vorstellen kann, begegnet man in den *CLS* insbesondere bei der Anwendung von *Topic Modeling* zur

Noch hinderlicher ist es indes, auf der anderen Seite, die Annäherung apodiktisch und aus theoretischen Gründen prinzipiell abzulehnen und auszuschließen.[64] Stattdessen wurden die Problemlagen aus der quantitativen Perspektive entwickelt und aus einer hermeneutischen Perspektive so skizziert, dass beide Perspektiven extensional aufeinander bezogen werden können. Dafür war zunächst von einer Explikation und einer Operationalisierung ausschließlich des quantitativen Verfahrens auszugehen. Die Begrifflichkeit der qualitativen Seite (Stil) habe ich – anders als es in den *CLS* üblich ist – von der Begrifflichkeit der quantitativen Analyse (Distanz) terminologisch getrennt gehalten, um die Fragen der Übersetzbarkeit in einen hermeneutischen Sinn in einem nachfolgenden Schritt gesondert zu diskutieren.

In der Vermittlung zwischen beiden Seiten zeigt sich, dass für philologisch als unterschiedlich aufgefasste Gattungen, wie Romane im Verhältnis zu Märchen, eine stilometrische Distanz beobachtbar ist, die sich der Größenordnung nach im Bereich der Differenz zwischen 30-Jahres-Perioden bewegt. Entscheidend für die Entwicklung einer quantitativen Gattungsforschung ist jedoch die methodologische Kalibrierung infolge einer Triangulation mit philologischer Evidenz. In der hier erfassten Effektstärke ist das Periodensignal für Nachbarepochen zehnmal stärker als das mittlere Gattungssignal, und das Autorsignal wiederum zehnmal stärker als das Periodensignal. Künftige Forschung kann diesem Gefüge einer Differenz in der Relevanz der drei Faktoren Autor, Epoche und Gattung für den Stil gezielt weiter auf den Grund gehen. Dadurch wird sich der Wert stilometrischer Distanz für die Gattungsforschung insgesamt besser erfassen lassen.

### 4.1.6 Vorbilder und genealogisches Gattungsmodell

Das in diesem Kapitel entwickelte prinzipiengeleitete Verfahren zur Analyse von Distanzen innerhalb und zwischen Gruppen kann für eine wichtige Frage einer genealogischen Reihenuntersuchung von Gattung genutzt werden, indem die Distanz einzelner Texte zu Textgruppen untersucht wird. In der genealogischen Modellierung, wie sie als Modell in Kapitel 2.2.7 skizziert wurde, entsteht die Kontinuität von Gattungen dadurch, dass Texte immer wieder den gleichen Vorbildern folgen, und dass aus dieser zunächst individuellen Nachfolge eine regelhafte Form des Folgens wird, die in der literarischen Kultur früher oder später als regelhaft erkannt und auf Gattungsbegriffe gebracht werden kann. Modelliert wird auf diese Weise auch die ästhetikgeschichtliche Idee einer Horizontverschie-

---

Identifikation literarischer Themen, etwa bei Jockers/Mimno (2012); vgl. die Analyse und Kritik in Schröter/Du (2022).

64 Diese Position hat insbesondere in der Wissenschaftstheorie der Sozialwissenschaften eine Tradition einer puristischen Position der Inkommensurabilität von Quantitativem oder Qualitativem, vgl. Lincoln/Guba (1985; 2000). Im Bereich der *CLS* wurde eine solche grundsätzlich skeptische Haltung zuerst von Fish (1973) und zuletzt von Da (2019, 601) vorgetragen. Vgl. zu einer Analyse dieser Position in den *CLS* Schröter et al. (2021).

bung nach Jauß (Abschnitt 2.2.1), derart, dass Werke ermittelt werden, die retrospektiv eine Horizontverschiebung beschleunigt haben dürften.

Insbesondere in den poetologisch ausgerichteten Beiträgen zur Novellenforschung hat man immer wieder solche frühen Vorbilder identifiziert. Dazu gehören in erster Linie: Boccaccios *Decamerone* und Cervantes' *Novelas ejemplares*,[65] für die völkisch und stark nationalsozialistisch geprägte Novellengeschichte von Johannes Klein sind es Goethe und – als angeblicher Statthalter eines wahrhaft tragischen deutschen Geistes – Kleist.[66] Solche Vorbilder können im prototypentheoretischen Ansatz, der im nachfolgenden Kapitel entwickelt wird (zumindest im sogenannten *prototype-as-exemplar approach*), zu den prägenden Prototypen einer Gattung werden. Die in diesem Kapitel entwickelten Verfahren erlauben es, solche Texte prinzipiengeleitet und aufgrund textueller Merkmale zu identifizieren.

Im Folgenden werden die Texte ermittelt, die im gesamten Feld der Erzählprosa ($N \cup E \cup 0E \cup XE \cup M$, also alle fiktionalen Prosatexte einschließlich Märchen, aber ohne Romane) stilometrisch den späteren Texten am nächsten stehen. Der Grund für diese Entscheidung ist die Annahme, dass die genealogischen Modellierungen von Novellengeschichte auf die historischen Gattungszuordnungen keinerlei Rücksicht genommen haben und bei Bedarf keine Scheu davor hatten, Märchen zum Bereich der Novellistik zu zählen. Im nächsten Schritt wurden immer Zeiträume von 20 Jahren genutzt, um für jeden Prosatext die mittlere Distanz zur Gruppe der 40 bis 60 Jahre später erschienene Texte zu berechnen. Das Verfahren wurde iteriert, indem die Fenster von 20-Jahres-Zeiträumen um jeweils ein Jahr weiter verschoben wurden. Tabelle 15 zeigt die 14 Texte, die in diesem iterierten Verfahren mindestens 10 mal (Anzahl Treffer) einer Gruppe von mindestens 40 Jahre jüngeren Texten stilometrisch am nächsten stehen.[67] Dieses Verfahren schließt autor- und zeitstilbedingte Ähnlichkeit aus. Und es betrachtet das gesamte Feld der mittellangen Erzählprosa als ein zusammengehöriges Feld unabhängig von den zeitgenössischen Gattungszuordnungen, innerhalb dessen sich Folgebeziehungen nachverfolgen lassen.

Das Ergebnis bestätigt zunächst die von Jannidis und Weitin jeweils unabhängig voneinander und mit anderen Berechnungsverfahren ermittelte Bestimmung von Vorbildtexten innerhalb des von Heyse und Kurz herausgegebenen *Deutschen Novellenschatzes*, wo sich der in der Novellengeschichte zumeist etwas unterschlagene Eichendorff als wichtigster Vorbildautor und Goethe mit »Die neue Melusine« nicht als besonders vorbildhafter Autor herauskristallisiert.[68] Schiller und Eichendorff liegen

---

**65** Vgl. Schlaffer (1993).

**66** Vgl. Pongs (1929) und Klein (1960).

**67** Alle Skripte zu den folgenden Analysen finden sich im Ordner »4-1-6_Vorbilder«.

**68** Vgl. Weitin (2021, 27–33) und Jannidis (2017, 14–15). Das bei Jannidis entwickelte Verfahren zählt stilometrisch nächste Nachbarn im Einzeltextvergleich über Abstände ≥ 30 Jahre hinweg innerhalb des *Deutschen Novellenschatzes*. Eichendorffs »Die Glücksritter« erscheint darin als häufigster Vorbildtext. Weitins Verfahren entspricht auf der Ebene der paarweise berechneten Gruppendistanzen in

mit ihren im *Deutschen Novellenschatz* bzw. *Neuen deutschen Novellenschatz* nachgedruckten Erzähltexten (»Der Verbrecher aus verlorener Ehre« und »Die Glücksritter«) auf vordersten Plätzen. An dritter Position steht mit Büchners »Lenz« ein Text, dessen literaturgeschichtliche Relevanz ebenfalls außer Frage steht.

**Tabelle 15:** Stilometrische Vorbildtexte, nach Rangfolge für die größte Nähe zu späteren Texten.

| Autor | Titel | Jahr ED | Label ED | Medium | Treffer |
|---|---|---|---|---|---|
| Schiller | »Der Verbrecher aus verlorener Ehre« | 1786 | *OE* | Zeitschrift | 51 |
| Eichendorff | »Aus dem Leben eines Taugenichts« | 1826 | *N* | Anthologie | 31 |
| Büchner | »Lenz« | 1839 | *XE* | Zeitschrift | 26 |
| Schiller | Die Geisterseher | 1787 | *OE* | Zeitschrift | 25 |
| Tieck | »Der blonde Eckbert« | 1797 | *M* | Anthologie | 24 |
| Eichendorff | »Die Glücksritter« | 1840 | *N* | Taschenbuch | 23 |
| Chamisso | »Adelberts Fabel« | 1806 | *OE* | Anthologie | 20 |
| Häring | »Pommersche Gespenster« | 1830 | *N* | Anthologie | 19 |
| Wieland | »Narcissus und Narcissa« | 1805 | *OE* | Zyklus | 16 |
| Goethe | ›Geschichte von Bassompierre‹[69] | 1795 | *OE* | Zyklus in Zeitschrift | 16 |
| Kleist | »Michael Kohlhaas« | 1810 | *E* | Anthologie | 16 |
| Storm | »Schweigen« | 1883 | *N* | Rundschau | 15 |
| John (Marlitt) | »Blaubart« | 1866 | *OE* | Familienblatt | 14 |
| H. Grimm | »Das Kind« | 1856 | *N* | Anthologie | 14 |
| Keller | »Kleider machen Leute« | 1874 | *OE* | Anthologie | 10 |

Aus einem Gruppenvergleich zwischen den Texten der vorbildhaft gewordenen und einschlägiger späterer Autoren geht eine hohe Nähe zwischen Eichendorff einerseits und Büchner, Storm, Raabe, Marlitt andererseits hervor. Wenn man die Distanz zwischen Einzeltexten betrachtet, zeigt sich für Härings (W. Alexis) »Pommersche Gespenster« eine große Nähe zu Fontane und Raabe,[70] die philologisch auch dadurch zu erklären ist, dass Alexis bis in die Zeit des Realismus und bis zu seinem Tod 1870 literarisch aktiv war und Fontane sogar erklärtermaßen als Vorbild für historische Romane galt.[71] Überdies lässt sich eine große stilometrische Nähe zwischen Storm, Marlitt, Raabe und Fontane beobachten, für die W. Alexis das wichtigste Stilvorbild

etwa dem hier verwendeten Verfahren, wertet die stilometrischen Ergebnisse hingegen netzwerkanalytisch aus.

69 Werktitel, die in keiner der zeitgenössischen Publikationen vorkommen, sondern erst sehr viel später vergeben wurden, werden in einfachen, Titel nicht-selbstständiger Titel in doppelten Anführungszeichen gesetzt; selbstständig erschienene Werke werden hier kursiv gedruckt.

70 Unter den 15 Texten nach 1870, die Alexis »Pommersche Gespenster« stilometrisch am nächsten stehen, sind 4 Texte von Fontane, 3 von Raabe und zwei von Sudermann, sowie einer von Storm.

71 Fontane nannte Alexis »eine ganz große Nummer«, Brief von Fontane an Jacobi vom 5.1.1895, *Theodor Fontane Briefdatenbank* (2021 ff., https://www.fontanearchiv.de/briefdatenbank/04zg/ letzter Zugriff: 4.4.2024).

gewesen sein dürfte. Eine davon abgegrenzte Stilgruppe setzt sich aus Goethe und Wieland zusammen, zu denen jeweils Kleist, Tieck und Keller in großer Nähe stehen, wobei sich diese wiederum untereinander nicht nahe stehen.

In einem nächsten Schritt wurde der zweite Gedanke der bei Jauß artikulierten Horizontverschiebung in das gleiche Verfahren integriert, indem nun zusätzlich erfasst wird, wie groß die Distanz der vorbildhaften Texte zu den jeweils mehr als 40 Jahre älteren Texten sowie zu den zeitgleich erschienenen Texten ist.[72] Abbildung 16 zeigt auf der vertikalen Achse die bereits aus Tabelle 15 bekannte Trefferanzahl der am stärksten vorbildhaften Texte. Die Länge der Pfeile nach links zeigt (in skalierten Werten) an, wie häufig der betreffende Text die höchste Abweichung zur Gruppe der 40 bis 60 Jahre älteren Texte aufweist. Die vertikalen Pfeile nach oben zeigen, wie oft der betreffende Text im gleichermaßen iterierten Verfahren die größte Distanz innerhalb der Gruppe der zeitgleich publizierten Texte aufweist (wiederum 20-Jahreszeiträume mit jeweils um ein Jahr verschobenen Fenstern je Iteration).

Die Überschneidungen mit etablierten Auffassungen zum literarischen Kanon sind noch viel aufschlussreicher und interessanter, als es aus philologischer Sicht auf den ersten Blick scheinen mag. Man sieht, dass das Verfahren weitgehend Texte in den Vordergrund rückt, die als literaturgeschichtlich bedeutend gelten. Dies wird vielleicht noch deutlicher, wenn man die hier nachträglich ausgeschlossenen *Verwirrungen des Zöglings Törleß* von Robert Musil in Betracht zieht, die im hier verwendeten Analyseverfahren den höchsten Grad an Abweichung zu älteren Texten bei hoher stilometrischer Nähe zu späterer Erzählprosa aufweisen.[73] Im ›klassischen‹ Verständnis von Ästhetik, wie es sich bei Jauß artikuliert findet und hier stilometrisch operationalisiert wurde, erscheinen die *Verwirrungen des Zöglings Törleß* als das relevanteste Werk aus dem Korpus, das ein doppelte Horizontverschiebung als Abweichung von der Vergangenheit und Prägung der Nachfolgenden bewirkt. Mit »Blaubart« von E. Marlitt (John) und »Das Kind« von Herman Grimm, dem Sohn von Wilhelm Grimm, finden sich zwei heute vergessene, zeitgenössisch aber populäre Autoren,[74] die ebenfalls in beide Richtungen eine hohe Relevanz aufweisen.

72 Man könnte das Verfahren der ästhetischen Distanz auch innerhalb der zeitgenössisch erschienen berechnen. In der hier verwendeten Variante fragt es weniger nach unmittelbarer Abweichung im aktuellen Horizont, sondern nach diachroner Abweichung in einem Modell literarischen Wandels.

73 Ausgeschlossen wurden die ›Verwirrungen‹, weil ihre Nähe zu späterer Prosa, die im Korpus lediglich durch eine Novelle von Stefan Zweig repräsentiert ist, in Teilen ein Artefakt des verwendeten Samplingverfahrens sein dürfte (siehe das Skript »run_most_similar_precursors_time_windows.py« ), bei dem die systematische Benachteiligung jüngerer Texte ausgeglichen wird, indem jeweils um ein Jahr verschobene Zeitfenster für 20-Jahreszeiträume und 40-Jahresdifferenzen erzeugt werden. Nach Erweiterung des Korpus durch Erzählprosa aus den Jahren nach 1940 dürfte dieses Ergebnis korrigiert werden.

74 Zur Popularität von H. Grimm vgl. Scherer/Stockinger (2016, 275), zu Marlitt siehe Kapitel 5, Anm. 15.

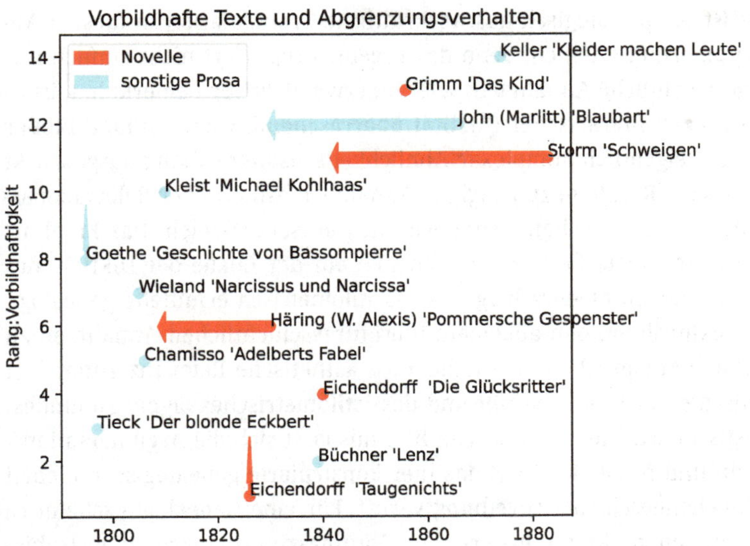


**Abbildung 16:** Vorbildhaftigkeit für spätere und Abgrenzungsstärke zu älteren Texten (horizontale Pfeile) und Abgrenzungsstärke zu gleichzeitigen Texten (vertikale Pfeile). Einige Texte aus den Randzeiträumen wie die von Schiller und Musil wurden nachträglich aufgrund der potenziell verzerrten Resultate ausgeschlossen.

Dass mit Goethes ›Geschichte von Bassompierre‹ ein Text aus den »Unterhaltungen deutscher Ausgewanderten« unter den Vorbildtexten ist, lässt vermuten, dass es der Texttyp des zyklischen Erzählens im Stil des *Decamerone* ist, der bei Goethe vorbildhaft wird, mehr als seine späte *Novelle* oder die Einlagen aus *Wilhelm Meisters Wanderjahren* (1821/1829). Die gerade im Einführungswissen gerne bediente Behauptung, mit seiner »›Novelle‹ (1827) [habe] Goethe ein Musterstück der Gattung«[75] gegeben, ist als These zur Sachgeschichte der Novelle falsch, wenn man die stilometrischen Vorbild- und Distanzierungsverhältnisse zur Grundlage nimmt.[76] Aus Storms Werk hat es seine späte Novelle »Schweigen« in die Gruppe der Vorbildtexte geschafft: Dies ist ein Text, der in neuerer Forschung als Vorgriff auf die Moderne gelesen wurde, weil er einen Fall psychischer Erkrankung (Depression) erzählt, den Konflikt von außen nach innen verlegt und zugleich nicht nur die Erkrankung, sondern auch deren Tabuisierung ins Zentrum stellt.[77]

---

75 Thomé/Wehle (2007, 729) im Artikel des *Reallexikons der Literaturwissenschaft* zur »Novelle«. Richtiger wäre diese These als Wiedergabe von Goethes Absicht, mit dem gewählten Titel ein Muster der Gattung zu liefern; vgl. Eckermann (1836, 319).

76 Vgl. Weitin (2021, 32), der in Goethes »Die neue Melusine« im Vergleich mit den übrigen Texten des *Deutschen Novellenschatzes* ebenfalls eine geringe Vorbildhaftigkeit erkennt.

77 Vgl. Wünsch (1992), Schwarz (2013) und Deupmann (2017).

Das Ergebnis ist die philologisch aussagekräftigste Triangulation in diesem Abschnitt zu Textgruppierungseffekten; denn das Ergebnis repliziert nicht einfach nur gängige literaturgeschichtliche Annahmen. Wie Underwood richtig bemerkt hat, ist es insbesondere bei Fragen literarischer Qualität überraschend, wenn anhand bloßer Worthäufigkeiten ein eigentlich komplexer Ähnlichkeitszusammenhang ausgedrückt werden kann.[78] Dass die Resultate zu gängigen Annahmen ästhetischer Relevanz passen, ist aber nicht nur überraschend, sondern auch aufschlussreich. Das Ergebnis spricht dafür, dass genealogische Beziehungen sich auf der Ebene der Diktion, des Satzbaus und der Wortwahl niederschlagen. Dass stilometrisch ermittelte genealogische Beziehungen extensional den allgemein literaturgeschichtlichen Annahmen zu ästhetischer Relevanz entsprechen, legt nahe, dass ästhetische Relevanz zumindest partiell auf stilistischer Nachfolge beruht und dass stilometrisches Signal zumindest partiell auch stilistische Nachfolge misst. Von hier aus lässt sich die Argumentationsrichtung umkehren und feststellen, was das hier konstruierte genealogische Modell über bisherige Novellengeschichtsschreibung verrät. Für eine Genealogie scheint es sinnvoll zu sein, von den konkreten historischen Gattungszuordnungen zu abstrahieren. Das bedeutet (a): Novellengeschichte funktioniert traditionell genealogisch und unter Missachtung historischer Gattungssemantiken. (b) Im Sinn einer Triangulation können sich bestehende Beschreibungen der zentralen ›horizontverschiebenden‹ und daher für den literarischen Wandel wichtigsten Werke sowie die hier vorgestellten Verfahren zur Analyse von Textgruppendistanz gegenseitig stützen. (c) Das quantitative Verfahren legt nahe, dass einzelne der historisch populären Werke und einzelne Autoren eine für den literarischen Wandel größere Kraft hatten, als es die Literaturgeschichte abgesehen von Einzelstudien bislang eingesehen hat.[79] Hierfür werden an anderer Stelle Fallstudien erforderlich sein.

## 4.2 Algorithmische Modellierung begrifflicher Struktur

Underwood hat in aufeinander aufbauenden Arbeiten ein Verfahren der perspektivischen Modellierung (*perspective* oder *perspectival modeling*) vorgeschlagen, das den Wandel literarischer Gattungen algorithmisch mithilfe überwachten maschinellen Lernens modelliert.[80] Dieses Verfahren soll im Folgenden die methodologischen Grundlagen für die Modellierung der semantischen Struktur historischer Textsorten sowie deren Wandel unter dem Gesichtspunkt begrifflicher Geschlossenheit liefern. Da dieses Verfahren erstens noch nicht hinreichend zur Analyse schwach konturierter Gattungen wie der Novelle ausgearbeitet und zweitens noch nicht systematisch auf das Konzept begrifflicher

---

**78** Vgl. Underwood (2019b, 78).

**79** Zu Marlitts Position im literarischen Feld vgl. Mellmann (2014) und Hipp (2016).

**80** Vgl. Underwood (2016; 2019b).

Geschlossenheit bezogen wurde, beginnt dieses Kapitel mit einer grundsätzlichen Einführung und methodologischen Kontextualisierung perspektivischer Modellierung.

Perspektivische Modellierung wählt den Zugang zu überwachtem maschinellen Lernen, der sozusagen als etablierter ›Erstzugang‹ allgemein das Feld der *CLS* und zugleich die einschlägigen Programm-Bibliotheken dominiert. Dies ist ein Zugang, der an praxis- und marktorientierter Anwendbarkeit für klassifikatorische Prognosen ausgerichtet ist. Ich beginne mit dieser Form des Zugangs und nehme davon ausgehend ältere Zugangsformen hinzu.[81] In erster Annäherung kann man Algorithmen überwachten maschinellen Lernens mit Blick auf Gattungen so beschreiben, dass ausgehend von einer *Feature*-Repräsentation, meist nach dem *BoW*-Modell (Abschnitt 4.1.1) und aufgrund der Kenntnis der Gattungszugehörigkeit jedes Texts, ein algorithmisches Modell trainiert wird, das anschließend in der Lage ist, für einzelne Texte (Instanzen) anhand der Verteilung ihrer *Features* die Gattungs- oder Klassenzugehörigkeit vorherzusagen. Überwacht heißt dieses Verfahren, weil ihm die Klassenzugehörigkeit der einzelnen Instanzen für das Trainieren des Modells bekannt sind. Der trainierte Algorithmus wird üblicherweise für einen vor dem Training beiseite gelegten Teildatensatz von Texten validiert. Es wird geprüft, ob das Modell die tatsächliche und ebenfalls bekannte Klassenzugehörigkeit der Instanzen des Validierungsdatensatzes richtig vorhersagt. Den relativen Anteil richtiger Vorhersagen, den man allgemein als Vorhersagegenauigkeit bezeichnet, kann man dann mittels etablierter Maße wie *Accuracy score* oder dem *F1 score* als harmonischem Mittelwert aus Sensitivität bzw. Spezifität (*Precision*) und Relevanz (*Recall*) bestimmen. Diese Einsatzform des Algorithmus zur Prognose des richtigen Klassenlabels ist die einer Klassifikationsaufgabe (*classification task*). Mit dem *C@1-score* wird das folgende Kapitel ein Maß in die Klassifikationsaufgaben der perspektivischen Modellierung integrieren, das – anders als die etablierten Maße – Unentscheidbarkeit berücksichtigt. Auf diese Weise wird sich ein quantitatives prototypentheoretisches Modell von Gattungsbegriffen entwickeln lassen, das es erlaubt, die intensionale Struktur historischer Gattungsbegriffe zu analysieren.

Um zu verstehen, was perspektivische Modellierung leistet, bietet es sich an, von konkreten Ergebnissen auszugehen: Der Klassifikationsbericht in Tabelle 16 zeigt die Vorhersagegenauigkeit für ein Modell, das mit dem *Feature*-Set der 2500 häufigsten, skalierten, *z*-transformierten Wörter mit *L1*-Normalisierung auf 50% der Gesamtmenge aller Novellen (*N*) und Erzählungen (*E*) trainiert und hier auf den übrigen 50% validiert wurde.[82]

---

**81** Vgl. Géron (2020, 144–152). In der frühen Anwendungsforschung zur logistischen Regression insbesondere aus dem Bereich der klinischen Forschung geht es primär um die Analyse des Kausaleinflusses der unabhängigen Prädiktorvariablen und damit um die innere Beschaffenheit des Modells selbst. An deren Perspektive wird sich die folgende gattungsgeschichtliche Analyse stärker orientieren. Die Klassifikation erscheint dabei lediglich als einer von mehreren möglichen Anwendungsfällen; vgl. Hilbe (2009), Hosmer (2013) und Kalisch (2021).

**82** Diese *Feature*-Auswahl wurde in Abschnitt 4.1.1 beschrieben.

**Tabelle 16:** Klassifikationsbericht für die Klassifikation von Novellen (*N*) und Erzählungen (*E*) nach $S_{ED}$ mit 2500 mfw, lemmatisiert, *Z*-Transformation und *L1*-Normalisierung mit logistischer Regression. Siehe das Skript »run_classification.py«.

| *N* vs. *E* | *Precision* | *Recall* | *F1 score* | *Support* |
|---|---|---|---|---|
| *E* | 0,62 | 0,75 | 0,68 | 60 |
| *N* | 0,83 | 0,73 | 0,77 | 102 |
| *Accuracy* | | | 0,73 | 162 |
| *macro avg* | 0,72 | 0,74 | 0,73 | 162 |
| *weighted avg* | 0,75 | 0,73 | 0,74 | 162 |

Da die Gruppengrößen von Novellen (102) und Erzählungen (60) im Validierungs-*Sample* unausgewogen sind, wird der *Accuracy score* um die *F1 scores* und die Werte für *Precision* und *Recall* jeweils für die Klassifikation der Novellen und Erzählungen ergänzt. In der Konfusionsmatrix (Tabelle 17) lässt sich das Klassifikationsergebnis hinsichtlich der absoluten Werte für die Treffer und Fehleinschätzungen des Modells einsehen.

**Tabelle 17:** Konfusionsmatrix für die Validierung der Klassifikation von Novellen und Erzählungen.

| *N* vs, *E* | | **Vorhergesagtes Label** | | |
|---|---|---|---|---|
| | | ***E* (73)** | ***N* (89)** | |
| Tats□chliches Label | E | 45 | 15 | 60 |
| | N | 28 | 74 | 102 |
| | | 73 | 89 | |

Die Konfusionsmatrix zeigt, dass von den 60 Erzählungen im Validierungsdatensatz 45 richtig klassifiziert wurden (dies ergibt den *Recall* von 0,75 im Klassifikationsbericht in Tabelle 16) und dass von den 73 Texten, die als Erzählungen prognostiziert wurden, nur 45 tatsächlich Erzählungen sind (dies ergibt die *Precision* von 0,62). In der Gruppe der mit dem Label ›Novelle‹ veröffentlichten Texte hat das Modell für 74 der 102 Texte das zugehörige Label richtig geschätzt (*Recall* 0,73), während aus der Anzahl der 89 Texte, die als Novellen vorhergesagt wurden, diese 74 Texte eine recht gute *Precision* von 0,83 ergeben. Der *F1 score* berechnet den harmonischen Mittelwert aus *Precision* und *Recall*.

Dieses Ergebnis lässt sich einem Klassifikationsmodell von zwei Gattungen gegenüberstellen, die gemeinhin als gut unterscheidbar gelten und auch in der Distanzanalyse des zurückliegenden Teilkapitels leichter unterscheidbar waren: Roman und Märchen.

**Tabelle 18:** Klassifikation für Romane (*R*) vs. Märchen (*M*) mit unverändertem *Feature* Set.

| *M vs. R* | *Precision* | *Recall* | *F1 score* | *Support* |
|---|---|---|---|---|
| Märchen | 0,67 | 1 | 0,8 | 16 |
| Roman | 1 | 0,89 | 0,94 | 73 |
| *Accuracy* | | | 0,91 | 89 |

Tabelle 18 zeigt, dass der logistische Regressionsalgorithmus mit einer Vorhersagegenauigkeit von 0,91 besser auf ein Modell zur Unterscheidung zwischen Märchen und Romanen trainiert werden kann als auf ein Modell zur Unterscheidung von Novellen und Erzählungen, das nur eine Trefferquote von 0,73 erreicht.

Unterschiede zwischen der gewöhnlichen und in den gängigen Anwendungsszenarien dominierenden Verwendung überwachten Lernens und perspektivischer Modellierung bestehen darin, welche Daten man für Training sowie Validierung verwendet und darin, wie man die Vorhersagegenauigkeit interpretiert. Dies ist die in Kapitel 3.4 eingeführte Unterscheidung zwischen natürlicher und perspektivischer Einstellung. Die Modellierung in natürlicher Einstellung kommt in der Literaturwissenschaft beispielsweise bei der Erkennung narratologischer Formen wie der in Teilkapitel 6.5 verwendeten Redewiedergabeerkennung zum Einsatz, um bislang unerforschte, nicht annotierte oder nicht gelabelte Datenbestände zu untersuchen.[83] Modellierung in natürlicher Einstellung hat die Aufgabe korrekter Prognosen oder Klassifikationen bislang unklassifizierter Objekte oder künftiger Ereignisse.

Maßgeblich für die Qualität der Verwendung von Klassifikationsalgorithmen in dieser Anwendungsform ist ihre Vorhersagegenauigkeit. Die im hier verwendeten Modell zur Unterscheidung von Erzählungen und Novellen erreichte Vorhersagegenauigkeit von 0,73 bedeutet, dass in Prognosen auf unbekannte Textbestände mehr als jede vierte Prognose falsch ist, während im Modell zur Unterscheidung von Märchen und Romanen weniger als jede zehnte Prognose daneben liegt. Daher ist für die prognostische Modellierung die Optimierung der Algorithmen möglichst nahe an eine Vorhersagegenauigkeit von 100% so wichtig. Einführungen in überwachtes maschinelles Lernen zielen daher primär darauf, Anwender in die Lage zu versetzen, die optimalen Algorithmen und Hyperparameterfestlegungen für die maximale Vorhersagegenauigkeit auszuwählen.

83 Vgl. Brunner (2015) und Brunner et al. (2020).

Wenn man das gattungsgeschichtliche Problem der Novellen und Erzählungen perspektivisch modelliert, dann besteht an einer Unterscheidung von Novellen und Erzählungen in natürlicher Einstellung kein Interesse: Die deduktiv und von den Poetiken kommende Forschung hat sich für die historischen Gattungslabels ohnehin nie interessiert. In Kapitel 2.1 wurde erläutert, dass induktiv und an historischen Semantiken und Praktiken interessierte Arbeiten erkannt haben, dass aus den historischen Verwendungen der Gattungsbezeichnungen nicht die korrekten Gattungsbegriffe ableitbar sind. Dementsprechend werden perspektivische Modelle nicht auf eine systematisch gerechtfertigte Klassifikation von Novellen und anderen Prosagattungen trainiert, sondern auf die Zuordnung der Gattungslabels in den Erstdrucken ($S_{ED}$) oder alternativen historischen Situationstypen.[84] Mit der Modellierung in perspektivischer Einstellung besteht die Möglichkeit, Algorithmen bewusst auf diese Art von Bias zu trainieren und daraus geisteswissenschaftliche Erkenntnisse über kulturelle Perspektiven zu gewinnen. Dies Anwendungsform ist für die Analyse heterogener und schwach strukturierter Gattungen wie der Novelle und der Erzählung von hohem Wert. Anders als beim prognostischen Modellieren wird die Vorhersagegenauigkeit hier nicht primär als Kriterium der Zuverlässigkeit des Modells genutzt, sondern sie wird als Indikator für die Homogenität oder – darum wird es im Folgenden gehen – für die begriffliche Geschlossenheit der Gattungssemantik interpretiert. Eine mehr oder weniger niedrige Vorhersagegenauigkeit von 0,73 ist dann nicht automatisch ein schlechtes Ergebnis, das es um jeden Preis zu optimieren gilt, sondern ein – potenziell – richtiger Ausdruck einer (gemessen an der Unterscheidbarkeit von Romanen und Märchen mit einer Vorhersagegenauigkeit von 0,91) relativ schwachen begrifflichen Geschlossenheit zweier Gattungsbegriffe. Genauer: der begrifflichen Geschlossenheit dieser zwei Gattungsbegriffe in ihrem Verhältnis zueinander.

Ich schlage daher eine weite und enge Definition des Begriffs perspektivischer Modellierung vor:

> Perspektivische Modellierung *im weiten Sinn* bezeichnet alle Strategien der Modellierung historischer Prozesse in Form von Strukturen, Semantiken oder Praktiken derart, dass die in einem historischen und kulturellen Situationstyp wirksamen Prozesse abgebildet werden, um Erkenntnisse über die Funktionsweise dieser historischen Situationen, Gruppen oder Kulturen hinsichtlich der Stabilität bzw. Variabilität, der inneren Verfasstheit der modellierten Prozesse oder über die Relationen zwischen den untersuchten Prozessen zu gewinnen. Perspektivische Modellierung *im engen Sinn* einer Anwendung überwachten maschinellen Lernens bezeichnet die Anwendung von Klassifikationsmodellen zum Trainieren von Bezeichnungspraktiken in Abhängigkeit von Merkmalen, anhand derer diese Bezeichnungspraktiken erfasst werden können, um die Situationsrelativität sowie die situative Stabilität oder Variabilität dieser Bezeichnungspraktiken beschreiben zu können. Die Klassifikationslabels werden dabei in der oben beschriebenen perspektivischen Einstellung verliehen.

84 Siehe Kapitel 3.4.

Underwood betont, dass die Merkmale, anhand derer die Bezeichnungspraktiken im Modell prognostiziert bzw. abgeschätzt werden, nicht als kausale Faktoren zu betrachten seien. Stattdessen werden die Modelle extensional interpretiert: Man kann nicht herausfinden, warum die Bezeichnungspraktiken so funktioniert haben, wie sie funktioniert haben, sondern man sieht, wie homogen und konsistent sie innerhalb einer modellierten historischen Situation waren, und wie stabil oder variabel sie im Vergleich zu kulturell, sozial oder zeitlich benachbarten Situationen waren.[85] Angesichts der Extensionalität der Modellierung räumt Underwood ein: »[I]t is not yet clear whether we should understand these predictive successes as contributing anything meaningful to a critical account of genre.«[86] Dass Underwood in konkreten Fällen dann doch in die Maschinerie des Lernalgorithmus hineinblickt und die für die Klassifikation wichtigen *Features* gattungstheoretisch interpretiert, zeigt indes, dass das philologische Erfordernis einer internen oder intensionalen Interpretation vielleicht auf der Ebene der theoretischen Reflexion, aber nicht in der Praxis so ohne Weiteres beiseite geschoben werden kann. Dass er regulierte logistische Regression als algorithmisches Klassifikationsmodell nutzt, rührt gerade daher, dass sie einen Blick unter die Motorhaube erlaubt.[87] Man kann sehen, welche *Features* für die Klassifikation stärkere und schwächere Gewichte erhalten. Die perspektivische Modellierung dient Underwood mithin als Verfahren zur Analyse semantischer Konsistenz von Gattungsbegriffen.

In der theoretischen Reflexion des Verfahrens beschreibt er das Verfahren richtig als ein Verfahren zur Analyse von Bezeichnungspraktiken. Es handelt sich m. E. um eine theoretisch richtige Beschreibung des Verfahrens und um eine praktisch sinnvolle Anwendung. Aber zwischen der theoretischen Begründung und der legitimen Anwendung klafft noch eine Lücke: Es ist noch nicht klar, ob und inwiefern das Verfahren auch theoretisch als ein Verfahren zur Analyse von semantischem Wandel genutzt werden kann. Es ist bis hierher ein Verfahren zur Erfassung von Unterscheidbarkeit: die algorithmische Unterscheidbarkeit wird dabei als Ausdruck begrifflicher Unterscheidbarkeit genutzt, weil das Modell ja auf die Reproduktion der Zuordnung von Texten zu Gattungsbegriffen trainiert wurde. Ziel des Kapitels 4.2 wird daher sein, weiter auf eine auch systematische interne Interpretierbarkeit hinzuarbeiten.

---

85 Vgl. Underwood (2019a) in dezidiertem Anschluss an Breiman (2001a), der algorithmische Modellierung nicht nur der statistischen Modellierung als eine zweite Kultur gegenüberstellt, sondern auch deren Vorteile betont, gerade weil sie sich nicht als Kausalmodelle realer Zusammenhänge verstehen lassen.

86 Underwood (2019a, 255).

87 Ich folge Underwood in dieser Einschätzung. Zu einem Vergleich unterschiedlicher Algorithmen für die Daten dieses Projekts vgl. Schröter (2024b, 185) und siehe, mit Blick auf *Transformer*-basierte Sprachmodelle (bzw. *Foundation Models*), Abschnitt 10.7.4 im Anhang.

### 4.2.1 Historisierung und Simulation

Besonderen Nutzen verspricht die perspektivische Modellierung, wenn sie historische Perspektiven vergleichbar macht. In dieser Hinsicht bringen algorithmische Modelle einen Vorteil der Vergesslichkeit gegenüber dem unvermeidlich mitgeschleppten Ballast an begrifflichem und sonstigem Wissen von menschlichen Interpreten mit.[88] Wenn wir uns heute auf den Stand des Novellenbegriffs um 1800 zu bringen versuchen, dann müssten wir den größten Teil unseres Wissens künstlich ausblenden. Da dazu, wenn man streng ist, sämtliche Verknüpfungen der semantischen Netze zu zählen sind, die mit Bestandteilen späterer Bedeutungsaspekte des Novellenbegriffs zusammenhängen, lässt sich so etwas streng genommen nicht bewerkstelligen; denn wir können in unserer Sprache nicht so einfach semantische Komponenten nach Zeitindizes ein- oder ausschalten.

Sicherlich kann man Underwoods Argument kritisieren: Er betont die Subjektivität der hermeneutisch Arbeitenden und setzt implizit darauf, dass Interpreten dem hermeneutischen Zirkel nie entrinnen können. Insbesondere aus Kreisen neuerer Hermeneutiken wurde dieses subjektivistische Bild zugunsten eines objektivierenden Selbstverständnisses historischer Rekonstruktion zurückgewiesen.[89] Dennoch ist die Gegenüberstellung von Kontrollierbarkeit algorithmischer Vergesslichkeit und komplexer Aggregation historischer Semantiken für die Modellierung von Literaturgeschichte ausgesprochen nützlich. Zwei zentrale Eigenschaften algorithmischer Modellierung, die aus geisteswissenschaftlicher Sicht zunächst wie eine Schwäche aussehen, lassen sich fruchtbar machen: (1) Für menschliche Leser ist es nach Kenntnisnahme neuer Quellen nicht möglich, einen früheren Zustand ihres Wissens erneut einzunehmen und exakt zu wiederholen. Wir können bestenfalls so tun, als ob wir nicht wüssten, was wir wissen. Perspektivische Modellierung kann dagegen aufgrund der dem Modell eigenen Vergesslichkeit jede Perspektivenübernahme wiederholen, und zwar auf zwei Weisen: entweder mit oder ohne dieselben zufällig und daher pseudozufälligen Entscheidungen beispielsweise in den Stichprobenziehungen. (2) Algorithmische Modelle nehmen nur die Daten auf, die man ihnen zur Verfügung stellt; sie sind epistemisch radikal beschränkt.

Dagegen ist die philologische Rekonstruktion eines historischen Gattungsbegriffs vielen oder allen verfügbaren und relevanten Quellen gegenüber aufgeschlossen; dies aber mit lange Zeit wenig durchschauten Verzerrungen: in der Regel wurden poetologische Äußerungen sowie einzelne, meist nebenbei zu prototypischen Repräsentanten

---

**88** Vgl. Underwood (2020, 104).

**89** Vgl. Danneberg (1995), der die Logik des hermeneutischen Zirkels im hermeneutischen Arbeiten insgesamt zurückweist; oder Albert (2000), der historische Rekonstruktion als einen hypothetisch-deduktiven Inferenzprozess modelliert, bei dem der Eingang der epistemischen Quellen exakt kontrollierbar ist (zur hypothetisch-deduktiven Methode siehe Kapitel 3, Anm. 90).

der Gattung deklarierte Werke ins Zentrum der epistemischen Quellen gerückt.[90] Wie sich ein Gattungsverständnis ausschließlich aus der Wahrnehmung von Texten ergab, die in der literarischen Kommunikation der zeitgenössischen Kultur einer Gattung zugerechnet wurden, hat man in der Novellenforschung nie untersucht. Dies ist es, was im Folgenden modelliert wird: nämlich die Zuordnung von Texten zu einer Gattung (oder von Gattungslabels zu Texten), wenn die Zuordnungsregeln ausschließlich aus der Lektüre von Texten als Texten aus Gattungen abstrahiert wurden.

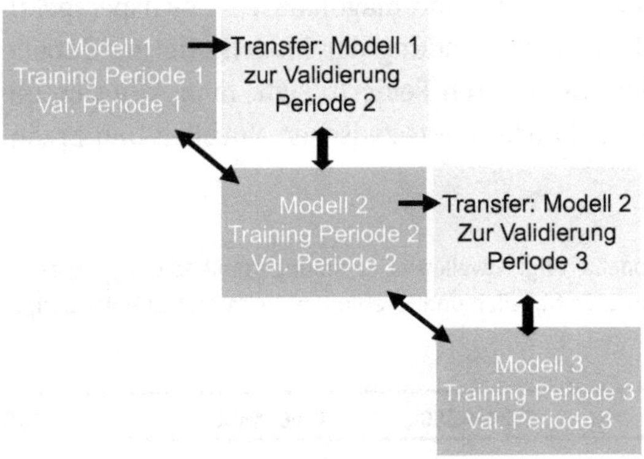


**Abbildung 17:** Modell historisierender perspektivischer Modellierung von Gattungssemantik.

Die wichtigste Frage und Entscheidung für ein solches Modell ist die der Zuordnungsregel zwischen Text und Gattung. Alle der in Abschnitt 3.4 eingeführten Situationstypen werden im Folgenden verwendet: die nach dem Paratextlabel der Erstpublikation ($S_{ED}$), die des Kanonisierungsversuchs des Novellenschatzes in den Jahren nach 1871 ($S_{N\text{-}Sch}$) und der heutige Novellenkanon ($S_K$). Im Zentrum stehen die Zuordnungen nach Paratexten der Erstpublikation. Für ein historisierendes Modell werden zudem, beginnend mit dem Jahr 1790 Perioden von je 30 Jahren angenommen, so dass die weiteren Grenzen bei 1820, 1850, 1880 und 1910 liegen. Als *Features* wurden im Folgenden die 2500 häufigsten lemmatisierten Wörter mit *L1*-Normalisierung verwendet. Abbildung 17 zeigt die Struktur der implementierten perspektivischen Modellierung, Tabelle 19 die entsprechenden realen Ergebnisse für die Unterscheidung von Novellen und Erzählungen nach den Labels der Erstpublikation. Für jeden Zeitraum wurde für $n = 100$ trainierte Klassifikationsmodelle für eine binäre Klassifikation der Gattungszugehörigkeit mit gleichgroßen Trainingssamples, wobei aus jedem Jahr und von jedem Autor jeweils

90 Die Modellierung von Gattungen über Proto- oder Archetypen ist ein in der Gattungstheorie gut explizierter Rahmen; vgl. Hempfer (1973) und Zymner (2003). Nur in der Praxis der Novellenforschung werden solche Entscheidungen kaum explizit reflektiert.

nur ein Text aus dem verfügbaren Datensatz gezogen wird, die Vorhersagegenauigkeit für die *out-of-sample* (*oos*) Validierung (ebenfalls mit Klassen von gleichem Umfang) als Mittelwert über sämtliche trainierte Modelle berechnet, um eine robuste Vorhersagegenauigkeit zu jedem Zeitraum zu erhalten. Jedes trainierte Modell wird zudem verwendet, um die Vorhersagegenauigkeit des nachfolgenden Zeitraums zu ermitteln. Jedes Modell einer Periode wird im nächsten Schritt auf die Folgeperiode transferiert. Horizontal in den Reihen sind die Modelle der einzelnen Teilperioden abgebildet. Vertikal in den Spalten sind die Zeiträume geführt, auf die das jeweilige Modell angewendet wurde. Daraus ergeben sich horizontale, vertikale und diagonale Vergleichsperspektiven: Diagonal innerhalb der zeit-konformen Anwendung der Modelle (in der Tabelle die Hauptdiagonale der Matrix mit den umrahmten Feldern) sieht man, wie sich die Unterscheidbarkeit im Lauf des langen 19. Jahrhunderts zwischen Novellen und Erzählungen insgesamt verhält.

**Tabelle 19:** Historisierende perspektivische Modellierung: Novellen vs. Erzählungen mit *Accuracy score*s und für den Teilzeitraum 1790–1820 mit F1-Scores für Novellen und Erzählungen separat. Siehe das Skript »run_perspectival_modeling.py«.

| | 1790–1820 | 1820–1850 | 1850–1880 | 1880–1910 |
|---|---|---|---|---|
| Modell 1 (1790–1820) | 0,79<br>(E: 0,81; s N: 0,75) | 0,58 | | |
| Modell 2 (1820–1850) | | 0,7 | 0,6 | |
| Modell 3 (1850–1880) | | | 0,6 | 0,63 |
| Modell 4 (1880–1910) | | | | 0,7 |

Das Ergebnis verhält sich umgekehrt zu dem in der Einleitung versprochenen Makrobefund einer Konsolidierung der Gattung am Ende des 19. Jahrhunderts. Die höchste Trennschärfe besteht während der Goethezeit (Vorhersagegenauigkeit im Mittel von 0,79 für die Validierungsstichproben). Da für diesen Zeitraum wenige Novellen vorliegen, wurde der *Accuracy score* durch die *F1 scores* für Novellen und Erzählungen ergänzt: Es zeigt sich, dass in diesem Zeitraum beide Gattungen gut erkennbar sind. Da das *Sampling*-Verfahren grundsätzlich Stichproben erzeugt, das gleich große Gattungsgruppen bildet, ist die Kontinuität zwischen *accuracy* und *F1 score* grundsätzlich zu erwarten, so dass sie für die Folgezeiträume nicht mehr separat berichtet werden. Die Vorhersagegenauigkeit nimmt bis zur Hochphase des poetischen Realismus (0,6) ab und nimmt zur Zeit von Naturalismus und früher Moderne wieder leicht zu; aber lediglich bis zu einer Trennschärfe, die derjenigen der Restaurationszeit entspricht (0,7). Dass der erste Eindruck eines u-förmigen Verlaufs für die Gattungsdifferenz im Fortgang des 19. Jahrhunderts nicht als übergreifende novellengeschichtliche Tendenz interpretiert werden sollte, wird sich erst im Lauf der Kapitel 6 und 7 zeigen. Als Teil des Gesamtbilds wird dieses Zwischenergebnis dennoch wichtig sein.

Liest man entlang der Hauptdiagonale in horizontalen und vertikalen Schritten, gewinnt man einen Sinn für den Grad an Veränderung der Regeln. Der Rückgang der Vorhersagegenauigkeit (von 0,81 auf 0,59) des den Zeitraum von 1790 bis 1820 abbildenden Modells 1 in der Übertragung auf den Zeitraum von 1820 bis 1850 legt nahe, dass die Restaurationszeit mit einem anderen Regelsystem der semantischen Zuordnung von Texten zu Gattungen operiert. Dass diese Periode nicht einfach jegliche Differenzierungsfähigkeit für die Gattungsbegriffe von Novelle und Erzählung verliert, sondern zu einer neuen Differenzierungsfähigkeit gelangt, lässt sich vertikal daran ablesen, dass das Modell 2 innerhalb des Zeitraums, auf den es trainiert wurde, in der Validierung wieder deutlich besser abschneidet. Dies war auch zu erwarten. Verblüffend sind indes die Verluste bei der Vorhersagegenauigkeit zur Zeit des Realismus zwischen 1850 und 1880. Hier gehen nicht nur die Unterscheidungsregeln der Restaurationszeit verloren. Vielmehr scheint das gesamte Ausmaß der Veränderung auf einen Verlust an Differenzierungsfähigkeit hinauszulaufen. Das auf den Zeitraum 1850 bis 1880 trainierte Modell 3 erkennt den Unterschied zwischen Novellen und Erzählungen (mit 0,6) nicht besser als das Modell 2 der vorangehenden Periode. Problematisch sind die Ergebnisse für den letzten Übergang um 1880: Insgesamt ist die Unterschiedlichkeit zwischen Novellen und Erzählungen zwischen 1850 und 1880 so deutlich schwächer als in der Zeit nach 1880, dass sogar das auf diesen Zeitraum trainiertes Modell 3 für den Nachfolgezeitraum etwas stärker wird als für den Zeitraum, auf den es eigentlich trainiert wurde.

Liest man die Matrix in Tabelle 19 lediglich diagonal, so hat man es mit voneinander unabhängigen Modellen begrifflicher Geschlossenheit jeder Teilperiode zu tun. Steigt man hingegen die Treppe ab und liest stufenweise horizontal und vertikal, dann ergibt sich ein diachron auf die vorangehende Zeit bezogener Zusammenhang, insofern jedes Modell seinen genuinen Zeitraum (in der Hauptdiagonale der Matrix) repräsentiert und dann den Folgezeitraum (rechts der Hauptdiagonale) simuliert. Die Simulation lässt sich dann an realen Daten abgleichen und erlaubt so einen Einblick in gattungssemantischen Wandel. Dass die Ergebnisse der Erwartung einer zunehmenden Konturierung der Gattung Novelle widersprechen, kann nun viele Gründe haben: Die Erwartung kann falsch sein, die Perspektive (hier die Labels der Erstdrucke $S_{ED}$) kann falsch gewählt sein, es könnten die falschen textuellen *Features* ausgewählt worden sein, oder Gattungssemantik selbst muss strukturell komplexer modelliert werden. Die Herausforderung liegt darin, dass ein Mix aus allen genannten Gründen für das überraschende Bild verantwortlich ist. Im ersten Schritt gilt es am letztgenannten Problem anzusetzen und Gattungssemantik komplexer zu modellieren.

### 4.2.2 Semantische Netze und binäre Leerstellen-Differenziale

Das Modell des Klassenbegriffs ist in der Gattungstheorie zurecht in Verruf geraten, weil Gattungen als Textsorten schlicht nicht im Sinn streng abgrenzbarer Klassen funktionieren. Abschnitt 2.2.6 hat jedoch bereits dargelegt, dass das klassifikatorische Modell ein wichtiges Modell zur Beschreibung historischer Gattungspraxis ist. Gattungen wurden, auch im 19. Jahrhundert, dadurch bestimmt, dass sie voneinander abgegrenzt wurden. Der Gattungsvergleich ist bis ins 20. Jahrhundert ein Modus der Gattungsforschung geblieben. Am deutlichsten bei Johannes Klein, der den Begriff der Novelle über paarweise Abgrenzungen zu bestimmen sucht: »Novelle und Roman«, »Novelle und Erzählung«, »Novelle und Anekdote«, »Novelle und Schwank«, »Novelle und Facetie«, »Novelle und Legende«, »Novelle und Märchen«, »Novelle und Kurzgeschichte«, »Novelle und Skizze«, »Novelle und Ballade«, »Novelle und Drama«.[91] Klassifikation ist im Folgenden ein zentrales historisches Modell von Gattung. Deren differenzielle Struktur (siehe Abschnitt 2.2.6) lässt sich im Rahmen der historisierenden perspektivischen Modellierung noch einen Schritt weiterverfolgen, indem auch die nicht-direkt beteiligten Paare berücksichtigt werden. Während das Drama, und zwar nicht erst bei Storm, *die* Analogie-Gattung zur Novelle ist, sind Erzählung und Roman die zentralen Abgrenzungsbegriffe. Die historische Entwicklung begrifflicher Schärfung lässt sich in perspektivischer Modellierung nicht nur im direkten Gattungsvergleich der Novelle mit Erzählung bzw. Roman untersuchen, sondern als ein systematisches Set von Verhältnissen betrachten, zu denen auch das zwischen Erzählung und Roman gehört. Abbildung 18 veranschaulicht dies strukturell.

Abbildung 19 zeigt nun die drei Relationen in historischer perspektivischer Modellierung entlang der Hauptdiagonale, d. h. der Validierung mit *oos*-Daten aus Modellen des jeweils passenden Zeitraums. Für die Relation Novelle vs. Erzählung sind dies die aus Tabelle 19 bekannten Daten. Die Novelle hat zum Roman ein ähnliches Verhältnis wie zur Erzählung. Einer Abnahme in der Unterscheidungskraft zur Jahrhundertmitte folgt eine leichte Verbesserung der Unterscheidungskraft zur nächsten Jahrhundertwende hin. Überraschend ist der Verlauf der dritten Relation, in der die Novelle nicht selbst vorkommt: Im Verhältnis zwischen Roman und Erzählung zeigt sich bis über die Jahrhundertmitte hinaus eine deutlich bessere Unterscheidbarkeit, die dann zur Jahrhundertwende dramatisch einbricht. Mit einer Vorhersagegenauigkeit von 0,5 um 1900 werden Romane und Erzählungen algorithmisch und mit dem *BoW*-Modell gänzlich ununterscheidbar.

Die in der Forschung geläufige Annahme, dass der Begriff der Novelle in der zweiten Hälfte des 19. Jahrhunderts klarere Konturen annimmt,[92] lässt sich aus den in Abbildung 19 sichtbar gemachten Tendenzen nicht ablesen. Die Einschätzung einer zunehmend schärferen Konturierung der Gattung, sofern sie als ein intersubjektiv geteilter Eindruck tatsächlich die literarische Kultur des späten 19. Jahrhunderts geprägt haben sollte, könnte aber in Teilen eine Art ›Täuschungseffekt‹ sein, der dadurch zustande kommt, dass einer der zentralen Nachbarbegriffe (›Erzählung‹) seine Unter-

**91** Klein (1960, 8–28). Auch bei Füllmann (2010) dominiert die differenzielle Vorgehensweise.
**92** Vgl. Thomé/Wehle (2007). Bei Aust (2012) wird diese Annahme bereits kritisch referiert.

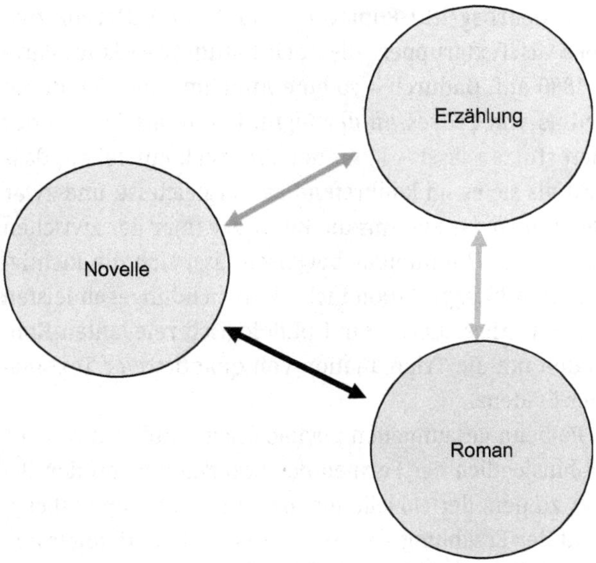


**Abbildung 18:** Systemische Relationen.

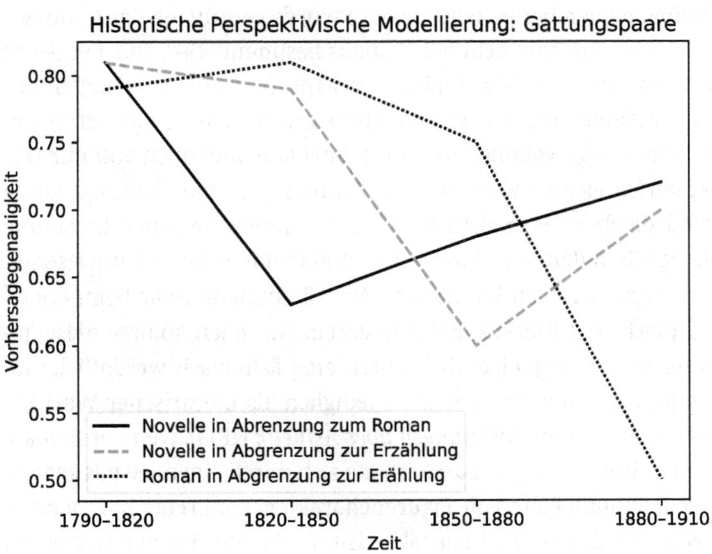


**Abbildung 19:** Historische perspektivische Modellierung: Gattungspaarrelationen als System.

scheidungskraft zum anderen Nachbarbegriff (›Roman‹) einbüßt. Die Differenz zwischen Erzählungen und Romanen als Textgruppen, die nach Gattungslabels im Paratext gebildet sind, löst sich um 1880 auf. Dadurch – so eine Annahme, die sich durch ein strukturalistisches Verständnis von Prozessen der Signifikation als Effekte der Summe semantischer Relationen stützen lässt – kann der Eindruck entstehen, dass die Novelle kontrastreicher wirkt als sie es im konkreten Paarvergleich ist; und zwar dadurch, dass in den übrigen Relationen des Systems die Kontraste (hier der zwischen Roman und Erzählung) verloren gehen. Unmittelbar beweisen lässt sich die Richtigkeit einer solchen leerstellenbasierten Interpretation nicht. Was sich hingegen leisten lässt, ist eine Plausibilisierung durch Anreicherung mit philologisch relevanten Kontexten. Es geht daher im Folgenden um die Triangulation von quantitativer Textanalyse mit historisch-poetologischer Evidenz.

Dafür habe ich die 127 von Polheim gesammelten poetologischen Äußerungen aus der Zeit zwischen 1772 und 1914 hinsichtlich der Formen der Bezugnahme auf den Begriff der Erzählung im Verhältnis zu dem der Novelle manuell ausgezählt und tabellarisch erfasst. Darin tritt der Begriff der Erzählung als Textsorten-Oberbegriff, unter den Novellen als eine besondere Form fallen, Erzählung als Schreibweise (*mode*), und Erzählung als besonderes Genre neben dem der Novelle auf. Für den letzten Fall wurde geprüft, ob Erzählung und Novelle als Synonyme gebraucht werden oder ob ein Gattungsunterschied zwischen beiden betont wird. Ebenso wurde geprüft, ob der Gattungsbegriff der Novelle in Abgrenzung von dem des Romans bestimmt wird. Nur bei Georg Reinbeck, Solger und Tieck (alle vor 1830) finden sich explizite Unterscheidungen der drei Gattungen Roman, Erzählung und Novelle. Reinbeck meint, »daß es eine irrige Ansicht ist, wenn die Novelle, wie gewöhnlich in unsern Poetiken, und auch von mir früher, als ein kurzer Roman bezeichnet wird. Manche Erzählungen sind allerdings kurze Romane, aber dann sind sie eben keine Novellen.«[93] Die Differenz zwischen Erzählung und Roman bestehe lediglich in dem nur äußerlichen und damit ästhetisch unwesentlichen Merkmal des Umfangs. Zwischen Roman und Novelle bestehe zwar beim ersten Anschein die gleiche äußerliche Differenz. Bei genauerem Hinsehen komme diese äußerlich gleiche Differenz im Umfang eigentlich durch eine ästhetisch wesentliche interne Differenz zustande. Bei Reinbeck wird diese lediglich als literarischer Wert bestimmt. Konkreter wird Solger in den *Vorlesungen über Ästhetik* (1819), wenn er Roman, Erzählung und Novelle als drei Gattungen ausweist, die sich durch einen jeweils spezifischen Umgang mit der Relationierung von Figurencharakter, konkreter Begebenheit und Allgemeingültigkeit von Situationen charakterisieren lassen. Darauf werde ich noch einmal zurückkommen. Ansonsten werden in den Novellenpoetiken Erzählung und Roman nicht aufeinander bezogen und voneinander abgegrenzt. Es dominieren mithin zwei Paarungen: Novelle vs. Roman und Novelle vs. Erzählung.

---

**93** Reinbeck (1841, XX); auch in Polheim (1970, 37).

Abbildung 20 illustriert die historische Tendenz in den Novellenpoetiken, den Novellenbegriff explizit durch eine Abgrenzung einerseits vom Begriff der Erzählung bzw. vom Begriff des Romans zu bestimmen. Bis etwa 1850 nimmt die Abgrenzung des Novellenbegriffs zu beiden Nachbargattungen Erzählung und Roman gemeinsam und leicht zu. Es dürfte daher kein Zufall sein, dass es unter den prominenten poetologischen Äußerungen zwei Bemerkungen gibt, die eine explizite Abgrenzung der Novelle von der Erzählung vornehmen, und die beide aus der Zeit um 1830 stammen. Es handelt sich um die in der Einleitung bereits erwähnten Überlegungen von Goethe zur unerhörten Begebenheit und von Tieck zum Wendepunkt.[94] Da der Forschung bislang immer *a priori* klar schien, welches die relevanten Nachbargattungen zur Novelle sind, hat man die poetologischen Äußerungen nie unter dem Gesichtspunkt ihrer Abgrenzungsstrategien betrachtet.

Ab 1850 wird der Roman zur dominanten Kontrastgattung der Novelle, während die Abgrenzung der Novelle von der Erzählung als Gattung im poetologischen Diskurs der zweiten Jahrhunderthälfte an Bedeutung verliert. Bereits um 1900 spielt die Erzählung als Kontrastbegriff zur Novelle keine Rolle mehr. Die historischen Gründe für diese poetologische Verschiebung mögen vielfältig sein: Der Aufstieg des Romans im Lauf des 19. Jahrhunderts dürfte zu den Ursachen dieser Konstellation gehören.[95] An dieser Stelle interessieren mich jedoch weniger die Ursachen, sondern mehr die Effekte der Verschiebung. Diese lassen sich abschätzen, wenn man die Abbildungen 19 und 20 gedanklich nebeneinanderstellt.

Um 1800 sind, wenn man die perspektivisch modellierte Textgruppendifferenzierungen und die Poetiken nebeneinanderstellt und zusammenzählt, 6 von 6 möglichen Verbindungen (Kanten) als Abgrenzungen realisiert, wobei in den Poetiken die Differenz zwischen Erzählung und Roman wesentlich seltener benannt wird als die übrigen. Abbildung 21 zeigt die Anzahl der realisierten Relationen. Jede der drei Gattungen ist an 4 von 6 (66%) dieser Relationen beteiligt. Um 1900 ist auf der Ebene der Textgruppen die Differenz zwischen Erzählung und Roman verloren gegangen. Dagegen ist die Erzählung aus den Novellenpoetiken als Kontrastgattung verschwunden. Zum Jahrhundertende hin ist die Novelle an allen von drei möglichen Kanten beteiligt, der Roman an zwei und die Erzählung an nur einer Kante. Die Zentralität der Novelle in diesem addierten Netzwerk wächst mithin auf 100%, die des Romans bleibt bei 66%, die der Erzählung schrumpft auf 33%. Obwohl die algorithmische Unterscheidbarkeit zwischen Novelle und Erzählung um 1900 etwas besser ausfällt als zur Mitte des 19. Jahrhunderts, ergibt sich im Gesamtbild aus Textsortendifferenzen im Netzwerk (hier aus

94 Siehe Einleitung, Anm. 4.

95 Vgl. Jeßing (2013, 305). Wie problematisch die vereinfachende Redeweise von der ›Leitgattung einer Epoche‹ oder ›der zentralen Gattung‹ sind, zeigt sich daran, dass Detering/Sina (2013, 445) davon ausgehen, dass in axiologischer Hinsicht der Roman im deutschsprachigen Raum um 1900 noch nicht zentral sei, dann aber innerhalb von 30 Jahren auch in normativer Hinsicht schnell zur Leitgattung avanciert.

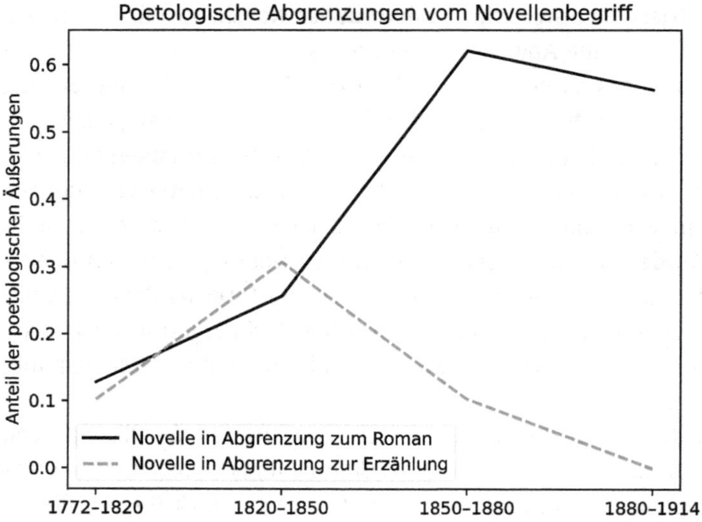


**Abbildung 20:** Anteil der Dokumente aus den Novellenpoetiken zwischen 1772 und 1914, in denen der Novellenbegriff explizit vom Roman oder der Erzählung abgegrenzt wird.

den drei Gattungen Novelle, Erzählung und Roman) sowie aus den als Genreerwartungen formulierten Abgrenzungen im poetologischen Diskurs der Eindruck, dass die Novelle in ihrer Kontraststärke zu den Nachbargattungen zunimmt. Die Gattungs-Leitdifferenz um 1900 ist dann die zwischen Novelle und Roman.

Wenn man die Poetiken inhaltlich auf ihre Abgrenzungsstrategien befragt, zeigen sich entsprechende Verschiebungen: Während in der ersten Hälfte des 19. Jahrhunderts häufig noch von faktischen Unterscheidungsproblemen zwischen Roman und Novelle die Rede ist, bzw. von einer Ununterscheidbarkeit beider Gattung auf der Ebene der Massenmarktproduktion,[96] konzentriert sich die Diskussion der zweiten Jahrhunderthälfte auf das Merkmal des Umfangs und konstruiert das für das 20. Jahrhundert maßgebliche Argument, dass die angeblich ›unwesentliche‹ Differenz hinsichtlich des Umfangs nur die äußerliche Wirkung einer inneren und damit wesentlichen sowie ästhetisch relevanten Differenz sei.[97] Das Merkmal der Länge gilt es daher unten als Gattungsmerkmal zu untersuchen.

96 So etwa Theodor Mundt: »Auf der andern Seite mußte die Novelle auch wieder leicht in den rohen Naturalismus der Production zurückfallen, dem diese Gattung überall gern sich hingiebt, und auf welcher Stufe namentlich von den subtilen Unterschieden zwischen Roman und Novelle nicht mehr wohl die Rede sein kann.« (Mundt, *Geschichte der Literatur der Gegenwart. Vorlesungen* [...] *Von dem Jahr 1789 bis zur neuesten Zeit.* 2., neu bearbeitete Auflage. Leipzig 1853, 580–581, auch in Polheim 1970, 73).
97 So bei Lukács (1911, 158), »Der Unterschied der Ausdehnung der Novelle und des Romans ist nur ein Symbol des wahren, tiefen und die Kunstgattung bestimmenden Unterschiedes; dessen, daß der Roman die Totalität des Lebens auch inhaltlich gibt, indem er den Menschen und sein Schicksal in den vollen Reichtum einer ganzen Welt hineinstellt, die Novelle dies aber nur formal tut, durch eine

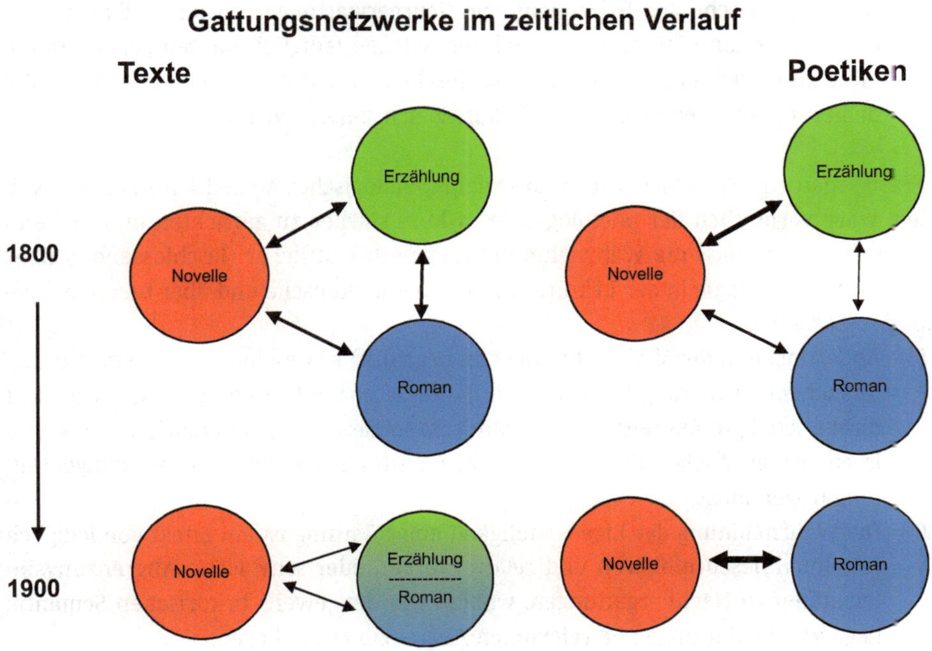


**Abbildung 21:** Gattungsnetzwerke im zeitlichen Verlauf.

Um künftigen, methodologisch verfeinerten Analysen vorzuarbeiten, lassen sich die Analyseschritte abstrahieren und mitsamt der dabei getroffenen Voraussetzungen und Vorannahmen explizit machen:

(1) Annahme einer latenten Wahrnehmungsdisposition einer literarischen Kultur, in der die Novelle von zunehmend mehr literarischen Akteuren als eine begrifflich geschlossene Gattung betrachtet wird.
(2) Sprachtheoretische Annahme: Die Annahme begrifflicher Geschlossenheit ist ein Effekt einer hohen Zahl von Differenzkonstruktionen, und zwar der Differenzen zu den als relevant erachteten Nachbargattungen.

Solche Differenzwahrnehmungen können textgruppen- und lektürebasiert sein. Als solche lassen sie sich über perspektivische Modellierung annähern. Sie sind aber auch durch den poetologischen Diskurs (und andere Dimensionen des Diskurses über Literatur) über explizite Abgrenzungen geprägt.

(3) Resultierende Differenzwahrnehmungen kommen – in variablen Gewichtsanteilen – durch beide Aspekte, (i.) textsortenbasierte Abstraktionen aus Lektüre und

derart stark sinnliche Gestaltung einer Episode des Lebens, daß neben deren Allumfassen alle andern Teile des Lebens überflüssig werden.« Auch in Polheim (1970, 183).

(ii.) poetologische Kodifizierungen von Genreerwartungen zustande. Für die vereinfachte, quantifizierende Darstellung wurden lediglich Kanten gezählt (ohne diese zu gewichten) und begriffliche Geschlossenheit durch perspektivische Modellierung sowie poetologischer Diskurs gleich stark gewichtet.

Würde man ein plausibles historisch-sozialpsychologisches Modell konstruieren wollen, wäre vermutlich der poetologische Diskurs stärker zu gewichten und in Rechnung zu stellen, dass die Wahrnehmung gattungsbegrifflicher Geschlossenheit über rekurrente Merkmale in der Lektüre stärker über kanonische und über besonders populäre Texte läuft.

(4) Änderungen in der Wahrnehmung von begrifflicher Geschlossenheit einer zu untersuchenden Gattung können auch dadurch zustande kommen, dass sich nicht direkt beteiligte Abgrenzungen verändern, so dass die zu untersuchende Gattung in einer literarischen Kultur eine höhere ›Last‹ als scheinbar ›eigenständige‹ Gattung tragen muss.

(5) Die Wahrnehmung der Eigenständigkeit einer Gattung ist ein Effekt von lediglich relational beschreibbaren und relativ starken oder schwachen Abgrenzungsintensitäten zu Nachbargattungen, wobei es in der jeweils historischen Semantik liegt, welche Gattungen im relevanten Abgrenzungsfeld liegen.

Um 1800 spielen die Gattungen der Anekdote, der Romanze und des Märchens noch eine größere Rolle, zwischen 1820 und 1850 dagegen die Erzählung (als Genre), und nach 1850 fast nur noch der Roman. In der hier exemplarisch durchgeführten Analyse wurden nur die zwei im Diskurs des 19. Jahrhunderts wichtigsten Nachbargattungen mit einbezogen.

Der zurückliegende Abschnitt hat eine Reihe von Annahmen getroffen und Vereinfachungen vorgenommen. Indem diese explizit gemacht und mitsamt ihrer Vorannahmen ausgestellt werden, lassen sie sich für künftige Analysen in komplexere Modelle semantischen Wandels integrieren. Das Anliegen des Abschnitts war zu demonstrieren, wie perspektivische Modellierung in einer Art Leerstellen-Differenzialanalytik und in der Zusammenstellung mit poetologischen Diskursen für eine philologisch tiefenscharfe Erhellung gattungssemantischen Wandels genutzt werden kann. Überwachtes maschinelles Lernen wurde hierbei mit einer qualitativen und in quantifizierende Auswertungen übertragenden Analyse poetologischer Aussagen trianguliert. Die Triangulation hat dabei nicht die Funktion komplementärer Anreicherung unterschiedlicher Formen von Evidenz. Es ging nicht um den Nachweis, dass perspektivische Modellierung einen bestimmten Sinn von begrifflicher Geschlossenheit zu reproduzieren erlaubt, sondern um den Aufbau eines plausiblen und umfassenderen Gesamtbilds, wie in historischen Kulturen der Eindruck gattungssemantischer Konturierung auch als eine Art von ›Täuschungseffekt‹ entstehen kann. Hierfür ist das Modell von Gattung als jeweils binäres und zugleich multiples Abgrenzungssystem im Sinn der *genus-proximum-* und *differentia-specifica-*Operationen als Modell historischer Unterscheidungspraxis aus Abschnitt 2.2.6 grundlegend.

### 4.2.3 Vagheit: Logistische Regression und Prototypentheorie

Für die perspektivische Modellierung im engeren Sinn ist die Frage der Interpretierbarkeit als Frage nach begrifflicher Geschlossenheit zentral. Bis hierher hat algorithmische Modellierung Unterscheidbarkeit in einem eher allgemeinen Sinn in den Blick genommen. Die Frage, wie sich Unterscheidbarkeit zu begrifflicher Geschlossenheit verhält, wurde bislang nicht geklärt. Für diejenigen, die algorithmischer Modellierung immer noch grundsätzlich skeptisch gegenüber stehen, lohnt es sich, noch einmal einen großen Schritt zurück zu gehen: Klärungsbedürftig ist diese Frage, weil sich mindestens drei Arten unterscheiden lassen, wie sich algorithmische Unterscheidbarkeit zu begrifflicher Geschlossenheit verhält: (a) Es könnte sein, dass die algorithmische Unterscheidung zwischen Gattungsgruppen Regeln reproduziert, die nichts mit gattungsbegrifflichen Differenzen zu tun haben. (b) Es ist möglich, dass die algorithmische Unterscheidbarkeit (hier mit Vorhersagegenauigkeit für Novellen vs. Erzählungen um 0,73) sozusagen der ›exakte‹ Ausdruck der begrifflichen Vagheit des historischen Novellenbegriffs (sowie der Nachbargattungsbegriffe) ist. Oder: (c) Es kann sein, dass der Gattungsbegriff der Novelle in einer historischen Kultur eigentlich mehr oder weniger trennscharf funktioniert, und dass nur die Praxis der Zuschreibung von Texten zur Gattung wenig mit diesem Begriff zu tun hat. Man hätte es dann mit einer Praxis der Verwendung der Gattungsbezeichnungen zu tun, die sich zwar nicht ganz im Leerlauf befindet, aber sozusagen nur mit ›schleifender Kupplung‹ mit den Gattungsbegriffen ihrer Zeit verbunden ist. Man hat es dann mit einer Zuschreibungspraxis zu tun, die weitgehend unabhängig vom Gattungsbegriff funktioniert.

Um den Unterschied zwischen diesen drei Optionen besser nachvollziehbar zu machen, hilft es sich noch einmal klarzumachen, was es eigentlich heißen soll, dass Unterscheidbarkeit mehr oder weniger stark auf begrifflicher Geschlossenheit beruht: Dass ein Text $t_1$ der Gattung Novelle und der Text $t_2$ der Gattung Erzählung zugeordnet wird, beruht auf Regeln, wonach Texte mit den in $t_i$ beobachteten Merkmalen eher der Gattung Novelle oder der Gattung Erzählung zugeordnet werden. Verzwickt wird es bereits bei der Frage, an welche Arten von Merkmalen man hier zu denken hat. In erster Linie an Textmerkmale, die sich ohne Rücksicht auf die Situierung des Texts und allein durch Lektüre und Analyse feststellen lassen. Sodann beruhen aber einige Gattungen wie historischer Roman, Pastiche oder Parodie auf intertextuellen Merkmalen oder Konfigurationen zwischen fiktiver Welt und realer Welt, die sich nicht kontextfrei feststellen lassen.[98] Merkmale sind die in einem Gattungsbegriff beschreibbaren textuellen, inter- sowie kontextuellen Merkmale, häufig unter Ausschluss des Merkmals, dass der Text das entsprechende Gattungslabel trägt.[99] Die pri-

**98** Vgl. Gittel/Köppe (2022).

**99** Vgl. Hempfer (2010c, 19), der auf den unplausiblen Gedanken bei von Kutschera zu Wittgensteins *Philosophischen Untersuchungen* [1953] hinweist, dass die Zugehörigkeit zur Gattung selbst ein Gattungsmerkmal sei, vgl. Kutschera (1975, 191).

mären Gründe hierfür sind die Zuordnung des Texts zu einer Textsorte oder der Aufruf genrespezifischer ästhetischer Erwartungen.

Kapitel 7 wird der Option (a) nachgehen und prüfen, ob die Regelmäßigkeit in der Verwendung der Gattungsbezeichnungen, durch Regeln zustande kommt, die nichts mit Gattungsbegriffen im herkömmlichen Sinn zu tun haben, sondern damit, dass es in konkreten Umgebungen und Situationen sowie zu bestimmten Zeiten wahrscheinlicher war, eine Gattungsbezeichnung einer anderen vorzuziehen – ohne Bedeutungsdifferenzierung. Der Option (c), wonach es einen Gattungsbegriff geben kann, der aber keine Wirksamkeit entfaltet, hat sich die Literaturwissenschaft noch viel zu wenig gewidmet, weil diese Option nach einer Klärung der kausalen Rolle von Gattungssemantiken verlangt. Eine künftige Forschung öffnende Diskussion wird der Schluss dieses Buchs mit einer sozialtheoretischen Perspektivierung leisten. Es bleibt die Option (b), der sich dieses Kapitel widmen wird. Diese Option nutzt die Annahme, dass die algorithmische Unterscheidbarkeit Ausdruck der gattungsbegrifflichen Geschlossenheit ist. Dies ist die Annahme, auf die sich auch Underwood ohne weitere theoretische Absicherung stützt. Zu klären ist, was die unterschiedlichen Werte für Vorhersagegenauigkeiten (z. B. 0,81, 0,7, 0,6) jeweils für die begriffliche Geschlossenheit oder Offenheit bedeuten.

Es gilt daher, die Vorhersagegenauigkeit in perspektivischer Modellierung – also die algorithmisch modellierten historischen Gattungsunterscheidungen – als Ausdruck begrifflicher Geschlossenheit bzw. relativer Vagheit zu interpretieren. In der allgemeinen Gattungstheorie hat es sich durchgesetzt, mit klassifikatorischem Begriff (nach dem scholastischen Modell von *genus proximum* und *differentia specifica*), Prototypentheorie (nach Rosch) und Familienähnlichkeitskonzept (aus Wittgensteins *Philosophischen Untersuchungen*) drei Modelle zu unterscheiden, auf denen Gattungsbegriffe beruhen können.[100] Nur Prototypensemantik und Familienähnlichkeit, die theoriegeschichtlich in mehrfacher Hinsicht zusammengehören, lassen die Idee begrifflicher Vagheit zu.[101] Hempfer empfiehlt im Allgemeinen, den Klassenbegriff zu verabschieden und Familienähnlichkeit sowie Prototypentheorie als die für die im ›Realbetrieb‹ vorfindlichen Gattungskonzepte relevanten Modelle heranzuziehen.

**100** Siehe Abschnitt 2.2.5 und vgl. Hempfer (2010c) für ein triadisches Verständnis. Lediglich zwischen klassifikatorischem und Familienähnlichkeitsbegriff unterscheidet beispielsweise Fishelov (1991). Relevant für den Familienähnlichkeitsbegriff sind aus den *Philosophischen Untersuchungen* insbesondere die Paragraphen § 65–71 (Wittgenstein 2001, 786–790).

**101** Zusammen gehören sie in mindestens zwei Hinsichten: Zum einen hat Rosch die Idee der Prototypikalität aus Wittgensteins Konzept der Familienähnlichkeit heraus entwickelt (Rosch 1978). Zum anderen – und gewissermaßen umgekehrt – kam die Wissenschaftstheorie und Sprachphilosophie vor Wittgensteins *Philosophischen Untersuchungen* mit der Unterscheidung zwischen Klassen- und Typenbegriff aus (vgl. Hempel 1936). Der Familienähnlichkeitsbegriff nimmt dann in Abgrenzung von bzw. als Kritik am Klassenbegriff die Stelle des Typenbegriffs ein.

Strube hat überdies vorgeschlagen, den Novellenbegriff als Familienähnlichkeitsbegriff aufzufassen.[102] Klassifikationen mit überwachtem maschinellen Lernen und damit auch die hier ausgearbeitete Form der perspektivischen Modellierung sind aber zunächst eine Modellierung von Gattungsbegriffen als klassifikatorische Begriffe. Im Folgenden geht es daher darum, perspektivische Modellierung als Ausdruck von Typenbegriffen zu entwickeln.[103] Dafür gilt es zunächst die zentralen Aspekte von Familienähnlichkeit und Prototypentheorie als Varianten von Typenbegriffen in Abgrenzung zum klassifikatorischen Begriff zu identifizieren:

(1) Typenbegriffe beruhen im Allgemeinen, so Franz von Kutschera, auf der logischen Struktur komparativer Begriffe.[104] Bei diesen handelt es sich um zweistellige Prädikate, die Aussagen der Form erlauben: ›Die Werkmanifestation $t_1$ hat die Eigenschaft *e* in höherem oder geringerem Grad als $t_2$.‹ Das Konzept klassifikatorischer Begriffe operiert dagegen nicht mit einem Mehr oder Weniger an begrifflicher Offenheit, sondern mit der eindeutigen Zuweisung von Instanzen zu einer Klasse aufgrund des in der Klassendefinition festgelegten Sets an notwendigen und zusammen hinreichenden Kriterien. Im Unterschied zu komparativen Begriffen erfüllen Typenbegriffe außerdem häufig eine klassifikatorische Funktion, so dass man zugleich die folgenden beiden Arten von Aussagen treffen kann: ›Sowohl $t_1$ als auch $t_2$ sind Beispiele für die Kategorie *K*‹. Und: ›$t_1$ ist ein besseres Beispiel für *K* als $t_2$.‹ Es gibt einige Algorithmen überwachten maschinellen Lernens, die neben der klassifikatorischen auch eine komparative Funktion erfüllen. Die logistische Regression ermöglicht komparative Aussagen dadurch, dass jede Klassenvorhersage auf einer Vorhersagewahrscheinlichkeit beruht. Die komparative Dimension wird daher im Folgenden über die Vorhersagewahrscheinlichkeit der logistischen Regression modelliert.

(2) Wichtig für die Prototypentheorie im Besonderen ist die Einführung eines Zentrums der Prototypikalität. Taylors einschlägige Definition lautet:

---

102 Vgl. Strube (1986). Garrido Miñambres (2009, 72) hat Strubes Vorschlag übersehen und liefert den gleichen Vorschlag sozusagen nochmal, obwohl er sich später (ebd., 89) in anderem Zusammenhang auf Strube bezieht.

103 Wichtige Impulse für eine quantitative Modellierung von Familienähnlichkeit und Prototypentheorie kommen von Calvo Tello (2021, 72–78) und Henny-Krahmer (2023, 81–87 und 451–467), die es im Folgenden zu integrieren gilt. Beiden Arbeiten fehlt jedoch sowohl eine systematische Explikation von Familienähnlichkeits- und Prototypentheorie als auch ein übergreifender Theorierahmen, innerhalb dessen einzelne Aspekte von Prototypikalität und Familienähnlichkeit systematisch operationalisiert werden könnten. Zumindest die Grundzüge eines solchen Rahmens liefert im Folgenden die perspektivische algorithmische Modellierung.

104 Vgl. Kutschera (1975, 200–201).

> Entities are assigned membership in a category in virtue of their similarity to the prototype; the closer an entity to the prototype, the more central its status within the category. The notion of similarity thus underlies all categorization processes.[105]

In einführenden Darstellungen zu literarischen Gattungen liest man häufig, Bürgers »Lenore« sei der Prototyp der Ballade,[106] Wielands *Geschichte des Agathon* und Goethes *Wilhelm Meisters Lehrjahre* seien die zwei Prototypen des Bildungsromans.[107] Populär ist das Modell auch in der Prototypendidaktik, die von der Idee ausgeht, dass Literaturunterricht bei prototypischen Beispielen beginnen solle. Was genau im Zentrum der Prototypikalität (z. B. der Gattung Novelle) steht, ist bereits eine theoretisch kontroverse Frage: Ist es ein Autor (z. B. Tieck),[108] oder ein Werk wie beispielsweise *La fuerza de la sangre* aus den *Novelas ejemplares* von Cervantes,[109] oder eine ganze Untergattung, oder bereits eine zum Muster abstrahierte Struktur (z. B. das Erzählen im Stil des *Decamerone*).[110] Entsprechend hat Taylor drei Möglichkeiten vorgestellt: *prototype as exemplar, prototype as subcategory* und *prototype as abstraction.*[111] In der folgenden perspektivischen Modellierung von Prototypikalität sind es primär Werke.[112] Die perspektivische Modellierung wird indes zeigen, dass es eine Frage des Blickwinkels ist, ob man die Exemplare im prototypischen Zentrum in den Blick nimmt, oder Merkmalsabstraktionen. Gattungstheoretisch relevante Aspekte eines *prototype-as-subcategory* Ansatzes werden sich unten ergiebiger im Rahmen des Familienähnlichkeitsbegriffs klären lassen.

(3) Entscheidend ist neben dem prototypischen Zentrum, in dem sich die Exemplare mit der höchsten Prototypikalität (z. B. die für die Kategorie des Novellistischen typischsten Novellen finden) die Idee der Peripherie: An den begrifflichen Rändern finden sich Exemplare, deren Ähnlichkeit zum Zentrum (zu den Exemplaren oder Subkategorien im Zentrum) so stark nachgelassen haben, dass sie entweder ebenso der einen wie einer anderen Kategorie angehören können, oder tatsächlich historisch in der gleichen Situation mehreren Gattungen zugeordnet wurden. Dieser Fall ist tatsächlich vereinzelt beobachtbar und legt in der perspektivischen Modellierung die

**105** Taylor (2007, 65). Diesen Aspekt von Prototypikalität betont auch Calvo Tello (2021, 78 und 343).
**106** So explizit Wagenknecht (2007, 195) *im Reallexikon.*
**107** So – vermittelt über den Typusbegriff – Jacobs (2007, 230), ebenfalls im *Reallexikon.*
**108** So z. B. Schröder (1970).
**109** So z. B. Garrido Miñambres (2009).
**110** Siehe Kapitel 6.2.
**111** Vgl. Taylor (2007, 64).
**112** Zum Werkbegriff siehe Kapitel 3, Anm. 25. Zwar bezieht sich der Werkbegriff auf Abstraktionen, doch in der Trias von Exemplar, Subkategorie und Abstraktion entspricht das Werk als Prototypenzentrum am ehesten dem *prototype-as-exemplar* Ansatz.

von Calvo Tello in der Gattungsanalyse eingesetzte *multi-label classification* nahe.[113] Auch wenn weder Rosch noch Taylor dies explizit machen, steckt die Idee der Gravitation dahinter. Es gibt, so die theoretische Idee der Prototypentheorie, literarische Werke, die den Kategorien von Novelle und Erzählung näher sind als anderen, also z. B. näher als den Kategorien von Roman und Märchen, aber gewissermaßen unter Gesichtspunkten der Anziehung zum Zentrum jedes Begriffs gleich weit von den Zentren entfernt, so dass es – begrifflich unentschieden ist, wo die Exemplare (bzw. Werke) hingehören. Abbildung 22 in der die Kategorie *bird* über den *prototype-as-subcategory* Ansatz modelliert wird, endet bei den noch der Kategorie zugehörigen, aber nicht mehr sehr typischen Repräsentanten Pinguin und Strauß.

(4) Schließlich ist für eine an der historischen literarischen Kommunikation orientierte Gattungsgeschichte ein weiterer Bereich einzuführen: der Bereich der echten Ausreißer mit den Texten, die nach den Regeln der Begriffsverwendung eigentlich einer der Nachbargattungen hätten zugeordnet werden müssen. Dieser Bereich wurde in der gattungstheoretischen Diskussion zu Prototypenbegriffen bislang vergessen, weil man auch in dieser Diskussion meist nur danach gefragt hat, welches das beste Begriffsmodell für einen systematischen Gattungsbegriff sei. Es handelt sich indes um einen Bereich, dessen Relevanz sich mithilfe der sprachtheoretischen Diskussionen aus der Philosophie besser verstehen lässt und den es daher im Anschluss an die folgende prototypentheoretische Modellierung im Zuge der Diskussion des Familienähnlichkeitsbegriffs in der Gattungstheorie zu entfalten gilt. Zunächst aber zur perspektivischen Modellierung der Aspekte von (1) komparativer und zugleich klassifikatorischer Dimension in Typenbegriffen, (2) Zentrum, (3) Peripherie und (4) Ausreißern.

Die Prototypentheorie ist als ein Projekt angetreten, eine psychologische oder intensionale Semantik zu entwickeln, die auf dieser Logik des Typenbegriffs beruht. Sie ist also im Wesentlichen in der Psycholinguistik beheimatet. Die folgende Konfiguration wird im Rahmen dieser Arbeit nicht die psychologische Dimension einer intensionalen Semantik modellieren, sondern die Dimension von Vagheit in der Praxis und unter extensionaler Perspektive. Was dies im Einzelnen bedeutet, wird aus der folgenden Entwicklung des Modells klarer werden. Als perspektivisches Modell zeigt die Abbildung 23 eine an die Kreislinien von Aitchison (Abbildung 22) angelehnte Projektion für Novellen im Kontrast zu Erzählungen. Innerhalb des durch zwei schmale Kreislinien eingezeichneten Grenzbereichs findet sich ein Bereich relativ typischer Werke und damit prototypentheoretisch gesehen das Zentrum der Novellen. Im Grenzbereich befindet sich eine Art Grauzone. Außerhalb dieser Grauzone ist der Bereich der

113 Vgl. Calvo Tello (2021, 327–331). Im Korpus dieser Arbeit liegen zu wenige Fälle von mehrfachen Labels je perspektivischer Situation $S_i$ vor, um dieses Verfahren anwenden zu können. Calvo Tello kann das Verfahren anwenden, weil er nicht vorab historische Situationstypen der Perspektivierung von Gattungszuordnung voneinander trennt.

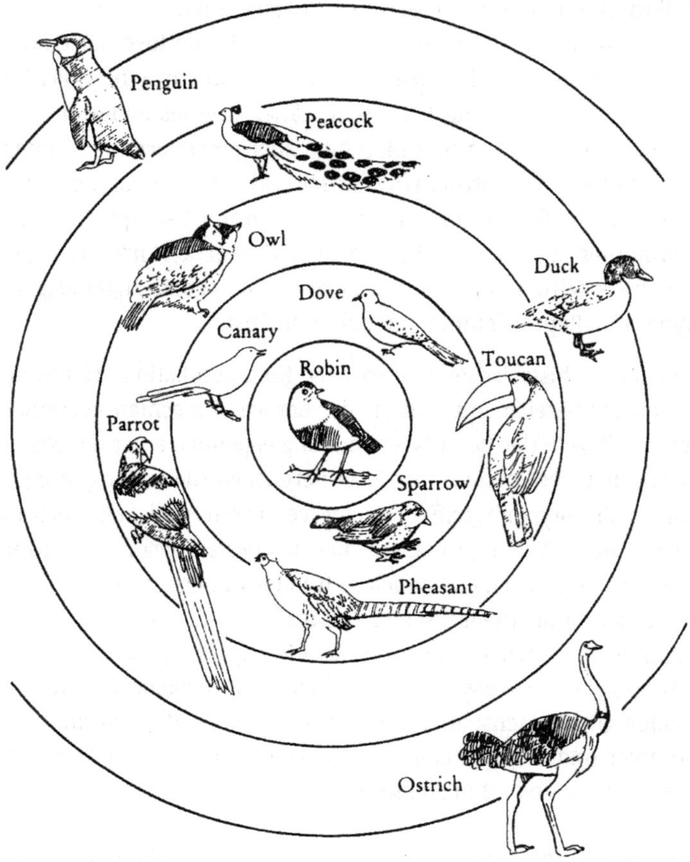


**Abbildung 22:** Aitchison (2012, 69). Prototypenstruktur des Begriffs *bird*.

Texte, die der Algorithmus eigentlich der Kontrastgattung zuordnen würde. Dies ist der Raum der Ausreißer. Während Klassifikationsalgorithmen im Regelbetrieb lediglich den Bereich einer richtigen und einer falschen Zuordnung kennen, unterscheidet die hier entwickelte Projektion zwischen drei Bereichen: einem Feld der eindeutigen Zuordnung, einem Graubereich der Unentscheidbarkeit oder eines Gleichgewichts zwischen unterschiedlichen begrifflichen Zentren, und einem Feld der Ausreißer jenseits eines Graubereichs.[114]

114 Diese Projektion ist als Funktion *plot_prototype_concepts* im Modul *clustering.my_plots* implementiert.

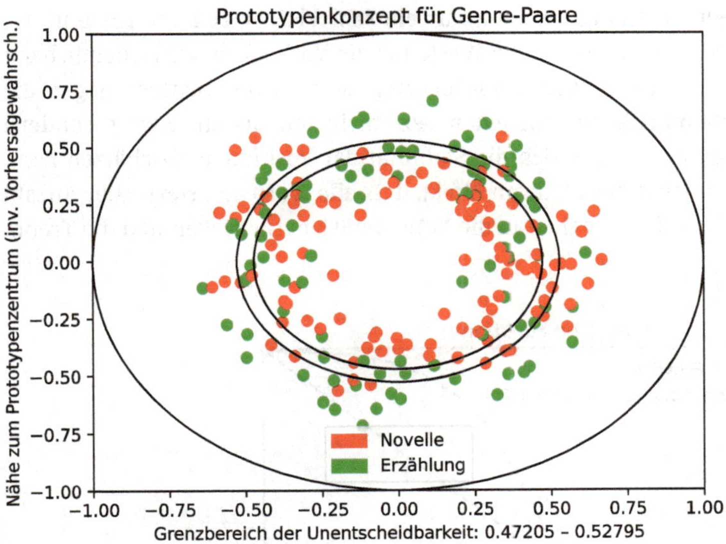


**Abbildung 23:** Prototypikalität der Novelle in Abgrenzung zur Erzählung.

Im Folgenden werden die Projektionsmethode und die mathematische Bedeutung dieser Abbildungstechnik erläutert, um das hier vorgestellte Verständnis von Prototypikalität in perspektivischer Modellierung als Ausdruck begrifflicher Vagheit interpretierbar zu machen.[115] Ausgangssituation ist eine binäre Klassifikationsaufgabe, hier für Novellen vs. Erzählungen. Zunächst wurden in einem eigens konfigurierten *Bootstrapping*-Verfahren *n* (=100) Klassifikationsmodelle mit regulierter logistischer Regression trainiert, wobei für jede Trainingsstichprobe jeweils nur ein Text jedes Autors und ein Text aus jedem Erscheinungsjahr gezogen wurde, um zu vermeiden, dass das Modell auf den Stil einzelner Autoren trainiert wird und um die Überrepräsentation einzelner Taschenbuchjahrgänge auszugleichen.[116] Zu den trainierten Modellen wurden anschließend für die aus dem Trainingsdatensatz zurückgehaltenen Validierungsstichproben die Vorhersagewahrscheinlichkeit der Klassifikation bestimmt und über alle *n* Stichproben gemittelt.[117] Dieses *Bootstrapping*-Verfahren hat drei wichtige Effekte: Erstens liegen dank der hohen Anzahl an Validierungsstichproben mit hoher Wahrscheinlichkeit für jeden Text aus dem Korpus mehrere Werte für die Vorhersagewahrscheinlichkeit vor. So können in den Abbildungen sämtliche Instanzen der betreffenden Gattungsgruppen in die prototypentheoretische Darstellung projiziert wer-

115 Vorgestellt habe ich das Verfahren in Schröter (2022b).

116 Zu diesem Verfahren siehe Kapitel 4.1.

117 Siehe die Skripte »plot_perspectival_prototypes[Gattungsgruppen].py« im Skripteordner »4-2«

den, obwohl bei jeder Trainingsiteration nur ein sehr kleiner Teil der Texte in der Validierungsstichprobe war, aus der die Werte für die Vorhersagewahrscheinlichkeit berechnet werden. Zweitens werden die Ergebnisse robuster. Drittens liegen die Vorhersagewahrscheinlichkeiten für jeden Text nicht nur als Mittelwert, sondern auch als Verteilung vor, so dass sich die Stabilität der Positionen abschätzen lässt. Dies hat zugleich den etwas nachteiligen Effekt, dass alle Werte mit steigender Anzahl von *Bootstrapping*-Iterationen näher an die Mitte um 0,5 heranrücken und die Trennschärfe abnimmt.

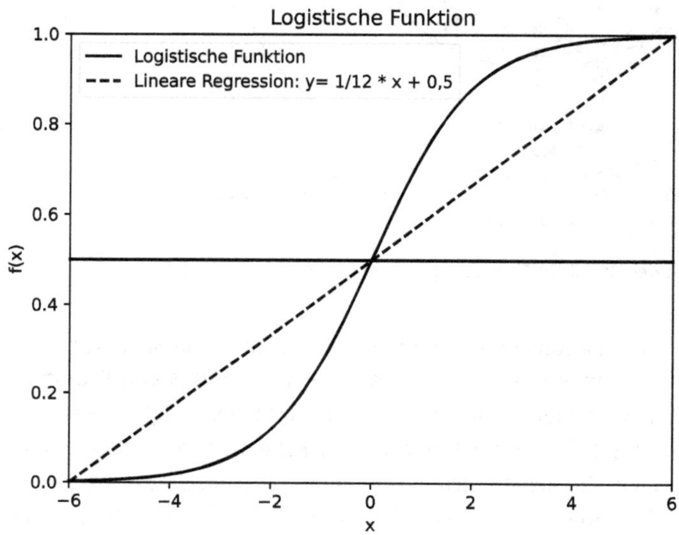


**Abbildung 24:** Logistische Funktion und lineares Regressionsmodell.

Einer der Gründe, weshalb die logistische Regression hier als Algorithmus überwachten maschinellen Lernens gewählt wurde, ist, dass sie – im Unterschied etwa zu *support vector machines* (*SVM*) – eine Vorhersagewahrscheinlichkeit mit Werten zwischen 0 und 1 zur Verfügung stellt, und dass sich deren Zustandekommen ›geradlinig‹ transparent machen lässt. Wie die Vorhersagewahrscheinlichkeit zustande kommt, lässt sich anhand der logistischen Funktion in Abbildung 24 (bzw. ihrer Umkehrung, der Logit-Funktion) veranschaulichen, die – grob gesprochen – die Geradlinigkeit einer linearen Regression in eine s-förmige (sigmoide) Kurve ›umbiegt‹. Die Vorhersagewahrscheinlichkeit ist der mit einer logistischen Funktion hergestellte Funktionswert *f(x)* zu einem Wert der Vorhersagevariable *x*. Die logistische Funktion hat die Form:

$$\sigma(x) = \frac{e^x}{1+e^x} \qquad \text{(Gl. 4.8 Logistische Funktion)}$$

Für $x < 0$ nimmt die Funktion Werte $\sigma(x) = y < 0{,}5$ an, für $x \geq 0$ gilt: $y \geq 0{,}5$. Der Wert y = 0,5 dient in der Regel als Entscheidungsgrenze. Aus einer Vorhersagewahrscheinlichkeit $p(x) \geq 0{,}5$ wird üblicherweise die Vorhersage für die Kategorie 1 (z. B. ›Novelle‹), aus $p(x) < 0{,}5$ wird üblicherweise die Kategorie 0 (z. B. ›Erzählung‹) vorhergesagt. Wie die Berechnung der Vorhersagewahrscheinlichkeit $y$ aus der Variable $x$ erfolgt, lässt sich am einfachsten über die Annäherung an eine lineare Regression verstehen. Diese hat im Fall nur einer Vorhersagevariable $x$ die folgende Form:

$$f(x) = \beta + w \cdot x \qquad \text{(Gl. 4.9 lineare Regression mit einer Vorhersagevariable)}$$

Der lineare Prädikator auf der rechten Seite der Gleichung lässt sich anstelle des x in die Funktionsgleichung der logistischen Funktion einsetzen und so umformen, dass auf der rechten Seite der Prädiktor und links die Logit-Funktion als Umkehrung der logistischen Funktion steht.

$$log\left(\frac{p(x)}{1-p(x)}\right) = \beta + w \cdot x \qquad \text{(Gl. 4.10 logistische Regression mit Link-Funktion)}$$

Die Logit-Funktion (auf der linken Seite) dient als Link-Funktion.[118] Sie ist es, die den Funktionswert des linearen Prädiktors (rechts) von einer Regressionsgeraden in eine der logistischen Funktion entsprechende sigmoide S-Kurve ›umbiegt‹. Aufgrund der Trainingsdaten werden die Gewichte $w$ für die geeignetste lineare Prädiktor-Gleichung abgeschätzt, um möglichst viele korrekte Vorhersagen zu ermöglichen, bei dem aus dem Wert der Variable $x$ jeder Instanz deren Klassenzugehörigkeit (0 oder 1) bestimmt wird.

Die Abstände jedes Texts vom Mittel- und Nullpunkt in der kreisförmigen Prototypendarstellung der Abbildung 23 ist der aus allen Validierungsdurchgängen bestimmte Mittelwert des Funktionswerts $f(x)$, wobei das Modell in der konkreten Anwendung 2500 Variablen $x_i$ für die relative Häufigkeit der häufigsten Wörter und ebenso viele Gewichte $w$ enthält. Obwohl am Ende eine binäre Klassifikation vorgenommen wird, operiert die logistische Regression innerhalb ihres Maschinenraums mit Graden einer mehr oder weniger deutlichen Zuordnung von Instanzen zu Klassen.

Im nächsten Schritt lässt sich die Vorhersagegenauigkeit und der *C@1-score* als eine seiner Unentscheidbarkeit berücksichtigenden Varianten einführen. Die Vorhersagegenauigkeit in der einfachsten Variante des *Accuracy scores* wird als Quotient zwischen der Anzahl korrekter und der gesamten Prognosen berechnet:

$$accuracy\,score = \frac{Anzahl\,k_T\,korrekter\,Vorhersagen}{Anzahl\,n\,aller\,Vorhersagen} = \frac{TP+TN}{TP+TN+FP+FN} \qquad \text{(Gl. 4 11)}$$

118 In der logistischen Regression ist die sigmoide Funktion nach wie vor Standard. Alternative Link-Funktionen wären für das folgende Szenario zwar möglich, aber nicht plausibler. Im Bereich des *Deep Learning* etwa dominieren *Tanh* und *ReLU* als sog. Aktivierungsfunktionen.

Abbildung 25 zeigt die Lokalisierung realer Daten auf einem anhand realer Daten trainierten logistischen Regressionsmodell. Die Vorhersagevariable $x$ ist hier die Textlänge in Wort-Token. Die beiden Klassen, für die das Modell trainiert wurde und die es vorherzusagen gilt, sind Romane (Klasse: 1) vs. Märchen (Klasse: 0). Links sind die Trainingsdaten als Punkte eingetragen: Romane haben alle den tatsächlichen Wert 1, Märchen den Wert 0. Anhand dieser Daten wurde ein logistisches Regressionsmodell (rote Linie) geschätzt. Auf der rechten Seite wird das gleiche Modell (rote Linie, auf der $x$-Achse aber anders skaliert und daher etwas entzerrt) genutzt, um die Klasse vorherzusagen. Vorhersagen liegen immer auf der roten Linie, weil deren Funktionswert (Position auf der y-Achse) eben durch das Modell bestimmt wird: Wenn der Funktionswert $y = f(x)$ unterhalb der Entscheidungsgrenze liegt, wird die Instanz der Kategorie Märchen (Klasse: 0) zugerechnet, wenn der Wert darüber liegt, der Kategorie Roman (Klasse: 1). Auch hier wurden reale Daten verwendet. Man sieht, dass das Modell aus der rechts eingetragenen Gruppe der Vorhersage-Instanzen einen Fehler begeht: Ein sehr kurzer Roman landet im unteren Entscheidungsbereich, der zur Klassifikation als Märchen führt. Insgesamt finden sich im Validierungs-*Sample* 20 Instanzen (10 Märchen und 10 Romane). Die Vorhersagegenauigkeit beträgt mit 19 richtigen von 20 Prognosen 0,95.

Der *C@1-score* führt zusätzlich zur Anzahl der korrekten Prognosen $k_T$ und zur Gesamtzahl $n$ aller Prognosen die Anzahl der Enthaltungen $k_U$ ein und hat die folgende Gleichung:[119]

$$c@1 = \frac{1}{n}\left(k_T + \frac{k_T}{n} \cdot k_U\right) \qquad \text{(Gl. 4.12)}$$

Wenn man anstelle einer Entscheidungslinie bei einem Wert von y = 0,5 eine Grauzone beispielsweise im Wertebereich 0,35 < y < 0,65 einführt, so dass bei Funktionswerten innerhalb dieser Grauzone anstelle einer binären Vorhersage für eine der beiden möglichen Klassen eine Enthaltung erfolgt, dann würden im Beispiel hier 19 korrekte Prognosen und eine Enthaltung vorliegen. Der Wert für die *C@1*-Vorhersagegenauigkeit beträgt 0,9975 und verbessert sich gegenüber dem vorherigen *Accuracy score*. In dieser Weise wurde mit einer Gridsuche, bei der die anfängliche Entscheidungsgrenze symmetrisch und schrittweise zu einer Zone der Unentscheidbarkeit ausgeweitet wird, nach der Schwellengröße gesucht, bei der der *C@1-score* für die Validierungsdaten sein Maximum erreicht.

Abbildung 82 im Anhang zeigt den Graphen, der diese Gridsuche am Beispiel eines Modells zur Klassifikation von Romanen vs. Märchen als Funktion abbildet, bei der für das trainierte Modell und die verfügbaren Validierungsdaten jeweils zu einem sukzessive ausgeweiteten Enthaltungsbereich für Vorhersagewahrscheinlichkeiten

119 Vgl. Peñas/Rodrigo (2011, 1416).

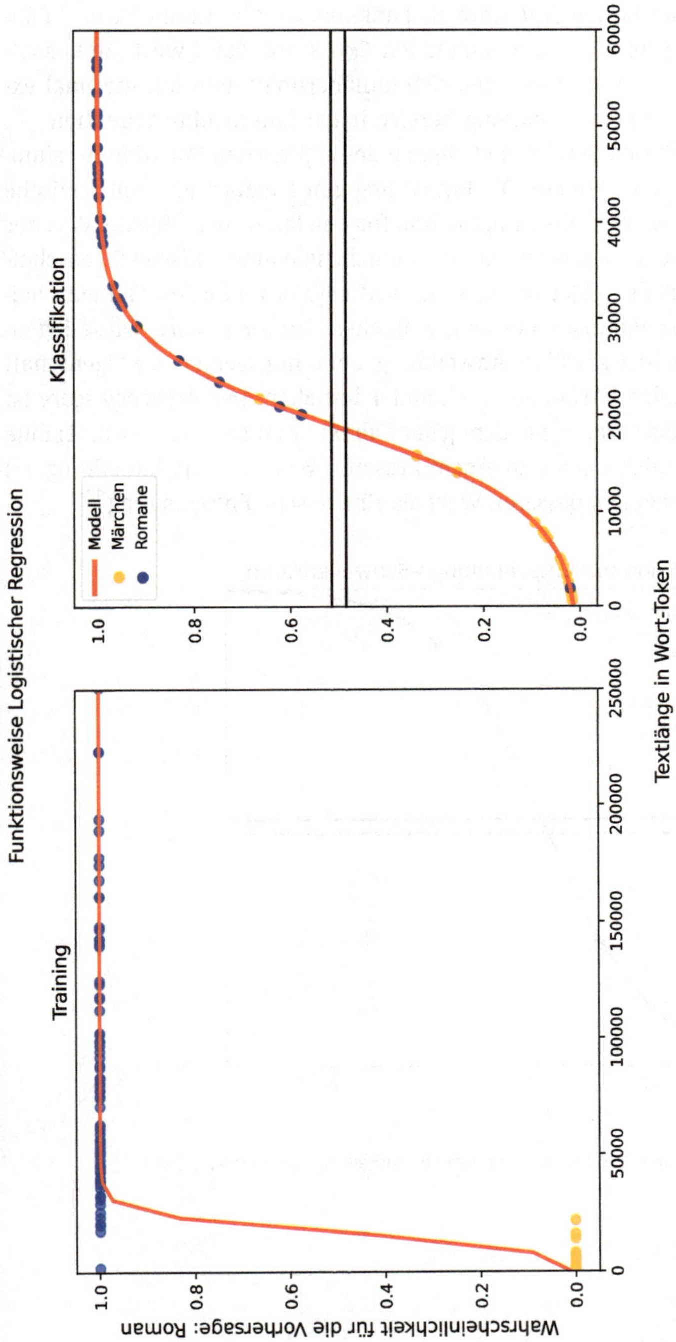


**Abbildung 25:** Funktionsweise Logistischer Regression: Training (links) und Vorhersage (rechts) von Gattungszugehörigkeit.

zwischen 0 und 1 der zugehörige *C@1-score* als Funktionswert bestimmt wird.[120] Führen mehrere Enthaltungsbreiten zum maximalen *C@1-score*, dann wird die kleinstmögliche gewählt. Es geht mithin um eine sich annäherungsweise infinitesimal expandierende Suche nach einem Enthaltungsbereich in der Entscheidungsfunktion.

Abbildung 26 zeigt diesen Bereich im Graphen der logistischen Funktion für simulierte Daten für Märchen vs. Roman. Die Enthaltung gibt lediglich eine epistemische Enthaltung des Modells wieder, ohne Implikation für den Status der Objekte. Was der *C@1-score* leistet, lässt sich am besten über drei nützliche mathematische Eigenschaften ausdrücken: (1) Falls der Algorithmus sich nicht enthält und jeden Fall entscheidet, so ist der *C@1-score* identisch mit dem einfachen *Accuracy score*: Diese Eigenschaft ist wichtig für die hier gewählte Anwendung; denn nur wenn diese Eigenschaft erfüllt ist, lassen sich beide Varianten aufeinander beziehen. Der *Accuracy score* ist der besondere Fall des *C@1-scores*, bei dem jeder Fall binär entschieden wird. (2) Eine korrekte Entscheidung führt immer zu einem besseren Wert als eine Enthaltung. (3) Eine Enthaltung führt zu einem besseren Wert als eine falsche Entscheidung.[121]

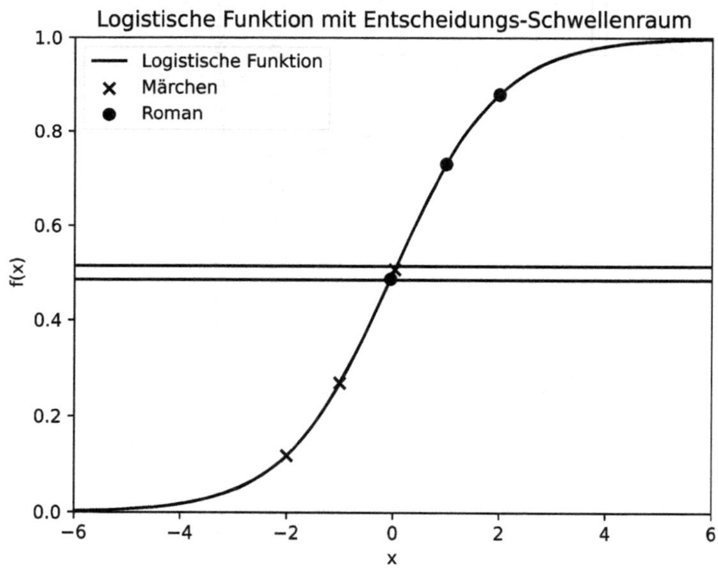


**Abbildung 26:** Logistische Funktion mit Schwellenraum der Enthaltung für simulierte Daten.

120 Die Visualisierung dieser Gridsuche kann in den Skripten mit der Benennungsregel »run_classific_principled_sampling_[Gattungspaar].py« repliziert werden. Der optimale *C@1-score* von 0,82 wird in diesem Beispiel bei einer Breite des Enthaltungsbereichs von 0,03 erreicht.
121 Vgl. Peñas/Rodrigo (2011, 1417).

Wenn eine deutliche Verbesserung der Vorhersagegenauigkeit durch einen breiteren Bereich der Unentscheidbarkeit erreicht wird, dann bedeutet dies, dass nach den Regeln der algorithmischen Klassifikation ein erheblicher Teil der Texte in einem Graubereich liegt, in dem die Texte nicht sinnvoll einer Gattung zugerechnet werden können. In diesem simulierten Beispiel fängt die über das beschriebene Verfahren ermittelte Zone der Unentschiedenheit das gesamte Rauschen ein: Die Vorhersagegenauigkeit mit *C@1* verbessert sich von 0,7 auf 0,85. Als Quotient aus dem *C@1-score* bei optimalem Enthaltungsbereich und dem geläufigen *Accuracy score*, der mit dem *C@1-score* mit einem Enthaltungsbereich von 0 identisch ist, lässt sich der Grad der Verbesserung wie folgt bestimmen:

$$Verbesserungsrate = \frac{c@1_{optimal}}{accuracy_{standard}} \quad \text{(Gl. 4.13 Verbesserungsrate)}$$

Im simulierten Beispiel beträgt die Verbesserung 1,21 oder 21%. Je deutlicher die Verbesserung, so die Idee im Folgenden, desto eher kann man dann davon sprechen, dass ein beträchtlicher Teil in der begrifflichen Struktur der verglichenen Gattungen durch einen Vagheitsbereich der Unbestimmbarkeit ausgezeichnet ist, der sich jedoch von einem Bereich relativ guter Bestimmbarkeit abgrenzen lässt.

Tabelle 20 zeigt alle Kennzahlen der perspektivischen Modellierung von Prototypikalität für die in Frage stehenden Gattungspaare mit Gruppierungen gemäß Erstpublikation.[122]

**Tabelle 20:** Kennzahlen der perspektivischen Modellierung von Prototypikalität.

| Gattungspaar | | Enthaltungsbereich (optimal) | *C@1* (optimal) | *Accuracy* (standard) | Verbesserung |
|---|---|---|---|---|---|
| Roman | Erzählung | 0,43–0,56 | 0,83 | 0,80 | 1,039 |
| Roman | Märchen | 0,46–0,54 | 0,89 | 0,87 | 1,023 |
| Novelle | Roman | 0,47–0,53 | 0,66 | 0,64 | 1,025 |
| Novelle | Erzählung | 0,47–0,53 | 0,7 | 0,69 | 1,014 |

Die deutlichste Verbesserung mit einem *C@1-score* durch einen optimierten Enthaltungsbereich von 1,039 wird für das Gattungspaar Roman vs. Erzählung erzielt. Der Enthaltungsbereich ist hier etwas breiter. Mit einem Standard *Accuracy score* von 0,8 ist die Unterscheidbarkeit für dieses Gattungspaar jedoch bereits von vornherein deutlich höher als beispielsweise für die schwächste (und für diese Arbeit zentrale) Paarung von Novelle und Erzählung. Während also im Verhältnis zwischen Roman und Erzählung der Eindruck entsteht, dass ein Teil der begrifflichen Struktur durch

122 Die Verbesserungsraten wurden bei Ausführung der Skripte »run_classific_sampling_[Gattungspaar][Zeitraum].py« für die einzelnen Gattungspaare berechnet.

die Idee der Vagheit aufgeklärt werden kann, ist dies für das Paar Novelle vs. Erzählung nicht der Fall.

Allerdings liegen die Werte der in Tabelle 20 gezeigten Kennzahlen eng beieinander. Um die Verhaltensweise des *C@1-scores* im Verhältnis zur Verteilung der *Features* verstehen zu können, ist es nützlich, Simulationen von Daten und Klassifikationsergebnissen zu vergleichen. Die Ergebnisse der Simulation werden im Anhang in Abschnitt 10.7.2 und den Abbildungen 91 und 92 ausführlicher erläutert. Im Folgenden werden die wichtigsten Resultate zusammengefasst. Insgesamt zeigt sich, dass für die am besten lösbaren Klassifikationsaufgaben die Streuung der optimalen Enthaltungsbereiche sehr breit ausfällt. Dies kommt daher, dass wenige Instanzen in den Bereichen mittlerer Vorhersagewahrscheinlichkeit und die meisten Instanzen bei Vorhersagewahrscheinlichkeiten von annähernd 0 oder 1 liegen. Je nachdem, wie die Instanzen dazwischen liegen, ist der optimale Enthaltungsbereich bei linear und klar zwischen den Klassen verteilten *Features* manchmal sehr groß oder klein. Die Verbesserungsrate bleibt indes konstant niedrig. Interessant ist, dass sehr komplizierte *Feature*-Verteilungen mit mehreren *Feature-Clustern* in und zwischen den Klassen, bei denen die Vorhersage insgesamt schwierig ist, ein ausgeprägter optimaler Enthaltungsbereich mit einer erheblichen Verbesserungsrate einhergeht. Die Streuung der optimalen Enthaltungsbereiche über die 100 Iterationen fällt zwar sehr breit aus, aber die Verbesserung liegt immer bei mehr als 1,03 und im Mittel sogar bei 1,06.

Der Vergleich von Simulation und realen Daten erlaubt einige vorläufige Schlussfolgerungen und künftig anzuschließende empirische Studien. Obwohl perspektivische Modellierung auf überwachtem maschinellen Lernen in Form von Klassifikationsaufgaben beruht, und die Klassifikation eine Sache der eindeutigen Zuordnung von Instanzen zu Klassen ist, die über die Logik von ›ja oder nein‹ und nicht über die von ›mehr oder weniger‹ läuft, ist das ›Mehr oder Weniger‹ in einige Klassifikationsalgorithmen sozusagen eingebaut. Man muss es nur freilegen. Bei dieser Freilegung mittels *C@1-score* hat sich Folgendes gezeigt:

– Der *C@1*-score ist für sich genommen noch nicht aussagekräftig. Insbesondere direkte Vergleiche beispielsweise des *C@1-scores* mit in anderen Szenarien ermittelten klassischen *Accuracy scores* sind nicht sinnvoll: Ein *C@1-score* von 0,7 hat nicht den gleichen Vorhersagewert wie der übliche *Accuracy score* von 0,7. Gleiche Werte sind hier nicht gleichwertig.
– Die nützlichste Kennzahl ist die der Verbesserungsrate. Diese zeigt an, wie groß, gemessen an der Unterscheidbarkeit zweier Gruppen, die relative Gruppe an Instanzen ist, die einander zu ähnlich und zugleich den typischen Fällen jeder Gruppe zu wenig ähnlich sind, um in erkennbarer Weise einer der beiden Gruppen zuzugehören.
– Die Breite des Enthaltungsbereich hat sich, entgegen meiner ersten Erwartung, als wenig belastbares Maß herausgestellt. Zum Teil lässt sich dies analytisch erklären: Bei identischen Funktionswerten der linearen Regressionsgleichung hängt es von der Steigung der sigmoiden Kurve (der logistischen Funktion) ab,

wie breit der Bereich der Unentscheidbarkeit gerät. Entscheidend ist der Anteil der Instanzen, die sich im Unentscheidbarkeitsbereich befinden und nicht die Steigung dieser Kurve. Dieser Anteil an Instanzen im Graubereich wird relativ zur gesamten Vorhersagegenauigkeit bereits über die Verbesserungsrate erfasst.
- Die Breite des Enthaltungsbereichs kann im Zusammenspiel mit der Verbesserungsrate dann ein interessanter Kennwert werden, wenn die übrigen Faktoren in der Bestimmung besser kontrolliert werden können. Es sind die beiden zentralen Dimension des Vagheitsbereichs.

Die Modellierung von begrifflicher Vagheit mit binärer Klassifikation dient hier nicht der empirischen Analyse von prototypensemantischer Vagheit unter psycholinguistischen Gesichtspunkten. Das hier entwickelte Verfahren bildet nicht den Sinn von Prototypikalität ab, der in der Linguistik vorherrscht. Stattdessen integriert das hier vorgestellte Verfahren Dimensionen in die perspektivische Modellierung, die Vagheit und Graubereiche strukturell so, wie sie auch begriffstheoretisch in struktureller Hinsicht beschrieben werden können, in das technische Verfahren integriert.

Ob diese Integration von Vagheit mit semantischer Vagheit im psycholinguistischen Sinn korrespondiert, lässt sich jedoch mit geeigneten empirischen Daten in Form einer Triangulation untersuchen. Hierfür wären jedoch nicht historische, sondern reproduzierbare Wahrnehmungen und Zuschreibungen von Probanden geeigneter, indem bei der Klassifikation auch Grade an Sicherheit und Vagheit angegeben werden können. Ein logistisches Regressionsmodell könnte dann anhand eines Teils der sicheren, d. h. der für eine der Kategorien als typisch erachteten, Fälle trainiert werden und für die im Training nicht gesichteten Fälle validiert werden. Dabei wäre darauf zu achten, ob die Instanzen, die von Studienteilnehmern als typische Fälle einer Kategorie eingeschätzt werden, eindeutig diesseits der Enthaltungsbereiche landen, und ob andererseits die als vage oder untypisch eingeschätzten Instanzen in die Enthaltungsbereiche fallen. Falls beides der Fall ist, wäre das hier vorgestellte Verfahren ein zuverlässiges Modell semantischer Vagheit.

In den im Anhang beschriebenen Simulationen hat sich gezeigt, dass das am besten nachvollziehbare Szenario für eine begriffliche Struktur mit ausgeprägtem Vagheitsbereich darin besteht, dass die zu unterscheidenden Textgruppen ihrerseits aus mehreren Subtypen bestehen; und zwar derart, dass der Klassifikationsalgorithmus gut damit zurechtkommt, die Instanzen aus den entfernter liegenden Clustern der beiden unterschiedlichen Klassen zu erkennen, dass ihm aber die Instanzen der ineinandergreifenden Cluster Probleme machen. Die Instanzen in diesen ineinander greifenden *Clustern* sind der Bereich, in dem eine Enthaltung nahe liegt. Es ist jedoch zugleich eine Konstellation, für die aus theoretischer Sicht ein anderes Begriffsmodell geeigneter erscheint: nämlich das einer bestimmten Interpretation von Familienähnlichkeit.

### 4.2.4 Familienähnlichkeit und nicht-lineare Modelle

Das – aus Sicht der Gattungstheorie – neben dem Prototypenbegriff zweite Modell vager und offener »Begriffe mit verschwommenen Rändern«[123] ist das der Familienähnlichkeit. Strube hat explizit vorgeschlagen, den Novellenbegriff als Familienähnlichkeitsbegriff aufzufassen, indem er – in umgekehrter Richtung – bei der Novelle fündig zu werden glaubte, als er nach einem literaturwissenschaftlichen Beispiel für einen Familienähnlichkeitsbegriff gesucht hat.[124] Ausgehend von den zentralen Aspekten des Familienähnlichkeitsbegriffs in der Gattungstheorie wird im Folgenden skizziert, wie eine perspektivische Modellierung und streng historisierende Konfiguration dieses Konzepts aussehen kann. Dabei wird sich zeigen, dass Wittgensteins Reflexionen zur Familienähnlichkeit noch weitere gattungstheoretisch nützliche Gedanken bereitstellen, dass es aber noch ein weiter Weg ist, einen Begriff wie den der Novelle auch mit historischer Tiefenschärfe und auf eine hinreichend anspruchsvolle Weise als vagen und offenen Gattungsbegriff zu rekonstruieren.

Familienähnlichkeitsbegriffe sind, insofern sie Abbilder tatsächlicher Sprachpraxis sein sollen, zukunftsoffen: In jeder literarischen Gattung können neue Typen und Merkmalskombinationen entwickelt werden.[125] Klassifikatorische Definitionen sind dagegen gegenüber der Zukunft abgeschlossen, weil sie die Praxis des Begriffsgebrauchs feststellen.[126] Charakteristisch für das Familienähnlichkeitskonzept ist, mit Wittgensteins Analogie eines Fadens gesprochen, dass »viele Fasern einander übergreifen«[127], ohne dass sich eine Faser durch die gesamte Länge des Fadens hindurchzieht. Dies ist ein Aspekt, der in der Prototypentheorie zunächst nicht berücksichtigt wurde. Strube bietet dafür ein einfaches Strukturmodell:

| | |
|---|---|
| a | A B C D |
| b | B C D E |
| c | C D E F |
| d | D E F G |
| e | E F G H[128] |

123 Strube (1986, 44).

124 Vgl. Strube (1986) und meine Rekonstruktion in Schröter (2019). Der Grund, weshalb Strube keine historisierende Perspektive in seine Explikation integriert, ist, dass er lediglich auf die begriffliche Struktur beschreibungssprachlicher, also systematischer und terminologischer Begriffe in natürlicher Einstellung (siehe Kapitel 3.4) blickt, und nicht auf historische Semantiken. Aus seinen Beschreibungen geht hervor, dass die Familienähnlichkeitsstruktur einiger Gattungsbegriffe in erster Linie historische Gründe hat. Die Genese wird aber, so mein Einwand, am Ende wieder unsichtbar gemacht, wenn ein Begriff ohne historischen Index als Familienähnlichkeitsbegriff beschrieben wird. Ähnliche Kritik übt Blamberger (1991, 86) mit Bezug auch auf Strube (1982).

125 Vgl. Strube (1986, 44).

126 Für den Begriff der feststellenden Definition folge ich Pawłowski (1980, 18–28).

127 Wittgenstein (2001, 788/§ 67).

128 Strube (1986, 43).

Die Kleinbuchstaben stehen in dieser Veranschaulichung für Novellentypen wie die Novelle im Stil des *Decamerone* oder die Novelle des poetischen Realismus, die Großbuchstaben stehen für einzelne Merkmale. Als Beispiele nennt Strube »unerhörte Begebenheit« und »Dingsymbol«.[129] Strube stützt seine Explikation nicht auf die kritische Position von Polheim oder die materialorientierte Arbeit von Schröder, sondern auf das an den Poetiken orientierte ›Gattungswissen‹.[130] Obwohl Strube überholte Datenquellen für seine Explikation nutzt, sieht er den begrifflich wichtigsten Aspekt.

Es wäre falsch, die Novelle anhand einer Auswahl der Merkmale (hier: *A* bis *H*) über notwendige und zusammen hinreichende Kriterien zu definieren. Wenn man davon ausgeht, dass Novellen in Realisierungen der Typen a bis e vorliegen, und für jeden Typ eine Teilmenge der möglichen Merkmal *A* bis *H* charakteristisch sind, wobei kein einziges Merkmal in allen Typen vorkommen muss, dann kann man von keinem Merkmal sagen, dass es notwendig sei. Da Strube auf den einzelnen horizontalen Schichten von Typen spricht, dann scheint er überdies anzunehmen, dass nicht jedes Exemplar einer Novelle beispielsweise vom Typ *c* notwendig alle vier Merkmale *C*, *D*, *E*, *F* aufweisen muss. Einige haben möglicherweise nur zwei oder drei der für den Typ charakteristischen Merkmale. Ob Strubes implizite Annahme richtig ist, oder ob nicht einzelne Subtypen die Struktur eines streng klassifikatorischen Begriffs haben könnten, bleibt bei Strube offen.[131] Andere Novellen vom Typ *c* werden außerdem die Merkmale *B* oder *G* haben, also Merkmale, die für diesen Typ eigentlich gar nicht charakteristisch sind. Gleichzeitig kann es sein, dass Texte, die nur die Merkmale A und G aufweisen, nicht als Novellen wahrgenommen werden, weil sie keinem der etablierten Novellentypen entsprechen.

Der für die quantitative perspektivische Modellierung vager und offener Gattungsbegriffe wichtigste Unterschied zum einfachen Prototypenbegriff besteht mithin darin, dass der Familienähnlichkeitsbegriff nicht ein Zentrum hat, sondern potenziell viele Zentren, und dass es folglich nicht einzelne paradigmatische Novellen gibt, sondern lediglich die für die einzelnen Subtypen paradigmatischen Novellen.[132] In Strubes Modellierung sind Familienähnlichkeitsbegriffe polyzentrisch. Diese potenzielle Polyzentrizität stellt für lineare Klassifikationsalgorithmen wie die logistische Regression ein Problem dar: Da in einem angepassten Modell jedes *Feature* unabhängig vom Vorliegen anderer *Features* ein festes Gewicht erhält, konstruiert der Algorithmus zunächst nur ein Zentrum. Die spezifische Aufgabe ist also, polyzentrische vage Gattungsbegriffe perspektivisch zu modellieren.

Bevor ich zur Modellierung von Polyzentrizität schreite, muss ich noch einmal einen theoretischen Schritt zurückgehen; denn an genau dieser Stelle bleibt Strube noch unpräzise. Wenn man sieht, dass in seinem Modell die Merkmale *D* und *E* in

**129** Strube (1986, 43).
**130** Stube folgt Schunicht (1973, 466). Meyers (1987) kritischer Beitrag erschien etwas später.
**131** Vgl. Schröter (2019, 252).
**132** Vgl. Strube (1986, 44–45).

jeweils 4 Subtypen vorkommen; die Merkmale *C* und *F* in jeweils zwei, und *A* und *B* in nur einem Subtyp, dann könnte man auch versucht sein, den Novellenbegriff insgesamt auf nur genau einen prototypischen Kern zu reduzieren: Dieser wäre dann am stärksten über das Vorliegen der Merkmale *D* und *E*, etwas schwächer über das Vorliegen der Merkmale *C* und *F* usw., und am wenigsten durch die Merkmale *A* und *B* strukturiert. Strukturell und nach dem Kriterium der Einfachheit wäre ein Prototypenmodell nach dem *prototype-as-abstraction* Ansatz mit nur einem Kern eleganter als ein paradigmatisch mehrere Subtypen stapelnder Familienähnlichkeitsbegriff. Ein logistisches Regressionsmodell, das jedem *Feature* ein Gewicht verleiht, könnte diese Struktur dann problemlos abbilden, indem es den Merkmalen *D* und *E* das größte positive Gewicht verleiht, den Merkmalen *B* und *F* sowie *A* und *G* ein entsprechend kleineres Gewicht. Unter den von Strube imaginierten idealen Umständen sind polyzentrische Familienähnlichkeitskonzepte gut als monozentrische Prototypenbegriffe (als *prototype-as-abstraction*) beschreibbar.

Ich denke jedoch, dass Strube das Modell lediglich ungeschickt beschrieben hat. Es gibt zwei für die Novellengeschichte wichtige Konstellationen oder Gründe dafür, dass eine potenzielle Familienähnlichkeitsstruktur des Gattungsbegriffs nicht grundsätzlich auf ein monozentrisches Prototypenkonzept reduziert werden kann. Die erste Konstellation ist die, die Wittgenstein mit seinen Beispielen zum Begriff des Spiels im Blick gehabt haben dürfte. Stellen wir uns dafür dieses Modell vor. Das Modell eines radikal polyzentrischen Familienähnlichkeitsbegriffs könnte etwa so aussehen:

a A B<br>
b B C<br>
c C D<br>
d D E<br>
e E F

In diesem Modell sind die Merkmale *B* bis *E* gleichermaßen zentral. Doch in 3 von 5 Typen und damit in 60% aller Fälle kommt jedes einzelne dieser Merkmale gar nicht vor. Wir haben es hier mit einem graduellen Problem zu tun: Je mehr sich das Strukturmodell der zweiten Variante annähert, desto unpassender wird es, ein prototypisches Zentrum zu modellieren. Charakteristisch für das polyzentrische Modell ist, dass die unterschiedlichen Subtypen deutlich weniger Ähnlichkeit zueinander haben als im moderaten Modell von Strube. Nicht zwingend bringt eine solche Konstellation einen linearen Klassifikationsalgorithmus in Schwierigkeiten. Das Problem ist, dass ein Modell zur Klassifikation nur *Features* und Klassen kennt, aber nicht die Subtypen: Implizit in der Klasse enthaltene Subtypen werden zu Merkmalsverteilungen abstrahiert.

Wenn ein Szenario vorliegt, in dem andere Merkmalskombinationen (z. B. die Kombination aus *B* und *D*) – für eine andere Gattung sprechen (z. B. für die Gattung Märchen), dann wird ein linearer Klassifikationsalgorithmus Fehler machen, weil er lediglich lernen konnte, dass die Merkmale A bis F prinzipiell für die Gattung Novelle sprechen. Logisches Denken und – in Grenzen – menschliche Kognition kann konditionale Verhältnisse als Kalkül der Art abbilden: ›Nur wenn im Fall der Realisierung des Merkmals *B* auch das Merkmal *C* realisiert ist, liegt ein Fall des Novellen-Subtyps *b* vor‹. Das lineare logistische Regressionsmodell kann eine derartige Konditionalität indes nicht abbilden. In den oben vorgestellten Simulationen sind dies die Fälle, in denen einige der *Cluster* der einen Klasse in die *Cluster* der anderen Klasse hineinreichen.

Die Unterscheidung zwischen nur scheinbarer und echter Polyzentrizität im Familienähnlichkeitskonzept ist erforderlich, um klar zu machen, dass sich die unterschiedliche Form der Vagheit in den beiden Modellen begriffslogisch in ihrer jeweils spezifischen Form beschreiben lässt, dass diese Vagheit aber in Klassifikationsaufgaben mit perspektivischer Modellierung nicht gleichmäßig in Grauzonen und Enthaltungsbereichen eingefangen und so aufgeklärt werden kann. Kurzum: Die beiden Arten von Familienähnlichkeit benötigen unterschiedliche Modellierungen, um nachgewiesen werden zu können.

Zuverlässige Metadaten dazu, welche Texte in welcher historischen Situation welchem Subtyp der Novelle zugerechnet wurden, gibt es nicht. Hätten wir solche Metadaten im großen Umfang, ließe sich die perspektivische Modellierung direkt auf der Ebene der Subtypen durchführen und die Subtypen ließen sich wie einzelne Gattungen behandeln. So ließe sich ermitteln, ob auf der Ebene der einzelnen Subtypen von Novellen die Grenze der Novellen insgesamt zu den Nachbargattungen Roman, Erzählung und Märchen klarer gezogen werden könnte. Diese Option scheidet aus, weil es zu wenig Anzeichen dafür gibt, dass die Novellen flächendeckend und eindeutig in Subtypen wahrgenommen wurden. Zu den literaturwissenschaftlichen Typologisierungen gehören zwar die soziale Novelle[133] und die Künstlernovelle.[134] Diese Typologien haben sich jedoch nicht an den historischen Zuordnungspraktiken orientiert,[135] sondern an einzelnen Beispielen poetologische Argumente entfaltet.

Zwei Optionen bleiben, die es im Sinn einer Triangulation innerhalb quantitativer Verfahren zu kombinieren gilt: (a) *Cluster*-Analysen mit Verfahren nicht-überwachten maschinellen Lernens, die untersuchen, ob eine optimale *Cluster*-Struktur Gruppen innerhalb der Gattungsgruppen aufklärt. Und: (b) Klassifikation mit nicht-linearen, sondern z. B. *Ensemble Learnern*, die auf konditionale und andere nicht-lineare Merkmalskombinationen trainierbar sind. Dazu gehören neben den neuronalen Netzen die einfacher zu trainierenden und besser mit linearen Modellen vergleichbaren *Random Forests*.[136] Da das Verfahren (a) hier keinerlei verwertbare Ergebnisse gezeigt hat, werden dessen Aufbau und Durchführung im Anhang (10.7.3) referiert. Das zweite und er-

**133** Vgl. Edler (1977).
**134** Vgl. Anton (1998).
**135** Nur Schröder (1970) hat die Verwendung von Subgenre-Labels für die Novellen der Biedermeierzeit auf breiter Basis untersucht. In Übereinstimmung mit den Metadaten des Projektkorpus kommt er zum Ergebnis, dass die Bezeichnung ›Historische Novelle‹ verhältnismäßig oft anzutreffen ist.
**136** Für einen Vergleich mit neueren Sprachmodellen siehe Abschnitt 10.7.4 im Anhang.

folgreichere Verfahren (b), das einen *Random Forest* als nicht-linearen *Ensemble Learner* verwendet,[137] hat folgenden Aufbau:

1. Im ersten Schritt gilt es über Simulation zu ermitteln, in welchem Grad die durch einen *Ensemble Learner* erzielte Verbesserung in der Vorhersagegenauigkeit auf Polyzentrizität zurückgeführt werden kann. Dies ist ein Forschungsdesiderat insgesamt, das hier nur ungenügend behoben werden kann.
2. Sofern ein nicht-lineares Modell eine deutliche Verbesserung in der Vorhersagegenauigkeit gegenüber einem linearen Modell erzielt, kann eine polyzentrische Struktur der für die richtige Klassifikation relevanten *Features* eine der Ursachen für diese Verbesserung sein. Wie meistens handelt es sich um einen Schluss auf die beste Erklärung.
   1. Falls in der *Cluster*-Analyse eine deutliche Gruppierung innerhalb der zu vergleichenden Gattungen beobachtbar war, lässt sich eine polyzentrische Struktur der Gattungsbegriffe annehmen.
   2. Falls eine solche Gruppierung in der *Cluster*-Analyse nicht sichtbar gemacht werden konnte, kann man lediglich annehmen, dass Merkmalskombinationen vorliegen, die zwar nicht gleichmäßig die Gattung prägen, zugleich aber auch nicht hinreichend so konzentriert auftreten, dass Subtypen der Gattungen sichtbar würden.

Die wenigen Studien, die logistische Regression und *Random Forest* als Klassifikationsalgorithmen vergleichen, kommen zu uneinheitlichen Ergebnissen, die sich auch nicht auf den hier relevanten Datensatz des Novellenkorpus übertragen lassen. Simulationen zeigen, dass eine logistische Regression in vielen Fällen sogar grundsätzlich besser abschneidet als ein *Random Forest*. Eine Studie kommt mit simulierten Daten zum Ergebnis, dass logistische Regression störendes Rauschen in den *Features* besser verträgt als ein *Random Forest*.[138] Zudem nimmt man generell an, dass der nichtlineare Algorithmus komplizierte *Cluster*-Strukturen in den *Features* besser abdeckt.[139] Vorläufig legen meine Simulationen nahe, dass *Random Forests* insbesondere dann besser abschneiden, wenn jede Klasse mehrere *Cluster* umfasst; dies jedoch nur, wenn die *Cluster* deutlich voneinander abgegrenzt sind. Je stärker die *Cluster* ineinandergreifen, desto stärker nähern sich beide Algorithmen in ihrer Vorhersagegenauigkeit an.[140] Klar getrennte *Cluster* innerhalb der Klassen werden für die logistische

137 Verwendet wird das Verfahren nach Breiman (2001b), wie es in der Klasse RandomForestClassifier in Scikit-Learn implementiert ist.

138 Vgl. Kirasich/Smith/Sadler (2018).

139 Vgl. Kirasich/Smith/Sadler (2018), 4.

140 Beispielsweise bei einer Konfiguration mit einer *Sample*-Größe von $n = 500$, mit 100 *Features*, von denen 50 informativ und 10 redundant sind, und bei einer Anzahl von 5 *Clustern* je Klasse, einer marginal kleinen Anzahl von zufällig vergebenen Klassenlabels (*flip_y* = 0,0001) und einer recht hohen Klassenseparation auf dem Hyperwürfel (*class_sep* = 3), ergibt sich, dass sowohl logistische Regression

Regression aufgrund dessen linearer Struktur häufig zum Problem, während sie mit etwas Optimierungsaufwand durch einen *Random Forest* besser erfasst werden können. Grundsätzlich sind Unterschiede in der Performance zwischen verschiedenen Klassifikationsalgorithmen jedoch schwierig zu interpretieren, weil diese Unterschiede durch ganz unterschiedliche und meist unbekannte Eigenschaften der Daten verursacht sein können. Hier liegt die Verbesserungsrate jedoch weit über einer durchschnittlichen und allgemein erwartbaren Verbesserung.[141]

**Tabelle 21:** Klassifikation: Vergleich von nicht-linearem (*Random Forest*) und linearem Modell (logistische Regression) für Gattungspaare mit (nach *Z*-Transformation) skalierten Daten (mit: 2500 lemmatisierter *mfw*), mit gepaartem t-Test zur Prüfung der Arbeitshypothese, dass der *Random Forest* besser abschneidet als die logistische Regression. In Klammern sind jeweils die Werte angegeben, die auf einer Berechnung nach *Z*-Transformation (Standard-Skalierung der Daten) beruhen. Siehe die Skripte »run_classification_rnd_forest_model-comp-ttest_[Gattungspaar].py«.

| **Paarung** | **Verbesserungsrate** | **Log. Reg. (*CV*)** | ***Random Forest* (optimiert)** | **Gepaarter t-Test (einseitig)** |
|---|---|---|---|---|
| *N* vs. *E* | 1,00 (1,04) | 0,78 (0,73) | 0,78 (0,76) | 0,14, p: 0,4 (3,14, p: 0,006) |
| *E* vs. *R* | 1,16 (1,14) | 0,81 (0,80) | 0,94 (0,92) | 7,62, p: $1{,}6 \cdot 10^{5}$ (8,7, p: $5{,}5 \cdot 10^{-6}$) |
| *N* vs. *R* | 1,12 (1,21) | 0,79 (0,73) | 0,89 (0,88) | 7,31, p: $2{,}58 \cdot 10^{-5}$ (12,01, p: $3{,}81 \cdot 10^{-7}$) |

Um die Lernbedingungen einfach zu halten, wurden sämtliche Novellen, Romane und Erzählungen des Korpus verwendet. 80% wurden in jeder Paarung für das Training verwendet, 20% für die Validierung zurückgehalten. Dadurch fällt die Vorhersagegenauigkeit insgesamt besser aus als im bisher verwendeten und historisch prinzipiengeleiteten *Sampling*. Tabelle 21 zeigt die Ergebnisse und die Verbesserungsrate des *Random Forest* gegenüber einer logistischen Regression für die Paarungen. Es zeigt sich, dass logistische Regression mit Kreuzvalidierung und ein *Random Forest* mit Hyperparameteroptimierung mit einem *Accuracy score* von 0,78 auf skalierten Daten zum gleichen Ergebnis gelangen.[142] Die Arbeitshypothese einer Verbesserung durch einen *Random Forest* lässt sich mit einem p-Wert für den gepaarten einseitigen t-Test von 0,4 für diese Gattungspaarung nicht halten. Eine deutliche Verbesserung wird für Erzählungen (*E*) vs. Romane (*R*) erzielt. Ebenso hoch ist die Verbesserungsrate für No-

mit Kreuzvalidierung und *Random Forest* eine Vorhersagegenauigkeit von 0,87 erreichen, dass aber durch eine optimierte Hyperparameterwahl die Vorhersagegenauigkeit des *Random Forest* auf 0,92 gesteigert werden kann. Siehe das Skript »simulate_clustering_k-means.py«.

**141** Dies gilt zumindest für die Ergebnisse von Kirasich/Smith/Sadler (2018). Dagegen glauben Couronné/Probst/Boulesteix (2018) auf realen Datensätzen im Mittel eine um 0,029 grundsätzlich bessere Performance von *Random Forests* gegenüber logistischer Regression zu erkennen. Beide Beiträge räumen jedoch ein, dass die Ergebnisse nicht generalisierbar sind, weil jeder Datensatz zu unterschiedlichen Ergebnissen führen kann, die im Detail noch weitgehend unverstanden sind.

**142** Siehe das Skript »run_classification_rnd_forest.py«.

vellen vs. Romane. Couronné et al. beobachten für die von ihnen verwendeten realen Datensätze ein 95%-Konfidenzintervall zwischen 0,021 und 0,038 für die Verbesserungsrate des *Accuracy scores* von logistischer Regression zu *Random Forest*.[143] Nimmt man dieses Konfidenzintervall als Bewertungsgrundlage, dann liegt bereits die Verbesserungsrate des *Random Forest* für die Paare *E* vs. *R* und *N* vs. *R* oberhalb der für reale Daten im Allgemeinen erwartbaren Verbesserungsrate.

Diese Ergebnisse lassen sich, wenn auch nur vorläufig, gut interpretieren: Wenn überhaupt eine Familienähnlichkeitsstruktur vorliegt, dann derart, dass – wie in Wittgensteins Metapher von den Fasern eines Fadens – ungleichmäßig verteilte Merkmalsbündel ineinandergreifen, aber so disparat, dass nicht wirklich einzelne Subtypen innerhalb der Gattungen ausgebildet werden. Dass das hier nur im Anhang erläuterte nicht-überwachte Verfahren der *Cluster*-Analysen keine brauchbaren Ergebnisse liefert, legt nahe, dass in den Daten und bei den hier verwendeten *Features* keine ausgeprägten und gut separierbaren Untergruppen enthalten sein dürften.

Stattdessen dürften konditionale Gefüge der Art dominieren: ›Wenn das Merkmal *A* mit *C* und *E* kombiniert auftritt, handelt es sich eher um die Gattung *X*; wenn das Merkmal *A* dagegen mit den Merkmalen *B* und *F* auftritt, handelt es sich eher um die Gattung *Y*.‹ Diese konditionalen Merkmalskombinationen sind nicht-linear. Das Merkmal *A* kann in einer Merkmalskombination eher ein Indikator der einen und in einer anderen Merkmalskombination eher ein Indikator für eine andere Gattung sein. Die Kombinationen sind nicht so ausgeprägt, dass sich daraus gleich Subtypen der Gattungen erkennen lassen. Am stärksten ist eine solche nicht-lineare Gattungsgrenze für Novellen vs. Romane ausgeprägt.

### 4.2.5 Synthesen: Historische Netzeffekte

Im letzten Schritt lassen sich die vier im Rahmen der perspektivischen Modellierung entwickelten analytischen Dimensionen von (1) Historisierung, (2) Leerstelleneffekten, (3) Vagheit als prototypentheoretisch begründete Enthaltung, und (4) Vagheit als familienähnlichkeitsbasierte nicht-lineare Merkmalsgruppierungen zusammenführen, um diachrone Textsorteneffekte zu erkennen, die nach allem, was sich bisher gezeigt hat, lediglich schwach ausgeprägt sein dürften, aber – insbesondere im zeitlichen Verlauf – die in der Einleitung versprochene und literaturgeschichtlich interessante Tendenz zu einer allmählichen Konsolidierung der Gattung der Novelle vorgeben.

Hierfür bietet sich eine weitere Projektionsmethode an, die immer eine Gattung im Verhältnis zu den beiden Nachbargattungen visualisiert. Abbildung 27 zeigt die Prototypikalität in der oben eingeführten Idee der Gattungsdifferenzierung über

---

**143** Vgl. Couronné/Probst/Boulesteix (2018, 7).

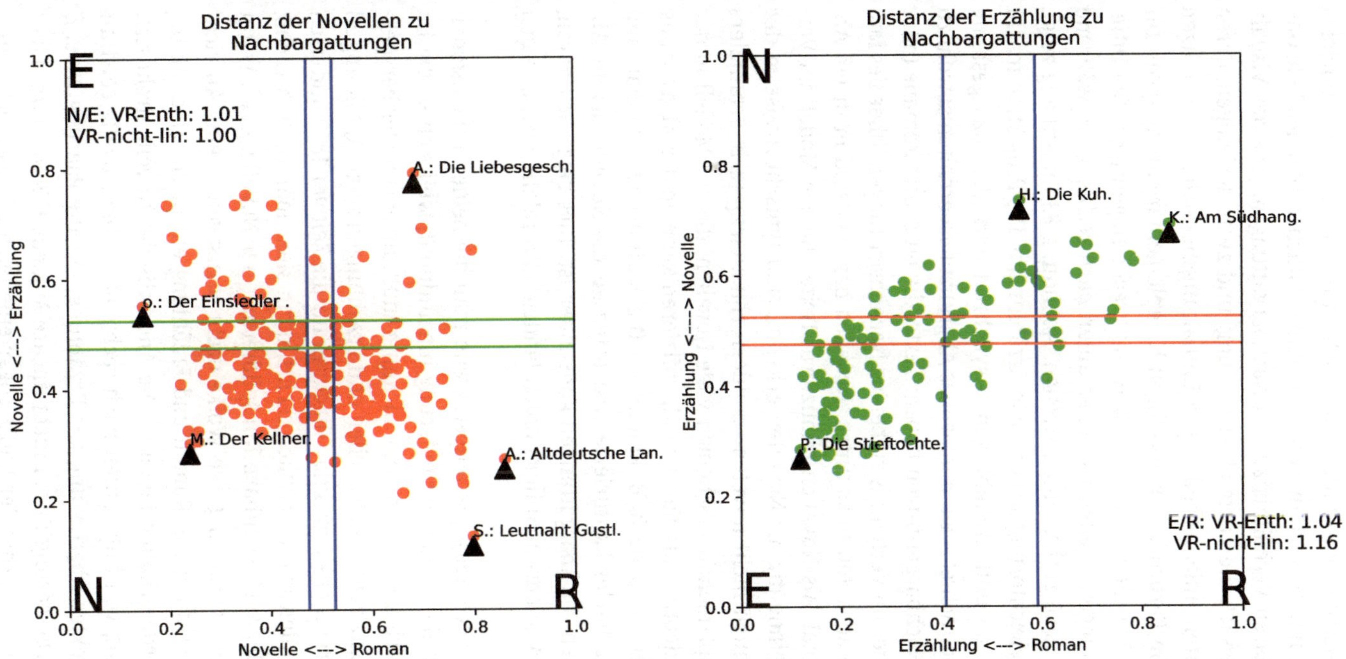


**Abbildung 27:** Triadische perspektivische Modellierung von Prototypikalität: Novellen (*N*) (links) und Erzählungen (*E*) (rechts) in Abgrenzung zu je zwei Kontrastgattungen (*E* und *R* bzw. *N* und *R*); mit Angabe der Verbesserungsrate durch Enthaltung (*VR-Enth.*) und durch nichtlineare Modelle (*VR-nicht-lin*), und mit optimalen Enthaltungsbereichen. Siehe die Skripte »plot_perspectival_[Gattungen]_triad[Zeitraum].py«.

Netze von paarweise konstruierten Gattungsunterscheidungen. Und zwar zunächst synchron für den gesamten Untersuchungszeitraum ohne zeitlichen Wandel. Jede Gattung steht jeweils im binären Verhältnis zu den Nachbargattungen. Jede der Visualisierungen zeigt ausschließlich die Texte einer Gattung, und zwar derjenigen, deren Zentrum sich jeweils unten links befindet. Die Enthaltungsbereiche zu jeweiligen Nachbargattungen sind im Farbcode der jeweiligen Komplementärgattung (grün für Erzählungen und rot für Novellen) waagrecht bzw. senkrecht eingetragen. Die Differenz ist eindeutig: Erzählungen streuen von links unten nach rechts oben, während Novellen von links oben nach rechts unten streuen. Abbildung 83 im Anhang zeigt, dass Romane strukturell gleichförmig streuen wie Erzählungen. Die Projektion macht also sichtbar, dass Romane und Erzählungen – synchron und über das gesamte 19. Jahrhundert hinweg betrachtet – ein homogenes Abgrenzungsverhalten sowohl zu ihren beiden jeweiligen Nachbargattungen haben: Texte, die eindeutig Romane (oder Erzählungen) sind, sind dies im Verhältnis zu beiden Nachbargattungen. Überdies landet der größte Teil im Quadranten links unten. Novellen dagegen sind in ihrem Abgrenzungsverhalten anomal: Als Novellen publizierte Texte, die das Modell im Verhältnis zu Erzählungen eindeutig als Novellen erkennt, sind typischerweise in der Unterscheidung zu Romanen nicht novellen- sondern romanartig (z. B. Schnitzlers »Lieutenant Gustl«). Komplementär erscheinen viele Novellen, die das Modell in der Abgrenzung zum Roman deutlich als Novellen klassifizieren kann, in der Abgrenzung zur Erzählung eher erzählungsartig (z. B. Reinbeck: »Die Entführung«). Roman und Erzählung sind insofern schärfer konturierte Textsorten als die Novelle, als ihr Abgrenzungsverhalten zu den Nachbargattungen konstanter ist. Dies zeigt sich daran, dass relativ viele Texte im Quadranten links unten landen, und relativ wenig in den übrigen.

Dieses Ergebnis wird noch aussagekräftiger, wenn man die beiden Dimensionen begrifflicher Vagheit und diachroner Veränderung hinzunimmt, weil sich so die im direkten Textsortenvergleich unsichtbare und nur unter multidimensionaler Perspektivierung sichtbare Differenz zwischen Novellen und Erzählungen zeigt. Abbildung 28 löst für die Novellen die triadische Projektion diachron für die Zeit vor 1850 und nach 1850 auf. Liest man die Zeilen von links nach rechts, dann sieht man die schwache, aber der Tendenz nach dennoch sichtbare Konsolidierung der Novelle, oder, wenn man so will: ihre Erholung als Gattung. Die Wolke dreht sozusagen in eine Ausrichtung, die stärker der Ausrichtung von Roman und Erzählung entspricht, und die für die Erzählung auch diachron erhalten bleibt.[144] Die Anomalie der Novelle dreht sich in die erwartbare Streuung von links unten nach rechts oben. Die Novelle gewinnt Kontur, aber nicht in direkter Abgrenzung zur Erzählung. Für die Paarung *N* vs. *E* erfolgt eine schwache Verbesserung durch nicht-lineare Modelle (*VR-nicht-lin*: 1,05 / *VR-Enth*: 1.02), für die zweite Jahrhunderthälfte sogar eine leichte Verschlechterung

144 Dies zeigt die Abbildung 84 im Anhang.

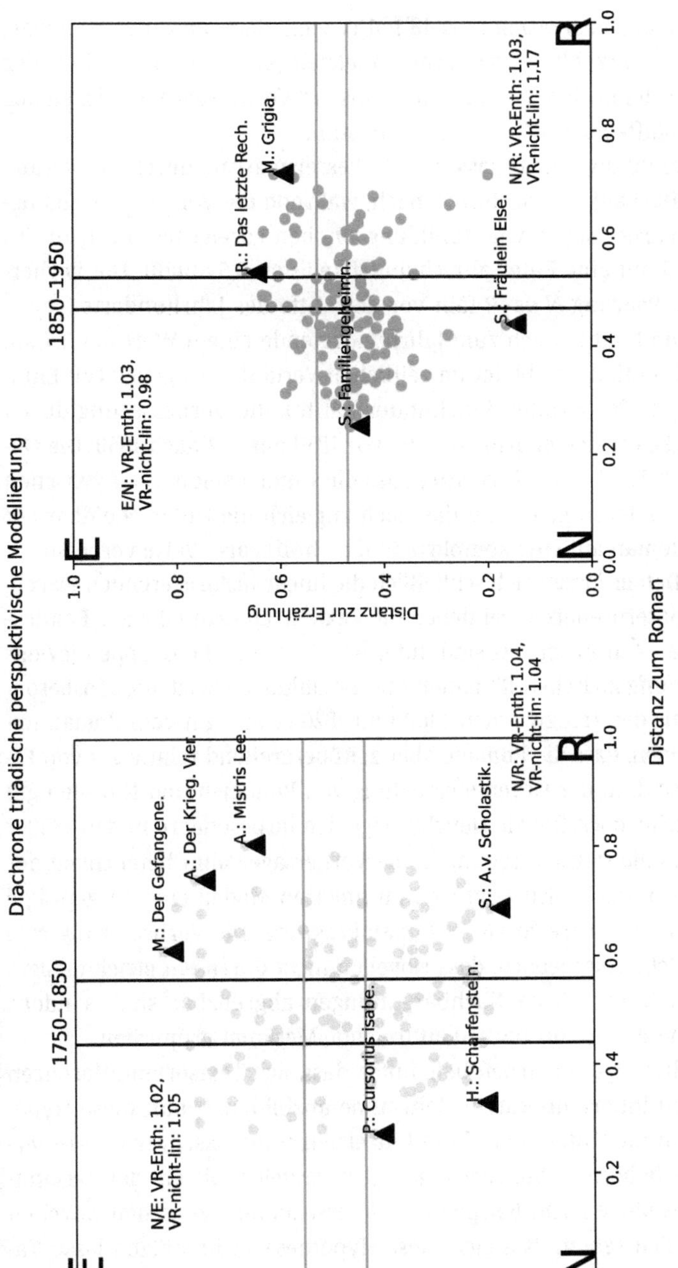


**Abbildung 28:** Diachrone triadische perspektivische Modellierung für Novellen (nach $S_{ED}$) und die Zeiträume 1750–1850 (links) vs. 1850–1950 (rechts).

(*VR-nicht-lin*: 0,98 / *VR-Enth*: 1,03). Abbildung 19 hat gezeigt, dass die Unterscheidbarkeit zwischen Novelle und Erzählung sich zwar im letzten Jahrhundertdrittel wieder verbessert, dass sie aber dennoch den enormen Verlust an Vorhersagegenauigkeit aus der ersten Jahrhunderthälfte nicht wieder aufholen kann.

Für die Paarung Erzählung/Roman lässt die Verbesserungsrate durch Enthaltung (*VR-Enth*) von 1,05 vor 1850 auf 1,04 nach 1850 nach, während die Vorhersagegenauigkeit des klassischen *Accuracy score*, wie Abbildung 19 oben gezeigt hat, im Lauf des 19. Jahrhunderts von 0,8 auf eine Ratewahrscheinlichkeit von 0,5 abfällt. Die Vorhersagegenauigkeit für die Paarung *N* vs. *R* fällt vor der Mitte des Jahrhunderts (gegen 1830) auf nurmehr 0,6 und nähert sich zum Jahrhundertende einem Wert um 0,7 an. Die Verbesserung durch Enthaltung bleibt im zeitlichen Verlauf etwa gleich (VR-Enth: 1,04 in der ersten, 1,03 in der zweiten Jahrhunderthälfte), die Verbesserung durch nicht-lineare Modelle steigert sich enorm von 1,04 vor 1850 auf 1,17 nach 1850. Die Novelle erhält also dadurch Kontur als Textsorte, dass die Unterscheidbarkeit zwischen Erzählung und Roman verloren geht, und dass sich zugleich die Unterscheidbarkeit zwischen Novelle und Roman auf eine komplexe und nicht-lineare Weise verbessert.

In Kenntnis dieser Details lassen sich schließlich die linear historisierenden Projektionen in Abbildung 29 interpretieren, bei denen die Texte nach dem Jahr der Erstdrucke (auf der waagrechten Achse) sortiert sind. Interessant ist, wie die Gruppen jeweils streuen. Die Unterscheidung zwischen Romanen und Erzählungen zeigt, dass insbesondere die Erzählungen aus der Zeit zwischen 1800 und 1820 relativ gut vom Roman unterschieden werden können, dass die Romane aber zeitübergreifend relativ gut von Erzählungen abgrenzbar sind. In der Gegenüberstellung von Romanen und Novellen gilt für den Roman das Gleiche, doch für die Novelle zeigt sich insbesondere in den 1830er und 1840er Jahren noch eine starke Streuung in die Vorhersagewahrscheinlichkeit der Romane. Auch für die Zeit nach 1850 zeigt sich im linearen Modell eine ausgeprägte Streuung der Novellen in den Bereich einer Roman-Prognose. Die Verbesserungsrate durch nicht-lineare Modelle zeigt jedoch, dass Novellen nicht durch ein gleichmäßiges Auftreten ihrer Merkmale von ihren Nachbargattungen abgrenzbar sind, sondern durch ungleichmäßig und immer nur partiell auftretende Merkmalsgrüppchen.

Die Ausgangshypothese $H_A$ der Arbeit behauptet, dass sich Textsortendifferenzen zwischen den Gattungen innerhalb kurzer Zeiträume ausbilden. Wenn diese Hypothese richtig ist, müssten im Mittel die auf die Einzelzeiträume beschränkten Unterscheidungsmodelle eine höhere Vorhersagegenauigkeit erzielen, als ein den Gesamtzeitraum übergreifendes Modell. Am Beispiel der Unterscheidung zwischen Novellen und Erzählungen lässt sich sehen, dass sich diese Hypothese nicht stützen lässt: Tabelle 19 zeigt die Vorhersagegenauigkeiten für 30-Jahres-Perioden. Diese ergeben, arithmetisch über alle Teilzeiträume gemittelt, eine Vorhersagegenauigkeit von 0,7. Diese liegt unter der über den Gesamtzeitraum ohne Periodendifferenzierung erreichbaren Vorhersagegenauigkeit von 0,73 (Tabelle 16). Die Textsortendifferenz zwischen Novelle und Erzählung dürfte zum Teil, wie bereits in den Distanzanalysen des vorangehenden Kapitels abzusehen war, auf Differenzen im Zeitstil zurückgehen. Wenn

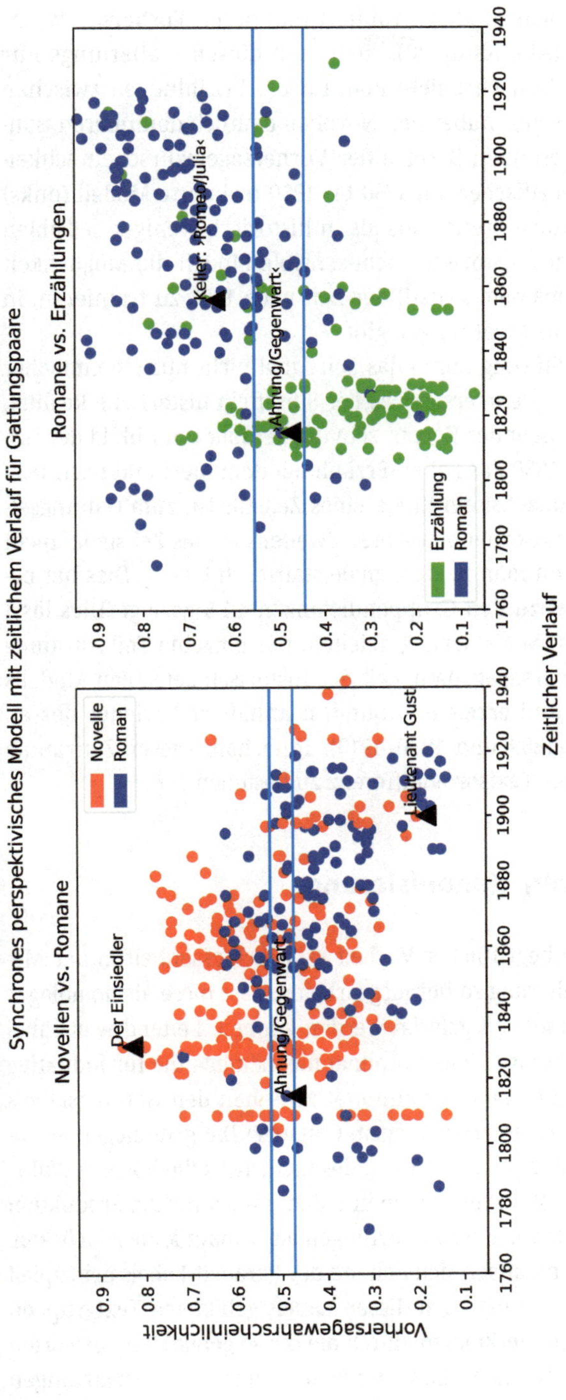


**Abbildung 29:** Historische perspektivische Modellierung in zeitlicher Darstellung von Gattungspaaren: Novelle vs. Roman (links) und Erzählung vs. Roman (rechts) mit einem synchronen bzw. epochenübergreifenden Modell und optimalem Enthaltungsbereich.

man wiederum zwei unterschiedliche Modelle trainiert und deren Vorhersagewahrscheinlichkeiten sichtbar macht (Abbildung 30), sieht man diesen – allerdings nur partiellen – Zeiteffekt deutlicher. Zunächst sieht man für die Erzählungen zwischen 1800 und 1820 nicht nur, dass diese gegenüber den Novellen deutlich dominieren, sondern auch, dass diese über den gesamten Bereich der Vorhersagewahrscheinlichkeiten streuen. Für das historisch spezifischer auf 1750 bis 1850 trainierte Modell (links) fällt die Streuung sogar noch deutlich breiter aus als in historisch weniger sensiblen Modellen. Dies liegt daran, dass das historisch nicht-sensible Modell die Möglichkeit hat, die Regeln für die Novellen aus dem Zeitstil der Zeit nach 1850 zu trainieren, in denen es deutlich mehr Novellen als Erzählungen gibt.

Dennoch ist diese statistische Störung durch das Zeitsignal nicht nur ein einfacher Störeffekt, den es auszuschalten gilt; denn erstens ist der Störeffekt historische Realität. Da es nicht nur eine Unausgewogenheit des Korpus sein dürfte, sondern Abbild der historischen Marktsituation, dass vor 1830 das Label ›Erzählung‹ dominiert und nach 1830 das der ›Novelle‹, wird das, was zunächst ein Effekt eines Zeitstils ist, zum Gattungseffekt, wenn man die historischen Textsorten betrachtet. Zweitens ist das Zeitsignal nicht stärker als das Gattungssignal, wenn man beide Signale statistisch trennt. Dies hat bereits das vorangehende Teilkapitel zu den Gruppendistanzen 4.1.5 gezeigt. Dies lässt sich auch aus der perspektivischen Modellierung ableiten: Für einzelne Teilzeiträume (für 1790–1820) übertrifft die Vorhersagegenauigkeit des historisch sensiblen Modells das nicht-historisierende Modell und erreicht zumindest annähernd wieder dessen Vorhersagegenauigkeit (für 1820–1850 und 1880–1910). Innerhalb dieser Zeiträume scheint eine stärker zeitunabhängige Textsortendifferenz zu bestehen.

## 4.3 Alternative Perspektiven: Kanonisierung

Ich habe die strukturellen Aspekte begrifflicher Vagheit vs. Geschlossenheit in der Mechanik der perspektivischen Modellierung so herausgearbeitet, dass diese als homologer Ausdruck zu begrifflicher Geschlossenheit gelesen werden können. Leitend war dabei bislang eine in der Gattungstheorie umstrittene Vorannahme, nämlich die für induktive Verfahren charakteristische Annahme einer Kontinuität zwischen den Gattungslabels der Erstpublikation, Textsorte und Genreerwartungen. Genauer: Die grundlegende Annahme war, dass die Praxis der Gattungszuschreibung des Erstdrucks die höchste Wahrscheinlichkeit hatte, die für die Rezeption relevanten und daher auch für die Produktion leitenden Erwartungen und somit Erwartungs-Erwartungen als Semantik auszudrücken. Wenn diese Annahme richtig ist, dann lassen sich anhand der Paratext-Labels prinzipiell (d. h. bei geeigneten Analyseverfahren) die nach diesen Labels gebildeten Textgruppen als Textsorten erfassen. Und von den Merkmalen, durch die die so gebildeten Textsorten charakterisiert sind, kann man annehmen, dass sie die zentralen Genreerwartungen ausdrücken. Da der Textsorteneffekt der nach Labels der Erstpublikation gebildeten Textgruppen relativ schwach ist, kann man einwenden, dass diese Labels eine ungüns-

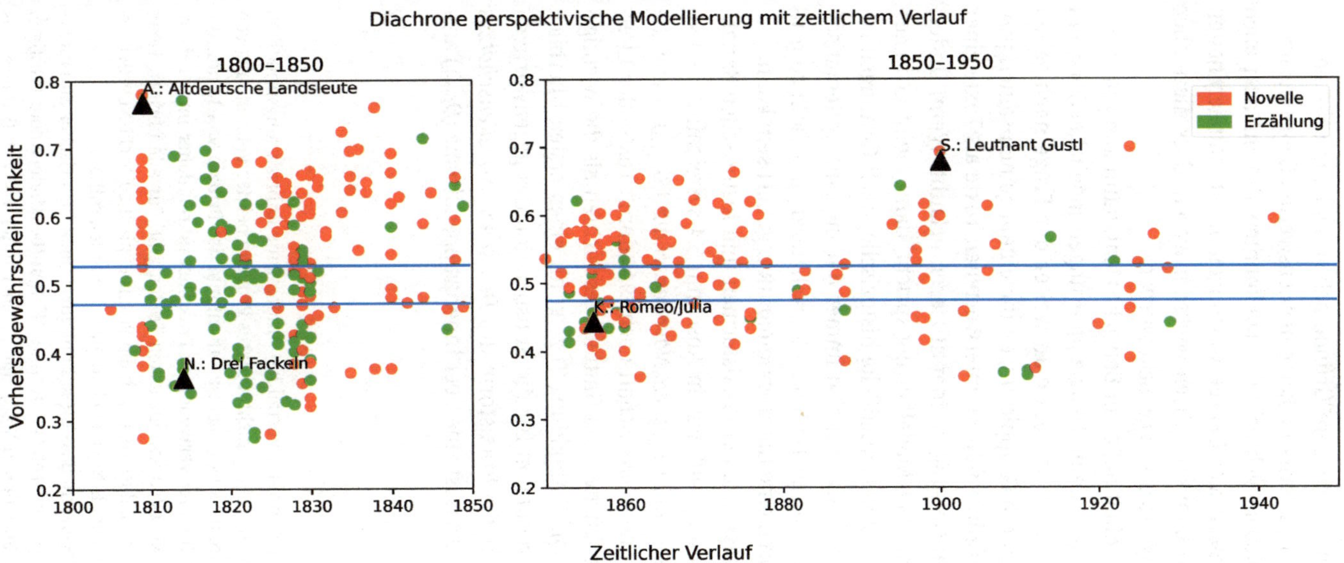


**Abbildung 30:** Historische perspektivische Modellierung von Prototypikalität mit Zeitindex für Novellen und Erzählungen mit zwei periodenspezifischen Modellen (1800–1850 vs. 1850–1950).

tige Perspektive waren. Dafür kann es mehrere Gründe geben: Es kann sein, dass es während des Untersuchungszeitraums überhaupt keine nennenswerten Genreerwartungen gab, die auf einen Begriff der Novelle gebracht werden konnten. Es kann aber auch sein, dass sich mehr oder weniger spezifische Genreerwartungen bereits etabliert hatten und dass diese sogar bereits produktionsästhetisch wirksam waren; dass diese aber nicht durch ein einheitliches Gattungslabel ausgedrückt wurden.

Wenn man diese zweite Möglichkeit näher in Betracht zieht, dann kann man untersuchen, ob sich anhand später geleisteter Textgruppierungen möglicherweise ein Textsorteneffekt sichtbar machen lässt, so dass man weiter der Frage nach gehen kann, ob möglicherweise diese späteren Gruppierungen die einem gemeinsamen produktionsästhetisch wirksamen Schreibverfahren unterworfenen Texte als Texte einer in diesem Sinn dann einheitlichen Gattung zu identifizieren erlaubt. Wenn Underwood von Perspektivität algorithmischer Modellierung spricht, dann meint er in seinen neuesten Beiträgen genau dies: Unterschiedliche historische, nach Gattungen rubrizierende Perspektiven auf Texte.[145] Es geht also immer darum, eine systematisch fassbare Zuordnungspraxis von Gattung zu Texten zu identifizieren, um dann zu prüfen, ob diese Zuordnungspraxis durch eine Gattungssemantik reguliert sein kann.

Die beiden im Folgenden herangezogenen Praxisformen und historischen Situationstypen der Text-Gattungs-Zuordnung sind, wie in Abschnitt 3.4 systematisch entwickelt wurde, die Textauswahl aus dem *Deutschen Novellenschatz* ($S_{N\text{-}Sch}$) sowie die Texte, die in der Literaturdidaktik und -wissenschaft nach 1945 durch Text- oder Interpretationssammlungen, Einführungsbücher und Gattungsgeschichten als die wichtigsten Novellen kanonisiert wurden ($S_K$).[146] Abbildung 31 zeigt für einen ersten Überblick die Distanzen in einer Dimensionsreduktion für die Konstruktion des gegenwärtigen Novellenkanons nach $S_K$. Weder für die Praxisform des *Deutschen Novellenschatzes* noch für den Kanon des 20. Jahrhunderts ist eine über Innergruppendistanz ($D_{intra}$) aus-

145 Vgl. Underwood (2020, 99–103), der den großen Vorteil hat, umfassende Rubrizierungspraktiken aus Bibliothekskatalogen vergleichen zu können. Ein nicht lösbares Problem bei der Verwendung von Kanonisierungsperspektiven besteht darin, dass es – das ist nun einmal das Prinzip von Kanonisierung – sehr wenige Texte berücksichtigt. Die hier verwendeten Praktiken führen daher immer dazu, dass es eine sehr kleine Gruppe von als Novellen kanonisierten Texten gibt. Für alle übrigen Texte kann man aber eigentlich nicht sinnvoll sagen, dass sie durch die Praxis explizit zu Nicht-Novellen erklärt wurden, sondern lediglich, dass sie nicht als Novellen kanonisiert werden sollten.

146 Man könnte auf den ersten Blick einwenden, dass diese Konfigurationen historischer Situationstypen nicht auf Gattungssemantiken perspektivieren, sondern auf Kanon (bei Underwood: Prestige); bei Underwood (2019, 68–78) würden die Situationen $S_{N\text{-}Sch}$ und $S_K$ eher unter Prestige firmieren als unter Gattung. Hier ist jedoch mit Polheim (1981) wichtig – und kritisch – zu sehen, dass die Gattung der Novelle im 19. und 20. Jahrhundert immer von der Idee ästhetischen Werts her gedacht wurde. Ohne Rücksicht auf die gattungstheoretische Problematik ist es eine historische Tatsache, dass Prestige Teil des historischen und auch germanistischen Novellenverständnis war bzw. ist.

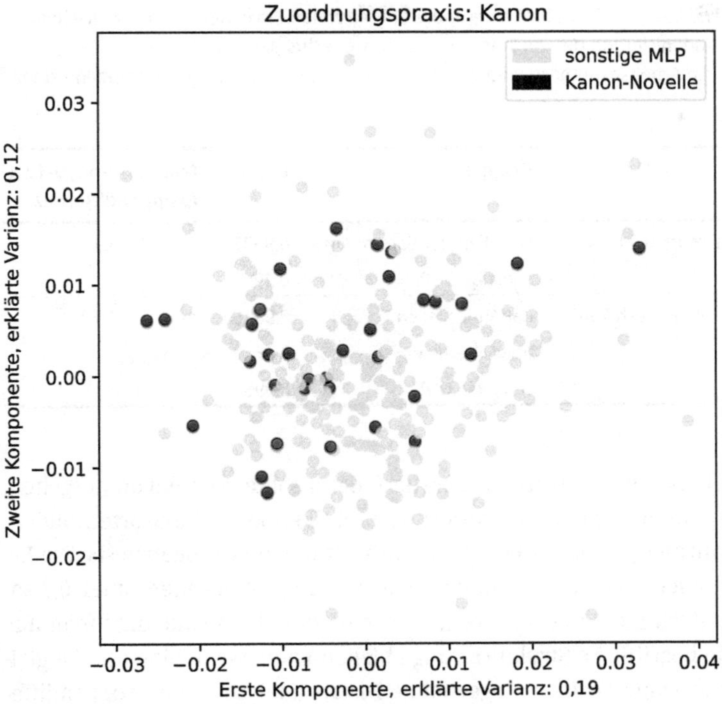


**Abbildung 31:** Dimensionsreduktion für Erzählprosa, gruppiert nach dem Kanonisierungsstatus als Novelle im 20. Jahrhundert $S_K$.

drückbare Textgruppenkohäsion beobachtbar (siehe Tabelle 22). Die Werte für die gruppeninterne Kohäsion zeigen, dass am ehesten die nach 1945 als Novellen kanonisierten Texten eine Tendenz zu stilometrisch fassbarer Ähnlichkeit aufweisen. Diese Tendenz ist aber deutlich schwächer als für die nach den Zuweisungspraktiken der Erstpublikationen. Die hier untersuchten Kanonisierungspraktiken scheinen keine Textsorten fassbar zu machen.

Im zweiten Verfahren, das dieses Kapitel entfaltet hat, dem der perspektivischen Modellierung von Unterscheidbarkeit, ergibt sich aus dem Ergebnis der Distanzanalysen entsprechend eine schwächere Vorhersagegenauigkeit. Sowohl für die Zuordnungspraxis des Novellenschatzes als auch für die der Kanonisierungspraktiken des 20. Jahrhunderts liegt die Vorhersagegenauigkeit mit einem linearen Modell (logistische Regression) bei 0,63. In beiden Fällen verbessert sich die Vorhersagegenauigkeit durch die Einführung eines Enthaltungsbereichs um den Faktor 1,02 (also um 2%), ein *Ensemble Learner* verbessert die Ergebnisse um 1,05 (Kanon des 20. Jahrhunderts) bzw. 10% (›Novellenschatz‹) für die Kanonisierungspraktiken des 20. Jahrhunderts sogar bei nur 0,59. Alle Ergebnisse liegen unterhalb einer global für das 19. Jahrhundert beobachtbaren Klassifikationsrate zwischen den Gruppierungen nach den Labels ›Novelle‹ und ›Erzählung‹ im Erstdruck, deren Vorhersagegenauigkeit über 0,7 liegt.

**Tabelle 22:** Innergruppendistanzen ($D_{intra}$) für Textgruppierung nach den Praxisformen des Deutschen Novellenschatz und der Kanonisierung des 20. Jahrhunderts, sowie rechts die p-Werte nach MannWhitneyU-Test für die Arbeitshypothese, dass zwischen den Gruppen eine Zwischengruppendistanz ($D_{inter}$) vorliegt.

| Gruppierungspraxis | Gruppe | $D_{intra}$ | MannWhitneyU-Test: Gruppendifferenz |
|---|---|---|---|
| $S_{N\text{-}Sch}$: *Deutscher Novellenschatz* 1871–74 | Novellen der Sammlung | 0,9932 | p-Wert = 0,9 |
| | sonstige *MLP* | 0,9951 | |
| $S_K$: Kanonisierung als Novellen nach 1945 | Kanon-Novellen | 0,9810 | p-Wert = 0,9 |
| | überlieferte *MLP* | 0,9850 | |
| | sonstige *MLP* | 0,9961 | |

Wenn man die Ergebnisse konservativ interpretiert, dann sollte man davon ausgehen, dass die beiden hier untersuchten Kanonisierungspraktiken keine Textsorten bilden. Dies zeigen die Distanzanalysen und die sich darauf stützenden Signifikanztests. Die Ergebnisse lassen sich aber auch so deuten, dass Vorhersagegenauigkeiten unter 0,7 sowohl für lineare als auch nicht-lineare Modelle eher so zu deuten sind, dass man aus ihnen nichts für eine begriffliche Strukturierung ableiten kann, wenn eine auf die gleichen Daten und die gleichen *Features* angewandte Distanzanalyse keine Gruppendifferenzen nachweisen kann. In jedem Fall zeigt sich, dass die beiden historisch dominanten und hier untersuchten Praktiken der kanonisierenden Re-Perspektivierung keine höhere Textsorten-Kohäsion als die Gattungszuordnungen aus den Erstdrucken ($S_{ED}$) erzielen.

Polheim hat den Novellenbegriff auch mit dem Argument zurückgewiesen, dass dieser immer nur als ein axiologischer Wertbegriff in der Literaturwissenschaft verwendet wurde. Da ästhetischer Wert kein Textsortenmerkmal sei, so Polheim, sollte man den Novellenbegriff verwerfen und ausschließlich mit dem Begriff der Erzählung als Textsorte arbeiten.[147] Die von ihm kritisierten Arbeiten gehen in der Regel davon aus, dass es durchaus komplexe Merkmale bestimmter Art sind, die einem Erzähltext – dann in Form einer Novelle – ästhetischen Wert verleihen. Polheims Argument lässt sich nun von einer ganz anderen Richtung her stützen, nämlich in der Form: Die geläufigen Gruppierungen von Erzähltexten nach ästhetischem Wert zu einer Gruppe der ›wertvollen Novellen‹ bildet tatsächlich keine rekurrenten Textmerkmal aus.

147 Vgl. Polheim (1981, 16).

## 4.4 Philologische Synthesen

In literaturgeschichtlicher Hinsicht hat das Kapitel gezeigt, dass sich im Lauf des 19. Jahrhunderts ein Textsortenunterschied zwischen Novelle und Erzählung zumindest der Tendenz nach einstellt. Diese Tendenz ist jedoch mit dem hier verwendeten und in Abschnitt 4.1.1 eingeführten *Bag-of-Words*-Modell (im Folgenden wieder: *BoW*) so schwach, dass die u. a. von Pabst, Polheim, Meyer und Lukas vorgetragene Skepsis gegenüber der Idee, die Novelle sei eine klar abgrenzbare Textsorte, nicht hypothesenbasiert zurückgewiesen kann. Das in Abschnitt 4.1.2 entwickelte Verfahren zur prinzipiengeleiteten Bestimmung der Distanzen innerhalb von und zwischen Textgruppen, das darauf gestützte hypothesengeleitete Design zur Bestimmung von Textsortenkontur (4.1.3), das entwickelte Maß zur Bestimmung einer Effektstärke einer Textsortenkontur im Verhältnis zu Nachbartextsorten als Distanzquotient (*DQ*) (4.1.4) sowie die Relationierung zu Autor- und Zeitsignal (4.1.5) haben gezeigt, dass die Textsortenkohäsion für Autorschaft um den Faktor 10 höher liegt als für das Zeitsignal und dieses wiederum um den Faktor 10 über dem Gattungssignal. Bei Verwendung des *BoW*-Modells ist das Gattungssignal mithin prinzipiell schwach.

Deutlich gezeigt hat sich aber in Abschnitt 4.1.6, dass ein über stilometrische Nähe operationalisierter und potenzieller genealogischer Zusammenhang, den ich mit Jauß als literarischen Horizontwandel modelliert habe, durchaus das etablierte Bild von Novellengeschichte zu rekonstruieren erlaubt, wenn man von den historischen Gattungszuordnungen einmal ganz absieht. Die Analyse hat gezeigt, dass unter einer solchen Perspektive mit Texten von Schiller, Goethe, dem frühen Tieck, Eichendorff und möglicherweise Musils ›Törleß‹ die Werke als die für den literaturgeschichtlichen Horizontwandel wesentlichen Texte erscheinen. Novellengeschichte funktioniert also, so kann man sehen, bislang und in der Regel als genealogische Reihung nach Kriterien ästhetischer Abweichung und Vorbildhaftigkeit sowie unter Missachtung historischer Gattungssemantik.

Die Schwäche des Gattungssignals tritt immer dann als Problem in den Vordergrund, wenn man Gattungen als historische Textgruppen begreift und diese Textgruppen nach den zeitgenössischen Genrezuordnungen, hier der Labels ›Novelle‹, ›Erzählung‹ etc. in der Situation der Erstdrucke ($S_{ED}$) begreift. Die Schwäche dieses Signals ist das zentrale methodologische Problem dieser Arbeit, weil grundsätzlich offen ist, ob sie auf eine Schwäche der Methode zurückgeht oder tatsächlich einen historischen Sachverhalt beschreibt. Interessant sind zunächst in jedem Fall die vielen Dimensionen, in denen sich eben doch eine Tendenz zu einer Konturschärfung der Novelle als Textsorte abzeichnet, die man aber nicht sehen kann, wenn man einfach nur auf Novellen – und schon gar nicht: wenn man nur auf die Novellentheorie – blickt. Doch wie lassen sich diese schwachen mehrdimensionalen Tendenzen philologisch interpretieren? Mehrere Erklärungen sind möglich. Und die folgenden Kapitel widmen sich systematisch einer Interpretation. Bemerkenswert ist, dass es eher die Praxisform der Gattungszuweisung in den Erstpublikationen ist, aus der sich Tendenzen der Konturierung und Konsolidierung ablesen lassen als die Praxisformen der zeitlich nachgelagerten Kanonisierung.

Für die stark von den Gattungspoetiken kommende philologische Novellenforschung bietet sich zunächst folgende interpretative Synthese an. Es wurde behauptet, dass die Novelle im Übergang vom 18. zum 19. Jahrhundert als eine Gattung ohne Poetik beginnt.[148] Richtig daran ist, dass es vor 1800 keine Novellenpoetik gab. Ob die Novelle um 1800 beginnt, eine Gattung zu sein, ist dagegen fraglich. Die Ergebnisse des zweiten Teilkapitels 4.2 legen nahe, dass die literarische Kultur um 1800 einen durchaus klaren Sinn für eine Genredifferenz zwischen Roman und mittellanger Erzählprosa hat, der auf die begriffliche Differenz ›Roman‹ vs. ›Erzählung‹ gebracht wurde. Dieser Sinn für genrespezifische Erwartungen ist so wirksam, dass er sich dann in der Textproduktion und den Paratext-Labels entsprechend als Textsorteneffekt der als Erzählungen publizierten Texte niederschlägt.[149]

Als dann in den Jahren nach 1800 die ersten Texte als Novellen publiziert wurden, geschah dies zunächst noch in geringem Umfang. Diejenigen, die das Label ›Novelle‹ verwendeten, dürften damit etwas anderes gemeint haben als mit der Gattungsbezeichnung ›Erzählung‹. Wie die Ausarbeitung der perspektivischen Modellierung zur Analyse von begrifflicher Geschlossenheit gezeigt hat, beginnt die Novelle als Abgrenzungsgenre zur Erzählung, ohne Rücksicht auf die Differenz zum Roman. In den Jahren nach 1823 beginnt dann die Konjunktur des Novellenlabels. In den 1830er Jahren hat die große Mehrheit der mittellangen Erzählprosatexte in Journalen und Taschenbüchern die Gattungsbezeichnung ›Novelle‹. Und in dieser Zeit verliert die Novelle jede Differenzqualität: sowohl zum Roman als auch zur Erzählung; und wenn die Novellen eine Abgrenzung suchen, dann nur sehr einseitig: Novellen, die deutlich keine Erzählungen sein sollen, sind meist romanähnlich und umgekehrt. Zeitgleich setzen die poetologischen Bemühungen um den Novellenbegriff ein. Der Erzählungsbegriff wird in der poetologischen Diskussion dagegen immer unwichtiger.

Die nur marginale Erholung der Unterscheidbarkeit zur Erzählung und die etwas stärker ausgeprägte Unterscheidbarkeit zum Roman können ein Indikator dafür sein, dass sich der poetologische Druck, der normativ auf die Idee der ›strengen Form‹ der Novelle einwirkt, in sehr begrenztem Maß – und auf eine in diesem Kapitel noch gar nicht in den Blick genommene Weise – auf die Textproduktion und die entsprechende Gattungsmarkierung bei der Publikation auswirkt. Nach der Jahrhundertwende ging es nicht mehr primär um eine Abgrenzung zur Erzählung, sondern um die Abgrenzung zum Roman auf der Ebene auch des Gehalts und der Form. Die Abgrenzbarkeit zum Roman in der Textsortenanalyse des zurückliegenden Kapitels zeigt indes die Strukturen begrifflicher Vagheit, die als Prototypikalität und Familienähnlichkeit entwickelt wurden. Es bilden sich keine einheitlichen Differenzmerkmale und Unterscheidungskrite-

148 Vgl. Kindt (2009, 541) und Aust (2012, 92), der aber sehr vorsichtig in der Frage bleibt, ob und ab wann es die Gattung der Novelle gibt. Dagegen geht Füllmann (2012) von frühen poetologischen Prägungen seit dem späten 16. Jahrhundert aus.

149 Der terminologische Gebrauch von ›Genre‹ und ›Textsorte‹ folgt, wie eingangs bemerkt, der rationalen Rekonstruktion von Fricke (1981) durch Gittel (2021), siehe Anm. 1 in diesem Kapitel.

rien heraus, sondern vermutlich idiosynkratische Stile des Novellenschreibens, die aber doch so stark ineinandergreifen, dass es möglich ist, die Gattungsdifferenz als eine Differenz mit erheblicher Vagheit aufzuklären. Diese Vagheit lässt sich weniger über Graubereiche mit Texten relativer Unbestimmbarkeit im Sinn der Prototypikalität, sondern eher familienähnlichkeitsbasiert über komplexe und konditionale Merkmalsverknüpfungen beschreiben. Es konnte gezeigt werden, dass in der Überlagerung von prototypentheoretischen und familienähnlichkeitsbasierten Aspekten die Struktur des Novellenbegriffs sich im Lauf des 19. Jahrhunderts insofern ›normalisiert‹, als sie sich einer erwartbaren Struktur annähert, die sich für Roman und Erzählung durchgehend beobachten lässt. Das kurze Teilkapitel zu alternativen historischen Situationstypen der Gattungszuordnung zeigt, dass die Zuordnung der Texte zu den Gattungen nach den Erstdrucken ($S_{ED}$), verglichen mit den alternativen und eher kanonisierungsgeschichtlichen Perspektivierungen ($S_{N\text{-}Sch}$ und $S_K$), den stärksten Gruppierungseffekt sichtbar macht. Die Konzentration auf die Erstdrucke als Kriterium der Bildung historischer Gattungsgruppen ist daher nicht prinzipiell verkehrt.

Offen ist, wie stark der Textsorteneffekt in einem philologischen Sinn ist, den die hier beschriebenen, und allem Anschein nach nur schwachen Effekte und Tendenzen ausmachen. Ist die Tendenz zur Konturierung der Novelle eine nur statistisch messbare Angelegenheit, oder entspricht ihr auch eine von den Zeitgenossen bereits wahrnehmbare Differenz? Geben die beobachteten Konturen etwas wieder, was der literarischen Kultur des 19. Jahrhunderts bewusst war, oder wenigstens bei geeigneter Aufmerksamkeit hätte bewusst werden können? In drei Schritten wird der Rest dieses Buchs diese Fragen beantworten: Im nächsten Kapitel 5 als die Frage, ob die mehr oder weniger schwachen Textsorteneffekte unter Gattungsperspektive nicht eigentlich durch ein viel wirkmächtigeres Prägungssystem sowohl überlagert als auch erst hervorgerufen werden; nämlich durch das System der Medienformate. Dies wird für das daran anschließende Kapitel 6 den Auftrag mit sich bringen, Textmerkmale zu operationalisieren, um die Relation zur literarischen Semantik und zu den Poetiken herzustellen. Auf diese Weise wird sich klären lassen, wie viel die beobachtbaren Gruppierungseffekte, seien sie Medien- oder Genreeffekte, mit den zirkulierenden Gattungsbegriffen und entsprechend kodifizierten Genreerwartungen zu tun haben. Und um genau diese Frage beantworten zu können, nämlich ob die Effekte mehr mit Gattungssemantik oder mit Medienregeln zu tun haben, wird vor der Operationalisierung komplexer Merkmale das Analysemodell für die Medienbedingtheit von Gattung zu entfalten sein. Schließlich wird sich in Kapitel 7 die Frage stellen, ob das gesamte Gattungskonstrukt nur eine soziale Konstruktion ohne jedes reale Substrat zu begreifen ist, als bloße Chimäre und Halluzination, die bestimmten ökonomischen Interessen und der Stabilisierung oder Verschiebung von Machtverhältnissen dient. Durch die Verknüpfung dieser Perspektivierungen wird sich am Ende ein Gesamtbild ergeben, das zeigt, in welchen Hinsichten und in welchem Grad die Novelle im 19. Jahrhundert zu einer Gattung wird.

# 5 Genre, Medium und der Faktor Zeit

Gattungsforschung ist die Suche nach Regelsystemen. Wie die Arbeiten insbesondere von Polheim und Meyer erwarten ließen, hat sich für die Novelle der Gattungsaspekt selbst nicht als besonders starker Regulator nachweisen lassen. Das zurückliegende Kapitel 4 hat diesen Eindruck zwar einerseits vorläufig bestätigt, aber bereits Nuancierungen hinsichtlich einer beobachtbaren begrifflichen Vagheit und tendenziellen Konturierung des Novellenbegriffs geliefert. Wenn man die Regeln nicht in den durch die Gattungszuordnungen gebildeten Textgruppen identifizieren kann, gibt es drei Lösungsmöglichkeiten, die es zu kombinieren gilt: Man sucht die Regeln für den Gebrauch der Gattungsbegriffe außerhalb des Bereichs des Textuellen. Dieser Option wird sich Kapitel 7 widmen. Oder man wählt andere Textmerkmale für die Identifikation von Gattungen aus. Dies wird in Kapitel 6 geschehen. Oder man identifiziert die textprägenden Regelsysteme außerhalb der Gattungen. Für diese Option wird im vorliegenden Kapitel das statistische Modell einer multifaktoriellen Regressionsanalyse ausgearbeitet, die es erlaubt, gattungsgeschichtlichen Wandel als medialen Prozess zu untersuchen. Da es um Prozesse geht, wird neben Gattung und Medium auch der Faktor Zeit eine tragende Rolle spielen. Das anschließende Kapitel führt die Analysen dann für die im Einzelnen zu operationalisierenden Textmerkmale durch. Die Kapitel 5 und 6 bilden daher einen gemeinsamen Analysezusammenhang.

Erst seit den 1980er Jahren hat die literaturgeschichtliche Forschung die Medienformate als zentrale Regelsysteme im Verdacht. Doch der Bezug zur Medialität reicht novellenwissensgeschichtlich weiter zurück, nämlich bis in die 1870er Jahre zu Paul Heyse – dort in einer bei genauem Hinsehen kritischen und bemerkenswert differenzierten Haltung, die aber auf den ersten Blick wie eine Abwehrhaltung aussieht, der sich die Germanistik bis in die 1980er Jahre angeschlossen hat.[1] Diese für die Germanistik charakteristische Zurückweisung war meist normativ und das Ergebnis des Wunsches, die Novelle möge doch bitte ein eigenständiges Regelsystem sein, frei von heteronomen außerliterarischen und der literarischen Freiheit vermeintlich feindlichen Regulatoren wie Medium und Materialität.[2] Die Fixierung auf Gattungsgeschichte als ein eigenständiges – in literaturwissenschaftlicher Sprache heißt das, häufig und mit dem Risiko eines Anachronismus, als ein *autonomes* – Regelsystem gehört insgesamt zum Selbstverständnis einer Literaturwissenschaft, die darum fürchtet, sich zur bloßen Sozial- oder Mediengeschichte degradiert und so als Geschichte

1 Diese Abwehrhaltung wird in Abschnitt 6.3 rekonstruiert, siehe insbesondere Anm. 73 in Kapitel 6. Zur Urheberschaft der im *Deutschen Novellenschatz* artikulierten novellentheoretischen Position siehe Anm. 59 in Kapitel 3. Dazu, wie Heyse mit dem Projekt seiner ›Novellenschätze‹ die Flut massenmedial produzierter Literatur kritisch verarbeitet, vgl. Herget (2025, 1–11).

2 Bis in neuere Arbeiten spiegelt sich die Annahme eines prinzipiell literaturfeindlichen Medieneinflusses wider, etwa bei Schrader (2001). Zu einer Kritik dieser Position vgl. Günter (2008, 190).


https://doi.org/10.1515/9783112236697-005

*der Literatur* delegitimiert zu sehen, wenn sie Kunst als heteronom bedingtes Regelsystem untersucht.[3] Eine bessere Kenntnis der tatsächlichen medialen Einflüsse auf die Erzählprosa des 19. Jahrhunderts wird daher auch die dialektische Spannung zwischen Produktion und poetologischem Diskurs besser einzuschätzen erlauben: Falls ein medialer Einfluss beobachtbar ist, stellt sich die Frage, warum diese literarische Kultur das Bedürfnis hatte, gegen die Realität medialer Macht anzukämpfen und weshalb sie in diesem Bemühen gegebenenfalls erfolglos geblieben ist.

Den ein Jahrhundert lang stabilen Konsens der Irrelevanz von Medienformaten in der Novellenforschung hat erst Meyer mit dem Vorwurf der »Medienblindheit«[4] aufgebrochen. Seither hat die Forschung zum 19. Jahrhundert dessen charakteristische mediale Formationen zwar sowohl im Verhältnis zur Sozialgeschichte,[5] zum Epochenbegriff des Realismus,[6] zur Genese der Populärkultur und insbesondere des seriellen Erzählens[7] umfassend in den Blick genommen und zum Teil radikale Thesen zur Programmatik des Realismus als Medieneffekt und zu Autoren als Medienprodukten lanciert.[8] Systematische Arbeiten zur Novelle haben jedoch, abgesehen von Studien zu einzelnen Autoren wie Kleist,[9] Keller,[10] Raabe,[11] Storm,[12] Schnitzler,[13] Fontane[14] und Marlitt,[15] deren Verhältnis zur Medialität nicht mehr in Angriff genommen und sind so gegenüber der historischen Forschung zum 19. Jahrhundert in Rückstand geraten.[16] Die-

3 Dies war schon das Problem, an dem sich bereits Voßkamp (2000, 84–85), der Bachtin im Hinterkopf hatte, abgearbeitet hat, und dem auch Venzl (2019, 89) in der historiographischen Darstellung Rechnung tragen will. So zuletzt auch Fuchs (2023, 9), der auf der Basis dieses Autonomiearguments nach den literarischen Regeln für eine Formgeschichte der kurzen Prosa jenseits der sozialen und medialen Kontexte sucht.

4 Meyer (1987, 8); für konkrete Kritik an Sengle und Schröder vgl. ebd., 25 und 42, sowie Meyer (1998).

5 Vgl. Mellmann/Reiling (2016).

6 Vgl. Gretz (2011) und zuvor bereits Günter (2007; 2008), Butzer/Günter/Heydebrand (1999), sowie Butzer (2000).

7 Vgl. Scherer/Stockinger (2016) und Stockinger (2018).

8 So Günter (2008, 155 u. 236). Anschlussfähig für die folgende Modellierung dürfte mit einer zu erwartenden breiteren Perspektivierung auf den Zusammenhang von Medium und Poetik die bei Abschluss dieses Buchs noch nicht erschienene Habilitationsschrift von Astrid Dröse zur Journalpoetik sein; vgl. auch die systematische Vorklärung in Dröse (2024, 318–321).

9 Vgl. Niebisch (2019) und Willems (2013) sowie Dröse (2024) und Dröse/Robert (2019) zu Einzelwerken.

10 Vgl. Gretz (2016).

11 Vgl. Günter (2008, 262–286).

12 Vgl. Stockinger (2006; 2017).

13 Vgl. Podewski (2022).

14 Insbesondere zu Fontane hat die Reflexion und Erforschung des Autors als Medienfigur, -akteur und -produkt mit Haacke (1940) früh eingesetzt und seither kontinuierlich Aufmerksamkeit erfahren (vgl. C. Jolles 1975; Berg-Ehlers 1990; Berbig 2000; Günter 2008, 209–237).

15 Vgl. Günter (2008, 238–268), Mellmann (2014), Hipp (2016) und Brunner (2024).

16 Dies betrifft in besonderem Maß Freund (1998) und Rath (2008). Den Vorwurf der Missachtung medialer Faktoren sollte man nicht jeder einzelnen Arbeit machen, wenn diese ein jeweils medienunab-

sen Rückstand will das folgende Kapitel ausgehend von Meyers Vorarbeiten aufholen. Die Umstände dafür sind auch deshalb günstig, weil seit den Arbeiten von Meyer umfangreiche und wertvolle Forschung zur Buchmarkt- und Mediengeschichte des 19. und 20. Jahrhunderts geleistet wurde.[17] Man kann das folgende Kapitel daher als Fortsetzung des nach dem ersten von drei geplanten Bänden abrupt und vorzeitige abgebrochenen Projektes von Meyer betrachten. An drei Stellen gilt es jedoch die Weichen neu zu stellen.

Erstens: Während Meyer es frühzeitig für ausgemacht hielt, dass das Medium das dominierende Regelsystem für die mittellange Erzählprosa des 19. Jahrhunderts ist, soll die Frage, ob Gattung oder Medium als Regulator dominiert, als offene Frage gestellt und hypothesengeleitet beantwortet werden. Für das Zusammenspiel von Gattung und Medium beschreibt Abschnitt 5.1 fünf Modellvarianten. Zu einer literaturgeschichtlich aussagekräftigen Antwort gehört eine detailliertere Auflösung des Zusammenspiels der Regelsysteme Gattung und Medium. Hierfür wird im Abschnitt 5.2 ein Makroverfahren der Faktorenanalyse ausgearbeitet, das frequentistische und bayessche Verfahren kombiniert und auf diese Weise hypothesengeleitete Erklärung mit detaillierter Beschreibung kombiniert. Um Vorwissen in die Modellierung einbeziehen zu können und um einen Teil der Analyseergebnisse nicht bloß als punktuelle Werte, sondern als Wahrscheinlichkeitsverteilungen abschätzen zu können, wäre ein bayesscher Ansatz grundsätzlich vorzuziehen. Die im Zentrum der folgenden Analysen stehende Metrik (Delta, siehe Abschnitte 5.2.2 und 5.2.6) der Varianzaufklärung wird jedoch eine weitgehend frequentistische Modellierung erfordern.

Zweitens: Taxonomisch nivelliert Meyer so unterschiedliche Formate wie Taschenbuch und Tageszeitung, indem diese gemäß der historischen Semantik – so begründet Meyer seine Entscheidung – gleichermaßen der Mediensorte Journal zugerechnet und dem Buch gegenübergestellt werden.[18] Die spezifischen Bedingungen der Kommunikationssituationen, der Materialität, der charakteristischen Umgangspraktiken und weitere Faktoren macht er somit ununterscheidbar.[19] Eine der Stärken quantitativer Gattungsgeschichte liegt gerade darin, dass sie die Frage nach der geeigneten Abstraktion von Faktoren als eine empirische Frage und im Folgenden (Abschnitt 5.2.4)

---

hängiges Phänomen oder Problem in den Blick nehmen. Dies gilt etwa für Garrido Miñambres (2009) oder Kiefer (2010). Den Rückfall in idealistische und typisierende Gattungsvorstellung trotz vorgeschobener Kenntnisnahme der kritischen Arbeiten in zahlreichen jüngeren Positionen diagnostiziert Aust (2012) in seinem knappen Forschungsbericht pointiert.

17 Mit der Buchgeschichte und Buchwissenschaft handelt es sich hier um eine eigene Disziplin, die hier weder vollständig benannt noch im Rahmen des Projekts vollständig rezipiert werden konnte. Wichtig sind u. a. Wittmann (1982), Faulstich (2004), Jäger (2003), Estermann/Füssel (2003), Jäger (2001), Kastner (2003), und Graf/Pellatz (2003).

18 Vgl. Meyer (1987, 40).

19 Vgl. für eine Perspektive auf das sogenannte ›Format‹ der unterschiedlichen Medien Spoerhase (2018), in dessen praxeologischer Perspektive das Taschenbuch viel näher an das Format des Buchs rückt als an die Zeitung.

über eine Gridsuche (Rastersuche) nach der Granularität mit höchster Aufklärungskraft operationalisierbar macht.

Drittens unterschlägt Meyer, dass Gattung und Medium, wenn man sie als Regulatoren oder prägende Faktoren vergleichend in den Blick nimmt, Konkurrenten ungleicher Art sind. Der prägende Einfluss ist für Medienformate von anderer Art als für Gattungen. Am Beispiel des Merkmals des Umfangs lässt sich das leicht anschaulich machen: Medienformatbedingter Einfluss findet in der ersten Hälfte des 19. Jahrhunderts beim Taschenbuch und in der zweiten Hälfte primär in den Familienblättern in Form konditionalen Zwangs statt.[20] F. A. Brockhaus teilte Ludwig Tieck am 16. März 1839 in Vorbereitung der Ausgabe des Taschenbuchs *Urania auf das Jahr 1840* lapidar mit: »Den Umfang wünschen wir nicht stärker als voriges Jahr, der nötigen Abwechslung wegen«.[21] Die knappe Bemerkung bezog sich auf die zuvor erschienene – und aus Tiecks später Prosa bekannteste – Novelle »Des Lebens Überfluß« aus der *Urania auf das Jahr 1839*. Brockhaus spricht hier in freundschaftlichem und sachlichem, aber in der Wirkung offenbar verbindlichem Ton. Wie groß die Verbindlichkeit gewesen sein muss, lässt sich nachträglich aus Tiecks Reaktion ablesen, nachdem er im besagten Band der *Urania* feststellen musste, dass die strengen Auflagen bei der Kürze des Umfangs für andere Autoren nicht galten. Tieck schreibt an Brockhaus:

> Seh ich nun, dass solche Geschichte von Schefer, so konfus, wild und unverständlich geschrieben, dass kein Mensch sie lesen kann und mag, 10 Bogen, früher eine von Scävola noch mehr, und auch Eichendorffs Genebele einen großen Raum einnimmt, so scheint mir Ihr Ansuchen etwas unbillig, da sie [sic!] mir früher in gern 9 Bogen, oder so, einräumten.[22]

Hätte Tieck frei über die Gestaltung des Umfangs entscheiden können, so wären einige seiner Texte länger ausgefallen, auch wenn er an der gleichen Stelle bei der Ankündigung seines nächsten Werks, das sich rückblickend als seine letzte Novelle mit dem Titel »Waldeinsamkeit« erweisen sollte, noch Schwierigkeiten sah, überhaupt auf einen Umfang von 6 Bogen zu kommen.[23]

Blickt man in die konkreten Interaktionen zwischen Autoren und Verlegern, so könnte es scheinen, als müsste man die durchaus vielfältigen Gründe für die Restriktionen in medialen Kontexten separat verrechnen; denn es könnte sein, oder zumin-

---

**20** Günter (2008, 214) zeigt, in welchem Grad Fontane für die Vorabdrucke insbesondere seiner Romane in den Familienblättern *Die Gartenlaube* und *Daheim* den Kürzungsauflagen der Redaktion entsprochen hat. Das deutlichste Bekenntnis zu den Zwängen der Journalfassung innerhalb der *Gartenlaube* findet sich in der Ankündigung der veränderten Buchfassung von Marlitts *Goldelse*, vgl. *Die Gartenlaube* (1867, H. 21, 336). Ich danke Martin Ruhl für Fund und Mitteilung dieser Stelle.

**21** Brockhaus in Tieck (1928, 133 und ähnlich 101).

**22** Tieck, ebd., 135. Wie groß die Spannung zwischen Kürzungswunsch und bogenweisem Honorar war, geht aus dem Briefwechsel hervor, vgl. ebd., 104–123. Vgl. zur Rekonstruktion von Tiecks Verhältnis zu seinen Verlegern F. A. sowie dessen Sohn Heinrich Brockhaus, Georg Andreas Reimer und dessen Sohn Georg Ernst aus werkpolitischer Perspektive Böttcher (2011, 160).

**23** Vgl. Tieck an Brockhaus in Tieck (1928, 135).

dest kann man den Briefwechsel so lesen, dass Brockhaus bei Tieck aus Erfahrung wusste, dass Strenge bei der Manuskriptkürzung zu größeren Qualitätssteigerungen führte als bei Eichendorff oder Schefer, so dass bei letzteren entsprechende Interventionen möglicherweise weniger ertragreich waren. Und es kann sein, dass andere Verleger (wie etwa Reimer) mit ähnlichem Kalkül operierten, aber aufgrund ihrer jeweils persönlichen Beziehungen zu den Autoren wiederum andersartig Einfluss nehmen konnten. In sozialwissenschaftlicher Beschreibung käme die fallspezifische Analyse einem methodologischen Individualismus gleich.[24] Von den konkreten Gründen und der intentionalen Kommunikation zwischen Verlegern und Autoren werde ich im Folgenden meist abstrahieren; denn wenn sich unter quantitativer Untersuchungsperspektive herausstellt, dass die verschiedenen Medienformate je spezifische Regulierungen mit sich bringen, dann kann man – im Sinn einer kollektivistisch, strukturalistisch oder systemtheoretisch ausgerichteten sozialgeschichtlichen Forschung – annehmen,[25] dass man auf überindividuell gültige Regulationssysteme und funktionale Zusammenhänge zwischen Medium und Textgestaltung stößt, die unabhängig von den konkreten Handlungsgründen der beteiligten Akteure gelten.

Hält man Umfang dagegen für ein Gattungsmerkmal der Novelle, dann meint man in der Regel, dass eine Regulierung dadurch zustande kommt, dass sich der Autor aus ästhetischen Gründen auf eine semantisierte literarische Tradition bezieht, und dass in dieser Tradition das Befolgen einer Regel oder der Einsatz eines Merkmals entweder normativ vorgeschrieben, als ästhetisch geboten, sinnvoll begründet oder anderweitig motiviert wird.[26] In der Faktorenanalyse geht es also immer um Gattung als Genre und nicht um Gattung als Textsorte; denn die Textsorte bezeichnet lediglich die Gruppierung, während Genre sich auf den normativen Erwartungszusammenhang bezieht (siehe Abschnitt 2.2.8). Der Unterschied zwischen Genre und Textsorte wird in erster Linie aufgrund des epistemisch unterschiedlichen Zugangs zu den Faktoren Genre und Medium zum Problem: Während man meistens an den Ausgaben sehen kann, in welchem Format ein Text gedruckt wurde, können wir an den historischen Gattungslabels lediglich eine kommunikative Zuschreibung ablesen.[27]

Um herauszufinden, welchen kompositionsstrategischen Gattungsplan ein Autor hatte, ist das Gattungslabel im Paratext des Erstdrucks ($S_{ED}$) nur ein Indikator für das Genre. Es ist kein zuverlässiges Symptom im Sinn eines indexikalischen Zeichens

24 Vgl. Heath (2020).

25 Für dieses Verständnis einer Sozialforschung, die nicht dem Paradigma des methodologischen Individualismus folgt, sondern in unterschiedlichen Disziplintraditionen überindividuelle Regelsysteme entweder aus kollektivistischer Perspektive oder einer Individualismus und Kollektivismus irgendwie übergreifenden Perspektivierung in den Blick nimmt, und das beispielsweise von Nassehi (2003) auch für eine breitere Öffentlichkeit popularisiert wurde, folge ich der Sozialontologie des *Critical Realism* nach Elder-Vass (2010; 2017) und Lindner/Mader (2017a).

26 Die besonderen Logiken der Normativität werde ich in Kapitel 6 für einzelne der in den Poetiken kodifizierten Novellenmerkmale diskutieren.

27 Siehe dazu ausführlich Kapitel 3.4 oben.

nach Peirce. Daher ist die explanatorische Lücke zwischen unseren Anhaltspunkten für Genre als textprägendem Faktor über Gattungslabels größer als die Lücke zwischen unserer Kenntnis des Buchformats und dem Medienformat als textprägender Faktor. Die nach Gattungszuordnungen gebildeten Textsorten nach $S_{ED}$ dienen im Folgenden als hypothetisch angenommener Effekt der Wirkung von Genre. Die Berechtigung dieser Hypothese kann aber nicht unabhängig von den Faktoranalysen selbst erhärtet werden.

Dies ist ein Problem, das Meyer nicht gesehen hat, mit dem man aber vorläufig leben muss und kann. Da die Frage der Kausalität in Konfliktlinien der Wissenschafts- und Erkenntnistheorie führt, sollte man sich in die einschlägigen Kontroversen nur so weit begeben, wie es für die Legitimation der vorgebrachten Erklärungsversuche unverzichtbar ist. Ohne kontinuierliche Arbeit an den theoretischen Grundlagen bliebe langfristig aber unverständlich, was eine Mediengeschichte literarischer Gattung im Sinn historischer Erklärung überhaupt leisten kann. Dieses Buch möchte daher am Schluss zeigen, in welcher Weise die Gattungsgeschichtsforschung von einer erkenntnis- und wissenschaftstheoretischen Selbstverständigung profitieren kann und dass sie einer solchen Selbstverständigung bedarf, wenn sie anfangen möchte, wissenschaftlichen Erklärungsanspruch jenseits der engen Grenzen ihrer jeweiligen Einzelgattungsgeschichtsdiskurse einzulösen.

## 5.1 Abhängigkeit zwischen Gattung und Medium

Im Kern behauptet Meyer, dass die wesentlichen Strukturen der Erzählprosa im 19. Jahrhundert »nicht, jedenfalls nicht ausschließlich«[28] durch Regeln der Gattung im Sinn von Genre, sondern durch Regeln des Mediums etabliert wurden. An die Stelle der Gattung als einer textprägenden Instanz tritt entweder ganz oder zum Teil – Meyer hält sich in seiner Formulierung offenbar beide Optionen offen – das Medium. Ausgehend von dem eingangs in Abbildung 1 vorgestellten Modell zum Arbeitsdesign dieses Buchs geht es daher im folgenden Kapitel zunächst um die Relation B zwischen Textmerkmalen und Medienformaten. Dies aber von vornherein in der Weise, dass die Relation A zwischen Textmerkmalen und Gattung, die im Zentrum des vorangehenden Kapitels stand, mit der Relation B verknüpft wird. Da Gattung als Faktor immer das Genre meint, werde ich im Folgenden von Genre (anstatt von Gattung) sprechen.

Das Verhältnis konkurrierender Faktoren kann man auf mindestens fünf unterschiedliche Weisen konzipieren, die insgesamt drei Typen von Modellen angehören. Meyer scheint zwischen mehreren dieser fünf Auffassungen zu schwanken. Um einen möglichen Einfluss von Medienformat vs. Genre als Faktoren empirisch nach-

28 Meyer (1987, 7). Entfaltet wird die These ebd., 40 und nochmals in Meyer (1998, 240).

weisen zu können, gilt es die philologisch möglichen und relevanten Modelle der Abhängigkeit zwischen Textstrukturen, Medium und Genre zu bestimmen und zu operationalisieren. Diese sind:

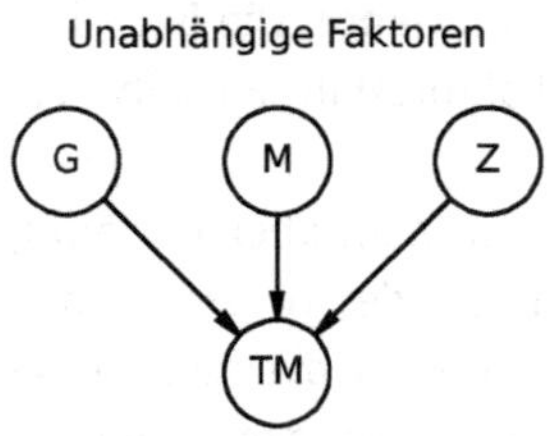


**Abbildung 32:** *DAG* für Modell (1.a): Genre und Medium als unabhängige Kausalfaktoren für ein Textmerkmal.

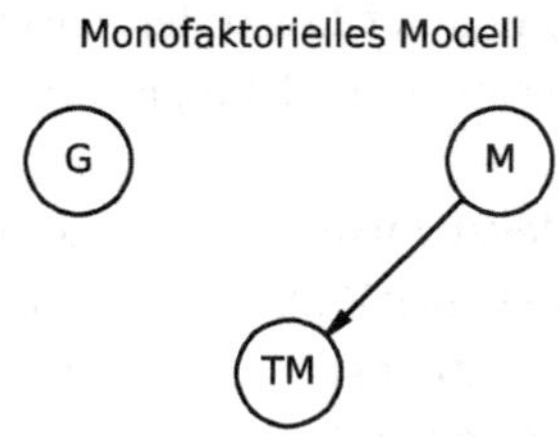


**Abbildung 33:** *DAG* für monofaktorielles Model (1.b).

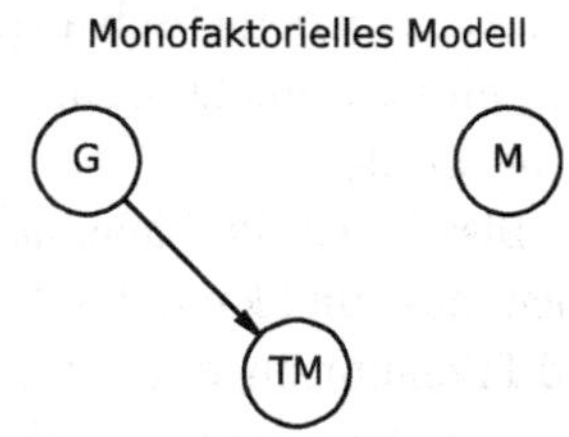


**Abbildung 34:** *DAG* für monofaktorielles Modell (1.c).

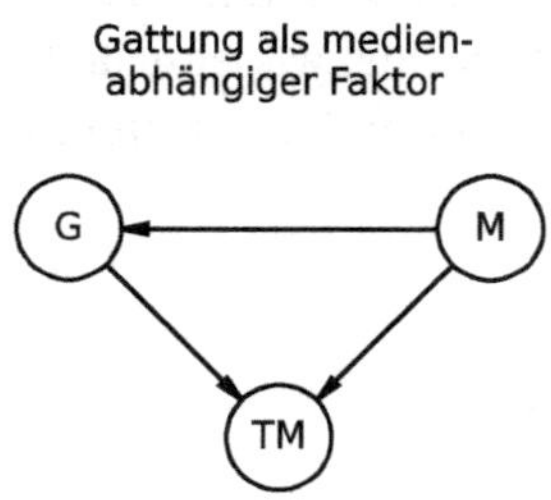


**Abbildung 35:** *DAG* für Modell (2): Gattung als abhängiger Faktor.

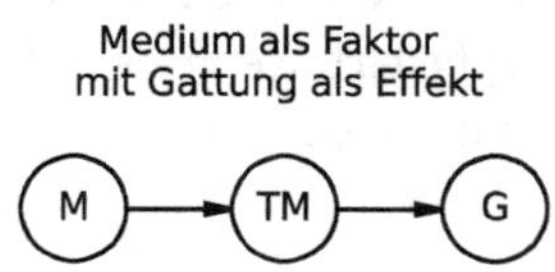


**Abbildung 36:** *DAG* für Modell (3): Medium als Faktor und Gattung als Effekt.

(1.a) Genre (*G*) und Medium (*M*) als zwei von potenziell mehreren textprägenden Faktoren. Ergänzt ist hier bereits der Faktor Zeit (*Z*), den ich weiter unten einführen werde. Im einfachsten Fall können die Faktoren voneinander unabhängig sein. In diesem Modell nehmen beide Faktoren Positionen als jeweils unabhängige statistische Variablen in einer multifaktoriellen Analyse ein und sollen Textmerkmalsrekurrenzen erklären, wobei das Textmerkmal (*TM*) als abhängige bzw. vorherzusagende Variable konfiguriert wird. Abbildung 32 zeigt diese Modellvariante als gerichteten (*directed*), nichtzyklischen (*acyclic*) Graph (*DAG*).[29] Anders als in Kapitel 4 wird nicht die Gattung (im Sinn einer Textsorte) anhand der Textmerkmale vorhergesagt, sondern umgekehrt die Ausprägung eines Textmerkmals anhand von kategorialen Variablen, zu denen auch das Genre gehört. Das Medium tritt neben die Kategorie des Genres als textprägende Instanz. Auf den ersten Blick ist diese Konzeption unspektakulär.

29 Vgl. Pearl (2013, 2016) und McElreath (2020, 132–134). Alle *DAG*s können mit dem Skript »causal-graphical-models_Genre_Medium.py« reproduziert werden.

Es wird jedoch komplizierter, wenn man sich für die konkreten und relevanten Textmerkmale im Detail fragt, was die Annahme der Unabhängigkeit von Genre und Medium eigentlich bedeuten soll. Dieses Modell bietet bereits eine Gegenposition zur etablierten ›medienblinden‹ Herangehensweise, weil sie neben der Gattung das Medium in Rechnung stellt. Doch Meyer ist radikaler.

(1.b) Meyer hat das Medium als einzige textprägende Instanz unabhängig von Genre aufgefasst. Abbildung 33 zeigt Meyers monokausales Modell des Mediums als textprägende Instanz. Man könnte diese Position als eine gattungsgeschichtliche Variante eines ›medientheoretischen a priori‹ umschreiben.[30] Für die Gattungsforschung wäre das die unerfreulichste Variante, weil sie darauf hinausläuft, dass man Gattungen hinsichtlich ihrer textprägenden Kraft als Chimäre entlarvt. Der Wert eines solchen Nachweises wäre dem Beitrag ähnlich, den sich der frühe Wittgenstein für seinen *Tractatus Logico-philosophicus* vorgestellt hat: Eine derart radikale Mediengeschichte der Novelle wäre die Leiter, die man für immer von sich stoßen kann, nachdem man mit ihr zu der Erkenntnis aufgestiegen ist, dass man sie künftig nicht mehr braucht. Sofern er mit diesem Modell operiert, hätte Meyer jedenfalls, anstelle von »Novelle und Journal«, seiner Arbeit treffender den Titel ›Journal statt Novelle‹ geben können. Dieses Modell ist die Realisierung der in der Einleitung vorgestellten Hypothese $H_B$.

(1.c) Abbildung 34 zeigt das von Meyer kritisierte, in der Literaturwissenschaft aber gängige ›medienblinde‹ Modell in seiner abstrakten Struktur. Man kann so sehen, dass es die Möglichkeit jeglichen Einflusses des Mediums auf die Textgestalt mit der gleichen Radikalität ausblendet oder leugnet, mit der Meyer die textprägende Kraft von Gattungssemantiken ablehnt. In Meyers Fall folgt die Kritik mithin der gleichen Logik wie die kritisierte und lediglich auf den Kopf gestellte Position. Die bisherige Novellenforschung ist, ohne dies explizit zu machen, diesem Modell gefolgt, indem es die Möglichkeit eines medialen Einflusses a priori ausgeschlossen hat. Literaturgeschichtlich interessant wird dieses Modell jedoch nur dann, wenn man die Frage, ob ein medialer Einfluss auszuschließen ist, als Möglichkeit einschließt, und als empirische Frage a posteriori formuliert. Für die bayessche statistische Modellierung wird dies im Folgenden bedeuten, mit *a-priori*-Annahmen[31] unterschiedlicher Ausprägungen sowohl eines Medien- als auch eines Genreeinflusses zu operieren, um zu *a-posteriori*-Wahrscheinlichkeitsverteilungen für die Ausprägung von Genre- und Medieneinfluss zu gelangen. Im folgenden Abschnitt wird sich zeigen, inwiefern die drei Modelle a, b und c formal einem gemeinsamen Typ 1 angehören.

---

**30** Meyer (1987, 7) spricht von einer »Medientheorie« der Gattung.

**31** Gemeint sind die Terme *prior/posterior* hier im Sinn der Statistik als jeweils empirische Annahmen vor und nach dem Update durch die statistische Analyse; vgl. Bortz/Schuster (2010, 272–274) und Kruschke (2014, 13) für eine bayessche Konzeptualisierung. Es geht mithin nicht um Kants Unterscheidung zwischen Erfahrungsunabhängigkeit (*a priori*) und Erfahrungsabhängigkeit (*a posteriori*).

(2) Komplexer wird es, wenn man von einem Bedingungsgefüge ausgeht, bei dem die Gattungsregeln vom Medium abhängen. Während im Modell 1.a jedes Genre jeweils medienübergreifend einen stabilen Einfluss übt, und während in den Modellen 1.b und 1.c entweder der gesamte oder überhaupt kein Einfluss vom Genre ausgeht, muss man in diesem Szenario damit rechnen, dass die Begriffe der dem Namen nach gleichen Gattungen von Medium zu Medium wechseln können. Hierbei sind unterschiedliche Abhängigkeiten vorstellbar. Abbildung 35 zeigt ein Gefüge dieses Modells, bei dem das Genre die Ausprägung von Textmerkmalen beeinflusst, wobei Medium als übergreifender (globaler) Faktor sowohl Genre als auch Textmerkmale beeinflusst. Modell 2 berücksichtigt Interaktionen rein konditional. Aus philologischer Perspektive ist daher schließlich noch ein weiteres Modell erforderlich, das die Interaktionen auch temporal auffasst.

Für das Modell 3 (Abbildung 36) gehe ich mit Meyer davon aus, dass insbesondere mediale Faktoren für die Ausbildung bestimmter Schreibverfahren in der ersten Hälfte des 19. Jahrhunderts sorgen. Im zweiten Schritt, den Meyer nicht mehr geht, gilt es zu untersuchen, ob einzelne Textmerkmale, die in medialen Kontexten aufkamen, in

Gattungspoetiken später so kodifiziert wurden, dass die Gattung mit einer europäischen Novellentradition ausgestattet wurde und so eine ›falsche‹ oder ›Scheinkausalität‹ erhalten hat. Von hier aus kann man noch einen Schritt weitergehen und prüfen, ob die Akteure anschließend an die normative Geltung einer semantisch gepflegten Gattungstradition zu glauben beginnen. Auf diese Weise kann das Genre mit wirksamen Erwartungen ausgestattet und zu einem Faktor werden. Die Modelle 2 und 3 sind die zwei in dieser Arbeit untersuchbaren Optionen dafür, wie Genre- und Medieneinfluss kombiniert sein können: einmal konditional, und einmal temporal.

Um die politische Strategie zu verstehen, die hinter dem Modell 3 steckt, muss man soziologisch verstehen, dass und weshalb der Bedarf nach einer Bestimmung des Gattungsbegriffs in der zweiten Hälfte des 19. Jahrhunderts sich rational nicht besonders gut als ein Projekt begrifflicher Präzisierung – als das es gleichwohl verkauft wurde – rekonstruieren lässt, sondern besser als das der (Selbst-)Behauptung auf dem sich ausdifferenzierenden literarischen Feld, das zunehmenden Bedarf für eine Hochliteratur in Abgrenzung zur Unterhaltungsliteratur erkennt.[32] Die damit aufgerufene Unterscheidung zwischen Hoch- und Unterhaltungsliteratur war im historischen Bewusstsein des späten 19. Jahrhunderts noch nicht auf die Abstrakta ›Hoch-‹ und ›Trivialliteratur‹ aggregiert. Vielmehr war sie ein Effekt der Wahrnehmung eines wachsenden Markts und des sich mit ihm ausdifferenzierenden Felds. Die Ausdifferenzierung, so nehme ich im Folgenden an, wird von den unterschiedlichen Medienformaten getragen: Formate wie die *Gartenlaube*, *Daheim* und *Unterhaltungen am häuslichen Herd* auf der Seite der Unterhaltungsliteratur, die dem Medienformat Familienblatt zugerechnet werden und

32 Diese These stützt sich auf Mellmann (2016, 2).

Revue-Formaten wie die *Deutsche Rundschau, Westermanns illustrierte deutsche Monatshefte*, die *Neue Rundschau* aus dem S. Fischer Verlag, oder die Zeitschrift *Cosmopolis* auf der Seite, die sich mehr oder weniger erfolgreich selbst als ›Hochliteratur‹ positioniert und – im Fall der *Deutschen Rundschau* – durchgesetzt hat. Diese historische Konstellation macht es wahrscheinlich, dass unter den historischen Marktbedingungen zunächst die Schreibverfahren für die Novellen entstanden sind, und dass diese dann mit einem wachsenden Sinn für den Bedarf einer Art Hochliteraturmarkt dann zunehmend als literaturautonom legitimiert wurden. Eine geradlinige Form der Legitimation besteht darin, die medialen Prägungsfaktoren zu einer ästhetisch begründeten Gattungslogik umzudeuten. Dies ist es, was das Modell (3) in strukturierter Form zum Ausdruck bringt und was dieses Buch in den restlichen Kapiteln aus unterschiedlichen Perspektiven empirisch nachzuweisen versucht.

## 5.2 Statistische Modellierung

Eine erste Annäherung an die Frage nach dem Verhältnis von Genre- und Medieneinfluss führt über Textgruppierungen nach Medien- und Gattungsgruppen, indem die in Kapitel 4 entwickelte Methode des Vergleichs von Inner- und Zwischengruppendistanz auch auf Medienformate angewandt wird. Auf diese Weise lässt sich abschätzen, welche der Kategorien gruppenintern die Varianz stärker minimiert und die Varianz zwischen den Gruppen maximiert. In einer Visualisierung mittels Hauptkomponentenanalyse zeigt Abbildung 37 den allgemeinen und ersten Eindruck. Es handelt sich auf der linken und rechten Seite um die gleiche Projektion. Jeder Text befindet sich also in beiden Darstellungen an der gleichen Position, wobei die rechte Visualisierung einen kleineren Ausschnitt zeigt. Die linke Seite zeigt Einfärbungen nach den Gattungszuordnungen des Erstdrucks ($S_{ED}$), die rechte Seite die Medienformate des Erstdrucks. Der erste Eindruck suggeriert, dass die Medienformate einen etwas höheren Gruppierungseffekt haben als die gattungsbasierten Textsorten.

Das in Kapitel 4.1.2 entwickelte Verfahren der Distanzanalyse innerhalb von Textgruppen ($D_{intra}$) erlaubt diesen Eindruck zu quantifizieren. Die Innergruppendistanzen für die Medientextgruppen werden in Tabelle 23 gezeigt. Von Verzerrungen durch das stilometrisch grundsätzlich starke Autorschaftssignal sind die Ergebnisse mit dem oben beschriebenen Verfahren dadurch bereinigt, dass für jede Stichprobe immer nur ein Text jedes Autors gewählt wurde, und dass für die Berechnung insgesamt 100 Stichproben randomisiert gezogen und gemittelt wurden. Es ist lediglich das Format des Familienblatts (*FB*), das mit einem deutlich unter 1 liegenden Wert für $D_{intra}$ von 0,97 eine ähnlich hohe interne Gruppenkohäsion aufweist wie die Textsorten Roman und Märchen. Taschenbuch (*TB*), Anthologie (*Anth*), und Rundschau (*RS*) bilden ebenso wie Erzählung und Novelle mit Werten um 1 dagegen nicht in einem höheren Grad in sich geschlossene Gruppen als Zufallsstichproben (*RD*). Dieses Ergebnis stützt die in der Forschung vorgetragene Annahme, dass Ernst Keil und seine Mit-

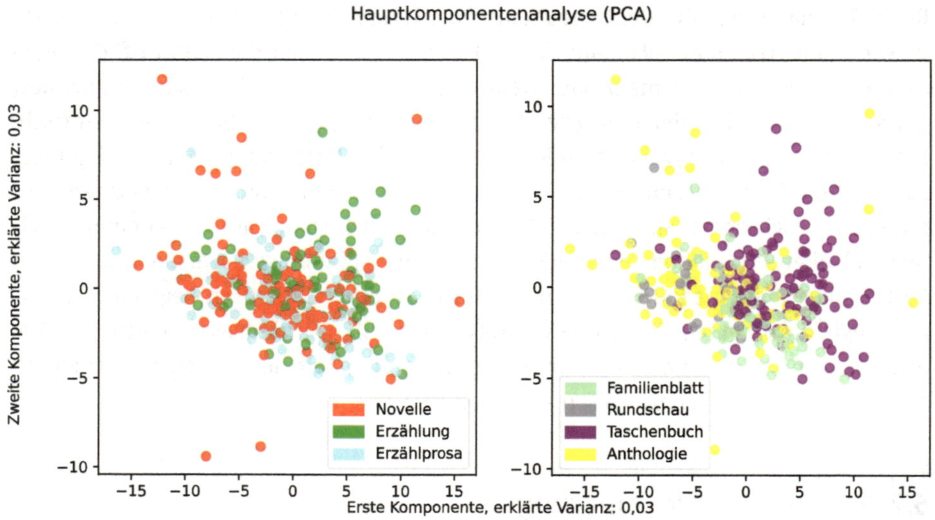


**Abbildung 37:** Hauptkomponentenanalyse für Novellen, Erzählungen und sonstige mittellange Erzählprosa (nach $S_{ED}$) in Taschenbüchern, Anthologien, Familienblatt- und Rundschauformaten für das Gesamtkorpus, links nach Gattungsbezeichnungen und rechts nach Medientypen eingefärbt (*Features*: 2500 *mfw*, lemmatisiert, ohne Funktionswörter und Eigennamen, mit *Z*-Transformation skaliert). Siehe das Skript »plot_media_types.py«.

herausgeber der *Gartenlaube* einen höheren Vereinheitlichungsdruck auf ihre Autoren ausüben konnten als Julius Rodenberg für die *Deutsche Rundschau*,[33] dem es zwar gelang, die renommiertesten Autoren seiner Zeit zu gewinnen, denen er dann aber weitgehende Freiheiten in der Textgestaltung einräumen musste. Es ist daher ebenso denkbar, dass Autoren den konditionalen Zwang umkehren und die Bedingung stellen konnten, dass man sie für ein Journal nur dann gewinnen könne, wenn ihnen bestimmte Freiheiten in der Textgestaltung eingeräumt wird. In welche Richtung die konditionalen Zwänge gewirkt haben (ob vom Herausgeber zu den Autoren oder umgekehrt), hing vermutlich davon ab, mit wie viel Marktmacht die einzelnen Positionen im jeweiligen literarischen Teilfeld ausgestattet waren.

Wichtig ist neben der gruppeninternen Kohäsion $D_{intra}$ (zur Frage der Varianzminimierung innerhalb der Gruppen) die Zwischengruppendistanz $D_{inter}$ (zur Frage der Varianzmaximierung zwischen den Gruppen). Zur Bestimmung der Effektstärke von $D_{inter}$ wurde in Kapitel 4.1.4 ein Berechnungsverfahren als Distanzquotient (*DQ*) entwickelt und eingeführt. Tabelle 24 zeigt die Ergebnisse für alle Paarungen der exemplarisch vorgestellten Medienformate sowie für illustrativ ergänzte Gattungs-, Perioden- und Autorenpaare, die in Kapitel 4.1.5 umfangreich diskutiert wurden. Auch dieses Ergebnis lässt sich mit Abbildung 37 leichter verstehen. Die nach Medienforma-

33 Vgl. Scherer/Stockinger (2016, 277).

ten gebildeten Textgruppen grenzen sich im Durchschnitt schwächer voneinander ab als gattungsbasierte Textsorten. Innerhalb der Medienformat-Paarungen ist der Abstand zwischen Taschenbuch und Rundschau noch am stärksten. Dieser Befund spricht *prima facie* gegen Meyers medientheoretische These.

**Tabelle 23:** Innergruppendistanzen $D_{intra}$ (Cosinus) für Medientextgruppen im Vergleich zu Gattungsgruppen nach $S_{ED}$ (mit 2500 lemmatisierten häufigsten Wörtern und *L1*-Normalisierung, und *Z*-Transformation). Siehe für diese und die folgenden Daten das Skript »run_sampling_mediatypes.py«.

| Textgruppe | $D_{intra}$ | Stichprobengröße |
|---|---|---|
| *M* (Märchen) | 0,9701 | 11 |
| *FB* (Familienblatt) | 0,9778 | 19 |
| *R* (Roman) | 0,9792 | 57 |
| *TB* (Taschenbuch) | 0,9910 | 31 |
| *XE* (Erzählprosa mit sonstigen Labels) | 0,9910 | 18 |
| *Anth* (Anthologie) | 0,9959 | 25 |
| *RS* (Rundschau) | 0,9964 | 9 |
| *N* (Novelle) | 0,9971 | 55 |
| *RD* (Stichprobe aus allen Texten) | 0,9987 | 271 |
| *E* (Erzählung) | 0,9993 | 34 |
| *OE* (Erzählprosa ohne Label) | 1,0008 | 50 |

**Tabelle 24:** Effektstärke *DQ* für die Differenz zwischen Medientextgruppen und exemplarisch ergänzten Gattungs- sowie Autorpaaren nach $S_{ED}$ ohne Kontrolle des Zeitsignals.

| Gruppe A | Gruppe B | *DQ* | Faktoren-Typ |
|---|---|---|---|
| Wieland | Eichendorff | 1,6368 | Autorschaft |
| *M* | *R* | 1,0292 | Gattung |
| 1820–1850 | 1850–1880 | 1,0161 | Periode |
| *TB* | *RS* | 1,0115 | Medienformat |
| *TB* | *FB* | 1,0061 | Medienformat |
| *N* | *E* | 1,0027 | Gattung |
| *FB* | *RS* | 1,0019 | Medienformat |
| *Anth* | *RS* | 0,9958 | Medienformat |

Zudem kommt bereits hier ein Faktor ins Spiel, der sich nicht einfach kontrollieren lässt: die Zeit. Zum Störfaktor wird die Zeit schon allein deshalb, weil es Taschenbücher nur bis 1850 gab, die Rundschauformate ebenso wie die Familienblätter dagegen erst nach 1850. Diese zeitliche Bedingtheit lässt sich nicht durch balancierte Korpuskonstruktion oder durch eine raffinierte Experimentalanordnung korrigieren – es sei denn, man simuliert kontrafaktische Instanzen, etwa Taschenbucherzählungen der 1870er Jahre oder eine Rundschau der 1820er Jahre. Störfaktoren zeichnen sich dadurch aus, dass sie sowohl die unabhängige als auch die abhängige Variable logisch bedingen und materialiter beeinflussen können. Zeit bedingt die Ausprägung der Textmerkmale bereits unabhängig von Genre und Medienformat, wie der exemplarisch in die Tabelle 24 aufgenommene gattungs- und medienübergreifende Vergleich von Textgruppen aus den Perioden 1820–1850 und 1850–1880 zeigt (siehe ausführlich Tabelle 45 im Anhang).[34] Die Distanz zwischen Taschenbuch und Rundschau entspricht als Effektstärke *DQ* der mittleren Teilperiodendifferenz. Diese Konstellation hat zur Folge, dass das Medienformat, das auf den ersten Blick wie ein textprägender Faktor aussieht, nur aufgrund einer Scheinkorrelation (*spurious relationship*) so aussieht. Der Zusammenhang zwischen Medienformat und Textmerkmalsausprägungen könnte einfach nur ein Zusammenhang zwischen Zeit und Medienformat einerseits sowie Zeit und Merkmalsausprägung andererseits sein. Solange man Zeit nicht systematisch in die Modellierung mit aufnimmt, bleibt sie ein unkontrollierter Störfaktor. Im Folgenden wird Zeit in das statistische Modell integriert und so interpretierbar gemacht. Zeit wird so zu einem regulären dritten Faktor neben Medium und Gattung.

Angenommen, alle relevanten Faktoren seien interpretierbar, wenn auch nicht kontrollier- und beherrschbar im experimentallogischen Sinn, dann lassen sich die Eindrücke aus den Tabellen 23 und 24 so zusammenfassen: Nur einzelne Medienformate (hier das Familienblatt) haben eine starke gruppeninterne Kohäsion und nur einzelne Medienformate lassen sich voneinander als unterschiedliche Medientextsorten abgrenzen (hier: das Taschenbuch von der Rundschau). Nur in den deutlichsten Fällen reicht die Kohäsion der Medienformate an die am besten voneinander abgrenzbaren und nach innen geschlossenen Gattungen (hier Märchen und Roman) heran.

Dass noch nicht entscheidbar ist, wie das Zusammenspiel der Faktoren Genre und Medium aussieht, liegt auch am agnostischen Charakter der Untersuchungsverfahren, bei denen die unabhängigen Variablen nach dem *BoW*-Modell erzeugt werden. Das daraus entstehende Problem betrifft jedoch nicht nur quantitative Untersuchungen, sondern auch jede nicht-quantitativ vorgehende Gattungsstudie. In nicht-quantitativen philologischen Arbeitskontexten ist es nur leichter, das Problem auszublenden. Agnostisch sind die bisherigen Verfahren gegenüber einer qualitativen oder hermeneutisch höher aggregierten Beschreibung der Textmerkmale. Und diese Agnostik kann hier wie folgt zu einem konkreten Einwand herausfordern.

34 Dass die Beobachtung einer Gattungsdifferenz zwischen Novelle und Erzählung durch das Zeitsignal verzerrt wird, wurde in Abschnitt 4.1.3 bereits erläutert und in 4.2.5 analytisch nachgewiesen. Im Folgenden geht es um Verzerrungen, die den Faktor Medium betreffen.

Insbesondere Vertreter der monokausalen Position (Modelle 1.b oder 1.c) oder der Annahme einer temporalen Interaktion zwischen Medium und Gattung (Modell 3) können gegen Befunde oder Eindrücke, wie sie sich aus Abbildung 37 induktiv ableiten lassen, einwenden, dass irgendeine Art von mehr oder weniger starken Genre- und Medieneffekten nicht weiter überraschend sei. Der entscheidende Punkt der monokausalen These ist – zumindest in der frühen Variante bei Heyse – gar nicht, dass das Medium keinerlei Einfluss auf Textmerkmale hat, sondern dass das Medium keinen Einfluss auf die *für die Gattung relevanten* Merkmale hat. Heyses Medienkritik, so wie sie bei grober Betrachtung aussieht, geht auf die Beobachtung zurück, dass der Medienmarkt tatsächlich Auswirkungen auf die Textproduktion hatte: und zwar schädliche. Dies hat eine wichtige, und bislang theoretisch nicht hinreichend spezifizierte Konsequenz: Gattungen, so wird die Position 1.c behaupten, sind Textsorten, die durch semantisch regulierte Genreerwartungen erzeugt werden und nicht durch Medienregeln. Dagegen handle es sich beim Textsorteneffekt, der durch die medialen Regeln zustande kommt, um andere, oberflächliche Merkmalsrekurrenzen. Wenn man der später von Klein, Pongs, Polheim und Sengle bedienten Ideologie literaturautonomer Gattungen vs. heteronomer Marktbedingungen folgt, dann wird man die zu Medientextsorten synthetisierbaren Gruppierungen für literarisch uninteressant halten. Der methodologisch springende Punkt ist: Solange sich die empirische Evidenz auf Verfahren stützt, die gegenüber komplexen und philologisch gattungsrelevanten Merkmalen agnostisch bleiben, bleibt die Frage nach dem Verhältnis von Gattungs- und Medieneinfluss unbeantwortbar.

Zur Auflösung dieser Patt-Situation sind zwei Schritte erforderlich: Erstens bedarf es – trotz der bekannten methodologischen Schwierigkeiten – der Operationalisierung komplexer und struktureller Textmerkmale, die als Kandidaten dafür in Frage kommen, für die Gattungssemantik ausschlaggebend zu sein. Dieser Aufgabe wird sich das nachfolgende Kapitel 6 widmen. Zweitens gilt es den Analyseaufbau umzukehren: Während in der Distanzanalyse und der perspektivischen Modellierung mit Klassifikationen in maschinellem Lernen die Gattungszuordnung die abhängige Variable war, die von Textmerkmalen als unabhängigen Variablen vorhergesagt wurde, rücken nun Gattung und Medium, als kategoriale Variablen, in die Position der unabhängigen Prädiktorvariablen, die jeweils den Grad oder die Ausprägung eines Textmerkmals vorhersagen. Darum geht es in der folgenden statistischen Modellierung.

### 5.2.1 Lineare Regression und Modell 1

Die Frage dieses Kapitels ist, welchen Einfluss Gattung (als Genre) und Medium auf die Ausprägung eines jeweils konkreten und gattungsgeschichtlich relevanten Textmerkmals haben. Die folgende Modellierung überführt einen aus der quantitativen Sozialforschung kommenden und für die literaturgeschichtliche Forschung weiterentwickelten Ansatz zur Messung von Generationseffekten in den hier relevanten Kontext einer Mediengeschichte literarischer Gattungen.[35] Dieser Ansatz lässt sich auf die Frage übertragen, ob ein jeweils konkretes Textmerkmal (*TM*) stärker durch Genre (*G*) oder Medium (*M*) beeinflusst wird. Hierfür wird im ersten Schritt ein lineares Regressionsmodell verwendet, bei dem die abhängige Variable *TM* nicht durch metrische, sondern durch kategoriale Variablen erklärt wird.[36] Die Regressionsgleichung lautet für Modelltyp 1:[37]

$$TM_k = \hat{\alpha} + \widehat{\beta_{Gi}} \cdot X_{Gik} + \widehat{\gamma_{Mj}} \cdot X_{Mjk} + \widehat{\epsilon_k} \qquad \text{(Gl. 5.1, Modelltyp 1)}$$

Diese lineare Gleichung ist der formalisierte Ausdruck des Modelltyps 1. An der Gleichung 5.1 gilt es eine ganze Reihe von Dingen zu klären:

(i.) Wie die Modellvarianten 1.a, 1.b und 1.c in dieser Gleichung enthalten sind,
(ii.) die abhängige Variable *TM*,
(iii.) die unabhängigen Variablen *X* für die jeweiligen Genres und Medienformate als *Dummy*-Variablen,
(iv.) den Messfehler $\epsilon$ und damit zusammenhängend
(v.) die stochastische, d. h. nicht-deterministische Form aller Modelle.

(Zu i.) Wenn sowohl eine Medientextsorte als auch eine Gattungstextsorte in der Gleichung auftauchen, ist das Modell 1.a mit den unabhängigen Faktoren Genre und Medium realisiert. Werden entweder Genre oder Medienformat aus der Gleichung entfernt, handelt es sich um die Modelle 1.b bzw. 1.c. Da alle drei Varianten die gleiche Form der Gleichung 5.1 aufweisen und sich lediglich in der Anzahl der zugelassenen Summanden unterscheiden, gehören sie dem gleichen Modelltyp an.

(Zu ii.) Die abhängige Variable *TM* auf der linken Seite der Gleichung ist im Folgenden immer metrisch. Untersuchungen zur Abhängigkeit der Textgestalt von Genre und Medium können also immer nur für jeweils ein Textmerkmal vorgenommen werden. Mit Umfang, romanischem Setting, Spannung, Zentralisierung und Figurenrede werden im nachfolgenden Kapitel fünf Merkmale bzw. Merkmalskomplexe operationalisiert. Das Merkmal des Umfangs hat gegenüber den übrigen den Vorteil, dass es sich ohne aufwändige Validierung quantitativ einfach ausdrücken und berechnen lässt. Aus diesem Grund werden die folgenden statistischen Modelle am Merkmal des Umfangs eingeführt.

(Zu iii.) Die kategorialen Variablen Genre und Medium werden als sogenannte *Dummy*-Variablen kodiert. Die im Zentrum der Analyse stehenden und nach Paratext-

35 Vgl. Underwood et al. (2022), gestützt auf Vaisey/Lizardo (2016).

36 Ein strukturell ähnliches Modell der Faktorenanalyse wurde zuletzt von Maslinsky (2013) vorgestellt, das aber keine komplexen Merkmale *TM* als abhängige einsetzt, sondern wiederum Worthäufigkeiten.

37 Die Darstellung der Regressionsgleichung folgt Gordon (2020). α ist hier das, was man auch als y-Achsenabschnitt in einer linearen Funktion kennt.

labels der Erstpublikation ($S_{ED}$) gebildeten Gattungsgruppen werden mit dem Index $i$ durchgezählt, Mediensorten wie Taschenbuch, Anthologie, Familienblatt oder Rundschau mit dem Index $j$. Anstelle von $G_i$ mit $i = 1, 2, 3, \ldots$, kann man auch Gattungsabkürzungen ($N$, $E$, $MLP$ etc.) einsetzen, so dass die Variable $X$ für die Gattungen auch jeweils durch eine der Variablen $X_N$, $X_E$, $X_{MLP}$ ausgedrückt werden kann. Das Gleiche gilt für die Medienformate ($X_{TB}$ für Taschenbuch oder $X_A$ für Anthologie). Dadurch wird der Ausdruck der Gleichung 5.1, die in der folgenden Illustration nur die Gattungen $N$ und $E$ sowie die Medienformate $TB$ und $A$ einschließt, entsprechend länger.

$$TM_k = \hat{\alpha} + \widehat{\beta_N} \cdot X_{Nk} + \widehat{\beta_E} \cdot X_{Ek} + \widehat{\gamma_{TB}} \cdot X_{TBk} + \widehat{\gamma_A} \cdot X_{Ak} + \widehat{\epsilon_k} \qquad \text{(Gl. 5.2)}$$

Die Variablen (wie $X_N$ und $X_E$ für Novelle und Erzählung sowie $X_{TB}$ und $X_A$ für Taschenbuch und Anthologie) erhalten für das $k$-te Werk den Wert 1, falls der Sachverhalt vorliegt (z. B., dass es sich um eine erstmals als Novelle gedruckte Werkmanifestation handelt oder dass das Werk in einem Taschenbuch publiziert wurde), und den Wert 0, falls der entsprechende Sachverhalt nicht vorliegt. Zu Illustrationszwecken zeigt Tabelle 25 die *Dummy*-Codierung an vier realen Werkmanifestationen:

**Tabelle 25:** exemplarische *Dummy*-Codierung der kategorialen Variablen Gattung und Medium.

| Titel (Autor) | ›Novelle‹ | ›Erzählung‹ | Taschenbuch | Anthologie |
|---|---|---|---|---|
| »Des Lebens Überfluss« (Tieck) | 1 | 0 | 1 | 0 |
| »Vom gastfreien Pastor« (Hartleben) | 0 | 1 | 0 | 1 |
| »Die drei Erznarren« (Arnim) | 1 | 0 | 0 | 1 |
| »Die Nebenbuhlerin ihrer selbst« (Guntram) | 0 | 1 | 1 | 0 |

Um einsehen zu können, wie die lineare Regression mit kategorialen Prädiktorvariablen als Berechnungsverfahren funktioniert, kann man einen Fall exemplarisch durchspielen. Für alle nicht-erfüllten Kategorien entfällt das Produkt aus Variable und Koeffizient, weil die jeweilige Variable $X$ den Wert 0 hat. Für jede erfüllte Variable wird, da die Variable $X$ den Wert 1 erhält, der Wert des Koeffizienten eingesetzt. Für einen als Novelle in einem Taschenbuch publizierten Text wie Tiecks »Des Lebens Überfluss« ist die angepasste Gleichung:[38]

$$TM_k = \hat{\alpha} + \widehat{\beta_N} + \widehat{\gamma_{TB}} + \widehat{\varepsilon_k} \qquad \text{(Gl. 5.3)}$$

(Zu iv.) An der gekürzten Form in Gl. 5.3 lässt sich auf Anhieb sehen, dass jede Manifestation $k$ ihren individuellen Messfehler $\varepsilon_k$ erhält. Dies ist nötig, weil nicht alle Ta-

38 Dies ergibt sich, weil alle Produkte, in denen die Variablen X den Wert 0 annehmen, wegfallen. Mit den Variablenwerten für ›Erzählung‹ und ›Anthologie‹ ergibt sich für das Beispiel: $TM_k = (\alpha_N \cdot 1) + (\alpha_E \cdot 0) + (\beta_{TB} \cdot 1) + (\beta_{Ant} \cdot 0) + \varepsilon_k$.

schenbuchnovellen, Taschenbucherzählungen, Anthologienovellen usw. jeweils die gleiche Textlänge aufweisen, die Funktion zugleich aber mit einem Gleichheitszeichen operiert. Vereinfacht kann man sagen, dass statistisches Arbeiten im Kern darin besteht, das zunächst deterministisch formulierte Modell in Gleichung 5.1 bis 5.3 mittels der Reformulierung als Gleichung 5.4 in ein stochastisches Modell zu überführen. Der Messfehler wird eliminiert und anstelle des tatsächlichen Werts für *TM* wird die Berechnung eines Schätzwerts für *TM* modelliert (daher das Hausdach). Die Gleichung sieht als ein zur Prognose nutzbares Modell nach Eliminierung des Messfehlers und der Zugabe des Hausdachs zur vorhergesagten Variable so aus:

$$\widehat{TM} = \hat{\alpha} + \widehat{\beta_{Gi}} \cdot X_{Gik} + \widehat{\gamma_{Mj}} \cdot X_{Mjk} \qquad \text{(Gl. 5.4)}$$

(Zu v.) Dass das Modell nun stochastisch und nicht mehr deterministisch ist, bedeutet in praktischer Hinsicht, dass es nicht dafür genutzt werden kann, die exakte Ausprägung eines Textmerkmals zu erklären oder vorherzusagen. Stattdessen operiert es mit der Annahme, dass die konkrete Ausprägung des Textmerkmals dem Zufall unterworfen ist und daher im Sinn einer stochastischen Verteilung abgeschätzt werden kann. Beobachtet man eine hinreichend große Anzahl von Fällen, zeigen sich statistisch beschreibbare Eigenschaften der Verteilung in der Ausprägung des Merkmals *TM*. Charakteristisch für eine frequentistische Modellierung ist, dass die Struktur der Relation als Gleichung erhalten bleibt. Die Eigenschaften der Verteilung sind als Art der Verteilung (z. B. als Normalverteilung) mit Parametern (wie Mittelwert und gegebenenfalls Varianz) beschreibbar. Das hat Konsequenzen für den Begriff von Kausalität, der mit der Faktorenanalyse verbunden ist. Es geht nicht darum, exakte Ausprägungen im Sinn etwa des deduktiv-nomologischen Modells zu erklären, sondern um induktiv-statistische Erklärungen.[39]

### 5.2.2 Bestimmtheitsmaß, *OLS* und bayessche Parameterschätzung

Die wesentliche Berechnungsleistung bei der Modellierung liegt darin, aus den empirisch verfügbaren Trainingsdaten die bestmögliche Abschätzung der Koeffizienten $\alpha$, $\beta$, $\gamma$ zu finden. Diese werden üblicherweise über die Methode der *ordinary least squares* (*OLS*) ermittelt. *OLS* ist nicht immer die beste, meist aber – und so auch im Folgenden – die erste Wahl, die es bei Bedarf durch situativ angemessenere Verfahren zu ersetzen gilt.[40] Dabei wird das Modell an die Trainingsdaten angepasst, indem mit den Koeffizienten diejenige Kurve bestimmt wird, für die gilt, dass die Residuenquadratsumme *SQR* (Summe der Quadrate der Restabweichungen), d. h. die quadrier-

---

39 Vgl. Hempel (1977) und systematisierend Stegmüller (1969, 120–128) sowie Klärner (2003, 35).

40 Für lineare Regressionen mit ausschließlich metrischen abhängigen und unabhängigen Variablen wird in Kapitel 6 vorzugsweise die Siegel-Abschätzung (vgl. Siegel 1982) verwendet.

ten Abstände der Trainingsdatenpunkte von dieser Kurve, minimal sind. Die Dächer über den Koeffizienten kommen also daher, dass diese nicht bekannt sind, sondern abgeschätzt werden müssen. Die frequentistische Statistik benennt für jeden Koeffizienten einen Schätzwert. Sie nimmt also an, dass es genau einen richtigen Wert für jeden Koeffizienten gibt. Dagegen ermittelt ein bayessches Sampling eine Wahrscheinlichkeitsverteilung für die Wertebereiche der Koeffizienten.

Die Passung wird über das Bestimmtheitsmaß $R^2$ (Determinationskoeffizient) ausgedrückt. Es benennt den Anteil der durch das Modell erklärten Varianz in den Daten, indem es den Anteil der durch das Modell erklärten Varianz in den Daten gemessen an der gesamten Varianz der Stichprobenmesswerte ausdrückt.

$$R^2 = 1 - \frac{SQR}{SQT} = \frac{SQE}{SQT} = \frac{\sum \left(\widehat{Y}_i - \bar{Y}\right)^2}{\sum \left(Y_i - \bar{Y}\right)^2} \qquad \text{(Gl. 5.5)}$$

Die Residuenquadratsummen SQR sind die quadrierten Abstände oder Lücken zwischen dem vom Modell für einen $x_i$-Wert vorhergesagten Wert $\hat{y}_i$ und dem tatsächlichen Wert $y_i$. Als die Quadratsumme der durch das Modell erklärten Variation ($SQE$) wird dagegen der Teil bestimmt, um den sich die Abschätzung $\hat{y}$ durch das Modell gegenüber dem Mittelwert $\bar{Y}$ verbessert. Die korrigierte totale Quadratsumme ($SQT$) ist die Varianz der Messwerte und ergibt sich aus der Summe der Quadrate der Differenzen zwischen den Messwerten $Y_i$ und ihrem Stichprobenmittelwert $\bar{Y}$. Daraus ergeben sich folgende Eigenschaften des Bestimmtheitsmaßes: Bei einer perfekten Anpassung der Regressionslinie an die Datenpunkte, wie sie etwa bei einer Überanpassung (*overfitting*) vorliegt, erreicht $R^2$ den Wert 1,[41] es sei denn, es gibt mehrere Datenpunkte, die bei gleichem $x$-Wert unterschiedliche $y$-Werte annehmen. In der idealisierten Experimentalanordnung wäre dies das Szenario wiederholter Messungen mit unterschiedlichen Messfehlern.[42] In der hier vorliegenden, nicht-experimentellen Konstellation tritt dieser Fall laufend auf; und zwar immer dann, wenn Texte mit der gleichen Gattungszuordnung und Medienzugehörigkeit sowie mit gleicher Publikationszeit (also z. B. Taschenbuchnovellen aus dem Jahr 1830) wie erwartet unterschiedliche Textlänge aufweisen.

Eine Schwäche des Bestimmtheitsmaßes liegt darin, dass es mit der Hinzunahme neuer Faktoren immer besser wird und den Einschluss irrelevanter Faktoren und Koeffizienten nicht bestraft. Daher hat man ein korrigiertes Bestimmtheitsmaß (im Folgenden $R^2_{adj}$ oder *adj.* $R^2$) eingeführt, das die Hinzunahme neuer Faktoren bestraft. Das korrigierte Bestimmtheitsmaß hat folgenden mathematischen Ausdruck:

**41** Vgl. McElreath (2020, 198).

**42** Vgl. Draper/Smith (2014, 138–139).

$$R^2_{adj} = 1 - \frac{MQR}{MQT} = 1 - \frac{SQR(n-1)}{SQT(n-p)} = 1 - \left(1 - R^2\right)\frac{n-1}{n-p} \quad \text{(Gl. 5.6)}$$

Korrigiert ist dieses Bestimmtheitsmaß um die Freiheitsgrade (n–1) der Residuenquadratsumme (*SQR*) und (*n–p*) der totalen Quadratsumme (*SQT*), wobei *n* die Anzahl der Stichprobenmesswerte und *p* die Anzahl der Parameter einschließlich der Konstante α bezeichnet. Die Korrektur von *SQR* im Zähler und *SQT* im Nenner nennt man auch mittlere Abweichung der Residuenquadratsumme (*MQR*) bzw. die mittlere Abweichung der gesamten Quadratsumme (*MQT*). Das korrigierte Bestimmtheitsmaß hat die Eigenschaft, dass es mit der Hinzunahme neuer Parameter nach unten korrigiert wird. Der Nutzen dieses Maßes ist jedoch umstritten.[43] Da nachgewiesen wurde, dass es die Hinzunahme neuer Parameter bei geringem Nutzen nicht besonders stark bestraft, wird es in der Regel nicht zum Modellvergleich empfohlen. Durchgesetzt haben sich dagegen eine Validierung mit *out of sample* Daten (*oos*) bzw. Validierungsdaten, wie es im Bereich des überwachten maschinellen Lernens üblich ist, oder die Wahl eines Informationskriteriums mit *AIC* oder *BIC*.[44] Trotz der bekannten Schwächen ist das korrigierte Bestimmtheitsmaß ebenso nützlich wie die Informationskriterien, um die Verbesserung einzuschätzen, die sich beispielsweise durch den Faktor Medienformat gegenüber einem Modell ergeben, das ausschließlich den Faktor Genre berücksichtigt.

Für einzelne Modellaspekte, insbesondere in Fällen, in denen die Abschätzung der Werte für die Koeffizienten der einzelnen Faktoren von Belang sind, wird in dieser Arbeit ein bayesscher Zugang gewählt. Ein lineares Modell in bayesscher Statistik sieht auf den ersten Blick etwas umfangreicher aus. In Anlehnung an die Notation von McElreath lässt es sich wie folgt darstellen:[45]

$$\begin{aligned}
&[1]\ TM_k \sim Normal(\mu, \sigma)\,[Wahrscheinlichkeitsverteilung\ von\ TM]\\
&[2]\ \mu_k = \alpha + \beta_{Gi} \cdot X_{Gik} + \gamma_{Mj} \cdot X_{Mjk}\,[Lineares\ Gleichungsmodell]\\
&[3]\ \alpha \sim Normal(0,1)\ [prior\ \text{für}\ \alpha]\\
&[4]\ \beta \sim Normal(0,1)\ [prior\ \text{für}\ \beta]\\
&[5]\ \gamma \sim Normal(0,1)\ [prior\ \text{für}\ \mu]\\
&[6]\ \sigma \sim Exponential(1)\ [prior\ \text{für}\ \sigma]
\end{aligned} \quad \text{(Gl. 5.7)}$$

Anstatt eindeutige Schätzwerte für die Parameter des Modells zu berechnen, geht die bayessche Modellierung davon aus, dass die vorherzusagende Variable *TM* einer stochastischen Wahrscheinlichkeitsverteilung folgt. Die Folgerelation wird mit ~ ausge-

43 Vgl. Shieh (2008, 388–389).
44 Vgl. Akaike (1974) und Schwarz (1978).
45 Vgl. McElreath (2020, 79–81).

drückt. In Gl. 5.7 wird angenommen, dass *TM* eine Normalverteilung mit dem Erwartungswert μ und dem Streuungsparameter $\sigma$ hat. Der Erwartungswert $\mu$ lässt sich in einem linearen Gleichungsmodell wie oben mit den entsprechenden Koeffizienten $\alpha$, $\beta$ und $\gamma$ ausdrücken. Jeder dieser Koeffizienten hat eine eigene Wahrscheinlichkeitsverteilung, die von einer *Prior*-Annahme jeweils in den Zeilen 3 bis 5 ausgeht. Hier kommt der zentrale Gedanke aus den Modellen (1.b) und (1.c) ins Spiel, dass man in den *Prior*-Annahmen mit der Möglichkeit spielt, dass der Einfluss von Gattung und Medienformat gleich Null sein könnte, dass deren Einfluss aber auch mehr oder weniger stark positiv ausgeprägt sein kann, und dass sich durch wiederholte Berechnungen empirisch bestimmen lässt, wie wahrscheinlich bestimmte Wertebereiche für den prägenden Einfluss jeder Gattung und jedes Medienformats als *Posterior*-Wahrscheinlichkeit angesichts der vorhandenen Daten sind. In Gleichung 5.7 startet jeder Koeffizient für das Gewicht der einzelnen Genres ($\beta$) und Medienformate ($\gamma$) mit der *prior*-Annahme einer Standardnormalverteilung mit dem Mittelwert 0 und der Standardabweichung 1. Wie die abgeschätzten Verteilungen für jeden Koeffizienten aussehen, lässt sich in den Abbildungen 85, 86 und 87 im Anhang sehen. Diese zeigen die *Posterior*-Wahrscheinlichkeit als Verteilungen für jeden Koeffizienten nach einer Anpassung an die vorhandenen Textdaten und für unterschiedliche Textmerkmale, hier in 4000 Iterationen.[46] Auch der Streuungsparameter $\sigma$ für die angenommene Wahrscheinlichkeitsverteilung der Vorhersagevariable *TM* erhält eine eigene Wahrscheinlichkeitsverteilung. An den Wahrscheinlichkeitsverteilungen sieht man nicht nur, welche Faktoren wie stark die Länge beeinflussen, sondern auch, wie sicher das Modell ist.

### 5.2.3 Der Faktor Zeit

Es gehört zu den Grundannahmen von Literaturgeschichte, dass der Entstehungszeitraum der Werke einen maßgeblichen Einfluss auf die Ausprägung der einzelnen Textmerkmale haben kann. Diese Annahme hat sich bereits in Kapitel 4 bestätigt. Erforderlich ist der Faktor Zeit außerdem für das Modell 3, das besagt, dass ein Medieneffekt zu einem späteren Zeitpunkt in einen Gattungseffekt transformiert wer-

---

46 Hier soll keine Einführung in die bayessche Statistik geliefert werden. Grundlegend ist für ein theoretisches Verständnis, dass die Wahrscheinlichkeitsabschätzungen über den Begriff der *likelihood* in Bayes' Theorem laufen, das nach der Überzeugungswahrscheinlichkeit (Plausibilität) des Modells fragt, wenn die Daten gegeben sind. Dagegen fragt frequentistische Statistik – zumindest im Fall von Hypothesentests – sozusagen umgekehrt nach der Wahrscheinlichkeit in Form der relativen Häufigkeit des Auftretens von Daten, wenn eine bestimmte Arbeitshypothese falsch ist. Die folgenden bayesschen Analysen und Modellierungen folgen McElreath (2020), nutzen aber anstelle der dort eingesetzten R-Bibliotheken die Python-Bibliotheken *PYMC* (Abril-Pla et al. 2023) und *Bambi* (Capretto et al. 2022).

den kann. Daher wird Zeit (*Z*) als weiterer potenzieller Faktor hinzugenommen. Für den Modelltyp 1 ergibt sich folgendes erweitertes lineares Regressionsmodell:

$$\widehat{TM} = \hat{\alpha} + \widehat{\beta_{Gi}} \cdot X_{Gik} + \widehat{\gamma_{Mj}} \cdot X_{Mjk} + \delta_{Zl} \cdot Z_{Zlk} \quad \text{(Gl. 5.8)}$$

Zudem zeigt sich für viele Merkmale, dass sie im Lauf des 19. Jahrhunderts nicht einfach kontinuierlich zu- oder abnehmen, sondern dass es Wellen der Zu- und Abnahme mit Unterschieden zwischen Genre und Medium gibt. Daher wäre es unangemessen, die Publikationszeit (*Z*) als metrische Variable in ein einfaches lineares Regressionsmodell aufzunehmen. Zwei Möglichkeiten gibt es hier: Man könnte ein Modell definieren, das den wellenförmigen Kurvenverlauf der Länge durch eine Regression mit einem Polynom höheren Grades abbildet. Alternativ kann man den Publikationszeitraum, ebenso wie Genre und Medium in eine kategoriale *Dummy*-Variable und damit in einen Faktor umwandeln.[47] Im Folgenden wird die zweite Variante bevorzugt. Diese wiederum erfordert die Wahl möglichst geeigneter Periodisierungsgrenzen.

### 5.2.4 Gridsuche: Parameterwahl und Taxonomie der Faktoren

In einer Gridsuche wird im nächsten Schritt ermittelt, welche Breite für die Zeitperioden zu Modellen mit der höchsten Erklärungskraft führen. Auf diese Weise lässt sich für jedes Textmerkmal *TM* jeweils separat feststellen, in welcher Taxonomie der Faktor Zeit als kategoriale Variable am besten die Unterschiede zwischen den Gruppen hinsichtlich *TM* aufklärt.[48] Diese Form der Gridsuche wird zudem für die Frage nach einer geeigneten Taxonomie der Medienformate sowie einer Abstraktion der Gattungsgruppierungen genutzt. Die Frage, wie sich unterschiedliche Organe (wie die einzelnen Taschenbücher, Familienblätter, Zeitungen etc.) am geeignetsten zusammenfassen lassen, wird im vorliegenden Abschnitt als empirisches Problem gelöst und am Ende der Arbeit in Kapitel 7 mit mediengeschichtlichen Annahmen vermittelt.

Für die hier verfolgte empirische Lösung wird der Datensatz in eine Trainings- und eine Validierungsstichprobe (*oos*-Daten) aufgeteilt. Jede konkrete Untersuchung bezieht sich, wie eingangs bemerkt, immer nur auf ein konkretes Textmerkmal (*TM*) und gilt daher auch immer nur für dieses betreffende Merkmal. In der folgenden Entwicklung der Modelle ist dies der Textumfang.

Für die Perioden wurden 20-, 30- 50- und 60-Jahres-Zeitäume gewählt. Für die Taxonomie von Medienformaten wurden folgende Rubrizierungen verglichen:

– *alle_Medien*: In der feinsten Auflösung werden die folgenden Medienformate beibehalten: ›Taschenbuch‹, ›Zeitschrift‹, ›Zeitung‹, ›Rundschau‹, ›Anthologie‹, ›Fami-

47 Vgl. Underwood et al. (2022, 188).
48 Vgl. Underwood et al. (2022, 188).

lienblatt‹, ›Sammlung‹, ›Werke‹ und ›Buch‹. ›Zeitung‹ und ›Zeitschrift‹ werden dem Wert ›Journal‹ zugerechnet, ›Werke‹ dem Wert ›Buch‹.
- *TB-Ant-RS-FB*: Hier werden lediglich die Kategorien ›Taschenbuch‹, ›Rundschau‹, ›Anthologie‹, ›Familienblatt‹ verwendet und alle anderen Texte, d. h. Zeitungs- und Zeitschriften- sowie Buchpublikationen ausgeschlossen.
- *TB-Ant-RS-FB-Journal*: Hier werden Buchformate ausgeschlossen und Zeitungen sowie Zeitschriften (wie in Option 1) zum Journal zusammengefasst.
- *TB-Journal-Buch*: Hier werden sämtliche Medienformate eingeschlossen und alles außer Taschenbuch, Anthologie und Buch dem Format des Journals zugerechnet. Das Abstraktum ›Journal‹ besteht hier mithin aus Zeitung, Zeitschrift, Familienblatt, Rundschau, Monatsheft; Sammlung, Werke, Nachlass werden dem Format Buch zugerechnet. Jahrbuch, Almanach und Taschenbuch sind zum Format Taschenbuch zusammengefasst.
- *Journal-vs-Buch*: In Anlehnung an die binäre Medientypologie von Meyer wird nur zwischen Journalmedien (einschließlich Taschenbuch, Kalender etc.) und Büchern (einschließlich Anthologie, Novellensammlung etc.) unterschieden.

Diese Arbeit verwendet keinen medientheoretisch anspruchsvollen Begriff der Medialität.[49] Medien sind hier immer die zur empirischen Varianzaufklärung zusammengefassten Typen von Printformaten der Massenmedien des 19. Jahrhunderts.

Für die Konstruktion des Faktors Genre aus den gattungsbasierten Textsorten wurden folgende Abstraktionen verglichen:
- *alle_Genres*: Die Labels ›Novelle‹ (*N*), ›Erzählung‹ (*E*) und ›Märchen‹ (*M*) wurden aus den Erstpublikationen ($S_{ED}$) übernommen. Sonstige mittellange Erzählprosa mit alternativen Labels wurde der Klasse *XE* zugeordnet, die Gruppe der Texte ohne Label der Klasse *OE*. Die als Romane geltenden Texte erhalten die Zuordnung ›Roman‹ (*R*).
- *N-vs-E-vs-MLP*: Nur Erzählprosa mittlerer Länge wird berücksichtigt, wobei Novellen und Erzählungen (wie in 1.) von einer zusammengefassten Residualkategorie *MLP* (als Vereinigungsmenge aus $OE \cup XE$) unterschieden werden. Märchen und Romane sind ausgeschlossen.
- *N-vs-MLP*: Wie (2), wobei auch die Erzählungen der Residualkategorie zugerechnet werden ($MLP = E \cup OE \cup XE$). Märchen und Romane sind ausgeschlossen.
- *N-vs-E-vs-MLP-vs-R*: Wie (2), aber zusätzlich mit der Kategorie der Romane. Nur Märchen sind ausgeschlossen.
- *N-vs-E-vs-MLP-vs-M*: Wie (4), aber mit Märchen. Nur Romane sind ausgeschlossen.
- *N-vs-E*: Es wird binär ausschließlich zwischen Novellen und Erzählungen unterschieden. Alle anderen Gattungsgruppen (*OE*, *XE*, *M* und *R*) sind ausgeschlossen.

---

49 Wenn man vom Eintrag im ›Reallexikon‹ (vgl. Hallenberger 2007, 553) ausgeht, entspricht diese Vorgehensweise dem germanistischen Umgang mit dem Medienbegriff.

Die Passung jedes Modells wurde für eine Validierungsstichprobe mit *oos*-Daten anhand des normalen und des angepassten Bestimmtheitsmaßes $R^2$ berechnet und die Parameterkonfiguration mit dem am besten auf ungesehene Daten verallgemeinernden Modell gewählt. Tabelle 26 zeigt die Parameterkombinationen für die 7 besten aller kombinierbaren Modelle zur Aufklärung des Merkmals der Textlänge.[50]

**Tabelle 26:** Gridsuche nach optimaler Taxonomie der Zusammenfassung von Medienformaten und Gattungen sowie der Fensterbreite für den Faktor Zeit zur Aufklärung des Merkmals der Textlänge. Siehe das Skript »grid_search_on_best_parameters_length.py«.

| Rang | Periode | Gattungen | Medien | $R^2$ (*oos*) | adj $R^2$ (*oos*) |
|---|---|---|---|---|---|
| 1 | 20 | *alle_Genres* | *alle_Medien* | 0,3143 | 0,3084 |
| 2 | 60 | *alle_Genres* | *alle_Medien* | 0,2956 | 0,2894 |
| 3 | 30 | *alle_Genres* | *Journal-vs-Buch* | 0,2830 | 0,2769 |
| 4 | 20 | *alle_Genres* | *Journal-vs-Buch* | 0,2814 | 0,2754 |
| 5 | 60 | *N-vs-E-vs-MLP-vs-R* | *alle_Medien* | 0,2776 | 0,2709 |
| 6 | 50 | *alle_Genres* | *Journal-vs-Buch* | 0,2763 | 0,2702 |
| 7 | 20 | *N-vs-E* | *TB-Ant-RS-FB-Journal* | 0,2791 | 0,2630 |

Man sieht, dass meistens die Parameterwahl mit den feinsten Auflösungen und damit der größten Anzahl möglicher Werte für jeden Faktor zur höchsten Varianzaufklärung führt. Erstaunlich ist, dass unter den gelisteten Parameterkonfigurationen bei reduzierter Auswahl eine Taxonomie nützlich sein kann, die nur zwischen Taschenbuch, Journal und Buch unterscheidet. Auf den ersten Blick scheint es, als sei Meyers binäre Unterscheidung zwischen Journal und Buch besonders leistungsfähig. Man muss aber bedenken, dass die Rubrizierungen zur größtmöglichen Varianzaufklärung immer nur für genau ein Textmerkmal gelten; hier für das der Textlänge. Hinsichtlich der Gattungssystematik hat der ausschließliche Vergleich zwischen Novellen und Erzählungen (bei Beschränkung auf Taschenbuch, Anthologie, Rundschau und Familienblatt) erstaunlich gute Ergebnisse (Rang 7). Die Residualkategorie der übrigen mittellangen Erzählprosa (*MLP*) scheint eher für Unklarheit als für weitere Aufklärung zu sorgen. Im Folgenden wird bevorzugt die Konfiguration auf Rang 7 verwendet; denn mit den Romanen gibt es, wenn sie als Genre zusammen mit dem Faktor Medium untersucht werden, ein Problem, das es im folgenden Abschnitt 5.2.5 zu klären gilt.

50 Siehe das Skript »grid_search_on_best_parameters_length.py«. Alle Skripte (»scripts_novellas«) zur Analyse von Länge finden sich in *PyNovellaHistory* im Ordner zu Kapitel »6-1_text_length«.

### 5.2.5 ›Ein Roman ist ein Buch‹: Multikollinearität

Als Friedrich Schlegel einen Definitionsversuch für die Gattung des Romans vorgelegt hat, indem er schrieb: »Der Roman ist ein romantisches Buch«, hat er gleich mit antizipiert, dass man dies für eine »nichtssagende Tautologie« halten dürfte.[51] Die Literaturwissenschaft hat sich bei dieser Aussage in erster Linie für den Begriff des Romantischen interessiert. Mir geht es hier nur um das, was Schlegel über das Verhältnis zwischen Roman und Buch sagt. Tatsächlich meint Schlegel diese Definition analytisch – d. h.: Er nimmt sie als Definition ernst und erklärt folgerichtig auch Boccaccios *Decamerone* zum Roman. Schlegel hat damit die seit dem 19. Jahrhundert etablierte Praxis vorweggenommen, wonach ein fiktionaler Text, der in Werkeinheit als Buch veröffentlicht wird, in der Regel als Roman gilt. Dies lässt sich auch am Korpus zeigen.

Wie aus Tabelle 27 hervorgeht, sind 98% aller Romane (*R*) im Korpus in Buchform publiziert worden, und 95% aller Erzählprosa, die nicht als Roman gilt (*N*, *E*, sonstige *MLP* und *M*), wurden nicht als Werkeinheit in Buchform publiziert. Nur 7% der als Novellen und 2% der als Erzählungen publizierten Prosa wurden in Buchform publiziert. Der $\chi^2$-Test (Chi-Quadrat-Test) mit sehr kleinen p-Werten in der rechten Spalte zeigt, dass zwischen Format und Gattung in dieser Granularität und Abstraktionsform eine starke Abhängigkeit besteht.

**Tabelle 27:** Abhängigkeit ($\chi^2$ / Chi-Quadrat-Test) zwischen Gattung und Format des Buchs.

| nach $S_{ED}$: | Buchform | Nicht in Buchform | $\chi^2$-Test, p-Wert |
|---|---|---|---|
| *R* | 124 (98% aller R) | 3 | $1{,}02 \cdot 10^{-100}$ |
| *MLP* ∪ *M* | 21 | 433 (95%) | |
| *N* | 14 (7% aller N) | 193 | 0,09 |
| *E* | 2 (2% aller E) | 109 | |

Starke Korrelation und Abhängigkeit zwischen den Vorhersagevariablen führt in der Statistik zum Problem der Multikollinearität (oder Kollinearität).[52] Es schlägt sich darin nieder, dass die Performance des gesamten Modells aussagekräftig zu sein scheint, dass die Varianzaufklärung der einzelnen Variablen aber nicht sinnvoll ist. Dieses Verhalten ist keine Schwäche der Statistik, sondern ein Fehler in der Modellierung. So muss man sich fragen: Wenn bekannt ist, dass ein Text der Gattung Roman angehört, wie viel hilft zur Abschätzung von dessen Länge noch die zusätzliche Information, dass der Text im Buchformat erschienen ist? Hier wird man schnell einräu-

51 F. Schlegel, *Brief über den Roman*, in Schlegel/Schlegel (1800, 3:123), auch in Schlegel 1967 [KFSA I/2], 335).

52 Vgl. McElreath (2020, 167–174).

men: Nicht viel, und auch nur dann, wenn ein Roman nicht in Buchform, sondern z. B. in einem Journal erschienen ist. Es gibt Vorschläge, Multikollinearität in den Daten auszugleichen oder zu korrigieren. Doch diese Lösungen sind nicht brauchbar, wenn die zentralen Annahmen des Modells schlicht nicht sinnvoll sind.[53] Die Konsequenzen lassen sich klar formulieren. Für das Modell 1.a, das Medium und Gattung als unabhängige Variablen nebeneinander einschließt, müssen entweder alle Instanzen mit dem Wert ›Roman‹ im Faktor Gattung oder alle Instanzen mit dem Wert ›Buch‹ aus dem Faktor Medium entfernt werden; denn beide Klassen überschneiden sich weitgehend in ihren Extensionen. Ansonsten tritt der Effekt ein, dass Gattung oder Medium oder beide Faktoren in ihrer Erklärungskraft vom Modell falsch eingeschätzt werden. Das Problem der Kollinearität tritt unabhängig davon auf, was man als abhängige Variable *TM* wählt, wenn eine Abhängigkeit zwischen den Vorhersagevariablen (hier Genre und Medium) vorliegt.

### 5.2.6 Delta: Relative Varianzaufklärung der Faktoren

Nachdem das beste Modell ermittelt ist, gilt es abzuschätzen, welcher der in das Modell eingeschlossenen Faktoren welchen Anteil zur Aufklärung des Merkmals *TM* beiträgt. Mit einer Varianzanalyse (*ANOVA*) lässt sich im Modell 1.a, das sowohl Genre als auch Medium als Faktoren in die Modellierung einschließt, für jeden Faktor der Anteil der Varianzaufklärung bestimmen.[54] Die Aufklärungskraft der Variablen (also z. B. aller berücksichtigten Gattungen) wird üblicherweise recht unvermittelt als kausale Wirkung des betreffenden Faktors (z. B. des Faktors Gattung insgesamt) interpretiert.[55] Doch genau genommen handelt es sich auch hier nur um eine besondere Form der Analyse von Korrelationen. Im Folgenden wird die Varianzaufklärung als potenzieller kausaler Effekt betrachtet und das Problem der kausalen Erklärung am Schluss (Kapitel 8) in Anbetracht aller Befunde dieses Buches diskutiert.

Praktischerweise stellen die *ANOVA*-Tabellen der einschlägigen Bibliotheken in R bzw. Python bereits die für die zu den Faktoren (hier Zeit, Medium und Gattung) zusammengefassten Vorhersagevariablen die jeweilige Varianzaufklärung über die

---

53 So McElreath (2020, 174). Für Hinweise zu den Risiken einer statistischen Kontrolle von Multikollinearität vgl. O'brien (2007).

54 Anstatt die Modellvarianten 1.b und 1.c hinsichtlich ihres Bestimmtheitsgrads zu vergleichen und damit abzuschätzen, ob Genre oder Medium der stärkere Faktor ist, kann man die Faktoren auch innerhalb eines Modells beurteilen. Ohne die hier entfalteten Alternativen in Betracht zu ziehen, verfahren Underwood et al. (2022) ausschließlich nach dieser Variante. Sie hat den Vorteil, dass sie für den Fall, dass man sowohl Gattung als auch Medium für relevante Faktoren hält, das insgesamt bessere, weil wirklichkeitsnähere Modell ist. Man muss hier jedoch, wie oben erläutert, in der Regel die Gattung des Romans (oder alternativ das Medienformat Buch) ausschließen, um Multikollinearität zu vermeiden.

55 So auch in Underwood et al. (2022).

Quadratsummen zur Verfügung. Diese lassen sich aus der *ANOVA*-Tabelle auslesen und um die Freiheitsgrade (Anzahl der möglichen Werte je Faktor -1) korrigieren ($V_{adj}$).[56] Mit dem in der quantitativen Sozialforschung vorgestellten Maß $\Delta$ (Delta)[57] lässt sich der Anteil der Varianzaufklärung für den untersuchten Faktor (z. B. Gattung) an der für alle in Betracht gezogenen Faktoren (Zeit, Gattung, Medium) berechnen:

$$\Delta(G|G,M) = \frac{V_{adj}(G)}{V_{adj}(G) + V_{adj}(M)} \qquad \text{(Gl. 5.9, Varianzaufklärung Delta)}$$

Gleichung 5.9 erlaubt den Anteil der Varianzaufklärung für Gattung, gemessen an der Gesamtaufklärungsleistung von Gattung und Medium zu berechnen.

$$\Delta(Z|G,M,Z) = \frac{V_{adj}(Z)}{V_{adj}(G) + V_{adj}(M) + V_{adj}(Z)} \qquad \text{(Gl. 5.10)}$$

Mit Gleichung 5.10 lässt sich die Varianzaufklärung des Faktors Zeit gemessen an der gesamten Varianzaufklärung durch die Faktoren Zeit, Medium und Gattung bestimmen. Da die Varianzaufklärung für die einzelnen Faktoren meines Wissens nur im frequentistischen Paradigma berechnet werden kann, nicht aber in bayesscher Statistik, wird im Folgenden ein frequentistischer Ansatz im Vordergrund stehen, der bei Bedarf durch bayessche Analysen ergänzt wird.

Über den Dreischritt von Modelldefinitionen und jeweiliger Parameter-Abschätzung, der Ermittlung des besten (oder wahrscheinlichsten) Modells und der Berechnung des Anteils jedes Faktors zur Aufklärung der Varianz von *TM*, lässt sich bestimmen, welcher Subtyp des Modelltyps 1 zur Konkurrenz von Gattung und Medium als textprägende Faktoren die historische Wirklichkeit am besten beschreibt. Aufgrund der Multikollinearität von Gattung und Medium für Roman und Buchformat hat sich eine Einschränkung ergeben. Sollen Romane und das Buchformat in die Untersuchung eingeschlossen werden, kann die Analyse der Aufklärungsleistung der einzelnen Faktoren nicht im Rahmen des Modells 1.a über $\Delta$ erfolgen, weil der Einschluss beider Faktoren dann zu einem unsinnigen Modell führen würde, bei dem die

56 Die Wahl des Berechnungsverfahrens ist diskutabel. Vermutlich auch aus diesem Grund berechnen Underwood et al. (2022) die Varianzaufklärung sowohl in einer mittels der Freiheitsgrade korrigierten als auch in einer nicht-korrigierten Variante. Das für die folgenden Analysen übernommene Berechnungsverfahren lässt sich aus dem R-Markdown-Skript »topicmodel_gridsearch_bootstrap.Rmd« im zugehörigen Repositorium rekonstruieren (https://github.com/tedunderwood/period-cohort). Darin werden die Werte für die Varianzaufklärung jedes kategorialen Variablenbündels aus der Funktion *anova_test* der *statix*-Bibliothek in R berechnet. Die hier durchgeführten Analysen folgen dieser Implementierung. Siehe das Skript »regress_length_on_genre_and_media.py«, das sich für die Implementierung in Python auf die analoge Funktion *anova_lm* aus der *Statsmodels* Bibliothek stützt. Zum Ort der Skripte siehe Anm. 459.

57 Vgl. Vaisey/Lizardo (2016, 4).

Varianzaufklärung nicht mehr interpretiert werden kann. Hier müssen stattdessen die Modelltypen 1.b und 1.c direkt hinsichtlich ihrer Modellgüte verglichen werden.

### 5.2.7 Modell 2

Das Modell 2 stellt in Rechnung, dass zwischen Faktoren ein wechselseitiger Einfluss oder eine Abhängigkeit bestehen kann. In der statistischen Modellierung wird das Zusammenspiel von Faktoren meist als Interaktion der Variablen abgebildet.[58] Variableninteraktion lässt sich durch die Ergänzung eines Summanden einführen, der ein Produkt aus den interagierenden Variablen bildet. Das Regressionsmodell wird um einen weiteren Summanden ergänzt, der aus dem Produkt der interagierenden Faktoren (hier $G_i$ und $M_j$) besteht. Für ein vereinfachtes Modell in frequentistischem Ausdruck, das lediglich Genre und Medium (ohne Zeit) als Faktoren einschließt, sieht die Aufnahme einer Variableninteraktion wie folgt aus:

$$\widehat{TM} = \hat{\alpha} + \widehat{\beta_{Gi}} \cdot X_{Gik} + \widehat{\gamma_{Mj}} \cdot X_{Mjk} + \underbrace{\widehat{\eta_{GMk}} \cdot \left(X_{Gik} \cdot X_{Mjk}\right)}_{Interaktion} + \varepsilon \qquad \text{(Gl. 5.11)}$$

Da die Vorhersagevariablen kategorial sind, lässt sich die Interaktion einfach aufschlüsseln. Da bei Vorliegen je eines Werts für Genre (z. B. ›Novelle‹) und Medienformat (z. B. ›Taschenbuch‹) die entsprechenden Variablen den Wert 1 erhalten, und das Produkt aus 1 und 1 wiederum 1 ergibt, erhält man nun Variablen für die Interaktion von $X_G$ und $X_M$ in Form aller möglichen Kombinationen: Also ›Taschenbuch-Novelle‹, ›Rundschau-Novelle‹, ›Rundschau-Erzählung‹, usw.

Ein Problem im Modell mit Variableninteraktion stellt die Interpretation der Ergebnisse dar. Anstatt die Varianzaufklärung jedes Faktorenbündels zu berechnen und $\Delta$ wie im Abschnitt oben zu bestimmen, kann man hier nur die allgemeine Modell-Leistung als Maß heranziehen und die Verbesserung oder Verschlechterung des Modells hinsichtlich seiner gesamten Passung anhand seines $R^2$-Werts oder der Informationskriterien mit dem Modelltyp 1 vergleichen. Für das Merkmal des Textumfangs zeigt Tabelle 28 die Ergebnisse.[59]

---

58 Es ist auch üblich, diese Form der Variableninteraktion als *Nested Factors* aufzufassen. Charakteristisch für *Nested Factors* ist, dass innerhalb jeder Kategorie auf der einen Ebene (also z. B. innerhalb der einzelnen Medienformate) jede Gattung eine eigene Subkategorie ausbildet.

59 Die Daten für die Modelle 1 und 2 können mit den Skripten mit der Namensstruktur »regress_[feature]_on_[factor].py« gewonnen werden. Dies gilt für alle komplexen Merkmale im folgenden Kapitel 6. Die Ergänzungen »_ANOVA-Deltas« und »_bayesian« zeigen an, ob die Berechnung der Varianzaufklärung über eine *ANOVA* oder ob ein bayessches Sampling verwendet wurde. In vielen Skripten ist beides kombiniert.

**Tabelle 28:** Vergleich aller Modelle und Anteil der Varianzaufklärung pro Faktor (für Modell 1.a) für die Paarungen Novelle vs. Erzählung, und Novelle, Erzählung, Roman vs. sonstige *MLP*. Die letzten drei Zeilen enthalten sogenannte Basismodell (BM), die nur einen Faktor berücksichtigen. Um Verwechslungen mit den Gattungsvariablen zu vermeiden, sind die Variablen für die Faktoren Gattung (G), Medium (M) und Zeit (Z) in den Tabellen, anders als im Haupttext, nicht kursiviert.

| **Modell** | **Interaktion** | **adj. $R^2$ (Rang)** | **Δ** | **adj. $R^2$ (Rang)** | **Δ** |
|---|---|---|---|---|---|
| | | *N* vs. *E* (nach $S_{ED}$) | | *N* vs. *E*. vs. *R* vs. *MLP* | |
| 1.a (G, M, Z) | – | 0,179 (4) | G: 0,1874<br>M: 0,1864<br>Z: 0,6262 | 0,382 (2) | G: 0,8706<br>M: 0,0417<br>Z: 0,0877 |
| 1.b (M,Z) | – | 0,175 (5) | | 0,254 (8) | |
| 1.c (G,Z) | – | 0,159 (7) | | 0,377 (4) | |
| 2 | M · Z | 0,254 (1) | | 0,382 (2) | |
| (G, M,Z) | G · Z | 0,204 (3) | | 0,409 (1) | |
| | G · M | 0,171 (6) | | 0,377 (4) | |
| | G · M · Z | 0,251 (2) | | 0,375 (6) | |
| BM (Z) | – | 0,154 (8) | | 0,04 (10) | |
| BM (M) [1b*] | – | 0,030 (9) | | 0,237 (9) | |
| BM (G) [1c*] | – | 0,007 (10) | | 0,358 (7) | |

Das Modell 2 hat die größte Aufklärungsleistung. Für den Vergleich von *N* vs. *E* zeigt sich, dass die Variante des Modells 2, in der eine Interaktion zwischen Zeit und Medienformat ($M \cdot Z$) eingeschlossen ist, die höchste Aufklärungsleistung im Sinn des *adj. $R^2$* hat. Dem folgt ein Modell, das die Interaktion zwischen allen drei Faktoren ($G \cdot M \cdot Z$) zulässt. Sowohl in den Werten für *Δ* des Modells 1.a, als auch in den hier zusätzlich angegebenen Basismodellen (BM), in denen jeweils nur genau einer der drei Faktoren berücksichtigt ist, zeigt sich, dass der Einfluss von Genre und Medium gegenüber dem Faktor Zeit gering ausfüllt.[60] Für eine Stichprobe, in die neben der übrigen Erzählprosa (*MLP*) auch die Romane (*R*) aufgenommen sind, ist der Einfluss des Faktors Genre dagegen erwartungsgemäß ausgesprochen stark.

Für einen direkten Vergleich eines allgemeinen Einflusses von Genre und Medium ist das Modell 1.a am aussagekräftigsten. Beschränkt man sich auf den Vergleich zwischen Novellen und Erzählungen, dann entfallen jeweils ca. 19% der Varianzaufklärung aller drei Faktoren auf Gattung und Medium, die restlichen 63% entfallen auf den Faktor Zeit. Berücksichtigt man außerdem Romane und übrige Erzählprosa, dann zeigt sich im Vergleich zwischen den Werten für *Δ* der einzelnen Faktoren im Modell 1.a und den Basismodellen, die jeweils nur einen Faktor einschließen, dass aufgrund der Multikollinearität der Faktor Genre über- und das Medienformat zu schwach be-

60 Die Basismodelle, die jeweils nur Genre oder Medium berücksichtigen, können auch als die einfachsten Varianten der Modelle 1b* und 1c* betrachtet werden.

wertet werden. Modell 1.a zeigt, dass der Faktor Medium nichts mehr nützt, wenn das Modell das Genre bereits kennt. Beim Vergleich von Novellen und Erzählungen schneiden das Modell 1.a und die Variante des Modells 2, in der für die Interaktion lediglich medienabhängige Gattungen ($M \cdot G$) berücksichtigt werden, schlechter ab als sämtliche Varianten des Modells 2, in denen Zeit als Interaktionsvariable vertreten ist. Daher ist von einem medienrelativen Zeiteinfluss auszugehen. Auf eine philologische Interpretation dieser Ergebnisse komme ich in Abschnitt 6.1 zurück.

### 5.2.8 Modell 3

Für das literaturgeschichtlich relevante Modell 3 gilt es schließlich den Faktor Zeit, im Unterschied zur bisherigen Konfiguration, nicht als kategoriale Variable, sondern als temporale Veränderung einzuführen. Dafür wird im Folgenden eine bereits philologisch informierte Operationalisierung verfolgt, indem zwei Hypothesen formuliert werden. Anstatt wie bisher den Faktor Zeit auf der gleichen Ebene als kategoriale Variable für Teilperioden zu konzipieren, werden nun in einer Zeitreihe für jede Teilperiode jeweils die Modelle 1 und 2 mit ihren möglichen Varianten mit den Faktoren Gattung und Medium trainiert. Tabelle 29 zeigt die Struktur von Modell 3, das die Abfolge der Modelle 1 und 2 sequenzialisiert. Modell 3 besteht mithin aus einer bestimmten zeitlichen Abfolge der Modelle 1 und 2. In Tabelle 30 lässt sich exemplarisch ersehen, ob und wie eine Transformation eines Medieneffekts in einen Genreeffekt für das Textmerkmal des Umfangs während des 19. Jahrhunderts stattfand, wenn man Novellen und Erzählungen vergleicht.

**Tabelle 29:** Modell 3 des Übergangs vom Medien- in einen Gattungseinfluss.

| **Teilperiode 1** | → | **Teilperiode 2** |
|---|---|---|
| Mediendominanz | → | Gattungsdominanz |
| Das optimale Modell ist:<br>– Modell 1.a mit höherer Varianzaufklärung durch M als durch G, oder:<br>– Modell 1.b. | | Das optimale Modell ist:<br>– Modell 1.a mit höherer Varianzaufklärung durch G als durch M, oder:<br>– Modell 1.c, oder:<br>– Modell 2.a mit einer Interaktion G · M. |

Die realen Daten zeigen für die Paarung *N* vs. *E*, dass überhaupt erst ab 1850 eine Auswirkung von Genre oder Medium auf den Textumfang sichtbar wird.[61] Die Modelle 1b

61 Die Daten wurden aus dem Skript mit der Namensstruktur »regress_[Merkmal]_for_subperiods_-model3.py« gewonnen, die in den Skript-Unververzeichnissen zu Kapitel 6 (hier »6-1_text_length«) zu finden sind.

**Tabelle 30:** Reale Daten für das Modell 3 zum Vergleich *N* vs. *E* und das Merkmal der Textlänge: Bestimmung der Modellgüte (*adj.* $R^2$ und $\Delta$) zur Temporalisierung des Medien- und Gattungseinflusses.

| ***N* vs. *E* (nach $S_{ED}$)** | **1810–1830** | **1830–1850** | **1850–1870** | **1870–1890** |
|---|---|---|---|---|
| Modell 1.a (G,M) ohne Interaktion | 0,04 | 0,03 | 0,03 | 0,18 |
| Delta G | 0,90 | 0,07 | 0,12 | 0,48 |
| Delta M | 0,10 | 0,93 | 0,88 | 0,52 |
| Modell 1.b (M) | −0,01 | 0,07 | 0,05 | 0,12 |
| Modell 1.c (G) | 0,06 | −0,02 | −0,03 | 0,06 |
| Modell 2a (G · M) | 0,06 | 0,04 | 0,44 | 0,75 |

und 1c und damit die Ausgangshypothesen $H_A$ und $H_B$, die von einem einseitigen Einfluss entweder des Genres oder des Mediums auf die Ausprägung des Umfangs ausgehen, tragen für das gesamte 19. Jahrhundert nicht zu einem besseren Verständnis davon bei, wie sich der literarische Markt gewandelt hat. Eine deutliche Verbesserung lässt sich für die letzten Jahrzehnte (nach 1870) immerhin für das Modell 1.a beobachten, das von einem etwa gleichmäßigen Einfluss von Gattung ($\Delta_G$ = 0,48 und Medium ($\Delta_M$ = 0,52) ausgeht. Dieses Modell wird jedoch von einem Modell mit Variableninteraktion übertroffen. Die Hypothesen, die das Modell 3 stützen würden, lassen sich unter dieser Makroperspektive zunächst nicht bestätigen. Stattdessen scheint der Umfang in erster Linie ein spät im 19. Jahrhundert eintretender Effekt medienabhängiger Gattungen zu sein.

Dieses Ergebnis lässt sich vorläufig wie folgt interpretieren: Die hier berücksichtigten Medienformate des Taschenbuchs, des Familienblatts, der Rundschau und der Anthologie regeln die Länge; sie tun dies aber nicht unabhängig von den Gattungsbegriffen, sondern in der Weise, dass die einzelnen Medienformate unterschiedliche Auffassungen davon ausbilden, wie lang Novellen, und wie lang Erzählungen sein sollen. Und zwar unterschiedlich für die Genres innerhalb der Medienformate sowie unterschiedlich zwischen den Medienformaten. Hier ist jedoch eine nuancierte Interpretation erforderlich, die multiperspektivisch für mehrere komplexe Merkmale nach den Tendenzen innerhalb der einzelnen Publikationsorgane sowie der für die Kanonisierungsprozesse zentralen literarischen Teilfelder fragt.

# 6 Strukturelle und komplexe Merkmale

Zu den Maximen dieses Buchs gehört, die historischen Novellenpoetiken nicht in naiver Weise als adäquate Beschreibungen von Textsorten zu missverstehen, sondern vielmehr ihre wertenden, literaturpolitischen und positionierungsstrategischen Intentionen und Funktionen richtig zu erkennen. Nichtsdestotrotz enthalten poetologische Aussagen zur Gattung auch deskriptive Anteile. Daran ändert selbst die Kritik von Lukas erst einmal nichts, der pauschal von der Nicht-Operationalisierbarkeit sämtlicher Novellenmerkmale spricht.[1] Zwar dürfte Lukas mit den von Pabst, Polheim und Meyer vorbereiteten Annahmen richtig liegen, dass sich keines der bekannten Merkmale als universelles Gattungsmerkmal etablieren konnte, und dass sich einige der poetologischen Äußerungen nicht in ein textanalytisches Instrumentarium werden übersetzen lassen. Dennoch können einzelne Merkmale mehr oder weniger gut dazu dienen, Teilgruppen von Texten zu identifizieren, die in der literarischen Kultur des 19. Jahrhunderts als Gruppen wahrgenommen wurden. Die alte, auch Lukas' Skepsis zugrunde liegende Frage, ob die bekannten Novellenmerkmale wirklich der Bestimmung der Gattung dienen können, ist eine makroanalytische und quantitative Frage; und zwar unabhängig davon, ob man sie mit computergestützten oder hermeneutischen Mitteln zu beantworten sucht; denn es ist eine Frage, die auf die Breite das Prosamarkts zielt. Die Operationalisierung komplexer Merkmale für die quantitative und korpusbasierte Analyse ist also ein wesentlicher Bestandteil von Gattungsgeschichte, die in recht traditioneller Weise danach fragt, durch welche Merkmale eine Gattung zu bestimmen sei.

Hier kommt der für dieses Buch zentrale Gedanke ins Spiel, dass poetologische und philologische Gattungsdefinitionen nicht als entweder korrekte oder falsche Beschreibungen betrachtet werden sollten, sondern ihrerseits als Modelle begriffen werden können, die nach den Regeln ihrer jeweiligen historischen Diskurse versucht haben, die Wahrnehmung literarischer Welten zu verarbeiten. Quantitative Analysen sind auch nur Modelle, die sich neben die älteren Modelle stellen, ohne dass sie die historischen Poetiken exakt reproduzieren könnten.[2] Das Verhältnis zwischen diesen unterschiedlichen Modellen lässt sich aber – mal mehr und mal weniger genau – beschreiben. Solche Beschreibungen werden den Rahmen liefern, in dem die Triangulation zwischen hermeneutischer und quantitativer Gattungsbeschreibung gegenwärtig am fruchtbarsten erfolgen kann.

Die Entscheidung, welche komplexen und strukturellen Merkmale operationalisiert werden sollen, folgt vier Kriterien: Erstens einer Einschätzung potenzieller Relevanz für die poetologisch kodifizierte Gattungssemantik, zweitens einer Relevanz als

1 Vgl. Lukas (1998, 251) und siehe Anm. 28 in diesem Kapitel unten.

2 Diese modellierungstheoretische Interpretation einer konstruktivistischen Epistemologie verdankt sich u. a. McElreath (2020).


https://doi.org/10.1515/9783112236697-006

Kandidat für eine Faktorenkonkurrenz zwischen Medium und Gattung, drittens dem pragmatischen Kriterium der technischen Machbarkeit, und viertens der methodologischen Paradigmatizität. Die Auswahl der *Features* wird im Folgenden in den einzelnen Abschnitten begründet. In der Reihenfolge der Diskussion sind dies: (in Kapitel 6.1) das allgemeinste und letzte sozusagen überlebende Merkmal der mittleren Länge, (6.2) der Traditionsbezug zur romanischen *novela, novella* oder *nouvelle* in Form des Sujets eines romanischen Settings im Sinn des Handlungsraums, die poetologisch komplexen Merkmale (6.3) des in den Novellenpoetiken dezidiert abgelehnten, im historischen Diskurs aber bereits als Medieneffekt ›entlarvten‹ Merkmals der Spannung, (6.4) das Merkmal der Konzentration, an das sich all die einschlägigen Aggregate wie Wendepunkt, Konflikt und unerhörte Begebenheit anschließen, und (6.5) der meist kritisch beäugte Konversationscharakter der Novellen in Form der Wiedergabe von Figurenrede. Die ›klassischen‹ Merkmale der ›unerhörten Begebenheit‹, des Wendepunkts und des Konflikts werden, wie ich bereits in der Einleitung angekündigt habe, als Aspekte der Konzentration besprochen. Sie erhalten keine eigenen Teilkapitel, weil sie nicht alle der vier genannten Kriterien hinreichend erfüllen. Ich werde aber am Ende der Arbeit in Abschnitt eine Antwort auf die Frage skizzieren, in welcher Weise sich künftige Forschung zur Novellengeschichte mit verbesserten Mitteln – und das betrifft nicht nur die quantitativen Methoden, sondern die philologischen Verfahren insgesamt – den hier nicht umfassend gewürdigten Merkmalskandidaten widmen sollte.

Indem die Merkmale nach dem Kriterium gattungspoetologischer Relevanz operationalisiert werden, lassen sich die Studien aus Kapitel 4 zur Bestimmung der Textsorte der Novelle semantisch gehaltvoll fortsetzen. Unter dieser Perspektive wird die Synthese in Abschnitt 6.6 das bisherige Textmodell der *Bags of Words* um ein Textmodell komplexer *Features* ergänzen. Dieses Kapitel wird also abschließend ein komplexeres Textmodell liefern. Als die aussagekräftigsten Merkmale zur Bestimmung der Novelle als historische Textsorte werden sich das romanische Setting und der Konversationscharakter der Figurenrede erweisen. Mit Blick auf die Frage medialer Prägung wird in jedem der folgenden Teilkapitel die Faktorenanalyse aus dem zurückliegenden Kapitel 5 fortgesetzt. Neben dem bereits diskutierten Merkmal des Umfangs wird sich die Spannung als das mediengeschichtlich aussagekräftigste Merkmal erweisen. Zusammen mit der Konzentration ist die Wiedergabe von Formen der Figurenrede aber ein Merkmal, das insbesondere zum Verständnis des Kanonisierungsprozesses der Novellen beitragen wird. Hierfür werden neben den Gattungszuweisungen im Erstdruck ($S_{ED}$) die in Kapitel 3.4 erläuterten Perspektiven auf den Situationstyp der Textauswahl aus dem *Deutschen Novellenschatz* ($S_{N\text{-}Sch}$) und der Novellenkanon des 20. und 21. Jahrhunderts ($S_K$) wichtig sein.

Für die Operationalisierung vieler der poetologisch kodifizierten Merkmale stellt sich das Problem, dass bereits in den ursprünglichen Formulierungen keineswegs klar war, wie diese Merkmale als textanalytische Termini anzuwenden sind. Unterschiedliche Akteure meinten Unterschiedliches mit dem gleichen Begriffswort. Es ist daher nicht nur eine Frage der Operationalisierung selbst, wie die Analyse komplexer Merkmale in das richtige Verhältnis zu den poetologischen Modellen der Gattung zu setzen ist. Auch wenn es empirisch und aus dem oben erläuterten Modellierungsgedanken heraus nahe liegt, dass es keine ›exakten‹ Operationalisierungen geben kann, haben unterschiedliche Lösungen spezifische Stärken und Schwächen. Die hier gewählte Lösung beginnt mit einer Desambiguierung des poetologischen Sinns der Merkmale, der sich die quantitative Operationalisierung und deren Validierung an einem hermeneutischen Sinn des jeweiligen Gattungsmerkmals anschließt. Zunächst wird es dafür den Begriff der Operationalisierung zu klären und in seiner Leistungsfähigkeit in seine Schranken zu weisen gelten. Als eine wichtige Voraussetzung für Operationalisierungen kommen die Strategien rationaler Rekonstruktion sowie eine Variante des Verfahrens der Explikation in Carnaps Sinn ins Spiel.[3] Im Wesentlichen haben diese Strategien zwei Säulen: eine logische und eine pragmatische: Die Textmerkmale sollen eindeutig und formalisierbar definiert werden, und zwar in pragmatischer Hinsicht so, dass sie dann auch technisch operationalisierbar sein werden. Diese Strategie versucht erst gar nicht, eine sinnerhaltende Reproduktion historischer Poetiken zu leisten, sondern sie nutzt die Poetiken als Heuristiken zur Generierung geeigneter Analysedimensionen. Indem die Abweichung im Folgenden diskursiv beurteilt wird, werden sich die quantitativen Modellierungen von Textmerkmalen mit den poetologischen Modellierungen triangulieren lassen.

Das vorliegende Kapitel ist das längste dieses Buchs; und zwar aus zwei Gründen: Zum einen erinnert es an die Struktur eines Variationssatzes, bei dem das Verfahren der Operationalisierung, Validierung und Analyse für die fünf genannten Merkmale durchgespielt wird. Dabei werden unterschiedliche Operationalisierungsprobleme sichtbar werden, die jeweils spezifischer Lösungen bedürfen. Einige der Teilkapitel beschäftigen sich mit bestimmten methodologischen Problemen: Das zum Umfang mit dem Begriff der Operationalisierung, das zum romanischen Setting mit dem Prozess der Validierung und das zur Spannung mit dem Problem der Messung psychologischer Phänomene. Es wird also um methodologische Tiefenbohrungen im Kontext des *Feature Engineering* gehen. Diese werden einigen Raum einnehmen.

Zum anderen sind die Rekonstruktionen der komplexen Merkmale der geeignete Ort für literatur-, poetik- und politikgeschichtliche Tiefenbohrungen, mit denen sich textuelle Makroanalyse, Einzellektüre und begriffsgeschichtliche Rekonstruktion zu einem komplexen Bild von Gattungsgeschichte in Ausschnitten verknüpfen lassen. Für das Merkmal der Konzentration beispielsweise, das sich als textanalytisch vergleichsweise wenig ergiebig erweisen wird, wird es insbesondere seine ideologische Verstrickung als politisches Instrument in der Geschichte der Germanistik kritisch zu rekonstruieren gelten. Das Merkmal der Spannung hat man bislang übersehen, ob-

3 Vgl. zum Verständnis der rationalen Rekonstruktion Bühler (2002), Spoerhase (2007, 312), Stegmüller (1970, 4), Carnap (1950).

wohl es in ästhetisch interessanter Weise ein normativ-negatives Gattungsmerkmal ist. Heyse fordert, dass Novellen nicht spannend sein sollten; zumindest nicht primär und nicht in der Form der emotional aufregenden Angstspannung. Solche negativen Gattungsmerkmale sind für das Verständnis historischer Genreerwartungen genauso wichtig wie die positiv geforderten. Diese beiden Gründe zusammengenommen sollte nicht nur deutlich werden, warum dieses Kapitel nicht nur einigen Platz beanspruchen wird, sondern auch, dass es eine selektive Lektüre seiner Teilkapitel erlaubt. Ein multidimensionaler Blick auf die Gattung der Novelle und die Mediengeschichte der Erzählprosa ergibt sich jedoch erst, wenn man die quantitativen und philologischen Perspektiven aus den Richtungen der unterschiedlichen komplexen Merkmale zusammennimmt. Daher gehören die folgenden Teilkapitel sowohl systematisch als auch historisch zusammen.

## 6.1 Umfang

Die Novellenforschung der Gegenwart stützt sich, wenn es um Fragen der Gattungsdefinition geht, gerne auf ein Zitat: nämlich darauf, dass Emil Staiger 1946 in einem Seminar gesagt haben soll, die Novelle sei »ein Erzähltext mittlerer Länge«.[4] Polheim hat in der Länge das letzte relevante und aussagekräftige Gattungsmerkmal gesehen und vorgeschlagen, den Gattungsbegriff der Novelle ganz aufzugeben und stattdessen Novellen, Erzählungen und sonstige, im Umfang zwischen Kurzgeschichte und Roman liegende Prosa zur Textsorte der Erzählung zusammenzufassen.[5] Dies ist die Gruppe von Texten, die in dieser Arbeit – zur besseren Unterscheidung von den historischen Gattungsbezeichnungen – zur Textsorte der mittellangen Erzählprosa (*MLP*) zusammengefasst werden.[6] In den 1980er Jahren hat Meyer dann erstmals die Medienabhängigkeit der Länge ins Spiel gebracht, wenn er in der Textlänge nicht einen Effekt von Gattungs-, sondern von Medienregeln vermutet.[7] Textlänge ist also das Merkmal, in dem sich poetologische Gattungsreflexion, der im zurückliegenden Kapitel formalisierte mediengeschichtliche Zugang, sowie systematische Fragen der Gattungsdefinition überkreuzen. Zudem gehört es zu den Merkmalen, mit denen eine quantitativ untersuchende Literaturgeschichtsschreibung gut zurechtkommt; besser sogar als die hermeneutische Rede von der mittleren Länge als eines kategorialen, d. h. binär ent-

4 Arx (1953, 8).
5 Vgl. Polheim (1981, 16).
6 Wie irreführend die scheinbar unproblematische Bezugnahme auf verfügbare historische Gattungsbegriffe sein kann, sieht man bei Lukas (1998), der die in Journalen publizierte mittellange Erzählprosa – das ist der ihn interessierende Gegenstandsbereich – als Novellen bezeichnet.
7 Vgl. Meyer (1998, 242).

weder erfüllten oder nicht erfüllten, Merkmals.[8] Entsprechend hat Meyer Staigers generische Rede von der mittleren Länge mit einiger Polemik als »pädagogische Glanzleistung«[9] gewürdigt, die scheinbare Genauigkeit – bei größtmöglicher Vagheit – vortäuscht.

Länge ist nicht nur das für einige Novellenforscher letzte überlebende Merkmal einer erweiterten Textsorte der Erzählung, und auch nicht nur einfach ein ungelöstes Problem für die Bestimmung von Gattungs- und Medieneffekten, sondern philologisch insgesamt unterschätzt. Nach längerer Pause seit Friedrich Sengles 1957 erschienen Aufsatz über den »Umfang als ein Problem der Dichtungswissenschaft« hat die germanistische Literaturwissenschaft erst in den letzten Jahren wieder ein Interesse am Problem der Länge gefunden. Während für Sengle das Problem noch darin bestand, wie das nur quantitative Merkmal der Länge auf die qualitativen Dimensionen von Form und Gehalt durchschlägt, indem er den Umfang als quantitative Bedingung für die qualitative Aufnahme von »Welthaftigkeit«[10] begreift, hat die jüngste Forschung häufig eine praxeologische und an Materialität bzw. Medialität orientierte Perspektive eingenommen.[11] Das philologische Interesse am Umfang war indes immer überschaubar. Wenn man sich dem Umfang gewidmet hat, dann lieber den Formen mit kurzer oder Überlänge, also eher den Extremen als dem Mittleren. Das gilt auch konkret für die Novellenforschung: Weder in den Poetiken noch in den philologischen Arbeiten zur Novelle wurde die Textlänge – im Gegensatz zu anderen einschlägigen sogenannten Novellenmerkmalen – einer dezidierten Theoretisierung je für würdig befunden.[12]

Eine präzise gattungsgeschichtliche Analyse wird im Folgenden, ausgehend von einer Rekapitulation der allgemeinen Faktorenanalyse aus Kapitel 5 mit feinerer Auflösung in die mediengeschichtlichen Besonderheiten blicken (6.1.1). Dem schließt sich

---

**8** Die umfangreichste Gattungsanalyse aus dem Bereich der *CLS* hat hinsichtlich des Merkmals der Länge für Erzählprosa und den Roman des 18. Jahrhunderts Paige (2021, 91–108) vorgelegt, allerdings nicht für deutschsprachige Literatur und mit einem an diesem Punkt etwas schlichteren statistischen Ansatz. Dass der Umfang ein primär quantitatives Textmerkmal ist, haben schon die Novellenpoetiken des 19. Jahrhunderts implizit anerkannt, wenn sie über die – ihrer Einschätzung nach – rein äußerliche Differenz im Umfang zwischen Novelle und Roman außerdem eine qualitative und wesensmäßige Differenz zu finden versuchten. Dennoch oder gerade deshalb hat man im Laufe des 19. Jahrhunderts immer stärker eine qualitative Gattungsdifferenz zwischen Roman und Novelle gesucht, der eine höhere Dignität und Eigentlichkeit zugebilligt werden sollte als dem schon immer oberflächlich beobachtbaren Unterschied im Umfang, und als deren Effekt dann die bloß äußerliche Gattungsdifferenz im Umfang begriffen werden sollte. Siehe Kapitel 4.2.2 und Anm. 97 in Kapitel 4.

**9** Meyer (1987, 21).

**10** Vgl. Sengle (1957, 60).

**11** Vgl. Spoerhase (2018, 625–634), Efimova/Dehrmann (2020).

**12** Lediglich bei Aust (2012, 11–12) findet sich eine kurze Besprechung des Merkmals. Polheim (1981, 12) folgt Staiger und hält die mittlere Länge als einziges Gattungsmerkmal fest, das aber zugleich das Merkmal der Erzählung sei. Er empfiehlt deshalb, die Gattungsbezeichnung ›Novelle‹ aufzugeben (ebd., 16).

unter der oben versprochenen Perspektive methodologischer Paradigmatizität eine Diskussion der Frage an, wie sich ein systematischer Gattungsbegriff der mittellangen Erzählprosa über das Merkmal des Umfangs definieren lässt (6.1.2). Dies ist im Wesentlichen der Beitrag, den dieses Buch zur Frage der systematischen Gattungsbestimmung in natürlicher, d. h. nicht-perspektivischer Einstellung (siehe Abschnitt 3.4) leisten möchte. Am Beispiel des Merkmals der Textlänge wird das Kapitel abschließend den Begriff der Operationalisierung, so wie er in den Digital Humanities insbesondere von Franco Moretti geprägt wurde, insgesamt einer kritischen Würdigung unterziehen (6.1.3). In den nachfolgenden Kapiteln wird die Operationalisierung jeweils am Anfang stehen müssen, weil dort die Diskrepanz zwischen der Rechenoperation und dem, was operationalisiert werden soll, deutlich größer ist.

### 6.1.1 Länge als Medieneffekt

Da es das am einfachsten zu operationalisierende Merkmal ist, wurde der Umfang im vorangehenden Kapitel (5) für die Entwicklung der Modelle zur Analyse medialer Gattungsprägung genutzt. Das dort in Tabelle 30 zusammengefasste Ergebnis lässt sich als Verlaufskurve in Abbildung 38 ablesen. Verglichen wurden im zeitlichen Verlauf drei Modelle bzw. fünf Modellvarianten: Modell 1.a nimmt an, dass Gattung und Medienformat den Textumfang unabhängig voneinander in unterschiedlichem Maß beeinflussen. Modell 1.b nimmt einen ausschließlichen Medieneinfluss an und drückt somit die Ausgangshypothese $H_B$ dieser Arbeit aus, während das Modell 1.c einen ausschließlichen Gattungseinfluss behauptet. Modell 2 dagegen geht von einer Interaktion der Variablen Gattung und Medium aus. Modell 3 schließlich fasst die vorangehenden Modelle 1 und 2 temporalisierend zusammen und geht davon aus, dass im zeitlichen Verlauf ein Medienfluss aus einer Mischung aus ästhetischen und literaturpolitischen Gründen derart in die Gattungsbegriffe integriert wird, dass der Medieneinfluss zu einem Gattungseinfluss ›umfunktioniert‹ wird. Die Abbildung zeigt, dass sich die einfachen Ausgangshypothesen $H_A$ (einer primären Textsortenprägung durch Gattungssemantiken) und $H_B$ (der Textprägung durch mediale Bedingungen) nicht halten lassen. Stattdessen sieht es mit dem Modell 2 so aus, als würden sich Gattung und Medium überhaupt erst ab etwa 1850 erkennbar auf die Prägung des Textumfangs auswirken, allerdings relativ zueinander und derart, dass die Medienformate der zweiten Hälfte des 19. Jahrhunderts jeweils ihre eigenen Vorstellungen davon ausprägen, welchen Umfang eine Novelle und welchen Umfang eine Erzählung haben sollte. Eine deutliche Ablösung der Medienregulierung durch eine Gattungssemantik (Modell 3) ist indes nicht zu beobachten. Das vorliegende Teilkapitel interpretiert im ersten Abschnitt den eigentlichen mediengeschichtlichen und philologischen Gehalt des hier zusammengefassten Makrobefunds im Zuge einer deskriptiv statistischen Mikroauswertung der Längenverhältnisse innerhalb der einzelnen Medienformate und Teilperioden.

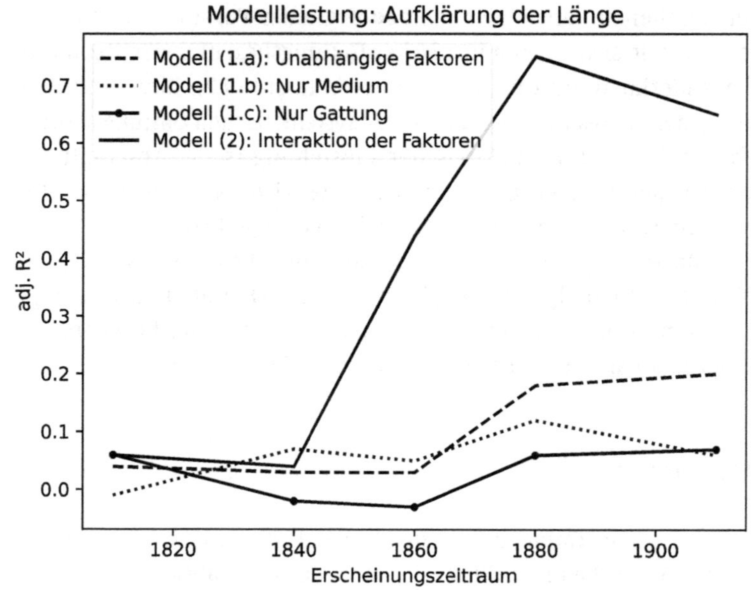


**Abbildung 38:** Der Einfluss von Gattung und Medium auf Textumfang im zeitlichen Verlauf. Siehe das Skript »plot_Faktorenanalyse_Modelle_im_zeitl_Verlauf.py«.

Abbildung 39 zeigt eine Gegenüberstellung der wesentlichen Verteilungsparameter in Form von Boxplots für den Vergleich zwischen Gattungs- und Medienformatgruppen. Vergleicht man die Textgruppen, dann sieht man auf den ersten Blick keine ausgeprägte Differenz in der durchschnittlichen Länge von Novellen, Erzählungen und sonstiger mittellanger Erzählprosa. Auf der rechten Seite der Abbildung sieht es für die Medienformate aus, als sei die Längendifferenz etwas deutlicher ausgeprägt, sowohl was die durchschnittliche Länge als auch deren Streuung betrifft.

Was indes auffällt, sind die beiden Ausreißer, die in der historischen Forschung auch als solche dokumentieren sind. Bei den beiden überlangen und als Novellen publizierten Büchern handelt es sich um Mörikes *Maler Nolten. Novelle in zwei Theilen* mit 131.839 Worttoken (mit umgerechnet ca. 530 Normseiten und im zweibändigen Erstdruck mit 640 Buchseiten) und Tiecks *Der junge Tischlermeister. Novelle in sieben Abschnitten* mit 125.525 Worttoken und etwa 500 Normseiten, die im Erstdruck auf 700 Buchseiten kamen.[13] Interessant ist das Problem der Festlegung von Grenzen, an denen ein Text beginnt, ein Ausreißer zu sein, weil es zu Grundfragen der Bildung

13 Beide Werke wurden bereits früh und bis zuletzt in der Forschung mit der Ausnahme von Schröder und Meyer als Romane aufgefasst und häufig mit dem Paratextlabel ›Roman‹ gedruckt, vgl. Meyer (1987, 18), Schröder (1970, 211–212), Kremer (2011b).

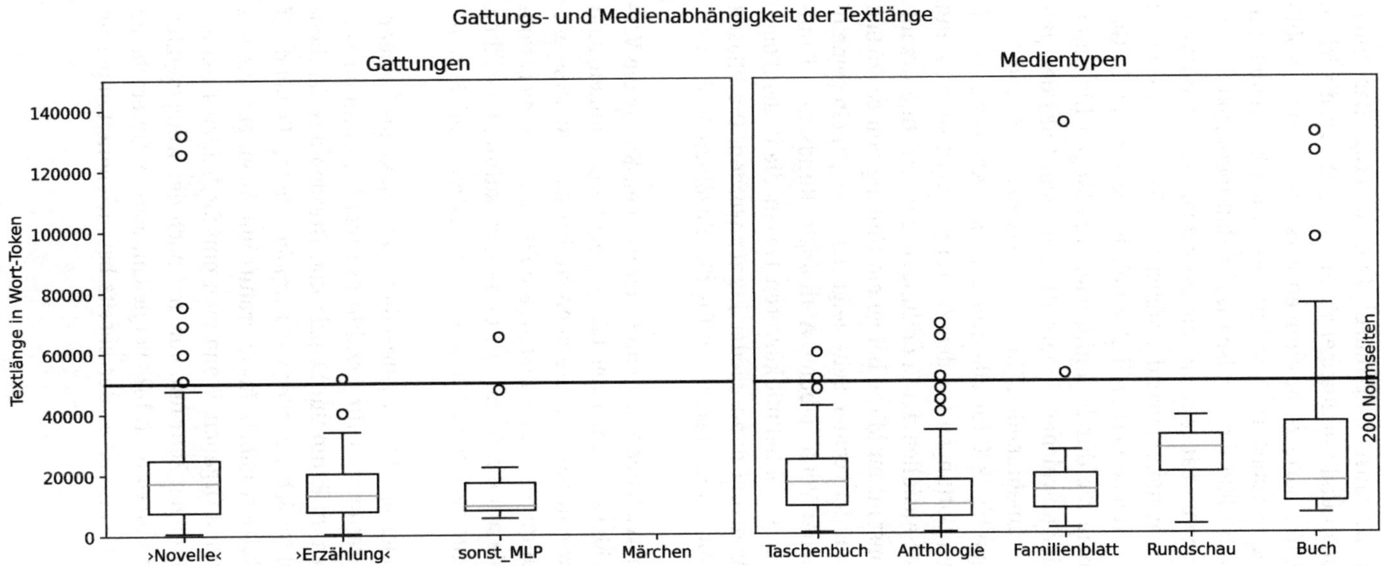


**Abbildung 39:** Boxplots: Textlänge für Gattungen und Medientypen. Die waagrechte Linie zeigt eine Länge von 50.000 Wörtern bzw. 200 Normseiten (bei 250 Wörtern pro Seite) an. Fälle mit unbekanntem Medienformat wurden ausgeschlossen. Nach Labels des Erstdrucks ($S_{ED}$) gebildete Textgruppen stehen in einfachen Anführungszeichen (›Novelle‹ und ›Erzählung‹), systematisch gebildete Gruppen ohne Anführungszeichen (sonstige mittellange Erzählprosa, Märchen sowie die Medienformate). Siehe für diese und die folgenden Visualisierungen das Skript »length_analysis.py«.

von Gattungsbegriffen in natürlicher Einstellung führt,[14] hier zur Frage der Unterscheidung der Textsorten von Roman und mittellanger Erzählprosa (*MLP*), die ich in Abschnitts 6.1.2 als systematische Textsorte zu bestimmen versuchen werde. Abbildung 39 oben hat Textgruppen wie transhistorisch stabile Textsorten betrachtet. Um mehr historische Tiefenschärfe in das Bild merkmalsbasierter Gattungsstrukturen zu bekommen, kann man die Variation von Länge nach dem zeitlichen Verlauf auflösen. Dies leistet Abbildung 40, die sichtbar macht, was das statistische Regressionsmodell aus dem zurückliegenden Kapitel bereits erwarten ließ, nämlich dass sowohl für Gattungen als auch für Medienformate die durchschnittlichen Textlängen für unterschiedliche Zeiträume voneinander abweichen. Einerseits sieht man links den gattungsübergreifenden Trend eines zunehmenden Umfangs zwischen 1790 und 1850 und eine vorübergehende Abnahme bis 1870 für alle drei Gruppen. Andererseits zeigen sich Differenzen zwischen den Gattungen für den Zeitraum zwischen 1870 und 1890, als Novellen deutlich kürzer ausfallen als Erzählungen und sonstige Erzählprosa. Ab 1870 liegen Novellen konstant im Mittel bei einem Umfang von ca. 20.000 Wörtern. Für die Medienformate auf der rechten Seite zeigt sich dagegen ein gemeinsames Muster, allerdings in zeitlicher Verschiebung: Anthologie, Rundschau, Familienblatt und Taschenbuch beginnen im Mittel mit kürzeren Texten, die in den Folgejahrzehnten durchschnittlich länger und dann wieder kürzer werden. Die Phasen sind jedoch verschoben und die Amplituden schlagen für die einzelnen Medienformate unterschiedlich stark aus.

Zwei Mechanismen, die in der Wahrnehmung einer literarischen Kultur die Verknüpfung von Gattung mit einem Merkmal (hier der Länge) regulieren können, sind den bisherigen Arbeiten ebenso wie der zurückliegenden statistischen Analyse entgangen und im Folgenden in Rechnung zu stellen. Erstens ein Effekt der Aufmerksamkeit auf einzelne Leitmedien sowie auf die Dominanz einzelner Gattung in solchen Leitmedien, und zweitens die pragmatischen Effekte der Selektion und Kanonisierung.

Die Arbeiten von Zuber, Schröder und Meyer gehen davon aus, dass das Taschenbuch das Leitmedium der Restaurationszeit für Erzählprosa war.[15] Dominant war neben dem *Taschenbuch für Damen* im Raum um Leipzig und Dresden das Taschenbuch *Urania*, in dem damals populäre Schriftsteller wie Leopold Schefer, Eichendorff und allen voran Ludwig Tieck publiziert haben. Im Literaturraum Wien gehörte das Taschenbuch *Aglaja* zu den führenden Organen. Wenn man nun die beiden Taschenbücher *Urania* und *Aglaja* für den engen Zeitraum vor und nach der weitgehenden Umstellung auf Erzählprosa in den Jahren nach 1823 vergleicht, werden Unterschiede sichtbar. Am deutlichsten fällt in Abbildung 41 der bereits beschriebene temporale

---

**14** Zur systematischen Bestimmung von Textsorten vgl. Fricke (2010a; 2010b), Hempfer (2010a), Gittel (2021) und Schröter (2019); siehe auch Abschnitt 3.4.

**15** Vgl. Zuber (1955), Schröder (1970) und Meyer (1987).

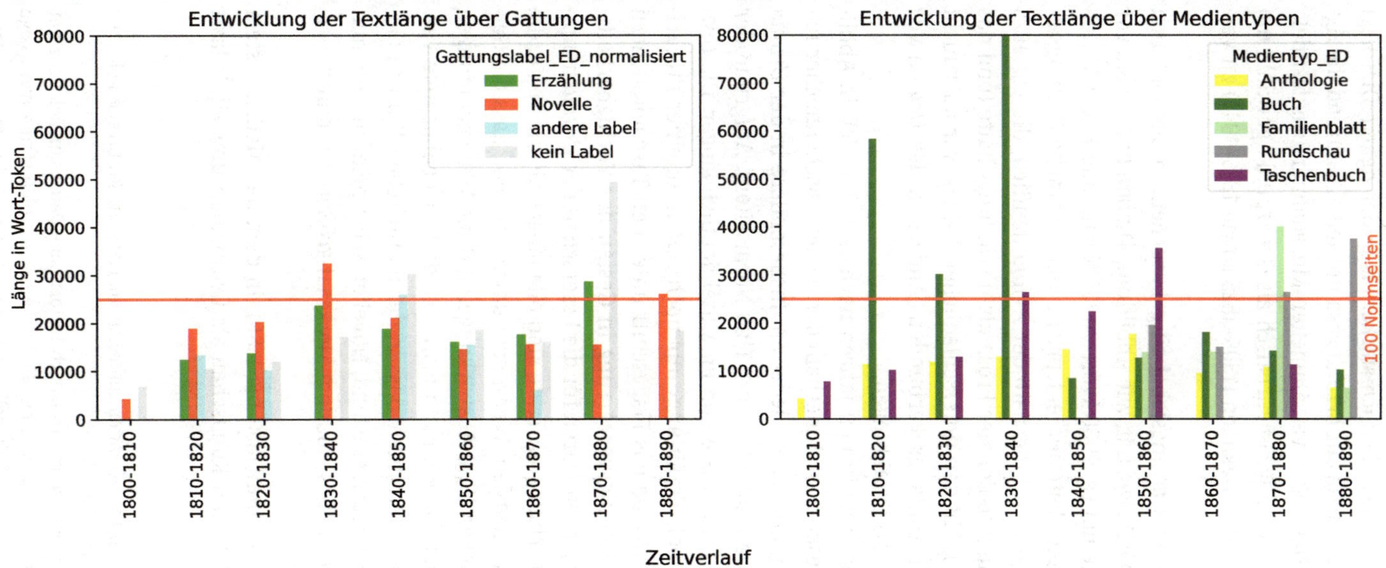


**Abbildung 40:** Zeitlicher Verlauf von Textlänge für Gattungen (links) nach $S_{ED}$ und Medienformate (rechts). In der rechten Abbildung ist die Gruppe der Romane eingeschlossen. Die Gruppe ›andere Label‹ entspricht *XE*, ›kein Label‹ bezieht sich auf die Gruppe *0E*.

Medieneffekt ins Auge, in der *Urania* noch deutlich stärker als in der *Aglaja*. Dies liegt daran, dass die *Urania* um 1830 vollständig auf Erzählprosa umstellte, während die *Aglaja* länger am Konzept eines alle Gattungen versammelten Musenalmanachs festhielt. Im nächsten Schritt wird daher das Jahr 1825 heuristisch als Grenzpunkt gewählt, um die zwei vorangehenden und folgenden Dekaden (1805–1825 sowie 1825–1845) zu vergleichen.

Interessant ist, dass die Neigung, Gattungslabel zu gebrauchen, in den Organen unterschiedlich ausgeprägt war. Die *Aglaja* hat, wie Abbildung 41 oben links zeigt, vor 1825 nur eine Novelle, deren Länge mit ca. 9000 Wörtern (35 Normseiten) dem Mittelwert für die Erzählungen für diesen Zeitraum entspricht. Der schwache Gattungseffekt für die Restaurationszeit zeigt sich innerhalb der *Aglaja* deutlich, die vor 1825 zwar eine Tendenz zur Rubrizierung fiktionaler Prosa als ›Erzählung‹ hatte (und das Label ›Novelle‹ noch nicht kannte). Mit den unterschiedlichen Labels war aber nicht die Vorstellung unterschiedlichen Umfangs verbunden. Anders in der *Urania* vor 1825, in der Novellen länger waren als Erzählungen.

Entscheidend ist nun die Änderung in den Jahren nach 1825, die sich in Abbildung 41 von links nach rechts ablesen lässt. Innerhalb der beiden Taschenbücher nähern sich die Längenvorstellungen einander wieder an. Insbesondere in der *Urania* liegen die Mittelwerte alle bei etwa 25.000 Wörtern (100 Normseiten). Aufgrund der Umstellung auf Prosa wurden die Erzähltexte nun im Mittel deutlich länger. Die *Urania* verwendete nach 1825 das Label ›Erzählung‹ nur noch selten. In einer literarischen Kultur um 1830, in der die *Urania* das Flaggschiff unter den Taschenbüchern war,[16] konnte somit eine Wahrnehmungsverzerrung in Gestalt der Verfügbarkeitsheuristik entstehen: In den 1830er Jahren waren für die Leserschaft der *Urania* hauptsächlich Novellen verfügbar. Die verfügbaren Texte sind alle länger als die Texte, die 10 oder mehr Jahre zuvor gedruckt wurden. Wenn man davon ausgeht, dass die Gattungszuordnungen in den Erstdrucken ($S_{ED}$) Auswirkungen auf die Wahrnehmungen von Gattungen bei den Zeitgenossen hatten, kann man – beide hier beobachtete Veränderungen zusammengenommen – vermuten, dass in der literarischen Kultur Leipzigs und Dresdens nach 1825 der Eindruck entstand, Novellen seien nicht nur die nun dominierende Prosagattung, sondern auch mit dem Merkmal größeren Umfangs verknüpft.[17]

Für den zweiten zentralen Zeitraum (1850 bis 1880), in dem das Mediensystem vom Taschenbuch auf Familienblatt und Rundschau als Leitmedien umstellt,[18] lässt

16 Vgl. Schröder (1970, 20–52), der mit seinem leitenden Interesse an Tieck die kulturelle Relevanz dieses Taschenbuchs jedoch möglicherweise überschätzt.

17 Um dieser Hypothese weiter nachzugehen, würde es jedoch historischer Daten zur Relevanz der einzelnen Formate bedürfen. Auflagenzahlen wären eine Möglichkeit. Prinzipiell sind zuverlässige Daten jedoch Mangelware. Zu einer Modellierung kultureller Relevanz über die Erfassung von Metadaten vgl. Schröter (2022).

18 Vgl. Mellmann/Reiling (2016).

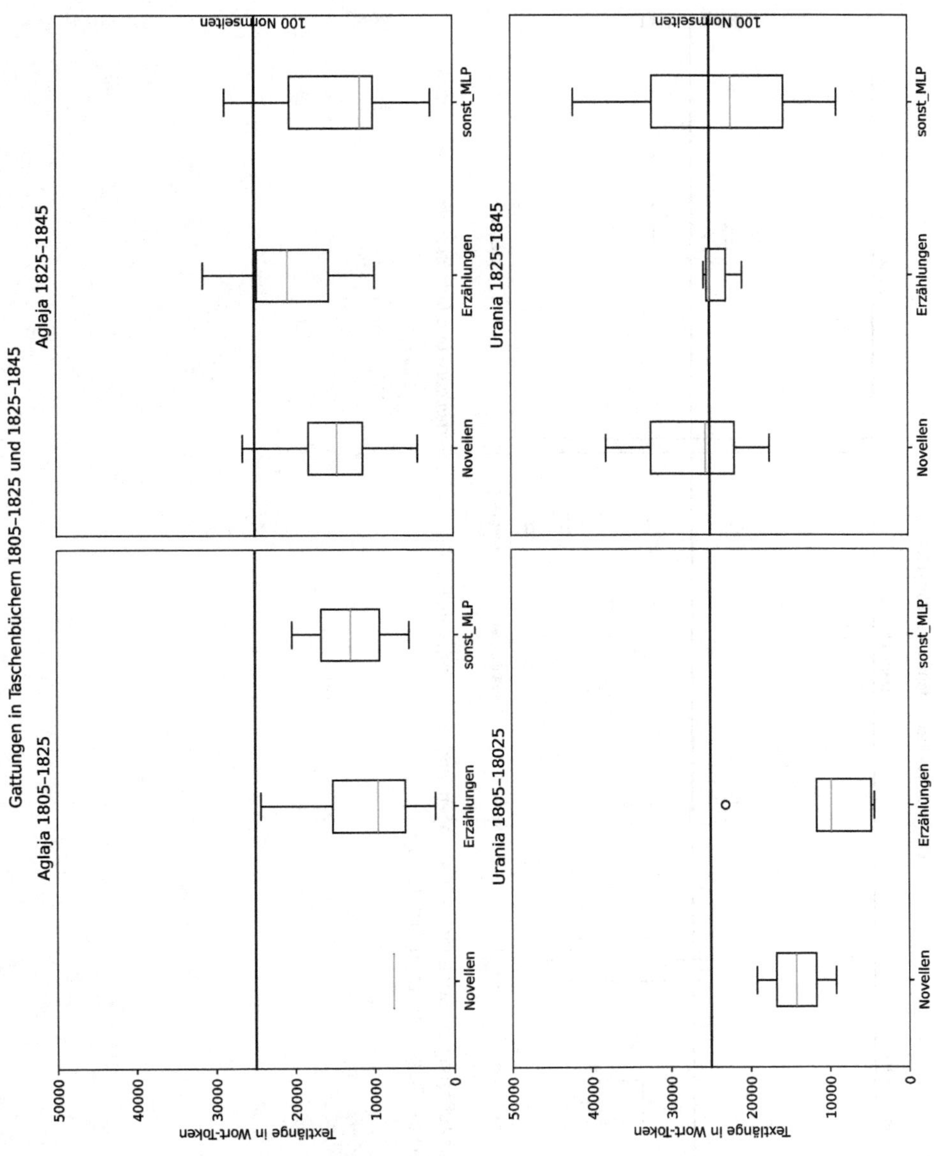


**Abbildung 41:** Boxplots der Prosagattungen in den Taschenbüchern *Aglaja* (oben) vs. *Urania* (unten) für die Zeiträume 1805–1825 (links) und 1825–1845 (rechts). Siehe für diese und die folgenden Analysen sowie Visualisierungen das Skript »length_in_Tbs.py«.

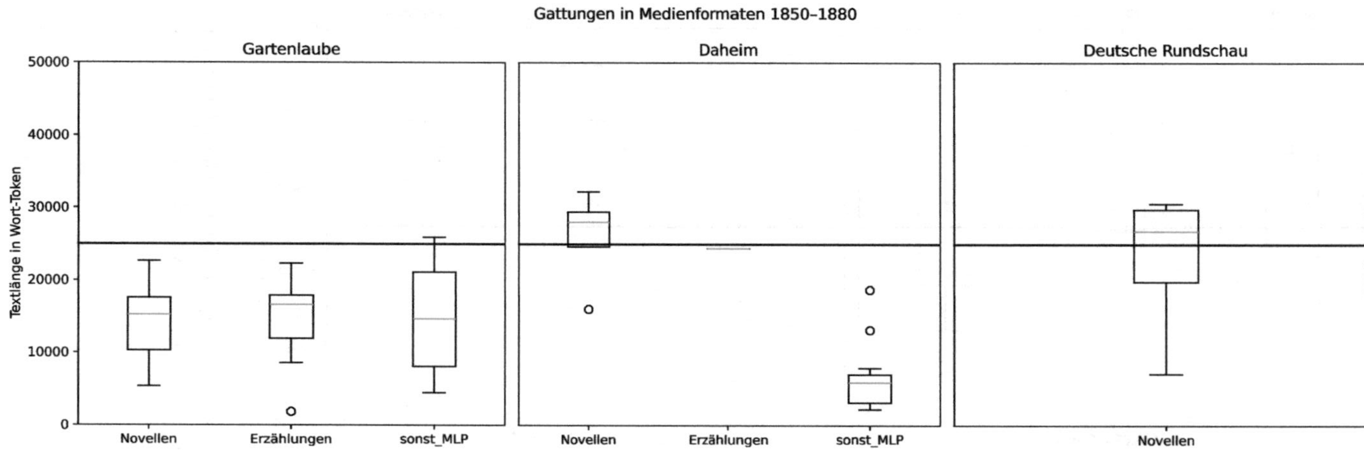


**Abbildung 42:** Boxplots zur Auflösung der Streuung der Gattungen (nach $S_{ED}$) in den Familienblättern *Die Gartenlaube* und *Daheim* sowie in der *Deutschen Rundschau* 1850–1880. Siehe das Skript »length_in_famblatt.py«.

sich die gleiche Tendenz beobachten, und zwar sowohl innerhalb der Familienblätter als auch im Vergleich zwischen dem mit Abstand wichtigsten Organ, der *Gartenlaube*, und dem mutmaßlich zweitwichtigsten Medium mit dem Titel *Daheim* – und zwar noch deutlicher als bei den Taschenbüchern der ersten Jahrhunderthälfte. Das Familienblatt *Daheim*, obwohl in der politischen Ausrichtung in der Gesamtkonzeption ein kirchen- und obrigkeitshöriges Gegenmodell zur Gartenlaube,[19] war ästhetisch stark am Vor- bzw. Gegenbild der *Gartenlaube* orientiert. Es tendierte aber entweder zu sehr langen Texten (um 100 Normseiten) oder zu sehr kurzen Texten (um 25 Normseiten) und behielt den langen Texten das Label ›Novelle‹ vor. Abbildung 42 zeigt, dass sich hier das Muster wiederholt, das oben für das Verhältnis zwischen den Taschenbüchern nach 1820 beobachtet wurde; mit dem Unterschied, dass *Daheim* die geringere Reichweite und kulturelle Relevanz hatte.

Auf den ersten Blick ähnlich verhält sich die *Deutsche Rundschau*, die – wie das Taschenbuch *Urania* und das Familienblatt *Daheim* – sowohl längere Texte als auch die Gattungsbezeichnung ›Novelle‹ bevorzugt. Diese Tendenz zeigt Abbildung 42 mit dem rechten Boxplot. Bei genauerer Kenntnis des Kontexts wird sich aber zeigen lassen, dass die Praxis der *Deutschen Rundschau* ganz andere literaturgeschichtliche Effekte hatte als die des Familienblatts *Daheim*. Kapitel 7 wird im Detail entfalten, inwiefern der Prozess der Kanonisierung von Erzählprosa mittlerer Länge wesentlich über die *Deutsche Rundschau* erfolgte. Die Position des Organs im literarischen Feld könnte eine Lizenz zu größerem Umfang im Hochliteratursegment nach sich ziehen. Diesem Gedanken gilt es im Detail nachzugehen. Die Jahre nach 1870, für die sich hier eine leichte Konsolidierung eines medienrelativen Gattungseffekts für Textlänge ergeben hat, sind nicht nur eine Zeit erhöhter poetologischer Tätigkeit, sondern auch der Kanonisierung und einer Konstruktion von Novellengeschichte durch Textsammlungen: am bekanntesten durch den von Heyse und Kurz in den Jahren 1871 bis 1874 herausgegebenen *Deutschen Novellenschatz*.[20]

Abbildung 43 zeigt, wie sich die kanonisierende Selektion des Novellenschatzes zur Textlänge verhält. Die rote Linie zeigt die mittlere Länge der im Erstdruck als Novellen publizierten Texte, die orangefarbene Linie die mittlere Länge der Texte aus dem *Deutschen Novellenschatz* ($S_{N\text{-}Sch}$). Einige Texte gehörten beiden Gruppen an. Hier zeigt sich eine Tendenz zur Mitte in einer Spannbreite zwischen 15.000 und 20.000 Wörtern (60 bis 80 Normseiten). Die von Heyse und Kurz vorgenommene Textauswahl folgt der Tendenz der jeweiligen historischen Periode. Insgesamt übt der Novellenschatz durch Normalisierung, d. h. durch seine Tendenz zur Mitte, eine normie-

19 Vgl. Barth (1974), Graf/Pellatz (2003).

20 Novellenschätze und ähnliche Sammlungen gab es bereits vorher, etwa den von Pustkuchen (dem Autor der ›falschen Wanderjahre‹) herausgegebenen *Novellenschatz des deutschen Volkes* (1822–1824) sowie dessen Erweiterung als *Neuer Novellenschatz des deutschen Volkes* in den Folgejahren und die Sammlung *Pantheon* (1829–1831); vgl. dazu auch Schröder (1970). Zur Kanonisierungsabsicht und zum kanonisierenden Effekt siehe Anm. 71 bis 74 in Kapitel 3.

rende Wirkung hin zu kürzeren Texten. In den Jahren nach 1870 tendieren die als Novellen gedruckten Texte zu kürzerem Umfang, während die übrige Erzählprosa einschließlich der als Erzählungen gedruckten Texte zu größerem Umfang tendiert. Die Novellen tendieren zu einem Umfang, der die Selektionsstrategie des ›Novellenschatzes‹ aus der ersten Jahrhunderthälfte wiederholt. Man sollte diese Normierung durch Normalisierung als impliziten Prozess betrachten, denn von einer ausdrücklichen Regelung der Länge ist in den ausführlichen poetologischen Äußerungen Heyses ebenso wenig die Rede wie in den übrigen Poetiken des Realismus. Die Regulierung ist hier also pragmatischer Art.

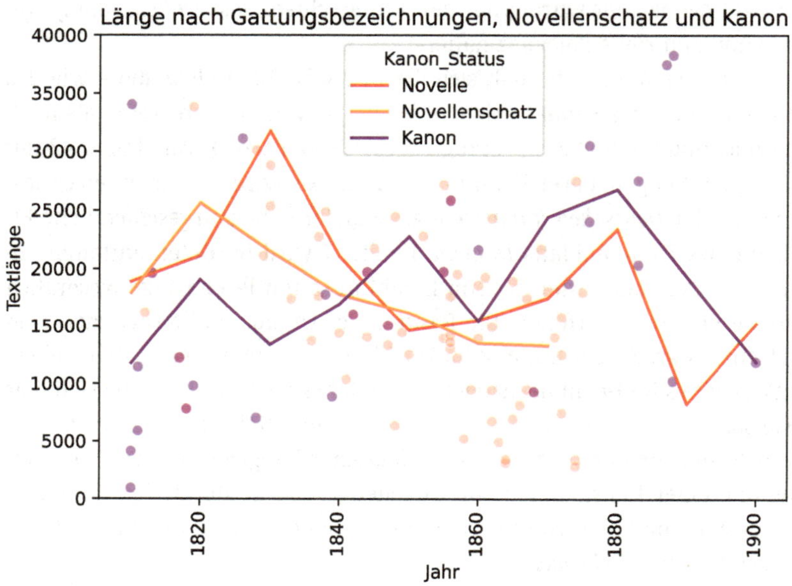


**Abbildung 43:** Kanonisierende Selektionen im zeitlichen Verlauf: Das Liniendiagramm zeigt die mittlere Länge der Texte, die in $S_{ED}$ als Novellen (N) publiziert wurden, Texte aus dem *Deutschen Novellenschatz* $S_{N\text{-}Sch}$ (1871–1874) und heutiger Novellenkanon $S_K$. Das Punktdiagramm zeigt lediglich die Einzeldaten für die Texte aus Novellenschatz und heutigem Kanon, wobei die drei gezeigten Gruppen überschneidende Elemente aufweisen. Siehe das Skript »length_analysis_canon-NovSch.py«.

Widmet man sich den heute kanonischen Texten, dann lohnt es sich, noch einmal auf die *Deutsche Rundschau* zu blicken, die in den 1870er Jahren bereits – verglichen mit dem zeitgenössischen Durchschnitt – längere Texte bevorzugt. Diese Bevorzugung schlägt sich sich im Kanon ($S_K$) nieder, der einen erheblichen Spielraum nach oben zulässt. Das führt dazu, dass im heutigen Kanon mit Blick auf die erste Hälfte des 19. Jahrhunderts unterdurchschnittlich, mit Blick auf die zweite Jahrhunderthälfte dagegen überdurchschnittlich lange Texte enthalten sind.

Es lässt sich zusammenfassen, dass sich in der ersten Hälfte des 19. Jahrhunderts im Leitmedium des Taschenbuchs zwei zentrale und zwei periphere Dinge ereignet haben. Erstens wurde das Label ›Novelle‹ nach 1820 dominant. Zweitens wurden im Zuge der Umstellung auf Prosa die Erzähltexte im Leitmedium des Taschenbuchs deutlich länger. Textlänge und die Zuweisung von Gattungsbezeichnungen dürften in keinem direkten semantischen Verhältnis zueinander stehen. Zu den peripheren Tendenzen gehört, drittens, dass durch Ungleichgewichte in der Häufung bzw. Verknappung einzelner Labels der Eindruck in der historischen Erwartung entstanden sein könnte, dass eine größere Länge mit der Gattung der Novelle korreliert, und, viertens, dass die erste Jahrhunderthälfte insbesondere in der Gruppe der als Novellen publizierten Texte extreme Ausreißer (wie Mörikes *Maler Nolten* und Tiecks *Der junge Tischlermeister*) nach oben erlaubte, wenn sie in Buchform publiziert wurden. Die erste Jahrhunderthälfte neigte also nicht nur zu langer Erzählprosa und zunehmend zum Gattungsnamen ›Novelle‹, sondern auch dazu, den Novellen eine extreme Flexibilität in der Länge einzuräumen.

Nach 1850 und nachdem die Taschenbücher von den Formaten der Rundschau sowie des Familienblatts verdrängt waren, entwickelten sich innerhalb der Medien jeweils medienabhängige Gattungsregeln für die Textlänge. In der Hochphase des Realismus haben diese medienabhängigen Gattungszuweisungen einen gegenüber der Restaurationszeit bemerkenswert hohen Wert zur Erklärung von Textlänge. Medienabhängige Gattungen determinieren Textlänge in beträchtlichem Ausmaß. Ob es sich um rubrizierende Zuweisungen nach Vorliegen der Texte handelt oder um den Ausdruck einer intentionalen Kompositionsstrategie der Autoren, lässt sich hier nicht entscheiden, weil diese Unterscheidung hier nicht modelliert wurde. Mit Sicherheit lässt sich indes feststellen, dass sich um 1870 hinsichtlich einzelner Merkmale in medialen Kontexten eine in der Pragmatik der Gattungszuweisung manifestierte Novellensemantik etabliert hat. Abbildung 43 hat auch gezeigt, dass diese Längenvorstellung nach 1870 im Mainstream der faktischen Novellenproduktion stabil blieb. Ausreißer nach oben gibt es im Bereich der als Novellen publizierten Texte kaum mehr; eher und vereinzelt unter den ohne Label publizierten Texten in den Familienblättern. Der Praxisbegriff der Novelle der zweiten Jahrhunderthälfte operiert mit einer ›Obergrenze‹, die in der ersten Jahrhunderthälfte entweder noch nicht etabliert oder nicht wirksam war.[21] Die zweite Jahrhunderthälfte reguliert aber nicht nur die

21 In diesem Punkt wird Meyer (1987, 24) ein Opfer seiner ausgesprochen kritischen Grundhaltung, wenn er Einzelbefunde für Novellen mit Überlänge auch nach 1850 benennt und als Beleg dafür anführt, dass jegliche Gattungsbegriffsbestimmung über das Merkmal des Umfangs wertlos sei. Bei den von ihm genannten Belegen dürfte es sich, so das Ergebnis der korpusbasierten Analysen hier, um Ausreißer handeln, die zwar nach wie vor möglich sind, aber viel seltener und daher nicht mehr in der Weise vom Gebrauch des Gattungsbegriffs abgedeckt sind wie in der Zeit vor 1850.

Länge der Novellen insgesamt nach unten, sondern sie lässt auch keine so deutlichen Ausreißer in dieser Gattungsgruppe mehr zu wie die erste Jahrhunderthälfte. Es ist also eine Zeit medialer Normierung der Gattungsbegriffe.

Dies sind Hinweise darauf, dass die Beobachtungen zur Länge nicht nur sozusagen ›supervenierende‹ Aspekte einer irgendwie nach Paratextlabels der Erstpublikation konstruierten Textsorte sind, sondern dass sich mit den Gattungsbezeichnungen um 1870 allmählich auch Erwartungen mit der Gattung Novelle verknüpft haben. Eine derartige, mit dem Gattungsbegriff verschnürte und in einer literarischen Kultur etablierte Erwartung ist nicht nur das, was man als Genre im Sinn der Generalisierung über Erwartungen bezeichnen kann.[22]

Der so beschriebene Erwartungshaushalt betrifft das Hauptfeld oder den Mainstream der 1870er Jahre. Dagegen setzt die *Deutsche Rundschau* jenseits des Mainstreams mit dem Label ›Novelle‹ auf etwas längere Prosa (um 100 Normseiten); und zwar mit Erfolg; denn es handelt sich um die Texte, die sich im Novellenkanon des 20. und 21. Jahrhunderts festsetzen. Heyses ›Novellenschatz‹ bewährt sich als »wirksames Instrument der Kanonisierung« daher lediglich für die erste Jahrhunderthälfte. Für seine Selektionen aus der zweiten Jahrhunderthälfte, d. h. für seine eigene Gegenwart, wird er noch vor der nächsten Jahrhundertwende ebenso dekanonisiert sein wie Heyses eigene Literaturproduktion. Die interessanteste Frage ist, warum im Prozess der Kanonisierung aus der ersten Jahrhunderthälfte eher kürzere Texte selektiert wurden, aus der zweiten Jahrhunderthälfte indes eher längere – obwohl die generelle Tendenz der Prosaproduktion und der Regulierung des Novellenbegriffs umgekehrt verläuft. Für einen Erklärungsversuch werde ich im Teilkapitel 6.4 zur Konzentration einen Gedanken weiter entwickeln, der sich aber erst in künftiger Forschung auch empirisch erhärten lassen wird. Die nach 1850 wirksam werdende Kompositionsstrategie der Konzentration, wie sie in vielen Novellenpoetiken nach Theodor Mundt formuliert und unten rekonstruiert wird, führt möglicherweise zur Entwicklung von Schreibverfahren, die größeren Textumfang verarbeitbar machen. Die *Deutsche Rundschau* als Organ mit relativ hoher Autorenfreiheit könnte der Ort sein, an dem die Kombination von größerem Umfang mit novellenpoetologischer Kohäsionsmaximierung möglich wurde.

### 6.1.2 Mittlere Länge und systematische Textsortendefinition

Länge ist nicht nur aufschlussreich in einer historisierenden Betrachtung von Genres, sondern auch zentral in der systematischen Textsortenbestimmung, und zwar zur Unterscheidung der Erzählprosa mittlerer Länge (*MLP*) vom Roman. Der vorliegende Abschnitt wechselt daher ausnahmsweise von der perspektivischen in die natürliche

22 Vgl. Gittel (2021, 48); siehe Abschnitt 2.2.3.

Einstellung, so wie sie in Abschnitt 3.4 eingeführt wurde und versucht, einen systematischen Textsortenbegriff der mittellangen Erzählprosa aus einer Kombination induktiver und deduktiver Verfahrensschritte zu destillieren. Abbildung 44 zeigt die Boxplots für die Romane, die Gruppe der ohne Label veröffentlichten Erzähltexte, der mit anderen Labels – wie ›Geschichte‹, ›Begebenheit‹, ›Dorfgeschichte‹ etc. – veröffentlichten Gattungsbezeichnungen und nochmals die nun zu einer Gruppe zusammengefassten Texte, die als Erzählung oder Novelle erstveröffentlicht wurden. Dass die Gruppe der Romane von vornherein partiell deduktiv und systematisch gebildet ist, während die übrigen Textgruppen nach den Zuordnungen der Erstdrucke für ein induktives Verfahren prädestiniert sind, ist ein Problem, auf das ich am Ende des Abschnitts noch einmal zu sprechen komme.

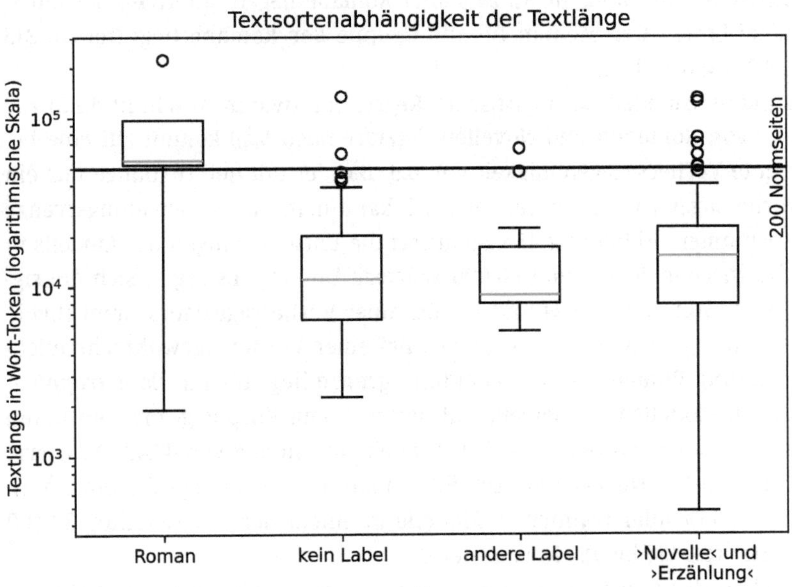


**Abbildung 44:** Boxplots mit den Längen für Romane und alle mittellange Erzählprosa. Fälle mit unbekanntem Medienformat wurden hier eingeschlossen. Textgruppen wurden systematisch gebildet. Um die große Bandbreite der im 19. Jahrhundert geläufigen Länge von Romanen graphisch abzubilden, wird die Textlänge (y-Achse) logarithmisch dargestellt. Siehe das Skript »length_analysis.py«.

In den verfügbaren Modellen der Gattungsbegriffsbildung kann man nach den erwartbaren Wertebereichen für ein Merkmal (im Sinne der Prototypensemantik) oder nach den Grenzen (im Sinn klassifikatorischer Begriffe) fragen. Die Darstellung der Boxplots liefert hierfür Anhaltspunkte: Mit dem Kasten, der die Ausdehnung der Werte für die mittleren 50% der Daten (Interquartilabstand/*IQR*) angibt, und den weiter ausgreifenden Antennengrenzen werden Grenzbereiche nach Maßgabe den in der

Statistik etablierten Konventionen gezogen.[23] Diese Grenze hat nicht *per se* psychologische Plausibilität oder philologische Geltung zur Bestimmung von Norm und Abweichung. Mit Forsters Diktum, der Roman sei ein fiktionales Prosawerk mit mehr als 50.000 Wörtern,[24] hat sich in den literarischen und mittlerweile auch in den literaturwissenschaftlichen Diskurs ein Topos der Grenzziehung zwischen Roman und Novelle etabliert.[25] Diese Zahl lässt sich, ausgehend von der Faustregel, eine Normseite umfasse 250 Wörter, in 200 Buchseiten umrechnen und damit in Reich-Ranickis ›Definition‹ des Romans als »ein erzählendes Werk mit mehr als 200 Seiten«[26]. Interessanterweise liegt für die Gruppe der als Novellen erstpublizierten Texte die Grenze, an der in der Boxplotdarstellung die mit dem Antennenende dargestellten Ausreißer beginnen, ziemlich genau bei einer Länge von 50.000 Wörtern und 200 Normseiten. Die Grenze von 50.000 Zeichen (200 Normseiten) liegt für die Romane an der unteren Grenze des Interquartilabstands (*IQR*). 25% aller Romane liegen unterhalb der ›Forster-Reich-Ranicki-Linie‹. Der Median für die Gruppe der Romane liegt bei ca. 315 Normseiten (78.559 Worttoken).

Ein Klassifikationsmodell mit logistischer Regression (wie in Abschnitt 4.2.3) zur Unterscheidung von Romanen und Novellen (letztere nach $S_{ED}$) kommt auf eine bemerkenswert gute Vorhersagegenauigkeit von 0,9. Da hier mit der Textlänge nur ein *Feature* als Vorhersagevariable verwendet wird, kann man die Entscheidungsgrenze des Modells bestimmen. Abbildung 45 visualisiert die Entscheidungen des Modells in einem Bereich zwischen 20.000 und 80.000 Wörtern Umfang. Es ergibt sich die sigmoide Kurve (siehe Abbildungen 24 und 25). Bei einer Vorhersagewahrscheinlichkeit $< 0{,}5$ wird die Gattung Novelle prognostiziert, bei einer Vorhersagewahrscheinlichkeit $\geq 0{,}5$ die Gattung Roman. Die Entscheidungsgrenze liegt für ein *Bootstrapping*-Verfahren mit 100 Modellen, die jeweils auf neu aus dem Korpus gezogenen Daten (80% aller Texte) trainiert wurden, im Mittel bei einem Umfang von 42.430 Wörtern. Dies entspricht etwa 170 Normseiten. Die Entscheidungsgrenze liegt für ein Konfidenzintervall von 95% aller trainierten Modelle in einem Bereich zwischen 39.400 und 46.000 Wörter (ca. 150 bis 185 Normseiten).

Die Eigenschaft der sogenannten mittleren Länge betrifft bekanntlich nicht nur die als Novellen erstgedruckten Texte, sondern auch die meisten Erzählungen und sonstige Erzählprosa; insbesondere die in Journalen und Taschenbüchern gedruckt wurden. Es handelt sich um die Extension, die Lukas der Einfachheit halber als Menge der Novellen deklariert.[27] Um nicht, wie Lukas, den historischen Gattungsbegriff der Novelle mit einem systematischen Textsortenbegriff zu überschreiben,

---

23 Gewählt wurde hier die Konvention, wonach die Antennen bis maximal zum 1,5fachen des Interquartilabstands (*IQR, inter quartile range*) reichen.

24 Vgl. Forster [1927] (1961, 25).

25 Auch die Romangeschichte von Detering (2013) beginnt mit dieser Grenzziehung.

26 Reich-Ranicki (2013, o.S.).

27 Vgl. Lukas (1998, 252).

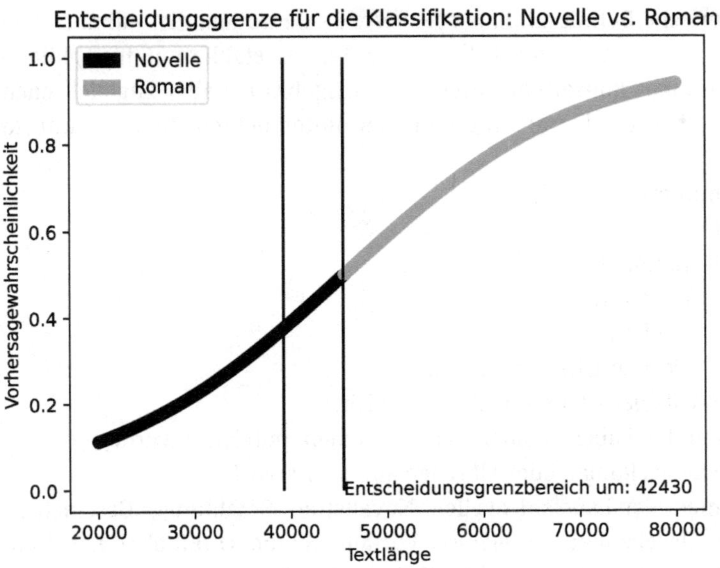


**Abbildung 45:** Entscheidungsgrenzbereich zwischen Novelle und Roman für einen Klassifikator (Logistische Regression), mit einem *Bootstrapping* von 100 Iterationen und den mittleren 95% der Entscheidungsgrenzen. Die Entscheidungsgrenze liegt in 95% der Fälle bei einem Umfang zwischen 39.000 und 46.000 Wort-Token. Siehe das Skript »run_classify_genres_on_length«.

wähle ich für diese Gruppierung den Ausdruck ›*MLP*‹ (mittellange Prosa). Zur *MLP* werden in dieser Arbeit im Sinn eines schwachen induktiven Verfahrens der Gattungsbestimmung Novellen, Erzählungen oder mit anderen Gattungsbezeichnungen publizierte Texte gezählt, die nicht als Romane oder als Märchen deklariert waren. Während die Bezeichnung suggeriert, dass es sich um eine über nur ein Merkmal – das der Länge – bestimmte Textsorte handelt, kommt hier eine Reihe unterschiedlicher Merkmale zusammen: Neben der Länge der mediale Kontext von selbstständiger (Roman) vs. unselbstständiger Publikation (*MLP*), und Unterschiede in den Schreibverfahren, die sich auf die Differenz zwischen dem Novellistischen und dem Märchenhaften bringen lassen, die von der systematischen Leitdifferenz phantastisch/realistisch ausgeht und auch auf komplexe Schreibverfahren zielt.[28] Diese Merkmale dienen nicht im strengen Sinn als notwendige und zusammen hinreichende Kriterien

28 Gerade wegen dieser starken Differenz, so scheint mir, ist das philologische Interesse an der Synthese in der Form der ›Märchennovelle‹ besonders ausgeprägt, insbesondere – wenn man das Internet durchsucht – in studentischen Hausarbeiten. 1834/35 war Tiecks Märchennovellen-Jahr: »Das alte Buch und die Reise in's Blaue hinein. Eine Märchen-Novelle«. Und »Die Vogelscheuche. Märchennovelle in fünf Aufzügen« sind die beiden mit dem entsprechenden Gattungshinweis publizierten Novellen. Storms phantastische Erzählungen liest Stockinger (2010, 48) als Märchennovellen. Überholt ist dagegen Klein (1960, 16), der sich zu einer weiteren Differenzierung aufschwingt und festlegt, bei wel-

für eine klassifikatorische Definition. Eine regulierende Definition, die – ähnlich wie die Explikation für Carnap – einen möglichst großen Teil des etablierten (hier philologischen) Sprachgebrauchs konserviert, diesen Sprachgebrauch aber zugleich nach Möglichkeit systematisiert,[29] könnte für den hier untersuchten Zeitabschnitt so lauten.

Ein Erzähltext mittlerer Länge ist:

a) NOTWENDIG ein Text,
b) der NOTWENDIG fiktional
c) UND NOTWENDIG narrativ
d) UND FAKULTATIV in Prosa verfasst
e) UND FAKULTATIV kürzer ist als ein Roman
f) UND FAKULTATIV länger ist als eine Kurzgeschichte
g) UND der nicht mit den Labels ›Roman‹ oder ›Märchen‹ publiziert wurde,
h) ODER seither nicht als Roman oder Märchen aufgefasst wird,
i) UND der mit einem der Labels ›Novelle‹, ›Novellette‹, ›Erzählung‹, ›Geschichte‹, ›Sittengemälde‹, ›Begebenheit‹, ›Ereignis‹, ›Vorfall‹, ›Studie‹ ODER ohne Label publiziert wurde, wobei das Gattungslabel (*X*) Teil eines Kompositums (›Künstler-*X*‹, ›Kriminal-*X*‹, ›Dorf-*X*‹ etc.) bzw. mit einem Attribut (›historische X‹, ›nach einer wahren *X*‹, oder ›novellistische *X*‹) ausgestattet sein kann,[30]
j) UND der FAKULTATIV unselbstständig publiziert wurde, d. h. nicht alleinstehend als Buch/Monographie, sondern in Medien wie Taschenbüchern, Journalen (einschließlich Familienblättern und Rundschau-Formaten), Anthologien, u.ä.

Aus taxonomischer Sicht wäre mehr Regulierung wünschenswert. Die Kriterien (a) bis (c) sind analytisch bereits im Textsortenbegriff *MLP* enthalten. Die Disjunktion (h) läuft auf eine Tautologie hinaus: ›Eine Novelle ist, was in einer Kultur als solche gilt‹. Für eine systematische Definition ist diese Bestimmung von geringem Wert; sie ist aber nicht ohne Weiteres verzichtbar, wenn man abbilden will, warum ein Text wie Hillerns ohne Gattungsbezeichnung erschienener Prosatext *Aus eigener Kraft* eher dem Roman zugeordnet wird. Daraus folgt, dass auch in die systematische Definition der Textsorte *MLP* zumindest indirekt ein historischer Index eingebaut ist. Anwendbar ist diese Definition vermutlich nur für Texte seit dem 18. Jahrhundert. Zugleich passt die Starrheit notwendiger und fakultativer Bedingungen, wie Fricke sie im klassifikatorischen Begriffsmodell vorsieht, schlecht zu den beobachtbaren Wahrscheinlichkeitsverteilungen. Einen befriedigenden Kompromiss zwischen begriffli-

---

chen Texten es sich »wahrhaft« um Novellenmärchen (Hoffmanns »Der Goldener Topf«) und bei welchen es sich um Märchennovellen (Chamissos ›Schlemihl‹) handelt.

29 Zur Terminologie unterschiedlicher Definitionsarten vgl. Pawłowski (1980) und Carnap (1950). Die folgende Definition folgt strukturell den Modellen zur Gattungsdefinition von Fricke (2010, 8–10).

30 Für eine Übersicht alternativer und zeitweise synonymer Gattungslabels vgl. Meyer (1987, 107).

cher Strenge und sachlicher Angemessenheit zu finden, bleibt für eine systematische Definition der Textsorte *MLP* daher vermutlich immer eine schwierige Aufgabe.

Dennoch kann, das Vorliegen der Kriterien (a) bis (d) einmal vorausgesetzt, das vage Kriterium (e) der *mittleren* Länge zur Eingrenzung der Textsorte *MLP* deskriptiv über Verteilungen und Grenzlinien festgestellt werden.[31] Abbildung 44 zeigt, dass die Gruppen der Erzählprosa ohne Label, der Prosa mit sonstigen Gattungslabels und die als Novellen oder als Erzählungen erstgedruckten Texte mit einem doppelten Interquartilabstand (das ist im Boxplot der Kasten einschließlich der Antennen) unterhalb von 50.000 Wörtern etwa den gleichen Spielraum für den Umfang haben, und dass der Median für alle drei Gruppen zwischen 10.000 und 20.000 Wörtern liegt, wobei die mittleren 50% der Texte (das sind im Boxplot die Kästen ohne die Antennen) für alle Gruppen innerhalb derselben Bandbreite zwischen 10.000 und 20.000 Worttoken (also zwischen 40 und 80 Normseiten) liegen. Es ist daher sinnvoll, das Merkmal der mittleren Länge als Definitionsmerkmal der Textsorte *MLP* in metrischer Form und in typologischer Logik folgendermaßen einzuführen: Die Textsorte der *MLP* ist hinsichtlich des Merkmals der Länge dadurch charakterisiert, dass die Mehrzahl der Texte einen Umfang von 40 bis 80 Normseiten aufweist, und bis zu einer Länge von 200 Seiten ohne Rechtfertigungsdruck dieser Textsorte zugerechnet werden kann Ab einem Umfang von mehr als 200 Normseiten müssen besondere Gründe angeführt werden, um einen Text nicht der Textsorte Roman zuzurechnen.

Wenn man mehr auf die Differenzen blickt, fällt für die Gruppe der Texte mit anderen Labels eine deutlichere Tendenz zu geringerem Umfang auf. Abgesehen von drei Ausreißern sind alle Texte, wie das obere Antennenende grob anzeigt, kürzer als 22.700 Wörter oder 90 Normseiten. Hier besteht Bedarf für eine bessere Ausdifferenzierung des philologisch groben Ausdrucks ›mittlere Länge‹. Es wäre wünschenswert, hier in die unterschiedlichen Gattungsbezeichnungen wie ›Geschichte‹, ›Kriminalerzählung‹, ›Begebenheit‹, Dorfgeschichte‹ hineinzusehen. Allerdings haben viele der Label nur ein sehr geringes Vorkommen im Korpus (mit z. T. nur zwei bis fünf Instanzen), so dass eine statistische Analyse hier nicht möglich und sinnvoll ist. Bei den 3 Ausreißern handelt es sich um zwei Dorfgeschichten von Auerbach (»Die Geschichte des Diethelm von Buchenberg«, »Lucifer«), sowie um Tiecks *Peter Leberecht. Eine Geschichte ohne Abentheuerlichkeiten.* Wenn man die Ausreißer einmal außen vorlässt, ergibt sich der Eindruck, dass die alternativen Gattungslabels neben Novelle und Erzählung für kürzere Texte Anwendung finden, und dass der Verzicht auf eine Gattungszuschreibung bei der Erstpublikation es erlaubt, einen Text seiner Länge entsprechend als Roman oder als *MLP* zu rubrizieren. Für die Abgrenzung nach unten legen die deskriptiven statistischen Daten nahe, für die Gruppe der *MLP* einen Um-

31 ›Festgestellt‹ ist hier mit Pawłowski (1980, 20) terminologisch gemeint und bedeutet im Unterschied zur (stipulativen) festsetzenden und zur bereits eingeführten regulierenden Definition, dass der bestehende Gebrauch eingefangen und als terminologischer Gebrauch festgestellt wird.

fang von mehr als 20 Normseiten als charakteristisch für die Textsorte zu begreifen. Texte, die kürzer sind, benötigen ebenso wie Texte, die länger als 200 Normseiten sind, einen besonderen – eben meist historischen – Grund für die Gattungszuordnung.

Eine Bestimmung der Textsorte der mittellangen Erzählprosa *MLP* in natürlicher Einstellung (siehe Abschnitt 3.4) ist möglich, wenn induktive Verfahren (Gruppierung nach historischen Gattungszuordnungen und anschließende Abstraktionen) mit deduktiven Verfahren (Festlegung auf Kriterien wie Narrativität, Prosa, Fiktionalität) kombiniert werden, um verallgemeinerbare Gattungsmerkmale (hier eine Verteilung des Merkmals Umfang) empirisch zu extrahieren und anschließend in eine feststellende Definition zu überführen. Wie richtig Hempfer und Zymner mit dem oben diskutierten Einwand liegen, dass ein induktives Verfahren im radikalen und orthodoxen Sinn nicht möglich ist,[32] zeigt sich grundsätzlich daran, dass systematische Kriterien der Textgruppierung vorgenommen werden müssen. Konkret für diese Arbeit gilt dieser Einwand aber auch aufgrund der hybriden Metadatenerschließung. Die Vergleichsgattung des Romans wurde aus pragmatischen Gründen der Nachnutzung bestehender Korpora anhand des Imports von Metadaten insbesondere aus dem deutschen *ELTeC*-Korpus gebildet, deren Erschließung auf deduktiven Kriterien beruht.[33] Die hier vorgeschlagene Textsortendefinition der *MLP* wird im Folgenden vor allem zur Vorstrukturierung sowie zur Vergleichsgruppenbildung dienen und daher von primär heuristischem Wert sein.

### 6.1.3 Operationalisierung: Länge, Umfang, Zeit, Kanon und Zensur

Die Messung von Textlänge ist aus quantitativer Untersuchungsperspektive auf den ersten Blick einfach und gerade deshalb theoretisch unterbelichtet. Ohne weitere Begründung haben die zurückliegenden Abschnitte mit der Anzahl der Worttoken als Ausdruck des Umfangs operiert. Der Grund für die Verwendung dieses Maßes für Textlänge war, dass die Tokenanzahl in den textuellen Daten computergestützt gut messbar ist. Wortanzahl ist also die hier verwendete Operationalisierung des Merkmals Umfang. Diese Operationalisierung ist nicht alternativlos. Ebenso etabliert ist das Zählen der Buchseiten. Dennoch scheint ein unausgesprochener Konsens zu bestehen, Länge in Anzahl der Worttoken und nicht etwa in Zeichen- oder Satzanzahl zu messen. Dafür lassen sich zwei Gründe ausfindig machen: Der erste ist internstatistischer Art: Ein Vorteil der Zählung von Wort-Token besteht darin, dass es direkt mit dem für einfache Komplexitätsanalysen einschlägigen Maß der *type-token ratio* (*TTR*) kompatibel ist.

32 Siehe Anm. 77–78 und 83–85 in Kapitel 3.
33 Siehe Anm. 91 in Kapitel 3.

Der zweite Grund ist die literaturkritische Tradition: Seit der oben als Forster-Reich-Ranicki-Linie eingeführten Definition des Romans als Prosatext mit mehr als 50.000 Wörtern hat sich die Messung von Textlänge in Wort-Token-Anzahl auch im öffentlichen Diskurs über Literatur etabliert. Das Worttoken als Zähleinheit ist damit sowohl innerhalb quantitativer Methoden auf andere Analyseverfahren übertrag- als auch hermeneutisch kommunizierbar. Sowohl für einen abschließenden und philologisch komplexeren Blick auf das Merkmal des Umfangs als auch im Sinn eines methodologischen Übergangs zur Operationalisierung der folgenden und komplexeren Merkmale entfaltet und problematisiert dieser Abschnitt das Methodenparadigma der Operationalisierung am Beispiel von Länge oder Umfang.[34] Dabei will ich eine Art blinden Fleck herausarbeiten, der zumindest in Teilbereichen der *CLS* noch immer (zumindest gelegentlich) anzutreffen ist: Operationalisierungen werfen in der Regel Fragen der Triangulation oder der Validierung auf, die häufig unbeantwortet bleiben, aus philologischer Sicht aber zu klären sind.[35]

Franco Moretti entwickelt das für ihn zentrale Methodenparadigma der Operationalisierung ausgehend von einem Zitat aus Bridgmans *The Logic of Modern Physics* von 1927, in dem die Idee der Operationalisierung am Beispiel der Messung von Länge so entfaltet wird:[36]

> What do we mean by the length of an object? We evidently know what we mean by length if we can tell what the length of any and every object is, and for the physicist nothing more is required. To find the length of an object, we have to perform certain physical operations. The concept of length is therefore fixed when the operations by which length is measured are fixed: that is, the concept of length involves as much as and nothing more than the set of operations by which length is determined. In general, we mean by any concept nothing more than a set of operations; *the concept is synonymous with the corresponding set of operations*.[37]

Dieses Zitat ist nicht nur hilfreich, um – wie Moretti – den Begriff der Operationalisierung zu explizieren, sondern auch, um – gegen Moretti – die Grenzen des philologischen Nutzens quantitativer Operationalisierungen klarer herausstellen zu können. Obwohl fast 30 Jahre älter, nimmt Bridgman Wittgensteins Idee des Regelfolgens aus den *Philosophischen Untersuchungen* vorweg. Der Gedanke, dass die Bedeutung eines Worts sein Gebrauch sei, ist hier spezifischer als die Idee gefasst, dass die Bedeutung im technisch regulierten Gebrauch einer Messmethode liegt. Im Methodenparadigma der Operationalisierung ist Länge schlicht und ergreifend das, was als Länge gemes-

34 Die Unterscheidung von Länge als eindimensionales Linienmaß vom Umfang als zwei- oder dreidimensionales Maß kommt weiter unten ins Spiel, vgl. hierzu Spoerhase (2017, 47).

35 Am Beispiel des Begriffs und der Analyse von Distinktivität in den *CLS* wurde dieses Problem in Schröter et al. (2021) diskutiert.

36 Vgl. Moretti (2013a).

37 Bridgman (1960, 5).

sen wird.[38] Für die Methodologie der Philologie brisant ist eine Konsequenz, die Bridgman bereits eingesehen hat: Jede neue Messmethode erzeugt letztlich einen je eigenen und neuen Begriff von Länge.[39] In der Logik der Operationalisierung ersetzt mithin das gewählte Messverfahren für Länge sowohl alle vortheoretischen Begriffe der Längenbestimmung als auch alle alternativen technischen Verfahren der Längenmessung.

Brisant ist diese Konsequenz, weil sie dazu führt, dass man das Verhältnis zwischen verschiedenen Techniken der Längenmessung ungreifbar macht. Zunächst besteht das Problem, dass dieses Verhältnis nicht durch die Operationalisierung selbst beschrieben werden kann. Wenn man, im nächsten Schritt, die Operationalisierung, wie Moretti es an dieser Stelle tut, als hinreichend zur Untersuchung eines Merkmals betrachtet, dann übergeht man die Frage der Vermittlung mit anderen Weisen der Bestimmung dieses Merkmals. In methodologischer Terminologie lässt sich die Aufgabe solcher Vermittlung unter den in Abschnitt 4.1.5 eingeführten Begriff der Triangulation fassen. Für die nachfolgend zu untersuchenden komplexen Merkmale wird sich zeigen, dass Triangulation unverzichtbar ist, weil bei diesen Merkmalen nur über eine Validierung mittels Expertenannotationen entschieden werden kann, ob eine quantitative Operationalisierung die Extension und damit auch den Sinn (Intension) eines Merkmals erfasst.[40] Komplexe Merkmale dieser Art werden mithin eine validierende Triangulation erfordern.

Länge/Umfang hingegen scheint mir in etwa so zu funktionieren, wie es Carnap im Rahmen seiner Theorie der Explikation am Beispiel der Ersetzung von subjektivem Wärmeempfinden durch physikalisch-technische Temperaturmessung beschrieben hat.[41] So wie es subjektives Wärmeempfinden gibt, gibt es – bei der Lektüre – subjektives Empfinden von Länge. Und es gibt literaturtheoretische Perspektiven, für die das phänomenologisch-rezeptionsästhetisch fassbare Zeiterleben der Erzählzeit den Inbegriff von Textlänge darstellt. Im philosophischen Diskurs des 20. Jahrhunderts wurde eine Unterscheidung in der Reflexion auf den Zeitbegriff wirkmächtig, die man auf Bergsons Auseinandersetzung mit dem Aspekt der Dauer im Verhältnis zur Zeit zurückführen kann.[42] Anhand dieser Analogie und der in der Literaturwissenschaft dominie-

---

38 Philosophische Fragen potenzieller Tautologien und einer möglicherweise problematischen *Petitio Principii* können hier außen vor bleiben.

39 Vgl. Bridgman (1960, 10): »If we have more than one set of operations, we have more than one concept, and strictly there should be a separate name to correspond to each different set of operations.«

40 Zur Idee von Validierung als Vergleich von Extensionen zwischen Annotation und Zuschreibungen eines technischen Analyseverfahrens, das Inferenzen auf die Passung der Intension erlaubt, vgl. Schröter/Du (2022, 4 und dort Abbildung 1).

41 Vgl. Carnap (1950, 9).

42 Vgl. Ingarden (1968, 123) zum Umfang als Erfahrungsgehalt: »Es ist hier natürlich von der phänomenalen ›Länge‹ eines Zeitintervalls die Rede, und zwar genau so genommen, wie sie sich im Erleben präsentiert, und nicht von der ›Länge‹ in dem Sinn, in welchem ein Zeitintervall der Zahl der ›objektiv‹ gemessenen Sekunden nach ›länger‹ oder ›kürzer‹ sein soll.« Die Stärke von Ingardens phänomenologischer Zeitkonzeption liegt darin, dass sie – im Unterschied zu Heideggers ontologischer Hierar-

renden Redeweisen von Länge und Umfang lassen sich die folgenden vier Dimensionen von Länge und Umfang unterscheiden:

(S) Subjektiv erfahrenes Zeitbewusstsein der Erzählzeit (Erfahrungsqualität),
(O) Objektiv messbare Lesezeit eines lesenden Subjekts (messbare Zeit),
(L) Länge der Zeichenkette des Texts (Ebene der Textualität),
(U) Materialer Publikationsumfang (Ebene der Materialität).

Je nach Erkenntnisinteresse wird eher die eine oder andere der vier Dimensionen in den Fokus rücken, und in einigen Fällen ist es möglich, dass nur eine der Dimensionen von Interesse ist. Bei der Einzelwerkinterpretation des Verhältnisses von Zeitempfinden zwischen erzählter und Erzählzeit kann die introspektive Reflexion auf den eigenen subjektiven Zeitsinn im Vordergrund stehen. Dagegen kann unter einer materialgeschichtlichen Perspektive der äußerlich messbare Umfang im Zentrum stehen.

Diese Dimensionen sollte man nicht nur analytisch auseinanderhalten. Man sollte sich auch im Klaren darüber sein, dass sie nicht nur unterschiedliche Eigenschaften bezeichnen, sondern, dass sich einige von ihnen, insbesondere (L) und (U) auf unterschiedliche Weise messen lassen. Fischer und Jäschke halten die über die bibliographischen Metadaten zugängliche Seitenanzahl für den geeignetsten Zugang zu Länge im Allgemeinen,[43] ohne zu klären, welche Dimension welche Erklärungsleistung hat. Die Festlegung auf eine bestimmte Operation läuft auf eine Festlegung auf einen bestimmten Sinn hinaus. Die Seitenanzahl ist – neben Dicke, Höhe und Breite eines Buchs – nur ein Aspekt und ein epistemischer Zugang zum materialen Umfang neben anderen. Das Paradigma der Operationalisierung bekommt daher, wenn es für sich alleinsteht, das komplexe Verhältnis zwischen der Bedeutung eines Merkmals und den Optionen seiner Messung nicht in den Blick. Wie nützlich es sein kann, unterschiedliche Dimensionen von Umfang und Länge nicht aufeinander zu reduzieren, sondern ins Verhältnis zueinander zu setzen, soll im Folgenden am Beispiel der Regulierung von Länge durch die Regeln der Gattungen Roman und Novelle, sowie die Regeln der Medialität und Materialität im Kontext von Sanktionierung und Zensur gezeigt werden.

Wenn man den in den Abbildungen 39 und 44 angedeuteten Zusammenhang zwischen Gattung, Medium und Textlänge historisch erklären will, bietet es sich an, auf die Asymmetrie zwischen den Streuungen sowohl zwischen den Textgruppen als auch zwischen den Ausschlägen nach oben und unten zu blicken. Der doppelte Interquartilabstand endet für die Novellen, Erzählungen und andere *MLP* etwas oberhalb

---

chisierung von existenzialer Zeitlichkeit und ›vulgärer‹ Zeit aus *Sein und Zeit* (vgl. Heidegger 2006, 404–428) immer auf die objektive Dimension der Zeitmessung bezogen bleibt. Als Ausgangspunkt dieser Denktradition zum Zeitbegriff gilt Bergson (2014).

**43** Vgl. Fischer/Jäschke (2023, 779–780).

von 40.000 Wörtern. Für die Romane beginnt dieser Bereich indes nicht erst dort. Vielmehr sind 25% aller Romane des Korpus kürzer als 200 Normseiten.

Für ein Verständnis dieser Asymmetrie gilt es zwei Dinge im Auge zu behalten. Erstens legen empirische Studien nahe, dass die Wahrscheinlichkeit für einen Roman, kanonisch zu werden, mit dem Umfang tendenziell wächst. Der von Forster vorgetragene und von Reich-Ranicki wiederholte Ausdruck erwarteter Länge ist lektürebasiert (s. Abschnitt 6.1.2 oben). Lektüreauswahl ist meistens kanongeprägt, auch bei Literaturkritikerinnen und -kritikern, die selbst den Kanon prägen; für diese Annahme spricht, dass Literaturkritik in Kanonisierungsabsicht häufig mit konservierender Kanonpflege einhergeht. Dieser – hier nur unterstellte – Zusammenhang erhöht die Wahrscheinlichkeit, dass kanonorientierte Rezipienten überdurchschnittlich lange Romane kennen. Es gibt also eine *Prima-Facie*-Plausibilität für die Annahme, dass die durchschnittliche Länge von Romanen aufgrund der Regeln der Aufmerksamkeitsökonomie schon im 19. Jahrhundert überschätzt wurde.

Der zweite Aspekt, den es im Blick zu behalten gilt, ist zensurgeschichtlicher Art: Da Publikationen ab einer Seitenzahl von mehr als 21 Druckbogen und mehr als 320 Oktav-Seiten nach den Karlsbader Beschlüssen 1819 im Unterschied zu Journalbeiträgen ohne Vorzensur gedruckt werden durften, haben politische Autoren im 19. Jahrhundert kürzere Texte auf diese Seitenzahl zu strecken versucht.[44] Der Median für die Gruppe der Romane liegt mit ca. 315 Normseiten nah an dieser Schwelle zur Zensurfreiheit. Zu den bekannten Beispielen für Streckungen gehören Heines *Deutschland. Ein Wintermärchen*, das zusammen mit anderen Texten in einen entsprechend langen Band integriert wurde,[45] und – dies ist ein besseres Beispiel – Gutzkows *Wally, die Zweiflerin*. Dieser nur 38.548 Wörter (ca. 154 Normseiten) umfassende und zunächst als Journalprosa geplante Erzähltext wurde mit dem Untertitel ›Roman‹, einigen Leerseiten, viel Platzverschleiß, einem angehängten Aufsatz und einem Umfang von 327 paginierten Seiten gedruckt.[46] Empirische Untersuchungen zu den faktischen Seitenanzahlen in den Romandrucken des 19. Jahrhunderts wären nötig, um zu prü-

---

**44** Häufig findet sich die ungenaue Redeweise von der Zensurfreiheit für Romane, etwa bei Meyer (1987). Für eine geschichts- und literaturwissenschaftlich detaillierte Beschreibung und Interpretation des Wandels von Vor- zu Nach- und damit von direkter zu indirekter bzw. Selbstzensur mit den Änderungen der Gesetzgebung 1819, 1848, 1851, 1871, 1874 und 1891; vgl. Ziegler (2006), Siemann (1988), Graf/Pellatz (2003, 416–417).

**45** Vgl. Fischer/Jäschke (2023, 784).

**46** Vgl. Meyer (1987, 123–124). Neuere Untersuchungen zum Buchformat legen indes nahe, dass Verleger nach Möglichkeit die Satzdichte erhöht und den Seitenumfang damit gedrückt haben, weil sie die Autoren nach der Anzahl der letztlich gedruckten Bogen entlohnt haben; vgl. Spoerhase (2018, 478 und dort insb. Anm. 485). Daraus würde folgen, dass lediglich einflussreiche und im Zusammenspiel mit dem Buchmarkt mächtige bzw. finanzkräftige Autoren die Streckung durchsetzen oder subventionieren und die Zensur so umgehen konnten. Für den in Finanznöten steckenden Gutzkow war der Wechsel vom lukrativen Journal in das vorzensurfreie Buchformat daher keine glückliche Lösung, vgl. Meyer (1987, 69).

fen, wie ungewöhnlich ein Seitenumfang unterhalb von 200 und 320 Seiten im 19. Jahrhundert war. Untersuchungen zum Umfang sollten daher künftig das Verhältnis von Textlänge und Seitenanzahl berücksichtigen. Praxeologische Studien legen nahe, dass die eigentlich relevante Einheit für den materialen Umfang weniger die Seiten-, sondern die Bogenanzahl ist, weil die Autoren im Taschenbuch- und Journalmarkt nach Bogenanzahl entlohnt wurden. Literatur wurde nicht nur bogenweise geschrieben und rezipiert, sondern möglicherweise sogar nach Poetiken des Druckbogens geschaffen.[47]

Will man die Mechanismen nachvollziehen, die das Zusammenspiel von Umfang, Medium und Gattung ausmachen, dann sollte man die unterschiedlichen Dimensionen von Zeit, Länge und Umfang nicht aufeinander reduzieren. Man sollte auch nicht – und zwar weder aus Bequemlichkeit noch aus dogmatischen Gründen – annehmen, dass der eine Sinn (z. B. Umfang) adäquat durch einen anderen (z. B. Anzahl an Wort-Token) ausgedrückt wird. Den Effekt des Umgangs mit Zensur sieht man beispielsweise nur dann, wenn man textuelle Länge und materialen Umfang zueinander ins Verhältnis setzt. Auch Aspekte der Kanonisierung können in künftigen Studien möglicherweise über die Berücksichtigung dieses Verhältnisses besser erschlossen werden. Dieses Ins-Verhältnis-Setzen trianguliert nicht im Sinn einer Validierung der Methode, sondern es geht um die komplementäre Anreicherung unterschiedlicher Aspekte von Umfang. Anders sieht es für alle nachfolgend relevanten und komplexen Merkmale aus, bei deren technischen Operationalisierungen nicht von vornherein klar ist, was genau die zu entwickelnden Messverfahren aus hermeneutischer Perspektive messen. Für diese Merkmale werden rationale Rekonstruktion des historischen poetologischen Sinns, Operationalisierung und Validierung erforderlich sein.

## 6.2 Romanisches Setting

In den poetologischen Reflexionen zur Gattung der Novelle ist der Bezug zur romanischen Tradition mit das wichtigste Merkmal.[48] Hierbei handelt es sich zunächst nicht um ein inner-, sondern um ein intertextuelles Merkmal: Charakteristisch für Novellen ist in den poetologischen Bemerkungen vor 1800 ihr Bezug zur romanischen Tradition der italienischen *novella*, der spanischen *novela* sowie der französischen *nouvelle*. Nach gegenwärtigem Wissen war Wieland 1764 der Erste, der den Novellenbegriff erläutert, und zwar in einer Fußnote seines Romans *Don Sylvio*, in der er den romanischen Bezug betont.[49] Goethe schreibt 1795 für Schillers *Horen* die *Unterhaltungen deutscher Ausgewanderten*. In der Konversation mit Schiller spricht er von Boccaccio

47 Vgl. Spoerhase (2018, 569–604) für eine Poetik des Umfangs im Rahmen einer Interpretation von Goethes ›Diwan‹.

48 Etwa für Heintze (1977), Wetzel (1977), Heinzle (1979), Pötters (1991), und Kocher (2005).

49 Vgl. die überarbeitete zweite Ausgabe: Wieland, *Don Sylvio von Rosalva* (1780, 18–19).

als Vorbild, der daraufhin anregt, Goethe möge »die ›Geschichte des ehrlichen Prokurators‹ aus dem Boccaz«[50] bearbeiten. Schillers Irrtum über die eigentliche Quelle – diese Geschichte entstammt nicht dem *Decamerone*, sondern den *Cent nouvelles nouvelles* – ist schon für sich genommen interessant: Eine Form des Erzählens wird hier auf den Prototyp ›Boccaz‹ gebracht: Schreiben im Stil des *Decamerone* ist in der Kommunikation zwischen Schiller und Goethe bereits eine intertextuelle Referenz, die nicht einfach als Einzeltextreferenz fungiert, sondern bereits begonnen hat, sich als Systemreferenz auszuprägen.[51] Beide verwenden indes den Begriff der Novelle noch nicht, um diese Art des Schreibens zu bezeichnen. Diesen Gattungsnamen bringt erst Friedrich Schlegel ins Spiel, wenn er Goethes *Unterhaltungen deutscher Ausgewanderten* als den neuen deutschen Prototyp dieser Gattung ausmacht. Und es ist auch Friedrich Schlegel, der auf einem bisher übersehenen argumentativen Umweg den intertextuellen Bezug zu der *novella, nouvelle* und *novela* der romanischen Tradition zu einem ›eigentlichen‹ Novellenmerkmal erklärt, indem er die anekdotische von der allegorischen Novelle unterscheidet, wobei letztere ihm die eigentliche und wertvollere erscheint: Sie besteht gerade darin, dass durch subjektive originale Prägung durch einen Autor ein romanischer Novellenstoff neu und originell erzählt wird.[52]

Wie die Interpretation des Traditionsbezugs auf der Ebene der Textmerkmale auszugestalten ist, ist im literarischen Diskurs des 19. Jahrhunderts weitgehend offengeblieben. Die Literaturwissenschaft hat die Aufforderung zur Interpretation des romanischen Bezugs aber seit jeher dankend angenommen.[53] Zentral ist in den philologischen Deutungen des Traditionsbezugs die zyklische Struktur und damit zugleich die metadiegetische Rahmung.[54] Dem schließt sich zumeist die Betonung der Situierung des Rahmens in einer Krisensituation und daraus folgend die Idee des geselligen

50 Schillers Brief Nr. 21 vom 28. 10. 1794 an Goethe; Schiller/Goethe (1984, 1506). Vgl. auch Goethe (1992, Bd. I/9, 1508–1509 und 1521).

51 Vgl. zur Terminologie der Intertextualität Pfister (1985, 17).

52 F. Schlegel (1967 [KFSA I/2], 395): »Der andre Weg, der sich dem künstlichern Erzähler, dem vielleicht schon die ersten Blüten vorweggenommen sind, zeigt, ist der, daß er auch bekannte Geschichten durch die Art, wie er sie erzählt und vielleicht umbildet, in neue zu verwandeln scheine.« Diese Form wird dann als die eigentliche und wertvolle allegorische Novellenform geadelt: »Man isoliere diese natürliche Eigenheit der Novelle, man gebe ihr die höchste Kraft und Ausbildung, und so entsteht jene oben erwähnte Art derselben, die ich die allegorische nennen möchte, und die wenigstens, mag man sie so oder anders bezeichnen wollen, sich immer als der Gipfel und die eigentliche Blüte der ganzen Gattung bewähren wird«. (ebd.) Endres (2017, 136) sieht diesen impliziten Argumentationsgang, belegt ihn aber durch falsche Textstellen bei Schlegel.

53 Schlaffer (1993) geht – ohne Berücksichtigung des historischen Novellenmarkts, sondern mit Blick auf einen engen Hochkanon des 19. Jahrhunderts – mit der Boccaccio- und der Cervantes-Novelle von zwei Modellen der Gattung aus.

54 Vgl. Remak (1972).

Erzählens in geschlossenem Kreis als Form der privaten Krisenbewältigung an.[55] Indem die den ›Unterhaltungen‹ nachfolgenden Sammlungen – Wielands *Hexameron von Rosenhain*, Tiecks *Phantasus*, E. T. A. Hoffmanns *Die Serapionsbrüder*, und, unter Vorbehalten, Kellers *Züricher Novellen* – hingegen das für Boccaccio um 1800 noch regelmäßig diskutierte Merkmal der Frivolität nicht weiter verarbeiten, verliert sich dieses Merkmal bald aus der Diskussion des Textmodells des *Decamerone*.

Offen ist indes, wie sich das intertextuelle Merkmal des Bezugs zur romanischen Tradition, das im Lauf des 19. Jahrhunderts in den Poetiken immer enger mit dem Novellenbegriff verbunden wird, nicht nur auf der Ebene der zyklischen Erzählsammlung, sondern auch auf der Ebene der Merkmale einzelner Texte ausprägt. Hierfür lassen sich drei Dimensionen unterscheiden: erstens die des Stils, zweitens die der kompositionsstrategischen abstrakten Struktur, und drittens die des Bezugs auf der Ebene der Semantik. Erstaunlicherweise hat sich die Literaturwissenschaft über die dritte Dimension noch wenig Gedanken gemacht.[56] Ein explorativer Blick in die Novellenproduktion des 19. Jahrhunderts legt jedoch nahe, dass dies die wichtigste Dimension sein dürfte, und zwar in einer im Prinzip sehr einfachen Gestalt, die ich im Folgenden exemplarisch nur an einem Beispiel deutlich mache: Hoffmanns ›Serapionsbrüder‹ enthalten mit »Signor Formica«, nur einen Erzähltext, der im Paratext das Label ›Novelle‹ führt. Es ist eine Geschichte, die in Rom spielt. Auch wenn man sich immer auf die ersten beiden Dimensionen, die einer an Boccaccio und Cervantes orientierten Kompositionsstrategie und die des Stils gestützt hat, weil dies die interpretatorisch anspruchsvolleren Dimensionen sind, fällt bei Hoffmann die Korrelation von Novellenbegriff und Handlungsort (im Folgenden: Setting) auf.[57] Hoffmanns Wahl der Gattungsbezeichnungen rechtfertigt selbstverständlich nicht die folgende Variante der Hypothese $H_A$-1, sondern sie macht nur exemplarisch deren Entdeckungszusammenhang anschaulich:

> ($H_{A\text{-}Rom}$) Ein wichtiger Grund dafür, dass man im 19. Jahrhundert einen Erzähltext als Novelle publiziert hat, besteht darin, dass der Text ein romanisches Setting hat, d. h. dass er in Italien, Frankreich oder Spanien als Handlungsraum lokalisiert ist.[58]

Diese These ist noch immer eine These zur Unterscheidbarkeit der Textgruppen von Novellen und Erzählungen nach Gattungszuordnung in den Erstpublikationen. Es ist

---

55 Diese Aspekte der Textsortenbestimmung ziehen sich nicht nur durch die gesamte Novellenforschung, siehe Anm. 28 in diesem Kapitel, sondern auch durch die Spezialforschung zu den kanonischen zyklischen Sammlungen, vgl. Frank in Tieck (1985) und Segebrecht in Hoffmann (2008).

56 Vgl. dagegen Aust (2012, 63), der sieht, dass sich die frühen Novellen des 18. Jahrhunderts »als eine Art Multinationalitäten-Show« präsentieren.

57 Während ich im Anschluss an Überlegungen von Tomaševskij [1931] (1985) in Schröter/Du (2022) das romanische Setting als Sujet bezeichnet habe, spreche ich hier von Setting, um Verwechslungen mit dem Bedeutungsaspekt der Textebene (in der Dichotomie von *Fabula*/*Sujet* analog zu *Story*/*Discourse*) zu vermeiden.

58 Stichpunktartig skizziert findet sich diese Idee bereits bei Meyer (1987, 115).

damit – zunächst und in dieser einfachsten Formulierung – eine Variante der in der Einleitung vorgestellten Hypothese $H_A$. Ausgangspunkt zur Prüfung dieser These ist – im ersten Arbeitsschritt – die Operationalisierung des Strukturmerkmals, das ich als romanisches Setting bezeichnen werde. Im zweiten Arbeitsschritt gilt es die Operationalisierung so zu validieren, dass sich nachweisen lässt, ob und in welchem Grad die quantitative Operationalisierung einen philologischen Sinn von romanischem Setting abbildet. Daran anschließend ist im letzten Schritt und im Fall erfolgreicher Validierung zu untersuchen, ob und in welchem Grad ein romanisches Setting mit der Gattungszuordnung korreliert. Romanisches Setting wird sich als ein im Laufe des 19. Jahrhunderts immer wichtiger werdendes Novellenmerkmal nachweisen lassen. Dieser bislang nicht berücksichtigte Aspekt wird für eine materialbasierte und an den Schreibverfahren interessierte Erforschung von Gattungssemantiken sowie -praktiken maßgeblich sein.

In methodologischer Hinsicht geht es in diesem Kapitel um den Begriff der Validierung. Zudem steht dieses Teilkapitel paradigmatisch für einen Typ von Merkmalen, bei denen ein metrisch gemessener Indikator für ein in philologischer Hinsicht kategoriales (binäres) Merkmal steht, das entweder vorliegt oder nicht. Diese Konstellation erfordert statistische Analyseverfahren wie die bereits bekannte und mehrfach verwendete logistische Regression, die zwischen metrischer Messvariable (unabhängiger Variable) und binomial (oder binär) verteiltem Merkmal (romanisches Setting vs. nicht-romanisches Setting) als abhängiger Variable vermittelt. Es handelt sich um ein Merkmal, das in der klassifikatorischen Gattungsbestimmung in perspektivischer Modellierung (nach Kapitel 4) in einer auch philologisch interessanten Weise besser funktioniert als in der Faktorenanalyse (nach Kapitel 5), die grundsätzlich metrische Textmerkmale, wie etwa die Textlänge, präferiert.

### 6.2.1 Operationalisierung und Plausibilisierung

Zur Operationalisierung wurden zwei unterschiedliche Verfahren gewählt und anschließend im Zuge der Validierung verglichen. Das erste und schlichtere Verfahren beruht darauf, dass anhand einer Liste (*InitList*)[59] von intuitiv für das relevante Setting ausgewählten Substantiven, Adjektiven sowie Städtenamen zu jedem Wort dieser Liste die $n$ (mit $n = 50$) nächstliegenden Wortvektoren und damit semantisch nächsten

59 Die *InitList* umfasst die Wörter: »Italien, Frankreich, Spanien, italienisch, französisch, spanisch, Nordfrankreich, Südfrankreich, Provence, Paris, Lyon, Marseille, Bordeaux, Neapel, Sizilien, Toscana, Florenz, Venedig, Rom, Genua, Madrid, Salamanca«. Diese Liste geht von der unten systematisch weiter ausgeführten Idee aus, dass Ortsreferenzen besonders wichtig für die Konstitution von Handlungsräumen sein dürften. Um die Idiosynkrasie der Aufstellung der einzelnen Ortsnamen auszugleichen und zu generalisieren, wird die Liste mit *Word Embedding* wie beschrieben zur *SettingList* verallgemeinert.

Wörter in einem *Word Embedding* ermittelt und gesammelt wurden.[60] Aus dieser Sammlung der *n* nächsten Nachbarn für alle Wörter der Ausgangsliste wurden als eine resultierende *SettingList* des betreffenden Themas die *m* (mit *m* = 30) häufigsten Wörter ausgewählt.[61] Auf diese Weise wurde die idiosynkratisch aufgestellte *InitList* durch das *Word Embedding* generalisiert. Dieses Verfahren führt dazu, dass eine Reihe von Städte- und Ortsnamen auf der erweiterten Liste enthalten sind. Die resultierende Liste wird nun als die Liste von Ausdrücken behandelt, die ein romanisches Setting indizieren. In einem einfachen Berechnungsverfahren wird der Anteil aller Wörter $w_i$ im Dokument *D* ermittelt, die auf der *SettingList* für das betreffende Thema enthalten sind.

$$SettingShare(D) = \frac{|\{w_i | w_i \in D \wedge w_i \in SettingList\}|}{|\{w_i | w_i \in D\}|} \qquad \text{(Gl. 6 1)}$$ [62]

Für die Triangulation zwischen quantitativer und qualitativer Seite lässt sich zunächst plausibilisieren, weshalb das quantitative Verfahren seiner inneren Struktur nach aussichtsreich sein könnte, indem man es mit den Regeln der Konstitution fiktionaler Räume vergleicht: Während eine Erzählung eines in Paris lebenden Autors beispielsweise ohne Ortsreferenzen auskommen kann, weil in Form einer hermeneutischen Präsumtion oder Heuristik angenommen wird, dass die Erzählung möglicherweise im Lebensumfeld des Autors spielt,[63] ist zu erwarten, dass in deutscher Sprache und von deutschsprachigen Autoren verfasste Erzählungen die Lokalisierung in einem nichtdeutschen Sprachraum gegebenenfalls explizit markieren müssen. Diese Überlegung lässt sich an einem Beispiel anschaulich machen: Hoffmann hätte für seine Erzählung »Das Fräulein von Scuderi« Mittel finden können, deren Handlung in Paris zu lokalisieren, ohne in irgendeiner Weise über Ortsnamen die entsprechenden Raumreferenzen zu markieren. Für historisch gebildete Leser hätte bereits der Name der titelgebenden Hauptfigur genügen können. Man könnte auch an komplexe, beispielsweise metaphorische oder metonymische Hinweise auf Handlungsorte in Form von Antonomasien und

---

**60** Zum Konzept des Wortvektors vgl. Jurafsky/Martin (2000, 8). Verwendet wurde das große deutsche Sprachmodell der Bibliothek *SpaCy* (Honnibal/Montani/Van Landeghem 2021).

**61** Das Verfahren ist in der Funktion *keywords_to_semantic_fields* im Modul *preprocessing.presetting* implementiert. Der mathematische Ausdruck für dieses Extraktionsverfahren ist etwas unhandlich, lässt sich aber wie folgt darstellen: *SettingList* = m-max{n_nearest_neighbors(w) | w in *InitList*)}. Die resultierende Liste, die mit dem Skript »run_wordlists_embeddings.py« reproduziert werden kann, umfasst die Wörter: »Marseille, Neapel, Italien, Südfrankreich, Mailand, Venedig, Spanien, Frankreich, Norditalien, Sizilien, Rom, Oberitalien, Kalabrien, italienisch, Nordspanien, Südfrankreichs, Perpignan, Paris, Nizza, Palermo, Florenz, Genua, Bologna, Turin, Padua, Ancona, Siena, Süditalien, Mittelitalien, Kampanien«.

**62** Die Berechnung des SettingShare ist in der gleichnamigen Klasse mit der Methode *calculate_share* im Modul *semantic_analysis.themes* aufrufbar und wird zur Verarbeitung auf Korpusebene in der Klasse *DocThemesMatrix* weiterverwendet.

**63** Zur Unterscheidung zwischen Präsumtion und Heuristik vgl. Spoerhase (2007, 387–413).

Periphrasen denken. *De facto* nutzt Hoffmann jedoch häufig den Stadtnamen, die Namen weiterer historischer Personen und die einiger bekannter Orte in der Stadt, um die Raumordnung der Diegese zu etablieren. Stichprobenartige Beobachtungen an zahlreichen Texten des Korpus haben gezeigt, dass in den Erzähltexten des 19. Jahrhunderts der Handlungsraum sehr häufig über Ortsreferenzen erzeugt wird. Wie dominant diese Form der Konstitution von Handlungsräumen tatsächlich in den Texten ist, wird sich im nächsten Abschnitt empirisch anhand von Annotationen prüfen lassen; denn die interne Plausibilisierung erwarteter Funktionsweisen quantitativer Operationalisierungen belegt noch nicht deren tatsächliche Leistungsfähigkeit. Dennoch ist der stichprobenartig beobachtete Sachverhalt – im Entdeckungszusammenhang – für die quantitative Operationalisierung der Analyse des Handlungsraums wertvoll: Während sich für viele Formen von Setting (z. B. die Situierung in einer deutschen Großstadt) vielfältigere Optionen der Raumkonstitution vorstellen lassen und es möglich ist, dass eine Erzählung ohne bestimmte Raumreferenzen auskommt (wie z. B. Tiecks *Des Lebens Überfluß* von 1838), ist die Bezugnahme auf Ortsnamen für Texte, die an eine deutschsprachige Leserschaft adressiert werden, vermutlich die häufigste und wichtigste Möglichkeit, einen romanischen Handlungsraum zu konstituieren. Wenn diese Annahme zutrifft, ist dies für die folgende Operationalisierung von Vorteil.

Um sich einen ersten Eindruck zu verschaffen, zu welchen Ergebnissen das vorgeschlagene Maß führt, kann man prüfen, welche Texte aus dem Korpus den höchsten und niedrigsten *SettingShare* für romanisches Setting erhalten. Der historische Bericht »Erinnerungen aus Florenz: Bacchus in der Toskana« aus dem Taschenbuch *Urania auf das Jahr 1821* ist mit einem Anteil von $1{,}7 \cdot 10^{-4}$ der Text mit dem höchsten Wert. Darauf folgt C. F. Meyers 1887 in der *Deutschen Rundschau* erschienene Novelle »Die Versuchung des Pescara« mit einem *SettingShare* von $1{,}5 \cdot 10^{-4}$. Etwa zwei Drittel der Texte des Korpus haben einen Wert > 0; ein gutes Drittel der Texte hat mit einem Wert von 0 keine einzige Referenz auf die Wörter der *SettingList*. Interessant ist, dass Marlitts »Geheimnis der alten Mamsell«, eine populäre und 1867 in der *Gartenlaube* in Fortsetzungen erschienene Erzählung, mit einem Wert von $3{,}8 \cdot 10^{-7}$ der Text mit dem kleinsten Wert > 0 ist. Dies kommt dadurch zustande, dass dies aus der Menge von Texten, die nur eine einzige Referenz auf die Liste enthalten, der längste ist. Man sieht also sogleich eine Schwäche des Verfahrens: Es verzerrt die Ergebnisse in Abhängigkeit von der Textlänge.

Um diese Verzerrung zu vermeiden, habe ich ein verfeinertes Verfahren entwickelt, das von vornherein nur die Entitäten (*Named Entities/NE*) in den Texten berücksichtigt. Hierfür wurden zunächst mit *Named Entity Recognition* (*NER*) die Ortsreferenzen ($NE_{Loc}$) aller Texte extrahiert.[64] Davon unabhängig wurde aus öffentlich zugänglichen Quellen eine umfangreiche Auflistung sämtlicher Orts- und Städtena-

64 Verwendet wurde die Bibliothek *SpaCy* (siehe Anm. 60 in diesem Kapitel) in Version 2.3.5 und eine mit eigenen Trainingsbeispielen angereicherte Version des deutschen Sprachmodells »de_core_news_lg«.

men (Toponyme als Exonyme in deutscher Schreibung ›Rom‹ und als Endonyme ›*Roma*‹) *LocList* zusammengestellt.[65] Analog zu Gleichung 6.1 hat das Berechnungsverfahren folgende Form:

$$NamedEntShare_{Region}(D) = \frac{|\{(w_i|w_i \in D \wedge w_i \in NE_{LOC} \wedge w_i \in LocList_{Region})\}|}{|\{(w_i|w_i \in D \wedge w_i \in NE_{Loc})\}|} \quad \text{(Gl. 6.2)}$$

Die Anzahl aller Ortsreferenzen, die zugleich auf der Liste von Toponymen inkl. Exonymen einer Region ($LocList_{Region}$) verzeichnet sind, wird durch die Anzahl aller Ortsreferenzen im Text geteilt. Dieses Verfahren hat den Vorteil, dass für *NamedEntShare* ein Maximalwert von 1 erreicht werden kann, wenn sämtliche Ortsreferenzen des Texts Referenzen auf einen spanischen, italienischen oder französischen Ort sind. Auf dies Weise lässt sich, im Fall erfolgreicher Validierung, das Ergebnis aus Gleichung 7 besser interpretieren, weil es gleichmäßiger alle Werte zwischen 0 und 1 einnehmen kann. Entscheidend ist jedoch die Qualität der vorgeschlagenen Maße in der Validierung.

### 6.2.2 Validierung

Das quantitative Verfahren anhand von Annotationen extensional validiert. Ich nenne diese Form der Validierung extensional, weil sie über die Umfänge der annotierten Texte operiert und nicht über eine interpretative Einschätzung von Ergebnissen des quantitativen Verfahrens im Abgleich mit einer angenommenen intensionalen Bedeutung eines hermeneutischen Sinns etwa von romanischem Setting.[66] Diese Form der Validierung klärt zugleich die Geltung der im Entdeckungszusammenhang getroffenen Annahme, dass in den Texten des Korpus das Setting *de facto* primär über konkrete Ortsreferenzen erzeugt wird.

Die Annotationen wurden für ca. 120 Texte des Gesamtkorpus vorgenommen und sie markieren mit kategorialen Variablen, in welchem Kulturraum die Diegese eines Texts lokalisiert ist. Zu romanischem Setting zusammengefasst wurden die Werte ›Frankreich‹, ›Italien‹, ›Spanien‹. Die Annotationen wurden als Expertenannotationen von studentischen Hilfskräften vorgenommen. Dass es sich um Expertenannotationen handelt, heißt nicht, dass die Annotationen unfehlbar sind, sondern dass sie nicht in lesepsychologischer Perspektive zur Analyse subjektiver Perspektiven genutzt werden – auch wenn es sich epistemologisch betrachtet immer um subjektive Perspekti-

65 Die Listen mit Toponymen werden im Anhang referenziert und sind im Repositorium gespeichert, siehe Abschnitt 10.5.3.

66 Vgl. Schröter/Du (2022, 4 und 13–15). Intensionale Validierung als Gegenstück kommt ins Spiel, wenn die Ausgabewerte eines quantitativen Verfahrens direkt bewertet werden, vgl. Newman et al. (2010), Schröter/Du (2022, 10–11).

ven handelt.[67] Vielmehr werden die Annotationen als Beschreibungen der Beschaffenheit der Texte genutzt, wobei Fehlerraten der Annotationen ebenso wie deren potenzielle Ambiguität gegebenenfalls in Rechnung zu stellen sind.

Für die Evaluation der beiden Maße wurde ein statistischer Signifikanztest (t-Test) und eine Klassifikation mit logistischer Regression durchgeführt. Für den Signifikanztest wird die Arbeitshypothese vertreten, dass die Texte, für die ein romanisches Setting annotiert wurde (d. h. die Texte, die nach Expertenmeinung in Italien, Frankreich oder Spanien lokalisiert sind), einen signifikant höheren Wert für die vorgeschlagenen Maße – *SettingShare* und *NamedEntShare* – einnehmen müssen als die in einem anderen Raum lokalisierten Texte. Da der Signifikanztest von geringer Aussagekraft über die Qualität des Merkmals ist, gilt es mit einer Klassifikationsaufgabe die Interpretierbarkeit zu erhöhen. Idealerweise sollte es einen zuverlässigen Schwellenbereich geben, so dass gilt: Unterhalb des Schwellenbereichs handelt es sich mit großer Sicherheit um einen Text, der nicht in einem romanischen Raum lokalisiert ist, oberhalb des Schwellenbereichs hingegen um einen Text, der in einem romanischen Raum spielt. Optimalerweise sollten keine oder nur sehr wenige Texte Werte innerhalb des Schwellenbereichs einnehmen.

Die Boxplots in Abbildung 46 zeigen die Verteilung für beide Berechnungsverfahren mit skalierten Werten (Min-Max-Skalierung auf Werte zwischen 0 und 1). Die Skalierung führt dazu, dass die Werte der beiden Verfahren vergleichbar sind. Das linke Diagramm zeigt die Werte für das Verfahren *NamedEntShare*, das rechte die Ergebnisse für *SettingShare*. Innerhalb jedes Diagramms bilden die beiden Boxplots jeweils die Gruppen der Texte ab, für die das Vorliegen bzw. Nicht-Vorliegen eines romanischen Settings annotiert wurde. Die Boxplots zeigen also die Verteilung des betreffenden Maßes innerhalb der Texte mit bzw. ohne romanischem Handlungsort. Bei beiden Verfahren zeichnet sich etwas oberhalb eines Werts von 0,1 (auf der senkrechten Achse) ein in das Diagramm eingezeichneter Schwellenbereich ab, der an der Untergrenze der mittleren 50% der romanischen Texte und zugleich oberhalb der mittleren 50% der nicht-romanischen Texte liegt. Die beiden Maße trennen mithin die in einem romanischen Raum lokalisierten Texte nicht mit perfekter Trennschärfe von den sonstigen Texten, aber doch mit einiger Sicherheit.

Tabelle 31 zeigt die Ergebnisse für den Signifikanztest sowie die Klassifikation mit logistischer Regression, bei der die binäre Klassenzugehörigkeit (romanisches vs. nicht-romanisches Setting) allein aufgrund des einzelnen Merkmals des *SettingShare* bzw. des *NamedEntShare* prognostiziert und die Vorhersagegenauigkeit (als *Accuracy score*) für die Prognose in einer Kreuzvalidierung (*cross validation/CV*) sowie über eine Validierungsstichprobe berechnet wird. Der Algorithmus versucht für eine aus dem gesamten annotierten Datensatz zufällig gezogene Trainingsstichprobe eine Entscheidungs-

67 Vgl. Piper (2015).

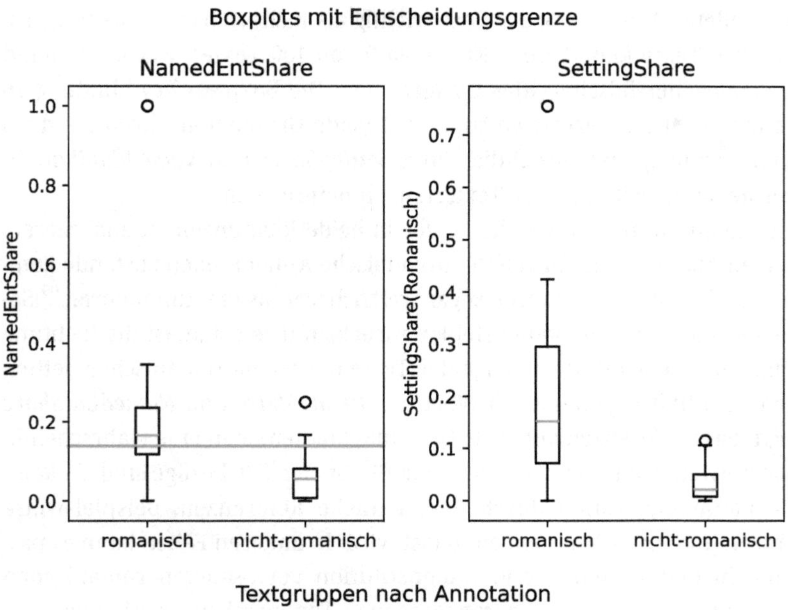


**Abbildung 46:** Boxplots für *NamedEntShare* und *SettingShare* mit min-max-skalierten Werten zwischen 0 und 1 für romanisches Setting auf der senkrechten Achse. Der waagrechte Balken deutet einen postulierten Schwellenbereich an, der zwischen den typischen Werten für romanisches und nicht-romanisches Setting liegen sollte.

grenze so festzulegen, dass möglichst wenige Fehler bei der Vorhersage der Gattung anhand dieser Entscheidungsgrenze entstehen.[68]

**Tabelle 31:** Ergebnis t-Test und Klassifikation für Operationalisierungen romanischen Settings.

| | p-Wert | t-Statistik | *Accuracy score* CV | *Accuracy score (val_set, Bootstrapping)* |
|---|---|---|---|---|
| *NamedEntShare* | $7{,}95 \cdot 10^{-6}$ | 4,80 | 0,86 | 0,89 |
| *SettingShare* | $5{,}01 \cdot 10^{-7}$ | 5,49 | 0,80 | 0,64 |

Beide Verfahren sind statistisch signifikant. Es ist mithin sehr wahrscheinlich, dass die Werte beider Maße mit der Lokalisierung in einem romanischen Setting korrelieren. Für eine Bewertung der Qualität der Maße ist der Test jedoch nicht aussagekräftig. Die Vorhersagegenauigkeit (*Accuracy score*) zeigt, dass der *NamedEntShare* eine deutlich höhere Vorhersagegenauigkeit besitzt als der *SettingShare*. Dies lässt sich so interpretieren, dass das hier gewählte algorithmische Vorhersagemodell allein auf-

68 Für eine Erläuterung und Interpretation der logistischen Regression siehe Abschnitt 4.2.3.

grund des verwendeten Maßes 89% der Texte richtig als nicht-romanisch oder als romanisch annotierte Texte klassifiziert. Nur etwa 9 von 100 Texten werden anhand ihres *NamedEntShare* der falschen Klasse zugeordnet. Die Boxplots in Abbildung 46 zeigen, dass einige Fehler zu erwarten sind, weil beide Gruppen an ihren Rändern (die Antennen in den Boxplots) hinsichtlich ihres *SettingShare* und *NamedEntShare* in die Wertebereiche der jeweils anderen Textgruppe hineinreichen.

Es ist hermeneutisch interessant, die Fehler in beide Richtungen zu analysieren. Prinzipiell können Ausreißer im Einzelfall durch falsche Annotationen zustande kommen. In solchen Fällen ist das Verfahren sogar treffsicherer als die Annotatoren.[69] Sofern die Ausreißer nicht auf Annotationsfehler zurückzuführen sind, ist die Richtung der Abweichung entscheidend: Dass einige der Texte mit einem romanischen Setting einen geringen quantitativ gemessenen Wert für *SettingShare* und *NamedEntShare* aufweisen, zeigt, dass Referenzen auf reale Orts- und Städtenamen eine wahrscheinliche, aber keine notwendige Form der Erzeugung fiktionaler Ortsbezüge sind. Es kann sein, dass die Raumkonstitution durch uneigentliche Referenzen, beispielsweise durch Periphrasen und Antonomasien, ausgelöst wird. In anderen Fällen kann es passieren, dass die in den Texten zur Raumkonstitution verwendeten romanischen Städte- und Ortsnamen nicht in den herangezogenen Toponymlisten enthalten sind, oder dass die historischen Schreibweisen in den Texten von den heutigen Schreibweisen abweichen, so dass sie in der Analyse nicht erkannt wurden.

Philologisch mindestens ebenso interessant ist die verblüffend schwach ausgeprägte Streuung der nicht-romanischen Texte in die höheren Wertebereich, die sich auch in *Recall* und *Precision* des Klassifikationsberichts in Tabelle 32 niederschlagen.

**Tabelle 32:** Klassifikationsbericht für *NamedEntShare*.

| | Precision | Recall | F1 score | Support |
|---|---|---|---|---|
| nicht-romanisch | 0,8 | 1 | 0,89 | 4 |
| romanisch | 1 | 0,8 | 0,89 | 5 |

Dass der *NamedEntShare* eine hohe *Precision* für romanische Texte (hier 100%) aufweist, bedeutet, dass der Algorithmus keine nicht-romanischen Texte irrtümlich als romanische Texte klassifiziert. Dies kommt daher, dass es so wenig Ausreißer der nicht-romanischen Texte mit hohem *NamedEntShare* gibt. Es zeigt insbesondere, dass

69 Da in dieser Arbeit ein einfaches Annotationsmodell verwendet wurde, bei dem jeder annotierte Text von nur einer Leserin oder einem Leser annotiert wurde, sind Abweichungen zwischen Leserurteilen über *Inter-Annotator-Agreement* hier nicht systematisch gemessen worden. Da es sich bei romanischem Setting um eine relativ konsistente und unstrittige globale Texteigenschaft handelt, sind kontroverse Annotationen eher selten. Fehler in den Annotationen wurden stichprobenartig überprüft, in Einzelfällen identifiziert und korrigiert; siehe hierzu die Erläuterungen im Anhang, Abschnitt 10.3.

ein Klassifikationsmodell einen optimalen Rahmen zur Beschreibung des Merkmals liefert, weil eine metrische Indikatorvariable (wie der *NamedEntShare*) über eine Entscheidungsgrenze als ein im philologischen Sinn kategoriales Merkmal übertragen wird, das lediglich den Unterschied zwischen dessen Vorliegen und Nicht-Vorliegen (romanisches Setting oder kein romanisches Setting) kennt. In dieser Hinsicht verhält sich das Merkmal des romanischen Settings anders als beispielsweise das Merkmal des Umfangs, das in etablierten Kategorisierungen wie ›mittlere Länge‹, ›Kurzform‹ oder ›Langform‹ unnötig viel Informationen über seinen eigentlich metrischen Charakter preisgibt. Umfang ist daher ein wesentlich metrisches Merkmal, während romanisches Setting ein der Sache nach kategoriales Merkmal ist, das aber bemerkenswert gut über eine metrische Indikatorvariable operationalisiert werden kann.

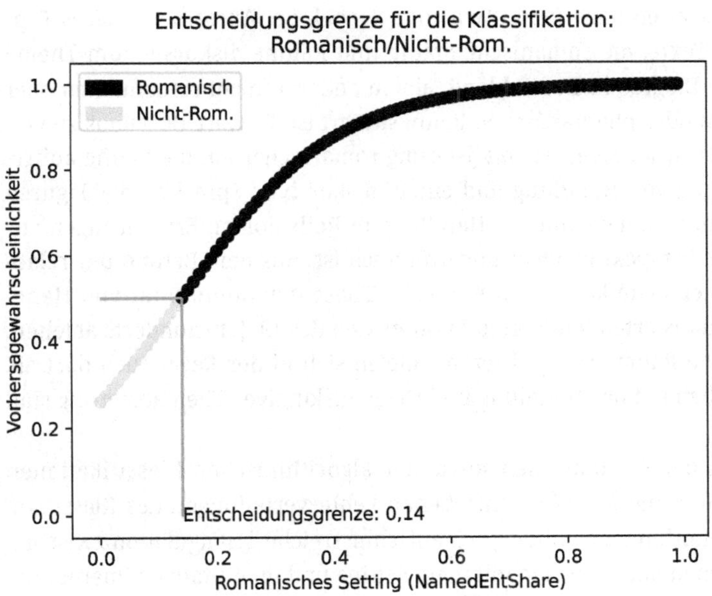


**Abbildung 47:** Entscheidungsgrenze in der sigmoiden Funktion für den *NamedEntShare* (mit Min-Max-Skalierung) auf der waagrechten Achse mit Entscheidungsgrenze für die Klassifikation mit logistischer Regression. Angenommen wird eine Entscheidung bei einer Vorhersagewahrscheinlichkeit von 0,5 (senkrechte Achse).

Abbildung 47 zeigt auf der waagrechten Achse die Entscheidungsgrenze (mit einem Wert von 0,14) für den Wert des *NamedEntShare*, ab dem das logistische Regressionsmodell für bzw. gegen Romanisches Setting entscheidet. Bei Werten, die oberhalb der Entscheidungsgrenze liegen, prognostiziert das Modell ein romanisches, bei darunter liegenden Werten ein nicht-romanisches Setting.[70] Die Position der Entscheidungs-

70 Die logistische Regression wird in Abschnitt 4.2.3 erläutert.

grenze entspricht der waagrechten Linie aus Abbildung 46 (links). Aus dieser *Boxplot*-Darstellung oben ergibt sich, dass der trainierte Algorithmus ziemlich genau die unteren 25% der romanischen Texte abschneidet. Von den nicht-romanischen Texten wird dagegen nur ein kleiner Teil der Texte mit den höchsten Werten abgeschnitten und falsch prognostiziert. Dieses Ergebnis ist interessant, weil es zeigt, dass ungewöhnliche Abweichungen der romanischen Texte ›nach unten‹ – aus Sicht des Modells – erwartbarer sind als die Abweichung nicht-romanischer Texte ›nach oben‹. Die Implikationen dieser Auffälligkeit lassen sich an einem Beispiel aufzeigen.

Der im Boxplot als kleiner Kreis sichtbare Ausreißer nach oben unter den nicht-romanischen Texten ist (bei einem Wert des *NamedEntShare* von ca. 1) die unter dem Pseudonym Marcotin im Jahr 1865 im Familienblatt *Daheim* publizierte Novelle »Künstlers Leid und Freud«. Die in Deutschland agierenden Figuren dieser Geschichte sprechen über Kunstreisen nach Rom, Paris und Neapel. Bei Ausreißern dieses Typs handelt es sich um Texte, die romanische Städte und Räume diskursiv zum Thema machen, obwohl die Diegese in Deutschland, einem anderen nicht-romanischen oder einem unbestimmten oder phantastischen Raum situiert ist. Es wäre durchaus zu vermuten, dass Fälle der diskursiven Thematisierung romanischer Räume häufig auftreten, weil die Trennung von Handlung und einem diskursiven Sprechen der Figuren oder des Erzählers unabhängig von der Handlung in Reflexionen, Erinnerungen etc. aus narratologischer Perspektive nicht ungewöhnlich ist. Aus dem Befund der relativen Seltenheit solcher Fälle kann man indes die These der Kontinuität von Handlungsraum und thematisierten Räumen in Erzähltexten des 19. Jahrhunderts ableiten: Texte, die romanische Räume thematisieren, spielen sich in der Regel auch dort ab. Die Trennung zwischen Ort der Handlung und Orten diskursiver Thematisierung sind relativ selten.

Die Fehlerraten der Annotationen sowie der algorithmischen Klassifikationen und die über *Precision* und *Recall* beschriebenen Fehlerverteilungen des Klassifikationsmodells leisten mithin eine philologisch aufschlussreiche Triangulation zwischen einem hermeneutischen Sinn von romanischem Setting und quantitativer Operationalisierung. Für die folgenden Analysen der Korrelation von Gattung und romanischem Setting gilt es die Fehlerraten und -verteilungen im Hinterkopf zu behalten. Insgesamt zeigt der *NamedEntShare* aber eine hinreichend gute Leistung, um auch in künftigen Studien der *CLS* weiterverwendet zu werden.

### 6.2.3 Historische Analyse: Romanisches Setting als Novellenmerkmal

Ausgehend von der erfolgreichen Validierung, die das bessere der beiden vorgeschlagenen quantitativen Maße (*NamedEntShare*) mit einer philologischen Einschätzung des Settings extensional trianguliert, lässt sich untersuchen, ob die oben eingeführte Hypothese $H_{A\text{-}Rom}$ zutrifft. Es ist also zu klären, in welchem Grad Novellen und Erzählungen gemäß der Gruppierungen nach Erstpublikationen über das Merkmal des romanischen Settings beschrieben werden können. Vor einer quantitativen Analyse ist die Korrelation allein für die Stichprobe der etwa 120 annotierten Texte zu prüfen. Tabelle 33 zeigt, dass innerhalb des annotierten Teilkorpus für die beiden Gruppen der romanischen und der nicht-romanischen Texte die Erzählprosagattungen gleichmäßig verteilt sind. Sowohl ca. 31% aller Novellen (9 von 29) als auch 31% aller sonstigen Erzählprosa mittlerer Länge in dieser Auswahl (12 von 39) haben ein romanisches Setting. Somit ist innerhalb der annotierten Stichprobe noch keine Korrelation zwischen romanischem Setting und Gattung erkennbar.

**Tabelle 33:** Romanisches Setting und Gattungen in der Annotationsstichprobe.

| | Novellen | Erzählungen/sonst. Prosa |
|---|---|---|
| romanisch | 9 (31%) | 12 (31%) |
| nicht-romanisch | 20 (69%) | 27 (69%) |
| gesamt | 29 | 39 |

Im nächsten Schritt gilt es in der gleichen Form wie für die oben geleistete Klassifikation des Sujets im Zuge der Validierung die Gattungszugehörigkeit für Novellen vs. Erzählungen aufgrund des *NamedEntShare* mit einem logistischen Regressionsalgorithmus zu modellieren und vorherzusagen. Da das Verfahren nur bei gleich großen Gattungsgruppen zuverlässig funktioniert, wurde mit einem *Bootstrapping* der Trainings- und Validierungsablauf mit jeweils gleich großen Stichproben aus beiden Gattungsgruppen iteriert. Für Klassifikationen über das gesamte Projektkorpus bleibt das Ergebnis wenig aussagekräftig. Tabelle 34 zeigt, dass die Genauigkeit (*Accuracy score*) für die im *Bootstrapping* gemittelten Vorhersagen mit 0,48 bei einem Wert liegt, der einer zufälligen Ratewahrscheinlichkeit von 0,5 entspricht. Die Vorhersagegenauigkeit von 0,63 für den Zeitraum nach 1850 zeigt indes, dass romanisches Setting ab der Zeit des poetischen Realismus zu einem erkennbaren Novellenmerkmal wird. Die gleichwohl niedrige Vorhersagegenauigkeit ist so zu deuten, dass es sich beim romanischen Setting nicht um ein spezifisches Gattungsmerkmal der Novelle als zeitübergreifende Textsorte handeln dürfte. Dennoch wird sichtbar, dass das Merkmal des romanischen Settings für sich allein bereits eine ähnliche Klassifikationsgenauigkeit im Zeitraum nach 1850 erlaubt, wie das oben verwendete *Bag-of-Words*-Modell mit den 2500 häufigsten lemmatisierten Wörtern als *Feature*-Set. Unabhängig davon ermöglicht das Maß, die zeitliche Veränderung in der Dominanz von romanischem Setting innerhalb der Gattungen zu untersuchen.

Abbildung 48 visualisiert die Dominanz des Indikators für romanisches Setting innerhalb von 10-Jahres-Zeiträumen für die einzelnen Textgruppen als linearen Zeitverlauf und macht dabei eine interessante Entwicklung sichtbar: In den Erzählungen nimmt die Dominanz von romanischem Setting über das 19. Jahrhundert hinweg in

**Tabelle 34:** Vorhersagegenauigkeit der Gattungen Novellen vs. Erzählungen mittels *NamedEntShare* für romanisches Setting.

| **Klassifikation: *N/E* (nach $S_{ED}$)** | ***Accuracy score (val_set, Bootstrapping)*** |
|---|---|
| Gesamtzeitraum | 0,48 |
| Texte nach 1850 | 0,63 |

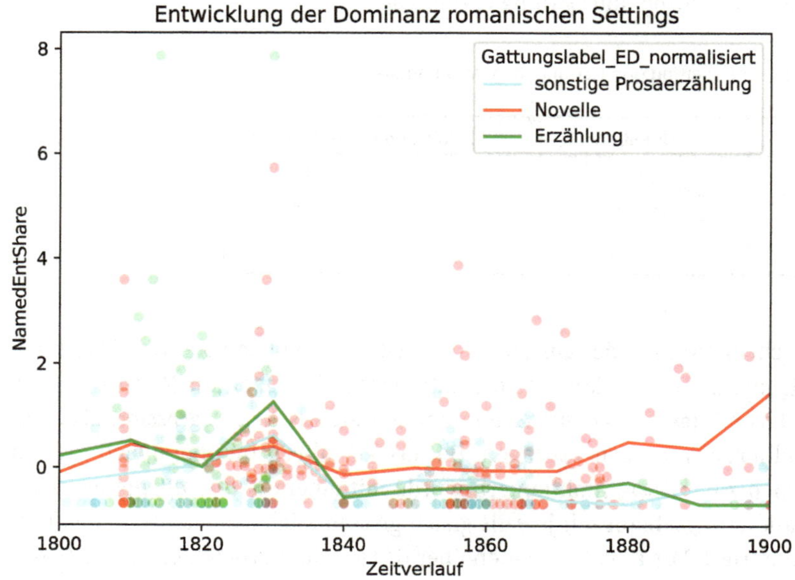


**Abbildung 48:** Entwicklung der Dominanz romanischen Settings mit *NamedEntShare* für Gattungen nach $S_{ED}$. Die Liniendarstellung, für die jeweils 10-Jahreszeiträume gemittelt wurden, wird durch die einzelnen Datenpunkte ergänzt.

mehreren Stufen ab, während sie in den Novellen ab 1870 ansteigt. Das späte 19. Jahrhundert des poetischen Realismus führt den Novellenbegriff mit romanischem Setting zusammen. Einer der für diese Tendenz bekannteren Autoren ist C. F. Meyer. Im Gesamtbild ergibt sich: Ein Erzählen vom romanischen Raum ist bereits um 1800 vertreten. Während es aber zunächst mit dem um 1800 noch gebräuchlicheren Gattungsnamen der ›Erzählung‹ verbunden ist, stellt sich nach einem zeitlichen Verzug gegenüber den Poetiken in der Zeit ab dem mittleren Realismus diese Semantisierung auch in der dezidierten literarischen Kommunikation der Gattungszuordnung zur Novelle ein.

Verglichen mit einer Konfiguration romanischen Settings als kategoriales Merkmal mit metrischer Indikatorvariable in logistischer Regression stoßen die in Kapitel 5 eingeführten linearen Modelle zur Analyse des Verhältnisses von Gattung und Medienformat als textsortenprägende Faktoren schnell an ihre Grenzen.

**Tabelle 35:** Modellvergleich: für die Varianzaufklärung des Merkmals *NamedEntShare* und die Faktoren Gattung und Medium in verzeitlichter Auflösung. Die Modelle 1.b und 1.c werden hier nicht berichtet, weil sie durchgängig schwächer abschneiden als 1.a und 2.

| Modell | 1790–1810 | 1810–1830 | 1830–1850 | 1850–1870 | 1870–1890 |
|---|---|---|---|---|---|
| Modell 1a | 0 | 0 | 0,05 | 0 | 0,15 |
| Delta G | – | – | – | – | 0,68 |
| Delta M | – | – | – | – | 0,32 |
| Modell 2 | 0 | 0 | 0,17 | 0 | 0,01 |

Tabelle 35 zeigt: Während im Zeitraum zwischen 1830 und 1850 ein medienrelativer Gattungseinfluss (Modell 2) die beste Aufklärungsleistung hat, ist erst für die Zeit von 1870 bis 1890 wieder ein deutlicher Einfluss der Faktoren Gattung und Medium greifbar: nun aber in einem Modell (1.a) unabhängiger Faktoren mit einer deutlich höheren Varianzaufklärung (Delta) durch den Faktor Gattung (68%). Insgesamt bleibt aber die Aufklärungsleistung für den Faktor Gattung erstaunlich niedrig. Dies dürfte daher rühren, dass das Merkmal des romanischen Settings mehr über einen Schwellenwert und mehr als kategoriales Merkmal zu verstehen ist, das mit der Operationalisierung über metrische Variablen angenähert wird, während Umfang als ein genuin metrisches Merkmal aufgefasst und benutzt werden kann.[71] Sobald ein Schwellenwert überschritten ist, ist es wahrscheinlich, dass die Diegese eines fiktionalen Texts in Spanien, Italien oder Frankreich situiert ist. Dieses Verhältnis zwischen metrischer Indikatorvariable (*NamedEntShare* bzw. *SettingShare*) und der philologischen Modellierung des Merkmals des Romanischen Settings als kategoriale Variable ist über eine logistische Regression besser fassbar als über die Kennzahlen der Modellgüte ($R^2$) und der Varianzaufklärung in einer linearen Regression.

Die Ergebnisse ermöglichen eine differenzierte Interpretation: Es ist nicht so, dass das Erzählen in romanischen Räumen als Schreibverfahren nach 1870 neu entdeckt wird. Das Verfahren gibt es, Abbildung 48 zufolge, bereits um 1800. Lediglich die semantische Zuordnung ändert sich: Romanisches Setting wird nach 1870 enger an den Novellenbegriff gebunden, und zwar enger, als es um 1800 an den Begriff der Erzählung gebunden war. Dies heißt nicht, dass romanisches Setting nun zu einem

71 Dass das Merkmal des Umfangs als genuin metrisch aufgefasst werden kann, zeigt sich darin, dass es nie verkehrt ist, von einem Text zu sagen, er sei so-und-so lang; auch wenn es immer möglich ist, vereinfachende Kategorien wie ›Kurzform‹, ›Langform‹, ›Großform‹ oder Prädikate wie ›Mittlere Länge‹ einzuführen. Dagegen wäre es verkehrt, zu sagen, ein Text hat zu einem Grad von 0,48 ein romanisches Setting. Stattdessen wird man sagen, dass die Indikatorvariable mit einem Wert von z. B. 0,48 es mehr oder weniger wahrscheinlich erscheinen lässt, dass ein Text romanisches Setting aufweist.

konstitutiven Novellenmerkmal wird. Dennoch kann man sagen, dass der Gattungsbegriff der Novelle im Lauf des 19. Jahrhunderts insofern Kontur gewinnt, als sich das Merkmal des romanischen Settings mit dem Gebrauch der Gattungsbezeichnung ›Novelle‹ verknüpft; und zwar in der Weise, dass romanisches Setting nach 1870 ein wichtigerer Grund für Autoren wird, ihr Marktprodukt als Novelle zu verkaufen. Philologisch interessant wird die Frage, ob auch eine mutigere Interpretation mit Evidenz gefüttert werden kann: nämlich die These, dass das Erzählen von romanischen Räumen nach 1870 auch stärker in ein kompositionsstrategisch wirksames Konzept der Novelle integriert wurde und dass sich diese Integration schließlich in der Zuschreibung von Gattungen bei der Erstpublikation niederschlägt. Dies ist die These, dass die Gattungssemantik als Poetik zu einem textsortenprägenden Faktor wird und kausale Kraft entfaltet. Um diese Interpretation zu stützen, werden sowohl theoretische als auch philologische empirische Schritte erforderlich sein. Den nächsten theoretischen Schritt wird der Schluss dieser Arbeit mit einer Klärung der Idee kausaler Kraft im Bereich der Gattungsgeschichte gehen. Die weiteren philologischen und empirischen Schritte werden dann künftiger Forschung überlassen bleiben. Ein wenig skeptisch dürfte stimmen, dass die Faktorenanalyse nach den Modellen aus Kapitel 5 keine klaren Anhaltspunkte dafür liefert, dass sich eine kausal wirksame Kompositionsstrategie mit dem Novellenbegriff und dem Merkmal des romanischen Settings verbindet. Das kann jedoch am metrischen und kategorialen Doppelcharakter dieses Merkmals liegen.

Dennoch hat dieses Kapitel zwei wertvolle Ergebnisse geliefert: Erstens eine solide und valide Operationalisierung des Merkmals des romanischen Settings über den *NamedEntShare*. Nachgewiesen haben die Analysen in diesem Abschnitt zweitens, dass sich das bekannte Bild der romanischen Novellentradition um eine bislang nicht beachtete Dimension erweitern lässt, und zwar in einer Weise, die eine These der skeptischen Arbeiten von Polheim, Meyer und Lukas widerlegt. Die skeptische Annahme besagt, dass die Gattungsbezeichnungen ›Novelle‹ und ›Erzählung‹ im 19. Jahrhundert hinsichtlich der Textmerkmale aleatorisch – d. h. ohne jeglichen Bezug zu Textstruktur, Inhalt und Form – ausgewählt wurden. Dagegen hat dieses Kapitel gezeigt, dass sich im Laufe des 19. Jahrhunderts – ausgehend vermutlich von poetologisch kodifizierten Semantiken der romanischen Tradition – die Gattungszuschreibung in den Erstdrucken durchaus an den textuellen Merkmalen zu orientieren begann. Die Praxis des Novellenschreibens und die Reflexion des Novellenbegriffs griffen von der Jahrhundertmitte an enger ineinander.

Zwei Interpretationsoptionen stehen für diesen Befund zur Verfügung: Es könnte einerseits sein, dass der Bezug zu romanischen Räumen schlicht ein Effekt der Reproduktion von Stoffen und Geschichten aus den romanischen Sprachen ist; da diese Geschichten, so könnte man annehmen, typischerweise in Italien, Frankreich oder Spanien spielen, ist das romanische Setting in den Novellen nach 1850 ein Folgeeffekt der Rückbesinnung auf vorbildhafte Autoren und Texte. Die romanistische Forschung hat das Interesse des deutschen 19. Jahrhunderts an spanischer Literatur mit Blick auf die

Orientierung an Cervantes und anderen Autoren beschrieben.[72] Überdies könnten Italienbezüge auf den katholizistischen Ultramontanismus der Spätromantik zurückzuführen sein. Gründe für idiosynkratische, zeit- und kohortenspezifische Tendenzen zur Orientierung am romanischen Raum gibt es also genug. Doch die Verbindung des romanischen Raums mit dem Novellenbegriff ist bislang unberücksichtigt geblieben. Die Befunde dieses Kapitels gehen über die Tatsache hinaus, dass Heyse und C. F. Meyer einen starken Italienbezug auch in Ihrem Schreiben hatten, denn der Trend zeigt sich im Korpus auch unabhängig von diesen beiden Schriftstellern. Es handelt sich also nicht nur um eine Akkumulation idiosynkratischer Vorlieben, sondern um eine Tendenz, die sich in einem Gattungsbegriff bündelt und auf diese Weise – zumindest im schwachen Sinn einer Korrelation – generisch wird. Es könnte andererseits – und in einem stärkeren Sinn – auch sein, dass das Erzählen von romanischen Räumen auf das poetologische Neuheitspostulat des Novellenbegriffs oder auf andere poetologische Elemente reagiert, so dass das Erzählen von romanischen Räumen nach 1850 als eine Konfiguration des Versuchs erscheint, vom Alten auf neuartige Weise zu erzählen. In diesem Fall hätte man es mit einer Übersetzung von poetologischer Forderung in Schreibpraxis zu tun. Diese Interpretation wäre philologisch noch attraktiver, weil das romanische Setting dann innerhalb eines gattungsbezogenen Schreibverfahrens ästhetische Funktion gewinnen würde. Ob auch diese zweite und anspruchsvollere Interpretation historisch haltbar ist, wird in historischen Tiefenbohrungen und künftigen Studien herauszuarbeiten sein.

## 6.3 Spannungsumgebungen

Obwohl der Begriff in den allgemeinen zeitgenössischen Ästhetiken vereinzelt auftaucht, spielt Spannung in den Novellenpoetiken des 19. Jahrhunderts auf den ersten Blick keine Rolle. Ebenso wenig in der Novellenforschung. Doch dies sollte gerade nicht als Rechtfertigung dafür dienen, Spannung auch weiterhin zu ignorieren; denn hier liegt wieder einmal das Phänomen vor, dass die Forschung der Novellenpoetik des 19. Jahrhunderts auf den Leim gegangen ist: Wie die literaturhistorische Forschung jenseits der Novellengeschichtsschreibung gesehen hat, hatte man im 19. Jahrhundert ein Bewusstsein dafür, wie eng Spannung und Novellen zusammenhängen. Im historischen Feld der Novellenproduktion hat man diesen Zusammenhang aber zu negieren versucht. So beklagt Paul Heyse in der Einleitung zum ersten Band des *Deutschen Novellenschatzes* (1871) eine Degeneration zeitgenössischer Rezeptionshaltung mit entsprechender Senkung der Produktionsstandards:

72 Vgl. für einen sozialgeschichtlich übergreifenden Blick Franzbach (2016). Zu beobachten ist in der Forschung ein kanonorientierter Ansatz und eine Fokussierung auf die Spanienbezüge der frühen Romantiker um Tieck und die Brüder Schlegel sowie auf Hegel; vgl. Strosetzki (2007).

> Die abgerissene Form des Erscheinens nämlich entwöhnte die Leser bald genug, auch eine Novelle als ein kleines Kunstwerk, ein abgerundetes Ganzes zu genießen und selbst an diese bescheidenste dichterische Form die Ansprüche der möglichsten Vollendung zu machen. Diese Genügsamkeit hatte die natürliche Folge, daß auch die Schaffenden Fähigkeit und Bedürfniß, es auf ein künstlerisch organisiertes Ganzes abzusehen, mehr und mehr verloren und dafür die Fertigkeit ausbildeten, was im Großen und Ganzen eingebüßt war, im Kleinen und Einzelnen wieder einzubringen. Es galt, den flüchtigen Leser, wie jene geistreiche Märchenerzählerin ihren grillenhaften Sultan, um jeden Preis von heute auf morgen festzuhalten, ihn, wenn er etwa nur ein mitten herausgerissenes Fragment in die Hände bekam, durch den reizenden Geschmack dieses Brockens nach der »Fortsetzung« lüstern zu machen und so von der Hand in den Mund lebend die tausend und einen Werkeltage des literarischen Handwerks hinzubringen.[73]

Diese Klage offenbart ein dialektisches Verhältnis zwischen Faktizität und Normativität: Während Heyse im Feld der Journale, das er als das Feld der Novellistik begreift, *de facto* kurzatmiges Erzählen mit aufregenden Momenten zwischen den Serienfolgen beobachtet, kritisiert er unter normativer Perspektive ein solches Erzählverfahren – mehr noch als das daraus resultierende Rezeptionsverhalten – als ästhetischen Rückschritt. Wie nah das, was er hier zu beobachten glaubt, dem Begriff des Cliffhangers kommt, geht aus einer anschließenden Bemerkung hervor:

> In noch höherem Grade [als die Novellen, J.S.] hat der Romanstil unter der heillosen Zerstückelung der Tagesblätter zu leiden gehabt, und die Klage darüber ist selbst in jenen Kreisen laut geworden, von denen das übel ausging. George Sand, im Vorwort zu ihrer *Jeanne* vom Jahre 1852, bezeichnet sogar ein bestimmtes Datum, auf das sich der Beginn dieser hastig dramatisirenden, in musivisch aneinandergereihten Effecten sich fortbewegenden Manier zurückführen lasse. »Es war«, sagt sie, »im Jahre 1844, als der alte Constitutionnel sich verjüngte, indem er zum großen Format überging. Seitdem besaßen Alexandre Dumas und Eugène Sue im höchsten Grade die Kunst, jedes Kapitel mit einer spannenden Peripetie zu schließen, die den Leser beständig in Athem erhalten und zur ungeduldigsten Neugier stacheln sollte. [...]«[74]

Aufschlussreich ist nicht nur, dass bereits George Sand ein Phänomen zu beobachten glaubte, das man erst später im 20. Jahrhundert auf den Begriff des Cliffhangers gebracht hat, und dass sie ein klares Verständnis des Zusammenspiels von Medialität und Spannung hatte, sondern auch, dass Heyse die ästhetische Degeneration, die er im Fahrtwind des noch zu besprechenden Nationalismus den französischen »Kreisen« anlasten, als zitierte These und als eine europäische Mediengeschichte des Spannungserzählens formuliert.

Folgt man Heyses Diagnose, lässt sich eine spezielle Variante der mediengeschichtliche Hypothese $H_B$ formulieren:

---

73 Heyse/Kurz (1871, 1:XI–XII) in ihrer »Einleitung« zu *Deutscher Novellenschatz*. Erster Band. München 1871, V-XXIV (auch in Polheim 1970, 144). Zu einer Analyse dieser Passage im Rahmen einer Geschichte des Cliffhangers vgl. Ajouri (2021, 60).

74 Heyse/Kurz (1871, XII–XIII).

$H_{B\text{-Spannung}}$: Mit der allmählichen Umstellung auf Serialität zur Mitte des 19. Jahrhunderts nehmen in der Erzählprosa Formen des auf emotionale Fesselung und Konsumfortsetzung optimierten Spannungserzählens zu.

Auch mit Blick auf diese Variante einer mediengeschichtlichen Hypothese war Meyer nicht nur der Erste, sondern bislang innerhalb der Novellenforschung auch der Einzige, der sie vertreten hat. Er hat dies allerdings nur mit anekdotischer Einzelevidenz und mit Blick auf einen Vergleich von Journal- und Buchfassung bei Adalbert Stifter getan;[75] dies jedoch ohne technische Klärung des Spannungsbegriffs und ohne die hier referierte Ablehnung von Spannung im zeitgenössischen Diskurs in Rechnung zu stellen. Claudia Stockinger ist dieser These sowohl für die Novellenproduktion von Theodor Storm als auch in einer Studie zum Familienblatt *Die Gartenlaube* nachgegangen. Während sie bei Storm bei dessen Erstdrucken eine Marktanpassung an das Spannungserzählen im seriell publizierenden Unterhaltungsblatt beobachtet, sieht sie die Vorannahme einer systematischen Ausbeutung des Cliffhangers in der Breite des Markts nicht bestätigt.[76]

Es erstaunt, dass diese mediengeschichtliche These in der novellengeschichtlichen Forschung nicht weiterverfolgt wurde. Seit der Arbeit von Hirsch gehört es selbst im Feld der poetologisch und idealtypisch operierenden Novellengeschichten zum ›Grundwissen‹, dass die Novellistik im Lauf des 17. und 18. Jahrhunderts aus einem journalistischen Verständnis des Erzählens von Neuartigem hervorgegangen sei. Noch verbreiteter ist in der Literaturwissenschaft die Annahme, dass der Lesemarkt zum Ende des 18. Jahrhunderts vom intensiven zum extensiven Lesen umstellt.[77] Um diesen Typus des Viellesers, der mehrheitlich aus Leserinnen bestand, nicht nur zu gewinnen, und bei der Stange zu halten, könnte ein die emotionale Bindung verstärkendes Spannungserzählen also grundsätzlich – und unabhängig von der Unterscheidung zwischen seriellen und nicht-seriellen Formaten – als Charakteristikum eines im weiten Sinn novellistischen Erzählens in den Blick kommen. Man kann daher eine allgemein medien- und gattungsgeschichtliche These formulieren: Durch die Umstellung auf ein viel aber nurmehr einmalig lesendes Massenpublikum steigt der Anteil an Spannungsmomenten im Bereich der mittellangen, meist in Journalen und Taschenbüchern erscheinenden Erzählprosa.

Ebenso wichtig wie eine korpusbasierte Bestätigung oder Widerlegung der auf serielle Formate oder die Prosaproduktion insgesamt bezogenen mediengeschichtlichen Hypothesen sind die bisher wenig beachteten Folgen der poetologischen Interventionen. Heyses Versuch, das Spannungserzählen für die Novellenproduktion zu regulieren und zu reduzieren, hat entweder Erfolg oder keinen Erfolg: Im Erfolgsfall müsste sich der Anteil cliffhangerartigen Spannungserzählens nach 1870 zumindest in der

75 Vgl. Meyer (1998).

76 Vgl. Stockinger (2017; 2018, 164).

77 Vgl. Ackermann (2007, 103) mit zugleich kritischer Würdigung dieser Annahme.

Gruppe von Autoren, die im normativen Einzugskreis von Heyses Intervention standen, wieder reduziert haben. Daraus lässt sich eine in der Novellenforschung übersehene poetologische Regulierungsmaßnahme erkennen: Auf das Mittel des Spannungserzählens soll nicht zurückgegriffen werden. Spannung ist, mit Waltons Terminologie, für Heyse im normativen Sinn ein Kontrastandard-Merkmal der Novelle.[78] Unter ästhetischer Perspektive sind Kontrastandard-Merkmale genauso relevant wie Standard-Merkmale, weil es Rezeptionserwartungen und Produktionspraktiken ebenso leiten kann wie ein *standard feature*.

Für ein besseres Verständnis der Literaturpolitik aus der Zeit des Realismus, ist es wichtig zu sehen, dass deren Programmatik ein Doppelspiel der Ablehnung und Befolgung von Marktregeln aufführt. So konzediert Heyse:

> Dem Roman wie der Novelle ist heutzutage die epische Ruhe des Stils mehr oder weniger verloren gegangen, die in den Mustern der Gattung bei den romanischen Völkern so großen Reiz übt und dem, was unser deutscher Großmeister der Erzählungskunst geschaffen, unvergänglichen Werth verleiht. Aber wenn wir diese Thatsache mit unverhohlenem Bedauern erkennen, sind wir doch von der Meinung fern, als ob die Novelle nothwendig »umkehren« und um jeden Preis die edle Einfalt und classische Mäßigung zurückgewinnen müsse, die sie in ihrer Jugend besaß. Jeder Zeitgeschmack ist eine Macht, die zwar nicht vor Recht geht, der aber ein doctrinärer Eigensinn sich nicht in den Weg stellen darf.[79]

In einer nicht näher bestimmten Weise – sei diese nun letztlich affirmativ oder kritisch – müsse sich die Novellenproduktion, so Heyse, der Tendenz zum kurzatmig spannungsgeladenen Erzählen in Cliffhangern als Realität anerkennen. Bei genauerem Hinsehen verrät Heyse hier also keine grundlegend ablehnende, sondern eine medienkritische Haltung. Autoren, die Heyse folgen, haben im Prinzip zwei Möglichkeiten: Sie können auf Spannungselemente verzichten und müssen den Rezipienten dafür etwas Anderes bieten; oder sie transformieren das ›schlechte‹ Spannungserzählen in ein im Sinn des realistischen Literaturprogramms ›gutes Spannungserzählen‹; zu denken wäre etwa an ein eher strukturelles als emotionales Spannungserzählen. Oder sie bauen, wie Storm, ein am Unterhaltungsmarkt orientiertes Spannungserzählen in ein wertorientiertes Produkt für die Buchfassung um.[80] Will man dieses Aufbieten von Alternativen oder das Transformieren als ästhetische Leistung interpretativ würdigen, kann man das Befolgen oder die genaue Weise der Abweichung vom Kontrastandard-Merkmal des kurzatmigen Spannungserzählens mit Walton als Befolgen oder Abweichen von ästhetischen Erwartungen berücksichtigen. Doch der ökonomische Preis dafür, nicht spannend zu erzählen, kann hoch sein – zu hoch für einen ›Marktrealisten‹ wie Heyse. In den nachfolgenden Abschnitten möchte ich daher zei-

---

**78** Waltons Modell wurde in Abschnitt 2.2.1 erläutert; siehe insb. Anm. 30 in Kapitel 2.

**79** Heyse/Kurz (1871, XIII–XIV).

**80** Vgl. Stockinger (2017, 221–223) und siehe meine literaturpolitische Deutung von Storms Poetik im Verhältnis zu seiner Textproduktion sowie zu seiner Medienpraxis in Kapitel 7.1 unten.

gen, dass es Heyse vermutlich weniger darum ging, Spannung abzuschaffen, sondern durch Gegenmaßnahmen der Kohäsionssteigerung auszugleichen. Dafür wird ihm das poetologische Novellenmerkmal der Konzentration dienen, dem sich das Teilkapitel 6.4 widmet.

### 6.3.1 Der Cliffhanger: Gattungs- und Medieneffekte

Dieses Kapitel hat eine allgemeine sowie spezielle mediengeschichtliche und eine konkretere gattungsgeschichtliche Frage, nämlich erstens, ob das Spannungserzählen in Cliffhangern eine emergente Eigenschaft medialer Bedingungen, insbesondere der Umstellung auf Serialität ist, und zweitens, ob ein normativer Druck und eine poetologische Sanktionierung von Spannungserzählen in der Zeit des poetischen Realismus sich spannungssenkend auf Bereiche der – wie auch immer im Sinn des Abschnitts 3.4 perspektivierten – Novellenproduktion auswirken. Ausgehend von der Beantwortung dieser beiden Fragen kann künftige Forschung das spezifische und hermeneutisch interessante Problem der poetologisch geforderten Abweichung vom Spannungserzählen fallweise in den Blick nehmen. Abschließend werde ich einige Ideen zu erfolgversprechenden Antworten anbieten.

Abbildung 49 bietet mit einer zeitlichen Verlaufskurve des Spannungsniveaus für die einzelnen Gattungen eine vorläufige Antwort auf die zweite Frage. Dem ersten Eindruck nach ist Abbildung 49 etwas unübersichtlich. Wie Heyse es sich für die Novelle wünscht, allerdings schon deutlich vor 1871, nimmt die historische Spannungskurve, gleichwohl über alle Gattungen, in der Tendenz ab. Gleichwohl ist keine dieser Tendenzen stark und statistisch signifikant ausgeprägt. Dennoch zeichnet sich mit Blick auf Textsortendifferenzen ein leichter Unterschied zwischen den im Spannungsniveau tendenziell schwächeren Romanen und der übrigen Erzählprosa mittlerer Länge ab.

An dieser Stelle werden die Leserinnen und Leser dieses Buchs sich fragen, wo der hier verwendete Spannungsindikator herkommt und was eigentlich gemessen wird. Es handelt sich um die relative Häufigkeit von Wörtern im Text, die unterschiedliche Typen von Gefahrenszenen andeuten. Warum das Gefahrenlevel ein guter Indikator für einen bestimmten Spannungsbegriff ist, für den sich in den theoretischen Diskussionen der letzten Jahrzehnte der Begriff der *Suspense* als rezipientenseitige Sorge um die körperliche Unversehrtheit der Figur etabliert hat, wird unten im Abschnitt 6.3.2 zur begrifflichen Klärung sowie technischen Operationalisierung und Validierung von Spannung entfaltet.[81] Unstrittig ist, dass Spannung als ein grundle-

**81** Vgl. Schröter (2023b) und Zehe/Schröter/Hotho (2023). Die Frage einer angemessenen Operationalisierung von Spannung (hier: *Suspense*) ist und bleibt kontrovers, weil es sich um ein lesepsychologisches Phänomen handelt, das rezeptionsseitige Unsicherheit und Inferenzen einschließt, die textuell unterschiedlich gestaltet sein und getriggert werden können.

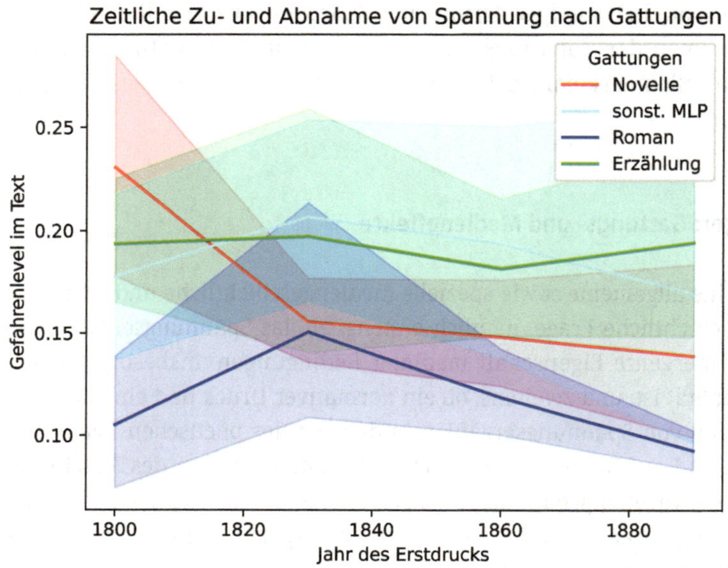


**Abbildung 49:** Verlauf des Spannungsindikators Gefahrenlevel für Gattungen im Untersuchungszeitraum. Die Werte wurden nach 30-Jahreszeiträumen gemittelt. Wie wenig statistisch signifikant die Differenzen zwischen den Gattungen sind, geht aus den weitgehenden Überlagerungen der Konfidenzintervalle hervor (dargestellt als *error bands*).

gend rezeptionsseitiges Phänomen für die Operationalisierung einige Schwierigkeiten mit sich bringt, die sich nicht so einfach lösen lassen – und zwar sowohl in quantitativer als auch in hermeneutischer Untersuchungsperspektive. Diese Schwierigkeiten kommen daher, dass unter Spannung erstens sehr unterschiedliches verstanden wird, dass Spannung zweitens, als psychischer Zustand, begrifflich schwer fassbar ist, und dass drittens das Verhältnis zwischen textseitiger Spannungsauslösung und dem Spannungsempfinden vielschichtig und deshalb schwierig zu bestimmen ist. Die Schwierigkeiten werden sich aber gewinnbringender vor dem Hintergrund der im Folgenden zunächst gezeigten empirischen Befunde diskutieren lassen. Die hier operationalisierten und verwendeten Indikatoren zur Messung von Spannung werde ich daher nicht als direkte Spannungsindikatoren, und schon gar nicht als unmittelbare Spannungs-Aspekte begreifen und beschreiben, sondern als Aspekte der Erzeugung von Spannungsumgebungen.[82] Mit Spannungsumgebung wird das räumliche, situative fiktive Umfeld bezeichnet, das beim Spannungserzählen innerhalb einer Szene erzeugt wird. Es geht in diesem Teilkapitel nicht darum, den historischen Sinn

82 Zu einem nur auf den ersten Blick ähnlichen, allerdings nicht textanalytischen Ansatz, der *Suspense* über dekorative Elemente als Einrichtungsgegenstände von Spannungsumgebungen approximiert, vgl. Delatorre et al. (2017).

von Spannung zu operationalisieren, sondern einen Aspekt von Spannung einzufangen, der systematisch für die hier zentrale These einer mediengeschichtlichen Evolution brauchbar ist.

Wichtig ist zunächst, dass der Begriff des Cliffhangers begrifflich eng als ein Verfahren der gezielten Spannungssteigerung am Ende einer medial und materiell bedingten Folge gefasst wird.[83] Nicht jedes Folgenende wird im Folgenden *per se* als Cliffhanger aufgefasst. Auch die Konzepte des Binnencliff innerhalb einer Folge sowie des Minicliffs im Sinn einer cliffhangerartigen Erzählstrategie in nicht-serieller Literatur spielten im Folgenden keine Rolle.[84] Überdies bleibt im Folgenden nachrangig, ob der im Cliffhanger ausgelöste Spannungsbogen in der darauffolgenden Folge in einem strengen Sinn fortgesetzt wird. Wichtig ist aber, dass eine Fortsetzung erwartet werden kann. Eine solche Erwartbarkeit wird in den Journalen und Familienblättern des 19. Jahrhunderts meist mit ›Fortsetzung folgt‹ oder ›Schluss folgt‹ angekündigt. Wenn man die Produktion und Rezeption fiktionaler Werke als Marktgeschehen betrachtet, dann erscheint der Cliffhanger als eine geeignete Strategie, bei den Rezipienten die Motivation zur Konsumfortsetzung zu erhöhen.

Zur ersten Frage nach einem mediengeschichtlichen Wandel zeigt die Abbildung 50 den Verlauf des Gefahrenlevels als Indikator für die Spannungs-Umgebung in seriell und nicht-seriell publizierten Texten. Der Trend ist schwer zu deuten und muss daher durch eine Regression abgeschätzt werden. Aufgrund der Robustheit wird die lineare Regression nicht über *OLS*, sondern über den gegenüber Verteilungsannahmen robusteren *Siegel Estimator* abgeschätzt.[85] Für seriell publizierte Texte zeigt sich eine steigende Tendenz. Für alle in der Analyse berücksichtigten Texten liefert der *Spearman correlation coefficient*, der die Signifikanz einer nicht-linearen Korrelation bemisst, eine signifikante Abnahme des Gefahrenniveaus ($p = 1{,}13 \cdot 10^{-6}$ für eine zweiseitige Alternativhypothese). Die nicht-seriell publizierten Texte haben ebenfalls eine signifikant rückläufige Tendenz ($p = 0{,}025$). Die in der Abbildung sichtbare Zunahme des Gefahrenlevels ist dagegen mit einem p-Wert von 0,47 (bei der Alternativhypothese einer positiven Korrelation, d. h. im zeitlichen Verlauf steigenden Tendenz) unsicher. Dennoch: Die Richtung der Tendenz besagt, dass das Gefahrenniveau in serieller Literatur im 19. Jahrhundert eher steigt.

Tabelle 36 zeigt die Ergebnisse zur in Kapitel 5.2 entfalteten Faktorenanalyse von Gattung und Medium, wobei die Kategorie Medium hier lediglich in serielle vs. nicht-

**83** Vgl. Fröhlich (2015, 127).

**84** Vgl. Fröhlich (2015, 209 und 234). Für mediengeschichtliche Analysen wichtig ist indes die Transformation von Cliffhangern in der seriellen Produktion in die später häufig erfolgende nicht-serielle Buchpublikation. Zudem ist im Blick zu behalten, dass Zeitschriften- und Fortsetzungsliteratur nicht die gleiche Extension haben; von Interesse ist für das Interesse am Cliffhanger daher primär die Schnittmenge der »Zeitschriftenfortsetzungsliteratur« (Kaminski/Ramtke/Zelle 2014, 12).

**85** Vgl. Siegel (1982). Genutzt wird die Funktion siegelslopes aus der scipy-Bibliothek (Virtanen et al. 2020), hier im Skript »analysis_plot_suspense.py«.

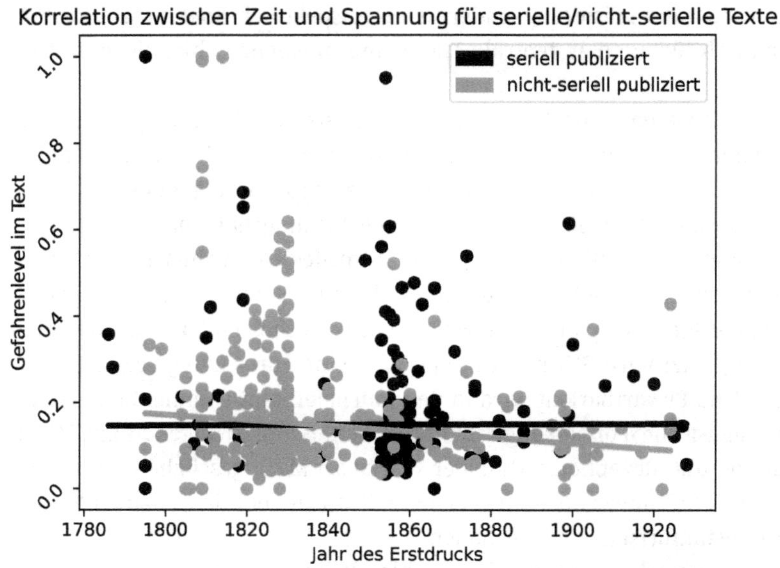


**Abbildung 50:** Zeitlicher Verlauf des Gefahrenlevels als Indikator für Spannungs-Umgebung nach medialer Serialität mit Siegel-Abschätzung der zeitlichen Tendenz für beide Gruppen.

serielle Formate unterteilt wurde. Zieht man das Bayessche Informationskriterium (*BIC*) zur Modellbewertung heran, das die Hinzunahme weiterer erklärender Faktoren stärker bestraft, ist in der Regel das Modell 1.a am stärksten. Die relative Varianzaufklärung zwischen Gattung und Medienformat kehrt sich in der zweiten Hälfte des 19. Jahrhunderts um. Vor 1850 ist ausschließlich ein Effekt von Gattungen auf das Gefahrenlevel der Texte nachweisbar. Im Zeitraum von 1830 bis 1850 kommt die hohe Aufklärungsrate durch den Faktor Gattung durch extrem hohe Werte im Bereich der sonstigen *MLP* und geringes Gefahrenniveau in Erzählungen und Novellen zustande.[86] In der Zeit zwischen 1850 und 1870 ist die Aufklärungsleistung von Gattung und Medienformat gering. Es dominiert aber weiterhin der Gattungseffekt. Ab 1890 gibt es dann einen starken Effekt der seriellen Medienformate. Spannungserzählen geht mithin nicht in die historischen Gattungssemantiken ein.

Heyses Versuch einer ›Abregulierung‹ des Erregungsniveaus in der Novellistik legt nahe, danach zu fragen, was im Bereich der Literaturproduktion geschieht, die im 20. Jahrhundert zum Kanon der Novelle wurde. Hierfür kann man nach dem von Heyse und Kurz praxeologisch vorgenommenen Kanonisierungsversuch durch die Textauswahl ihrer Novellensammlung fragen. Abbildung 51 zeigt das Gefahrenniveau

86 Die hohe Varianzaufklärung des Modells 2 mit Variableninteraktion kommt dadurch zustande, dass die Texte aus dem Bereich der *MLP* mit hohem Gefahrenniveau weitgehend aus der nicht-seriellen Sammlung *Pantheon* stammen und damit die ›nicht-serielle *MLP*‹ einen hohen Grad an Spannungsumgebung aufweist, ohne dass es sich hier um einen eigentlich medialen Effekt handelt.

**Tabelle 36:** Modellvergleich mit Verzeitlichung: Gattung und Medium als Faktoren des Gefahrenniveaus. Der Faktor Medienformat wurde hierfür binär über die Werte ›seriell‹ vs. ›nicht-seriell‹ modelliert. Der Modellvergleich erfolgt über *adj. $R^2$*, mit *BIC* in Klammern.

| ***E* vs. *N* vs. *MLP* vs. *R*** | | **1810–1830** | **1830–1850** | **1850–1870** | **1870–1890** | **1890–1910** |
|---|---|---|---|---|---|---|
| Modell 1.a (G + M) | adj. $R^2$ (BIC) | −0,007 (−71) | 0,165 (−79) | 0,081 (−91) | −0,062 (−31) | 0,180 (−23) |
| | Δ G | 0,250 | 0,997 | 0,975 | 0,1 | 0,003 |
| | Δ M | 0,750 | 0,003 | 0,025 | 0,9 | 0,996 |
| Modell 1.b (M) | adj. $R^2$ (BIC) | 0,010 | −0,008 | −0,003 | 0,040 (−37) | 0,253 (BIC -29) |
| Modell 1.c (G) | | −0,013 | 0,177 | 0,076 | −0,065 (−32) | −0,051 (BIC -19) |
| Modell 2 (G · M) | | −0,010 (−62) | 0,223 (−82) | 0,051 (−82) | −0,069 (−28) | 0,108 (−17) |

für die Texte, die – im Sinn der Perspektivierung auf den Situationstyp $S_{N\text{-}Sch}$ nach Teilkapitel 3.4 – in den *Deutschen Novellenschatz* aufgenommen wurden im zeitlichen Verlauf nach den Jahren der Erstpublikation der Texte. Heyse und Kurz zeigen – möglicherweise unbewusst – Mut zur paradoxen Praxis und bestätigen damit den in vielerlei Hinsicht zu beobachtenden Widerspruch zwischen Novellentheorie und den Praktiken des Novellenschreibens bzw. der Zuweisung von Texten zur Gattung. Obwohl die theoretische Betrachtung in der Einleitung zum *Deutschen Novellenschatz* emotionserregendes Erzählen kritisiert, wählen Heyse und Kurz – gerade mit Blick auf Produkte ihrer eigenen Zeit zwischen 1860 und 1876 sowie mit Blick auf die frühesten Werke ihrer Auswahl bis etwa 1830 – weit überdurchschnittlich gefahrenreiche Erzähltexte. Für die Zeit zwischen 1830 und 1850 scheint dagegen ein umgekehrter Trend erkennbar zu sein.

Möglicherweise unterbieten Heyse und Kurz den Vorbehalt biedermeierlicher Ereignisarmut durch eine selbst für biedermeierliche Verhältnisse überspitzte Auswahl gefahrloser Texte. Plausibel wäre dies insofern, als es Heyse und Kurz um die Konstruktion eines Kanons für ein teleologisches Verständnis von Literaturgeschichte geht, das den poetischen Realismus als eine literarische Hochform nach den Irrtümern sowohl der Romantik als auch der Restaurationszeit begreift. Doch die insgesamt paradoxe Praxis ist bereits in der poetologischen Reflexion als solche angelegt: Heyse hat bereits eingeräumt, dass dem Zeitgeschmack nach aufregendem und ruhelosem Erzählen Rechnung zu tragen sei. In dieser Hinsicht ist der *Deutsche Novellenschatz* der Versuch einer populären Erzählsammlung bei gleichzeitiger reflexiv-ästhetischer Einhegung dieser poetologisch und im Wertesystem der Zeit nicht zu rechtfertigen Auswüchse populären Gefahren-Erzählens. Die Sammlung ist die paradoxe Kombination spannungsfeindlicher Novellentheorie und unterhaltungs- sowie

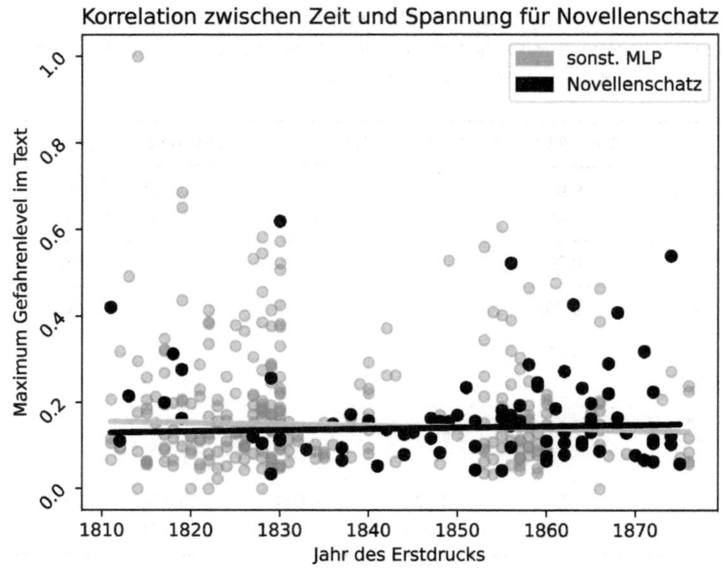


**Abbildung 51:** Gefahrenlevel in den Texten des *Deutschen Novellenschatzes* nach Datum der Erstpublikation der aufgenommenen Texte für den potenziellen Einzugszeitraum des Novellenschatzes 1810 bis 1876, nach der historischen Perspektivierung auf den Situationstyp $S_{N\text{-}Sch}$, und mit Siegel-Abschätzung der zeitlichen Tendenz für beide Gruppen.

marktkonformer Textauswahl mit Ansätzen zur theoretischen Reflexion dieser Paradoxie im poetologischen Diskurs.[87]

Zu fragen ist daher nach dem Effekt der Intervention für den Kanon der heute als einschlägige Novellen geltenden Erzählprosa. Abbildung 52 zeigt das Gefahrenlevel der heute vergessenen Texte (Kategorie 0) im Vergleich zum Hochkanon (Kategorie 3), wie er durch Text- und Interpretationssammlungen aus der zweiten Hälfte des 20. Jahrhunderts kodifiziert wurde. Gewählt wurde hierfür die in Kapitel 3.4 erläuterte Perspektivierung $S_K$ auf den gegenwärtigen Kanon. Während in den vergessenen Texten kein Trend erkennbar wird, ist über den Verlauf des – in der Abbildung ein wenig (über)langen – 19. Jahrhunderts in den heute kanonischen Texten ein Trend zu geringerem Spannungsniveau erkennbar, der gleichwohl dem allgemeinen Trend zu gefahrenärmerem Erzählen folgt. Es wird aber auch sichtbar, dass kanonische Novellen legitimiert sind, gefahrenreich und spannend zu erzählen. Die drei am weitesten nach oben ausschlagenden Texte aus dem Novellen-Kanon sind Goethes »Geschichte vom rätselhaften Pochen«, Hofmannsthals »Eine Reitergeschichte«, die den Stoff aus

87 Dies ist der zentrale Unterschied zu den idealistischen Poetiken wie beispielsweise der von Storm, die so tun, als gäbe es überhaupt keinen Markt. Um die Funktionen von Berücksichtigung und Leugnung eines Markts wird es in Kapitel 7 in literaturpolitischer Perspektive gehen.

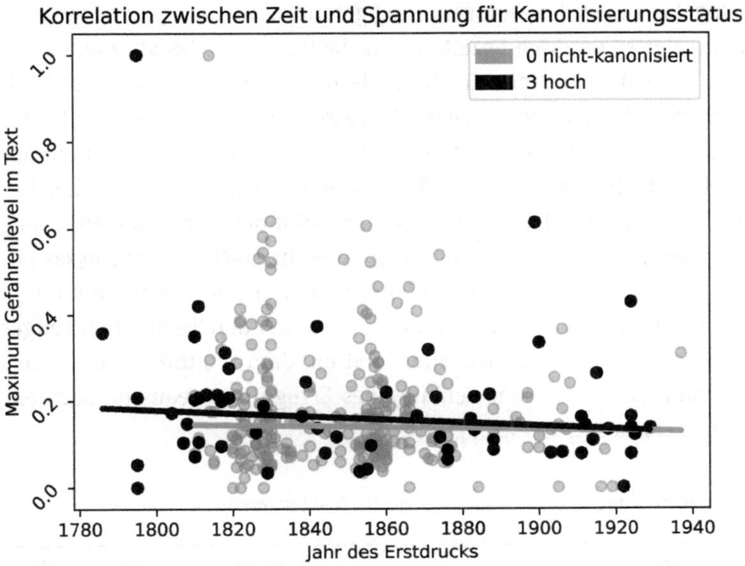


**Abbildung 52:** Gefahrenlevel nach Kanonisierungsstatus (mit den Kategorien ›0 nicht-kanonisiert‹ versus ›3 stark kanonisiert‹; siehe Tabelle 4) nach $S_K$ und mit Siegel-Abschätzung der zeitlichen Tendenz für beide Gruppen.

den *Unterhaltungen deutscher Ausgewanderten* fortführt, und Musils »Die Portugiesin«, ein Text, der nicht nur von Kampfhandlungen, körperlicher und sexueller Gewalt gegen Menschen und Tiere dominiert ist, sondern tatsächlich unter der Perspektive des *Close Reading* von *Suspense* getragen wird, wenn man in Sorge um die junge Gattin des eifersüchtigen Herrn von Ketten gerät. Unter den Spitzenreitern im Feld der vergessenen Texte befindet sich in Band 20 ein Text aus einer Novellensammlung namens *Pantheon* (1828–1831) mit dem Titel »Fabio und Bibiana«. Mit dieser Sammlung wird sich die Fallstudie im folgenden Abschnitt beschäftigen, um die Formen des proto-populären Spannungserzählens zu erkunden.

Für die Hochliteratur zeigt Tabelle 37 die gefahrenreichsten Erzähltexte aus dem heutigen Novellenkanon bis zum Wert von 0,15, also bis zu dem Wertebereich, der durch die angegebenen Regressionslinie für die mittlere Tendenz in Abbildung 52 vorgegeben wird. Goethes *Novelle* weist mit seinem fahlen, primär epistemologisch zu deutenden, aber sekundär auch die Langsamkeit des Handlungsfortschritts andeutenden Nebellicht ein insgesamt ruhiges Setting auf, aus dem mit dem Brand und der Jagd bzw. Rückholung der entlaufenen Wildtiere Gefahrensituationen erwachsen. Die *Novelle* liegt in etwa beim Durchschnitt für das Gefahrenlevel. Die in der Tabelle geführten Texte unterhalb von Goethes *Novelle* weisen jeweils eine Gefahrenszene auf und liegen damit bereits leicht unterhalb des Durchschnitts für das Gesamtkorpus. Es ist nicht ganz einfach, die gattungsgeschichtliche Relevanz dieser Befunde richtig einzuordnen: Der Novellenkanon bewegt sich im zeitlichen Verlauf in die Richtung abnehmender Erregung, lässt aber die Kanonisierung gefahren- und ereignisreichen Erzählens vor allem aus der späten Goethezeit zu. Um 1800 liegt das Gefahrenerzählen im Hochkanon über dem Durchschnitt des literarischen Felds insgesamt. Um 1900 fällt es auf das Niveau des Durchschnitts. Diese Prozesse mitsamt der latenten Faktoren für die Zuschreibung literarischen Werts zu modellieren und so erklärbar zu machen, ist eine Aufgabe künftiger Forschung. Mit einiger Vorsicht kann man aber bereits jetzt annehmen, dass der beobachtbare Wandel im Umgang mit Spannungserzählen weder von Gattungssemantiken ausgeht, noch – über Heyses paradoxe Intervention hinaus – in erkennbarer Weise in die Gattungssemantiken integriert wird. Wenn man annimmt, dass die kanonisch gewordenen Texte auch zeitgenössisch bereits den Anspruch ›hoher Novellen‹ hatten, dann könnte es aber sein, dass sich der allgemeine Trend zu einer Senkung des Erregungsniveaus im Segment der Hochliteratur noch stärker niederschlägt.[88]

**Tabelle 37:** Die gefahrenreichsten Texte aus dem Novellen-Hochkanon (Auswahl).

| Level | Gefahrentyp | Titel | Autor | Jahr | Label |
|---|---|---|---|---|---|
| 1,00 | Spuk | ›Geschichte vom rätselhaften Pochen‹ | Goethe | 1795 | sonst. *MLP* |
| 0,61 | Kampf | »Eine Reitergeschichte« | Hofmannsthal | 1899 | sonst. *MLP* |
| 0,43 | Gewaltverbrechen | »Die Portugiesin« | Musil | 1924 | Novelle |
| 0,42 | Kampf | »Die Verlobung« | Kleist | 1811 | sonst. *MLP* |
| 0,37 | Spuk | »Die schwarze Spinne« | Gotthelf | 1842 | sonst. *MLP* |
| 0,36 | Kampf | »Der Verbrecher aus verlorener Ehre« (Thalia) | Schiller | 1786 | sonst. *MLP* |
| 0,32 | Kampf | »Eine Halligfahrt« | Storm | 1871 | sonst. *MLP* |
| 0,31 | Spuk | »Der tolle Invalide auf dem Fort Ratonneau« | Arnim | 1818 | Erzählung |
| 0,28 | Gewaltverbrechen | »Das Fräulein von Scuderi« | Hoffmann | 1819 | Erzählung |
| 0,21 | Gewaltverbrechen | »Der Sandmann« | Hoffmann | 1816 | sonst. *MLP* |

88 Zum Begriff der Hochliteratur für die hier untersuchte literarische Kultur siehe Kapitel 7, das ›Hochliteratur‹ als mediales Konstrukt begreift.

**Tabelle 37** (fortgesetzt)

| Level | Gefahrentyp | Titel | Autor | Jahr | Label |
|---|---|---|---|---|---|
| 0,21 | Kampf | »Die Hochzeit des Mönchs« | Meyer | 1883 | Novelle |
| 0,21 | Kampf | »Das Amulett« | Meyer | 1873 | Novelle |
| 0,21 | Spuk | »Die Bergwerke zu Falun« | Hoffmann | 1819 | Erzählung |
| 0,21 | Spuk | ›Ferdinand‹-Erzählung | Goethe | 1795 | sonst. *MLP* |
| 0,2 | Krieg | »Geschichte vom braven Kasperl und dem schönen Annerl« | Brentano | 1817 | Erzählung |
| 0,19 | Kampf | *Novelle* | Goethe | 1828 | Novelle |
| 0,17 | Spuk | »Der Runenberg« | Tieck | 1804 | sonst. *MLP* |
| 0,16 | Spuk | »Des Lebens Überfluß« | Tieck | 1838 | Novelle |
| 0,16 | Gewaltverbrechen | »Grigia« | Musil | 1924 | Novelle |

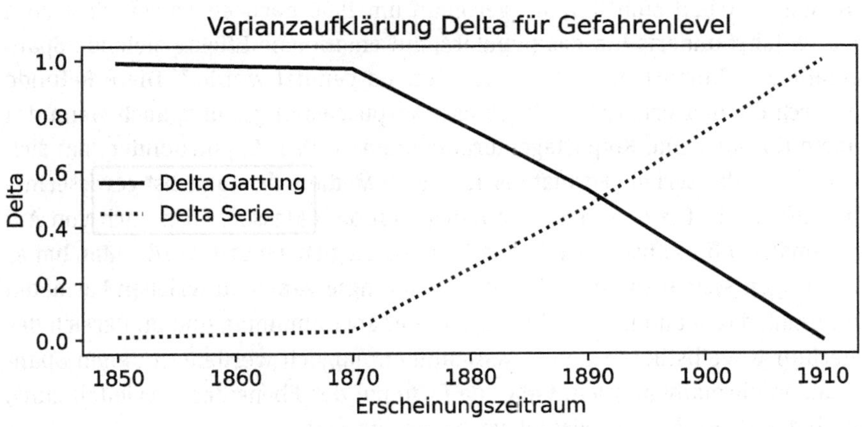


**Abbildung 53:** Relative Varianzaufklärung von Gattung und Medium für das Gefahrenlevel 1850–1910.

Eindeutig zu beobachten ist ein Medieneffekt, dem es weiter nachzuspüren gilt. Abbildung 53 macht den Aufstieg des Faktors Medium zum Jahrhundertende noch einmal visuell anschaulich.[89] Die Dominanz des Faktors Gattung ist um 1850 auf die hohen Gefahrenwerte für Romane und Erzählungen zurückzuführen, die primär durch Extrembeispiele in der insgesamt geringen Anzahl von Texten aus dem Korpus zwischen 1840 und 1853 zu erklären sind. Ein *ANOVA*-Test zeigt, dass erst ab 1890 die Differenz

89 Der Abbildung liegen die Werte aus Tabelle 36 zugrunde.

zwischen seriell und nicht-seriell publizierten Texten auch statistisch signifikant wird ($p = 0{,}013$ für den Zeitraum 1890–1930). Die Ergebnisse sind, obwohl sie nur schwache und nicht durchweg statistisch signifikante Tendenzen vorgeben, gerade in Anbetracht jüngerer mediengeschichtlicher Einzelstudien und bei genauer Kenntnis der Korpuszusammensetzung ausgesprochen aufschlussreich.

Im Wesentlichen setzen sich die seriellen Instanzen aus der Zeit zwischen 1850 und 1870 aus Erzählprosa der Familienblätter zusammen. In das Korpus eingeschlossen wurden die marktdominante *Gartenlaube* und das überkonfessionell-konservativ ausgerichtete Nachahmer- und Kontrastformat *Daheim*. Die Familienblätter steigern noch nicht das gefahrenbasierte Spannungserzählen. Obwohl der große Forschungsschub der letzten Jahrzehnte im Bereich populärer Serialität des 19. Jahrhunderts gerade von der Erwartung getrieben war, Frühformen auch des Spannungserzählens zu entdecken,[90] hat Stockinger in ihrer groß angelegten Studie zur *Gartenlaube* festgestellt: »Insgesamt […] überwiegen in der Gartenlaube narrative Zäsuren an den Folgenenden ohne weitere Funktion«.[91] Für einige, insbesondere für lange Texte wie Marlitts *Goldelse* und Hillerns *Aus eigener Kraft* ist bekannt, dass die fertiggestellten Texte der Redaktion als Ganztexte zukamen und entsprechend im Redaktionsprozess gestückelt wurden,[92] ohne dass die Autoren darauf Einfluss nehmen konnten. Ajouri findet in seiner Arbeit zum Kolportageroman um 1900 dagegen Belege, dass zum Ende des 19. Jahrhunderts hin das populäre, auf emotionale Effekte zielende Spannungserzählen in Kolportageformaten zunehmend genutzt wurde.[93] Diese Befunde werden durch die hier ermittelten Ergebnisse korpusbasiert gestützt, auch wenn das verwendete Korpus keine Kolportageliteratur umfasst. Das 19. Jahrhundert hat sich Zeit gelassen, bis das serielle Format der leitenden Medien, die zunächst gewissermaßen ›von außen‹ die Texte zerschnitten haben, auf dem Massenmarkt auch von Autoren systematisch für konsumerhaltende Erzählstrategien genutzt wurde. Man hat es mit einem trägen System zu tun, indem das Spannungserzählen in seriellen Formaten leicht zunimmt, das Spannungserzählen insgesamt aber abnimmt, und im Bereich der ›Hochliteratur-Novellistik‹ paradoxe Maßnahmen möglich werden, in denen Spannungserzählen normativ abgelehnt aber de facto auf der Ebene der Vervielfältigung, etwa durch den *Deutschen Novellenschatz*, begünstigt wird.

---

**90** Vgl. hierzu die DFG Forschungsgruppe 1091 (2010–2016), deren Programmatik in Scherer/Stockinger (2016, 260 und 266) ausgehend von bestehender Forschung zur Evolution des Cliffhangers im Feuilletonroman die Suche nach ähnlichen Strategien in den populären Zeitschriften in den Blick nimmt. Auch der erste Sammelband dieser Forschungsgruppe verfolgt dieses Interesse, vgl. Kelleter (2012). Zur These einer Kontinuität zwischen Cliffhanger und Serialität vom 19. Jahrhundert zur Fernsehserie der Gegenwart vgl. Türschmann (2007).

**91** Stockinger (2018, 163).

**92** Vgl. Stockinger (2018, 164) am Beispiel von Marlitts *Goldelse*.

**93** Vgl. Ajouri (2021, 69).

Die hier vorgenommenen Analysen haben bisher nicht gezielt nach dem Cliffhanger am Folgenende gesucht, sondern allgemeiner untersucht, ob in seriell publizierter Prosa, die das Potenzial hat, spannungsbasierte Cliffhanger strategisch zu nutzen, das Gefahrenlevel als Spannungsindikator im Lauf der Zeit zunimmt. Gezielter nach dem Cliffhanger als binnentextuelles und zugleich binnenmediales Phänomen lässt sich suchen, indem erstens Texte in die Episoden ihrer seriellen Publikation unterteilt werden, zweitens die Einzelepisoden wiederum in Segmente (*Chunks*) unterteilt werden und untersucht wird, ob, drittens, (mit Ausnahme der jeweiligen Schlussfolge jedes Werks) jeweils im letzten Segment jeder Episode das Gefahrenlevel steigt. Das Ergebnis dieser Analyse wird in den Boxplots aus Abbildung 54 gezeigt.

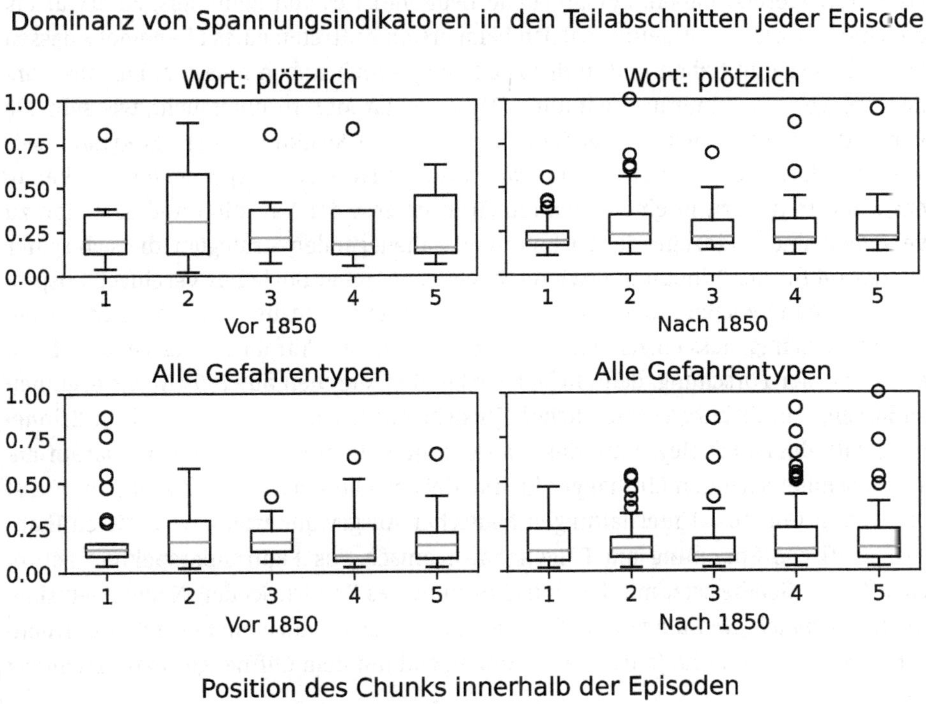


**Abbildung 54:** Mikroanalyse des Cliffhangers in den Einzelfolgen: Gefahrenlevel in den Abschnitten ($n = 5$) der Episoden (unten) und Vokabular (Häufigkeit des Wortes ›plötzlich‹, das Überraschung (*Surprise*) ausdruckt (oben)), jeweils links für die erste und rechts für die zweite Hälfte des 19. Jahrhunderts.

Für die Zeit vor 1850 zeigt sich kein interpretierbarer Effekt: Das Gefahrenniveau ist am Folgenende (hier: im jeweils 5 Abschnitt) nicht höher als in den vorangehenden Abschnitten jeder Episode. Für die Zeit nach 1850 zeigt sich immerhin eine Tendenz zu immer stärkeren Einzelfällen (Ausreißern) zum Ende jeder Episode hin. Ausgehend von Ajouris Beobachtung, dass Cliffhanger nicht unbedingt mit Gefahren-*Suspense* operieren müssen, sondern auch, allgemeiner, durch Fragen aufwerfende

Überraschungen und unerwartet eintretende Ereignisse wie das Öffnen eines Briefs oder das Erscheinen eines Boten getriggert werden können, wurde zudem überprüft, ob Vokabular am jeweiligen Folgenende zunimmt, das Plötzlichkeit oder unerwartete Ereignisse ankündigt. Das Ergebnis (oben in Abbildung 54) ist strukturell homolog zu dem Verlauf der Gefahrensituationen (unten): Eine Zunahme in der zweiten Jahrhunderthälfte für Unerwartetes anzeigendes Vokabular lässt sich bestenfalls in Form von Ausreißern beobachten. Ein Problem der hier eher explorativ vorgenommenen Binnenanalyse innerhalb der Einzelepisoden liegt darin, dass nur etwa 20 Texte des Korpus in ihren Einzelfolgen vorliegen, während für deutlich mehr Texte kategorial annotiert wurde, ob sie seriell erstpubliziert wurden.[94]

Es ist immer einfacher, rückblickend zu sehen, welche Kulturtechniken sich historisch durchgesetzt haben. Entsprechend bequem ist es von heute aus, zu erwarten, dass die historischen Akteure sogleich beim ersten Auftreten eines Phänomens dessen Potenzial erkannt haben und in der Breite angewandt haben müssten. Für die – anders gelagerte – Krimirätselspannung (*Mystery*) hat Moretti untersucht, wie sehr die von Arthur Conan Doyle verwendeten Strategien zur Strukturierung des Krimirätsels mittels unterschiedlicher Arten von *clues* als zufallsverteilte Experimente aus Versuchen und Irrtümern in einem evolutionären Prozess der Variation und Selektion zu verstehen sind.[95] Einzelne der rückblickend naheliegenden Strategien, die sich später als zentral für den Whodunit erwiesen haben, hat Conan Doyle nur vereinzelt ausprobiert und dann wieder aufgegeben. Mit dem Cliffhanger dürfte es sich ähnlich verhalten. Es ist richtig, dass einzelne Autoren schon früh den Cliffhanger verwenden: Es ist ein Topos der Forschung, den Cliffhanger bei den Märchen aus *1001 Nacht* beginnen zu lassen;[96] in diskursgeschichtlicher Hinsicht mit Recht, wenn man sich in Erinnerung ruft, dass auch Heyse mit den »tausend und einen Werkeltage[n]«[97] darauf anspielt. Schiller setzt den Cliffhanger in »Die Geisterseher« nach allen Regeln der Kunst ein und in Goethes »Unterhaltungen deutscher Ausgewanderten« wird die cliffhangerspezifische Spannung am Folgenende ironisch aus Figurenperspektive gebrochen.[98] Und Goethe setzt mit der Unterbrechung des Erstdrucks der ›Neuen Melusine‹ im *Taschenbuch für Damen auf 1817* gleich einen zwei Jahre andauernden Cliffhanger.[99] Dafür, dass im 19. Jahrhundert zunehmend mit dem Cliffhanger experimentiert

---

**94** Gegenwärtig führe ich ein Projekt durch, das ein breiteres Korpus von Erzählprosa des 19. Jahrhunderts auf der Ebene der Einzelepisoden erschließt, um die Frage nach dem Cliffhanger in feinerer Auflösung beantworten zu können, vgl. Schröter (2024).

**95** Vgl. Moretti (2013b, 74–79).

**96** Vgl. Fröhlich (2015, 26) und Berg (2012, 317), die von einer Evolution des Cliffhangers in den Moralischen Wochenschriften ausgeht, die durch Antoine Gallands erster Ausgabe von *1001 Nacht* im Jahr 1704 initiiert worden sei.

**97** Siehe Anm. 73 in diesem Kapitel.

**98** Vgl. Ajouri (2021, 58–59).

**99** Vgl. *Taschenbuch für Damen auf 1817* (1816, 1–24). Dort endet die Erzählung auf S. 24 mit der Unterbrechung »Vernimm also: –«; Fortgesetzt wird sie erst in der Ausgabe auf das Jahr 1819.

wird, spricht die zunehmende Streuung von hohen Gefahrenwerten zum Ende der Einzelfolgen. Doch bis der Cliffhanger flächendeckend den Markt dominiert, dauert es erstaunlich lange. Es ist nicht so, als käme er sofort mit der Umstellung auf serielles Erzählen überall und kontinuierlich zum Einsatz. Kultureller Wandel lässt sich zumindest in diesem Fall, mit einer evolutionären Perspektive besser verstehen als mit wiederholten Hinweisen darauf, dass es die wesentlichen ästhetischen Verfahren bei den größten Künstlern immer schon gab.

### 6.3.2 Operationalisierung von *Suspense*

Bisher wurde nicht geklärt, wie das Gefahrenniveau als Indikator für *Suspense* sowie zur Identifikation des Cliffhangers funktioniert. Dies wird der folgende Abschnitt leisten. Eine differenzierte begriffliche Klärung und Operationalisierung des Spannungsbegriffs sowie die Validierung werden helfen, die Ergebnisse dieses Kapitels auch philologisch besser einschätzen zu können. Die Operationalisierung von Spannung mit quantitativen und computergestützten Analyseverfahren ist noch immer eine große Herausforderung, weil sie als Phänomene nicht unmittelbar textanalytisch messbar sind. Das gilt nicht nur für computergestützte, sondern für textwissenschaftliche Analysen insgesamt; denn Spannung ist ein Komplex disparater psychologischer Phänomene, die zunächst einer Desambiguierung bedürfen. Dafür stehen eine Reihe von etablierten Unterscheidungen zur Verfügung: Die zwischen Wie- und Was-, bzw. Verlaufs- und Ausgangsspannung (Brecht),[100] die nach hinten gerichtete *Whodunit-* und die nach vorne gerichtete *Suspense*-Spannung (Todorov),[101] die das Modell für die heute leitende Unterscheidung zwischen *Mystery* (als Krimirätsel) und *Suspense* liefert. In der aktuellen Diskussion wird daher zwischen *Surprise* (Überraschung), *Mystery* (Krimirätselspannung), *Suspense* und *Puzzle* (Rätsel, die durch die Verletzung textueller Kohärenz auf der Ebene des *Discours* zustande kommen) unterschieden,[102] wobei die Überraschung (*Surprise*) aufgrund ihres punktuellen Charakters häufig

**100** Vgl. Langer (2008).

**101** Vgl. Todorov (1977, 44–48).

**102** Klassisch ist die Unterscheidung zwischen *Suspense, Surprise* und *Mystery* nach der *Structural Affect Theory* von Brewer/Lichtenstein (1982). Die jüngste und theoretisch breiteste Zusammenstellung von Spannungstypen bietet aus linguistischer Sicht und in deutscher Sprache die Dissertation von Hausenblas (2017), die aber lediglich zwischen *Suspense, Curiosity* (vgl. ebd., 170–174) (gemeint ist damit: *Mystery*) und *Puzzle* (vgl. ebd., 196–202) unterscheidet. Der Begriff des *Puzzle* wird dort insofern systematisch nicht konsistent definiert, als er nicht durch die narratologische Unterscheidung zwischen *Discours* und *Histoire* strukturiert wird. Der Begriff könnte aber, wie hier vorgeschlagen, als die Form der Rätselspannung rational rekonstruiert werden, bei der Lücken im *Discours* Fragen zur Kohärenz auf der Ebene der *Histoire* aufwerfen. Ein Beispiel wäre Leo Perutz' Roman *Nachts unter der steinernen Brücke*.

auch aus der Gruppe der Spannungstypen ausgegrenzt wird.[103] Ergänzt wird diese Sammlung mitunter durch den Begriff der *Tension*, der im Deutschen meist im Plural, also als kognitive, intellektuelle, Spannungen oder Spannungsverhältnisse auftaucht, die es (mehr oder weniger) dialektisch aufzuheben, zu lösen oder einfach auszuhalten gilt.[104]

Das Interesse dieses Kapitels gilt der Evolution populärkultureller Schreibverfahren auf dem Markt der Unterhaltungsliteratur sowie der mediengeschichtlichen These, dass sich diese Schreibverfahren in Form des Cliffhangers in serieller Literatur entwickeln. Dieses Interesse bezieht sich im Kern auf den Spannungstyp der *Suspense*, auch wenn der Blick ins Material zeigt, dass *Surprise* ebenfalls eine erhebliche Rolle in den Erzählstrategien emotionaler Erregung spielen dürfte. Daher sollte man *Surprise*, auch wenn es sich nicht um ein Spannungsphänomen im engeren Sinn handelt, im Blick behalten. Und natürlich ist es denkbar, Cliffhanger in die Struktur der Rätseltypen des *Puzzle* und – mehr noch – des *Mystery* einzubinden: doch hier bewegt man sich in spezifischen Genres, die nicht im Fokus einer Novellen und Journalprosageschichte des 19. Jahrhunderts stehen, sondern erst im Lauf des 20. Jahrhunderts bedeutend werden.[105]

*Suspense* bezeichnet einen Typ emotionsgeladener Spannung, bei der Rezipienten um die Unversehrtheit des Protagonisten bangen. Ein Kernbereich des Spannungsproblems betrifft die Frage, wie *Suspense* als Rezeptionserfahrung auf Textebene repräsentiert ist. Wie Anz herausgestellt hat, wird Spannung im Allgemeinen und *Suspense* im Besonderen aus textwissenschaftlicher Perspektive nicht als Empfindung selbst, sondern als »Wirkungsdisposition«[106] der Texte beobachtbar. Texte stellen, mit Mellmann, die »Auslöseschemata«[107] bereit, die bei Rezipienten zu Spannungserleben führen. Das Problem liegt hier also im Verhältnis zwischen psychologischem Spannungserleben und dem externen Auslöser des Spannungsempfindens, hier dem Text.

Die Bestimmung der relevanten textuellen Auslöseschemata ist bis heute aus mehreren Gründen ein Problem, das mit der Benennung der internen psychologischen Faktoren des Spannungsempfindens lediglich beginnt. Für die Textanalyse treten diese Probleme sowohl unter synchroner als auch unter diachroner Perspektive

103 So bereits Brewer/Lichtenstein (1982, 480–481); vgl. Hausenblas (2017, 182).

104 Vgl. Fill (2003, 10), Langer (2008, 17–19) und Deupmann (2008). Es ist interessant, dass das literaturwissenschaftliche Interesse an Spannung im Singular sich häufig und aufgrund der besser verarbeitbaren intellektuellen Komplexität mit dem Interesse an Spannungen im Plural paart; vgl. etwa. Kleinwort (2008). Ein Problem mit den strukturellen und objektiven Spannungen (*Tensions*) liegt darin, dass interpretativ fast alles in diesem Sinn gespannt oder spannend sein kann, dass der Begriff also so weit wird, dass er letztlich in seiner Funktion der Bezeichnung eines textuellen oder psychologischen Phänomens leer wird, vgl. Langer (2008, 17).

105 Für einen breiteren, auf die allgemeine Fragestruktur bezogenen Spannungsbegriff vgl. Pfister (2001, 142) und Köppe/Onea (2023).

106 Anz (2007, 464).

107 Mellmann (2006, 156).

zutage: Was der eine Leser spannend findet, findet ein anderer Leser langweilig. Doch das ist das geringere Problem. Wie wir heute Spannung empfinden, kann sich deutlich von dem unterscheiden, wie Leser im 19. Jahrhundert Spannung erlebt haben. Während sich für unsere Gegenwart empirisch untersuchen lässt, wie einheitlich oder divers das Spannungsempfinden verteilt ist, lässt sich für vergangene Kulturen nicht direkt herausfinden, ob und wie Spannung empfunden wurde.

Wie *Suspense* begrifflich zu definieren ist, ist – wie das meiste in der Forschung und wie jedes Definitionsproblem – umstritten. Ich folge Dolf Zillmann, der *Suspense* über drei Kriterien definiert:

(1) Wissensmangel des Rezipienten über den Fort- bzw. Ausgang der Geschichte,
(2) Mitfühlen des Rezipienten mit der Figur, und
(3) eine in der fiktionalen Welt gegebenen Bedrohungslage für die unter (2) referenzierte Figur.[108]

Kontrovers ist in der Diskussion zu (1), ob *Suspense* erfahrbar ist, wenn der Ausgang bereits bekannt ist. Hier ist das sogenannte *Paradox of Suspense* einschlägig. Carroll sucht nach einer fiktionstheoretischen Lösung für das Paradox, dass die Bedingung (1) grundsätzlich gilt, dass *Suspense* dennoch auch bei der wiederholten Rezeption fiktionaler Werke und damit im rezipientenseitigen Wissen um den Ausgang funktioniert.[109] Zu Punkt (2) gibt es kontroverse Detaildiskussionen darüber, ob der rezipientenseitige Bezug zur gefährdeten Figur als Identifikation[110] oder als Sympathie bzw. Empathie[111] zu fassen ist und ob die gefährdete Figur moralisch gut sein muss oder lediglich nicht böse sein darf.[112] Zu (3) schließlich ist umstritten, ob *Suspense* notwendig durch ein Fürchten um und damit durch einen Fokus auf negative Konsequenzen charakterisiert sein muss, oder ob auch das Hoffen auf einen positiven Ausgang möglich ist.[113] Aus begrifflicher Sicht werde ich diese drei Kriterien als je-

---

**108** Vgl. Zillmann (1991, 283–291).

**109** Vgl. Carroll (1996) und Köppe (2008), die dafür plädieren, das Paradox als solches ernst zu nehmen; vgl. dagegen zu einer psychologischen Auflösung des Paradoxes Mellmann (2006).

**110** Vgl. Jose/Brewer (1984) und zu einer allgemein figurentheoretischen Einschätzung des Konzepts der Identifikation Jannidis (2004, 229–235).

**111** So Zillmann (1996), Mellmann (2007) sowie Junkerjürgen (2002, 177) mit dem Begriff der »Empathiekapazität« und Wulff (2003). Zentral ist dieser Aspekt auch für das Konzept der Übernahme von Figurenperspektiven bei Vorderer (1996, 241–251). Für eine konzise Zusammenfassung der Positionen vgl. Langer (2008, 21–23).

**112** Vgl. Carroll (1990, 81) und Zillmann (1996, 210–214).

**113** Vgl. Zillmann (1991, 283). Als eine Variante des Letzteren ist auch eine *Quest*-Struktur wonach ein Mitfiebern mit einer abenteuerlichen Aufgabe bei beträchtlichen Hindernissen die *Suspense*-Struktur leitet, vgl. Hausenblas (2017, 128–129). Zillmann hat ein starkes Argument vorgebracht, die Sorge mit einer Konzentration auf die Antizipation eines befürchteten negativen Ausgangs ins Zentrum der *Suspense* zu stellen. Dem folgt die hier präferierte Operationalisierung.

weils notwendige Bedingungen für *Suspense* betrachten.[114] Man kann sie zusammengenommen als hinreichend im Sinn eines Potenzials begreifen. *Suspense* kann dann wie folgt definiert werden: *Suspense* ist eine emotionale Reaktion des Rezipienten auf eine fiktionale Erzählung,[115] und zwar die Sorge des Rezipienten um die körperliche Unversehrtheit der Figur, die dadurch ausgelöst wird, dass die Bedingungen (1) bis (3) erfüllt sind. Wenn diese drei Bedingungen erfüllt sind, sind alle Voraussetzungen für das Empfinden von *Suspense* erfüllt. Dass Rezipienten trotz des Vorliegens in Einzelfällen keine Spannung empfinden, ist nicht auszuschließen. Dennoch liefern diese drei Kriterien eine brauchbare Definition.[116]

Während die Bedrohungslage (3) ein Merkmal des Plots und damit ein vergleichsweise gut objektivierbarer Aspekt auf der Ebene der textuellen Darstellung sein sollte, sind die Sympathie des Rezipienten (2) und dessen Wissen über den Fortgang der Geschichte (1) auf der Darstellungsebene und der darin verfolgten Informationsvergabestrategie gesteuerte Prozesse. In einer textwissenschaftlichen Analyse zu behaupten, dass in einer bestimmten Passage ein bestimmter, d. h. nicht nur subjektiv vom jeweiligen Leser empfundener, sondern intersubjektiv nachweisbarer Grad an *Suspense* vorliegt, erfordert entweder die Befragung zahlreicher Rezipienten oder theoretische Annahmen zu einem impliziten Leser oder Modellleser,[117] so dass eine intentionale Struktur des Werks beschrieben wird, wonach ein bestimmter Grad an Empathie mit der Figur, ein (Nicht-)Wissen über den Fortgang der Geschichte und eine Einschätzung der Bedrohungslage für die Figur in der fiktiven Welt rational und damit angemessen sind.

Prinzipiell kann man versuchen, für alle drei Konstituenten textuelle Indikatoren zu ermitteln und so die Messung von *Suspense* zu operationalisieren. Aus nachvollziehbaren Gründen hat sich die Spannungstheorie in der Regel auf die Bedingung (1) des rezeptionsseitigen Informationsmangels konzentriert; denn der Mangel an Information scheint eine notwendige Bedingung für alle Spannungsarten im Singular – also mit Ausnahme der *Tension* – zu sein: *Mystery* ist, zumindest im prototypischen Fall des Whodunit durch einen Mangel an Wissen über das charakterisiert, was im Vorfeld der erzählten Geschehnisse passiert ist. Beim *Puzzle* werden den Rezipienten wesentliche Informationen darüber vorenthalten, wie die Dinge in der fiktiven Welt zusammenhängen. Bei der Überraschung (*Surprise*) stellt sich der Effekt ein, dass sich plötzlich und unerwartet eine fiktive Situation eingestellt hat, deren Fortgang ungewiss ist. Dass *Surprise* kein genuines Spannungsphänomen oder eine eigene Span-

114 Am deutlichsten wird dies üblicherweise für die Bedingung (1) der Unsicherheit formuliert, so beispielsweise bei Carroll (1996, 255): »Uncertainty is a necessary condition for suspense«.

115 Vgl. Carroll (1996, 255–257).

116 Gegen subjektivistische Ersten-Person-Perspektiven, die es für unmöglich halten, Spannung intersubjektiv zu erfassen, weil niemand anderes außer der jeweils Spannung empfindenden Person selbst etwas über ihre Empfindung sagen kann vgl. auch Hausenblas (2017, 118–119).

117 Vgl. zum Begriff des Modelllesers (Jannidis 2004, 28–44).

nungsform ist, kann man auch damit begründen, dass sie weniger über einen Informationsmangel als durch einen Erwartungsbruch charakterisiert ist. Konstitutiv ist der Informationsmangel aber in jedem Fall für *Suspense*.

Einen anspruchsvollen Versuch, *Suspense* ausschließlich über die Bedingung (1) des Informationsdefizits zu operationalisieren, haben Doust/Piwek vorgestellt, bei dem die Unsicherheit des Lesers über den Textvorgang über sogenannte mögliche oder virtuelle *threads* modelliert wird.[118] Das sind mögliche, aber nicht realisierte Plot-Fortsetzungen im Sinn einer modallogischen Fiktionstheorie. Andere Modelle, häufig generative Modelle aus den *Game Studies*, versuchen sich dem Aspekt der Unsicherheit des Ausgangs über eine Abbildung der Pläne der Figuren zu widmen, eine Herangehensweise, die von der Struktur des psychologischen Phänomens her als der Sache fremd kritisiert wurde,[119] im Folgenden aber noch einmal aufgegriffen wird.

Diese Modelle und deren Operationalisierung sind ihrer Intention nach zwar auf Interpretierbarkeit und Verallgemeinerbarkeit hin ausgerichtet, indem sie mit dem Informationsmangel über den Fortgang der Handlung den allgemeinsten Aspekt von Spannung direkt zu operationalisieren versuchen. Doch der verdienstvolle Versuch größtmöglicher Abstraktion geht mit zwei erheblichen Nachteilen einher: Zum einen ist das Verfahren nicht hinreichend spezifisch, weil es den für *Suspense* charakteristischen Aspekt von Bedrohlichkeit nicht abbildet. Zweitens bieten Doust/Piwek für die Detektion von *threads* keine automatisierbare Analysemethode. Gegenwärtig ist nicht abzusehen, wie und ob rezipientenseitige Inferenzstrukturen und Informationsmangel quantitativ formalisiert und zuverlässig generalisierbar sein werden. Doch selbst wenn eine direkte Operationalisierung von Informationsdefiziten gelingt, gibt es eine Einschränkung, auf die Langer bereits hingewiesen hat, nämlich, dass das Strukturmerkmal des Informationsdefizits sehr allgemein ist und alle möglichen Phänomene umfasst, auch solche, die nichts mit Spannung und *Suspense* zu tun haben.[120] Informationsmangel ist ein notwendiges, aber kein hinreichendes Kriterium für Spannung.

Die Überbewertung des Informationsmangels als Kriterium von Spannung kann einen zu allgemeinen und inhaltlich armen Begriff des Cliffhangers nach sich ziehen. Richtig ist, dass jedes Folgenende im Kontext der Erstrezeption automatisch dadurch, dass es den Leseakt unterbrach, Fragen über den Fortgang triggert. Wenn man Spannung unspezifisch als Informationsdefizit definiert, das Fragen über den Fortgang aufwirft, dann wird jedes Folgenende allein durch die Definition des Spannungsbegriffs zum Cliffhanger. Man kann Begriffe so weit definieren. Aber man vergibt sich dadurch die Möglichkeit, historisierend zu untersuchen, ob der Cliffhanger als ein charakteristisches Schreibverfahren eine historische Evolution durchmacht, in deren

**118** Vgl. Doust/Piwek (2017).

**119** Vgl. Cheong/Young (2014) und O'Neill/Riedl (2014). Die Annäherung an *Suspense* über die Figurenreaktion innerhalb der fiktiven Welt haben Doust/Piwek (2017) kritisiert.

**120** Vgl. Langer (2008, 13).

Verlauf das Folgenende zunehmend für Effekte der Spannungssteigerung gezielt nutzt.

Die Operationalisierung der Messung von *Suspense* stützt sich in dieser Arbeit auf die Erfassung von Gefahrensituationen auf der Ebene des Plots und damit auf die Bedingung (3). Gefahr wird hier mithin als primäres textbasiertes Auslöseschema von *Suspense* betrachtet. Entsprechend dem oben eingeführten Verfahren des *Setting Share* (siehe Gl. 6.1, Abschnitt 6.2.1), wurden mittels *Word Embedding* Listen aus Substantiven zu sechs Gefahrentypen expandiert und die relative Anzahl an Übereinstimmungen der Wörter im Text mit den Wörtern der Gefahrenlisten berechnet und skaliert.[121] Ermittelt wurden, auf der Basis einer vorausgehenden Untersuchung von Heftromanen aus dem 20. Jahrhundert und der Kenntnis eines Teils des Korpus folgende Gefahrentypen: (1) Sturm (der typischerweise bei Seefahrten auftritt), (2) Feuer (das typischerweise als Gebäudebrand auftritt), (3) Kriegshandlungen, (4) Kampf (im Sinn eines Duells zwischen Antagonisten), (5) Gewaltverbrechen (die im Unterschied zur symmetrischen Situation des Duells auf einem asymmetrischen Machtverhältnis zwischen Täter und Opfer beruhen), (6) Entführung und – dies wurde nachträglich eingeführt – (7) Situationen von Spuk (im Sinn unheimlicher, allem Anschein nach übernatürlicher Interventionen in die erzählte Welt). Sowohl auf der Ebene der ganzen Texte als auch für unterteilte Textsegmente (*Chunks*) wurde der *SettingShare* für jede der sieben Gefahrenlisten berechnet.[122] Der am stärksten dominierende Gefahrentyp wurde dann als der im Text (bzw. einzelnen Textabschnitt) präsente Gefahrentyp verwendet und der Wert für das Segment jedes Texts mit dem höchsten Gefahrenniveau als maximales Gefahrenlevel eines Texts gespeichert. Der *SettingShare* bemisst damit gewissermaßen die Gefahrenintensität in einer Szene, erzeugt über das Vokabular im *Discours*, aufgefasst aber als Intensität der Gefahr *qua* Spannungs-Umgebung für die jeweilige Szene auf der Ebene der *Histoire*.

Wie zuverlässig *Suspense* anhand von Gefahrenniveau identifizierbar ist, lässt sich letztlich nur über die Validierung mittels Annotationen feststellen. Zu validieren sind hierbei zwei Ebenen: Erstens die Korrelation zwischen quantitativer Erfassung von Gefahrenszene und einer hermeneutischen Identifikation einer Gefahrenszene. Zweitens ist die Korrelation zwischen *Suspense*-Erfahrung und Gefahrenlevel zu prüfen. Die Erkennungsraten wurden an anderer Stelle berichtet: Die Detektion der Ge-

---

**121** Berechnet wird die Verteilung über die Klasse *DocThemesMatrix* im Modul *semantic_analysis-themes*, die ihre Attribute und Methoden von der Klasse *DocFeatureMatrix* erbt. Erzeugt wird die Matrix mit dem Skript »run_DocDangerTypesMatrix.py«.

**122** In Zehe/Schröter/Hotho (2023) wurde ein weiteres, auf eine Expansion mit *ConceptNet* (Speer/Chin/Havasi 2018) gestütztes Verfahren entwickelt und getestet, das aber keine Verbesserung erzielt. Gegenüber der dort vorgestellten, auf *Word Embedding* basierten Expansion, wurden für die Analysen die expandierten Listen noch einmal manuell korrigiert und auf einen einheitlichen Umfang gebracht, so dass das hier verwendete Verfahren dem dort beschriebenen *Baseline*-Verfahren am nächsten kommt.

fahrenszenen war bei der Anwendung auf ein Heftromankorpus mit dem hier verwendeten und im Folgenden beschriebenen Verfahren expandierter Wortlisten mit einer Vorhersagegenauigkeit von 60% für Gefahrenszenen akzeptabel,[123] hat sich jedoch bei zunehmender Erweiterung der Analysen auf Texte des 19. Jahrhunderts und im Vergleich unterschiedlicher Analyseverfahren merklich verschlechtert.[124] Diese Verschlechterung ist philologisch interessant und interpretationsbedürftig. Die Korrelation von 0,83 zwischen Gefahrenerkennung und *Suspense*-Erfahrung allein auf der Ebene der Annotationen ist überraschend gut und rechtfertigt grundsätzlich die Wahl von Gefahrenniveau als Indikatorvariable. Zu verbessern ist aber insbesondere die Detektion der unterschiedlichen Gefahrentypen.

Warum die Erkennung von Gefahrensituationen ein guter Indikator für *Suspense* sein dürfte, lässt sich erklären und darauf aufbauend in seiner philologischen Geltung einschätzen. Gefährdung macht deshalb einen eigenen und zentralen Typus von *Suspense* aus, weil – insbesondere durch Film und Fernsehen im 20. Jahrhundert – ein Spiel mit der sukzessiven Verringerung der Rettungschancen gespielt werden kann: Auswege können versperrt, Telefonkabel durchschnitten, der Selbstverteidigung dienliche Objekte und Werkzeuge können entfernt werden, usw. Spannungsdarstellung in populären Massenmedien macht von diesen Techniken Gebrauch und entfaltet auf diese Weise lange Spannungsbögen, die durch eine Verschlechterung der Rettungschancen gekennzeichnet sind und die Sorge des Rezipienten verstärken können.[125] Dies ist charakteristisch für *Suspense*. Voraussetzung ist die Etablierung gefährdender Situationen.

Dass in einer fiktiven Gefahrenszene unsicher ist, ob die gefährdete Figur gerettet wird oder ob sie Schaden nimmt, ist zunächst standardmäßig erfüllt, weil die Zukunft in der Regel – auch in fiktiven Welten – offen ist. Gemäß des fiktionstheoretischen Prinzips der *Minimal Departure* muss die Unsicherheit über den Ausgang in Gefahrensituationen nicht explizit betont werden.[126] Fälle, in denen man sich um eine Figur keine Sorgen machen muss, oder Fälle, in denen man von vornherein sicher sein kann, dass die Figur sterben wird, müssen dagegen durch allgemeine Genresignale oder durch explizite Vorinformationen vorbereitet werden. Ob und wie die rezipientenseitige Sorge um eine Figur wirklich ausgeschaltet werden kann, ist weitgehend ungeklärt. Die Unsicherheit über den Ausgang ist daher zwar strukturell wesentlich

123 Vgl. Schröter (2023b).
124 Vgl. Zehe/Schröter/Hotho (2023).
125 Vgl. die empirische Experimentalstudie zur Steigerung des *Suspense*-Empfindens bei Manipulation (und insbesondere Verringerung) der Rettungswege von Gerrig/Bernardo (1994).
126 Vgl. Ryan (1980). Ich übergehe hier die an dieses Prinzip anschließenden Diskussionen, die in der analytischen Ästhetik unter dem Begriff des *Reality Principle* geführt wurden; vgl. u. a. Walton (1990, 144–161). Die Frage, welche impliziten Regeln der fiktiven Welt zu erwarten sind, läuft in hermeneutischen Theoriekontexten, etwa bei Spoerhase (2007, 395–404), stärker über die Begriffe der Präsumtion und der Heuristik, in der kognitionswissenschaftlichen und kommunikationstheoretischen Diskussion dagegen traditionell über Grice' Begriff der Implikatur und dessen relevanztheoretische Reformulierung bei Sperber/Wilson (1995, 125); vgl. Jannidis (2004, 52–60).

für *Suspense*, aber diese Bedingung ist in der Regel im Sinn einer hermeneutischen Präsumtion erfüllt, sofern eine Sorte von Gefährdungssituation vorliegt.

Ich werde im Folgenden nur knapp auf mögliche theoretische Einwände gegen dieses Verfahren und auf dessen tatsächliche Einschränkungen eingehen. Nahe liegt etwa ein begriffsanalytischer Einwand, wenn man mit Carroll feststellt: »Conceptually, suspense entails uncertainty«.[127] Wenn Unsicherheit analytisch im Begriff der *Suspense* enthalten ist, könnte man auf die Idee kommen, dass die Identifikation von Gefahr das Vorliegen von Informationsmangel voraussetzt. Ein solcher Einwand betrifft jedoch, unabhängig davon, wie stichhaltig er auf begrifflicher Ebene ist, nicht die hier vertretene empirische These, dass die Präsentation von Gefahrensituationen standardmäßig ein hinreichender Grund dafür ist, den Ausgang für offen zu halten, solange die Unsicherheit nicht explizit aufgehoben wird. Carroll scheint mir die Sache ebenso zu sehen, wenn er seinen Gedanken fortsetzt: »When uncertainty is removed from a situation, suspense evaporates.«[128] Es ist daher auch aus theoretischen Gründen plausibel, die Gefährdungslage in einer fiktiven Situation als eine Art ›Spannungsumgebung‹ zu betrachten. Hier wird die so erfasste Spannungsumgebung als Indikator für das Spannungspotenzial des Texts im Sinn der Gefährdung genutzt.

Es gibt einen weiteren Grund, warum man sich auf die Bedingung (1) der Unsicherheit über den Fortgang für die empirische Identifikation von *Suspense* nicht zu sehr konzentrieren sollte. Selbst in den Fällen, in denen der Ausgang bekannt oder aufgrund der Genreregeln erwartbar ist, scheint *Suspense* – so sagt es das *Paradox of Suspense* – zu funktionieren; und zwar schon allein deshalb, weil man sich als Rezipient in den Vorstellungsmodus der Ungewissheit begibt, selbst wenn man den Ausgang jenseits der *willing suspension of disbelief* bereits kennt.[129] Im Modus des fiktionalen Erlebens begibt man sich in den Vorstellungsmodus, dass man nicht weiß, wie es ausgeht, auch wenn man weiß, wie es ausgeht.

Neben einem begriffsanalytischen Einwand ist ein potenzieller hermeneutischer Einwand auszuräumen. Wulff hat betont, dass Spannung zentral über die narrativen kataphorischen Strategien der Vorenthaltung von Wissen sowie der Verrechnung von Antizipationen läuft.[130] Ich gebe zu, dass der hier gewählte Ansatz all dies unterschlägt. Die Validierungen des hier gewählten Verfahrens plausibilisieren jedoch, dass *Suspense*-Erfahrung, auch wenn es der Sache nach über die Vorenthaltung von Wissen läuft, von Gefahrensituationen als textuellen Auslöseschemata ausgeht. Ich möchte daher noch einmal betonen: Es handelt sich nicht um Verfahren, das ein *Close Reading* ersetzen könnte, bei dem es – je nach Erkenntnisinteresse – darum geht, welche konkreten narrativen Strategien zur Senkung oder Erhöhung der Gefährdung sowie der

127 Carroll (1996, 255).
128 Carroll (1996, 255).
129 Ich folge hier Carroll (1990). Mit Köppe (2008) plädiere ich daher dafür, das Paradox als solches ernst zu nehmen.
130 Vgl. Wulff (1996).

Vorenthaltung nötiger Informationen genutzt wurden. Es ist ein Verfahren, das geeignet ist, Tendenzen auf Makroebene des *Distant Reading* zu erkennen. Wichtig für dieses Verfahren ist, in Kenntnis des Korpus die im historischen Literatursystem häufigen Gefahrentypen abzudecken.[131] Daher nenne ich es ein Verfahren zur Erkennung von Spannungsumgebungen.

Für Bedingung (2), die Empathie mit der gefährdeten Figur, kann man mit Zillmann davon ausgehen, dass die Schwelle, ab der Rezipienten Empathie für die gefährdete Figur empfinden können, niedrig ist. Die Figur muss nicht ethisch ausgesprochen gut sein. Es genügt, wenn sie einigermaßen neutral ist.[132] Richtig ist gleichwohl, dass die bei der *Suspense* auftretende Sorge um die Figur in ihrer Intensität mit dem Grad an Sympathie einhergeht. Grundsätzlich ist es also eine notwendige Bedingung für *Suspense*, dass Rezipienten Empathie mit der gefährdeten Figur empfinden können. In den gesichteten Texten des Korpus kommt es jedoch nicht vor, dass in einer Gefahrensituation ausschließlich der Bösewicht anwesend ist und unterzugehen droht, auf dessen Rettung die Rezipienten gerade nicht hoffen.[133] Was indes gelegentlich vorkommt, ist der Fall, dass der Bösewicht in einen Hinterhalt gerät. Der deutlichste Fall einer Gefahrensituation mit ausgesprochen negativ besetzen Figuren ist »Fabio und Bibiana« aus der Novellensammlung *Pantheon*; ein Text, auf den ich im Folgenden Abschnitt ausführlicher zu sprechen komme. In der Kampfszene am Ende der Erzählung hoffe ich als Leser auf die Überwältigung des titelgebenden und mit enormer Brutalität agierenden Verbrecherpaars. Die Auflösung findet schließlich in Form eines sämtliche Figuren tötenden Selbstmordattentats statt; eine, vor allem für die Zeit, ungewöhnliche Auflösung.

Im Prozess des Annotierens von *Suspense*, Figurenangst und Gefahrenszenen wurden wir konkret mit der Herausforderung konfrontiert, dass es in einigen Fällen nicht-individuierte Massen oder Kollektive sind, die gefährdet sind, so dass man nicht immer sagen kann, es sei diese oder jene konkrete Figur, um die man sich sorgen macht; auch diese können gefährdet sein und auch an deren Gefährdung ist *Suspense* erfahrbar. Überdies kann es hermeneutisch offen und interpretationsbedürftig sein, ob gefährdetes Objekteigentum ebenfalls zu *Suspense* beiträgt; etwa wenn das Einfamilienhaus der Hauptfigur angezündet zu werden droht. Dass eine potenziell empathiefähige Figur oder mehr oder weniger kollektivierte Figurenschar da ist, war in allen hermeneutisch untersuchten und annotierten Texten der Fall. Wo eine Gefährdungslage ist, ist immer eine gefährdete Figur – selbst wenn die gerade im Wirtshaus

131 Was hier beispielsweise noch fehlen darf, sind Gefährdungen durch Fehlfunktionen komplexer Maschinen (wie z. B. Raumschiffe, Flugzeuge oder U-Boote), die in der Abenteuer- und *Science-Fiction* des 20. Jahrhunderts wichtiger werden.

132 Siehe Anm. 103 in diesem Kapitel.

133 Bekanntlich schließt schon Aristoteles in seiner Poetik den Fall eines ›zufällig‹ ins Unglück stürzenden Bösewichts als ästhetisch unwirksam, bzw. in seiner Terminologie: als untragisch aus, vgl. Aristoteles, *Poetik*, B 1453a3. Das Erzählen des 19. Jahrhunderts folgt dieser Vorgabe.

sitzt, während ihre Wohnung niederbrennt; und fast immer ist unter den gefährdeten Figuren eine empathiefähige Figur. So lohnend es hermeneutisch ist, nach den Ausnahmen zu suchen, so wichtig ist es für eine an den allgemeinen gattungs- und mediengeschichtlichen Tendenzen interessierte Literaturforschung, in Rechnung zu stellen, dass häufige Dinge häufig, seltene Dinge dagegen selten vorkommen.

Ein wichtiger Typ von Fällen des *Suspense*-Erzählens bleibt bei einer sehr engen und objektivierenden Auffassung von Gefahrensituation unberücksichtigt. Beim Annotieren haben wir häufig eine Strategie des Spannungserzählens bemerkt, bei der unklar ist, ob eine wirkliche Gefährdung vorliegt oder eintreten wird, bei der aber die Figuren bereits frühzeitig in den Zustand des Unwohlseins oder der Angst geraten. Es ist eine Spannung, die über das Nicht-Greifbare und Unheimliche operiert, und die gerade für ein Erzählen geeignet ist, das man mit der Spät- oder Schauerromantik in Verbindung bringt. Meist handelt es sich um Spukgeschichten.[134] Die Texte im Korpus, die zu dieser Gruppe gehören, führen gerne den ›Gast‹ im Titel: namentlich E. T. A. Hoffmanns »Der unheimliche Gast« und Heinrich Zschokkes »Der todte Gast«. Niels Werber hat für das Phänomen der Spukgeschichten eine mediengeschichtliche Hypothese ins Spiel gebracht:[135] nämlich, dass im Laufe des 18. Jahrhunderts die Tageszeitungen vermehrt von Spukgeschichten als wirklichen Begebenheiten erzählen, und dass über die namentliche Engführung von Novelle als Zeitungsnovelle und Novelle als fiktionaler Journalerzählung auch eine Übernahme des Motivs oder Themas des Spuks in die Novellistik stattfindet. Diese nur an einem Fall entwickelte These wäre korpusbasiert, d. h. anhand einer Sammlung aus Zeitungsberichten und fiktionaler Prosa des 18. Jahrhunderts, erst noch zu erhärten.

Diese Fälle wurden auf zwei Weisen operationalisiert: Zum einen durch einen siebten Gefahrentyp, den man als Sonderfall, weil nicht-objektiven Gefahrentyp des Spuks charakterisieren kann, der sich aber dennoch über Lemmata wie ›Geisterwesen‹, das ›Unheimliche‹ etc. annähern lässt. Hohe Spuk-Werte erhält auch die kurze Erzählung »Das rätselhafte Pochen« aus Goethes »Unterhaltungen deutscher Ausgewanderten«. Auch Storms »Auf dem Heidedorf« fiel in den Annotationen als sehr stark über das Unheimliche operierendes Spannungserzählen auf. Der Spannungsbogen dieser Erzählstrategie dürfte darauf beruhen, eine ganze Weile lang nur die Sorge der Figur sowie das Unheimliche ins Zentrum der Aufmerksamkeit zu rücken und erst spät die konkrete Bedrohungslage klarzustellen. Einige Texte, insbesondere solche, die als einschlägig für Phantastik in Todorovs Sinn gelten, zeichnen sich dadurch aus, dass die beunruhigenden Erscheinungen natürlich erklärbar sein könnten. Es ist daher zu erwarten, dass diese Form der Gefährdung auch durch figurale Beunruhigung zustande kommen kann.

---

**134** Über das Zusammenspiel von Spuk und Spannung bzw. diskursiver Spannungsreflexion vgl. Irsigler/Jürgensen (2008).

**135** Vgl. Werber (2005) und ähnlich für Novellen Aust (2012, 82).

Hinzugenommen wurde daher zum anderen eine auf Sentimentanalyse gestützte Erfassung des figuralen Angstempfindens in den Gefahrenszenen.[136] Für die Erkennung des Angstniveaus wurde ein Zweischrittverfahren verwendet. Im ersten Schritt wurde für jedes Textsegment die am häufigsten genannte Figur ermittelt, unter der Hypothese, dass es sich hierbei um die gefährdete Figur handelt. Diese zugegebenermaßen simple Annahme, die für andere Textsorten vermutlich nicht generalisierbar ist, hat sich dank der Validierung anhand der Annotationen mit einer Vorhersagegenauigkeit von 80% (siehe unten Tabelle 38) für die Heftromane und die Erzählprosa des 19. Jahrhunderts als unerwartet robust erwiesen. Die Robustheit dieser Annahme ist bereits für sich genommen ein interessanter Befund über die narrative Struktur der in das Korpus eingeschlossenen Erzählprosa, der zeigt, dass die Texte ihre gefährdeten Figuren ins Zentrum stellen und dies über deren häufige Nennung leisten. Im zweiten Schritt wurde für die jeweils geängstigte Figur auf Satzebene in einer klassischen Lexikon-basierten Sentiment-Analyse das mit der Figur verknüpfte Angstniveau ermittelt,[137] indem die im Abschnitt mit der Figur verbundenen Angst-Lemmata hinsichtlich ihres im Lexikon vermerkten Angst-Werts aufaddiert und gemittelt wurden.[138] Die Leistungsfähigkeit der beschriebenen Operationalisierungen war anhand der Annotationen zu validieren. Die Ergebnisse der Validierung, die in Tabelle 38 zusammen mit dem *Inter-Annotator-Agreement* als Kappa-Wert (in Klammern) und einem einfachen *Accuracy score* (in Prozentangaben) angegeben sind, sind befriedigend bis gut.

**Tabelle 38:** Annotation und Validierung von *Suspense* und *Suspense*-Indikatoren. *Accuracy score* und Kappa für *Inter-Annotator-Agreement* (in Klammern).

| Treffer | Gefahrenlevel | Gefährdete Figur | Angst | Suspense |
|---|---|---|---|---|
| *Inter-Annotator-Agreement* | 85% (0,46) | 86% (0,79) | 71% (0,0) | 85 % |
| Validierung | 60 % | 80 % | 50 % | |

Das figurale Angstempfinden kann in einigen Genres, und über den Gefährdungstyp des Spuks hinaus, eine Erzählstrategie sein, um die Bedingungen (1) des Informationsmangels und (2) der Empathie mit der Figur zu steigern. Gleichwohl ist wichtig, dass die Angst der Figur in der fiktiven Welt nicht mit der Sorge des Rezipienten vorschnell enggeführt werden darf. Im Rahmen der in einem anderen Projektzusammenhang unter-

136 Zur Operationalisierung, die sich auf Verfahren der Sentiment Analyse stützt, vgl. Schröter (2023b, 292–293), und siehe die Klasse *DocSentFearMatrix* sowie das Skript »runDocFearMatrixSentLex.py«.

137 Verwendet wurde das Sentiment-Lexikon von Jana Zeller (2020).

138 Zur Identifikation der Figuren-Entitäten wurde die *NLP*-Pipeline *LLpro* verwendet; vgl. Ehrmanntraut/Konle/Jannidis (2023).

suchten Heftromane hat sich innerhalb des Bereichs der Annotation und unabhängig von quantitativen Operationalisierungen eine mäßige Korrelation (Korrelationskoeffizient: 0,58) von Figurenangst und rezeptionsseitigem *Suspense*-Empfinden ergeben.[139] Figurenangst ist mithin kein Ausdruck und auch kein zuverlässiger Indikator rezipientenseitiger Sorge. Dennoch wird sich die Bestimmung der Figurenangst in den folgenden explorativen Analysen als aufschlussreich erweisen, wenn man sie dem Gefahrenniveau komplementär zur Seite stellt.

Am aufschlussreichsten im Rahmen einer Diskussion von Einwänden und Einschränkungen ist die Analyse struktureller Fehler. Das hier verwendete Verfahren der Identifikation von Gefährdung als empirisch wichtigstem Aspekt von *Suspense* über Gefahrentypen bringt für die einzelnen Gefahrentypen unterschiedliche Verhältnisse zwischen *Precision* und *Recall* mit sich. Die Wortlisten für Sturm und Feuer haben einen hohen *Recall* und eine niedrige *Precision*, weil sie metaphorische Schilderungen aus den semantischen Feldern des Liebessturms und Liebesfeuers mit erfassen.[140] Zweikampf, Entführung und Gewaltverbrechen haben zusammengenommen einen guten *F1 score*. Zwischen den Gefahrentypen finden jedoch häufig Verwechslungen statt. Krieg hat eine hohe *Precision*, identifiziert jedoch vereinzelt wichtige Fälle nicht: Kleists »Michael Kohlhaas« hat bei dem hier verwendeten Verfahren ein sehr niedriges Gefahrenniveau erhalten, vermutlich weil der in dieser Erzählung geführte Krieg mit archaischeren Mitteln geführt wurde, als die von industrialisierter Kriegsführung ausgehende Liste.

Diese Beobachtung führt zur Frage der Erweiterung der relevanten Gefahrentypen. *Suspense* als Antizipation eines potenziell tödlichen Ausgangs in der Zukunft des fiktiven Geschehens zu fassen, schließt in der hier entwickelten Prozedur körperlich weniger bedrohliche, aber potenziell relevante Arten von Gefährdung aus. Sorge um die berufliche Karriere oder um die Beschädigung von Sacheigentum sind allesamt Gefahren mit mehr oder weniger hohem literarischen, zum Teil auch Formen der Sublimierung einschließenden und gelegentlich abstraktem, gleichwohl aber interessanten Spannungspotenzial. Lebensgefahr grenzt gleichwohl den Typ von Gefahr ab, der im populären Erzählen das größte Sorgepotenzial mit sich bringen dürfte. In die Logik der Spannungserzeugung ist, so kann man für populäre Kultur annehmen, produktionsästhetisch der Imperativ einer möglichst starken emotionalen Erregung eingeschrie-

---

**139** Die Methode der Annotation ist knapp in Schröter (2023b) und Zehe/Schröter/Hotho (2023) beschrieben. Hier sei noch einmal betont, dass dem Projekt keine hinreichend umfangreichen Mittel zur Annotation zur Verfügung standen. Die hier erstellten Annotationen beziehen sich daher nur auf eine sehr kleine Stichprobe. Da Gefahr, Figurenangst, und lesesubjektives *Suspense*-Empfinden im gleichen Arbeitsgang annotiert wurden, ist zu erwarten, dass die Korrelationen überbewertet werden; denn die Identifikation der einen Annotationskategorie kann als Trigger zur Annotation der übrigen Kategorien bewertet werden. Eine umfangreiche und differenzierende Annotation ist im Rahmen eines größeren Projekts zum Verhältnis von *Suspense* und Serialität in Vorbereitung.

**140** Zur Auswertung der Fehler vgl. auch Zehe/Schröter/Hotho (2023).

ben. In einer auf Unterhaltung und Konsumfortsetzung hin optimierten populären Lesekultur ist daher zu erwarten, dass Gefährdungsspannung mit lebensbedrohlichem Potenzial das prototypische Zentrum der Gefährdungsspannung bildet. Dies ist aber eine generische Hypothese zum Leseverhalten, die hier zwar als Vorannahme verwendet wird, die aber dennoch empirisch zu prüfen ist. Die Anteilsverhältnisse zwischen nicht lebensbedrohlicher, nicht-körperlicher, physischer und existenzieller Bedrohung werden sich aber erst dann empirisch klären lassen, wenn auch die nicht-lebensbedrohlichen Gefährdungslagen operationalisiert werden.

Eine eher technische Schwierigkeit liegt darin, die Werte zwischen dem *Setting Share* der unterschiedlichen Listen im Verhältnis zueinander zu kalibrieren. Es fällt auf, dass insbesondere bei den Listen für Spuk und Feuer einzelne Texte extrem hohe Werte erreichen, bei denen das Setting richtig erkannt wird, die Gefahrenlage jedoch überschätzt wird. Dies gilt beispielsweise für »Die drei Fackeln« von Marianne Neumann von Meißenthal, eine sehr kurze Parabel, in der mehrere Anwesen mit Haus und Hof abbrennen. Die enorme Dichte von Brand-Vokabular lässt die Geschichte aber gefährlicher aussehen, als sie beim Lesen wirkt. Hier wurde nicht vermittelt, sondern es wurde darauf geachtet, dass die Listen des *SettingShare* einen ähnlichen Umfang (von jeweils ca. 50 Wörtern) aufweisen, und die Werte über alle Listen gemeinsam skaliert. Zu diskutieren wäre, ob man innerhalb der Liste in einem festen Wertebereich (z. B. zwischen 0 und 1) skaliert, so dass der Spitzenreiter für jeden Gefahrentyp jeweils den maximalen Wert von 1 erhält. Schließlich wird es mit der Erweiterung des Korpus weitere Gefahrentypen (z. B. die Gefahr durch Fehlfunktion technischer Fortbewegungsmittel wie Kraftfahrzeug, U-Boot, Flugzeug oder Raumschiff, aber gegebenenfalls auch Fälle wie die Vergiftung) aufzunehmen gelten. Das Set an Listen von Gefahrentypen kann daher nicht als abgeschlossen gelten. Diese Erweiterung könnte man sogar als ein diskursgeschichtliches Instrument nutzen, kulturelle und historische Differenzen in der Spannungserzeugung sichtbar zu machen, indem man zeigt, welche Gefahrensituationen in welchen literarischen Kulturen und zu welchen Zeiten dominieren, und wie stark sich die Strategien der Erzeugung von Spannungs-Umgebungen erfolgreich typisieren lassen. Gezielt ausgeschlossen wurden hier alle anderen Spannungsbegriffe.

Die methodologische Schwierigkeit der Untersuchung von *Suspense* als wichtigste Form des populären Spannungserzählens ist, so lässt sich für die Fragen der Operationalisierung, Validierung und Fehleranalyse zusammenfassen, eine doppelte: Das Phänomen ist erstens der Sache nach eine psychologische Erlebens- und Empfindungsqualität, die eine Modellierung des Verhältnisses zwischen textuellen Auslöseschemata und eigentlichem Phänomen erforderlich macht. Dies ist eine Schwierigkeit, die jede Art von Textanalyse betrifft. Die zweite Schwierigkeit betrifft das Merkmal der Unsicherheit und damit die komplexe inferenzielle Struktur von Spannung hinsichtlich zukunftsoffener Informationsvergabe. Das Modell der Messung von Spannungsumgebungen primär über Gefahrenniveau und sekundär über Figurenangst abstrahiert gewissermaßen von beiden Schwierigkeiten. Unabhängig davon, dass das Verfahren erfolgreich validiert werden konnte, ist klar, dass es sich um ein noch grobes und weiter zu entwickelndes Verfahren handelt. Gerade in der Dopplung mit konkreten Fallstudien und Kontextualisierungen erlaubt es auch philologische Schlussfolgerungen. Um die geht es im Folgenden.

### 6.3.3 Experimente der Restaurationszeit – Exemplarische Analysen

Für die Situation nach 1850 ließ sich – mit einiger Vorsicht – ein Zusammenhang zwischen Medialität und Spannungserzählen beobachten. In jedem Fall kann man im Verhältnis zwischen Poetiken und Kanonisierungspraxis eine Art paradoxe Reaktion auf diese Entwicklung beobachten. Doch was ist mit der Restaurationszeit, also der Situation vor 1850? Bekannt ist, dass vor 1850 die Taschenbücher und Almanache den Lesemarkt dominierten. Dementsprechend war der Marktanteil serieller Medienformate geringer. Der direkte Vergleich seriell und nicht-seriell publizierender Medienformate ist für die erste Jahrhunderthälfte nicht ertragreich. Systematisch mediengeschichtliche Effekte sind daher nicht zu erwarten. Doch es lohnt sich ein Blick in die einzelnen Medienformate. Unter den Medienformaten der ersten Hälfte des Jahrhunderts findet sich eine in der Forschung bislang nicht berücksichtigte Sammlung von Novellen und Erzählungen aus den Jahren um 1830 mit dem Titel *Pantheon*, deren Texte ein weit überdurchschnittliches Gefahrenniveau aufweisen. Besonders weit liegt das Gefahrenlevel über dem auch im Vergleich zu anderen Formaten niedrigen Gefahrenniveau der Taschenbücher. Der vorliegende Abschnitt wird daher versuchen, für die erste Hälfte des 19. Jahrhunderts die literaturgeschichtliche Relevanz der Evolution von Techniken des Spannungserzählens exemplarisch und in einem Wechselspiel von textnaher sowie explorativ-quantitativer Analyse aufzuhellen.

Die Sammlung erschien in den Jahren 1828 bis 1831 als möglicherweise zweite und bis dahin größte Novellensammlung des 19. Jahrhunderts in 24 Bänden und 72 Erzählungen, die Übersetzungen aus dem Italienischen, Französischen, Englischen, Dänischen, Russischen, anderen slawischen Sprachen sowie deutschsprachige Texte bündelt. Mit Eichendorff, Therese Huber, Ludwig Tieck (»Der Gelehrte«), Wilhelm Hauff (»Das Bild des Kaisers«), E. T. A. Hoffmann (»Das Fräulein von Scuderi«), Caroline Pichler, Heinrich Zschokke (»Der todte Gast«), Leopold Schefer (»Künstlerehe«), Johanna Schopenhauer, Charlotte von Ahlefeldt finden sich damals populäre und vereinzelt noch heute bekannte Autoren, von denen bereits erschiene Texte nachgedruckt werden. Bei manchen Texten handelt es sich um Erstpublikationen. Nur in Ausnahmefällen wurden Texte wegen ihrer Länge auf zwei Bände verteilt (»Der Mann auf dem Kullen. Romantisch-historische Erzählung. Frei bearbeitet nach einem dänischen Roman«). Serialität spielt hier also keine Rolle. Abbildung 55 zeigt das erhöhte Gefahrenniveau im Vergleich zu anderen Medienformaten zwischen 1810 und 1850.

Einige Titel in der Sammlung legen schon im Titel nahe, dass Mord, Totschlag und damit Lebensgefahr drohen: »Die Räuberschenke. Erzählung, frei bearbeitet nach

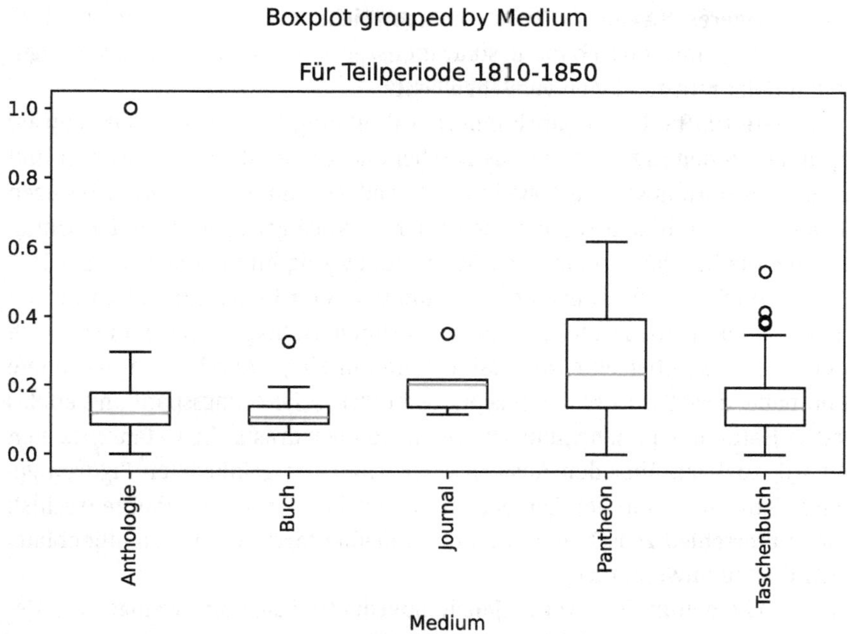


**Abbildung 55:** Boxplots: Vergleich der Medienformate zwischen 1810 und 1850.

dem Englischen, von Thomas Hood« (Bd. 11, 1830), »Verbrechen und Strafe. Novelle. Aus dem ungarischen frei bearbeitet nach Kisfaludi« (Bd. 6, 1829), »Der indische Selbstmörder. Nach dem Englischen.« (Bd. 20, 1830). Andere Titel verweisen auf Unheimliches, so etwa Zschokkes Erfolgserzählung, die auch im *Deutschen Novellenschatz* wiedergedruckt wurde »Der todte Gast« (Bd. 12, 1829), »Der Bräutigam aus dem Grabe, Aus dem Englischen, frei bearbeitet nach Washington Irwing« (Bd. 1, 1828). Diese Texte haben erwartungsgemäß einen sehr hohen Anteil am siebten (Pseudo-)Gefahrentyp des Spuks. Und auch die Auswahl für den Nachdruck bekannter Texte spricht Bände. Hoffmanns »Das Fräulein von Scuderi« ist nicht nur (in einem weiten Sinn) eine frühe Kriminalgeschichte,[141] sondern auch dominiert von der expliziten Darstellung von Gewaltverbrechen und von Bedrohungslagen, in die auch die titelgebende und ermittelnde Hauptfigur gerät.

Die Operationalisierung von Figurenangst als zweiter, etwas schwächerer Spannungsindikator ermöglicht eine multivariate Analyse. Analysen für die Heftromane des 20. Jahrhunderts haben gezeigt, dass die sogenannten Spannungs-Genres für Männer, insbesondere der Kriegsroman, ein extrem niedriges Niveau an Figurenangst aufweisen, während das Gefahrenlevel dort extrem hoch ist. Das Grusel- und Horrorgenre im Heftroman ist dagegen durch ein sehr hohes Niveau an Figurenangst und

141 Vgl. Düwell (2018, 286).

ein etwas niedrigeres Niveau an Gefahr gekennzeichnet.[142] Ich setze die Analyse daher mit der Frage fort, ob sich die Restaurationszeit über das Verhältnis von Figurenangst und Gefahrensituationen verstehen lässt.

Für die erste Hälfte des 19. Jahrhunderts (Abbildung 56, links) ist das figurale Angstempfinden in den Erzähltexten aus Taschenbüchern ähnlich weit gestreut und im Mittel ähnlich stark ausgeprägt wie in der Novellensammlung *Pantheon*. Dagegen ist das Gefahrenniveau in den Taschenbuchtexten deutlich geringer als in der Sammlung *Pantheon*. Die Kombination aus viel Gefahr und wenig Angst kommt in den Texten der ersten Hälfte des 19. Jahrhunderts kaum vor. Sie ist charakteristisch für die Action-, Kriegs- und Abenteuerliteratur im 20. Jahrhundert. Insgesamt legt die positive und in der Abbildung über eine Regressionslinie mit Siegel-Abschätzung gebildete Korrelation nahe, dass *Suspense* (als rezeptionsseitiger Gefährdungsspannungseffekt) in der ersten Hälfte des 19. Jahrhunderts, wenn sie über drastische Gefahrenszenen gestaltet wird, zugleich über den Ausdruck der Angst der gefährdeten Figuren gesteuert wird. Ganz anders in den Leitmedien der zweiten Jahrhunderthälfte (rechts): Hier ist der Unterschied zwischen den zwei Leitmedienformaten des Familienblatts und der Rundschau unwesentlich.

Die Texte scheinen in der zweiten Jahrhunderthälfte insgesamt weniger zur Gefahrenschilderung zu neigen, allerdings mit Ausreißern, die ebenso weit reichen wie in der ersten Jahrhunderthälfte. Ein erhöhtes Gefahrenniveau geht nun jedoch nicht mehr mit einem erhöhten Angstniveau einher. Es wird nach 1850 allem Anschein nach verbreiteter, entweder mit Gefahr oder mit Angst zu erzählen. An anderer Stelle werde ich zeigen, dass das auch damit zu tun haben dürfte, dass Angst in der zweiten Jahrhunderthälfte variabler, insbesondere auch für Liebesgeschichten eingesetzt werden kann.[143] Doch bereits die bisherigen Ergebnisse legen nahe, dass im Lauf des 19. Jahrhunderts eine Konsolidierung der Schreibverfahren zu beobachten ist, die sich im Fall des Spannungserzählens darin niederschlägt, dass Spannungserzählen sich mehr und mehr auf den Gefahrenaspekt beschränkt.

Einzelne Texte aus der Sammlung *Pantheon* sind in ihrer Kombination aus Gewaltdarstellung und Liebeserzählung auch für heutige Lesegewohnheiten schwer zu ertragen. In »Fabio und Bibiana. Aus dem Italienischen« (Bd. 20, 1830), dem Text mit dem höchsten Gefahrenwert in der Auswahl der Texte vor 1850, hat das titelgebende Verbrecherpaar den Scharfrichter Germano gefangen genommen und quält diesen langsam zu Tode:

142 Vgl. Schröter (2023b, 293).

143 Ein entsprechender Aufsatz ist in Vorbereitung.

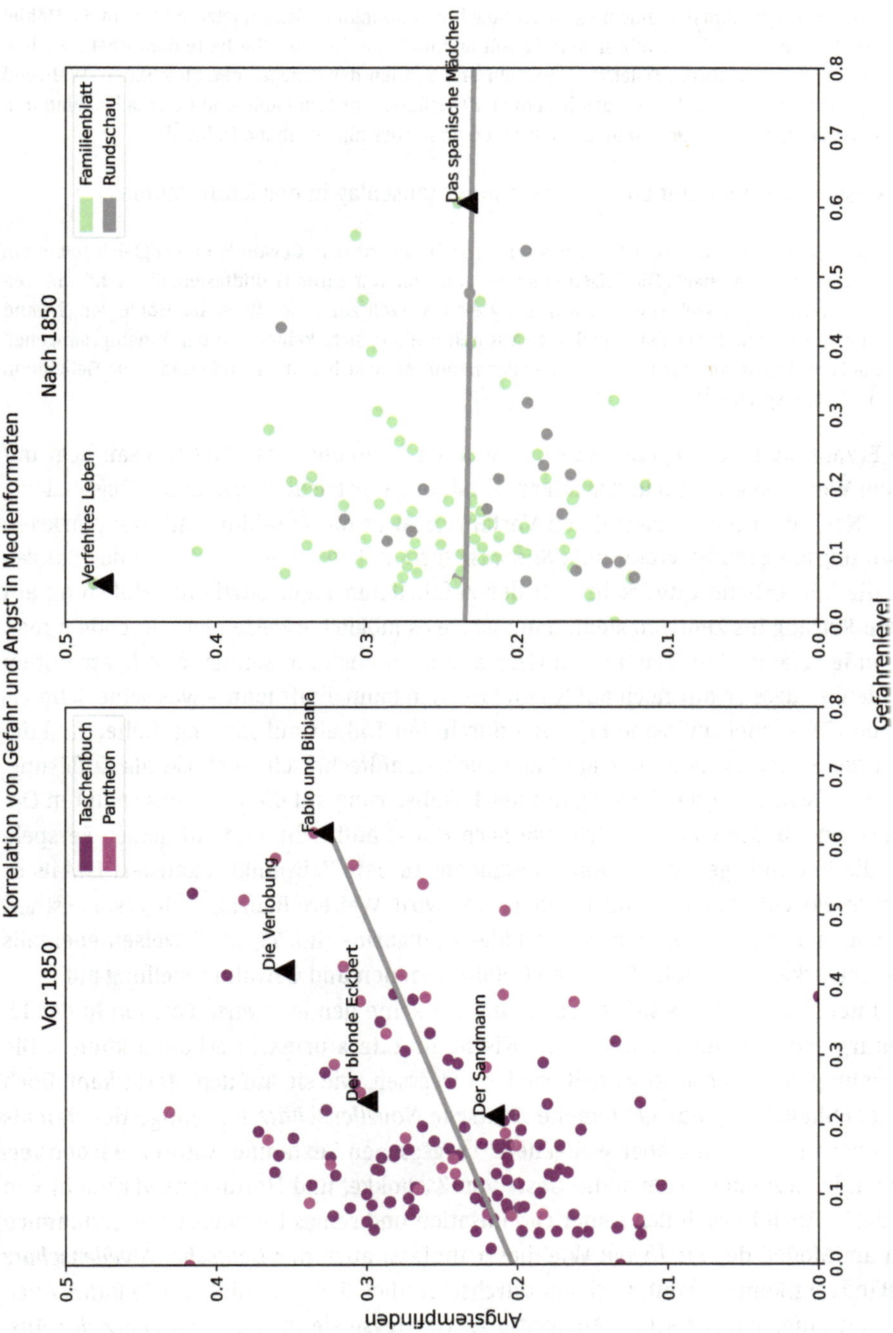


**Abbildung 56:** Gefahrenlevel und figurales Angstempfinden für die erste Hälfte des 19. Jahrhunderts (links) in Taschenbüchern und der Novellensammlung Pantheon, sowie für die zweite Jahrhunderthälfte in den Leitmedien Familienblatt und Rundschau, mit Siegel-Abschätzung einer linearen Regression.

> »Komm,« sagte Bibiana, indem sie ihren Geliebten umschlang, »komm jetzt mit mir in die Höhle! Der [Gefangene, J.S.] ist mir sicher! Er soll mir nicht entfliehen.« Sie hatte dem unglücklichen Gefangenen mit ihrem Dolch die Muskeln und Sehnen der Kniegelenke abgehauen. Während Germano mit seinem Jammergeschrei die Luft erfüllte, schritten Fabio und Bibiana lächelnd und einander liebkosend über seinen verstümmelten Körper hinweg in die Höhle.[144]

Die Geschichte endet mit einer Art Selbstmordanschlag in der Räuberhöhle:

> Eine plötzliche Helle erleuchtete das schwarze, unterirdische Gewölbe, und sogleich folgte ein furchtbarer Knall nach. Die Felsen krachten und bebten in ihren Grundfesten; die Fichte, an welche Germano gefesselt gewesen war, stürzte entwurzelt zur Erde; die ganze Höhle verschwand in einen Abgrund; der Felsenboden zerriß und spaltete sich; keiner von den hineingegangenen Soldaten kehrte aus der Grotte zurück; der Bandit hatte sich, seine Feinde und seine Geliebte in die Luft gesprengt.[145]

Die Erzählung ist aufregend. Aber ist sie auch spannend? Das Angstniveau liegt mit einem Wert von etwa 0,3 in der linken Abbildung nur leicht oberhalb der Regressionslinie. Nach dem hier verwendeten Verfahren ist es die Erzählung mit der stärksten Spannungsumgebung. Wenn man *Suspense* terminologisch eng fasst, und das Bangen um die körperliche Unversehrtheit der gefährdeten Figur sowie die Hoffnung auf deren Rettung ins Zentrum stellt, dann ist sie es möglicherweise nicht. Nachdem man beiläufig erfährt, dass dem armen Germano auch noch die Sehnen durchgeschnitten wurden, so dass er nur noch auf Knien kriechen kann, hofft man – was seine Schmerzen betrifft – eher auf seine Erlösung durch den Tod als auf Rettung. Daher funktioniert der Selbstmordanschlag am Ende auch erzähltechnisch geschickt als Auflösung. Ebenso geschickt ist der Einstieg mit der Fokalisierung auf die Figur des späteren Opfers Germano, der von einer Schenke nach Hause aufbricht, und auf dessen Perspektive die heterodiegetisch erzählte Geschichte zu dem Zeitpunkt fokalisiert ist, als er hinterrücks von seinen Peinigern überfallen wird. Weitere Beiträge, wie etwa »Esther. Novelle, aus dem Russischen des Thaddäus Bulgarin« (Bd. 15, 1830) weisen ebenfalls eine bemerkenswert hohe Dichte an Gefahrenszenen und Gewaltdarstellung auf.

Interessant ist, dass sich diese Sammlung keine nennenswerte Position in der Literaturgeschichte, nicht einmal eine Nische im Literaturmarkt erhalten konnte. Die Sammlung war ebenso so schnell wieder vergessen, wie sie auf den Markt kam. Doch der nachhaltig populär gebliebene *Deutsche Novellenschatz* hat einige der damals noch bekannten, heute aber weitgehend vergessenen Texte und Autoren wieder verwertet; insbesondere »Der todte Gast« von Zschokke, und Hoffmanns »Fräulein von Scuderi«. Auch hinsichtlich seiner Organisation und seines Umfangs ist er erstaunlich nah am Modell des *Pantheon*: Wie dieser umfasst auch der *Deutsche Novellenschatz* 24 Bände. Er kommt damit auch auf durchschnittlich 3 bis 5 Erzähltexte je Band. Auch die Idee einer europäischen Ausweitung, wie Heyse sie im *Novellenschatz des Aus-*

144 »Fabio und Bibiana«, *Pantheon*, Bd. 20 (1830, 180).
145 »Fabio und Bibiana«, *Pantheon*, Bd. 20 (1830, 195).

*lands* umsetzt, findet sich in der dezidiert europäischen Anlage der Sammlung *Pantheon* bereits vorgeformt. Auch der Name lud zur Nachahmung ein. 1843 kam eine fast gleichnamige Sammlung mit dem Titel *Pantheon. Eine Sammlung interessanter Novellen, Erzählungen, Sagen, Legenden, Gedichte, Reise- und Charakterschilderungen, Biographien u. s.w. aus den Erzeugnissen deutscher und fremder Schriftsteller der Gegenwart und Vergangenheit* heraus, herausgegeben von Alexander Lieboldt ab 1843 in der Winter'schen Buchhandlung Nürnberg. Diese Sammlung erscheint aber als Wochenblatt mit der rahmenden Werbung »Unterhaltend! Nützlich! Billig!« auf dünnem Papier. Diese ›Kopie‹, der ebenfalls noch kein Erfolg beschieden ist, setzt aber konsequent auch auf Ebene der Materialität auf Popularisierung und – hinsichtlich der billigen Produktion – auf eine Massentauglichkeit, die erst einige Jahrzehnte später Erfolg haben wird.

Diese hier nur schlaglichtartig zusammengestellten Befunde zeigen, dass die hier relevante *Pantheon*-Sammlung von 1828 bis 1831 auf drei programmatische Säulen setzt: Erstens die Idee einer Textsammlung, zweitens ein europäisches Literaturprogramm und drittens auf emotionalisierende Erzählstrategien mit den Themen Liebe, Schauer und Gewalt. Als Gesamtprojekt hat diese Kombination, wenn man rückblickend auf ihr literaturgeschichtliches Nachleben blickt, noch keinen Markt. In völlig anderen Kombinationen werden diese drei Säulen jedoch nach 1871 und nach 1900 großen Erfolg haben: Die Novellensammlung mit internationaler Breite gewinnt in den drei von Heyse herausgegebenen Novellenschätzen nach 1871 plötzlich eine nationalistische Funktion, der sich das Kapitel 7 im Detail widmen wird. Die auf Emotionalisierung setzenden Erzähltechniken brauchen dagegen noch etwas mehr Zeit. Es sind, vorbereitet auch durch die Kolportageliteratur, die Heftromane nach 1900, die diese Erzähltechniken in sehr großem Umfang etablieren. Abbildung 57 nimmt daher eine Stichprobe von etwa 1000 Heftromanen, die mir aus einem Projekt zur Verfügung gestellt wurden, aus den Genres des Abenteuer-, Krimi- und Kriegsheftromans aus der ersten Hälfte des 20. Jahrhunderts auf.[146]

Nur drei Aspekte sind mir hier wichtig:[147] Erstens die Gefahrenwand der Heftromane: Die in die Stichprobe aufgenommenen Heftromane aus den Genres des Krimi-, Abenteuer- und Kriegsromans, die in der Forschung als Spannungs- und Männerheftromangenres gelten, bauen sich von Beginn ihres Bestehens um 1900 an wie eine senkrechte Wand neben den übrigen Text- und Mediensorten auf. Deren Gefahrenlevel ist im Mittel unverhältnismäßig höher als das der Erzählprosa (*MLP*) (einschließlich der als Novellen und Erzählungen gedruckten Texte) und der Romane. Die Heftroman-Kultur beginnt nicht mit einem im Durchschnitt niedrigen Spannungsniveau, das sich im Lauf des 20. Jahrhunderts stetig steigert.[148] Vielmehr scheint diese Medien-

**146** Vgl. Jannidis/Konle/Leinen (2019).

**147** Für eine breitere Analyse von Spannung in Heftromanen vgl. Schröter (2023b).

**148** Es wäre lohnenswert, zudem ein Vergleichskorpus mit Erzählliteratur aus dem Kolportagemarkt der zweiten Hälfte des 19. Jahrhunderts heranzuziehen, um zu sehen, ob über diesen Markt ein steti-

sorte von Beginn ihres Bestehens an von einer beträchtlichen Varianz zwischen vergleichsweise wenig bis stark gefahrenlastigen Erzähltexten geprägt zu sein. Wenn man den Heftroman, wie jüngst vorgeschlagen wurde, als »Mediengenre«[149] begreift, dann sieht man, dass man die Evolution des Spannungserzählens primär format- und medienbedingt denken sollte.

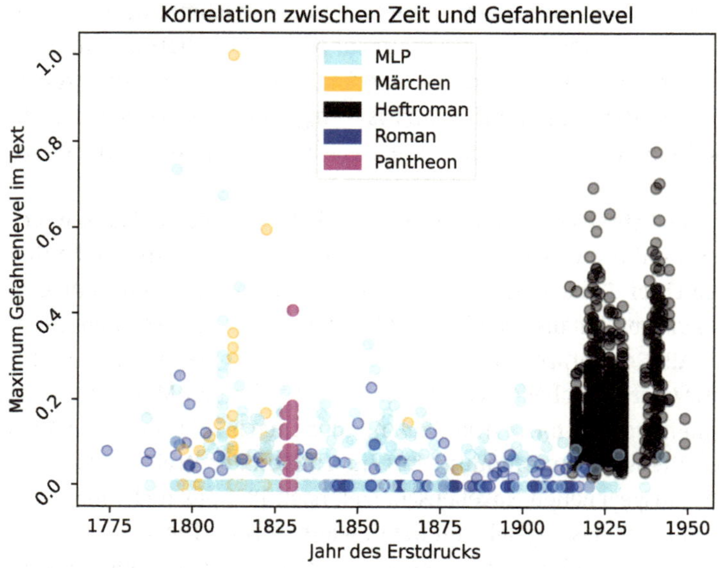


**Abbildung 57:** Historischer Verlauf des Spannungserzählens im Vergleich zwischen Erzählprosa, Romanen und Heftromanen aus den Genres der Krimi-, Abenteuer- und Kriegsheftromane.

Zweitens fällt auf, dass die Verteilung der Gefahrenwerte für die Stichprobe aus den Texten der Sammlung *Pantheon* um 1830 die Wand-Struktur der Heftmuster in verkleinerter Form bereits vorwegnimmt. Im Vergleich zur zeitgenössischen Erzählprosa reicht die Bandbreite von Gefahrlosigkeit bis zu weit überdurchschnittlichen Gefahrenniveaus. Die Erzählsammlung *Pantheon* kann daher als ein verfrühter Versuch proto-heftromanartiger Erzählstrategien verstanden werden, der sich aber noch innerhalb dessen bewegt, was in der *MLP* üblich und erwartbar ist, wenn man den Umgang mit Gefahr in den Märchen einschließt.

Drittens fällt auf, dass die Textsorte der Märchen im Verhältnis zur *MLP* und zu Romanen, von denen die meisten Instanzen im Korpus in den Jahren um und nach 1810 publiziert wurden, ein ungewöhnlich hohes Gefahrenniveau aufweisen, wobei

ger Übergang von der Journal- und Taschenbuchprosa des 19. Jahrhunderts zu den Heftromanen des 20. Jahrhunderts ›geebnet‹ wird.

**149** Vgl. Haug/Jannidis (2023, 14).

die Streuung zu extrem hohen Werten im Bereich der *MLP* bis etwa 1830 nicht ungewöhnlich ist, nach 1850 aber kaum mehr vorkommt. Dies könnte darauf hindeuten, dass die Erzählverfahren eines auf Leseemotionalität fokussierten Gefahrenerzählens um 1800 etabliert sind, dass diese Verfahren aber in der Textsorte der mittellangen Erzählprosa eher vereinzelt eingesetzt und in diesem Marktsegment im Lauf des 19. Jahrhunderts zunehmend zurückgedrängt wurden. Diesem ›globalen‹ Trend steht gleichwohl die oben herausgestellte Zunahme von Spannungsumgebungen in seriell publizierten Erzählprosa gegenüber. Die literarischen Kulturen der Goethezeit und der Romantik verfügten bereits über die Register für spannungsreiches Erzählen. Das 19. Jahrhundert senkt das fiktionale Gefahrenniveau in allen Prosagattungen ab, bis mit dem Heftroman eine – mit *Pantheon* schon einmal partiell und experimentell vorbereitete – Medientextsorte für einen sozusagen ›entfesselten‹ Umgang mit diesen Registern ihren Markt findet und Erfolg hat. Die erste Hälfte des 19. Jahrhunderts ist ein Experimentierfeld ohne eine explizite ›Ästhetik des Experimentellen‹. Dieses Feld lässt sich im Moment noch nicht systematisch, sondern eher explorativ und von der Beobachtung einzelner literarischer Experimente her verstehen.

Die Breite des Experimentierfelds ohne eine eigene Ästhetik des Experimentellen lässt sich an weiteren kanonischen und nicht-kanonischen Beispielen gut skizzieren, deren Gefahren- und Angstwerte eher im Mittelfeld liegen (siehe Abbildung 56 links). Die Schlussszene von Hoffmanns »Der Sandmann« bietet eine filmreife *Suspense*szene, als Klara, nachdem sie von Nathanael über das Geländer von der Galerie des Ratsturms geschleudert wurde, und sich nur mit einer Hand noch am Geländer halten kann, von ihrem unten stehenden, nach oben eilenden Bruder Lothar gerettet werden muss. Hier sind alle Bausteine der *Suspense* gebündelt und verdichtet: Die Lebensgefahr, die enge Bindung an die Figur Klara, das Verrinnen der wenigen Zeit, die zur Rettung bleibt, das Aufkommen neuer Hindernisse (verschlossene Tür, der rasende Nathanael), die explizit gemachte Vermutung eines bereits eingetretenen negativen Ausgangs. Trotzdem: Gerade in Kleists und anderen von Hoffmanns Erzählungen zeigt sich, dass trotz der verblüffenden Ansätze zu *Suspense*-Erzählungen die Spannungsbögen, wie insgesamt in den Erzählungen des 19. Jahrhunderts, nicht lange durchgehalten werden. In Kleists Erzählung »Die Verlobung«, die ein hohes *Suspense*-Potenzial bereitstellt, das im Erstdruck in *Der Freimüthige* 1811 in 9 Folgen noch keine mediale Cliffhangernutzung erkennen lässt, wird Spannung stärker über »plötzlich«[150] eintretende Wendungen erzeugt, als über sukzessive Durchführungen von Gefährdung. Entsprechend hoch ist der Gefahren- und, vor allem, das figurale Angstlevel.

Doch stufenweise Eskalation und Verringerung der Rettungswahrscheinlichkeiten, das Spiel mit dem Nicht-Wissen der Figuren um ihre Gefährdung: all dies schei-

150 Das Wort ›plötzlich‹ erscheint in der Erzählung zehnmal und gehört damit zu den 15% der Texte mit der höchsten relativen Häufigkeit des Worts. Das heißt auch: Ein hoher Einsatz des Worts »plötzlich« ist ein generell beliebtes erzähltechnisches Mittel. Ganz oben in der relativen Häufigkeit steht, im Autorenvergleich und gleichmäßig über alle Erzähltexte verteilt, Robert Musil.

nen mir Merkmale zu sein, die nur ein teleologisch verzerrter und von Film sowie Fernsehserie seit dem 20. Jahrhundert geprägter Blick vom 19. Jahrhundert erwarten würde. Das 19. Jahrhundert ist unserer heutigen Gegenwart gleichermaßen nah und fern. Das gilt auch für die Spannung. Es suggeriert einerseits eine starke Kontinuität des Spannungserzählens, aber andererseits kannte man die Kombination der Verfahren des heutigen Spannungserzählens noch nicht als stabil gestelltes Erfolgsmodell.

Bisher habe ich eher auf die Ausnahmen oder Extremfälle aus der ersten Hälfte des 19. Jahrhunderts geblickt. Noch wichtiger sind aber unter sozialgeschichtlicher Perspektive die Regelfälle. Wie bereits im Abschnitt zur Operationalisierung angedeutet, lässt sich ein zentraler Typ von Spannungserzählen in der Spukgeschichte identifizieren, etwa bei Tieck, Kleist, Goethes ›Unterhaltungen‹, oder E. T. A. Hoffmanns »Der unheimliche Gast«. Ästhetisch interessant ist die Präsentationsform in Tiecks »Der blonde Eckbert«, in der das Unheimliche und potenziell Gefahrvolle über eine schaurige Umgebung erzeugt wird. Die Rahmenerzählung beginnt mit einem Sturm, der Eckberts Freund Walther zum Bleiben bewegt. Die Spannungsumgebung setzt daher nicht nur Berthas intradiegetischen und märchenhaften Bericht ihrer Kindheit in Gang, sondern sie verbindet sich auch topologisch mit Berthas mehrschichtiger Flucht durch die raue, Furcht und Todessehnsucht einflößende Bergwelt mit zerklüfteten Felsen, die explizit »Hölle«[151] genannt wird und dann den Raum zum »Paradies«[152] einer darüber liegenden weiten Bergwelt eröffnet. Die von körperlicher Gewalt geprägten Ereignisse im schließenden, und extrem raffend erzählten Schlussteil des Rahmens (Berthas Tod, Walthers Ermordung, Eckberts Tod) ereignen sich dagegen plötzlich und ohne die für einen modernen *Suspense*-Begriff spezifischen Steigerungen und Verzögerungen. Stattdessen wird eine bedrohliche Atmosphäre erzeugt. Einzelbefunde legen nahe, dass Spannungserzählen im frühen 19. Jahrhundert häufig mit dem plötzlichen Eintreten von Unglücksfällen, Gewalttaten und Rettungen operiert. Wenn diese Beobachtung auch für die Breite des Markts zutrifft, dann ist das hier verwendete Verfahren zur Vermessung von Spannungsumgebungen dem Spannungserzählen im frühen 19. Jahrhundert durchaus angemessen. Aber dieser Punkt ist nicht so wichtig. Es geht nicht primär darum, dass das hier entwickelte Verfahren den Spannungsbegriff der untersuchten Kultur reflektiert und abbildet, sondern darum, dass es wesentliche Aspekte einer systematisch als Spannungserzählen beschreibbaren Evolution in seinen Konturen greifbar macht.

---

151 Tieck, »Der blonde Eckbert« (1797, 206). Der Text wird hier und im Folgenden nach dem Erstdruck der *Volksmährchen* zitiert. Die Werkausgabe berücksichtigt im sechsten, von Frank herausgegebenen Band, nur die überarbeitete Fassung aus dem *Phantasus*; vgl. Tieck (1985, 126–148).

152 Tieck, »Der blonde Eckbert« (1797, 206).

### 6.3.4 Begriffs-, gattungs- und mediengeschichtliche Synthesen

Sowohl auf die allgemein mediengeschichtliche Frage dieses Teilkapitels als auch auf die konkret gattungsgeschichtliche Frage liefern die hypothesengeleiteten Ergebnisse der Faktorenanalyse Antworten, die durch die exemplarischen Beobachtungen auch intellektuell so greifbar werden, dass die Novellenforschung damit weiterarbeiten kann. Diese sollen in ihrer literaturgeschichtlichen Relevanz abschließend kontextualisiert werden. Ausgangspunkt dieses Kapitels war Meyers These, die besagt, dass sich das Spannungserzählen aus den Bedingungen und Regeln des Journalmarkts entwickelt hat. Es gab bislang lediglich fallbezogene Befunde, die manchmal für und manchmal gegen die Annahme sprechen, dass Spannungserzählen sich im Feld der Journalprosa des 19. Jahrhunderts entwickelt. Die These konnte im zurückliegenden Kapitel empirisch gestützt und für eine Einschätzung der großen Entwicklungslinien sowie der Konturen des literaturgeschichtlichen Horizonts aus der Ferne präzisiert werden. Gegen den Trend eines im Lauf des 19. Jahrhunderts eher sinkenden Gefahrenniveaus steigt in der seriell publizierten Prosa das Gefahren- und das *Suspense*-Erzählen.

Dass Gefahrenlevel auf der Ebene des Plots ein Indikator für *Suspense* auf der rezeptionspsychologischen Ebene ist, zeigt die Korrelation zwischen beidem innerhalb der Annotationen an. Als konkrete Spannungssteigerung in Cliffhangern an Folgerenden konnte die Zunahme zwar noch nicht als stabiler Effekt nachgewiesen, aber zumindest in Gestalt einer Zunahme von Ausreißern beobachtet werden. Der wichtigste Befund hierbei ist: Die Ausbeutung der medial eröffneten Möglichkeiten für den Cliffhanger in serieller Publikation erfolgte langsam und mit beträchtlicher Trägheit. Die unter einer hypothesengeleiteten Perspektive eher diffuse und chaotische erste Hälfte des 19. Jahrhunderts lässt sich in einer multivariaten Perspektive (die sowohl Gefahr als auch Figurenangst in den Blick nimmt) sowie in exemplarischen Analysen als Zeit des Experimentierens auch mit unterschiedlichen Formen des Spannungserzählens begreifen. Diese Experimente fanden in einem Raum statt, in dem das Experimentieren nicht poetologisch als ›experimentelle Ästhetik‹ legitimiert war. Und sie fanden in einer Situation statt, als sich die ästhetische Wirksamkeit der heute offensichtlichen Kernbausteine von *Suspense* noch nicht als Erfolgsmodell herauskristallisiert hatten. Daher möchte ich Beispiele wie Schillers ›Geisterseher‹ und Hoffmanns ›Sandmann‹ nicht als Belege dafür anführen, dass *Suspense* bereits seit dem späten 18. Jahrhundert etabliert war, sondern dafür, dass Autoren – rückblickend betrachtet – unterschiedlich geschickt darin waren, die Momente, die sich als wirksam erwiesen haben, zu kombinieren. Möglicherweise wussten Schiller und Hoffmann recht gut, was sie tun. Doch bis Autoren in der Breite des Markts wussten, wie *Suspense*-Erzählen als Praxis funktioniert, war ein längerer, von medialen Entwicklungen seriellen Publizierens katalysierter Prozess des produktionsseitigen Experimentierens sowie der rezeptionsseitigen Bewährung nötig.

Diese Ergebnisse haben unter sozialgeschichtlicher Perspektivierung eine Reihe von Implikationen, denen es im Detail nachzugehen lohnt. Diese Implikationen wurden bislang nur vereinzelt und nie im Zusammenhang betrachtet. Für eine Einschätzung der literaturgeschichtlichen Relevanz der medialen Situation sowie für eine philologische Kritik und Reflexion der mediengeschichtlichen Befunde zur Evolution des Spannungserzählens ist es nützlich, die Thesen zum Zusammenhang von Journalprosa und Spannung systematisch und in der Verkettung der Einzelannahmen zu erfassen. Dabei ergibt sich folgende Argumentationskette:

(1a) Die Journale erschließen sich einen Markt zunehmenden Massenkonsums.[153] (1b) Dieser Markt folgt ökonomischen Regeln, die im 19. Jahrhundert als Regeln eines kapitalistisch operierenden Markts charakterisiert werden können.[154] (1c) Seriell publizierte Erzählprosa gibt es bereits im 18. Jahrhundert (und möglicherweise früher). Flächendeckend stellen die Journale jedoch erst ab der Jahrhundertmitte auf Serialität um. Während die jährlich erscheinenden Taschenbücher und Almanache die Erzählprosa noch als Ganztexte auf einmal publizieren, werden die Erzählungen in den Familienblättern, Tageszeitungen, Wochen- und Monatsheften fast ausschließlich in meist 3 bis 10 Folgen publiziert.[155]

(2a) Jedes verfügbare Mittel der Konsumerhaltung und Steigerung ist willkommen und hat eine hohe Wahrscheinlichkeit, erprobt zu werden. Dies ist eine implizite Maxime instrumenteller Rationalität, auf die sich einige Studien stützen.[156] (2b) Eine den Marktregeln des 19. Jahrhunderts gehorchende Literaturproduktion wird die Umstellung auf Serialität in der Weise für sich nutzen, Konsumfortsetzung in die seriell publizierte Erzählprosa einzuprogrammieren. Auch dies ist eine Annahme, die sich aus Maximen instrumenteller Rationalität ergibt. (2c) Spannungserzählen als zentrale Form eines auf emotionale Rezeption getrimmten Schreibverfahrens wäre ein geeigneter Kandidat zur Konsumfortsetzung in seriell publizierter Erzählprosa.[157]

(3) Zentral ist hier der Cliffhanger als punktuelle Spannungserzeugung am Ende einer Folge mit der Funktion,[158] die Wahrscheinlichkeit zur Konsumfortsetzung über die Steuerung emotionsgeladener Neugier hinsichtlich der Plot-Fortsetzung zu maximieren. Der Cliffhanger ist kein isoliertes und alleinstehendes Phänomen, sondern ein Bestandteil von Spannungserzählen. Diese theoretische Annahme stützt sich auf folgende Überlegung zum Spannungsbegriff: (3a) Spannung als Ganzes ist kein punktuelles Phänomen, sondern ein Prozess der Auslösung, Steigerung, Retardierung und Auflösung.

153 Vgl. Zuber (1955), Schröder (1970), Meyer (1987).
154 Vgl. Barth (2011, 731).
155 Vgl. Mellmann (2016), Scherer/Stockinger (2016) und Stockinger (2018).
156 So implizit insbesondere Ajouri (2021).
157 Diese Annahme liegt implizit der Fallstudie von Meyer (1998) zugrunde.
158 Vgl. Fröhlich (2015, 127).

Dieser Prozess wird meist über die Metapher des Spannungsbogens gefasst.[159] (3b) Der Cliffhanger ist eine Variante eines Auslöseereignisses eines Spannungsbogens,[160] und damit eine mögliche Variante eines notwendigen Bestandteils von Spannung. (3c) Mithin kann sich der Cliffhanger nicht isoliert von den übrigen Elementen eines Spannungsbogens entwickeln, sondern es gilt: Wo es einen Cliffhanger gibt, wird zugleich die Erwartung der Auflösung in der nächsten Folge erweckt. Infolge der Umstellung auf Serialität entsteht innerhalb der Journalprosa der Cliffhanger als zentrales Element von Spannungserzählen.[161]

(4) Eine empirisch interessante Teilfrage ist die nach der Prozeduralität: Mit welcher Dynamik, so kann man fragen, wird der Cliffhanger als geeignetes Mittel der Konsumfortsetzung erkannt, nachdem der Medienmarkt die Voraussetzungen dafür geschaffen hat? Je nachdem, wie man auf das Phänomen blickt und abhängig von den disziplinpolitischen Konsequenzen für das je eigene Arbeitsfeld, lässt die Forschung die Geschichte des Cliffhangers mit den Erzählungen aus ›1001 Nacht‹,[162] in den mittelalterlichen Erzählungen,[163] in den moralischen Wochenschriften,[164] im viktorianischen Fortsetzungs- oder französischen Feuilletonroman,[165] in den seriell publizierten Erzählungen und Novellen,[166] im Kolportageroman ab etwa 1900,[167] oder erst mit den Stummfilmen oder Kinoserien zwischen 1910 und den 1930er Jahren beginnen.[168]

Da sich eine Zunahme von Indikatoren des Spannungserzählens im Journalprosamarkt erst spät und nur in einer leichten Tendenz beobachten lässt, muss die in der Forschung implizit immer vorausgesetzte Verkettung der Annahmen (1) bis (4) empirisch überprüft werden. Daher wird zu klären sein, welche der gegenwärtig meist ungeprüft mitlaufenden ökonomischen Makrothesen (1a bis 1c), welche der Axiome zu ökonomischer Rationalität (2a bis 2c), welche theoretischen Annahmen zu den Begriffen von Spannung und Cliffhanger (3a bis 3c) und welche Ideen einer Evolution sowie Modellierung einer Verfahrensgeschichte des Spannungserzählens (4) nicht zutreffen, ungerechtfertigt oder zumindest zu modifizieren sind. Zwischenzeitlich kann man festhalten, dass sich der Zusammenhang zwischen Umstellung des Medienmarkts auf serielle Publikation und Entwicklung von Spannungserzählen als keines-

159 Vgl. Hausenblas (2017, 114–118).
160 Vgl. Fröhlich (2015, 127).
161 Vgl. Türschmann (2007).
162 Vgl. Fröhlich (2015, 172–177).
163 Vgl. Müller (2017) und Neumann (2016).
164 Vgl. Berg (2012), die den Erstdruck von *1001 Nacht* (1704) als wichtigen Ausgangspunkt annimmt, siehe Anm. 96 in diesem Kapitel.
165 Vgl. Berg (2012, 245).
166 Vgl. Meyer (1998).
167 Vgl. Ajouri (2021).
168 Vgl. Fröhlich (2015), der den vermeintlichen Dissens über Annahmen zum Ursprung des Cliffhangers stark dramatisiert und für alle genannten Felder so etwas wie einen Neuanfang des Cliffhangers unter jeweils neuen medialen Voraussetzungen skizziert.

wegs global und eindeutig erwiesen hat. Vielmehr gibt es eine ganze Reihe von lokalen und bereichsspezifischen Trends, die einer weiteren philologischen Interpretation bedürfen.

Weitere Historisierungen und Einschränkungen gilt es zu berücksichtigen, wenn man gezielt nach der Evolution des Spannungserzählens im 19. Jahrhundert fragt. Über den historischen Spannungsbegriff des 19. Jahrhunderts lassen sich nur unter Vorbehalt Urteile fällen. Daher kann das zurückliegende Kapitel nicht beanspruchen, Formen des Spannungserzählens selbst in Erzähltexten nachzuweisen. Stattdessen ging es um systematisch relevante Spannungsumgebungen, die sich in der exemplarischen Analyse konkret nachvollziehen lassen. Wie die meisten (oder alle) Begriffe der Ästhetik hat jedoch auch der Begriff der Spannung eine komplexe und längst nicht erschlossene Geschichte: Während es einerseits nahe liegt, die Grundmomente von Spannung bereits in Aristoteles' *Poetik* und den Begriffen der *Anagnorisis*, Peripetie, sowie in der rezeptionsästhetisch gefassten *Katharsis* als Modell eines katastrophal endenden und über *Eleos* und *Phobos* emotional konfigurierten Emotionsprogramms zu erkennen, das sich seither in der Geschichte des Dramas kontinuierlich konkretisiert und ausdifferenziert, hat man Belege geliefert, dass Spannung im Mittelalter bereits begrifflich über die Bogenmetapher in Wolframs *Parzival* nachweisbar ist, aber ganz anders strukturiert war,[169] und dass ein konsequentes Paradigma der *Suspense*-Erzeugung erst im Medium des Films entsteht.

Es wird die Aufgabe künftiger Forschung sein, einer Begriffsgeschichte von Spannung zuzuarbeiten, deren grobe Richtung sich aber abschließend skizzieren lässt. Dafür habe ich exemplarisch drei Texte bzw. Textsammlungen als digitale Volltexte auf ihren Gebrauch des Substantivs ›Spannung‹ sowie der zugehörigen Partizipien ›spannend‹ und ›gespannt‹ in den möglichen Flexionsformen sowie deren Kollokationen untersucht. In Vischers *Ästhetik* findet man – eher in den Bänden zur Ästhetik der Musik und Malerei als zur Literatur – einzelne Belege für das Begriffswort ›Spannung‹, ohne dass dieses eine poetologisch und kunsttheoretisch zentrale Rolle spielt und einer Definition für würdig befunden wird. Es sind im Wesentlichen Belege für Phrasen der Struktur ›äußerste Spannung des Gemüts‹[170], ›gegensätzliche Spannungen zwischen Geist und Gemüt‹[171] (eher im Sinn der *Tension*),[172] aber auch Formulierungen, die im Groben dem heutigen Begriff der *Suspense* entsprechen (»Spannungen, die hingehalten, und nach manchem Wechsel befriedigt werden«)[173]. Am fruchtbars-

---

**169** Vgl. Schumann (2008).

**170** So bei Wilhelm Ernst Weber, *Die Ästhetik aus dem Gesichtspunkte gebildeter Freunde des Schönen* (1835, 148–149); hier zit. n. Polheim (1970, 84).

**171** Vgl. Vischer, *Ästhetik*, Bd. 3.2.3 (1854, 525/§ 654).

**172** So besonders deutlich an der Stelle in der Ästhetik, die sich konkret mit der Gattung der Novelle beschäftigt: Die Novelle zeigt »ein Stück aus einem Menschenleben, das eine Spannung, eine Krise hat«, Vischer, *Ästhetik* Bd. 3.2.5 (1857, 1318/§ 883).

**173** Vischer (1857, 1290/§ 874).

ten ist es, nachzusehen, welche Texte dort als ›spannend‹ bezeichnet werden: Vischer erwähnt Tiecks »Die Wundersüchtigen«, wo er jedoch kritisch, von »gesteigerter Spannung«[174] spricht.[175]

In der Sammlung der Novellenpoetiken ist ebenfalls häufig kritisch von Spannung die Rede, etwa wenn Georg Reinbeck in den Novellen seiner Zeit, d. h. um 1841, »eine äußere Anreihung von oft höchst gewöhnlichen, oder auch unwahrscheinlichen Vorfällen ohne innere Nothwendigkeit, ohne Idee, berechnet auf Spannung der Neugierde und Kitzel der Sinne«[176] findet. Bei Wilhelm Ernst Weber finden sich normative Hinweise auf die für *Suspense* charakteristische Antizipation eines negativen Ausgangs, hier in aristotelischer Logik und Terminologie. Wenn man eine gute Novelle schreiben wolle, dann müsse man »eine ohne Unwahrscheinlichkeit und übertriebenes Wesen effectvolle Verwicklung schürzen, und eine die Spannung des Gemüths in entsprechender Weise tragisch oder heiter lösende Katastrophe hervorführen lasse[n].«[177]

Es ging diesem Kapitel nicht darum, einen bestimmten historischen Gebrauch des Spannungsbegriffs zu operationalisieren. Operationalisiert wurde der Aspekt des Spannungserzählens, der für die mediengeschichtliche Hypothese relevant ist. Die hier punktuell vorgenommene Analyse historischer Poetiken und Ästhetiken zeigt aber, dass das operationalisierte Verständnis von *Suspense* der groben Struktur nach im 19. Jahrhundert etabliert gewesen sein dürfte. Begriffe der Spannung werden damals ebenso vieldeutig verwendet wie gegenwärtig. Das Einzige, was dem 19. Jahrhundert fehlte, ist ein Spannungsbegriff im Sinn der Krimirätselspannung. Alle anderen Verwendungsweisen des Spannungsbegriffs waren dem 19. Jahrhundert geläufig: Man findet die Rede von objektiven, intellektuellen, dialektischen Spannungsverhältnissen zwischen Ideen, innerhalb und zwischen Personen im Sinn der *Tension* zwischen fiktiven Objekten. In der Musik kannte man motivische, harmonische, thematische Spannungsverhältnisse. Und es gab bereits den affekttheoretischen Spannungsbegriff, der über eine hohe Dichte an neuen Reizen (*Surprise*) operiert, und der mit der Antizipation eines schlechten (Unlust) oder glücklichen Ausgangs (Lust), und damit auch die Gefährdungsspannung im engeren Sinn ohne ein theoretisch ausdifferenziertes Verständnis von *Suspense* abdeckt. Das Ergebnis ist nicht übermäßig spektakulär, aber dennoch wichtig: Erzähltexte wurden bereits im 19. Jahrhundert von den Zeitgenossen in unterschiedlichen Hinsichten und in theoretisch bereits zeitgenössisch explizierten Begriffen als mehr oder weniger spannend empfunden – und gelegentlich als Spannungstexte auch ästhetisch abgewertet.

174 Vischer, *Ästhetik*, Bd. 1 (1846, 351/§ 156).

175 Vgl. dagegen Friedrich Hebbel, »Die einzige Spannung, die Tieck in seinen Novellen zu erregen such, wurzelt darin, dass man fühlt: die *Menschen* können nicht so bleiben wie sie sind,« Tagebuch vom 10. Februar 1838, in Hebbel (1905, 212; Kursivierung dort gesperrt; auch in Polheim 1970, 96).

176 Reinbeck (1841, XIV); auch in Polheim (1970, 34).

177 Weber (siehe Anm. 640); hier zit. n. Polheim (1970, 84).

Die Untersuchung des Verhältnisses zwischen Spannung und Novelle einschließlich einer Skizze zur Begriffsgeschichte erlaubt es, abschließend die Idee einer (auch) negativen Gattungsgeschichte vorzuzeichnen: Wenn sich ein Merkmal (wie Spannung) im Literaturmarkt faktisch neben einer semantischen Kultivierung eines theoretischen Spannungsbegriffs entwickelt, der aber erst in einer späteren Epoche, nämlich der Populärkultur der zweiten Hälfte des 20. Jahrhunderts wirklich zentral wurde, dann wäre auch rational zu erwarten, dass das auf Gattungssystematik bedachte 19. Jahrhundert einen Sinn für die Entwicklung dieses ästhetischen Verfahrens entwickelt und theoretisch abzubilden begann. Poetologische Gattungsbegriffe wären hierfür der geeignete Ort. Da eine solche Semantisierung an diesem Ort jedoch nur punktuell stattfand, und dort, wo sie stattfand, nämlich in der Einleitung zum *Deutschen Novellenschatz*, als Bekämpfung, dann zeigt dies, dass das literarische Feld für Spannung zum Teil keinen Sinn hatte und in der Spannung zum Teil keine Relevanz oder sogar eine Gefahr sah.

Die Idee negativer Gattungsgeschichte, die gewissermaßen die Leerstellen auch in den Poetiken berücksichtigt, kann neue Perspektiven eröffnen. Man könnte normativ geforderte Novellenmerkmale aus der Zeit des poetischen Realismus, insbesondere die starke Silhouette und den Falken von Heyse, sowie das immer wieder behauptete und nur selten eingelöste Merkmal der metadiegetischen Rahmung als normative Gegenentwürfe kontextualisieren, die der seriellen Kurzatmigkeit die Idee von Ganzheitlichkeit entgegensetzen sollen. Darum wird es im folgenden Teilkapitel gehen. Dem Zeitgeschmack nach episodischem Erzählen Rechnung zu tragen und dieser Tendenz zugleich literarisch etwas entgegenzusetzen, wie Heyse dies in der Einleitung zum *Deutschen Novellenschatz* fordert, kann über kompositionsstrategische Verfahren der Rahmung, Verschnürung und daher der Kohäsionsmaximierung erfolgen, die *Suspense* innerhalb der Geschichten nicht unterbinden.

Die Antwort auf die Frage, was Spannung konkret mit der Gattung der Novelle zu tun hat, kann mittelbar und in mehreren Schritten erfolgen. Zunächst zeigt sich keine Tendenz zu höherem Gefährdungserzählen in den Texten, die als Novellen erstgedruckt wurden. Allerdings zeigt sich eine Differenz zwischen der Gruppe, die in Abschnitt 6.1.2 über das Merkmal des Umfangs als Textsorte der Erzählprosa mittlerer Länge (MLP) als systematische Textsorte gefasst wurde, und dem Roman. Die Messvariable für Spannung wurde über das Gefahrenlevel des an Gefahrenvokabular reichsten Abschnitts operationalisiert und nicht als durchschnittliche Häufigkeit von Gefahrenvokabular. Auf diese Weise konnte ausgeschlossen werden, dass das niedrigere Gefahrenlevel der Romane durch deren größeren Umfang zu erklären ist. Die Differenz an Gefahrenintensität ist mithin eine eigenständige Textsortendifferenz zwischen Roman und Erzählprosa mittlerer Länge. Ungeachtet dieser Differenz zeigt sich im Lauf des 19. Jahrhunderts für alle Textsorten eine sinkende Tendenz. Dieses Teilergebnis macht klar, dass für die Geschichte des Spannungserzählens eigentlich eine *longue-durée*-Perspektive erforderlich wäre, die ein Korpus erfordert, das Literatur bis zurück ins 17. Jahrhundert einschließt und so untersucht, ob ein Peak für das Gefahrenerzählen bereits früher im 18. Jahrhundert erreicht war. Auf diese Weise ließe sich Bergs These zu einer früher einsetzenden Geschichte des Cliffhangers prüfen.[178]

Eine steigende Tendenz lässt sich in den seriell publizierenden Medienformaten beobachten und stützt die These, dass im Lauf des 19. Jahrhunderts der Cliffhanger langsam und in schwach steigender Tendenz eingesetzt wird. Mit dem Gesamttrend zeigt sich im Resultat der Kanonisierung des 20. und 21. Jahrhunderts eine dezidierte Abregulierung von Gefahrensituationen. Diese erfolgte zeitgleich mit der Einführung und Etablierung neuer Massenformate wie der Kolportageliteratur und, nach 1900, dem Heftroman, der mit Gefahrensituationen und emotionaler Erregung auf einem weit höheren Gefahren- und Angstniveau einsetzt. In dieser Hinsicht ist die Geschichte des Novellenbegriffs die Geschichte einer paradoxen Reaktion, bei der in einen ohnehin stattfindenden Abwärtstrend, dem mediengeschichtlich zugleich ein Aufwärtstrend in seriellen Formaten entgegen läuft, poetologisch spannungssenkend eingegriffen wird, obwohl praxeologisch die spannenden Texte in der Auswahl des *Deutschen Novellenschatzes* einen Zirkulationsschub erfahren. Die Novellenpoetik bekämpft also, wovon der Novellenmarkt lebt. Doch gerade weil der Markt so sehr vom Spannungserzählen lebt, benötigt er nach 1900 ein eigenes Segment: den Markt der Heftromane und das System der Trivialliteratur. Die in der Einleitung skizzierte dialektische Spannung der Novelle kann also auch Kontrastandard-Merkmale der Gattung ergreifen, auf diese Weise komplexe Ausmaße annehmen und paradoxe Interventionen auslösen.

## 6.4 Konzentration und Zentralisierung

Es gibt eine Reihe von Merkmalen, die man in einem anderen Sinn als Umfang, räumliches Setting und Spannungsumgebung als komplexe Merkmale auffassen dürfte: nämlich im Sinn poetologisch komplexer Merkmale. Zu dieser Gruppe gehören unter anderem: die Metaphern des Falken und der starken Silhouette, die Merkmale des Mittelpunkts, des Wendepunkts, des Konflikts, der Einsträngigkeit, der Geschlossenheit, der Zirkelstruktur, der metadiegetischen Rahmung und der Konzentration. Man könnte sie auch als die ›klassischen Novellenmerkmale‹ bezeichnen. Komplex sind sie in mindestens drei Hinsichten, und zwar insofern, als sie, erstens, thematische, formale, strukturelle sowie symbolische Aspekte kombinieren, zweitens, aufeinander verweisen und miteinander verwoben sind und, drittens, komplexe Interpretationsoptionen eröffnen. Es ist insbesondere der dritte Aspekt, der die komplexen Merkmale für die älteren Arbeiten, die an Idealtypen orientierten Novellengeschichten und auch noch für die literaturdidaktisch orientierten Einführungen buchstäblich so *wertvoll* gemacht hat. Über diese Merkmale wird interpretativ ästhetischer Wert her-

178 Vgl. Berg (2012).

gestellt. Das vorliegende Teilkapitel beschäftigt sich daher aus methodologischer Sicht mit der Frage, wie man im Zuge der Operationalisierung mit begrifflicher Vagheit in der historischen Semantisierung von Gattungsmerkmalen umgehen soll.

Die Probleme mit komplexen Merkmalen reichen aber weiter: Sie haben – von der Germanistik noch immer weitgehend unbemerkt – ihre politische ›Unschuld‹ verloren. In den zum Teil bis weit in die 1960er Jahre angesehenen Arbeiten von Pongs und in der Novellengeschichte von Klein dienen die Großaggregate komplexer Merkmale einer völkischen Wertbestimmung von Novellen.[179] Den Zusammenhang von Novellenpoetik und völkisch ›argumentierender‹ Germanistik gilt es in präziser Detailarbeit künftiger Forschung erst noch exakt zu rekonstruieren.[180] Zumindest punktuell wird dieses Teilkapitel diesen Zusammenhang am Beispiel von Johannes Klein zeigen. Ein Argument dieses Teilkapitels wird daher sein, dass man sich den komplexen Merkmalen zwar weiterhin widmen sollte, dies aber mit größtmöglicher analytischer Schärfe und in kleinteiliger Arbeit: Von Konzentration und anderen Merkmalen wird dann nicht viel übrigbleiben; doch das Wenige, das übrigbleiben wird, kann helfen, den Sachgehalt dieser begrifflichen Aggregate in der literarischen Kultur des 19. Jahrhunderts zu verstehen.

Zunächst zum analytisch problematischen Gehalt der ›klassischen Novellenmerkmale‹: Lukas resümiert pauschal für sämtliche der als Gattungsmerkmale etablierten Novellenmerkmale, dass sie sich »als wissenschaftliche Kategorien zur Beschreibung des empirischen Objekts [...] als unbrauchbar erwiesen« haben.[181] So wertvoll diese Skepsis gegenüber der philologischen Brauchbarkeit etablierter Novellendefinitionen ist; eine Begründung für dieses Urteil bleibt Lukas schuldig. Polheim wiederum weist darauf hin, dass Fragen ästhetischen Werts in Gattungsbestimmungen nichts verloren haben sollten.[182] Aber auch er argumentiert ungenau. Schon seit einiger Zeit empfehlen Wertungstheorien, die an der empirischen Textanalyse orientiert sind, zwischen deskriptiven und kulturrelativen axiologischen Aspekten von Wertungshandlungen zu unterscheiden.[183] Deshalb darf man auch den komplexen Merkmalen zumindest prinzipiell die Chance einräumen, dass sie neben ihrer Funktion für eine ästhetische *appreciation* auch der Beschreibung von Texten dienen können. Ich betrachte es daher als eine nach wie vor offene Frage, wie viel textanalytischer Wert sich aus den ›klassischen Novellenmerkmalen‹ ziehen lässt.

---

**179** Vgl. Pongs (1929) und Klein (1960).

**180** Einen wichtigen Beitrag hierzu hat Kiefer (2010, 194–206) mit seiner Rekonstruktion der Arbeiten von Pongs und Klein geleistet.

**181** Lukas (1998, 251).

**182** Vgl. Polheim (1981, 9).

**183** Ich folge hier Winko (1991) und Heydebrand/Winko (1996, 59–72), die auch die Schwächen objektivistischer Wertungstheorien darlegen (vgl. ebd., 255–262). Zur axiologischen Dimension des Wertmaßstabs vgl. ebd., 50–54, Worthmann (2004, 74) und Schröter (2018, 50–67).

### 6.4.1 Rekonstruktion der Poetiken: Vagheit und Vereinnahmung

Eine poetologische Rekonstruktion sollte zwischen den unglücklichen Extremen überspannter Erwartungen an die Strenge von Gattungs- und Merkmalsbegriffen einerseits und der Ablehnung jedweder begriffsgeschichtlichen Kontinuität andererseits hindurch manövrieren. Der vorliegende Abschnitt leistet keine Begriffsgeschichte der Konzentration,[184] sondern – weniger ambitioniert – eine rationale Rekonstruktion des Begriffs mit Berücksichtigung der Temporalität der Gebrauchsweisen. Aufgabe dieser Rekonstruktion ist im ersten Schritt die Zusammenstellung der unterschiedlichen Bedeutungen des Begriffs in den einzelnen poetologischen Äußerungen. Im zweiten Schritt wird es darum gehen, die narratologischen und interpretationstheoretischen Ebenen zu erfassen, auf denen die einzelnen begrifflichen Aspekte angesiedelt sind, und die Arten der Bezugnahme auf die besten ›Textbeispiele‹ zu beschreiben. Konzentration gehört zu den Gattungsmerkmalen, die aus den historischen Poetiken abgeleitet wurden und sich in den literaturwissenschaftlichen Novellendefinitionen dauerhaft etabliert haben.[185] Anders als im zurückliegenden Teilkapitel, in dem es um eine systematisch motivierte Operationalisierung von Spannung als Rezeptionsphänomen ging, steht im Folgenden mit der Konzentration die historische Semantik eines Merkmals im Mittelpunkt.

Zentral – wenn man so rekursiv sprechen darf – wurde die Konzentration insbesondere in der Novellengeschichte von Himmel,[186] der von einem Idealtyp der Novelle ausgeht und diesen ohne weitere Begründung und ohne regelgeleitete Suche – mit divinatorischer Geste – in Theodor Mundts Novellenpoetik findet.[187] Dennoch sieht Himmel richtig, dass der novellenpoetologische Begriff der Konzentration seine Karriere bei Mundt beginnt. In »Zur Geschichte und Kritik der Novellen-Poesie« (1828), Mundts frühester Äußerung zum Vergleich zwischen Roman und Novelle, heißt es:

> Wenn man den Roman mit seinen sich im Fortschritt der Zeit aneinanderreihenden Begebenheiten einer Linie vergleicht, die sich in einer geraden Richtung und allmähligen Verlängerung fortbewegt, so ist die Novelle dagegen eine Zirkellinie, die in sich selbst zusammengeht, und die bestimmteste Beziehung auf ein gewisses Centrum hat, um dessentwillen sie da ist.[188]

An dieser Äußerung fällt die weitgehende Unbestimmtheit bei gleichzeitiger rhetorischer Behauptung von Gewissheit auf. Kreis, Linie und Mittelpunkt (»Centrum«) sind geometrische Formen und sollen eine strukturelle Differenz zwischen Roman und Novelle greifbar machen. Produktiv wurde der Bezug auf geometrische Formen insbesondere aufgrund ihrer Metaphorizität innerhalb des Bereichs der Beschreibung lite-

184 Zur Begriffsgeschichte vgl. Koselleck (1979; 2006) und Dutt (2011).
185 Vgl. Aust (2012, 15–16).
186 Vgl. Himmel (1963, 37–38).
187 Vgl. kritisch hierzu Füllmann (2010, 18–26).
188 Mundt, »Zur Geschichte und Kritik der Novellen-Poesie« (1828); hier zit n. Polheim (1965, 64).

rarischer Werke. Die Metapher ruht auf einer einfachen Analogie: Der Roman, so Mundts Gedanke, verhält sich zur Novelle wie die gerade Linie zur Kreislinie. Wesentlich für den semantischen Transfer sind die Eigenschaften des Mittelpunkts und des gleichen Abstands aller Punkte auf der Kreislinie zum Mittelpunkt. Offen bleibt in der Analogie, welche Eigenschaften von Romanen und Novellen für die ›Geradlinigkeit‹, die ›Kreislinie‹ und das ›Centrum‹ sowie die Idee der Äquidistanz stehen sollen.

Aus Mundts weiteren generischen Erläuterungen und insbesondere aus den konkret herangezogenen Textbeispielen geht hervor, dass er das Strukturmodell der Konzentration auf drei Ebenen verortet: Handlungsverlauf, Figurenkonstellation und Thema. Von quantitativer Gattungsforschung wird man künftig erwarten können, die Ebenen von Thema und Handlungsverlauf zusammenzuführen. Beim Stand der Forschung ist es dafür im Moment noch zu früh. Das vorliegende Teilkapitel wird lediglich den Aspekt der Figurenkonstellation operationalisieren, der sich aber auch in den nachfolgenden Poetiken des 19. Jahrhunderts als der wichtigste erweisen wird. Für ein historisch angemessenes Verständnis ist es aber geboten, immer wieder an die Komplexität des gesamten begrifflichen Aggregats zu erinnern, um am Ende beschreiben zu können, wie klein der Anteil am historischen Sinn des komplexen Merkmals der Konzentration sein wird, der sich sinnvoll operationalisieren lässt.

Ich beginne daher von oben mit der Ebene höchster Aggregation und größten Nähe zu der – von Polheim zurückgewiesenen – Wertungsdimension: Konzentration in thematischer Hinsicht. Als Beispiel für Konzentration auf thematischer Ebene dient Mundt in seinem Essay »Über Novellenpoesie« Goethes Roman *Die Wahlverwandtschaften*, den er als wesentlich novellenartig interpretiert:

> Göthes *Wahlverwandtschaften* tragen offenbar ihrem Stoffe nach mehr die Eigenthümlichkeit der Novelle als des Romans in sich. Es stellen sich hier einzelne Verhältnisse des geselligen Lebens dar, die bestimmt sind, durch andere feindlich in ihre Ruhe eindringende umgebildet, zerstört und aufgelößt zu werden. Im Conflict dieser beiden Gegensätze bewegen sich alle Richtungen des Stoffes, und keine liegt außerhalb des peinvollen Kampfes zwischen Pflicht und Neigung, von welchem unheimlich anziehenden Mittelpunkt nicht abweichen zu können, alle Personen wie durch einen finstern Eigensinn des Schicksals gezwungen werden.[189]

Auch wenn Mundt vom Stoff spricht, geht es ihm um ein thematisches Zentrum, um das der Roman organisiert ist. Für ihn ist es der Konflikt zwischen Pflicht und Neigung, der als Zentrum des Werks alle Elemente desselben in gleicher Nähe und Stärke auf dieses bezogen hält. Dieser Fokus auf thematische Konzentration wird in den nachfolgenden Poetiken erstaunlicherweise kaum mehr aufgegriffen. Sie lebt aber bei einzelnen neueren Studien weiter, am deutlichsten bei Rath,[190] der seinen Novellenbegriff um einen latenten Mittelpunkt konstruiert. Rath imaginiert einen Mittelpunkt, der selbst nicht im Text sichtbar ist, sondern dessen abstrakte Ordnung, die nur her-

**189** Mundt, »Über Novellenpoesie« (1833, 143); auch in Polheim (1970, 67).
**190** Vgl. Rath (2008, 41).

meneutisch eingeholt werden kann. Dabei verfährt Rath jedoch keineswegs begriffsgeschichtlich und in philologischer Orientierung am gedanklichen Sinn der historischen Poetiken. Stattdessen amalgamiert er freihändig seinen eigenen idiosynkratischen Begriff der Novelle. Dass der thematische Sinn der Konzentration, wie er von Mundt vorgestellt wurde, besonders attraktiv ist, dürfte auch daher kommen, dass es dieser Auffassung von Konzentration nicht um ein prüfbares und falsifizierbares Textmerkmal, sondern um eine allgemeine Interpretationsmaxime geht.

Wo immer es um Konzentration in diesem Sinn einer Interpretationsmaxime geht, wird in der Regel mit größtmöglicher Abstraktion und Vagheit operiert. Vage kann man insbesondere dann bleiben, wenn man die metaphorische Logik gar nicht erst verlässt, sondern diese rekursiv reproduziert. Wie so etwas geht, hat bereits Theodor Vischer vorgemacht, der schreibt:

> Die Novelle hat der gezogenen Linie des Romans gegenüber etwas Punktuelles, aber ihr Punkt kann auch ein Kreis mit mehr oder weniger Radien sein, je nachdem sein Centrum beschaffen ist. Centrum von mehr oder weniger Inhaltstiefe.[191]

Vischer wiederholt die Logik von Kreislinie und Kreismittelpunkt, relativ zu den Bemerkungen seines Vorgängers Theodor Mundt, ›nach außen‹: Während Mundt von vornherein den Erzählmodus des Romans einer geraden Linie und den der Novelle als den einer Kreislinie verglichen hat, spricht Vischer zunächst bei der Novelle von ›etwas Punktuelle[m]‹ im Gegensatz zur ›gezogenen Linie des Romans‹ (als Homologie: Novelle: Roman:: Punkt: gerade Linie). Dieser Punkt wird erst im nächsten Schritt auch wiederum als Kreis beschreibbar (Punkt → Kreis). Erst nach diesem weiteren Schritt landet Vischer dort, wo Mundt begonnen hat, nämlich bei der Homologie (Novelle: Roman:: Kreislinie: gerade Linie). Der Effekt ist aber auch in dieser Bewegungsrichtung insofern der einer potenziellen Verunendlichung, als man sich fragen muss, was denn nun wiederum der Mittelpunkt des Kreises sein soll. Die Kette der poetologischen Äußerungen zur Novelle als Punkt mit Kreisen unterschiedlicher Radien, als Aneinanderreihung vieler Kreise, oder als Kreislinie und Punkt zugleich, ließe sich hier, mit Bemerkungen beispielsweise von Hart, weiter fortsetzen, der in *Roman und Novelle* (1907) ausführt: »Der Roman ist gleichsam ein Gebilde von konzentrischen Kreisen. Die Novelle aber ist nur ein Einzelreis mit einheitlichem Handlungskern, sie bietet nur einen Einzelfall und ein fest in sich geschlossenes Einzelproblem, und zwar in einer bestimmten Momentbeleuchtung.«[192]

Dieser Gebrauch versucht gerade nicht, Konzentration als ein Merkmal zu definieren, von dem sich prüfen lässt, ob es in einem Text vorliegt oder ob es nicht vorliegt, sondern darum, einen weiten Interpretationsrahmen aufzuspannen, der es er-

**191** Vischer, »Mein Lebensgang« [1874], hier zit. n. ders., *Altes und Neues*. Drittes Heft. Stuttgart: Bonz (1882, 357); nach dieser Ausgabe auch in Polheim (1970, 124).

**192** Hart, »Roman und Novelle« ([1905] 1907, 112–113); auch in Polheim (1965, 182).

laubt, Aspekte eines Werks interpretativ so aufeinander zu beziehen, dass man – auf möglichst einfache Weise – komplexe Ordnungen dadurch herstellen kann, dass man den interpretationsbedürftigen Gegenstand von vornherein auf ein möglichst komplexes Modell bezieht. Diese Funktion von Gattungspoetik richtig zu erkennen ist unverzichtbar für ein literaturgeschichtlich angemessenes Verständnis literarischer Gattungspoetik, weil sich zeigt, dass poetologische Reflexion nicht nur die Aufgabe einer Formulierung von Literaturprogrammen, von Kulturpolitik und normativen Gattungsregeln erfüllt, sondern auch in die Rolle allgemeiner Interpretationstheorie schlüpfen kann. Für die Suche nach poetologisch regulierten Textmerkmalen und Schreibverfahren im engeren Sinn sind solche präsumtiv organisierten Aggregat-Begriffe indes unbrauchbar.

Bemerkenswerterweise fokussiert sich Mundt selbst auf engere Verwendungsweisen des Begriffs der Konzentration. Bereits in seiner Charakterisierung des thematischen Zentrums von Goethes *Wahlverwandtschaften* in Form eines zentralen Konflikts nimmt Mundt den Geschehnisaspekt von Konzentration in den Blick. Dieser Konflikt ergreift, so die Interpretation, alle Figuren gleichermaßen, gleich stark, und zwar so stark, dass der Roman nur von diesem Konflikt her verstanden werden könne. Aufschlussreich ist, wie Mundt das Novellistische des Romans beschreibt:

> Doch ist das Complizirte dieser Verhältnisse durch die Darstellungen in eine epische Breite auseinandergezogen, und die endliche Entwickelung durch weite Ausführung episodischer Verhältnisse auseinandergehalten, wie es der Novelle in ihrem gedrängten Bau nicht eigenthümlich zu sein pflegt. Demungeachtet bleibt aber die Anlage der *Wahlverwandtschaften* dennoch novellenartig, wenn man die Behauptung will gelten lassen, daß Novelle und Roman zwei verschiedene Gestaltungen des Epos, zwei verschiedene künstlerische Constructionen sind, und zwar so verschieden, daß die Novelle die Dialectik nur eines einzelnen Verhältnisses und Lebensmomentes ist, das nicht weiter als nach den ihm inwohnenden, möglichen Richtungen entwickelt und fortgesetzt wird;[193]

Wenn Mundt hier von genau einem komplizierten Verhältnis und Lebensmoment spricht, wird deutlich, dass das Zentrum wesentlich auf Figuren bezogen ist: Es handelt sich um einen Konflikt innerhalb der Figuren und bzw. oder zwischen den Figuren.

Noch expliziter macht Mundt seine Auffassung der Konzentration als ein Strukturmoment, das es im Verhältnis zwischen Figuren und Handlung zu beschreiben gilt, an seinem zweiten Beispiel, einer von Tiecks Novellen:

> *Der Aufruhr in den Cevennen* behandelt die Verhältnisse eines Menschenlebens nicht in seiner Entwickelung an und durch sich und um seiner selbst willen, sondern in Rücksicht auf ein einzelnes, weltgeschichtliches Moment, das, in seiner großen, religiösen Bedeutsamkeit sich erhebend, zum Mittelpunkt wird, durch den das sich daneben herumziehende Leben der Individuen, das

**193** Mundt (1833, 143).

> sonst in sich ruhen würde, bewegt wird und seine Richtung erhält, auch nur in Beziehung auf dieses Centrum sein Interesse hat. Dies ist die zirkelartige Construction der Novelle[194].

Hier bezieht sich die Idee eines Kreismittelpunkts weniger auf ein abstraktes Thema, sondern auf ein Ereignis der fiktiven Welt, das wiederum auf die Figurenebene bezogen bleibt. Hier ist es nicht ein innerer und jeweils paarweise auftretender sowie thematisch zu beschreibender Konflikt, sondern ein fiktives Großereignisse, das alle Figuren ergreift. Wie Planeten um eine Sonne kreisen, so geraten die Figuren in die Umlaufbahn eines zentralen Konflikts oder Ereignisses. Die Metaphorik der Konzentration mit Kreislinie, Mittelpunkt und der Idee der Äquidistanz ist auch deshalb so produktiv, weil sich die Positionen so vielfältig besetzen lassen: Zentrum und Kreislinie können von Figuren besetzt werden. Man kann aber auch ein Ereignis oder einen Konflikt im Mittelpunkt ansiedeln, und die Figuren als Trabanten auf die Kreislinie um diesen Konflikt stellen. Der Begriff des Mittelpunkts kann so dann auch sehr schnell sowohl an die von A. W. Schlegel kommenden Überlegungen zum Merkmal des Wendepunkts (so bereits Tieck, der sowohl vom Mittel- als auch vom Wendepunkt spricht),[195] als auch an die Goethe zugeschriebene Idee der unerhörten Begebenheit angeschlossen werden, die Spielhagen wenig später mit dem Begriff des Centrums verbinden wird.

Vom Begriff des Mittelpunkts als Wendepunkt und der zusätzlich eingeführten Idee der Neigung der Novelle zum Tragischen ist es nicht weit, den Mittel- und Wendepunkt als ein unheilkündendes Konfliktzentrum zu konzipieren. Hermann Oesterley sieht den Unterschied zwischen Novelle und Roman darin, dass jene »nicht ein umfassendes Bild eines wenn auch noch so eng begrenzten Culturkreises vorführt, sondern eben nur einen Ausschnitt aus demselben, daß sie nicht den ganzen Entwickelungsgang eines Menschenlebens zur Darstellung bringt, sondern nur einen einzelnen aber entscheidenden Abschnitt daraus.«[196] Hier ist zunächst wichtig, dass Oesterley, obwohl er im nächsten Schritt den Begriff der Konzentration auf den Aspekt des Konflikts ausweiten wird, eine Zentrierung auf einen Handlungsabschnitt einer zentralen Figur meint. Dies wird der Aspekt sein, an dem sich die folgende Operationalisierung orientiert. Oesterley führt fort:

> Um nun einen solchen Ausschnitt zu einem selbstständigen, abgerundeten Kunstwerke zu gestalten, ist es nothwendig, daß die gesammte Darstellung nach einem Schwerpunkte hinstrebt und in allen ihren Theilen von diesem Mittelpunkte zusammengehalten wird. Deshalb erzählt die Novelle zunächst nur eine einzelne, wenn auch vielfach gegliederte Begebenheit, und steht damit durchaus auf dem Boden der eigentlichen Erzählung; ferner aber, und darin ist die wesentliche Verschiedenheit von der Erzählung begründet, bringt sie in der erzählten Begebenheit eine Ver-

194 Mundt (1833, 144).
195 Vgl. Tieck, »Vorbericht«, in *Schriften*, Bd. XI (1829, LXXXVII); auch in Polheim (1970, 75–76).
196 Oesterley, *Die Dichtkunst und ihre Gattungen* (1870, 199/§ 80); auch in Polheim (1970, 141).

> wickelung, einen socialen Conflict zur Darstellung, der allmählich zur Krisis reift und endlich zur Lösung gelangt.[197]

Wenn Helmut Himmel bei Mundt bereits alle wichtigen Kompositionsmomente der Novellenpoetik versammelt sieht, hat er zumindest insofern recht, als auch der Konflikt bereits bei Mundts Beispiel der *Wahlverwandtschaften* auftritt.[198] Bei Oesterley wird die um die Metapher des Schwerpunkts erweiterte Reihung von Mittel- und Wendepunkt noch um den ›sozialen‹ Konflikt ergänzt. Bei Spielhagen schließlich wird der Konflikt explizit auf eine, in der ersten Hälfte des 19. Jahrhunderts nur fakultativ bemerkte, nun aber normativ postulierte Tragödienähnlichkeit der Novelle bezogen.[199] Spätestens an diesem Punkt war der Boden für einen an Vagheit nicht zu überbietenden, dem intellektuellen Schein nach ›hochkomplexen‹ Novellenbegriff bereitet, der dann insbesondere für die völkische Vereinnahmung in der ersten Hälfte des 20. Jahrhunderts charakteristisch werden sollte.

In der Novellengeschichte von Johannes Klein, die, zunächst in den 1930er Jahren verfasst und veröffentlicht, in den 1960er Jahren mehrfach wieder aufgelegt wurde, wird diese Vagheit auf die Spitze getrieben:

> Das zentrale Geschehnis heißt bei Goethe, der mit seinem Blick für die Urformen auf der Novelle eine Sonderform zuwies, die »unerhörte Begebenheit«; der Ausdruck ist gültig geblieben. Tieck legte Wert auf den Wendepunkt des Geschehens. Paul Heyse sah die Beziehung zwischen »Eigensinn und Umständen der Charaktere« auf der einen Seite und dem Geschehnis auf der anderen Seite. Storm dachte an Ähnliches, als er von einem »Lebenskonflikt« sprach, der »das Ganze bestimme und seine Teile organisiere. Das wird ja in einem bestimmten Ereignis am deutlich. Paul Ernst, meinte, die Novelle müsse im Hauptpunkt »etwas Unvernünftiges« enthalten, das sich als »überraschend und besonders ausweise«. Diese Formulierung erinnert wiederum an Tieck, der von einem »isolierten Fall« geredet hatte.«[200]

---

**197** Oesterley, *Die Dichtkunst und ihre Gattungen* (1870, 199/§ 80).

**198** Siehe Anm. 189 und 193 in diesem Kapitel.

**199** Spielhagen sagt von der Novelle: »der Hauptaccent des Interesses fällt nicht sowohl in das Wesen und den Charakter der Menschen, als in die Peripetien des Konfliktes, der aus dem Kontakt dieser fertigen Menschen resultiert, und auf dessen Katastrophe mit möglichster Kraft hinzuarbeiten, die einzige, jedenfalls die hauptsächlichste Aufgabe des Dichters scheint.« Spielhagen, »Roman oder Novelle? Eine ästhetische Studie«, in *Die Gegenwart* 39 (1882, 215); auch in Polheim (1970, 164). Dieser Engführung von Novelle und tragischem Gehalt geht in den Poetiken der Biedermeierzeit mit einer bemerkenswerten Konzentration um 1830 eine Öffnung der Novelle zum Tragischen und Komischen voraus, vgl. etwa bei Tieck, »Vorbericht« (1828, LXXXVII), Weber, *Vorlesungen zur Ästhetik* (1831, 252–253); auch in Polheim (1970, 82–82); bei Laube: »Man hat meisthin keine Form für vollkommener gehalten als die Tragödie, und es kann die Novelle alle innere Gesetze der Tragödie in sich aufnehmen.« In Laube: »Wilhelm Marsano, Die unheimlichen Gäste. Marco Doloroso. Die Abenteuer einer Nacht« (1833, 430); auch in Polheim (1970, 88); und bei Vischer (1857, 1317–1318/§ 883); auch in Polheim (1970, 122). Eine klare Tragödienaffinität behauptet erstmals Ernst Freiherr von Feuchtersleben in *Die Novelle. Didaskalie*, in: Beiträge zur Literatur, Kunst- und Lebenstheorie (1841, 55); auch Polheim (1970, 111).

**200** Klein (1960, 5).

Es geht mir hier nicht darum, das intellektuelle Niveau von Kleins zirkulärer Reflexionstaktik zu denunzieren. Dass seine Arbeit weit unter dem intellektuellen Standard literaturwissenschaftlichen Arbeitens bleibt, verrät sich ohnehin in Bemerkungen wie: »So ist die Urform der Novelle das Leben selbst.«[201] Es geht mir darum, dass die Denkhaltung, bei der sich die Metaphorik von Konzentration, Mittelpunkt, Konflikt und Tragödienaffinität um sich selbst dreht, es den Poetiken und der normativ verfahrenden Novellenforschung erleichtert hat, sich von keinem textuellen Widerstand und von keiner historischen Evidenz irritieren zu lassen. Auf diese Weise konnte man ungefährdet bei einem von vornherein festgelegten literaturpolitischen Argument und – wie Klein und Pongs – bei seinem Ressentiment stehen bleiben. Es ist ein Verfahren, bei dem man sich von Wort zu Wort schwingt, ohne bei der Durchdringung des relevanten Sachverhalts – geschweige denn bei der kritischen Bestimmung des eigenen Standpunkts – auch nur einen Schritt weiterzukommen.

Das Sprechen in Paradoxien erleichtert Klein die ›Argumentation‹ auch deshalb, weil es ihm erlaubt, jedes Phänomen als Etwas und zugleich als sein Gegenteil zu bestimmen.[202] Die italienische und spanische Novelle erscheinen ihm nur als Vorläufer der erst im Deutschen zu ihrem wahren Wesen findenden Novelle, die amerikanische Kurzgeschichte dagegen als epigonaler Abkömmling der eigentlichen Novelle. Wann etwas ›nur Vorläufer‹ und wann etwas ›Nachkömmling‹ ist, bleibt Kleins Willkür überlassen. In beliebig formbarer Weise ist dagegen das Tragische, Konfliktgeladene, Geschlossene und Konzentrierte das Deutsche, Eigene und Wertvolle.

Das die oben ermittelten ästhetischen Strukturbegriffe (Mittel-, Wende- und Schwerpunkt, Kreislinie sowie Konflikt) umschließende Aggregat der Konzentration dient Klein u. a. dafür, bei der Kurzgeschichte das Eigene (z. B. die Kurzgeschichten und nur so genannten »Novellen« Hebbels) grundsätzlich auf-, das Fremde, z. B. bei Edgar Allan Poe, dagegen abzuwerten. Da in der Novelle potenziell alles vereint ist, was Klein erzähltechnisch vorstellbar erscheint, kann er ohne Aufwand jede beliebige Kurzgeschichte als eigentlich novellenartig,[203] als gegenüber der Novelle epigonal,[204] oder (wenn sie das Eigene repräsentiert) als originell[205] bewerten. Ein begrifflicher

201 Klein (1960, 5). Klein setzt an der gleichen Stelle fort: »Wie mancher kennt in seinem Leben ein Mittelpunktereignis – wer schaute in seinem Dasein nicht unwillkürlich nach Leitmotiven hin? – Und wehe, wenn seinem Leben die Idee fehlt! Diese drei Elemente sind zugleich die Grundformen der Novelle.«

202 Beispielsweise: »Die Übergänge vom Roman zur Novelle sind deutliche Ausnahmefälle. Die Übergänge von der Erzählung zur Novelle scheinen nur in Ausnahmefällen deutlich.« (Klein (1960, 9).

203 So Klein (1960, 23), am Beispiel von »Thanksgiving-Day« von O. Henry.

204 E. A. Poe wird als Nachahmer der Novelle und als literarisch von E. T. A. Hoffmann charakterisiert, vgl. Klein (1960, 17–18).

205 So Klein (1960, 20–21), am Beispiel von Schäfer »Im letzten D-Zug-Wagen«, oder Hebbels »Die Kuh« und »Barbier Zitterlein«.

Relativismus, der sich durch Sprechen in Paradoxien den Anschein intellektueller Komplexität und geistiger Eleganz geben möchte,[206] dient Klein am Ende dazu, die Wertordnung seiner literarischen Welt einfacher behaupten zu können. Wie Pongs kennt Klein daher nur einen Hauptvertreter der ›wahren Novelle‹: Kleist. Das Eigene ist immer das Wahre, das Fremde dagegen das entweder Vorläufige oder Epigonale, dem vom ›Vollbegriff‹ der Konzentration irgendetwas Wesentliches – das Tragische, das Konfliktgeladene, das Unvernünftige[207] etc. – fehlt.

Der Begriff der Konzentration sollte daher für die Novellenforschung zunächst als ein historisch verdorbener Begriff betrachtet und mit größter Vorsicht behandelt werden. Dass Rath den Begriff in weitgehend idiosynkratischer Aggregierung wieder mit hermeneutischer Komplexität auflädt, ist daher zumindest geschichtsvergessen. Es ist jedoch meines Erachtens weder notwendig noch wäre es angemessen, den Begriff der Konzentration deshalb ganz totzuschweigen. Zum einen steht immer noch eine umfassende kritische Auseinandersetzung mit den Nachwirkungen der nationalsozialistischen Novellenpoetik in die Novellenforschung der Nachkriegszeit aus. Zum anderen, und darum geht es mir im Folgenden, kann man, wenn man ausschließlich in das 19. Jahrhundert hineinblickt, nach der Operationalisierbarkeit punktueller und nur eng begrenzter Aspekte des Gebrauchs der poetologischen Begriffe aus dem semantischen Feld der Konzentration fragen. Neben der vagen Ausweitung dieses Begriffs finden sich in den Novellentheorien des 19. Jahrhunderts auch bemerkenswerte Versuche begrifflicher Engführung.

Deutlich auf die Figurenkonstellation bezieht bereits Mundt das dritte Beispiel für seine Diskussion der Gattungsdifferenz. Es handelt sich wiederum um eine Novelle von Tieck, nämlich den kurz zuvor erschienen ersten Teil von »Dichterleben«:

> Das Leben der beiden Dichter [und Hauptfiguren Marlow und Green, J.S.], das die Novelle als ein schon angelegtes und ihrem innern Charakter nach völlig entschiedenes aufnimmt, und nur nach der ihm noch möglichen Entwickelung zu seinem Untergange, entfaltet, würde der Roman erst in den Anfängen seiner Bildung aufsuchen, er würde uns die Bildungsgeschichte dieser Charaktere nach äußern und innern Verhältnissen erst entwickeln und motiviren müssen, er würde mehr biographisch erzählen[.][208]

Hier verrät Mundt, an welche Prototypen er denkt: Der Begriff des Romans folgt dem Typ des biographisch erzählten Entwicklungsromans. Statt eine Figur mit ihrer Lebensgeschichte ins Zentrum zu stellen, kann eine Novelle vom Typ »Dichterleben«

---

**206** Vgl. Klein (1960, 25): »Noch gilt mit Einschränkung, was vielleicht außer Geltung geraten wird: Eine Novelle ist gut, wenn sie etwas Überraschendes hat. Ein Kurzgeschichte ist überraschend, wenn sie gut ist.«

**207** Während sich das Unvernünftige bei Paul Ernst noch auf die Figurenebene und damit die fiktive Welt bezog (vgl. Aust 2012, 40), wird es bei Klein am Beispiel von »Michael Kohlhaas« zu einer Art ›Geist der Novelle‹ (vgl. Klein 1960, 8), und damit zu dem, was Wayne C. Booth die Norm des Werkes genannt hätte (vgl. Booth 1961, 70–74 und Kindt/Müller 2006, 51).

**208** Mundt, »Über Novellenpoesie« (1833, 146).

eine oder mehrere (hier: zwei) Figuren ins Zentrum stellen und diese sozusagen in die Experimentalordnung einer zentralen Krise manövrieren.

Man hat übersehen, mit welcher Art von Texten Mundt das Gattungsmerkmal der Konzentration zu legitimieren versucht: Bei den Fallbeispielen handelt es sich um eine in Buchform erschienene Novelle mit Überlänge (*Der Aufruhr in den Cevennen*), eine Novelle mit scheinbarer Romanstruktur (»Dichterleben«), oder um einen Roman (*Die Wahlverwandtschaften*). Mundts Novellenpoetik setzt damit ein, dass Konzentration als Kompensation übermäßigen, romanhaften und für die Novelle daher eigentlich problematischen Umfangs fungiert. Nicht nur die Beispieldiät, sondern auch die Funktionalisierung von Konzentration als Kompensation von Überlänge und als ein Mittel zur Steigerung bedrohter Textkohäsion wurde in den Poetiken von Vischer und Spielhagen fortgesetzt.

Geradezu überraschend ist, dass die nachfolgenden Novellenpoetiken das von Mundt geprägte mehrdimensionale Aggregat der Konzentration auf die zwei Ebenen von Figur und Plot reduzieren. Das gilt zunächst für Vischer. Nachdem er sich ebenfalls am ästhetisch für ihn unbefriedigenden Merkmal des Umfangs (»Man mißt aber Poesien doch nicht mit dem Zollstab.«)[209] abgearbeitet hat, bemerkt er: »Die Novelle gibt einen schmälern Ausschnitt aus dem Leben, prägnant durch Charakterbild, Schicksals-Wendung oder beides«.[210] Die Schicksals-Wendung bezieht sich auf eine einschneidende Begebenheit, das Charakterbild auf die zentrale Figur. Wie sehr Vischer an die Konzentration auf eine Hauptfigur denkt, geht aus der Ergänzung hervor: »Die Novelle ist ein Accent, geworfen auf ein Stück Leben«[211].

Die gleiche Parallelführung von Konzentration mit Blick auf Figurenkonstellation und fiktiver Ereignisstruktur ruft Spielhagen, wie Mundt, im Anschluss an Goethes Roman *Die Wahlverwandtschaften* und an Goethes poetologische Äußerung zur Novelle als ›unerhörte Begebenheit‹ auf. In der dialektischen Spannung zwischen Anerkennung der faktischen Differenz zwischen Roman und Novelle hinsichtlich des Umfangs und bei gleichzeitiger Ablehnung der ästhetischen Relevanz dieser Differenz bestimmt Spielhagen den ästhetisch wesentlichen Unterschied zwischen den Gattungen über das fiktive Personal. Die Novelle habe eine »geringe Anzahl von Hauptpersonen, die von einer womöglich noch geringeren Anzahl von Nebenpersonen unterstützt wird.«[212] Über die innere Charakterisierung der Figuren ergänzt Spielhagen an anderer Stelle: »Die Novelle hat es mit fertigen Charakteren zu tun, die durch eine besondere Verkettung der Umstände und Verhältnisse, in einen interessanten Konflikt

---

**209** Vischer [1874] (1882, 357).
**210** Vischer [1874] (1882, 357).
**211** Vischer [1874] (1882, 357).
**212** Spielhagen, »Roman oder Novelle?« (1882, 215). Im vollständigen Satz handelt es sich um eine Äußerung über einen besonderen Romantyp. Im anschließenden Satz wird ergänzt, dass, dass dies charakteristisch für die Novelle sei.

gebracht werden«[213]. Konkretere Bestimmungen gattungsspezifischer Figurencharakterisierung finden sich dagegen nur vereinzelt und ohne Nachfolge.[214] Der Begriff der Konzentration bleibt bei Spielhagen wie bei Mundt mit dem Konflikt auf die Ebenen von Handlung oder Thema bezogen, realisiert sich aber – so scheint Spielhagen es sich vorzustellen – in einer auf eine Figur zentrierten Figurenkonstellation.

Noch expliziter auf die Figurenkonstellation zielt insbesondere Heyse in der Einleitung zum *Deutschen Novellenschatz* unter dem Stichwort der Konzentration, das bei ihm dann aber auf die Leitmetapher der starken Silhouette gebracht wird:

> Wenn der Roman ein Kultur- und Gesellschaftsbild im Großen, ein Weltbild im Kleinen entfaltet, bei dem es auf ein gruppenweises Ineinandergreifen oder ein concentrisches Sichumschlingen verschiedener Lebenskreise recht eigentlich abgesehen ist, so hat die Novelle in einem einzigen Kreise einen einzelnen Conflict, eine sittliche oder Schicksals-Idee oder ein entschieden abgegrenztes Charakterbild darzustellen und die Beziehungen der darin handelnden Menschen zu dem großen Ganzen des Weltlebens nur in andeutender Abbreviatur durchschimmern zu lassen.[215]

Die Formulierung aus der Einleitung zum *Deutschen Novellenschatz* erlaubt dank der Reihung der Möglichkeiten, wie »die Novelle in einem einzigen Kreise« ihren Gegenstand zur Geltung bringt, nämlich als einen »Conflict«, eine »Schicksals-Idee« oder als ein »abgegrenztes Charakterbild«, mehrere Lesarten. Das Attribut ›concentrisch‹ scheint auf den ersten Blick auf der Seite der Gattung des Romans zu stehen: derart, dass der Roman durch viele Kreise, die Novelle dagegen durch nur einen Kreis gekennzeichnet ist. Das »Charakterbild«, das mit dem gleichen Begriffswort auch bei Vischer auftaucht, bezieht sich bei beiden auf eine im Zentrum stehende Figur. Jannidis hat diese Passage für eine quantitative Operationalisierung der Idee der ›starken Silhouette‹ über die Kreisstruktur auf der Ebene der Figurenkonstellationen gelesen und mittels sozialer Netzwerkanalyse operationalisiert.[216] Während im Roman einige Figurengruppen nur lose miteinander verbunden sind, steht bei der Novelle, so Jannidis' Interpretation der Passage als Ausdruck der Idee der starken Silhouette, typischerweise eine Figur im Zentrum, auf die das ganze Geschehen und alle anderen vorkommenden Figuren bezogen sind. Während bei Mundt die Bedeutung von Konzentration noch sehr weit war und viele Facetten einschließlich eines allgemein interpretationstheoretischen Verständnisses von thematischer Ordnung umfasst, orientierten sich Vischer, Spielhagen, Heyse und Kurz an einem bei Mundt vorbereiteten Sinn der Konzentration, der einerseits zwar in die Begriffe des Wendepunkts und der starken Silhouette ausfranst,

213 Spielhagen, »Novelle oder Roman?« [1876] (1883, 245).

214 Vgl. Wilhelm Meyer: »eine eigensinnige Grille, eine seltsame der Verkehrtheit der handelnden Personen, um welche sich das Ganze dreht.« (W. Meyer: *Drei Vorlesungen über das Wesen der epischen Poesie und über den Roman und die Novelle insbesondere* [1829/30] (1839, 111–119); hier zit. n. Polheim 1970, 80).

215 Heyse/Kurz (1871, XVII–XVIII).

216 Vgl. Jannidis (2017, 16–20).

der andererseits aber ein engeres Verständnis eines strukturellen Verhältnisses zwischen Ereignis und Figurenkonstellation betrifft.[217] In einem sehr engen Verständnis konnte auch die Konzentration auf eine Figur gemeint sein. Insbesondere die um 1870 dominierenden Äußerungen von Heyse, Kurz und Oesterley sowie später von Spielhagen legen dies nahe. Die folgende Operationalisierung stützt sich daher auf die von Jannidis vorbereitete Orientierung an figuraler Konzentration, die es abschließend in Abschnitt 6.4.4 aber wieder auf ereignis- und themenorientierte Konzentration zu beziehen gilt

## 6.4.2 Operationalisierung und Triangulation

Die aus der Erläuterung von Mundt, Vischer, Spielhagen, Oesterley, Hart sowie Heyse und Kurz ableitbare Differenz zwischen Roman und Novelle auf der Ebene figuraler Konzentration lässt sich mathematisch über etablierte Kennzahlen der Zentralität, Dichte und Zentralisierung von Knoten in Netzwerken abbilden. Abbildung 58 zeigt zwei Netzwerke. Die nummerierten Kreise sind Knoten, und die Verbindungslinien zwischen den Knoten sind Kanten. In der literarischen Figurennetzwerkanalyse wird jede Figur eines fiktionalen Werks durch einen Knoten, und die Beziehung zwischen Figuren durch eine Kante repräsentiert, wobei die Beziehung technisch entweder als szenische Kopräsenz oder eine handlungsseitige Interaktion konzeptualisiert werden kann.[218] Im Folgenden handelt es sich immer um Kopräsenznetzwerke.[219]

Die aus der Graphentheorie entwickelte soziale Netzwerkanalyse stellt kanonische Zentralitätsmaße zur Beschreibung einzelner Knoten und einige kanonische

---

217 Die These, dass »Heyses sogenannte Falkentheorie« (Hillenbrand 2001, 77) keine eigenständige und gattungsspezifische Poetik sei, sondern eine Reformulierung allgemeiner poetologischer Auffassungen in der Tradition von Aristoteles' Poetik, ist bei einem Blick ausschließlich auf Heyses Äußerungen plausibel. Unter der vergleichenden, auf die Rekonstruktion einzelner Leitbegriffe wie Konzentration beschränkten Perspektive dieses Kapitels zeigt sich aber, dass dieser Befund oder Vorwurf die Novellenpoetiken des 19. Jahrhunderts insgesamt trifft und sich mit meiner oben vertretenen These verträgt, dass der Begriff der Konzentration primär als allgemeine Interpretationsmaxime fungiert. Vgl. auch Herget (2025, 106–107), die das Vieldeutige in Heyses Metaphorik des Falken und der Silhouette herausarbeitet.

218 Vgl. zu dieser Unterscheidung Resch (2024, im Druck).

219 Figurenreferenzen wurden durch eine auf die Figurenerkennung mit Koreferenzauflösung trainierte und optimierte *NLP*-Pipeline ermittelt, vgl. Ehrmanntraut/Konle/Jannidis (2023). Alle Texte wurden in fünf gleich große Segmente (*Chunks*) unterteilt. Für jedes Segment und jeden Text wurde dann die Kopräsenz jedes möglichen Figurenpaars mittels der zuvor erfassten Figurenreferenzen erfasst. Ausgangspunkt sind die Koreferenz-IDs, zu denen jeweils der für jede Entität am häufigsten verwendete Name verwendet und als Figurenreferenz verwendet wurde. Kopräsenz von zwei oder mehr Figuren wird dann angenommen, wenn in mindestens einem *Chunk* die betreffenden Figuren genannt werden. Stärken, Einschränkungen und typische Fehler dieses Verfahrens werden unten in Abschnitt 6.4.4 diskutiert.

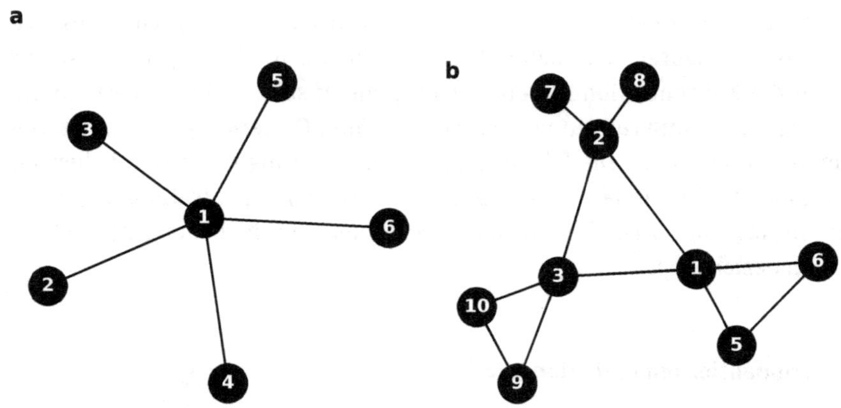


**Abbildung 58:** Die Abbildung stammt aus Jannidis (2017, 18) Figurennetzwerke, nach Heyse links ein novellentypisches, rechts ein romantypisches Netzwerk.

sowie nicht-kanonische Kennzahlen zur Beschreibung der Netzwerke zur Verfügung.[220] Die erste Wahl zur Beschreibung von Netzwerkeigenschaften ist meist die *degree centrality*, die für jeweils einzelne Knoten (im Folgenden: Figuren) den relativen Anteil der im gesamten Netzwerk möglichen Kanten (im Folgenden: Beziehungen, hier als Kopräsenz) bestimmt, wobei bei der Gesamtzahl von n Figuren maximal n–1 Relationen zu den übrigen Figuren des Netzwerks möglich sind.[221] Im linken Graph (a) erhält eine mit allen übrigen 5 Figuren verbundene Figur (Figur Nr. 1) die *degree centrality* $C_D = 5/5 = 1{,}0$. Die übrigen Figuren Nr. 2 bis 6 im linken Graphen haben dementsprechend eine *degree centrality* von $1/5 = 0{,}2$. Da hier mit Kopräsenznetzwerken operiert wird, ist *degree centrality* eine vernünftige Wahl. Die Netzwerkanalyse kennt mit *closeness centrality* ($C_C$) und *betweenness centrality* ($C_B$) zwei weitere Zentralitätsmaße. Eine literaturtheoretisch differenzierte Diskussion, in welchen Anwendungsszenarien welches Maß zum Einsatz kommen sollte, steht jedoch noch aus.[222] Bei der Konzentration, sofern man sie als Novellenmerkmal auf der Ebene der Figurenkonstellation operationalisiert, geht es jedoch nicht um die Zentralität *einer* Figur. Es geht

---

220 *Degree centrality*, *closeness centrality* und *betweenness centrality* als wesentliche Kennzahlen der allgemeinen Graphentheorie (vgl. Steger 2007, Turau 2009, Brandes 2010) für die *social network analysis* (*SNA*) (vgl. Freeman 1978; 2004) wurden mittlerweile vielfach für die Literaturwissenschaft beschrieben (vgl. Moretti 2011, Trilcke 2013, Reger 2016, Schumacher 2018; Trilcke/Fischer 2018, Jannidis 2021) und sind in der einschlägigen Python-Programmbibliothek *NetworkX* (Hagberg/Schult/Swart 2008) sowie in dem für digitale literaturwissenschaftliche Analysen konzipierten Werkzeug *Gephi* (Bastian/Heymann/Jacomy 2009) implementiert.

221 Vgl. Freeman (1978, 220–221).

222 Für eine Klärung der unterschiedlichen Formen von *centrality* in literaturwissenschaftlichen Arbeitskontexten vgl. die Arbeiten von Reger, Trilcke und Jannidis in Anm. 220 in diesem Kapitel.

darum, einen gut zu operationalisierenden Aspekt von Konzentration für das gesamte Netzwerk zu erfassen.

Jannidis verwendet hierfür die in Gl. 6.3 abgebildete nicht-kanonische Kennzahl der *graph degree centrality* oder *centralization* $Z_D$.[223]

$$Z_D = \frac{\sum_{(i=1)}^{n} max(C_D) - C_D(i)}{n^2 - 3n + 2} \qquad \text{(Gl. 6.3)}$$

$Z_D$ kann Werte zwischen 0 und 1 annehmen und berechnet sich über die mittlere Differenz der *centrality* der zentralsten Figur, im Folgenden max($C_D$) und die *centrality* der übrigen *i* von insgesamt *n* Figuren, im Folgenden $C_D(i)$. Der Wert für $Z_D$ beträgt 1, wenn, wie im linken Netzwerk (a) aus Abbildung 58, eine Figur derart im Zentrum steht, dass die zentralste Figur mit allen anderen Figuren verbunden ist, während alle anderen Figuren nicht miteinander, sondern nur mit der zentralen Figur verbunden sind und somit die kleinstmögliche *centrality* aufweisen. Ein Graph, in dem alle Figuren miteinander verbunden sind (d. h. jede Figur den gleichen Wert für die *degree centrality* = 1 hat), erhält dagegen den Wert $Z_D = 0$.

Abbildung 59 zeigt für Tiecks »Der blonde Eckbert« ein Figurennetzwerk aus der Gruppe der mittellangen Erzählprosa im Korpus mit besonders hoher *centralization* und Sternstruktur. Interessant ist dieses Beispiel, weil dieser 1797 zuerst als Märchen gedruckte Text nicht nur zum Novellenkanon der Gegenwart gehört, sondern weil er auch nach dem in Abschnitt 4.1.6 entwickelten Verfahren als ein Text mit hoher literaturgeschichtlicher Relevanz erscheint. Darüber, ob die hohe Zentralisierung die Kanonisierung begünstigt hat, kann im Einzelfall zwar nur spekuliert werden. Es wird sich aber im Folgenden zeigen, dass ein solcher Zusammenhang aus Makroperspektive nicht unwahrscheinlich ist.

Doch zurück zur Operationalisierung: Eine Verbesserung gegenüber verfügbaren Berechnungsverfahren konnte ich dadurch erzielen, dass die Zentralisierung im Folgenden über die gewichtete Variante (*scaled degree centrality* $C_D$-$W_{scaled}$) für jeden Knoten *i* berechnet und dann nach einem prinzipiengeleiteten Verfahren skaliert wird. Die gewichtete Zentralität $wC_D$ ist nützlich, weil sie die Information aufnimmt, wie regelmäßig die Kopräsenz über den Textverlauf hinweg für die Figurenpaare er-

223 In Jannidis (2017, 19) wird die *centralization* als *group degree centrality*, in Jannidis (2021, 159) als *graph degree centrality* (beides als *GDC* abgekürzt) geführt. Das Maß wurde, ebenfalls terminologisch zwischen ›graph centrality‹ und ›centralization‹ schwankend, in Freeman (1978, 226–230) eingeführt Nach wie vor ist es insofern nicht kanonisch, als es nicht in die einschlägige Bibliothek *NetworkX* (Anm. 69 in Kapitel 3) aufgenommen wurde und die Bezeichnungen variieren. Mit dem sozialwissenschaftlichen Sprachgebrauch bezeichne ich es hier als *centralization*. Implementiert ist das Maß als Funktion *centralization* im Modul *preprocessing.sna*. Die Zentralisierung kann dort mit anderen Arten der *centrality* (*betweenness centrality*, *closeness centrality* und *Eigenvector centrality*) berechnet werden. Diese Funktion habe ich mit geringfügigen Anpassungen von https://gist.github.com/aldous-rey/e6ee7b0e82e23a686d5440bf3987ee23 übernommen.

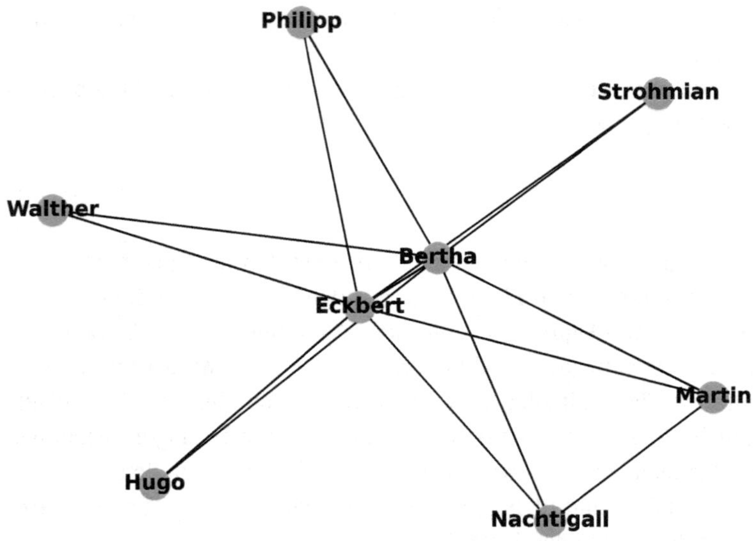


**Abbildung 59:** Figurennetzwerk mit hoher *centralization*. Ludwig Tieck: »Der blonde Eckbert« (1796 in Volksmährchen), $Z_{scaled}$ = 0,67. Sämtliche Figurennetzwerke können im Ordner zu den Abbildungen eingesehen werden. Siehe die Abschnitte 10.1 und 10.8 im Anhang.

folgt.[224] Eine anschließende Skalierung ist erforderlich, weil die gewichtete *degree centrality* Werte größer als 1 annehmen kann. Hierfür habe ich folgendes Verfahren entwickelt:

$$wC_D scaled(i) = \frac{wC_D(i)}{max(wC_D)} * max(C_D) \qquad \text{(Gl. 6.4)}^{225}$$

Diese Variante der Skalierung führt dazu, dass der Knoten mit der größten gewichteten *degree centrality* den Wert für die skalierte *degree centrality* erhält, die er in der nicht-gewichteten Variante des *degree centrality* hat ($C_D$). Alle weiteren Knoten werden mit Gl. 6.4 auf Werte zwischen 0 und dem maximalen Wert für $C_D$ skaliert, wobei der größtmögliche Wert 1 beträgt. Der Wert für $wC_D$ *scaled* aus Gl. 6.4 wird nun an die beiden Vorkommen von $C_D$ in Gl. 6.3 eingesetzt (einmal als skalierter Wert für die maximale gewichtete *degree centrality* im Netzwerk und einmal für die gewichtete skalierte *degree centrality* der Figur i), so dass sich eine skalierte gewichtete Zentralisierung $wZ_{scaled}$ berechnen lässt. Zentralisierungsmaße werden im Folgenden also mit *Z*, Zentralitätsmaße dagegen mit *C* abgekürzt.

**224** Hier wurde ein sehr einfaches Verfahren verwendet, das jeden Text in fünf gleich große *Chunks* unterteilt und als Kantengewicht die relative Häufigkeit des Vorkommens jedes Figurenpaars über die fünf *Chunks* verwendet.

**225** Gl. 6.3 ist als Funktion *scale_centrality* im Modul *preprocessing.sna* implementiert.

Die auf den skalierten Zentralitätswerten $wC_D$ *scaled* berechnete Zentralisierung $wZ_{scaled}$ hat den Vorteil, dass die Werte für die Zentralisierung stärker ausfallen, wenn die peripheren Figuren nicht nur wenige Kanten aufweisen, sondern die Kanten außerdem eine bloß gelegentliche Kopräsenz abbilden. Im Netzwerk zu Tiecks »Der blonde Eckbert« haben die Figuren Eckbert und Bertha beide eine *degree centrality* ($C_D$) von 1 und beide im gesamten Netzwerk gemeinsam den höchsten Wert für die gewichtete *degree centrality* ($wC_D$). Da die übrigen Figuren jedoch nicht nur weniger Kanten aufweisen, sondern auch insgesamt deutlich seltener auftreten als Eckbert und Bertha, wird deren gewichtete *degree centrality* durch das Verfahren in Gl 6.3 nach unten skaliert und die Zentralisierung $Z$ insgesamt von $Z = 0{,}67$ (*centralization*) auf $wZ_{scaled} = 0{,}79$ erhöht. Die Zentralisierung mit skalierter Gewichtung $wZ_{scaled}$ ist also geeignet, eine im Handlungsverlauf konstante Dominanz der Hauptfiguren stärker zu betonen als die bestehenden Zentralisierungsmaße.

Anstelle einer unmittelbaren Validierung durch Expertenannotationen wurde hier eine Art indirekter Validierung in Form einer komplementären Triangulation des Maßes für eine skalierte gewichtete Zentralisierung vorgenommen. Dafür wurde untersucht, ob in der Textauswahl des *Deutschen Novellenschatzes* ein höherer Grad an Zentralisierung vorliegt als im Feld der mittellangen Erzählprosa. Der Boxplot in Abbildung 60 (links) legt nahe, dass dies der Fall ist. Die in den Novellenschatz aufgenommenen Texte (*True*) weisen einen höheren Wert für die Zentralisierung auf als die übrigen Texte.

Bei einem großzügigen Signifikanzniveau (von a = 0,1) erweist sich diese Differenz in einer *ANOVA* als signifikant (F-Statistik: 3,078, p-Wert: 0,081).[226] Das Histogramm in der Abbildung rechts erlaubt die Annahme, dass Zentralisierung im Korpus annähernd normalverteilt ist. Die Tendenz des *Deutschen Novellenschatzes* zur Selektion von Texten mit überdurchschnittlich hoher Zentralisierung im Vergleich zu einem Roman-Referenzkorpus wurde bereits nachgewiesen.[227]

Abbildung 61 zeigt, dass es sich um ein Selektionskriterium oder mindestens um einen mittelbaren Selektionseffekt im Feld der mittellangen Erzählprosa handeln dürfte.[228] Ein Selektionskriterium im starken Sinn liegt vor, wenn zwei Bedingungen erfüllt sind: wenn es sich, erstens, bei Konzentration um ein komplexes Textmerkmal handelt, aufgrund dessen die Herausgeber die Texte in ihre Sammlung aufgenommen und so zu Novellen deklariert haben ($S_{N\text{-}Sch}$); und wenn, zweitens, die hier gewählte Operationalisierung als Zentralisierung den von Heyse gemeinten Sinn von Konzentration erfasst. Bei der hier gemessenen Zentralisierung kann es sich aber ebenso um eine Begleiterscheinung von Heyses und Kurz' Selektionskriterien handeln. Die hier vorgenommene komplementäre Triangulation kann daher vorläufig die Annahme

226 Siehe das Skript »centrality_canon_NovSch.py«.

227 Vgl. Jannidis (2017, 19–20).

228 Siehe das Skript »plot_Zentralisierung_im_Zeitverlauf_Dt-Novellenschatz.py«.

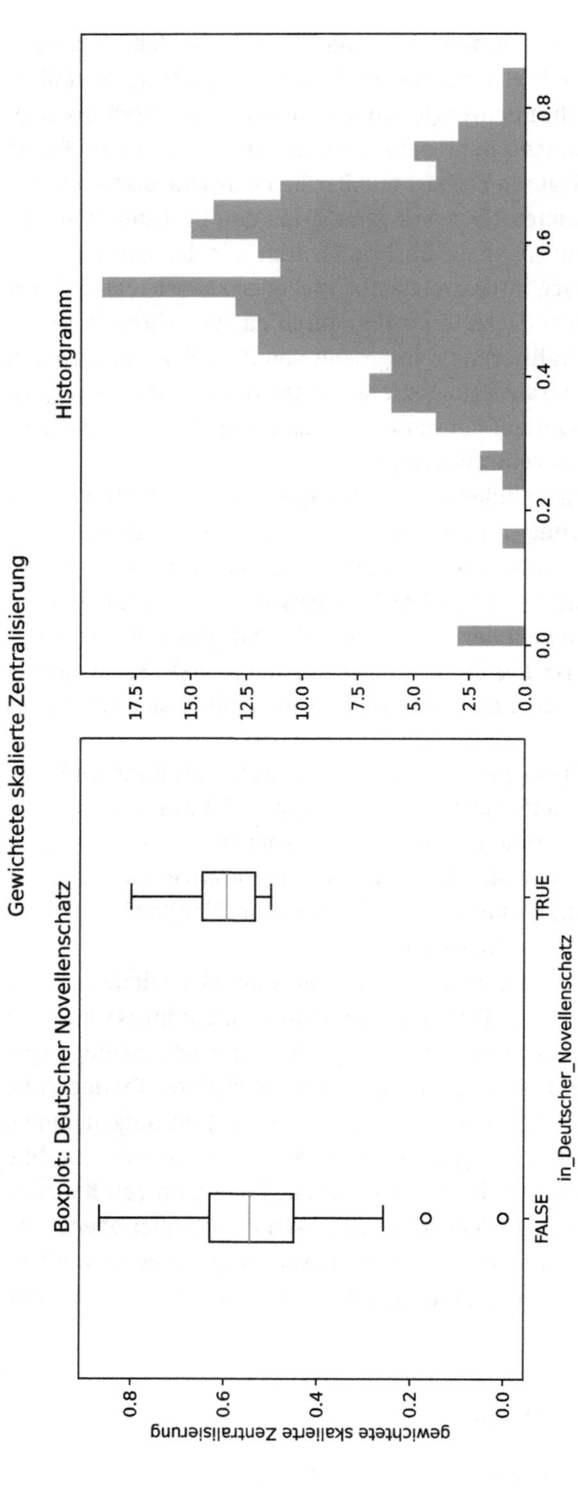


**Abbildung 60:** Links $wZ_{scaled}$ für Texte, die in den Novellenschatz aufgenommen wurden (*True*) und sonstige Erzählprosa (*MLP*) einschließlich Märchen. Rechts: Histogramm der Verteilung der Zentralisierung für alle fiktionalen Prosatexte des Korpus.

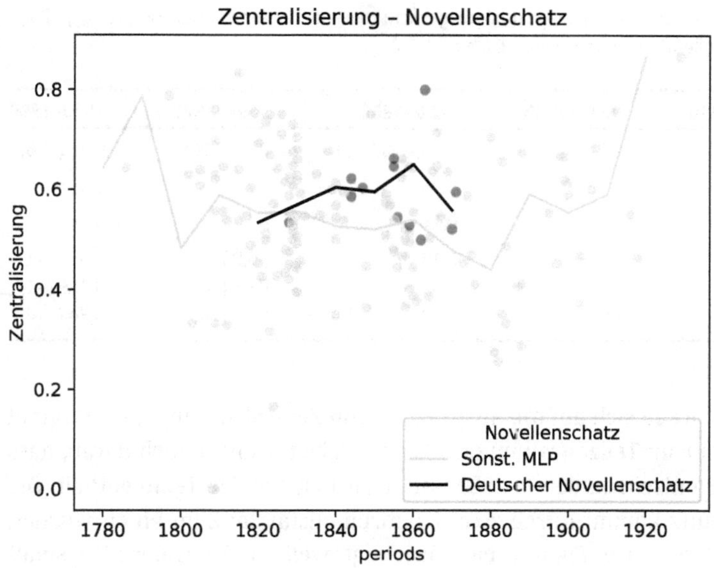


**Abbildung 61:** $wZ_{scaled}$ im zeitlichen Verlauf für Texte, die in den ›Novellenschatz‹ ($S_{N\text{-}Sch}$) aufgenommen wurden und sonstige Erzählprosa (*MLP*) einschließlich *N*, *E*, *OE*, *XE* und *M* (nach $S_{ED}$).

nur stützen, dass die hier gemessene Zentralisierung mindestens ein mittelbarer Effekt eines Selektionskriteriums von Heyse und Kurz ist, das in deren poetologischer Reflexion auf die Metapher der starken Silhouette in der von Theodor Mundt vorbereiteten Bildsprache ist. Eine Validierung im strengen Sinn anhand von Expertenannotationen steht indes noch aus. Die methodischen Schwierigkeiten einer umfassenden Operationalisierung und Validierung des Merkmals der Konzentration auf der Ebene der Figurenkonstellation haben sich oben bereits im Zuge der Rekonstruktion der Poetiken gezeigt. Diese Schwierigkeiten wird es in Abschnitt 6.4.4 zu systematisieren gelten, um semantisch facettenreicheren quantitativen Operationalisierungen komplexer Merkmale in historisierender Perspektive methodologisch den Weg zu ebnen.

### 6.4.3 Analyse: Gattung, Medium und Kanon

Die in Kapitel 5 vorgestellte Modellierung zur Faktorenanalyse des Einflusses von Gattung und Medium auf einzelne Textmerkmale erweist sich für die Zentralisierung nur bedingt als aussagekräftig. Im Folgenden wird sich zeigen, dass Zentralisierung in literaturgeschichtlich aufschlussreicher Weise mit Kanonisierung korreliert. Aus Tabelle 39 geht hervor, dass zum Ende des 19. Jahrhunderts im Teilzeitraum zwischen 1870 und 1890 ein stärkerer Gattungseffekt (für Gattungszuordnungen nach $S_{ED}$) beobachtbar ist als in der ersten Jahrhunderthälfte.

**Tabelle 39:** Modellvergleich für *N* vs. *E* vs. *MLP* ($S_{ED}$) für gewichtete skalierte Zentralisierung ($wZ_{scaled}$). Zur Interpretation dieser Tabellendarstellung siehe Abschnitt 5.2.8.

| N/E/*MLP* | 1790–1810 | 1810–1830 | 1830–1850 | 1850–1870 | 1870–1890 |
|---|---|---|---|---|---|
| 1.a | −0,21 | −0,07 | 0,153 (BIC-43) | 0,01 (−30) | 0,37 (−15) |
| Δ G | - | - | 0,26 | - | 0,66 |
| Δ M | - | - | 0,74 | - | 0,34 |
| 1.b B (M) | −0,09 | −0,06 | 0,16 | −0,03 | 0,05 (−11) |
| 1.c B (G) | −0,12 | −0,02 | 0,03 | 0,03 (−40) | 0,169 (−17) |
| 2.a | −0,21 | −0,04 | 0,104 (BIC-35) | 0,53 (−49) | 0,34 (−14) |

Die Medienformate wirken sich auf die Ausprägung von Zentralisierung nur marginal aus; und auch dies nur im Teilzeitraum von 1830 bis 1850. Dies liegt auch daran, dass das Korpus für die Randzeiträume vor 1820 und nach 1880 wenige Texte enthält. Die verstärkte Ausdünnung kommt durch zwei Faktoren zustande: Zum einen wurden nur Texte mit mindestens drei Figuren berücksichtigt, weil das Zentralisierungsmaß mindestens drei Knoten voraussetzt. Zum anderen erkennt die verwendete *NLP*-Pipeline *LLpro*[229] bei vielen Texten zu wenige, mitunter keine Figuren, so dass diese Texte nicht für die Analyse nutzbar sind.

Die Abbildungen 85 und 86 im Anhang zeigen mit erweiterten 100-Jahres-Zeiträumen von 1750–1850 und 1850–1950 in einer Parameterabschätzung mit bayesscher Modellierung, welche Gattungen und Medienformaten sich positiv, und welche Gattungen und Medienformate sich eher hemmend auf das Merkmal der Zentralisierung auswirken. Vor 1850 ist unter den Gattungen die Erzählung ein Faktor für eine stärkere Ausprägung von Zentralisierung. In der zweiten Jahrhunderthälfte kehren sich die Gewichte um. Nun wirkt die Gattung Novelle für die Zentralisierung steigernd, während die Erzählung eher einen senkenden Effekt zu haben scheint. Zu beachten ist jedoch, dass der Gattungseffekt vor 1850 marginal ist und stattdessen eher auf den Medieneffekt zu achten ist. Eine Tendenz zu höherer Zentralisierung hat vor 1850 das Medienformat des Journals.[230] Dies sind jedoch in der ersten Jahrhunderthälfte relativ wenige Texte. Es handelt sich bei den Texten mit hoher Zentralisierung in Journalen weitgehend um kanonisch gewordene Texte (Hebbel: »Die Kuh«), insbesondere aus Cottas ›Morgenblatt‹ (Mörikes »Mozart auf der Reise nach Prag« und Droste-Hülshoffs »Die Judenbuche«). Mit Kausalannahmen sollte man hier sehr vorsichtig sein. Es wird sich zeigen, dass diese Beobachtung nicht explanatorisch auf die hier berücksichtigten Faktoren Gattung und Medium zurückzuführen sind.

229 Siehe Anm. 219 in diesem Kapitel.

230 Gemeint sind täglich, wöchentlich, monatlich oder vierteljährlich erscheinende Formate außer Familienblätter und Rundschauformaten. Ausgeschlossen sind zudem, anders als bei Meyer, die Taschenbücher und Almanache.

Die Entwicklung innerhalb der Textsorten nach Gattungszuordnung des Erstdrucks ($S_{ED}$) ist aus der Modellierung textprägender Faktoren jedoch nur schwer nachvollziehbar. Deutlicher lässt sich die Separierung der einzelnen Gattungsgruppen im zeitlichen Verlauf in Abbildung 62 ersehen. Das Feld der Prosaproduktion (Erzählungen und MLP) hat in der hier verwendeten Siegel-Abschätzung eine leicht sinkende Tendenz, während die Zentralisierung in der Gruppe der Novellen (nach $S_{ED}$) ebenso wie beim Roman zunimmt. Ebenso wichtig ist aber, dass es hohe Zentralisierung bereits um 1800 insbesondere bei den Erzählungen gab. Man sieht nun aber genauer, was es heißt, dass sich in der historischen Praxis der Gattungszuordnung der Erstdrucke $S_{ED}$ dieser Aspekt von der Erzählung allmählich löst und stattdessen zunehmend mit der Novelle verknüpft.

Die größte Relevanz hat die Zentralisierung als ein Aspekt des poetikgeschichtlich vagen Begriffs der Konzentration mit Blick auf die Formung des heutigen Novellenkanons. Blickt man nicht nur auf die Selektion des Novellenschatzes, sondern auf die Texte, die im engen literaturdidaktischen Sinn über Text- und Interpretationssammlungen des 20. und 21. ($S_K$) Jahrhunderts als wichtigste Novellen kanonisiert wurden, zeigt sich der Effekt aus der Selektion des *Deutschen Novellenschatzes* noch deutlicher.

Abbildung 63 macht sichtbar, dass die in den Novellenkanon aufgenommenen Prosatexte einen höheren Grad an Zentralisierung aufweisen. In einer *ANOVA* erweist sich diese Differenz robust auch mit einem konservativen Signifikanzniveau von $\alpha = 5\%$ als statistisch signifikant (F-Statistik = 4,92; p-Wert = 0,027).[231] Die Visualisierung des Verlaufs der Zentralisierung für kanonische Texte im zeitlichen Verlauf (rechts) legt nahe, dass eine höhere Zentralisierung unter den kanonischen Texten an seinen Rändern ausgeprägter war als zur Mitte des 19. Jahrhunderts. Da an diesen Rändern das Korpus opportunistisch nach Verfügbarkeit konstruiert wurde und daher eine verzerrende Überbetonung der bekanntesten kanonischen Texte vorliegt, soll das Ergebnis nicht überbewertet werden. Doch da das Korpus die meisten Texte des hier eng gefassten Hochkanons umfasst, kann man davon ausgehen, dass der im zeitlichen Verlauf sichtbare und U-förmige Verlauf robust ist. Unklar ist lediglich, wie sich die Massenproduktion jenseits des Kanons nach 1880 verhält. Konzentration, so fasse ich zusammen, wurde als ästhetisch aufgeladenes poetologisches Wertprädikat in den theoretischen Reflexionen zur Jahrhundertmitte formuliert. Literarisch realisiert wurde ein spezifischer Sinn von Konzentration – als Konzentration eines Netzwerks auf eine zentrale Figur – eher während der Goethezeit und der klassischen Moderne.

Vor diesem Hintergrund ist es interessant, dass zum Jahrhundertende hin im Feld der als Novellen erstpublizierten Texte ebenfalls die Zentralisierung zunimmt. Auch wenn über nicht-kanonische Novellen aus der Zeit des frühen 20. Jahrhundert hier wenig gesagt werden kann, fällt auf, dass sich das Gattungslabel ›Novelle‹ so

231 Siehe für die Visualisierungen und für den statistischen Test die Skripte »explore_centrality_textgroups.py« und »centrality_canon.py«.

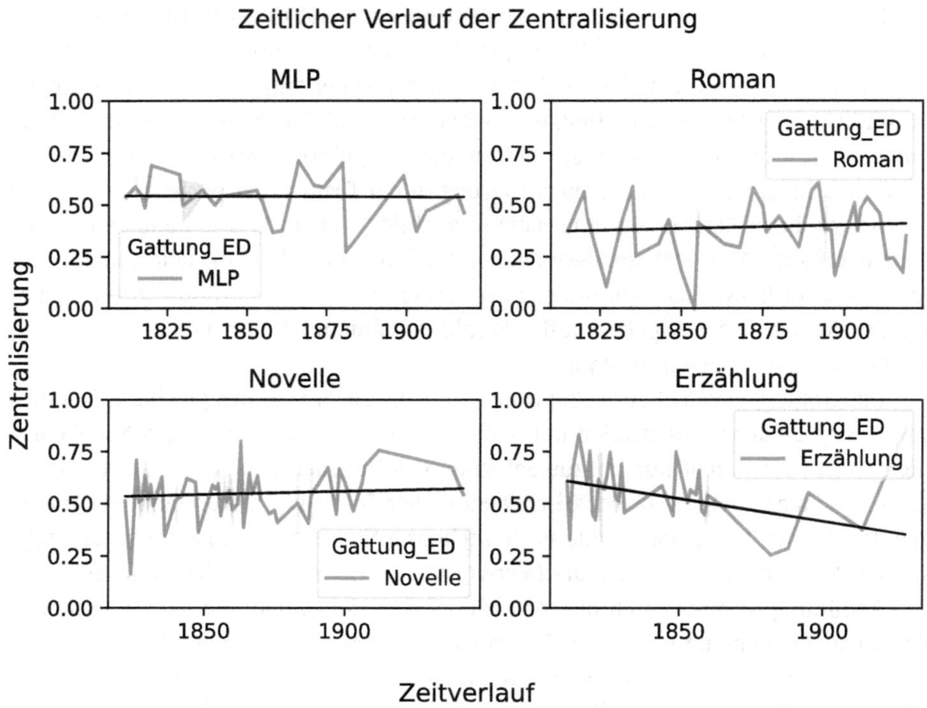


**Abbildung 62:** Tendenz der Zentralisierung ($wZ_{scaled}$) für Novellen und Erzählungen nach Erstdruck ($S_{ED}$) im zeitlichen Verlauf im Kontrast zur übrigen Prosa (*MLP*) und zum Roman. Die geraden Linien geben die Siegel-Abschätzung wieder.

stark etabliert hat, dass diejenigen Prosabeiträge der Zeit, die Aussicht auf dauerhafte Kanonisierung hatten, zum großen Teil als Novellen publiziert wurden. Dies gilt nicht für Kafka, aber für Schnitzler, Musil, Mann, Roth und Zweig. Aus der Zeit um 1800 waren es hingegen weitgehend zuerst als ›Erzählungen‹ gedruckte Texte (und gelegentlich Texte mit anderen Gattungsbezeichnungen wie ›Geschichte‹, ›Novelle‹ oder Märchen bzw. Texte ohne Gattungsbezeichnung), die im Lauf der darauffolgenden 200 Jahre als Novellen kanonisch wurden und es geblieben sind. Mit diesem Selektionsmechanismus steht in Einklang, dass Tiecks »Der blonde Eckbert« zu den am besten kanonisierten Texten aus dem Novellenkonstrukt gehört, das auch das gegenwärtige Gattungsverständnis noch prägt.[232]

Eine der großen Fragen, die sich für eine nach wie vor an Poetik und ästhetischen Verfahren orientierte Novellenforschung stellen wird, ist die nach dem Zusammenhang zwischen Konzentration und Textlänge. Damit greife ich einen Gedanken wieder auf, mit dem ich das Teilkapitel 6.1.1 zum Umfang beendet habe. Die Abbildung 40

232 Vgl. zusammenfassend Kremer (2011a, 504).

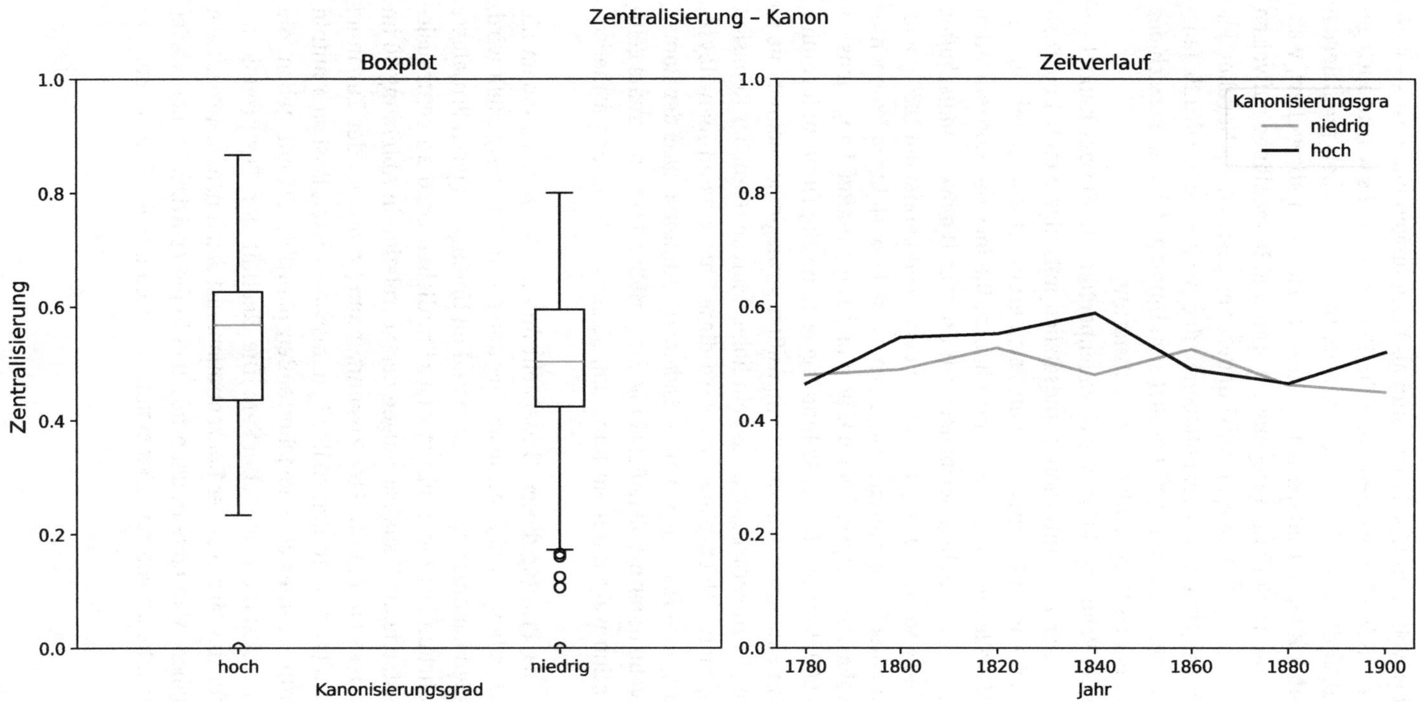


**Abbildung 63:** Zentralisierung (*wZscaled*) für Texte, die dem Kanon zugerechnet werden (*hoch*) und fiktionale Prosa mit niedrigem Kanonisierungsgrad. Zugrunde gelegt wurde sämtliche fiktionale Erzählprosa des Korpus einschließlich Märchen und Romane.

oben hat gezeigt, dass Novellen ab 1830 länger sind als Erzählungen und dass sie gelegentlich einen Umfang von 500 Normseiten überschreiten konnten. Es wurde auch gezeigt, dass sich nach 1850 die Verhältnisse umkehrten: Die als Novellen publizierten Texte werden zu einem kürzeren Umfang von etwa 80 Normseiten abreguliert, während die Erzählungen nun im Umfang unreguliert waren und Romanlänge aufweisen konnten. Die rückblickend vom 20. und 21. Jahrhundert aus gesehen als Novellen kanonisch gewordenen bzw. gebliebenen Texte haben in der zweiten Hälfte des 19. Jahrhunderts jedoch einen höheren Umfang.[233] Parallel zum Umfang steigt im Bereich der später kanonisch gewordenen Novellistik die Zentralisierung.

Parallel dazu hat die Rekonstruktion der Novellenpoetiken in diesem Kapitel gezeigt, dass das Merkmal der Konzentration grundsätzlich mit ungewöhnlichen Textbeispielen durchgespielt wird, die entweder von vornherein als Romane publiziert wurden, oder die als Novellen deutliche Überlänge haben. Die Idee der Konzentration war für Mundt in seinen literarischen Beispielen (mit Goethes *Wahlverwandtschaften* und Tiecks »Dichterleben« sowie *Der Aufruhr in den Cevennen*) bereits um 1830 poetologisch eine Option zu einer kompositionsstrategisch satisfaktionsfähigen Kompensation des drohenden Kohäsionsverlusts übermäßiger und romanhafter Länge jenseits eines Umfangs von 50.000 Wörtern. Dieser Befund legt es nahe, die These zu formulieren, dass Konzentration eine anspruchsvolle Kompositionsstrategie bezeichnet, die es erlaubt, großen Umfang so zu verarbeiten, dass ein hohes Maß an textueller Kohäsion erzeugt oder erhalten bleibt. Noch plausibler wird diese These, wenn man Heyses Klage aus der Einleitung zum *Deutschen Novellenschatz* hinzunimmt, dass der Roman noch mehr als die Novelle unter der Zerstückelung der seriellen Medienformate gelitten habe.[234] Konzentration wäre dann ein Kandidat, dieser Zerstückelung ästhetisch entgegenzuwirken.

Eine einfache Art der Prüfung dieser These steht nun zur Verfügung, indem die Korrelation zwischen Textlänge und Zentralisierung untersucht und festgestellt wird, ob die später als Novellen kanonisch gewordenen und im Umfang längeren Prosatexte aus dem späten 19. Jahrhundert einen überdurchschnittlichen Grad an Zentralisierung aufweisen. Dies ist, wie die Visualisierungen der Korrelation in Abbildung 90 im Anhang zeigen, nicht der Fall. Ein direkter Zusammenhang zwischen der Zunahme von Umfang und Zentralisierung in den später kanonischen Texten lässt sich mithin nicht beobachten. Dafür kann es zwei gleichermaßen plausible Gründe geben, die sich zumindest nicht vollständig ausschließen: Die Realität der Textproduktion könnte, erstens, auch für das Merkmal der Konzentration, nichts mit den poetologischen Erwartungen zu tun haben. Man hätte es dann mit dem in dieser Arbeit immer wieder vermuteten Fall zweier unterschiedlicher Welten mit jeweiligen Eigenlogiken zu tun.

**233** Siehe Abbildung 43 oben.

**234** Siehe Anm. 73, 74 und 79 in diesem Kapitel.

Es könnte aber, zweitens, auch sein, dass für die hier infrage stehende Korrelation von größerem Umfang (und möglicherweise einer Zunahme an kurzatmigem Spannungserzählen) mit einem Bedarf an höherer Konzentration jener – oben rekonstruierte – interpretationstheoretische und allgemeine Sinn von Konzentration relevant sein dürfte. Davon sollte man sogar ausgehen, denn warum sollte das Problem des Kohäsionsverlusts zunehmender Länge ausschließlich durch die Strategie einer Fokussierung einer zentralen Hauptfigur gelöst werden? Plausibler ist die Annahme, dass dieses Problem durch ein Set abstrakter Verfahren der Kohäsionssteigerung kompensiert wird. Die spätere Umdeutung von Heyses ›Falken‹ zum Leitmotiv und die punktuell verwendete, häufig aber zum allgemeinen Novellenmerkmal überstrapazierte metadiegetische Rahmung sind die bekanntesten der poetologisch kodifizierten Kandidaten für abstrakte Strategien der Steigerung von Konzentration. Der hier operationalisierte Sinn von Konzentration als Zentralisierung deckt also nur einen kleinen Teil dessen ab, was das vage Aggregat der Konzentration alles meinen kann. Deshalb soll hier gar nicht verschwiegen werden, dass der Übergang von der Rekonstruktion des historischen Begriffs zur mathematischen Operation einem Sprung gleichkam; einem Sprung, der epistemologisch zwar nicht ganz so dramatisch ist wie Kierkegaards Sprung von der Philosophie in den Bereich des religiösen Glaubens; aber doch ein nur begrenzt kontrollierbares Wagnis. Daher sind im folgenden Abschnitt zumindest exemplarisch einige der methodologischen Einschränkungen und die möglichen Erweiterungen des hier operationalisierten Messverfahrens zu diskutieren.

### 6.4.4 Einschränkungen und Ausweitungen

Die zurückliegende Analyse hat mit der Kennzahl der skalierten gewichteten Zentralisierung einen möglichen Aspekt des in den historischen Poetiken formulierten Merkmals der Konzentration operationalisiert und gezeigt, wie sich dieser Aspekt zu Gattung, Medienformaten und Kanonisierungsgeschichte verhält. Dafür wurde ein Berechnungsverfahren der Zentralisierung ausgehend von Gl. 6.3 entwickelt, das gewichtete *degree centrality* über eine eigens entwickelte Skalierung (Gl. 6.4) zu verarbeiten vermag. Die komplementäre Triangulation mit der Textauswahl aus dem *Deutschen Novellenschatz* hat vorläufig stützende Evidenz dafür geliefert, dass Zentralisierung tatsächlich auf den begrifflichen Sinn der Konzentration im späten 19. Jahrhundert bezogen sein dürfte. Im folgenden Abschnitt dieses Teilkapitels geht es um die Einschränkungen. Dafür wird im ersten Schritt, noch einmal ausgehend von den Poetiken, rekonstruiert, was eigentlich dagegenspricht, Zentralisierung als eine vernünftige Operationalisierung eines historischen und poetologischen Begriffs von Konzentration zu begreifen. Im zweiten Schritt wird geklärt, welche Erweiterungen innerhalb der Netzwerkanalyse und Graphentheorie selbst sowie beim gegenwärtigen Forschungsstand der *CLS* unmittelbar für eine Anreicherung zu einem komplexeren Begriff zur Verfügung stehen. Im dritten Schritt wird es darum gehen, auf ein besseres Verständnis der Funktionsweise des Maßes der Zentralisierung hinsichtlich seiner Abhängigkeit von anderen Textmerkmalen, insbesondere des Umfangs, hinzuarbeiten.

Zum ersten Schritt: Bei genauem Lesen der oben zitierten poetologischen Äußerungen Mundts kann man mehrere Gründe finden, die dagegensprechen, für die Operationalisierung von Konzentration auf das Maß der Zentralisierung zurückzugreifen. Gegen Zentralisierung scheint erstens zu sprechen, wie Mundt den Begriff des Romans bestimmt, zweitens, wie er den Begriff der Novelle definiert, und drittens wie die figurale Zentralisierung mit der Konzentration auf der Ebene des Plots zusammenspielt. Mundt betrachtet eine Konstellation, die die Biographie einer Figur ins Zentrum stellt, dezidiert als romantypisch. Zumindest im Rahmen seiner Novellenpoetik konzipiert Mundt den biographisch strukturierten Entwicklungsroman als Prototyp des Romans insgesamt. Ausgerechnet dieser Romantyp dürfte jedoch durch Sternnetzwerke der Figurenkopräsenz beschreibbar sein, wobei die zentrale Hauptfigur, um deren Entwicklung es geht, jeweils im Zentrum eines Sternnetzwerks steht. Dies ist vor allem dann zu erwarten, wenn die Hauptfigur sich regelmäßig auf Reisen befindet oder regelmäßig ihren Wohnsitz wechselt, so dass die weiteren Figuren immer nur phasenweise mit der Hauptfigur und nicht miteinander in Berührung kommen. Nimmt man Mundt beim Wort, dann wäre eine hohe Zentralisierung eher beim Roman als in der Novelle zu erwarten.

Der Boxplot in Abbildung 64 zeigt, dass Mundt doppelt falsch liegt: Weder ist der Bildungsroman hinsichtlich der Konzentration auf Figurenebene repräsentativ für den Roman insgesamt, noch bildet die für den Bildungsroman ermittelte Zentralisierung einen Gegenpol zur Novelle.[235] Vielmehr stehen sich Roman und Novelle hinsichtlich der Figurenkonstellation zwar gegenüber; allerdings so, dass die Novelle eine ähnliche bzw. noch stärkere Zentralisierung der Figurennetzwerke aufweist als der hier nur über seine prototypischen Zentren bestimmte Romantyp des Bildungsromans.

Doch Mundt meint mit Konzentration noch etwas anderes als die Zentralisierung auf Figurenebene, die man daher tatsächlich eher als eine Operationalisierung des Sinns von Konzentration bei Heyse, Vischer und Spielhagen betrachten sollte. Mundt ging es um die Idee eines zentralen Konflikts oder eines Geschehens, auf das alle Figuren gleichermaßen bezogen sind. Eine die begriffliche Intension treffende Operationalisierung von Mundts Idee bräuchte einen Graphen mit zwei unterschiedlichen Typen von Knoten: Ereignissen auf der einen Seite und Figuren auf der anderen Seite.[236]

235 Diskutabel ist sicherlich die hier systematisch und in natürlicher Einstellung vollzogene Auswahl der Bildungsromane (Wielands *Geschichte des Agathon*, Goethes ›Lehrjahre‹ und ›Wanderjahre‹ (in der zweiten Fassung) entlang der gängigen Nennungen relevanter Prototypen insbesondere aus der Literaturdidaktik (siehe Abschnitt 4.2.3) sowie die beiden Fassungen von Kellers »Der grüne Heinrich«). Siehe das Skript »centrality_novels_Bildungsroman.py«.

236 Dieser Graph ist kein bipartiter Graph. Bei bipartiten Graphen sind die Kanten ausschließlich zwischen den Knoten der unterschiedlichen Mengen (also zwischen Ereignissen und Figuren) realisiert. Im hier imaginierten Graph dürften auch innerhalb der beiden Typen Verbindungen realisiert sein: zwischen Ereignissen, die miteinander zusammenhängen, und zwischen den Figuren.

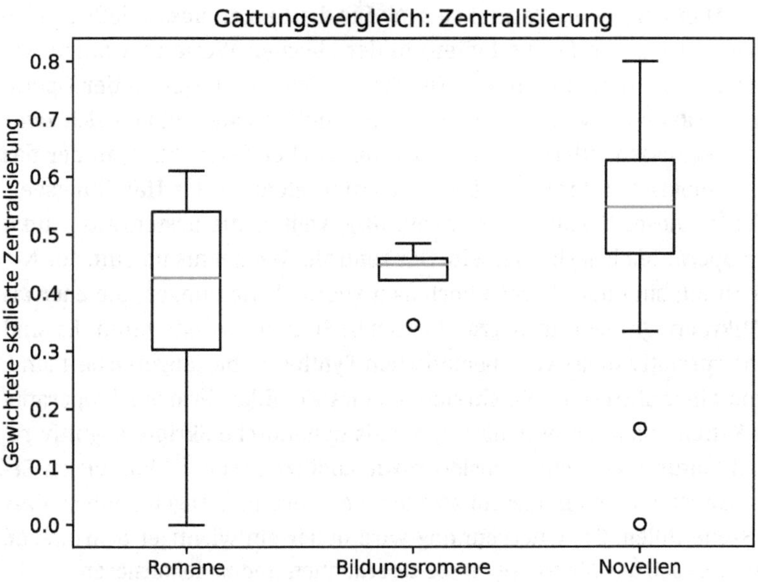


**Abbildung 64:** Boxplot: Verteilung der Zentralisierung ($wZ_{scaled}$) in Romanen (gesamt), Bildungsromanen und Novellen (nach Label der Erstpublikation).

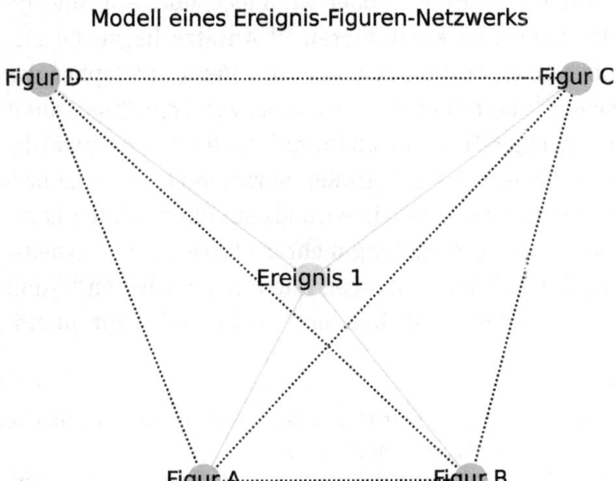


**Abbildung 65:** Modell eines Ereignis-Figuren-Netzwerks.

Ich komme damit zum zweiten Schritt und damit zur Frage, welche Alternativen und Ergänzungen die Netzwerkanalyse selbst für eine anspruchsvollere Operationalisierung bereithält. Abbildung 65 zeigt das Modell eines solchen Ereignis-Figuren-Netzwerks, das in graphentheoretischer Hinsicht ebenso analysierbar wäre wie jedes andere Netzwerk. Man könnte die Zentralisierung für die Kanten ausschließlich zwischen Ereignissen und Figuren (graue Linien) in der gleichen Weise berechnen wie zwischen den Figuren (gestrichelte Linien). Die Schwierigkeiten liegen in der Operationalisierung und Erkennung von Ereignissen. Laufende Projekte widmen sich zwar der Analyse von Ereignissen, allerdings aus narratologischer Perspektive, in der das Ereignis im terminologischen Sinn von *Event* als Mikroelement des Handlungsverlaufs definiert ist.[237] Dieses Verfahren ist vernünftig, weil es die besten Aussichten hat, systematisch operationalisierbar zu sein. Das zentrale Geschehnis im Sinn der Novellenpoetik bei Mundt sind aber bereits hoch aggregierte Auffassungen, die eher als Komplexe aus Mikroereignissen im narratologischen Sinn zu fassen wären. Es sind Komplexe, die interpretativ meist von thematischen Synthesen her angereichert sind, beispielsweise von einer abstrakten Beschreibung eines Konflikts. Prinzipiell operationalisierbar sind Ketten aus Mikroereignissen, die als dynamische Skripte kognitiv repräsentierbar und kulturell konventionalisiert sowie kodifiziert sind.[238] Von vielen Begebenheiten oder Geschehnissen in diesem zweiten Sinn wird man sagen können, dass sie jeweils eine Szene füllen. Szenenerkennung wird daher ein wichtiger Schritt sein, um die Vorkommnisse solcher Makroereignisse zu erkennen und zu lokalisieren.[239]

Für die Frage, was ein Makroereignis zum zentralen Geschehnis einer Narration macht, wird es auch um Fragen der Gewichtung gehen. Es kann nützlich sein, die bei Tieck angelegte Verknüpfung von Wende- und Mittelpunkt zu nutzen, und Umschwünge, wie Jockers über Sentiment Analyse,[240] oder wie Piper, über ein *Novelty*-Maß zu operationalisieren oder beides zu kombinieren.[241] Ansätze liegen bereits dafür vor, die Konzentration über einen bestimmten Sinn von Heyses Metapher des Falken mithilfe von *Topic Modeling*[242] und über das Verhältnis von *Topic*-Kontiguität und *Topic*-Dominanz innerhalb einzelner Texte anzunähern.[243] Offen ist gegenwärtig, ob nicht über geschicktes *Prompt Engineering* mit großen Sprachmodellen eine bessere Erkennung solcher Textphänomene möglich sein wird als mit überwachten Lernverfahren.[244] In Anbetracht dessen, dass gegenwärtig mehrere Projekte und Arbeitsgruppen an der Modellierung der Ereignisdimension von Narrativität arbeiten,[245] und dass aus dieser Arbeit an den Novellen des 19. Jahrhunderts zwei Projekte zur quanti-

---

**237** Vgl. Gius/Vauth (2022). Von Meister (2003) liegt bereits eine frühe Arbeit vor, die quantitative Operationalisierung von Ereignissen im narratologischen Sinn vorbereitet.

**238** Vgl. für die Integration von Skripten im Sinn der Kognitionswissenschaft in die literaturwissenschaftliche Figurenanalyse Jannidis (2004, 49) ausgehend von Anderson (2015).

**239** Vgl. Zehe et al. (2021).

**240** Vgl. M. Jockers (2015a; 2015b; 2015c) und Gao et al. (2016).

**241** Vgl. Piper (2018, 75–78), mit Bezug auf Foote (2000). Ideen zur Operationalisierung des Wendepunkts hatte bereits Meister (2003), allerdings nur in einer Fußnote (ebd., 263).

**242** Vgl. Blei (2012), Schöch (2017b).

**243** Vgl. Weitin/Herget (2017).

**244** Vgl. dazu das Experiment von Underwood (2023).

**245** Vgl. Piper/So/Bamman (2021) und Gius/Vauth (2022), siehe Anm. 237 in diesem Kapitel.

tativen Operationalisierung komplexerer Ereigniszusammenhänge hervorgegangen sind und bereits ihre Arbeit aufgenommen haben, ist mit verbesserten quantitativen Analysen des Geschehnis-Moments von Erzählprosa zu rechnen. Ich denke, dass eine Operationalisierung von Konzentration, die Ereignis- und Figurenebene miteinander verknüpft, mittelfristig zur Verfügung stehen wird, und dass eine solche Operationalisierung näher an einen bestimmten komplexen und zugleich gut explizierbaren historischen Sinn von Konzentration erlauben wird.

Bis ein solches Verfahren zur Verfügung stehen, könnte man versucht sein, Mundts Idee der Konzentration mit der Netzwerkdichte über ein anderes Maß der Netzwerkanalyse anzunähern. Nimmt man das zentrale Geschehnis wörtlich als einen konkreten Ereigniszusammenhang im Sinn figuraler Handlung, an dem die Figuren beteiligt sind, dann müsste das zentrale Geschehnis zugleich die Kopräsenz aller von diesem Geschehen ergriffenen Figuren implizieren. Die daraus resultierende Figurenkonstellation lässt sich graphentheoretisch geradlinig über die Netzwerkdichte (*density*) beschreiben. Die Dichte erfasst den Anteil der realisierten Kanten an allen möglichen Kanten, und hat damit den maximalen Wert 1, wenn alle möglichen Kanten des Netzwerks zwischen den Knoten realisiert sind, und den Wert 0, wenn kein Knoten eine Verbindung zu anderen Knoten aufweist. Die Anzahl der möglichen Kanten beträgt $d = ½ \cdot n \cdot (n–1)$ für $n$ Knoten (Figuren), weil die Kanten ungerichtet sind. Zu den Erzähltexten aus dem Korpus mit relativ hoher Dichte von $d = 0,9$ (mit 9 von 10 möglichen Kanten) gehört E. T. A. Hoffmanns »Der Sandmann«.

Die Visualisierung von Figurennetzwerken wie in Abbildung 66 kann der Fehleranalyse und einer kritischen Einschätzung der Reichweite von Netzwerkkennzahlen dienen. Zunächst sollte man sich, ausgehend von figurentheoretischen Problembeschreibungen, den Fehlern des quantitativen Verfahrens widmen. Abgesehen von weiteren Nebenfiguren fehlen Olimpia und Coppelius. Nun ist es nicht so, als hätte der Parser entschieden, dass Olimpia in der fiktiven Welt kein beseeltes Wesen, sondern nur eine Holzpuppe und daher keine literarische Figur im geläufigen Sinn (einer fiktiven Person) ist. Aufgrund des ungewöhnlichen Namen wurde die potenzielle Figur erst gar nicht erkannt.[246] Zudem wurde Coppelius nicht als Figur erkannt, aber immerhin die mit ihm am Anfang der Erzählung verwendete Antonomasie »Satan«. Giuseppe ist der Vorname des piemontesischen Mechanikus Coppola. Es ist daher richtig, dass die beiden Entitäten in keiner Kopräsenzrelation zueinander stehen. Entsprechend der einschlägigen Kontroverse um psychologische vs. dämonologische Lesart steht im Zentrum des Texts die Frage, ob Nathanael – und mit ihm auf hermeneutischer Ebene die dämonologische Lesart – insofern richtig liegt, als die beiden – Coppelius alias Satan und Coppola alias Giuseppe – dieselbe Person sind, oder ob es sich – mit der psychologischen Lesart – um verschiedene Figuren handelt, die Natha-

246 Vgl. zum Problem der Einführung von Olimpia als Figur oder als nicht-figürliche fiktive Entität Jannidis (2004, 116–117).

nael im Wahn für dieselbe Person hält.[247] In jedem Fall sind alle übrigen Figuren in diesem Kopräsenznetzwerk miteinander verbunden: Die Zentralisierung ist in diesem Figurennetzwerk gering, die Dichte hingegen hoch.

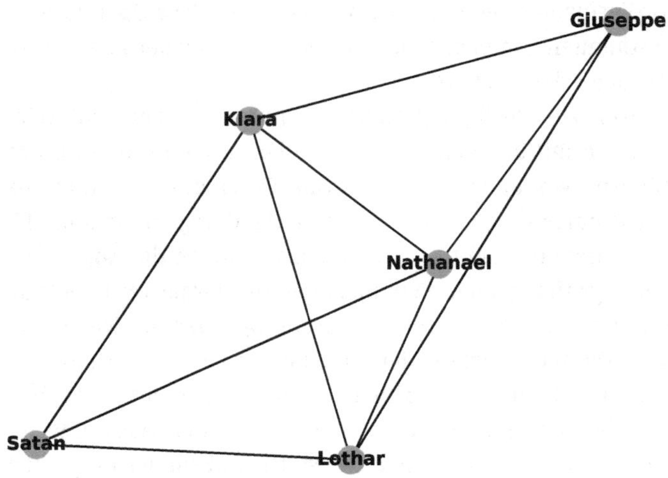


**Abbildung 66:** E. T. A. Hoffmanns »Der Sandmann«: $d = 0{,}9$; $wZ_{scaled} = 0{,}17$.

Es erscheint plausibel, dass sowohl thematische als auch geschehnisbezogene Konzentration in Mundts Sinn mit hoher Netzwerkdichte einhergehen kann. Daher ist das hier präferierte Maß der Zentralisierung $wZ_{scaled}$ auch im Verhältnis zum konkurrierenden Maß der Netzwerkdichte $d$ zu beurteilen. Man kann hierfür wieder mit einer komplementären Triangulation mit den Texten aus dem *Deutschen Novellen*schatz beginnen. Der Median im Boxplot aus Abbildung 67 legt nahe, dass die Netzwerkdichte der in den *Deutschen Novellenschatz* aufgenommenen Texte niedriger ausfällt als für die üblichen Texte aus dem Bereich der *MLP*. Das Ergebnis zeigt, dass die geschehnisbezogene Konzentration von Mundt gerade nicht wesentlich für die Selektion war, die Heyse und Kurz für den *Deutschen Novellenschatz* vorgenommen haben.[248] Die geringere Netzwerkdichte für die Texte aus dem *Novellenschatz* ist statistisch nicht signifikant, so dass davon auszugehen ist, dass die Netzwerkdichte nicht geeignet ist, die Selektion des *Novellenschatzes* zu

247 Zu dieser Systematisierung vgl. Detel (2016, 69–120) sowie Tepe/Rauter/Semlow (2009), Konrad/Petraschka (2016) und Klauk/Klenner/Köppe (2020).

248 Die im Rahmen der Digitalisierung des Projektkorpus erstellten Annotationen auf Textebene zu einem allgemeinen hermeneutischen Sinn der Konzentration haben leider keine verwertbaren Ergebnisse geliefert. Siehe das Skript »run_validate_centrality.py«. Die aufgrund fehlender Ressourcen nur partiell und nur auf Textebene vorgenommenen Annotationen wurden, zumal sie sehr früh während des Digitalisierungsprozesses vorgenommen wurden, nicht durch eine starke analytische Desambiguierung vorbereitet. In den nächsten Arbeitsschritten wird daher eine besser regulierte Expertenannotation nötig sein.

beschreiben. Zentralisierung bewährt sich zumindest in dieser Hinsicht für eine Annäherung an Konzentration auf Figurenebene besser als die Netzwerkdichte.

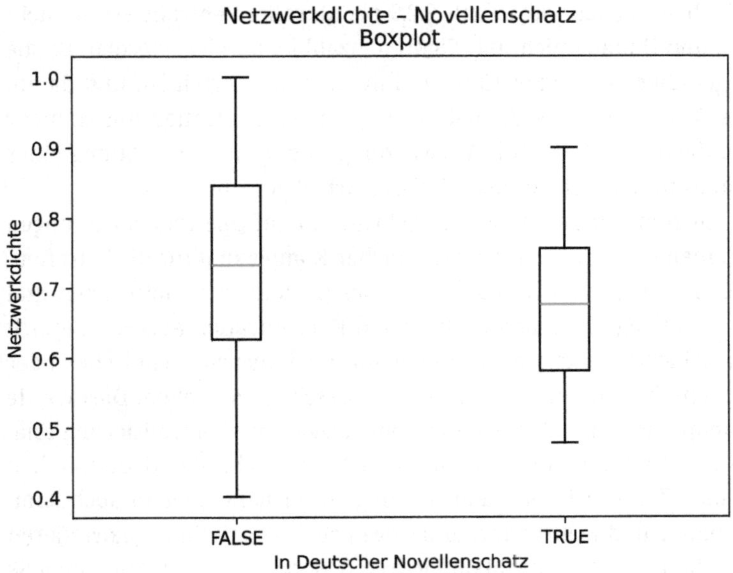


**Abbildung 67:** Perspektivierung nach Situationstyp $S_{N\text{-}Sch}$: Netzwerkdichte für Texte, die in den Novellenschatz aufgenommen wurden (*True*) und sonstige Erzählprosa (*MLP*).

Es lässt sich leicht sehen, dass sich Zentralisierung und Dichte konträr zueinander verhalten. Texte mit hoher Dichte haben eine geringe Zentralisierung und umgekehrt. Abbildung 88 im Anhang macht die starke negative Korrelation anschaulich (Pearson's $\rho = -0{,}79$). Die beiden Kennzahlen verhalten sich jedoch nur bei hohen Werten jeweils eines Maßes annähernd konträr und nicht grundsätzlich kontradiktorisch zueinander. Texte können eine geringe Dichte und geringe Zentralisierung aufweisen. Dies trifft auf einzelne Texte des Korpus zu (siehe ebenfalls diese Abbildung im Anhang). Zudem gilt: Je geringer die Netzwerkdichte, desto größer ist die potenzielle Streuung der Zentralisierung. Dies kommt dadurch zustande, dass in einem Figurennetzwerk, in dem insgesamt nur wenige der möglichen Figurenbeziehungen realisiert sind (geringe Dichte), diese Beziehungen auf eine zentrale Figur konzentriert (hohe Zentralisierung) sein oder gleichmäßig zwischen den Figuren verteilt sein können (niedrige Zentralisierung). Sind dagegen viele der möglichen Beziehungen realisiert (hohe Dichte), kann das Netzwerk nicht mehr auf eine Figur zentralisiert sein Es könnte daher sinnvoll sein, von drei Polen auszugehen: einer hohen Konzentration im Sinn der Zentralisierung, einer hohen Konzentration im Sinn der Netzwerkdichte, und einer insgesamt geringen Konzentration in dem Sinn, dass sowohl die Dichte als auch die Zentralisierung gering sind.

Da es aber weitere Gründe gibt, weshalb Zentralisierung und Netzwerkdichte voneinander abhängen, wird die Strategie der Kombination beider Maße im Folgenden nicht weiterverfolgt. In Faktoren- sowie Regressionsanalysen, die gegenüber Kollinearität empfindlich sind (siehe Abschnitt 5.2.5 oben), sollte Zentralisierung nicht mit Netzwerkdichte und Umfang nicht mit Figurenanzahl kombiniert werden. Da die Zentralisierung gegenüber der Netzwerkdichte inhaltlich im Vorteil ist, und da ein prinzipiengeleiteter Ausbau der Operationalisierung von Konzentration hin zu mehr Komplexität sehr aufwändig ist, war die Verwendung und Weiterentwicklung eines Zentralisierungsmaßes für das Erkenntnisziel dieser Arbeit gerechtfertigt.

Damit komme ich zum dritten und letzten Schritt: Um auf Operationalisierungen hinzuarbeiten, die einen höheren Grad an begrifflicher Komplexität für die betreffenden Textmerkmale abdecken, und so die These eines poetologisch motivierten und ästhetischen Zusammenhangs zwischen Umfang und Konzentration auch im Bereich der Textproduktion erhärten zu können, ist es wichtig, die internen, technischen oder mathematischen Eigenschaften der Zentralisierung besser zu verstehen. Dies werde ich im Folgenden knapp leisten, indem ich die Abhängigkeit der Zentralisierung relativ zur Netzwerkdichte und zum Merkmal der Textlänge beschreibe. Grundsätzlich problematisch ist, dass Zentralisierung und Dichte gleichermaßen, wenn auch komplementär, auf Textlänge und Figurenanzahl bezogen sind. Positiv linear korrelieren zunächst der Textumfang und die Anzahl an Figuren (Pearson's $\rho = 0{,}8$). Abbildung 68 zeigt die lineare Regressionslinie (*OLS*) mit 99% Konfidenzintervall, die den Bereich für die anzunehmende Korrelation zwischen Umfang und Figurenanzahl angibt. Im Mittel erfolgt nach etwa 1000 Wörtern (d. h. nach 4 Normseiten) eine neue Personenreferenz.

Abbildung 69 zeigt die Tendenz der Zentralisierung (links) und der Netzwerkdichte (rechts) im Verhältnis zum Textumfang (in Wort-Token), wenn lediglich die 15 am häufigsten vorkommenden Figuren – in Form der Anzahl namentlicher Referenzen und indexikalischer Koreferenzen – jedes Texts in das Netzwerk aufgenommen wurden. Die Zentralisierung sinkt mit zunehmender Länge, die Dichte dagegen nähert sich mit steigendem Umfang einem Wert um 1 an. Beide Maße korrelieren also stark mit Textlänge und daher auch mit der Figurenanzahl. Die negative (bzw. positive) Korrelation zwischen Textlänge und Zentralisierung (bzw. Dichte) macht deutlich, dass die Analyse eines ästhetisch interessanten Zusammenhangs zwischen Konzentration und Umfang problematisch ist, weil zunächst ein rein technischer Zusammenhang zu unterstellen ist, der für die ästhetische Analyse im nächsten Schritt ›herauszufiltern‹ wäre. Die breite Varianz für sehr kurze Texte könnte ein Indiz dafür sein, dass die Netzwerkmaße bei geringer Textlänge und geringer Figurenanzahl erratisch reagieren, weil Fehler in der *Named Entity Recognition* (*NER*) für die Erkennung der Figurenreferenzen und bei der Koreferenzauflösung zu extremen Schwankungen in den Werten führen. Bei sehr langen Texten näheren sich die Kennzahlen hingegen einem engen Grenzwertbereich an. Aussagekräftig dürften die Kennzahlen sowohl der Dichte als auch der Zentralisierung daher insbesondere für Texte mittlerer Länge

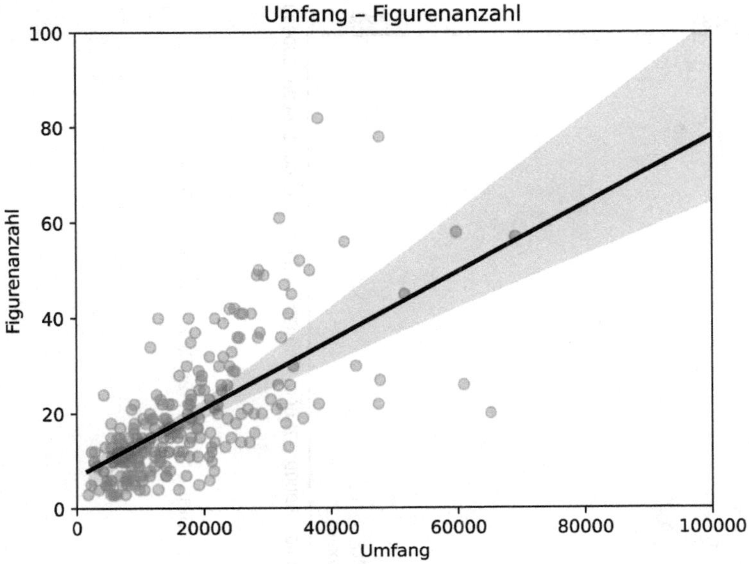


**Abbildung 68:** Figurenanzahl im Verhältnis zur Zentralisierung (links) und Korrelation zwischen Textumfang und Figurenanzahl mit Regressionslinie einschließlich 99%-Konfidenzintervall für die Korrelation zwischen Umfang und Figurenanzahl. Siehe das Skript »correlation_length_centrality_density.py«.

sein. Hierfür sind jedoch zunächst weitere Validierungsstudien nötig. Zu berücksichtigen ist insbesondere die hohe Abhängigkeit der Ergebnisse von Entscheidungen im Prozess der Vorverarbeitung. In den zurückliegenden Analysen wurde immer mit der Beschränkung auf die 15 häufigsten Figuren operiert.[249] Auch die Visualisierung in dieser Abbildung beruht auf dieser Entscheidung. Nimmt man in das Figurennetzwerk jedes Texts dagegen sämtliche Namensreferenzen auf, ergibt sich ein völlig diffuses und zum Teil umgekehrtes Bild (siehe Abbildung 89 im Anhang). Wenn scheinbar geringfügige Änderungen in den verfahrenstechnischen Vorentscheidungen zur Änderung und partiellen Umkehr der Resultate führen, mag das auf den ersten Blick gegen die Verwendung von Netzwerkkennzahlen insgesamt sprechen. Man muss jedoch sehen, dass man hier tatsächlich zwei völlig unterschiedliche Konstellationen betrachtet: Im ersten Fall Netzwerke der wichtigen Figuren, im zweiten Fall Netzwerke aus Haupt- und Nebenfiguren inklusive Referenzen auf historische Persönlichkeiten. Dieses Kapitel hat die erste Konstellation gewählt. Der Vergleich der unterschiedlichen Konstellationen zeigt, dass dies auch technisch sinnvoll war. Die Festlegung auf eine absolute Anzahl oder einen relativen Anteil der häufigsten Figuren ist eine interpretierbare und daher grundsätzlich wichtige Vorentscheidung. Starke Auswirkungen auf die Ergebnisse sind daher nicht prinzipiell problematisch; wichtig ist eine rationale

249 Ich folge hierin Jannidis (2017).

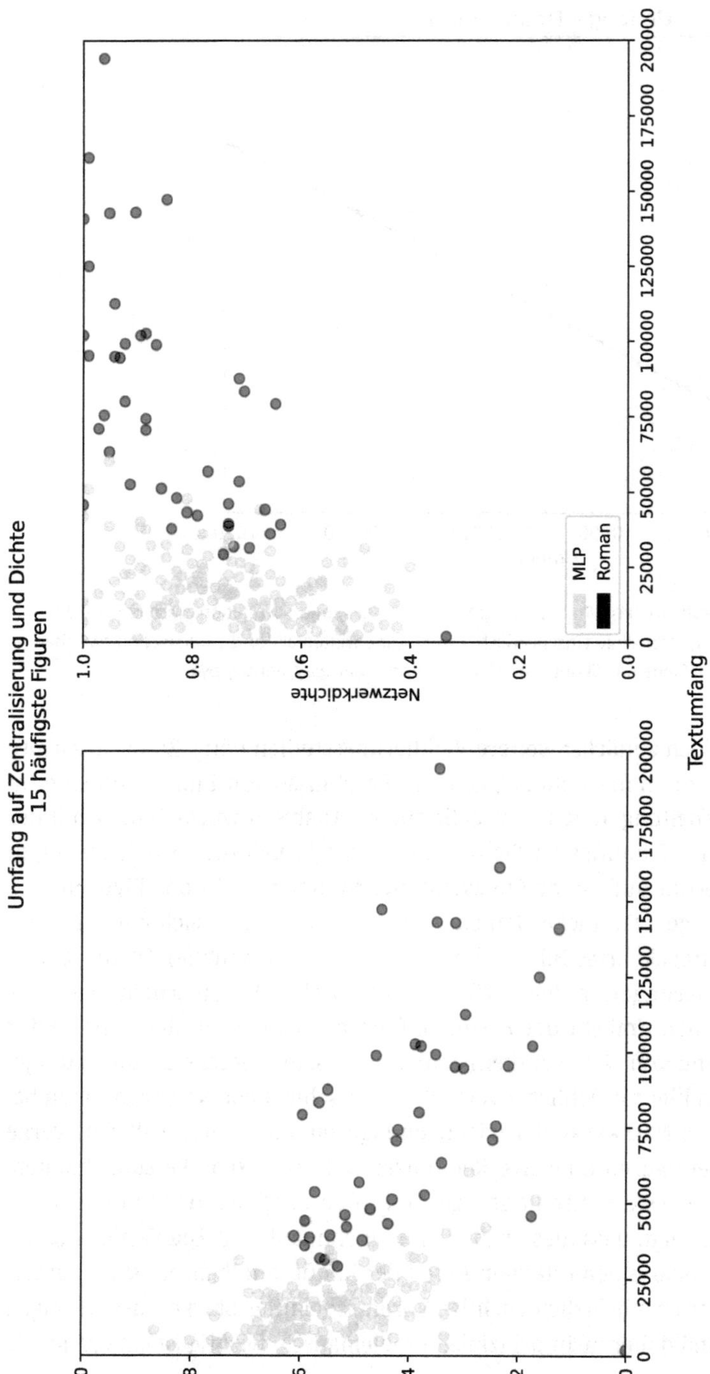


**Abbildung 69:** Korrelation von Umfang in Wort-Token und Zentralisierung (links) sowie Umfang und Dichte (rechts) für Netzwerke mit den jeweils 15 häufigsten Figuren jedes Texts.

Begründung dieser Vorentscheidungen. Am wichtigsten werden aber Validierungen unterschiedlicher Operationalisierungen anhand expertenbasierter Annotation sein.

### 6.4.5 Literatur- und sozialgeschichtliche Synthesen

Das Kapitel konnte eine leichte Tendenz zur Konsolidierung von Poetik und Textproduktion im Bereich der Konstruktion eines Hochkanons herausarbeiten: Texte mit hoher figuraler Zentralisierung haben eine höhere Wahrscheinlichkeit, als Novellen kanonisch zu werden. Die empirische Basis für diesen Befund ist gleichwohl relativ schwach. Dies dürfte sowohl an der Methode als auch an der historischen Realität liegen. Dennoch lässt sich Zentralisierung als ein begrenztes Teilverständnis aus einem sehr vagen poetologischen Begriff der Konzentration sozusagen herausschneiden. Die für ein besseres Verständnis der literarischen Kultur des 19. Jahrhunderts und der Novellengeschichte zentrale Frage ist die nach den Ursachen für die extreme Vagheit des Begriffs der Konzentration. Im Zuge seiner im Kern philologischen Rekonstruktion der historischen Poetiken hat das Kapitel Hinweise darauf geliefert, woher der so hartnäckig in der Literaturwissenschaft und -didaktik verankerte Glaube an die Novelle als eine Gattung mit hoher interner Homogenität kommen dürfte. Drei Komponenten für eine historische Erklärung lassen sich nun zusammenführen.

Erstens: Die Novellenpoetiken des 19. Jahrhunderts schreiben in einem enorm hohen Maß voneinander ab. Die hier diskutierten Äußerungen variieren und erweitern den Wortlaut ihrer Vorgänger. Die Novellengeschichte von Johannes Klein treibt diese Praxis des komprimierenden Abschreibens und Verschnürens bestehender Äußerungen auf die Spitze. Ich glaube, dass es diese Kontinuität im Kopierverhalten zwischen den Poetiken ist, die große Teile der Novellenforschung in ihrem Glauben bestätigt hat, es handle sich um eine einheitliche Gattung mit strenger Form. Dieser Glaube setzt sich bis in die Einträge zur Novelle im *Reallexikon der deutschen Literaturwissenschaft* und im *Handbuch literarischer Gattungen* fort.[250] Es ist aber eine nur vermeinte Kontinuität, von der wenig übrigbleibt, wenn man den Bereich der Poetiken und ihrer geringen Auswahl ›bester Beispiele‹ verlässt und auf den Bereich der literarischen Massenproduktion blickt.

Der hohe Grad wörtlicher Übernahmen zwischen den Novellenpoetiken führt zu einer engen Verkettung von Signifikanten: ›Gerade Linie‹ und ›Kreislinie‹ verknüpfen sich mit ›Mittel-‹, ›Wende-‹ sowie ›Schwerpunkt‹ und über den ›Konflikt‹ mit dem ›Tragischen‹ sowie mit den Metaphern von ›starker Silhouette‹ und ›Falke‹. Aus der Perspektive strukturalistisch und poststrukturalistischer Literaturtheorie kann man an die Idee der *dissémination* denken. Da es hier um die Klärung einer Spannung in

250 Vgl. Kindt (2009) und Thomé/Wehle (2007).

der literarischen Kultur des 19. Jahrhunderts geht, wäre die bloße Diagnose des sozusagen von Signifikant zu Signifikant springenden Charakters der komplexen Novellenmerkmale für sich noch kein hinreichender Umgang mit dem Problem. Die Diagnose einer *dissémination* poetologischer Semantik innerhalb der Objektsprache ist nur der erste Schritt. Die Operationalisierung von Teilbedeutungen und die Untersuchung des Verhältnisses zwischen Poetik und Textproduktion sind dagegen ein zweiter Schritt, der nur auf der Grundlage von rationaler Rekonstruktion und Operationalisierung in Angriff genommen werden kann. Die etwa bei Rath zu beobachtende Übernahme begrifflicher Unschärfe in die Metasprache der gegenwärtigen Novellenforschung ist eine dritte Sache und ein Fehler, den es zu vermeiden gilt.

Für die zweite erklärende Komponente der extremen Vagheit ist es nötig, auf allgemeinere sozialtheoretische Annahmen Bezug zu nehmen. Wenn man systemtheoretisch und im weiten Sinn konstruktivistisch auf die Geschichte der Konfiguration von Gattungspoetiken blickt, dann ist die Karriere des Gattungsmerkmals der Konzentration nicht darauf zurückführen, dass das Merkmal eine sachlich treffende Beschreibung der Textsorte erlaubt, sondern darauf, dass es erfolgreich weitere poetologische und interpretative Anschlusskommunikationen provoziert hat. Inwiefern Ähnliches für die Merkmale des Wende- und Mittelpunkts, der Einsträngigkeit und der unerhörten Begebenheit gilt, ist in künftiger Forschung zu klären. Solche Aggregat-Begriffe für literarischen Sinn benötigen und erhalten sich einen hohen Anteil an Vagheit. Dennoch bleiben sie, dank der Versuche der Spezifikation auf Ebene der Figurenkonstellation bereits in den historischen Poetiken, auf die Anwendung bezogen. Die Rede von Konzentration muss sich immer wieder interpretativ im Umgang mit textuellen Gegebenheiten bewähren; wie man in den Poetiken sieht, halten dafür jedoch immer die gleichen literarischen Beispiele her. Daher war zu erwarten, dass Konzentration ebenso wie andere komplexe Gattungsmerkmale einerseits zwar nicht als klar umrissener Merkmalsbegriff definierbar ist, dass sich andererseits aber zumindest ein begrenzter Anteil an semantischer Kontinuität durchhält. Wesentlich ist, dass man versteht, dass der Begriff immer strategisch gebraucht wurde, um ein bestimmtes Bezugsproblem zu lösen. Diese Bezugsprobleme und Strategien sind es, die für eine Rekonstruktion und Erklärung des Verhältnisses von Gattungs- und Begriffsgeschichte entscheidend sein werden.

Für die völkische Novellenauffassung der NS-Zeit konnte gezeigt werden, dass die Vagheit des Begriffs der Konzentration zur Lösung des Problems der ästhetischen Aufwertung des Eigenen und Abwertung des Fremden diente. Ein vager Begriff der Konzentration war eine Strategie, um ein beliebiges Konzept der ›Deutschen Novelle‹ auf Kleist zuzuschneiden, mit Aspekten des Tragischen und Irrationalen anzureichern und von einem beliebig konstruierten Fremden abzugrenzen. Die Poetiken des 19. Jahrhunderts hatten indes ein anderes Bezugsproblem. Auch wenn es nicht möglich ist, einen hinreichend vielschichtigen Begriff der Konzentration zu operationalisieren, halte ich es immer noch für plausibel, dass der Begriff der Konzentration auf das Problem des Umgangs mit übermäßiger Textlänge und die Kohäsionsverluste durch serielle Publikationsformate reagiert. Konzentration ist ein Begriff, der alles einschließen soll, was kompositionsstrategisch zur Lösung dieses Problems beitragen kann. Dafür ist es nützlich, wenn der Begriff die allgemeinste Interpretationsmaxime der Kohärenzmaximierung mit allen möglichen, Thema, Struktur, Symbolik, Form und Figurenkonstellationen einschließenden Aspekten umfasst. Dass sich dieser poetologisch implizierte Zusammenhang in der tatsächlichen Textproduktion noch nicht nachweisen ließ, verweist erneut auf die zentrale methodologische Herausforderung dieser Arbeit: Auch hier bleibt offen, ob die Schwäche eines Signals bzw. eines zu prüfenden Zusammenhangs auf eine Blindheit der Methode für ein *de facto* vorhandenes Phänomen zurückzuführen ist, oder ob die Texte keine Konzentration aufweisen und Poetik und Textproduktion nicht ineinandergreifen.

## 6.5 Figurenrede und die Konversationsnovelle

Mit der Wiedergabe von Figurenrede untersucht das vorliegende Teilkapitel einen Komplex von Merkmalen, die im poetologischen Novellendiskurs des 19. Jahrhunderts thematisiert, aber in der Novellenforschung des 20. Jahrhunderts kaum mehr berücksichtigt wurden. Es handelt sich um ein Bündel von Merkmalen, die, im Unterschied zur Konzentration, nicht in normativer – oder, wie Spannung, in negativ-normativer – Absicht verwendet wurden, sondern deskriptiv. So bemerkt Wilhelm Hauff 1827 über die Novellenproduktion aus seiner Gegenwart, als die erste Phase der ›Novellen-Flut‹ eingesetzt hatte:

> Jene Novellen haben das einfache Gebiet der Erzählung verlassen und sich dem Drama genähert, oder um es anders zu sagen, im Gespräch entwickeln sich jetzt die Charaktere von selbst, deren Entwicklungsgang uns sonst nur angedeutet oder beschrieben, erzählt wurde. Diese Manier, in welcher sich jener Meister [Tieck, J.S.], der sie für sich erschaffen, mit großer Umsicht und Sicherheit bewegt, haben nun alle unsere Almanachsdichter mehr oder minder angenommen; sie ist Mode geworden. Du kannst dir aber kaum denken, wie linkisch sie sich dabey benehmen.[251]

Auch wenn die Beobachtung der Zunahme dialogischer Konversationsnovellen auf den ersten Blick deskriptiv ist, so war sie zugleich meist kritisch gemeint. Die Dominanz dialogischer Struktur hält Hauff für ästhetisch schlecht, oder genauer: die Art und Weise, wie die Modeerscheinung der Dialogtechnik in der Masse eingesetzt wurde, für unprofessionell. Diese Kritik zieht sich historisch durch die Poetiken des 19. Jahrhunderts hindurch: Etwa in Riehls »Novelle und Sonate«:

251 Hauff, *Stuttgarter Morgenblatt* 292/293 (1827), 6./7. Dezember, hier zit. n. Hofmann (1902, 250); auch in Polheim (1970, 59).

> Durch die Dialoge werden die Novellen zu lang, und das ist ein großer Fehler. Die Novelle ist kein Drama; dramatische Novellen und dramatische Sonaten sind immer bedenklich.[252]

Interessant ist die Relation zum Drama. Hier zeichnet sich in den Poetiken ein Wechsel in den semantischen Zuordnungen ab. Während Hauff das Dialogische noch als dramenartig begreift, ist nach 1850 der Dialogcharakter Ausdruck der Konversations-Kultur der Biedermeierzeit. So etwa 1857 in Vischers *Ästhetik*:

> Es lag der modernen Zeit sehr nahe, den Inhalt der Novelle als Thema zu behandeln, d. h. unsere Conversation und Debatte so in sie zu verlegen, daß eine Lebensfrage, ein Kampf geistiger Richtungen, dunkle Erscheinungen des Seelenlebens und dergl. vorherrschend gesprächsweise erörtert werden, während in den persönlichen Schicksalen zugleich die factische Antwort erfolgt. Die Form ist bedenklich, denn es liegt nur zu nahe, die zweite Seite, welche natürlich den wesentlichen Körper des Ganzen bilden müßte, zur Nebensache zu machen und so die Idee didaktisch, statt poetisch und zwar mit dem besondern Geruche des Salons, der Theegesellschaft herauszustellen, wie wir in den meisten Novellen Tieck's sehen.[253]

Bei Vischer und in den späteren Poetiken ist die Novelle dezidiert dramenartig. Aber das Dramenähnliche wird über die komplexen und klassischen Merkmale der Konzentration, des Konflikts und des Tragischen konzipiert. Das Dialogische der Novellistik der Biedermeierzeit erscheint dagegen als Ausdruck der Konversationskultur dieser Zeit. Diese Form wird nun, anders als bei Hauff, grundsätzlich und insbesondere bei Tieck als problematisch eingestuft und als ein Faktor der Erzeugung unerwünschter Überlänge betrachtet. Das folgende Kapitel möchte klären, ob und in welchem Grade sich die Tendenz zur dialogischen Form der Novelle im 19. Jahrhundert tatsächlich in der Breite des Markts etabliert hat, und ob sie, wie Vischers Äußerungen erwarten lassen, ein ›Auswuchs‹ nur der Biedermeierzeit war.

Mit der *NLP*-Pipeline *LLpro*,[254] die hier für die Figurenerkennung und die *Named-Entitiy-Recognition* auch in den vorangehenden Teilkapiteln zum romanischen Setting, zur Spannungsumgebung (darin zur Figurenerkennung) und zur Zentralisierung auf Figurenebene genutzt wurde, liegt überdies ein Klassifikator zur Erkennung von

---

**252** Riehl, »Novelle und Sonate«. Im Erstdruck des Familienblatts *Daheim* (1876, 745–752/H. 48, 762–766, siehe Bibliographie), den Polheim übersehen hat, ist dieser Passus noch nicht enthalten. Daher wird die Passage hier nach Polheim (1970, 132) zitiert, der auf die nicht verfügbare spätere Fassung Riehl: *Freie Vorträge. Zweite Sammlung.* Stuttgart: Cotta (1885, 441–446, 451–465, 469–470) bezieht. Für eine kritische zeitgenössische Perspektive vgl. auch Feuchtersleben (1841, 51) und Eichendorff, *Der deutsche Roman des achtzehnten Jahrhunderts in seinem Verhältniß zum Christentum* (1851, 265); nach einer späteren Ausgabe auch in Polheim (1970, 118).

**253** Vischer (1857, 1318–1319/§ 883). Eine differenzierte Einordnung der novellentheoretischen Äußerungen in die Rekonstruktion des allgemeinen ästhetikgeschichtlichen Diskurses steht immer noch aus. Ich folge hier Kasper (2020, 18), aus dessen Analyse hervorgeht, dass bei Vischer trotz des besonderen normativen und hegelianischen Modernediskurses die Tendenz zu empirischer Beschreibung einsetzt.

**254** Siehe Anm. 219 in Abschnitt 6.4.2.

vier Redewiedergabeformen vor: von direkter, indirekter, erzählter und erlebter Rede. Die Klassifikationsmodelle beruhen auf den Arbeiten aus dem Redewiedergabeprojekt von Brunner und daran anschließenden Weiterentwicklungen mit *Transformer*-basierten Sprachmodellen.[255] Trainiert und validiert wurde der Klassifikator auf einem umfangreichen, manuell annotierten Korpus aus fiktionaler Erzählprosa und nicht-fiktionalen Journaltexten des 19. Jahrhunderts. Der Klassifikator erreicht auf den aus diesem Projekt bereitgestellten Annotationsdaten f1-Scores von 0,85 für direkte Rede, 0,76 für indirekte Rede, 0,59 für erlebte und 0,60 für erzählte Rede.[256] Insbesondere die Erkennung direkter Rede, um die es bei der Ermittlung dessen geht, was die Poetiken als Dialognovelle bezeichnen, ist sehr zuverlässig. Da der Klassifikator auf Textdaten der im weiten Sinn gleichen Domäne (fiktionale Prosa des 19. Jahrhunderts) validiert wurde, ist anzunehmen, dass die Performance der in die *NLP*-Pipeline implementierten Modelle für das hier verwendete Novellen-Korpus ähnlich gut abschneidet.

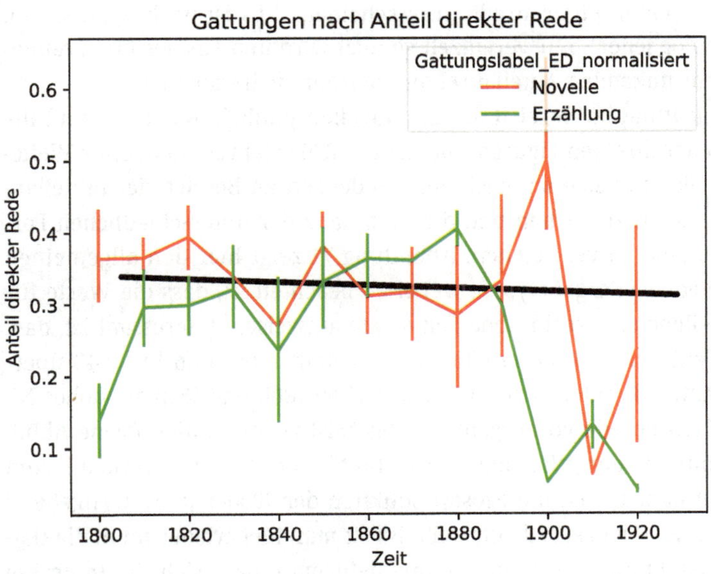


**Abbildung 70:** Relativer Anteil direkter Figurenrede in den Gattungen Novelle und Erzählungen nach Erstdrucken ($S_{ED}$) im zeitlichen Verlauf mit Gruppierung der Daten nach 10-Jahreszeiträumen und Fehlerbalken (Standardabweichung), sowie (schwarz) mit Siegel-Abschätzung der Tendenz über beide Gattungen.

255 Vgl. Brunner (2015) und Brunner et al. (2020).
256 Im Training auf einem deutschen *BERT*-Modell (Devlin et al. 2019), https://huggingface.co/aehrm/redewiedergabe-direct (12.03.2024), wurden leicht verbesserte Ergebnisse erzielt.

Die Behauptung, dass sich die Gattung der Novelle entwickle, kann sich immer auf Unterschiedliches beziehen: auf die als Novellen publizierten Texte, auf die mittellange Erzählprosa insgesamt (*MLP*) oder auf irgendeine andere Perspektivierung der Gattung (z. B. nach $S_{N\text{-}Sch}$ oder $S_K$). Bezieht man Hauffs Beobachtung auf die in den Erstdrucken als Novellen publizierten Texte ($S_{ED}$), zeigt Abbildung 70 die Tendenzen von Novellen und Erzählungen im zeitlichen Verlauf. Die zuerst als Erzählungen gedruckten Texte beginnen um 1800 mit einem niedrigen und unterdurchschnittlichen relativen Anteil an direkter Figurenrede. Die Novellen weisen dagegen bereits in den Jahren nach 1820 einen überdurchschnittlichen Anteil an Dialog auf. Noch stärker fällt auf, dass nach 1850 und bis über 1900 hinaus der Anteil an direkter Figurenrede insbesondere in den als Novellen publizierten Texten überdurchschnittlich hoch bleibt. Der hohe Ausschlag nach oben im Jahr 1900 kommt durch Schnitzlers »Lieutenant Gustl« zustande, dessen Monolog als direkte Figurenrede klassifiziert wurde. Mit dem Inneren Monolog, der hier als direkte Figurenrede identifiziert wurde, liegt jedoch ein um 1900 avantgardistisches Erzählverfahren vor, das man ästhetikgeschichtlich von der direkten Figurenrede unterscheidet.[257] Es ist wichtig zu sehen, dass der Innere Monolog jedoch nur vereinzelt genutzt wird und aus der übergreifenden Tendenz zu einem sinkenden Anteil direkter Figurenrede herausragt.

Da Hauffs Beobachtung im Bereich der als Novellen publizierten Texte und für die Wiedergabeform der direkten Figurenrede in den 1820er Jahren nicht ohne Weiteres beobachtbar ist, bietet es sich an, nach den Tendenzen im Bereich der mittellangen Erzählprosa insgesamt zu suchen und die Dominanz der unterschiedlichen Formen der Redewiedergabe zu vergleichen. Abbildung 71 zeigt hier den allgemeinen Trend für alle vier Redewiedergabetypen, wobei zu beachten ist, dass die Werte für erzählte und erlebte Rede eine recht hohe Fehlerrate aufweisen. Interessant ist, dass dem im gesamten Feld der *MLP* bereits um 1810 ansteigenden und bis 1840 überdurchschnittlichen Anteil direkter Figurenrede zwischen 1800 und 1810 ein hohes Niveau an indirekter Figurenrede vorausgeht, das bis 1820 wieder abfällt (siehe Abbildung 72). Dies könnte in der Wahrnehmung Hauffs um 1827 verstärkend zum Eindruck beigetragen haben, dass die Prosaproduktion der 1820er Jahre weitgehend von indirekter auf direkte Figurenrede umstellt. Blickt man hier wiederum in die Gattungszuweisungen der Erstpublikationen, dann sieht man, dass sich die indirekte Rede vor 1850 im Wesentlichen im Feld der als Erzählungen publizierten Texte abspielt. Erst ab 1850 finden sich im größeren Umfang auch unter den als Novellen publizierten Texten Beispiele mit hohem Anteil indirekter Figurenrede. Hauffs Beobachtung lässt sich in diesem ersten explorativen Zugriff plausibilisieren, wenn man nicht nur auf die Verteilung der direkten Figurenrede nach Gattungszuordnungen der Erst-

257 Vgl. zum Inneren Monolog bei Schnitzler Renner (2022, 240–241) und Scheffel (2022, 392) sowie grundlegend Cohn (1978, 217–265).

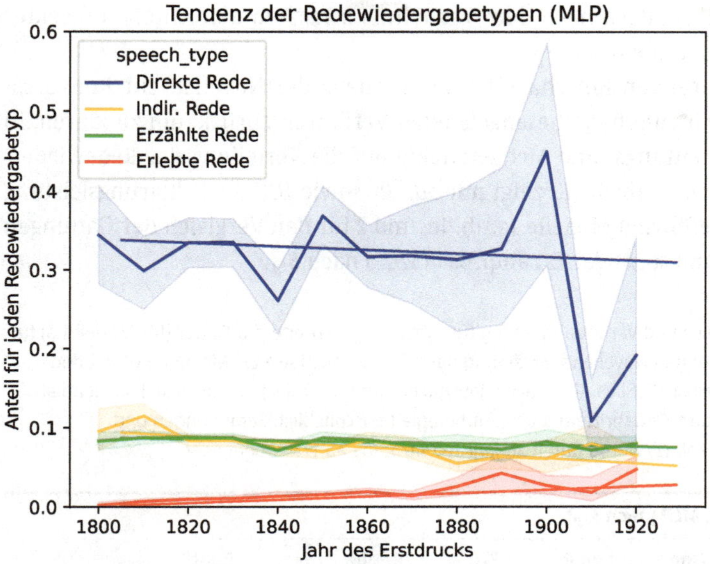


**Abbildung 71:** Vergleich der unterschiedlichen Redewiedergabeformen im Bereich der mittellangen Erzählprosa (*MLP*) als systematische Kategorie, einschließlich Novellen und Erzählungen, mit Fehlerbändern, gruppiert nach 10-Jahreszeiträumen und mit Siegel-Abschätzungen.

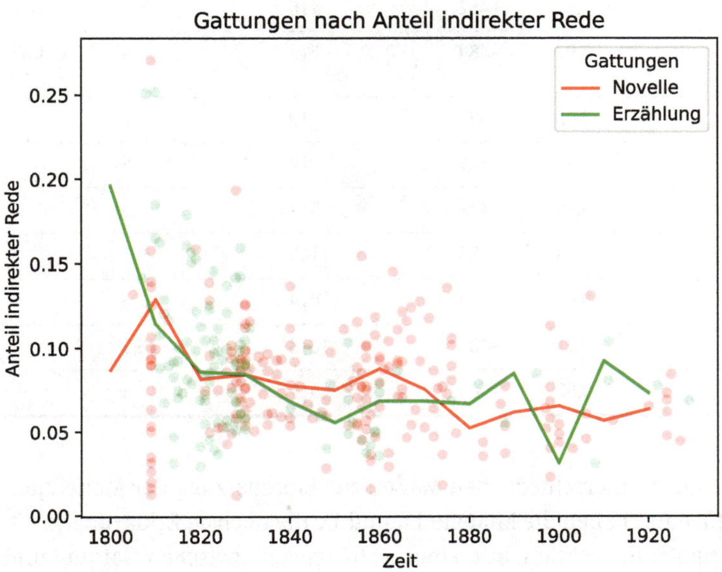


**Abbildung 72:** Relativer Anteil indirekter Figurenrede in Novellen und Erzählungen (nach $S_{ED}$) im zeitlichen Verlauf. Die Werte für das Liniendiagramm sind nach 10-Jahreszeiträumen gemittelt. Die Punkte geben die exakten Wertepaare an.

publikationen sucht, sondern nach dem Verhältnis zwischen den Anteilen direkter und indirekter Figurenrede fragt.

Mit dieser explorativen Einschätzung der Tendenz der Novellen zur Konversationsnovelle kehre ich zum hypothesengeleiteten Verfahren zurück, um zu klären, in welchem Grad sich Gattungs- und Medieneffekte auf die Verteilung der Redewiedergabeformen auswirken. Tabelle 40 zeigt mit *adj.* $R^2$ sowie *BIC* die Erklärungsleistung der in Kapitel 5 eingeführten Modelle 1a, 1b, 1c, und 2 für den Vergleich der Gattungen Novelle, Erzählung und sonstiger Erzählprosa (*MLP*) nach $S_{ED}$.

**Tabelle 40:** Modellvergleich und Varianzaufklärung für direkte Figurenrede pro Faktor (für Modell 1.a) für Gattung (*G*) mit den Paarungen Novelle vs. Erzählung nach $S_{ED}$ vs. sonstige *MLP*, Medium (M) mit den Formaten Taschenbuch (einschließlich Almanache, Jahrbücher und Kalender), Rundschau, Familienblatt, Journal (einschl. Zeitung und Zeitschriften), Buch, Anthologie (einschließlich Sammlungen und Erzählzyklen). Der Faktor Zeit (*Z*) wurde durch 20-Jahres-Zeiträume ab 1770 abgebildet.

**Direkte Rede: *N* vs. *E* vs. *MLP* (nach $S_{ED}$)**

| Modell | Interaktion | adj. $R^2$ | BIC | Ränge (adj. $R^2$ \| BIC) | Rang (Mittelwert) | Δ |
|---|---|---|---|---|---|---|
| 1.a (G,M,Z) | – | 0,09 | -468 | 4\|5 | 4,5 | G: 0,68<br>M: 0,14<br>Z: 0,18 |
| 1.b (M,Z) | – | 0,03 | -452 | 7\|6 | 6,5 | |
| 1.c (G,Z) | – | 0,07 | -484 | 6\|2 | 4 | G: 0,78<br>Z: 0,22 |
| 2 (G,M,Z) | M · Z | 0,08 | -357 | 5\|9 | 7 | |
| | G · Z | 0,11 | -411 | 2\|8 | 5 | |
| | G · M | 0,09 | -419 | 3\|7 | 5 | |
| | G · M · Z | 0,14 | -183 | 1\|10 | 5,5 | |
| B (Z) | – | 0,03 | -474 | 8\|4 | 6 | |
| B (M) [1b*] | – | 0,01 | -481 | 10\|3 | 6,5 | |
| B (G) [1c*] | – | 0,02 | -560 | 9\|1 | 5 | |

Mittelt man zwischen den unterschiedlichen Maßen zur Einschätzung der Modellqualität (*adj.* $R^2$ und *BIC*), dann haben die Modelle 1.a und 1.c die höchste Erklärungskraft. Die Modelle mit Variableninteraktion, also einer Abhängigkeit zwischen Gattung und Medienformat, werden vom Bayesschen Informationskriterium *BIC* sehr stark nach unten korrigiert und können daher ausscheiden. Obwohl in allen Gattungen der Anteil direkter Figurenrede im Lauf des 19. Jahrhunderts zurückgeht, ist in Modell 1.a der Gattungseffekt (*ΔG*), wenn man den gesamten Untersuchungszeitraum überblickt, mit 68% am stärksten. Medium (*Δ*M = 14%) und Periode (*ΔZ* = 18%) leisten einen deutlich geringeren Beitrag zur Varianzaufklärung. Man hat es also mit einem vergleichsweise deutlichen Gattungsmerkmal zu tun.

**Tabelle 41:** Modell 3: Nach Zeitintervallen aufgelöster Einfluss von Gattung und Medienformat mit *adj.* $R^2$ und *BIC* in Klammern für das Merkmal der direkten Figurenrede und für die gleichen Gattungsgruppierung: Novelle vs. Erzählung nach $S_{ED}$ vs. sonstige *MLP*.

| Direkte Rede | 1790–1810 | 1810–1830 | 1830–1850 | 1850–1870 | 1870–1890 | 1890–1910 |
|---|---|---|---|---|---|---|
| 1.a | 0,121<br>(BIC -27) | 0,049<br>(−138) | 0,007<br>(−105) | 0,114<br>(−147) | −01,46<br>(−22) | 0,163<br>(−2) |
| Δ G | 0,89 | 0,95 | – | 0,62 | – | 0,74 |
| Δ M | 0,11 | 0,05 | – | 0,38 | – | 0,26 |
| 1.b B (M) | −0,02 | −0,17 | 0,03 | 0,04 | −0,02 | −0,07 |
| 1.c B (G) | 0,15 | 0,07 | −0,01 | 0,02 | −0,12 | 0,12 |
| 2.a | 0,121<br>(−27,62) | 0,032<br>(−112) | −0,010<br>(−95) | 0,106<br>(−120) | −0,4<br>(−6) | 0,27<br>(0,1) |

Tabelle 41 zeigt im Sinn des Modells 3 einer temporalisierten Verschiebung von Gattungs- und Medieneinflüssen die Abfolge von Medien- und Gattungseinfluss an. Lediglich für den Zeitraum von 1850 bis 1870 tritt ein vorübergehender Effekt der Medienformate in Erscheinung. Auf der Grundlage einer bayesschen Modellierung, in der die Koeffizienten selbst eine Verteilung erhalten, zeigt Abbildung 87 im Anhang die Verteilung der einzelnen Koeffizienten für die einzelnen Gattungen sowie die Medienformate als *Traceplots*. Wie zu erwarten war, ist für das ganze 19. Jahrhundert das Label ›Novelle‹ ein positiver potenzieller Faktor für einen hohen Anteil an direkter Figurenrede. Interessant ist, dass es das Format des Familienblatts ist, in dem zwischen 1850 und 1870, und verglichen mit den anderen Medienformaten, ein besonders hoher Anteil an direkter Figurenrede vorherrscht. Die direkte Figurenrede ist also unter allen in dieser Arbeit untersuchten komplexen Textmerkmalen das Merkmal, das am stärksten durch einen Genreeffekt aufgeklärt werden kann, und das überdies ausschließlich von den Novellen (nach $S_{ED}$) getragen wird. Im beginnenden Massenmarkt der Biedermeierzeit ist die Novelle zu einem beträchtlichen Teil Dialognovelle. Sie bleibt es, insbesondere in den Familienblättern, auch über das Konversations-Zeitalter des Biedermeier hinaus. Um 1900 verknüpft sich das Merkmal der direkten Figurenrede als eine neue Erzähltechnik mit der Novelle: als Innerer Monolog, der sich über weite Teile eines Texts oder über den gesamten Text erstrecken kann. Am interessantesten ist eine kanonisierungsgeschichtliche Entwicklung parallel zum Merkmal der Konzentration. In einer Perspektivierung auf die Texte, die in der auf literarischen Wert bedachten Philologie des 20. Jahrhunderts nach $S_K$ als die ›eigentlichen Novellen‹ betrachtet wurden, zeichnet sich eine gegenläufige Entwicklung ab.

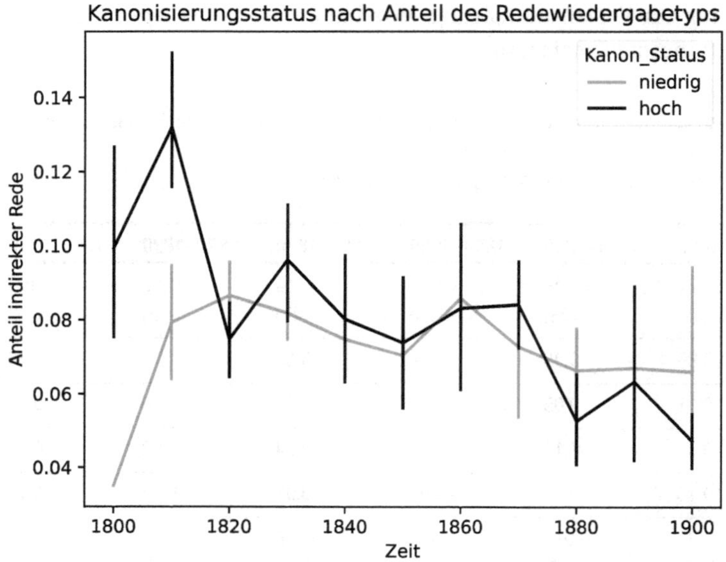


**Abbildung 73:** Anteil indirekter Figurenrede in als Novellen kanonisierter vs. nicht-kanonisierter Erzählprosa im ausschließlichen Vergleich von Texten mittellanger Erzählprosa *MLP* einschließlich Novellen und Erzählungen. Die Fehlerbalken zeigen, dass eine signifikante Differenz zwischen Novellenkanon und nicht-kanonischer Erzählprosa für den Anteil indirekter Figurenrede nur für den Zeitraum vor 1820 anzunehmen ist.

Abbildung 73 zeigt, dass in mehreren Teilperioden, und besonders deutlich zwischen 1800 und 1830, die rückwirkend als Novellen kanonisierten Texte einen überdurchschnittlichen Anteil an indirekter Figurenrede aufweisen. Die Autoren lassen sich klar benennen. Es sind Kleist, Goethe, Arnim, Wieland und E. T. A. Hoffmann, die ihre Texte weitgehend als ›Erzählungen‹ publiziert haben, und die im Einsatz indirekter Figurenrede zu den Spitzenreitern zählen.

Der Dialog-Charakter ist dagegen ein Merkmal der Novelle nach dem Gattungsverständnis auf dem Massenmarkt. Dieser Charakter erhält sich durch das 19. Jahrhundert hindurch. Schon in den Poetiken des 19. Jahrhunderts zeichnet sich ab, dass der Dialognovelle kein hoher ästhetischer Wert zugeschrieben wird. Hier lässt sich eine direkte Konsolidierung von Novellenpoetik und kanonbasiertem Novellenbegriff beobachten: In Erzähltexten, die als ästhetisch wertvolle Novellen anerkannt werden, wird die Figurenrede weitgehend über indirekte Figurenrede dargestellt. Mit einer Ausnahme: dem Inneren Monolog als einer (im Korpus mit Schnitzlers »Lieutenant Gustl« und »Fräulein Else«) nur zweimal realisierten Erzähltechnik.

Es wäre ein falsches Verständnis von Kanonisierung, wenn man annehmen würde, dass zu irgendeinem späten Zeitpunkt ein Kanon nach bestimmten literatur- und bildungspolitischen sowie ästhetischen Kriterien festgeschrieben würde. Vielmehr ist es selbst ein diachroner Prozess, der primär über Reproduktion verstanden werden sollte. Kanonisch bleibt, was weiter verkauft und zugleich weiter vermittelt wird.[258] Es gibt Fälle der Dekanonisierung von Texten, die bereits begonnen haben, sich im Literaturmarkt gut zu reproduzieren. So ist es Heyse widerfahren; Tieck dagegen nur mit den späten Novellen, während »Der blonde Eckbert« und »Der Runenberg« dem Novellenkanon bis heute angehören. Ebenso gibt es Fälle, in denen eine Kanonisierung überhaupt erst spät eingesetzt hat: Büchners »Lenz«, Grillparzers »Der arme Spielmann«, Droste-Hülshoffs »Die Judenbuche« und Kellers »Romeo und Julia auf dem Dorfe«; die letzten drei durch den *Deutschen Novellenschatz*. Aus dem frühen 19. Jahrhundert haben sich Texte mit einem hohen Anteil indirekter Rede als kanonisch erhalten.

Kanonisch gewordene Texte zeichnen sich weniger durch eine Kombination aller Redewiedergabeformen aus, sondern eher durch die Priorisierung jeweils einer Technik der Rede- und Gedankenwiedergabe. Wenn man die kanonisierungstheoretischen Überlegungen und die empirischen Beobachtungen zusammenführt, kann man annehmen, dass die Autoren des frühen 19. Jahrhundert bereits ein Bewusstsein für den Nutzen indirekter Figurenrede entwickelt haben. Dieser liegt darin, dass die indirekte Rede etwas mehr ästhetische Flexibilität zur Kohäsionssteigerung durch Kompression zulässt. Wie die Poetiken zeigen, galt direkte Figurenrede schon während der Biedermeierzeit als Symptom unnötiger Textlänge. Direkte Figurenrede ist also der seltene Fall eines Merkmals, bei dem die Poetiken zu den historischen Gattungszuschreibungen in der Breite des Markts und zugleich zur kanonisierenden Nachwirkung passen.

Wenn man die historischen Kritiken an beobachteten Tendenzen nicht als primär normative Sprechakte auffasst, dann zeigt sich die Kontinuität zwischen Poetik und Praxis also ausgerechnet bei dem Merkmal, das nicht oder nicht primär in normativer Absicht eingesetzt wurde. Direkte Figurenrede steht also paradigmatisch für einen Typ von Merkmalen mit einem deskriptiven Verhältnis zwischen Poetik und Textproduktion. Als nachträgliche Beschreibungen einer literaturgeschichtlichen Entwicklung sind einige der theoretischen Bemerkungen zur Novelle also durchaus aussagekräftig. Als Versuche der Prägung von Genreerwartungen sind sie in ihrer Wirksamkeit aber weitgehend überschätzt. Das Kapitel 7 wird daher vorschlagen, die Normativität der Novellenpoetiken weniger im ästhetischen, sondern vielmehr in einem literaturpolitischen Raum zu situieren und zu erklären.

## 6.6 Synthesen: Konsolidierung von Genre und Textsorte

Die Ergebnisse dieses Kapitels lassen sich nun unter den bisher zentralen Perspektiven auf Gattung als Textsorte im Sinn des Kapitels 4 und auf Gattung als potenziell textsortenprägendes Genre in Konkurrenz zu anderen relevanten Faktoren wie Me-

258 Vgl. Moretti (2013b).

dium und Zeit im Sinn des Kapitels 5 zusammenführen. In der Zusammenführung lautet die leitende Frage, ob man literarischen Wandel im 19. Jahrhundert als einen Prozess begreifen kann, bei dem Gattung (im Sinn von Genreerwartungen) und Medienformate die zentralen prägenden Faktoren sind (Kapitel 5) und ob die beobachteten Prägungsprozesse dazu führen, dass sich die Gattung der Novelle als eine den Genreerwartungen entsprechende Textsorte (Kapitel 4) konsolidiert. Die Antwort auf diese doppelte Frage wird am Ende der Baustein für eine Novellentheorie mittlerer Reichweite für das 19. Jahrhundert sein. Hierfür ist, und das ist letztlich einer der dauerhaft heiklen Punkte in empirischer Gattungsforschung, immer wieder auf die Frage der geeigneten historischen Perspektivierung für die Gattungszuordnungen zurückzukommen. Zentral war auch für dieses Kapitel die Situation $S_{ED}$ der Erstdrucke. Zunächst für die Bestimmung von gattungs- vs. mediengeschichtlichem Wandel mit Blick darauf, ob sich im 19. Jahrhundert Genreerwartungen als textsortenprägende Faktoren nach dem Modell aus Kapitel 5 herausgebildet haben. Die Aufklärungsleistung der einzelnen Merkmale wurde ausführlich in allen Teilen des zurückliegenden Kapitels 6 diskutiert. Nun lassen sie sich für ein Modell zusammenstellen, in dem ausschließlich das Gattungspaar Novelle vs. Erzählung in der Perspektivierung auf die Zuordnungen aus den Erstdrucken verglichen wird.

**Tabelle 42:** Aufklärungsleistung (*adj.* $R^2$ und *BIC*) der Faktoren Gattung, Medium und Zeit für alle komplexen Merkmale und für die Modelle 1.a und 2. für den Vergleich zwischen Novellen und Erzählungen nach Erstdrucken ($S_{ED}$).

| Modelltyp | Länge | Romanisches Setting | Gefahr | Gefahr (Serialität) | Zentralisierung | Direkte Figurenrede |
|---|---|---|---|---|---|---|
| 1.a | 0,18 | 0,02 | 0,053 (BIC -189) | 0,03 | 0,01 | 0,1 |
| Δ G | 0,19 | 0,04 | 0,31 | 0,01 | 0,05 | 0,73 |
| Δ M | 0,19 | 0,38 | 0,15 | 0,45 | 0,26 | 0,11 |
| Δ Z | 0,62 | 0,57 | 0,54 | 0,54 | 0,68 | 0,16 |
| 2 | 0,25 | 0,05 | 0,053 (BIC -337) | 0,03 | 0,1 | 0,19 |

Tabelle 42 zeigt, dass nur Länge und direkte Figurenrede über das gesamte 19. Jahrhundert hinweg hohe Aufklärungswerte (mit *adj.* $R^2 \geq 0{,}1$) haben. Dies sind die beiden Merkmale, für die das in Kapitel 5 entfaltete Verfahren der Faktorenanalyse den Faktoren Medium und Gattung eine nennenswerte prägende Kraft attestieren kann. Der auffallend und überraschend schlechte Wert für romanisches Setting ist jedoch ein Problem des Analyseverfahrens, das aufgrund der zugrunde liegenden linearen Regression Merkmalstypen dieser Art benachteiligt. Insgesamt ist die Länge zu jeweils 20% durch Gattung und Medium geprägt, zu mehr als 60% aber ein Zeiteffekt. Sowohl für die Länge als auch für die direkte Figurenrede zeigt sich aufgrund der hohen Aufklärungskraft von Modell 2 eine Medienabhängigkeit der Gattung. Bei der direkten Rede zeigt sich überdies ein gegenüber dem Faktor Medium dominanter Gattungseffekt, der sich bei genauerer Betrachtung aber in erster Linie als Kanonisierungseffekt erwiesen hat. Den stärksten medialen Effekt hat Serialität, und zwar auf die Intensität von Gefahrenszenen. In seriellen Medienformaten wie Tages- und Wochenzeitungen, Illustrierten und Familienblättern nimmt das Niveau an Gefahr im Sinn einer fiktiven Spannungsumgebung tendenziell zu. Über alle hier operationalisierten Merkmale zeigt sich, dass Genre ein etwas stärkerer Faktor sein dürfte als das Medienformat. Beide Faktoren sind jedoch nicht sehr stark und schwächer als der Faktor Zeit. Gattung und Medium sind also relevante, aber nicht dominante Faktoren literarischen Wandels.

Die Frage, ob und zu welcher Zeit die Gattung der Novelle beginnt, sich als ästhetische Kategorie zu formieren, und ob die Novellenproduktion anfängt, sich an dem zu orientieren, was die Poetiken fordern, lässt sich nun besser beantworten. Es ist die Frage, ob sich die durch welche Faktoren auch immer etablierten Schreibverfahren in den Textsorten (nach Kapitel 4) niederschlagen konnten. Die Poetiken der zweiten Hälfte des 19. Jahrhunderts fordern in unterschiedlichen Kombinationen die eingangs genannten komplexen Merkmale ein. Spannung ist ein Sonderfall, der als Kontrastandard-Merkmal ebenso, aber eben negativ auf die Genreerwartungen der Novelle bezogen war. Mit diesen komplexen Textmerkmalen lässt sich nun noch einmal die perspektivische algorithmische Modellierung von Gattungssemantik durchführen. So lässt sich, in Fortsetzung des Kapitels 4.2, das gegenüber dem qualitativen Gehalt der Gattungsmerkmale agnostische *Bag-of-Words*-Modell (im Folgenden wieder: *BoW*) durch ein Textmodell ersetzen, bei dem die komplexen Merkmale den *Feature*-Raum erzeugen. Auf diese Weise lässt sich die Geschlossenheit oder Vagheit der historischen Textsortenbegriffe von Novelle, Erzählung und Roman hinsichtlich der poetologisch relevanten Textmerkmale rekonstruieren. Zu diesen relevanten Merkmalen gehören folgende neun Merkmale: (a) der Umfang in Anzahl der Token, (b) romanisches Setting, (c) Gefahrenlevel und (d) Angstempfinden als Spannungsumgebung, (e) Zentralisierung und (f) Dichte als Teilaspekte eines sehr spezifischen Sinns von Konzentration auf der Ebene der Figurenkonstellation, sowie (g) direkte, (h) indirekte und (i) erlebte Rede als Operationalisierung der in den Poetiken beobachteten Tendenzen zur Konversations- und Dialognovelle.

Die Idee der Temporalisierung für die perspektivische Modellierung, die in Kapitel 4.2.1 an 30-Jahres-Teilzeiträumen entfaltet wurde, wird im Folgenden, weil es mir um das Gewicht der Merkmale geht, gröber gefasst und auf 100-Jahres-Zeiträume 1750–1850 und 1850–1950 gestreckt. Auf den ersten Blick überraschend, auf den zweiten Blick aber ausgesprochen instruktiv ist das in Abbildung 74 dokumentierte Ergebnis der paarweise für alle in Betracht gezogenen Gattungspaare – Roman, Erzählung und Novelle – durchgeführten Differenzialanalysen (siehe die Abschnitte 2.2.6 zur theoretischen Grundlegung und 4.2.2 zur Modellierung).

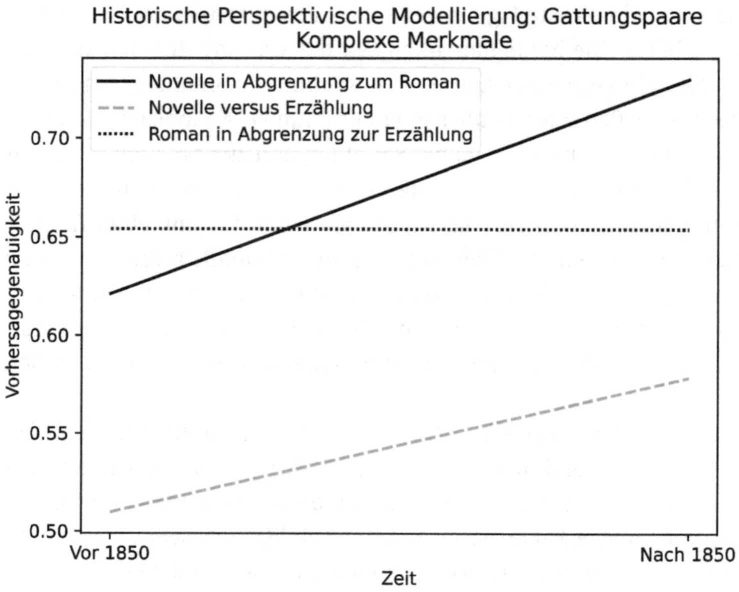


**Abbildung 74:** Historische perspektivische Modellierung für Gattungspaare und komplexe Merkmale, wie in Kapitel 4.2 mit Gattungsgruppen nach den Gattungsbezeichnungen der Erstdrucke ($S_{ED}$) und mit logistischer Regression.

Die Resultate helfen, das Zwischenergebnis aus Kapitel 4 weiter zu präzisieren. Während vor 1850 das Kontrastpaar Erzählung versus Roman anhand der hier in Betracht gezogenen komplexen Merkmale am besten unterscheidbar ist, ist für die Zeit nach 1850 die Unterscheidung zwischen Roman und Novelle die deutlichste und daher maßgebliche Differenz. Erstaunlich deutlich bleibt die Unterscheidbarkeit von Novelle und Erzählung hinter derjenigen der beiden übrigen Paarungen zurück. Dennoch gewinnt auch diese Gattungsdifferenz nach 1850 an Kontur. Nimmt man an, dass diese Ergebnisse der Tendenz nach tatsächlich eine Gattungsdifferenz entlang der auch poetologisch relevanten Gattungsmerkmale anzeigen, dann legt dieses Ergebnis nahe, dass die allmähliche Konturierung der Novelle als eine Textsorte in der zweiten Hälfte des 19. Jahrhunderts sowohl durch ihre Abgrenzbarkeit vom Roman als auch von der Erzählung erfolgt, wobei die Abgrenzbarkeit vom Roman stärker ist als die von der Erzählung.

Auch wenn die Zahlenwerte auf den ersten Blick schwächer erscheinen als im *BoW*-Modell, auf das sich das vierte Kapitel gestützt hat, und das Vorhersagegenauigkeiten um 0,7 erreicht, ist das Vorhersagemodell mit den komplexen Vorhersagevariablen philologisch interessanter. Im Lauf des 19. Jahrhunderts zeigt sich eine leichte Entwicklung in Richtung der Realisierung komplexer, poetologisch kodifizierter Merkmale. Nimmt man die Ergebnisse aus den Kapiteln 4 und 6 zusammen, dann erscheint der Unterschied zwischen Novellen und Erzählungen vor 1850 eher als eine Differenz im

Zeitstil, die dadurch als ein maskierter Gattungseffekt erscheint, dass zu unterschiedlichen Teilzeiträumen entweder Novelle oder Erzählung als Gattungslabel dominiert haben. Nach 1850 wurden die Merkmale zumindest der Tendenz nach an die Gattungsbezeichnungen angebunden. Bemerkenswert ist überdies, dass bei einer Analyse der prototypentheoretischen Struktur begrifflicher Differenz nach dem in Abschnitt 4.2.3 vorgestellten Verfahren der c@1-Verbesserungsrate, wie bereits in Kapitel 4, auch hier – d. h. auf Grundlage komplexer Merkmale – die Differenz zwischen Novelle und Roman diejenige ist, die (mit einer Verbesserungsrate von 1,01) am stärksten im Sinn einer prototypentheoretischen Begriffsstruktur aufgefasst werden kann.

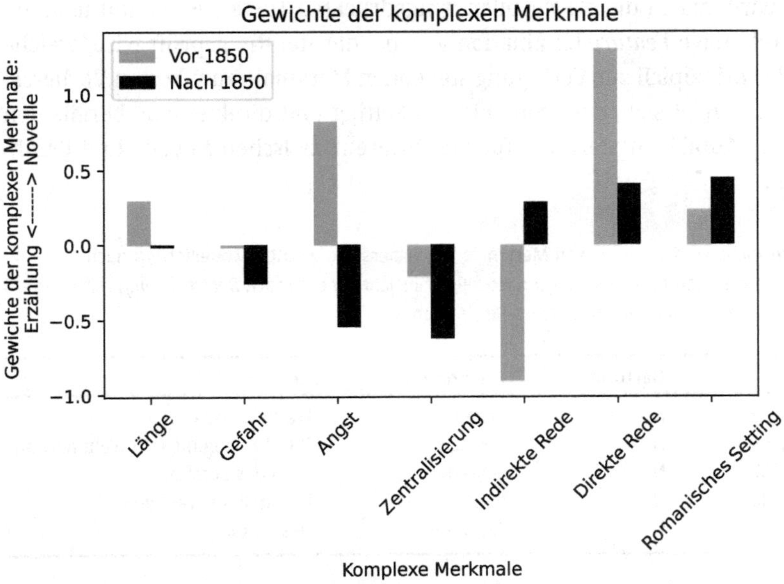


**Abbildung 75:** *Feature*-Gewichte der komplexen Merkmale in einem perspektivischen Modell zur Unterscheidung von Novellen und Erzählungen nach Erstdruck ($S_{ED}$) für die Zeiträume 1750–1850 und 1850–1950. Ein Ausschlag nach oben ist ein Gewicht für die Vorhersage der Gattung Novelle, ein Ausschlag nach unten bedeutet ein Gewicht gegen die Novelle und damit für die Erzählung.

Das Gewicht der komplexen Merkmale als *Features* für die Gattungen Novelle und Erzählung zeigt Abbildung 75. Während die relativ gute Unterscheidbarkeit des Romans sowohl von Novelle als auch von Erzählung primär durch das Merkmal der Länge zustande kommt, ist Unterscheidbarkeit von Novelle und Erzählung anhand komplexer Merkmale intrikat. Die (positiv) nach oben ausschlagenden *Features* sind Gewichte für die Gattungszuordnung zur Novelle, die (negativ) nach unten ausschlagenden Balken zeigen an, dass das *Feature* für die Erzählung spricht. Das Modell hat also die Freiheit, jedes Merkmal mehr oder weniger stark für oder gegen die einander gegenübergestellten Textsorten zu verwenden. Es hat also keine Vorurteile darüber, welche der angesichts der Poetiken erwartbaren Novellenmerkmale auch wirkliche Novellenmerkmale sein sollen. Auch nach 1850 bleibt die direkte Rede ein Novellenmerkmal, jetzt aber in einer zum Teil ästhetisch neuen Form, dem Inneren Monolog. Insgesamt wird das romanische Setting, übrigens auch in Abgrenzung zum Roman, zum stärksten positiven Gattungsmerkmal der Novelle. Bemerkenswerterweise sind beide berücksichtigten Formen der Redewiedergabe für die Zeit nach 1850 Merkmale, die für die Novelle sprechen. Gefahrensituation, emotionssteuerndes Angsterzählen, aber auch hohe Werte für Netzwerkdichte und Zentralisierung sprechen dagegen für die Erzählung. Handlungsort im romanischen Raum und ein hoher Grad an Figureninteraktion, die erzähltechnisch durch eine Vielfalt der zur Verfügung stehenden Verfahren realisiert wird, macht die als Novellen erstgedruckten Texte aus. Nimmt man außerdem eine rekursive *Feature*-Elimination vor, bei der iterativ geprüft wird, welche Teilauswahl der prinzipiell zur Verfügung stehenden Merkmale zum besten Vorhersagemodell führt,[259] zeigt sich, dass romanisches Setting und direkte Rede bereits den größten Teil der Aufklärungsleistung für die Differenz zwischen Novelle und Erzählung abdecken.

**Tabelle 43:** Die hinsichtlich der komplexen Merkmale in der perspektivischen Modellierung nach Gattungszuordnung der Erstdrucke typischsten Novellen hinsichtlich der (nach *Bootstrapping*) mittleren Vorhersagewahrscheinlichkeit *p* mit logistischer Regression.

| Rang | p | Gattung | Nachname | Titel |
|---|---|---|---|---|
| 1 | 0,672 | N | Schnitzler | »Fräulein Else« |
| 2 | 0,669 | N | Janitschek | »Darüber kommt kein Weib hinweg« |
| 3 | 0,652 | N | Schrader | »Spiel des Zufalls« |
| 4 | 0,648 | N | Lorm | »Ein adeliges Fräulein« |
| 5 | 0,646 | N | Grimm H. | »Das Kind« |

Um auch qualitativ zu verstehen, was dieses Ergebnis besagt, hilft Tabelle 43. Diese zeigt die Vorhersagewahrscheinlichkeiten (*p*) für die Texte aus der Zeit nach 1850, die aufgrund der komplexen Merkmale am deutlichsten als Novellen eingeschätzt werden.[260] Diese Vorhersagewahrscheinlichkeiten lassen sich als Ausdruck von Prototypikalität auffassen. Als ein konsequent im Inneren Monolog erzählter Text, der in Norditalien spielt, landet Schnitzlers »Fräulein Else« auf dem ersten Rang. Für novellentypisch hält das Modell außerdem die als Novellen gedruckten Texte von Janitschek, Schrader, Lorm und H. Grimm. Weiter unten folgen, in der Tabelle nicht mehr sichtbar, die als Erzählungen gedruckten Texte von Gotthard (Rang 8) und Raabe (Rang 13). Die Novellen »Eine Maler-

**259** Siehe Anm. 18 in Kapitel 4.
**260** Für das Berechnungsverfahren der Vorhersagewahrscheinlichkeit und dessen Interpretation als Ausdruck von Prototypikalität siehe Abschnitt 4.2.3.

arbeit« von Storm und die »Traumnovelle« von Schnitzler folgen auf den Rängen 11 und 12. Interessant an diesem Ergebnis ist, dass es nur wenige kanonische Texte sind, die diesem Modell als besonders typische Novelle erscheinen. Die Suche nach dem Typischen einer Gattung fördert vereinzelt Werke zu Tage, die als exzeptionell gelten (Schnitzler), in der Mehrzahl aber Texte, die heute vergessen sind. Überraschend ist dieses Ergebnis vor allem im Vergleich zu der in Abschnitt 4.1.6 entwickelten und angewandten Methode, literaturgeschichtlichen Horizontwandel (nach Jauß) über stilometrische Verfahren zu operationalisieren. Dieses Verfahren konnte tatsächlich die literaturgeschichtlichen Annahmen über die ästhetisch relevante Literatur replizieren, indem es weitestgehend kanonische oder zeitgenössisch populäre Werke in den Vordergrund gerückt hat. Die Zusammenführung beider Ergebnisse erhärtet den Verdacht, dass historische Semantik und Zuschreibungspraxis der Gattungen im Lauf des 19. Jahrhunderts zunehmend generischen Mustern folgt, während philologische Gattungskonstruktion immer vom Exzeptionellen ausging und dafür historische Gattungssemantik sowie Zuschreibungspraxis ignorieren musste.

Diese Befunde liefern einen erheblichen Aufklärungswert zur Geschichte der Novelle. Gattung und Medium sind relevante Faktoren. Ein Effekt der Konsolidierung der Novelle als Textsorte mit den poetologisch artikulierten Genreerwartungen lässt sich für die zweite Hälfte des 19. Jahrhunderts differenzialanalytisch nachweisen, indem man die Veränderungen in der Differenzqualität zwischen allen relevanten Gattungspaaren in Betracht zieht. Sowohl für die eher stilistisch aussagekräftige Modellierung der Texte nach dem *BoW*-Modell aus Kapitel 4, als auch die auf das Kapitel 6 gestützte Modellierung der Texte, die sich auf die komplexen Merkmale stützt, wird deutlich, dass es mit Blick auf Erzählung, Novelle und Roman sinnvoll sein dürfte, weniger von einer Leitgattung, als von einer Gattungsleitdifferenz zu sprechen. Sämtliche der in dieser Arbeit bislang vorgenommenen Perspektivierungen zeigen deutlich, dass das Kontrastpaar Erzählung versus Roman als leitende Gattungsdifferenz nach 1850 von der Gattungsleitdifferenz zwischen Novelle und Roman abgelöst wird. Erwartungsgemäß läuft die Unterscheidbarkeit am stärksten über das Merkmal der Länge, doch auch ein für die Gattungen offensichtlich unterschiedlicher, zugleich aber zeitspezifischer Einsatz der unterschiedlichen Formen von Redewiedergabe und insbesondere von Handlungsorten in der Romania geben den paarweisen Gattungsdifferenzen eine erkennbare Struktur.

Deutlich hat sich überdies für die Merkmale der Konzentration und des Umfangs gezeigt, dass sie die Vorstellung davon geprägt haben dürften, was man von wertvollen Novellen erwarten konnte. In den Perspektivierungen zur Gruppierung nach dem *Deutschen Novellenschatz* ($S_{N\text{-}Sch}$) und nach den Kanonisierungsprozessen des 20. Jahrhunderts ($S_K$) wurde deutlich, dass Werke in kanonaffinen Medienformaten wie der *Deutschen Rundschau* – gegen den Markttrend der Familienblätter – größeren Umfang einnehmen durften, und dass die später kanonisch gewordenen Novellen eine höhere Tendenz zu einem figurenbezogenen Verständnis von Konzentration haben. Dieser Zusammenhang könnte einerseits Ausdruck des Selektionsprozesses sein, also der Kriterien, nach denen Erzählprosatexte für wertvoll befunden wurden. Es könnte sich also um einen rein rezeptionsästhetischen Selektionsmechanismus handeln. Andererseits könnte dieser Zusammenhang auch Ausdruck einer tatsächlichen Auswirkung auf die Textproduktion sein. In systemtheoretischer Terminologie würde man sagen, dass die rezeptionsseitigen Genreerwartungen als produktionsseitige Erwartungserwartungen antizipiert werden.[261] Novellenpoetiken könnten für das Segment der Literatur leitend gewesen sein, in dem ›hochliterarische‹ Novellen produziert werden sollten. Für diese stärkere produktionsästhetische Erklärung spricht, dass Novellenkanon ($S_K$) und die Gattungszuordnung zur Novelle nach $S_{ED}$ seit dem Ende des 19. Jahrhunderts – zumindest im Korpus – enger korrelieren. Die hier zusammengefassten Effekte und Zusammenhänge konnten durch die Kombination der Modelle und Operationalisierungen aus den Kapiteln 4 bis 6 sichtbar gemacht werden.

Ich möchte aber noch einmal betonen, dass die Effekte der poetologisch kodifizierten Genreerwartungen auf die Textsortenkohäsion relativ schwach sein dürften. Es bedarf daher einer Erklärung, warum die literarische Kultur des 19. Jahrhunderts die Wirklichkeit der Kunstproduktion nur partiell mit ihren Ansprüchen in Einklang bringen konnte. Es wäre ja von beiden Seiten eine Annäherung denkbar. Die Produktion hätte den poetologischen Anforderungen deutlich stärker folgen können. Umgekehrt hätten sich noch mehr Poetiken die Mühe machen können, die Realität der Textproduktion angemessen zu beobachten und als solche anzuerkennen. Dieses Phänomen einer strukturell komplexen Kultur gilt es also zu erklären. Außerdem bedarf es einer Klärung, warum die germanistische Novellenforschung des 20. Jahrhunderts diese Spannung zwischen Poetik (Genre) und Textproduktion (Textsorte) so lange ausblenden wollte und sich auf die Seite von Akteuren wie Storm und Heyse gestellt hat, die an die Novelle als strenge Form geglaubt haben.

Zu einem – nach meiner Einschätzung – geringen, empirisch aber erst noch zu vermessenden Anteil kann dies daran liegen, dass einzelne poetologisch relevante Merkmale hier noch nicht berücksichtigt wurden: Dazu gehören weitere Aspekte aus dem semantischen Umfeld der Konzentration, wie etwa der Konflikt, der Wendepunkt und die unerhörte Begebenheit. Mit Ausnahme des Wendepunkts gehe ich jedoch davon aus, dass diese ›klassischen Merkmale‹ weitgehend idiosynkratisch nur für einzelne Autoren galten.[262] Dennoch sollte künftige Forschung auch diese Merkmale operationalisieren; denn solange diese Merkmale nicht operationalisiert sind, bleiben die quantitativen Untersuchungsverfahren blind für diese Merkmale. Aus philologischer Sicht mag diese Blindheit zunächst als Schwäche der Verfahren erscheinen. Sie hat aber bei einem reflektierten und schrittweise vorgehenden Arbeitsprozess die Stärke,

261 Vgl. Luhmann (1984, 412) und Müller/Nassehi (2013, 103–104); siehe Anm. 46 in Kapitel 2.

262 Dies macht die komplexen Merkmale nicht weniger relevant. Im Gegenteil: Für autorintentional vorgehende Interpretationen kann beispielsweise das idiosynkratische Novellenverständnis, das beim späten Storm über einen abstrakten Begriff des Konflikts läuft, als ästhetische Kategorie maßgeblich sein; für eine Modellinterpretation vgl. Stockinger (2017).

dass der Stand im Fortgang der Erkenntnisgewinnung an jedem Punkt der Analyse genauer – und kritisch zuverlässiger – eingeschätzt werden kann, als in jenen älteren Novellengeschichten, deren Verfasser darauf vertraut haben, dass sie auf alles Wichtige von selbst aufmerksam wurden.

Der aus meiner Sicht springende Punkt für die Aufklärung der nur geringen Konsolidierung der Gattung wird aber sein, dass man Gattungen nicht einfach nur als rationale Versuche der Systematisierung literarischer Formen in Form von Textsorten und als Artikulation von Genreerwartungen betrachtet. Es wird vielmehr darauf ankommen, die in Kapitel 2 entfaltete Idee unterschiedlicher Arten von Funktionen weiterzudenken. Gattungen dürften Instrumente in politischen Strategiespielen gewesen sein, die mitunter nicht viel mit Fragen einer Literatur im emphatischen und ästhetischen Sinn zu tun haben. Dieser Perspektive auf die nicht-ästhetischen Funktionen und Praktiken von und mit Gattung widmet sich Kapitel 7 in einer Kombination aus quantitativen und philologischen sowie hypothesengeleiteten und explorativen Analysen.

# 7 Praxis und Medienpolitik der Gattung

In dem Grad, in dem ein Gattungsbegriff in einer historischen literarischen Kultur nicht die für Produktion und Rezeption tatsächlich wirksamen Genreerwartungen ausdrückt und nicht die über textuelle Merkmale bestimmbaren Textsorten beschreibt, zugleich aber – wie das Wort ›Novelle‹ – ›in aller Munde‹ war, ist davon auszugehen, dass der betreffende Gattungsbegriff andere, sozusagen nicht-ästhetische Funktionen erfüllt. Je nachdem, auf welche Art von Bezugsproblem die Arbeit am Gattungsbegriff reagiert, kann man von ökonomischen, literaturpolitischen oder positionierungsstrategischen Funktionen sprechen.[1] Am Beispiel der völkisch-nationalistischen Novellengeschichte von Klein aus der Mitte des 20. Jahrhunderts wurde in Kapitel 6.4.1 die politische Funktion der poetologischen Arbeit am Novellenbegriff im Feld der Germanistik aufgezeigt. In ihren nicht-ästhetischen Funktionen ist Gattung nicht in erster Linie ein Regelsystem der Textproduktion, sondern ein sprachliches Instrument innerhalb sozialer Praktiken. Kompliziert wird die Sache durch eine grundsätzliche Vagheit der Zuschreibung und durch die Überlagerung unterschiedlicher Funktionen. Das vorliegende Kapitel widmet sich dem Novellenbegriff unter dieser nicht-ästhetischen Perspektive und damit der in der Einleitung skizzierten Relation C bzw. der Hypothese $H_C$. Diese Hypothese besagt:

> ($H_C$) Novellen sind nicht oder nicht nur eine durch gemeinsame Textmerkmale verbundene Textsorte. Stattdessen gibt es idiosynkratische, ökonomische, literatur- und werkpolitische sowie positionierungsstrategische Regeln einer *Gattungszuschreibungspolitik*, die auf gemeinsame Bezugsprobleme reagieren.

Für den Begriff der Positionierung beziehe ich mich auf Bourdieu,[2] für die politische Aktivität der Werkpolitik auf Martus.[3] Zu unterscheiden sind zwei praxeologische Dimensionen des Gattungsbegriffsgebrauchs: Zum einen die Handlungen innerhalb der poetologischen Sprechakte von Autoren und anderen literarischen Akteuren, zum anderen die ökonomischen, politischen und positionierungsstrategischen Effekte, die daraus entstehen, dass Gattungen in bestimmbaren, und eben nicht textmerkmalsbasierten, Regelmäßigkeiten in den Paratexten der Drucke den Texten zugeordnet werden. Indem das vorliegende Kapitel die politischen Funktionen untersucht, stützt es sich auf ein anderes Modell von Gattung: nämlich auf ein Modell, in dem der Gattungsbegriff nicht durch textuelle Merkmale, sondern als diskursives Instrument bestimmt ist.

---

1 Vgl. Eibl (1996, 14), siehe oben Abschnitt 2.2.2 und dort insb. Anm. 55.

2 Vgl. Bourdieu [1992] (2001, 365–378).

3 Vgl. Martus (2008, 8). Anschlussfähig ist der im Folgenden vorgestellte Ansatz insbesondere für die jüngst von Franzen (2025) vorgestellte Idee einer »Konfliktgeschichte der Literatur«.


https://doi.org/10.1515/9783112236697-007

Der Verfügbarkeit der Daten und Metadaten entsprechend wird dieses Kapitel quantitative Verfahren und philologische bzw. sozialgeschichtliche Beschreibungen in neuer Weise triangulieren, und zwar in einer Weise, die nach den etablierten Systematisierierungen der sozialwissenschaftlichen Diskussionen zu *Mixed Methods* Forschung am ehesten als dialektischer Standpunkt beschrieben werden kann.[4] Die Rekonstruktion der politischen Strategien poetologischer Sprechakte erfolgt im ersten Abschnitt 7.1 in exemplarischen philologischen Beschreibungen. Für die Analyse der Gattungszuschreibungspolitik durch die Verknüpfung von Text und Gattung in Paratexten wird in Abschnitt 7.2 ein algorithmisches Verfahren mit einer exemplarischen Beschreibung des Zuschreibungsverhaltens einzelner Autoren und Herausgeber kombiniert. Dabei gilt es abzuschätzen, wie gut ein Modell, das Gattung als politische Praxis begreift, den Gebrauch des Gattungsbegriffs – verglichen mit den in den Kapiteln 4 bis 6 herangezogenen Modellen von Gattung – erklären kann. In Abschnitt 7.3 wird es darauf ankommen, die unterschiedlichen Modelle von Gattung so zur Synthese zu bringen, dass ein angemessenes und umfassendes Bild der Semantik und der Gebrauchsregeln des Novellenbegriffs im 19. Jahrhundert entsteht.

## 7.1 Literatur- und Marktpolitik in den Poetiken

Eine konsequent begriffsgeschichtliche Aufarbeitung des semantischen Wandels des Novellenbegriffs innerhalb der poetologischen Äußerungen des 19. Jahrhunderts steht zwar noch immer aus. Dennoch kann der Bereich der Poetiken im Gesamtfeld der Novellengeschichte dank der poetologischen Fokussierung des größten Teils der Novellenforschung als vergleichsweise gut erschlossen gelten.[5] Mit den Sammlungen von Kunz und Polheim liegen Dokumentationen der bekanntesten poetologischen Äußerungen vor, und mit Polheims Forschungsbericht eine auch die historischen Poetiken einschließende Rekonstruktion.[6] Der vorliegende Abschnitt kann daher auf bestehende Arbeiten zurückgreifen. Es geht im Folgenden nicht um eine Begriffsgeschichte des deskriptiven Gehalts der Novellenpoetik als Artikulation vermeintlich wirksamer Genreerwartungen oder als vermeintlich adäquate Textsortenbeschreibung, sondern um das Politische und Strategische einzelner Aussagen; und zwar unter dem Gesichtspunkt der Vermittlung von literarischem Anspruch mit dem faktischen Marktgeschehen. Es folgen vier kurze und exemplarische Betrachtungen einer Novellenpoetik um 1812, 1822, 1835 und 1871, die mit Rückblenden in die Jahre 1781 und in die Zeit um 1800 verbunden werden. Dabei wird nach der in Kapitel 2.2.2 ent-

4 Vgl. Döring/Bortz (2016, 74).

5 Vgl. Koskimies (1959), Malmede (1966), Dedert (1993) und Schlaffer (1993), die aber häufig nicht den historischen Sinn der Poetiken rekonstruieren. Strenger historisierend verfahren Studien, die sich spezifischen Gegenständen widmen, etwa Schröder (1970) und Lukas/Podewski (2011).

6 Vgl. Polheim (1970), Kunz (1973) und für den Forschungsbericht Polheim (1965).

falteten Idee von Funktionsgeschichte gefragt, auf welche Bezugsprobleme die Poetiken eigentlich reagieren, und wie der Novellenbegriff das betreffende Problem lösen will.

Das *Taschenbuch der Liebe und Freundschaft gewidmet für das Jahr 1813* beginnt, so der Untertitel, mit einem »dramatische[n] Prolog« von Stephan Schütze, der den Titel »Die Neujahrsversammlung« trägt. In dieser szenischen Allegorie, in der sich Personifikationen der einzelnen literarischen Gattungen in der Wohnung eines Herrn Almanach treffen, tragen die Figuren ihre persönlichen, das heißt, gattungsspezifischen Probleme vor. So fällt Epigramm »mit der Tür in's Zimmer«[7] und weist seine Verwandtschaft mit Sonett zurück, mit deren Erscheinen wiederum niemand gerechnet hat, weshalb diese nur einen Kinderstuhl aus dem Nebenzimmer mit den schreienden Kindern erhält. In diesem auf Unterhaltung zielenden Text geht es um die Funktionen und die Dominanzverhältnisse der Gattungen im Medium des Taschenbuchs. Novelle, die Tochter von Romanus und damit Enkelin des – in diesem Punkt haben die Figuren unterschiedliche Mutmaßungen – entweder dauerhaft verreisten oder bereits verstorbenen, in jedem Fall greisenhaft alten Epos, vertritt die beiden in der Versammlung. Ballade entschuldigt Epos' Abwesenheit, in dem sie kundgibt:

> er hält sich einen Reisediener; / Sein Sohn Romanus reist für ihn die Kreuz und Quer, / Doch hat der viel Gepäck, die Koffer sind zu schwer; / Ruft ihn zum Pickenick ein Freundschaftsalmanach, / So bleibt er im Quartier und sendet ganz gemach / Sein hübsches Töchterchen – man nennet sie *Novelle.* / So abgesandt vertritt sie hier des Ahnherrn Stelle. Und fordert jedes mal bei uns den ersten Platz.[8]

Im weiteren Verlauf vertritt Novelle nicht nur Epos und Romanus, sondern erhält sogar den begehrten Richterstuhl in der Versammlung, von dem aus sie die Klagen aller Gattungen anhört und Ratschläge zur Lösung der vorgetragenen Probleme erteilt.

Dieses der Novellenforschung bislang unbekannt gebliebene Dokument verrät zwar unter einer traditionell merkmalsorientierten poetologischen Perspektive auf die ästhetische Funktion des Gattungsbegriffs nichts Neues. Ungewöhnliche Genreerwartungen werden hier ebenso wenig diskutiert, wie eine neuartige Textsortendefinition präsentiert. Doch wenn man die fiktive Figurenkonstellation mit der historischen Marktsituation korreliert, ergibt sich ein aufschlussreiches Bild über das historische Bewusstsein über die Marktlage: Während Epos und Romanus wegen ihrer Schwerfälligkeit (der Langsamkeit, Umständlichkeit, und des übermäßig großen und schweren Gepäcks) mit Spott überzogen werden, zieht Novelle alle Anwesenden in ihren Bann;

---

7 Schütze, »Die Neujahrsversammlung«, in: *Taschenbuch der Liebe und Freundschaft gewidmet auf das Jahr 1813* (1812, 5).

8 Schütze, »Die Neujahrsversammlung«, in: *Taschenbuch der Liebe und Freundschaft gewidmet auf das Jahr 1813* (1812, 7).

sie erscheint umringt von den Liedern und muss sich mit einem Fächer vor Zudringlichkeiten schützen. Alle, sogar das angriffslustige Epigramm, sind ihr wohlgesonnen.

Marktgängigkeit und Anmut werden hier eng geführt: Das Neue und Beliebte wird als das Schöne, Junge und Gute figuriert. Als Hybrid aus fiktionalem Dialogtext und gattungspoetologischem Diskurs versucht dieser »Prolog« im Medium des Taschenbuchs, und thematisch auf dieses Medienformat bezogen, an der Gattungsaxiologie zu arbeiten. Für ein historisch angemessenes Verständnis der weiteren Entwicklung poetologisch artikulierter Gattungspolitik ist es wichtig, in Rechnung zu stellen, dass es ein Medienbewusstsein hinsichtlich der Gattung bereits vor der ab 1820 einsetzenden Novellenflut gab, dass dieses Medienbewusstsein aber mit Blick auf die Marktgängigkeit noch unproblematisch war. Knapp 15 Jahre später scheint der hier antizipierte Erfolg der Novelle erst richtig eingetreten zu sein; doch nun haben sich die axiologischen Vorzeichen umgekehrt.

Im Jahr 1835 klagte Wilhelm Ernst Weber in seiner *Ästhetik aus dem Gesichtspunkte gebildeter Freunde des Schönen* über die »Unzahl der deutschen Poeten, welche uns in jeder Messe mit Dutzenden neuer Novellen beschenkt«.[9] Gut 50 Jahre zuvor, im Jahr 1781, monierte dagegen ein anonymer Verfasser in seiner Vorbemerkung zum als ›Novelle‹ veröffentlichten *Der Bassa von Algier*: »So viele Romanen alle Messen, und keine Novelle!«.[10] Die Situation um 1780 ist in der Novellenforschung seit Meyers stichhaltiger Kritik an Hirschs wortgeschichtlichen Rekonstruktionen nicht weiter aufgeklärt worden.[11] Aufgrund der dünnen Datenlage sollte man mit Generalisierungen vorsichtig sein. Sehr vereinzelt scheint es aber Beobachtungen oder Artikulationen von Erwartungen an eine Gattung zu geben, die als noch nicht etabliert wahrgenommen wird.

Man kann unterschiedliche Typen des Nachdenkens über die Gattung der Novelle auf vielfältige Weisen unterscheiden. Im Folgenden wähle ich mit der in der konkreten Applikation unvermeidlich immer ein wenig anachronistischen Differenz zwischen idealistischen und materialistischen Positionen eine für diesen Kontext eher ungebräuchliche Unterscheidung. Materialistische Positionen gehen, wie die Vorerinnerung zum *Bassa von Algier*, wie die Neujahrsversammlung im *Taschenbuch der Liebe und Freundschaft gewidmet auf 1813* und wie Webers kritische Bemerkungen von der Marktsituation aus. Idealistische Positionen sehen überhaupt keinen Markt

---

**9** Weber, Die Ästhetik aus dem Gesichtspunkte gebildeter Freunde des Schönen, 1. Abt., (1835, 185, auch in Polheim 1970, 84).

**10** Der Bassa von Algier (1781), anonym erschienen, auf der zweiten, nicht-paginierten Seite der »Vorerinnerung«.

**11** Vgl. Meyer (1987, 52–63), der davon ausgeht, dass die Gattungsbezeichnung als Paratextlabel für fiktionale Erzählprosa erst Ende des 18. Jahrhunderts aufkommt, dass ›Novelle‹ seit dem 17. Jahrhundert als Synonym zur ›kommerziellen Zeitungsnachricht‹ und ›kommerzieller Zeitung‹ gebraucht wurde und deshalb auch begriffsgeschichtlich seine Bindung an das Medium des Journals in seine Transformation zum Gattungsnahmen aufnimmt.

und kein Medium, sondern nur die ›reine Literatur‹ und dementsprechend die ›reine Gattung‹. Deutlichstes Beispiel einer vergleichsweise späten idealistischen Formulierung eines Novellenbegriffs sind die Äußerungen von Theodor Storm. Wenn man mit dieser Unterscheidung operiert, sieht man auch, dass zahlreiche poetologische Positionen – wie die von Heyse oder die von Musil mit seiner Unterscheidung zwischen Novelle als Massenprodukt und einem exzeptionellen, bestenfalls einmal im Leben eines Schriftstellers glückenden literarischen Ereignis – dialektisch zwischen Anerkennung des Markts und reinem Gattungsbegriff vermitteln wollen, bzw. von ersterem auf letzteren hinarbeiten.[12] Die unterschiedlichen Strategien einer poetologischen Novellenpoetik lassen sich darüber beschreiben, ob und wie sie aus einem Marktphänomen eine literarische Form zu konstruieren versuchen.

Dass um 1800 idealistische Novellenpoetiken dominierten, ist in zweifacher Hinsicht erwartbar, auch wenn der romantische Idealismus mit demjenigen von Storm nicht viel gemeinsam hat: Erstens operieren der Diskurs über Literatur und die zeitgenössische Gattungstheorie in idealistischer Logik. Zweitens gab es vor 1800 Novellen – im Sinn von Texten, die mit dieser Gattungsbezeichnung gedruckt wurden – noch nicht als eine den Markt dominierende Massenerscheinung. Im Almanach- und Taschenbuchmarkt überwog noch die Lyrik. Die romantischen Poetiken waren von einem historisierenden und alteurozentrischen Blick auf die Zeit des 13. bis 17. Jahrhunderts geprägt.[13] Hinreichende Komplexität für eine potenzielle literaturpolitische Funktionalisierung erhielt die poetologische Reflexion erstmals in Friedrich Schlegels *Nachricht von den poetischen Werken des Johannes Boccaccio* (1801). Mit seiner Unterscheidung von anekdotischer und allegorischer Novelle geht Schlegel am Beispiel von Goethes »Unterhaltungen deutscher Ausgewanderten« davon aus, dass das ›eigentliche‹ Novellenerzählen nicht mehr im ursprünglichen Sinn des anekdotischen Erzählens von Neuheiten bestehen kann, sondern in der originellen und subjektiv geprägten Aneignung alter Stoffe, die aus der romanischen Tradition kommen.[14] Schlegel charakterisiert die ›wertvollere‹ allegorische Novelle als subjektiven Ausdruck in einer objektivierenden narrativen Form, die sich dann als ›indirekte Subjektivität‹ darstellt, und erläutert:

---

12 Vgl. Musil, »Die Novelle als Problem« (1914, 1166–1167), und zur Deutung (Fischer 1973). Zu Heyse siehe die Rekonstruktion in Abschnitt 6.3.1. Dass ich Heyses poetologische Praxis als dialektisch vermittelnd bezeichne, sollte mit den etablierten, aber mittlerweile auch ein wenig veralteten Zuordnungen (›Münchner Idealismus‹) verträglich sein, wonach Heyse sich immer wieder zum Idealismus bekannt hat; vgl. etwa Heyse (1912, 239) und Werner (1996).

13 Sämtliche der bei Polheim (1970, 1–29) gesammelten Akteure, die bis 1800 poetologische Bemerkungen zur Novelle machen, nehmen primär auf die romanische Tradition Bezug. Dies sind namentlich: Wieland, Eschenburg, Schwan, Blanckenburg, F. und A.W. Schlegel, Schleiermacher, Klingemann, Herder, Campe, Schelling, Clodius und Jean Paul. Dieser Traditionsbezug wird dann im Lauf des 19. Jahrhunderts in den zunehmend länger werdenden poetologischen Bemerkungen immer weniger dominant werden.

14 Siehe hierzu Anm. 52 in Kapitel 6.

> Auf ähnliche Weise ist die Novelle selbst zu dieser indirekten und verborgenen Subjektivität vielleicht eben darum besonders geschickt, weil sie übrigens sich sehr zum Objektiven neigt und wiewohl sie das Lokale und das Costum gerne mit Genauigkeit bestimmt, es dennoch gern im allgemeinen hält, den Gesetzen und Gesinnungen der feinen Gesellschaft gemäß, wo sie ihren Ursprung und ihre Heimat hat; weshalb sie auch in jenem Zeitalter vorzüglich blühend gefunden, wo Rittertum, Religion und Sitten den edlern Teil von Europa vereinigten.[15]

Die programmatische Bestimmung der Novelle als subjektiver Ausdruck in objektivierender narrativer Form ist als Abgrenzung zum Lyrischen gedacht,[16] nicht eine Textsortenspezifikation innerhalb des Bereichs der Prosa (etwa in Unterscheidung zum Roman), und bewegt sich grundsätzlich in einer binären Logik der Binnenunterscheidung von anekdotischer und allegorischer Novelle. Man hat daher schon früh gesehen, dass hier mehr ein romantisches Literaturprogramm formuliert und weniger eine besondere Textsorte innerhalb der Erzählprosa definiert wird.[17] Konzessionen an den Markt spielen in dieser Spielart idealistischer Poetik und Programmatik keine Rolle

Am interessantesten ist aber, dass das Europäische der Programmatik, das gleichwohl einen exklusiven, auf den romanischen und nordeuropäischen Raum verengten und – so zumindest die seit Heine auch die Germanistik dominierende Deutung – katholizistisch geprägten alteuropäischen Blick verrät, nur virtuell bleibt, und als literaturpolitische Funktion keine starke Wirksamkeit entwickelt hat. Relevant ist dieser nur virtuelle Zug von Schlegels Poetik insofern, als er sich, wie der folgende Abschnitt zeigen wird, 70 Jahre später in der praxeologischen Form von deutschen und ausländischen Novellenschätzen als Novellen-Nationalismus im europäischen Wettbewerb aktualisieren wird. Bis es so weit kam, durchlief aber auch die poetologische Novellenpolitik erst noch die Phase der ›Marktwerdung‹ der Gattung.

Der Zeitpunkt, ab dem der Zusammenhang von Novelle und Markt materialiter sichtbar wird, wurde von Schröder (1970) auf die Jahresgrenze 1821/22 datiert.[18] Dies ist der Zeitpunkt, an dem sich die Prioritäten verschoben und als eine Reihe von Ereignissen koinzidierten: Prosaerzählungen gewannen erstmals gegenüber Versbeiträgen die Oberhand. Im Lauf der 1830er Jahre stellten die meisten Taschenbücher sogar vollständig auf Prosa um. Tieck begann seine Spätphase der Dresdner Novellenproduktion. F. A. Brockhaus initiierte in der auf dem Taschenbuchmarkt wichtigen *Urania* im Herbst 1820 ein Preisausschreiben, das eine Menge über die poetologische Gattungspolitik am Übergang von der Novelle als romantisches Literaturprogramm zu einem Massenprodukt verrät, wenn man das Spannungsverhältnis zwischen Gesagtem (Illokution) und dem praxeologisch Gemachten in den Blick nimmt.

Sowohl die Marktsituation und das Verhältnis aus Angebot und Nachfrage einzelner Textsorten als auch das Verständnis literarischen Werts wurden von den akade-

15 F. Schlegel (1967 [KFSA I/2], 395).
16 Vgl. Endres (2017, 136).
17 So bereits Wiese (1963, 7).
18 Vgl. Schröder (1970, 58–59).

misch geschulten, aber anonym bleibenden Richtern im Begleittext zu diesem Preisausschreiben ausführlich dargelegt. Ihr generelles Verständnis literarischen Werts erläutern sie anhand der Frage, ob die »Benutzung eines gegebenen Stoffes«[19] grundsätzlich ein Mangel an literarischer Qualität sei. Formuliert wird ein der Ästhetik der Goethezeit entsprechendes ästhetisches Ideal, das auf Exzeptionalität durch einen jeweils neuartigen Ausdruck der Verschränkung von Form und Gehalt zielt. Die Preisrichter berufen sich wiederholt auf Novalis und Goethe und operieren erwartungsgemäß mit einer Wertehierarchie der Gattungen, in der aber – überraschenderweise – das Märchen an der Spitze steht.[20] Diese Orientierung am Märchen widerspricht eigentlich dem Trend der Biedermeierzeit und verweist zurück auf eine Axiologie der literarischen Gattungen aus den Jahren vor 1800,[21] als Märchen – mit Goethe – »a l'ordre du jour«[22] waren. Deutlich verweist die Charakterisierung des Märchens auf die Poetik der Jenaer Frühromantik. Passend dazu klammerte sich das Preisausschreiben noch ein letztes Mal an die von F. A. Brockhaus bereits als unzeitgemäß wahrgenommene Lyrik, der aber auch an einem Wettbewerb für Dramentexte und sogar an Übersetzungen für Lord Byrons *Childe Harold's Pilgrimage* festhielt. Die Aufnahme der Gattung der Prosanovelle in die Preiskategorien wird nun als Marktanpassung gerechtfertigt:

> [D]ie Redaktion ist dadurch auf die Betrachtung geleitet worden, daß die Erzählung, deren Zuschnitt willkührlicher bleibt, und zu welcher eine solche Vorliebe in dieser Zeit herrscht, daß sie ein Erblühen des Vortrefflichen hoffen läßt, für die Schranken eines Taschenbuchs immer die geeignetste Aufgabe sei.[23]

Eingerichtet wurden nun Preise nicht nur »für die poetische, sondern auch für die prosaische Erzählung oder Novelle und zwar in beiden Gattungen ohne Unterschied des Ernsten, Komischen, oder Gemischten.«[24]

In den Sparten Drama, Märchen, Übersetzung und Lyrik zelebrierten die Richter ihre kritische Unbestechlichkeit. Die Kritik der besten und daher freundlicherweise abgedruckten, aber nicht eines Preises für würdig befundenen Drameneinsendung umfasst knapp sieben Taschenbuchseiten und liefert eine detaillierte Analyse unmotivierter Elemente in der Exposition, störender Wiederholungen von Informationen im Verlauf des Texts, überflüssiger und dysfunktionaler Figuren, von Änderungen gegen-

---

**19** Brockhaus: *Urania. Taschenbuch auf das Jahr* 1821 (1820, VII). Die Urheber dieser und der folgenden Äußerungen bleiben anonym.

**20** Brockhaus: *Urania. Taschenbuch auf das Jahr* 1821 (1820, X–XI).

**21** Vgl. die Rekonstruktion von Schröder (1970, 54–55), der aber, obwohl er sich an der Briefkonversation F. A. Brockhaus entlang arbeitet, der auch hinter diesem Preisausschreiben steht, diesen Anachronismus in der *Urania* übersieht.

**22** Goethe an Schiller, 21. August 1795 (Schiller/Goethe 2005, 129).

**23** *Urania auf 1821* (1820, XLIV).

**24** *Urania auf 1821* (1820, XLIV).

über der Stoffvorlage, die nicht logisch und nur auf Bühneneffekte zu zielen scheinen, sowie auf den zwar blutigen, aber nicht wirklich tragischen Schluss.[25] Das einzig brauchbare Märchen wird als Allegorie interpretiert. Das ist grundsätzlich zwar als Lob gemeint, für einen eigenständigen ästhetischen Wert den Richtern aber doch zu wenig. In der Kategorie der Übersetzung fand die Jury keine einzige akzeptable Einsendung und räumte ein, dass der Erwartungshorizont an Übersetzungen innerhalb kürzester Zeit derart gestiegen sei, dass für den ohnehin schwer übersetzbaren Byron nun kaum mehr satisfaktionsfähige Übertragungen möglich seien.[26] Was die Lyrik betrifft, klammerte sich Brockhaus an eine für unüberbietbar gehaltene und preisgekrönte Einsendung, die in der *Urania auf 1818* gedruckt wurde. Es handelte sich um das heute weitgehend vergessene Gedicht »Die bezauberte Rose« von Ernst Schulze.[27] Hinter diesem Standard blieben die Einsendungen von 1820 anscheinend so weit zurück, dass man über Lyrik nicht länger sprechen musste.

Während auch die Kritik des besten versepischen Beitrags knapp 5 Taschenbuchseiten umfasst und eine differenzierte Detailkritik von Stärken und Mängeln in der Metrik sowie des Handlungsaufbaus bietet, bleiben die Erläuterungen zur Preisverleihung in der Kategorie Prosanovelle sehr karg. Im Jahr darauf wurde in der *Urania auf 1822* Mosengeils »Sieg der Kunst. Des Künstlers Lohn« zum besten Beitrag gekürt und als Novelle gedruckt. Die gemischten Bewertungen dieses Beitrags bestehen aus knappen Hinweisen auf das (noch nicht konstant aktualisierte) poetische Potenzial des Dichters. Brockhaus erklärte damit zugleich die 1817 begonnene Praxis der Preisausschreiben, für die letztlich nur einmal die Kategorie der Prosaerzählung aufgenommen wurde, wieder für beendet.[28] Die Bemerkungen der Jury verraten, dass die eingesandten Prosaerzählungen lediglich nach allgemein ästhetischen Gesichtspunkten – auf der Ebene des Gehalts nach der Wahl eines Themas mit möglichst allgemein Menschheitsrelevanz und formal nach dem Gesichtspunkt der Natürlichkeit des Ausdrucks – beurteilt wurden. Man räumt ein, dass von der Prosanovelle ästhetisch nicht das Höchste zu erwarten sei.[29] Zumindest auf der Ebene der Begründung der Preisverleihung sind die Standards für die Prosanovelle deutlich niedriger, allgemeiner und vager als für alle anderen, nach Gattungen gebildeten Preiskategorien. Bereits der eigentliche Ausschreibungstext aus der *Urania auf 1821* lässt sich auch als eine Korrektur der Erwartungen nach unten lesen:

> Die Redaktion ersucht die etwaigen Herren Einsender oder die Einsenderinnen neben sorgfältiger Prüfung und Erwägung ihrer eigenen Kraft die Winke in Betracht zu nehmen, welche der diesjährige und zum Theil der vorjährige Bericht der Herren Beurtheiler enthalten und erlaubt sich, was namentlich die Erzählung in Prosa betrifft, vorzugsweise auf die großen Muster als

25 Vgl. *Urania auf 1821* (1820, XXII–XXVII).
26 Vgl. *Urania auf 1821* (1820, XXVIII–XXX).
27 Vgl. *Urania auf 1821* (1820, XLI).
28 Vgl. *Urania auf 1822* (1821, I–IX).
29 Vgl. *Urania auf 1822* (1821, IV–VII).

> Maßstab zu verweisen, welche wir (eine Kenntniß des Boccaccio und Cervantes nicht allgemein voraussetzend) unter uns von Goethe, Tieck, Kind und einigen anderen ausgestellt sehen.[30]

Genreerwartungen werden hier über Vorbilder artikuliert, wobei mit der Beschränkung und Herabstufung der Erwartungen zugleich der europäische Kontext zu einem nationalen deutschsprachigen Kontext eingedampft wird.

Drei Schlussfolgerungen lassen sich aus der Gattungspolitik dieses Preisausschreibens ziehen. Erstens: Preisausschreiben sind eine an der Schnittstelle von Markt und poetologischer Axiologie operierende soziale Praxisform, die Gattungssemantik prägen können: Der Wettbewerb erfolgte in sich zwischen 1817 und 1821 ausdifferenzierenden Kategorien für literarische Textsorten. Jede Kategorie wurde im Ausschreibungstext über die Genreerwartungen formuliert. Diese Erwartungen entfalteten ihre normative Wirkung dadurch, dass ihre Erfüllung von den Teilnehmern als notwendige Bedingung betrachtet werden konnte, um Erfolg im Wettbewerb zu haben. Das aus wissenschaftlicher Perspektive Dankbare an Preisausschreiben ist, dass der kausale oder konditionale Mechanismus dafür, wie Genreerwartungen zu Erwartungserwartungen werden und so die Textproduktion steuern, besonders offensichtlich ist. Das Befolgen der Regeln zahlt sich aus: finanziell als Preisgeld und symbolisch als literarischer Erfolg.

Zweitens ist es für die Verknüpfung von Markt und Kunst wichtig oder zumindest nützlich, dass Markterfolg und literarischer Wert Hand in Hand gehen. Im Preisausschreiben der *Urania auf 1821* wird über diese Verknüpfung wie folgt nachgedacht:

> Könnte sie [die Redaktion, J.S.] neben einem edlen Zwecke einer merkantilischen Rücksicht Raum lassen, so würde ihr Gewinn offenbar desto höher gestiegen sein, je höhere Preise zu zahlen ihr vergönnt gewesen wäre, denn der äußere Vortheil steht mit dem inneren Werthe stets im Wechselverhältnis.[31]

Markterfolg und literarischer Wert standen im Jahr 1820 noch nicht im Widerspruch zueinander. Bereits wenige Jahre später wird sich diese Ansicht geändert haben, nicht nur in den idealistischen Novellenpoetiken, die den Markt schon immer für etwas der Kunst Feindliches gehalten haben, sondern auch innerhalb der Formate, die zwischen der Novelle als Marktprodukt und Kunstwert zu vermitteln suchen.

Drittens zeigt sich, dass das Preisausschreiben dem illokutionären Gehalt nach in der alten idealistischen Logik der Bestimmung ästhetischen Werts formuliert wurde und als Markterscheinung sowie als ökonomisch vielversprechendes Produkt in eine literarische Semantik integriert werden sollte. Für die Marktlogik fanden die Äußerungen zum Preisausschreiben aber noch keine literaturkritisch passende Semantik. Da die Kritik bei der Bewertung der Prosanovelle auf einen Markt und damit auf ökonomisches Interesse stieß, musste man in der konkreten literaturkritischen Würdi-

30 *Urania auf 1821* (1820, XLVII).
31 *Urania auf 1821* (1820, XLIII).

gung der Prosaerzählungen wahlweise entweder schweigen oder sich auf sehr allgemeine Bemerkungen zu Themen, Vorbildern und Natürlichkeit des Ausdrucks zurückziehen.

Dass das Preisausschreiben beendet wurde, könnte wie eine Kapitulation oder Aufgabe aussehen. Der Schritt dürfte aber eher der Einsicht entsprungen sein, dass die Nachfrage nach Novellen unabhängig von der Legitimation durch ästhetisch rationalisierende Preise bereits in Gang kam. Das Preisausschreiben war zunächst der Versuch, literarisch Einfluss zu nehmen und einen Trend ökonomisch zu nutzen. Brockhaus wollte, so kann man vorläufig annehmen, im antizipierten Trend die Schreibverfahren über Genreerwartungen prägen, die durch finanzielle Vergütung motiviert waren, und umgekehrt von der zunehmenden Nachfrage nach Prosaerzählungen mittlerer Länge profitieren, indem man ohne kontinuierliche Verpflichtung gegenüber den Autoren Texteinsendungen generierte. Die Novellenproduktion trat um 1822 aber in eine Phase, in der der Marktwert gegenüber dem Kunstwert zu dominieren begann. Das Preisausschreiben wurde daher obsolet. Daher war es nicht länger nötig, Geld für Literaturpreise auszugeben, um das Taschenbuch als Produkt markttauglich zu machen. Dies wiederum hatte zur Folge, dass die Prägung der Textsorte nicht mehr durch eine Kombination aus ökonomischer und ästhetisch-kultureller Vergütung im Wettbewerbsformat reguliert, sondern den Regeln des Markts überlassen wurde.

Für ein repräsentatives Bild des Gattungsdiskurses der Goethezeit wäre eine breitere Datenbasis wünschenswert. Daher sind die hier aus einzelnen Beispielen gewonnen Befunde nur vorläufige Hypothesen. Die Ergebnisse legen nahe, dass bereits um 1780, als es weder eine Novellenpoetik noch einen Markt von als Novellen gedruckter Erzählprosa in nennenswertem Umfang gab, bereits vereinzelt eine marktorientierte Perspektive aufkam, in der man sich eine größere Novellenproduktion gewünscht hätte. Den Beginn der Novellenpoetik und damit auch der poetologischen Novellenpolitik macht mit den Brüdern Schlegel eine idealistische Perspektive, in der die Novelle als romantisches Literaturprogramm einer durchaus exklusiv kern- oder alteuropäischen Gattung konfiguriert wurde. Die ersten materialistischen, vom Marktgeschehen ausgehenden Reflexionen sahen das Verhältnis von Markterfolg und Kunstwert unproblematisch. Interessant ist das Preisausschreiben der *Urania auf 1821*, weil es von einem unproblematischen Verhältnis ausging, aber zugleich das Ende dieser Phase markiert.

In den Folgejahren traten die idealistische Perspektive, die meist die materiale Marktperspektive gänzlich ausklammert und gelegentlich eine als minderwertig befundene Massenproduktion des Taschenbuch- und Journalmarkts kritisiert, und faktischer Novellenmarkt weitgehend auseinander. Die oben mit Weber eingeführten Klagen über die Flut ästhetisch wertloser Novellen im Taschenbuchmarkt setzten, wenn man die von Polheim hergestellte Datenlage zu den poetologischen Bemerkungen zugrunde legt,[32] etwa um 1825 ein und wurden bis in die 1850er Jahre als ein gegenwärtiges Problem vorgetragen. 1871 wurde die Klage in der Einleitung zum *Deutschen Novellenschatz* erstmals als ein historischer Sachverhalt rekapituliert. Und erst für die Zeit nach 1870 lassen sich einzelne Belege in den poetologischen Bemerkungen dafür finden, dass Marktgeschehen und Kunstwert zwar als gegensätzlich, dabei aber produktiv aufeinander bezogen wahrgenommen werden.

Um die Novellenpolitik der Zeit nach 1850 richtig zu verstehen, muss man idealistische, materialistische und dialektische Positionen als unterschiedliche Perspektiven innerhalb der gleichen Problemlage begreifen. Ich greife im Folgenden für jede Position ein Beispiel heraus. Durchweg idealistisch agiert Storm in seinen poetologischen Bemerkungen, wenn er das Marktgeschehen mit keinem Wort erwähnt, und zugleich die alte Idee von der Dramenähnlichkeit der Novelle aufgreift. Es gehört zu den größten Schwächen von Polheims Sammlung poetologischer Äußerungen, dass er Storms emphatische Bemerkung, die Novelle sei »die Schwester des Drama's«[33] in ihrer ersten Formulierung – im Brief an Gottfried Keller vom 14. August 1881 – derart dekontextualisiert, dass nicht mehr sichtbar ist, um welchen Sprechakt es sich auf der Ebene der Perlokution handelt: nämlich um eine explizit antisemitische Beleidigung Ebers', der sich zu der Bemerkung hatte verleiten lassen, Novellen zur Erholung vom sehr viel beanspruchenderen Geschäft der Romanproduktion zu schreiben.

Storm war als Schriftsteller ein »Medienprofi«.[34] Er kalkulierte mit größtmöglichem Gewinn Journal- und Buchfassungen seiner Novellen, und zwar sowohl mit Julius Rodenberg in der *Deutschen Rundschau* als auch mit George Westermann für dessen *Illustrierte Deutsche Monatshefte*.[35] Mit der *Gartenlaube* gehörten die populären Medienformate zugleich zu Storms privater Identität.[36] Er war damit in bester Gesellschaft. Wer konnte, publizierte finanziell gewinnbringend in den Unterhaltungsblättern und prestigeträchtig im Rundschau- sowie kurz darauf im Buchformat.[37] Seine

---

32 Vgl. Polheim (1970); zur Kritik an Polheims Auswahlverfahren siehe Kapitel 2, Anm. 2.

33 Bekannt geworden ist diese Aussage aus Storms »Eine zurückgezogene Vorrede« [1881]; vgl. (Storm 1920). Zunächst wurde die Äußerung aber im Brief an Keller vom 14. August 1881 kommuniziert. Hier wird die Äußerung nach dem Briefwechsel mit Keller in Laage 1992, (72–74) zitiert, der in Polheim (1970, 120–121) um die beleidigenden Äußerungen verkürzt ist.

34 Stockinger (2017, 125); vgl. auch Stockinger (2010, 115–116) und allgemein Eversberg/Segeberg (1999).

35 Vgl. hierzu den Briefwechsel zwischen Storm und Westermann, wobei hier insbesondere die Klagen des Verlegers über Storms übermäßigen Publikationseifer und die daraus resultierenden Absatzschwierigkeiten interessant sind; vgl. Storm/Westermann (2019, 161) und Hettche (2020, 369–370).

36 Storm ließ sich kurz vor seinem Tod aus den gebundenen Jahrgängen der *Gartenlaube* vorlesen, vgl. Stockinger (2018, 78–80) mit Bezug auf Storms letzten Brief an Heinrich Schleiden vom 11. Mai 1888 (Storm/Schleiden 1995, 76–77).

37 Auch Fontane versuchte, seine Novellen und Romane in den Unterhaltungs- und Familienblättern sowie in der Deutschen Rundschau zu publizieren; vgl. Günter (2008, 209–237). Bei den Novellen hatte er jedoch weniger Erfolg.

öffentliche literarische Identität als Novellist konstruierte Storm primär um die Rundschau-Formate: Am häufigsten publizierte er in *Westermanns Illustrierten Monatsheften* und später in der *Deutschen Rundschau*. Dass er seine Novellenpoetik derart idealistisch über das Schlagwort ›Drama‹ und die Prädikate der ›höchsten Forderungen der Kunst‹ sowie der »geschlossenste[n] Form«[38] artikuliert, dürfte daher Kalkül gewesen sein, zumal nachgewiesen wurde, wie Storm Poetik, Medienpraxis und Textproduktion zu einer »Medienpoetik« der Novelle enggeführt hat.[39] Im Sinn einer Textsortenbestimmung sagt Storm wenig Neues zur Novelle. Doch das, was er sagt, sagt er in äußerster Kürze.[40]

Anders als zur Zeit der Romantik und des Biedermeier gab es nun zwei neue Kontexte, die jene eigentlich alte Analogie von Novelle und Drama in neuem Licht erscheinen ließen: Zum einen seit 1863 Gustav Freytags *Die Technik des Dramas*. Dieses Buch erzeugt einen intertextuellen Kontext, der Storms kurze Bemerkung zur Dramenähnlichkeit und zur geschlossenen Form variabel an eine umfangreiche Gattungstheorie anbindet.[41] Zum anderen die Ausdifferenzierung des Medienmarkts und ein sich medienrelativ neu etablierendes Verständnis von hoher Literatur. Seit den 1850er Jahren differenzierte sich das Literatursystem über den Medienmarkt in einen Bereich der Familienunterhaltung und der intellektuellen literarischen Kommunikation. Kolportage und Heftromanmarkt kamen erst 30 bzw. 50 Jahre danach dazu.[42] Die spätere Unterscheidung zwischen Hoch-, Unterhaltungs- und Trivialliteratur wurde über eine Ausdifferenzierung des Mediensystems vorbereitet, bevor sie über eine Semantik literarischen Werts kultiviert und zu unterschiedlichen sozialen Feldern ausdifferenziert wurde. Julius Rodenberg hat explizit und erfolgreich daran gearbeitet, die *Deutsche Rundschau* als Organ der Kanonbildung zu positionieren.[43]

---

38 Storm, »Eine zurückgezogene Vorrede« [1881] (1920, 122).

39 Vgl. Stockinger (2017). Das folgende Argument soll die dort vertretene These insofern ergänzen, als Storms »Novellenpoetik als Medienpoetik« auf der Oberfläche der poetologischen Reflexion so tut, als gebe es gar kein Medium.

40 Für eine Demonstration, wie sich Storms Novellenpoetik als ästhetische Kategorie begreifen lässt, aus der sich die interpretationsrelevanten Genreerwartungen ableiten lassen, vgl. die exemplarische Interpretation der Novelle »Hans und Heinz Kirch« in Stockinger (2010, 139–143).

41 Vgl. Stockinger (2010, 121–122). Storms Novellenpoetik wird dort weiter gefasst; dazu zählen nicht nur die explizit in der zurückgezogenen Vorrede und im Brief an Keller gemachten Bemerkungen zum Novellenbegriff (siehe Anm. 33 in diesem Kapitel), sondern seine Reflexionen zu seiner Prosaproduktion insgesamt. Für die hier vorgenommene Rekonstruktion der literaturpolitischen Arbeit am Novellenbegriff bietet es sich jedoch an, sich auf Storms Äußerungen im Umfeld der expliziten Nennung des betreffenden Begriffsworts zu beschränken.

42 Vgl. Mellmann/Reiling (2016), darin insb. Mellmann (2016, 3 u. 8).

43 Vgl. Butzer/Günter/Heydebrand (1999, 66–68). Günter (2008, 224–225) beschreibt diese Form der Bildung eines Hochliteraturkonzepts als Konstruktion und Kopie von Hochliteratur in der Logik und im Kontext der Massenmedien, wobei sie in dieser Perspektive zugleich die kulturkritische Abwehrhaltung und die Unterstellung einer ›Konstruktion im Falschen‹ reproduziert.

Als eine Leitgattung gerade der Unterhaltungsblätter, insbesondere der Familienblätter, wurde die Novelle nicht angegriffen. Denn damit verdienten Storm und seine Kollegen gutes Geld, und zwar auch diejenigen, die ansonsten in der *Deutschen Rundschau* publizierten. Es ging den Akteuren darum, die Novelle als gut honoriertes Marktprodukt zu nutzen, und sie zugleich explizit im sich konstituierenden Hochliteraturmarkt neu zu positionieren.[44] Ihre Arbeit an der Axiologie der Gattungsbegriffe erlaubte es einzelnen Autoren, eine Position an der Spitze der Werthierarchie dadurch einzunehmen, dass sie Novellen im emphatischen Sinn der nun poetologisch legitimierten Novelle schreiben konnten, ohne dass Textsorte und Genreerwartungen neu formuliert und legitimiert werden mussten. Die Idee einer Hochliteraturnovelle blieb an bestimmte Medienformate gebunden, trat aber literaturpolitisch so auf, als sei sie medienunabhängig. Storms 1881 verfasste, zurückgezogene und zunächst nur an Keller kommunizierte Novellenpoetik setzt voraus, dass es mit der *Deutschen Rundschau* bereits seit 1874 einen Ort gab, an dem sich die Novelle den Anschein einer sozusagen kontextfrei gültigen Hochliteratur-Gattung gab. Dies ist der Schachzug, mit dem Storm politisch nicht trotz, sondern gerade wegen seiner auf der Oberfläche des poetologischen Diskurses aufscheinenden Ignoranz der medialen Bedingtheit erfolgreicher auftrat, als der – wie ich im zurückliegenden Kapitel für die Merkmale der Spannung und der Konzentration gezeigt habe – eher dialektisch zwischen Marktzwang und Literaturanspruch vermittelnde und damit seine eigene Gegenwart treffender als Storm beschreibende Heyse. Dass Storm mit Blick auf die Erzähltechnik des Cliffhangers und das Spannungserzählen, das er für die Erstdrucke in den Unterhaltungsblättern verwendet hat, in den Buchfassungen seiner Novellen herausnahm und in eine werkförmigere Programmatik des Realismus umbaute,[45] belegt, wie politisch Storm agierte. Dass er seine Professionalität und Flexibilität in der medienformatkonformen Textproduktion und -transformation vom Journal- zum Buchprodukt – anders als Heyse – gerade nicht in seine explizite Novellenpoetik mit aufnahm, belegt, dass ihm die mediale Bedingtheit keineswegs unbewusst geblieben war, sondern dass er sie in strategischer Absicht aussparte.

Übersehen hat man bislang, dass im Familienblatt *Daheim* ein elaborierter Versuch einer strengeren Novellenpoetik unternommen wurde. Die Familienblätter waren nicht einfach ein neuer populärer Unterhaltungsmarkt, der munter auf Mas-

---

44 Ich folge in dieser Konzeption von ›Hochliteratur‹ Mellmann (2016). Es spricht nichts dagegen, auch bereits um 1800 von einer Hochliteratur zu sprechen. Wichtig ist, dass man die medial unterschiedlichen Voraussetzungen in Rechnung stellt. Ab der Mitte des 19. Jahrhunderts entwickelte sie sich aus der mediengeschichtlichen Ausdifferenzierung zwischen Familienblättern und Rundschauformaten; vgl. Mellmann (2016, 2), die sich von Günter (2008) abgrenzt, indem sie stärker von Kommunikationssystemen ausgeht und nicht von Mediensystemen, die ihr lediglich als Äußerungsformen grundlegenderer Kommunikationsstrukturen erscheinen.

45 Vgl. Stockinger (2017, 121–123). Idealistisch ist Storm mithin nur auf der Ebene des politisch agierenden Novellendiskurses. Hinsichtlich der Textproduktion und im Umgang mit dem Medienmarkt ist Storm dagegen radikal pragmatisch.

senkonsum bedacht war und nebenbei politische, religiöse und weltanschauliche Ideologie betrieben hat, sondern der seine eigene literarische Axiologie propagiert hat. Dies lässt sich an einer bisher übersehenen Novellenpoetik von Riehl mit dem Titel »Novelle und Sonate« veranschaulichen, die 1876 in den Heften 47 und 48 in *Daheim* publiziert wurde, und in der Riehl zwei sonst nie oder sehr selten aufeinander bezogene Dimensionen zu synthetisieren versucht: Massenproduktion und Massenkonsum auf der einen Seite mit ästhetischer Formstrenge auf der anderen Seite.[46] Er stützt sich dabei auf einen – passend zur Ausrichtung von *Daheim* – konservativen selektionstheoretischen Gedankengang, wonach Massenproduktion die Möglichkeitsbedingung dafür sei, dass eine Speerspitze dauerhafter Meisterwerke möglich wird.

Hierbei handelt es sich nicht nur um ein konservatives, sondern vor allem um ein materialistisches Argument. Die Familien- und Unterhaltungsblätter seien der Ort der Massenproduktion, an dem die Selektion stattfinden könne, und damit zugleich der Ort, an dem Kunstwert aggregiert wird. In allen drei Positionen, der idealistischen, der materialistischen sowie der dialektisch zwischen beiden vermittelnden gilt es, die Novelle als literarischen Wertbegriff vor dem implizit oder explizit präsenten (bzw. unausgesprochenen, aber mitgedachten) Horizont der Unterhaltungsmedien literaturpolitisch zu konfigurieren. Daraus resultiert eine allgemeine literaturpolitische Funktion des Novellenbegriffs für die Axiologie des literarischen Felds insgesamt, die sich für die einzelnen Schriftstellerinnen und Schriftsteller positionierungsstrategisch nutzen lassen soll.

Alle poetologischen Bemerkungen zur Novelle zeigen mehr oder weniger stark ausgeprägte Versuche einer Textsortenbestimmung.[47] Diese wird aber in der Regel von ökonomischen, politischen und positionierungsstrategischen Funktionen überlagert. Für die Identifikation dieser Funktionen ist die Bestimmung von Bezugsproblemen wichtig. Diese wandeln sich historisch mit der Etablierung der Novellenproduktion auf dem Massenmarkt: Vor der ›Marktwerdung‹ der Novelle um 1800 dominierten idealistische Literaturprogramme. Bereits in den Jahren nach 1810 begannen die Versuche, auch poetologisch den Markt zu öffnen. Ab der Mitte des 19. Jahrhunderts finden sich gleichermaßen materialistische, idealistische und dialektische Versuche, die Entwicklung des Medienmarkts für axiologische Ab- und Ausgrenzungen sowie für eine ökonomische Offenheit zu nutzen. Das Bezugsproblem liegt in einem zunehmenden, oder zumindest drohenden Auseinanderdriften von ökonomischem und symbolischem Kapital für den Gattungsbegriff der Novelle. Je nach Marktsituation und Perspektive ging es von nun an darum, den Massenmarkt für die Novelle offen zu halten, diesen Markt aus dem Novellenbegriff als ›literaturfremd‹ auszugrenzen, oder – und das ist die Regel: durch paradoxe Intervention das Beste aus beidem herauszuholen, indem mittels poetologisch-politischer Abgrenzung der literarische Wert des Novellenbegriffs gesteigert

---

46 Siehe Anm. 252 in Kapitel 6.

47 Siehe Anm. 41 in diesem Kapitel.

wurde. Wie diese hier forciert und gerafft vorgetragene politische und strategische Dimension des Novellenbegriffs konkret instrumentalisiert wurde, soll im Folgenden durch die Integration praxeologischer Perspektiven auf die Zuweisungen der Texte zu den in Frage kommenden Gattungen anschaulich gemacht werden.

## 7.2 Politische Praxis der Gattungszuordnung

Die poetologische Arbeit ist nur eine von zwei Seiten einer politischen und axiologischen Praxis. Die andere Seite bzw. das Gegenstück dieser poetologischen Arbeit besteht darin, die Verbindung zwischen konkreten Werken und Gattung herzustellen. In der Situation der Erstdrucke $S_{ED}$ funktioniert diese Zuweisung über die Labels in den Paratexten.[48] Im traditionellen Verständnis von Gattung als Genre und Textsorte erfolgt diese Zuweisung primär oder ausschließlich anhand textueller Merkmale. Im Folgenden soll an paradigmatischen Beispielen gezeigt werden, inwiefern diese Zuschreibungspraxis auf politischen Kriterien ohne Rücksicht auf die ästhetische Beschaffenheit der Texte beruht.

Es gibt einen Ort in der Novellengeschichte, an dem poetologische und Zuschreibungspraxis intensiv und – rezeptionsgeschichtlich – erfolgreich zusammengeführt wurden: die von Paul Heyse mit wechselnden Kollegen herausgegebenen Sammlungen *Deutscher Novellenschatz* (1871–1876), *Neuer Deutscher Novellenschatz* (1884–1887) und *Novellenschatz des Auslands* (1872–1876). Während Storm seine Arbeit an der Novelle als literarischem Wertbegriff poetologisch betreibt, kombiniert Heyse Poetik und Textauswahl. Die 24 Bände des Deutschen Novellenschatzes erschienen »gediegen«[49] und sollten auf diese Weise die Gattung der Novelle über das Buchformat als wertvoll präsentieren. Heyse und Kurz versuchten so, die im poetologischen Vorspann der »Einleitung« dialektisch eröffnete Spannung zwischen Novellen als »Unterhaltungswaare« der »Tages- und Wochenblätter« und der Novelle als »›hohe[r] Poesie‹«, »kleines Kunstwerk, ein abgerundetes Ganzes« auch auf der Ebene der materialen Präsentation zu Letzterem hin zu entwickeln.[50]

Zwei Mechanismen des *Deutschen Novellenschatzes* wurden bislang nicht erkannt. Erstens: Die Kombination aus Textsammlung und poetologischer Arbeit dürfte eine besonders hohe normative Kraft gehabt haben. Mit dem ersten Band und der darin enthaltenen »Einleitung« wurde 1871 ein poetologisches Novellenprogramm eröffnet. Dadurch, dass die Textauswahl ein zukunftsoffenes Projekt war, an dem weitere Akteure wie Storm fleißig mitzuwirken versuchten, und in das zunehmend frisch

48 Zum Konzept der Perspektivierung und den drei zentralen Perspektiven, die durch die Kürzel $S_{ED}$ (Gattungszuweisungen im Erstdruck), $S_{N\text{-}Sch}$ (das Novellenkonstrukt des *Deutschen Novellenschatzes* nach 1871) und $S_K$ (Novellenkanon des 20. Jahrhunderts) siehe Kapitel 3.4.

49 Stockinger (2010, 114).

50 Heyse/Kurz (1871, XI).

produzierte Erzählprosa aufgenommen werden konnte, dürfte eine ähnliche normative Kraft entstanden sein wie durch die Preisausschreiben der *Urania* um 1820. Wer in den Novellenschatz aufgenommen werden wollte, war gut beraten, sich an dessen expliziter Poetik zu orientieren. Wenn man in der Germanistik Heyses sogenannte ›Falkentheorie‹ als die »unklarste und unorginellste von allen«[51] diskreditiert hat, dann hat man übersehen, dass die Kombination aus Poetik und Textsammlung einen sehr viel stärker normierenden Effekt gehabt haben dürfte als poetologische Äußerungen, die keine besonderen Gründe dafür mitlieferten, weshalb man ihnen folgen sollte. Durch die Kombination aus Poetik und offener Textauswahl in prestigeträchtigem Rahmen hatte Heyses Falkentheorie eine hohe Wahrscheinlichkeit, dass die darin artikulierten Genreerwartungen auch als produktionsseitige Erwartungserwartungen wirksam wurden.

Zweitens wurde eine über die Arbeit am literarischen Wertbegriff hinausgehende politische Funktion von Heyses Praxeologie der Textzusammenstellung noch nicht erkannt. Das Format der Novellensammlung gab es im Deutschen spätestens seit 1822 mit dem von Pustkuchen herausgegebenen *Novellenschatz des Deutschen Volkes*, der zwei Jahre später durch einen *Neuen Novellenschatz* ergänzt wurde. 1828 bis 1831 kam die in Kapitel 6 bereits untersuchte Sammlung *Pantheon* auf den Markt.[52] Bei Pustkuchen bedienten sich Heyses Novellenschätze an den Titeln, bei der Sammlung *Pantheon* exakt an der Anzahl von 24 Bänden sowie, für den *Novellenschatz des Auslands*, an der internationalen Ausrichtung, ohne die Vorbilder auch nur zu erwähnen.[53] Ohne nähere Begründung bemerkt Schröder, dass die Sammlungen der 1820er Jahre noch nicht als Vorklang des *Deutschen Novellenschatzes* betrachtet werden sollten. Richtig liegt Schröder mit dieser Einschätzung insofern, als sich der politische Kontext und entsprechend auch die Kontextualisierung geändert haben. Während die frühen Novellenschätze als Sammlungen intendiert waren, um Lesestoff herbeizuschaffen und einen erhöhten Lesebedarf zu decken, hatte der *Deutsche Novellenschatz* bereits eine exklusive und selektive Funktion. Es ging, so die explizite Programmatik, um die Schaffung eines Kanons und zugleich einer literaturgeschichtlich ›repräsentativen‹ Textauswahl. Heyse und Kurz griffen dabei aber, ohne dies explizit zu machen, implizit die europäische Programmatik aus der Zeit um 1800 auf. Im *Novellenschatz des Auslands* präsentierten sie so etwas wie eine ›Novellen-Europameisterschaft‹ in nationalistischer Konfiguration: Im Vergleich mit den Novellen des Auslands sollte gezeigt werden, dass die deutsche Literatur sich eine romanische Erfindung erfolgreich zu eigen gemacht und es im Lauf des 19. Jahrhunderts – neben der russischen Produk-

51 Himmel (1963, 39); vgl., allerdings weniger polemisch, auch Hillenbrand (2001).

52 Siehe auch Anm. 20 in Kapitel 6.

53 Die Versuche von Novellensammlungen der Biedermeierzeit werden bei Schröder (1970, 65) erwähnt, aber nicht näher untersucht und auch nicht historisch kontextualisiert.

tion – bis an die Weltspitze geschafft habe.[54] Um 1830 wäre ein solches nationalistisches Projekt durch internationalen Wettbewerb bestenfalls als Zukunftsprojekt plausibel gewesen. Die soeben erfolgte Reichsgründung erzeugte aber einen kulturpolitischen Kontext, in dem ein solches Selbstbewusstsein plausibel wurde. Die ›Europameisterschaft der Novellen‹ kann dann lesend im Vergleich von *Deutschem, Neuem Deutschen Novellenschatz* und *Novellenschatz des Auslands* von jedem einzeln nachvollzogen werden.[55]

Auch andere Autoren, Herausgeber und Verleger agierten in politischer oder positionierungsstrategischer Absicht. Tieck hatte den Novellenbegriff vor 1820 nur im Rahmendiskurs des *Phantasus*, aber nicht als Gattungsbezeichnung in den Erstdrucken verwendet. Nach 1820 trugen fast alle seiner Erzähltexte die Gattungsbezeichnung ›Novelle‹.[56] Kleist hat keinen seiner Erzähltexte als Novelle publiziert,[57] E. T. A. Hoffmann mit »Signor Formica« in den *Serapionsbrüdern* und im *Taschenbuch zum geselligen Vergnügen auf 1820* nur genau einen. Annette von Droste-Hülshoff überließ zusammen mit dem Titel auch die Gattungszuordnung den Herausgebern ihrer Erzählprosa.[58] Keller hatte bis 1880 kaum das Bedürfnis, seine Erzähltexte als Novellen zu publizieren, tat dies aber nach 1880 recht konsequent. Einzelne Autoren mögen die Wahl der Gattungszuordnung von der Kompositionsstrategie her konzipiert haben, bei anderen mag es weitgehend eine Frage idiosynkratischer oder politischer Praxis gewesen sein. Mit Blick auf die Marktsituation der Novellen sind diese Befunde bislang nur anekdotisch.

Im Folgenden wird daher die Zuordnung von Texten zu Gattungen als politische oder idiosynkratische Praxis modelliert, indem – erneut anhand des prognostischen Klassifikationsmodells aus Kapitel 4.2 – das Gattungslabel vorhergesagt wird, nun aber nicht anhand textueller Merkmale, sondern anhand der Kontextfaktoren Autor, Medienformat und Publikationszeitraum (als 5-Jahres-Teilperiode) des Erstdrucks. Separat davon wird auch der Kanonisierungsstatus verwendet. Dahinter steckt ein neues, aber recht einfaches Modell von Gattung. Dieses Modell besagt: Wenn man weiß, in welchem Medienformat ein Text zu welcher Zeit von welchem Autor publiziert wurde, dann kann man sich – ohne in den Text zu schauen – erschließen, mit welcher Gattungsbezeichnung der Text publiziert wurde. Es handelt sich um ein gegenüber dem Text völlig agnostisches Modell der Gattungsvorhersage nach Kontext-

54 Heyse und Kurz kleiden diesen Vergleich in das Projekt »völkerpsychologischer Ästhetik«, vgl. Heyse/Kurz (1872, 1. Bd., X). Den explizit gemachten Absichten nach sind die Aufgabe des Novellenschatzes des Auslandes vielfältig: Neben dem Vergleich und einer Selektion geht es insbesondere um die Bereitstellung qualitativ hochwertiger Übersetzungen, weil gerade die auf Konzentration gerichtete Gattung der Novelle eine gegenüber den gängigen Übersetzungspraktiken erhöhte Sorgfalt erfordert (vgl. ebd., VIII).

55 Für eine Analyse des *Novellenschatzes des Auslands* vgl. Herget (2025, 309–333), die jedoch die hier betonte nationalistische Funktionalisierung nicht sieht oder übersieht.

56 Vgl. Schröder (1970, 20–52).

57 Vgl. Meyer (1987, 17).

58 Vgl. Meyer (1887, 183).

faktoren. Hierzu lässt sich eine Ausgangsthese formulieren: Gattungen, die nicht anhand textueller Merkmale von anderen Gattungen unterscheidbar sind, dürften in hohem Grad kontextuell reguliert sein, d. h. die Zuordnung des Texts zur Gattung dürfte primär durch Faktoren wie Autor, Publikationszeit und Medienformat determiniert sein. Ein hoher Grad an kontextueller Determination sollte sich in einer hohen Vorhersagegenauigkeit auf Basis der Kontextfaktoren niederschlagen.

Wie in Abschnitt 5.2.1 werden diese Faktoren über *one-hot-encoding* (*Dummy*-Kodierung) als kategoriale Vorhersagevariablen so modelliert, dass jeder Autorname, jedes Medienformat und jede Teilperiode als je eine Variable mit dem Wert 0 oder 1 erscheint. Trainiert wurden, wie bereits in Abschnitt 4.2.4, mit einem *Random Forest* ein nicht-lineares und mit logistischer Regression ein lineares Modell (siehe Abschnitt 4.2.3). Das nicht-lineare Modell sollte im besten Fall in der Lage sein, konditionale Merkmalskombinationen zu erfassen, beispielsweise die Kombination aus dem Autor Tieck, dem Medienformat Taschenbuch und der Zeit nach 1820 als einer Kombination, die die Vorhersage des Labels ›Novelle‹ wahrscheinlich erscheinen lassen sollte. Interessanterweise schneidet das nicht-lineare nicht besser ab als das lineare Modell, so dass im Folgenden aufgrund der besseren Interpretierbarkeit die Ergebnisse des linearen Modells verwendet werden.

Abbildung 76 zeigt eine differenzialanalytische Perspektivierung mit den drei Gattungspaarungen Novelle versus Erzählung, Novelle versus Roman und Erzählung versus Roman. Da die Differenz zwischen Roman und den beiden Prosagattungen primär eine Formatdifferenz ist (siehe Abschnitt 5.2.5), muss das Medienformat als Faktor für diese Perspektivierung ausgeschlossen werden, so dass jeweils getrennt nur der Autor und der 5-Jahreszeitraum des Erstdrucks (Zeit) als Faktoren in Betracht gezogen werden. Erläuterungsbedürftig ist der Faktor der Teilperioden von jeweils 5-Jahres-Zeiträumen: Innerhalb jedes trainierten Modells für die übergreifenden Zeiträume (hier 1750–1850 und 1850–1950) wird anstelle des konkreten Erscheinungsjahrs ein Teilzeitraum von 5-Jahres-Teilperioden (1805–1809, 1810–1814, etc.) für den Zeitraum des Erstdrucks als ein eigener Faktor verwendet, um die Verzerrungen durch Häufungen einzelner Jahrgänge im Korpus auszugleichen. Die Balken zeigen an, mit welcher Zuverlässigkeit man allein aufgrund der Kenntnis entweder des Autors oder des genauen Erscheinungsjahrs in einer (binomialen) Konstellation, in der jeweils nur zwei Bezeichnungen (Novelle oder Erzählung, Novelle oder Roman, Erzählung oder Roman) zur Auswahl stehen, entscheiden kann, mit welcher der beiden möglichen Gattungsbezeichnungen die Texte veröffentlicht wurden. Übergreifend über alle Gattungspaare fällt neben der insgesamt erstaunlich hohen Vorhersagegenauigkeit ein grundsätzlicher Anstieg für die Zeit nach 1850 auf.

Blickt man auf die Besonderheiten, fällt das Paar Erzählung versus Roman mit einer für den Faktor Autorschaft nach 1850 besonders hohen Vorhersagbarkeit der Gattungsbezeichnungen auf. Sowohl für die lexikalischen Merkmale (nach dem BoW-Modell in Kapitel 4), als auch für die komplexen Merkmale (Kapitel 6) verliert

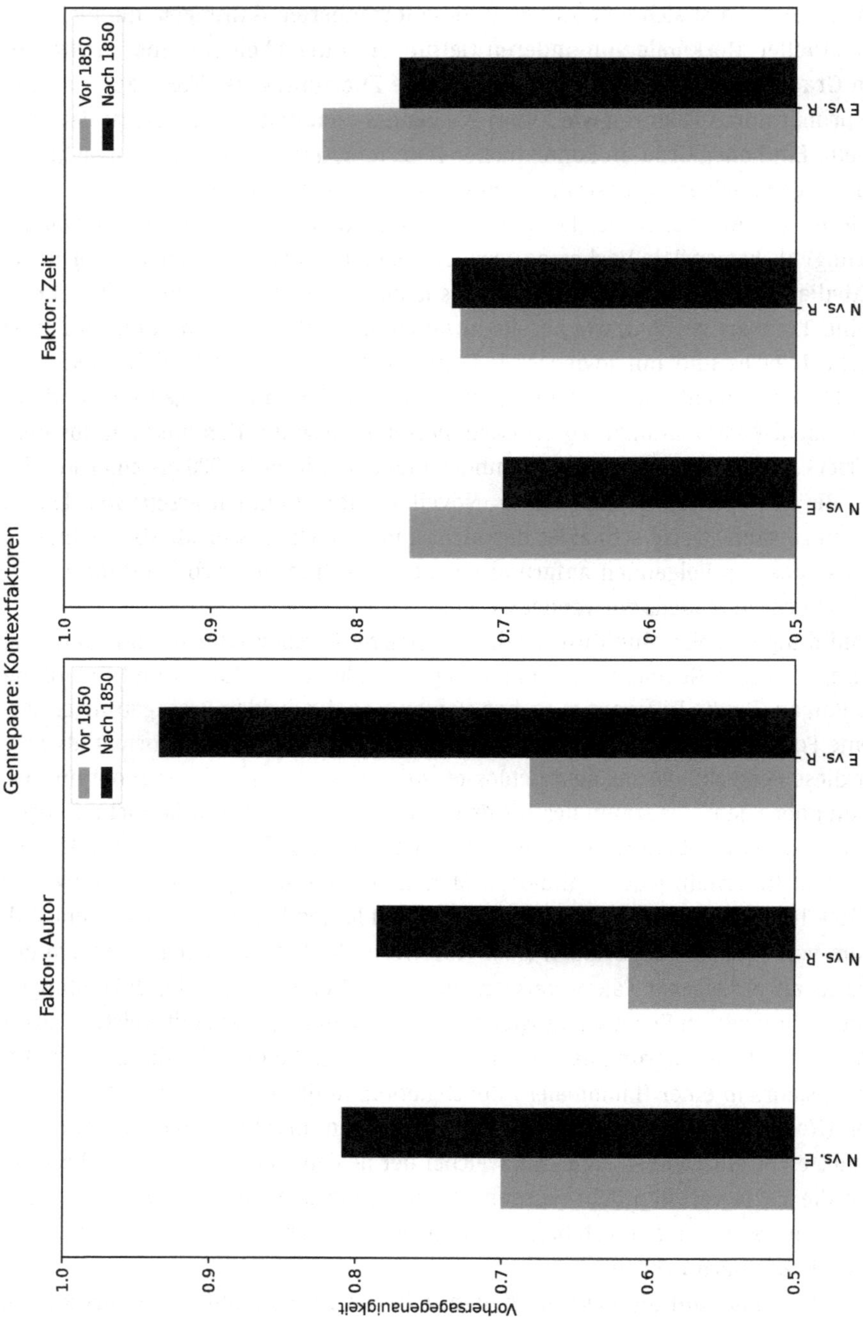


**Abbildung 76:** Differenzialanalytische perspektivische Modellierung nach den Gattungspaaren (Novelle versus Erzählung, Novelle versus Roman, Erzählung versus Roman) für die Kontextfaktoren Autor und Zeit (als 5-Jahresteilperioden); beruhend auf logistischer Regression und Bootstrapping mit n = 100 Iterationen.

dieses Gattungspaar im Lauf des 19. Jahrhunderts an Trennschärfe. Für dieses Gattungspaar, allerdings nur für dieses Paar, lässt sich die Anfangsthese bestätigen: Die Differenz zwischen Erzählung und Roman wird im Lauf des 19. Jahrhunderts von einer vornehmlich textmerkmalsbasierten Textsortendifferenz zu einer lediglich durch die Kontextfaktoren bedingten Differenz. Dagegen erweist sich die Differenz zwischen Novelle und Roman – zumindest im relativen Vergleich – sowohl vor als auch nach 1850 am wenigsten als eine kontextbasierte Gattungsdifferenz. Im Einklang damit handelt es sich um die Differenz, die im sechsten Kapitel für die Zeit nach 1850 am deutlichsten als eine mit Genreerwartungen korrelierte und auf komplexe Merkmale gestützte Textsortendifferenz ausgewiesen werden konnte.

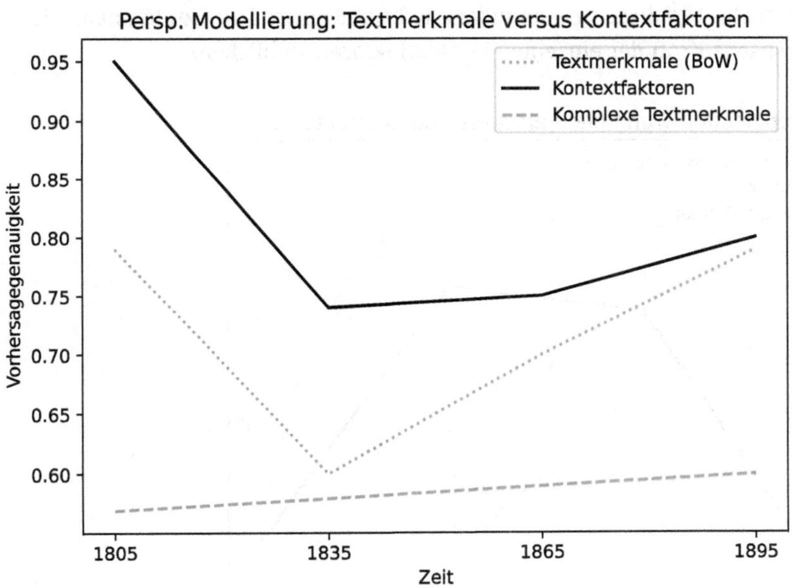


**Abbildung 77:** Perspektive Modellierung: Vergleich der Vorhersage der Gattungslabels *E* vs. *N* (nach $S_{ED}$) für Textmerkmale nach dem *BoW*-Modell (Kapitel 4.2), für die Kontextfaktoren Autor, Medienformat und Teilperiode (durchgängige Linie), sowie für die in Kapitel 6 operationalisierten komplexen Merkmale.

Am diffusesten und daher schwierigsten zu verstehen ist die Differenz zwischen Novelle und Erzählung. Für dieses Paar zeigt Abbildung 77 die Vorhersagegenauigkeiten im Vergleich zwischen dem Textsortenmodell der Gattung aus Kapitel 4.2, wonach Gattung nach Textmerkmalen im *BoW*-Modell (siehe Abschnitt 4.1.1) modelliert wurde. Die blaue Linie reproduziert die im Abschnitt 4.2.1 ermittelten Ergebnisse für die Klassifikation des Gattungspaares Novellen vs. Erzählungen (nach $S_{ED}$) in einem logistischen Regressionsmodell und im zeitlichen Verlauf der 30-Jahreszeiträume von 1790 bis 1910, wobei auf der waagrechten Achse jeweils die Mitte der Teilzeiträume aufgetragen ist. Die durchgehende Linie zeigt nun die Vorhersagegenauigkeit für das

Modell der Gattungsvorhersage nach den Kontextfaktoren Autorschaft, Zeit und Medienformat. Zwei Besonderheiten fallen auf: Erstens die hohe Vorhersagegenauigkeit vor 1820 und die wieder steigende Tendenz zum Jahrhundertende bei einer niedrigen Vorhersagegenauigkeit zur Jahrhundertmitte. Zweitens verlaufen die diachronen Tendenzen in der Vorhersagegenauigkeit durch Textmerkmale nach dem *BoW*-Modell und durch Kontextfaktoren der jeweiligen Tendenzen nach parallel und nicht konträr. Die Ausgangsthese, dass die Gattung als politische oder idiosynkratische Praxis an die Stelle von Gattung als Textsorte tritt, trifft auf das Kontrastpaar Novelle versus Erzählung nicht zu. Vielmehr scheint es für dieses Gattungspaar so zu sein, dass die Konsolidierung des Gebrauchs der Gattungsbezeichnungen mit den Textsortenmerkmalen zusammen mit einer stärkeren kontextuellen Regelhaftigkeit des Gattungsgebrauchs einhergeht. Um diesen Zusammenhang besser einschätzen zu können, gilt es in die prognostische Kraft der einzelnen Kontextfaktoren zu blicken.

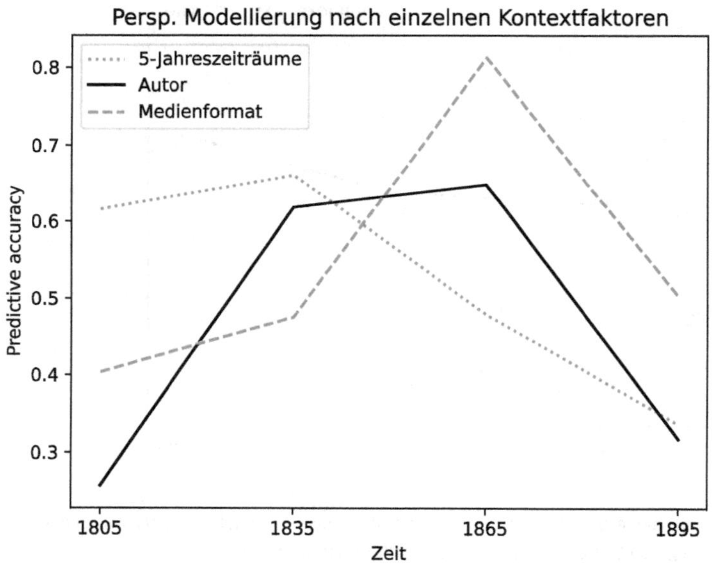


**Abbildung 78:** Perspektivische Modellierung: Vorhersage der Gattungsbezeichnungen Novelle vs. Erzählung in den Erstdrucken ($S_{ED}$) im zeitlichen Verlauf. Gezeigt wird die Vorhersagegenauigkeit in Modellen mit jeweils nur einem Faktor zur Vorhersage.

Abbildung 78 zeigt die Vorhersagegenauigkeit für das logistische Regressionsmodell zur Klassifikation von Novellen und Erzählungen nach den Labels der Erstdrucke ($S_{ED}$) und im zeitlichen Verlauf jeweils für die 30-Jahreszeiträume (wie in Abbildung 77), hier jedoch mit drei Modellen, die jeweils nur einen Faktor nutzen: entweder den 5-Jahres-Teilzeitraum des Erstdrucks, Autornamen (*Nachname*) oder das Medienformat des Erstdrucks.

Wenn man die drei Faktoren vergleicht, zeigt sich, dass das Medienformat trotz eines Rückgangs um 1900 zum stärksten Faktor avanciert, während die Entstehungszeit (5-Jahreszeiträume) tendenziell an Vorhersagekraft verliert und Autorschaft nur während der Biedermeierzeit und zur Zeit des poetischen Realismus eine erkennbare Vorhersagekraft aufweist. Der Verlust an Vorhersagekraft des Faktors Zeit ist dadurch zu erklären, dass man es in der Zeit bis 1822 gewohnt war, das Label ›Erzählung‹ zu verwenden, während in den 1830er Jahren die Gattungsbezeichnung ›Novelle‹ dominiert hat. Ein Blick in die *Feature*-Gewichte des logistischen Regressionsmodells für 1790 bis 1829 für alle drei Faktoren zeigt indes, dass der 5-Jahrestzeitraum von 1805 bis 1809 das stärkste Signal für das Label ›Novelle‹ ist, stärker als die Faktoren Autor und Medienformat. Dies kommt durch die starke Gewichtung von Texten aus Arnims Novellensammlung *Der Wintergarten* von 1809 zustande.

Unausgewogenheit im Korpus für die Randzeiträume vor 1820 und nach 1880 dürften also eine Rolle dabei spielen, dass einzelne Faktoren in den Stichproben relevanter erscheinen, als sie es mit Blick auf die Grundgesamtheit wohl sind. Doch davon unabhängig ist das Ergebnis belastbar, dass die Publikationszeit mit der Zeit einen immer geringeren Einfluss auf die Wahl der Gattungsbezeichnungen hatte. Die Bezeichnungen ›Novelle‹ und ›Erzählung‹ waren, auch wenn das Label ›Erzählung‹ zum Jahrhundertende seltener wurde, generell verfügbar. Die Goethe- und die Restaurationszeit sind also, und das ist das für den Faktor Zeit interessanteste Ergebnis, als Epochen begreifbar, in denen jeweils ein Gattungslabel auf dem Markt zur Auszeichnung der Texte praktisch nicht zum Repertoire gehörte, und zwar unabhängig davon, dass die Begriffe von Erzählung und Novelle seit den 1790er Jahren im poetologischen Diskurs verfügbar waren.

### 7.2.1 Der Autorname als prognostische Kategorie

In der Kategorie des Autors kreuzen sich die Dimensionen von Gattung als Textsorte und Genre mit politischen Strategien und idiosynkratischer Praxis. Der Autorname ist daher geeignet, um das Verhältnis zwischen diesen Dimensionen und Praktiken zu vermessen. Wenn Autorschaft als Faktor eine hohe prognostische Kraft für die Wahl der Gattungslabels hat, dann kann dies unter anderem darauf zurückzuführen sein, dass die Autoren im betreffenden Zeitraum eine hohe Marktmacht bei der Durchsetzung der von ihnen präferierten Gattungsbezeichnungen hatten. Wenn dies zutrifft, dann hatten sie zugleich einseitige Gewohnheiten und grundsätzlich nur einen Gattungsnamen verwendet: entweder ›Novelle‹ oder ›Erzählung‹.

Für diese idiosynkratische Wahl konnte es zwei Gründe geben. Im Fall von Gattung als Genre und Textsorte besteht der primäre Grund für die einseitige Wahl einer Gattungsbezeichnung darin, dass die betreffenden Autoren sich entweder auf die Gattung der Novelle oder der Erzählung beziehen, indem sie den Genreerwartungen der jeweiligen Gattung (entweder der Novelle oder der Erzählung) folgen und dies auch im Paratext markieren wollen. Dieser Fall setzt die starke hermeneutische Positionierung des Autors als wesentliche »textprägende Instanz«[59] und zugleich eine starke Positionierung von Genreerwartung als normatives System in den Kompositionsstrategien der Autoren voraus. Auf den ersten Blick scheint der späte Tieck ein Beispiel für die konstante Wahl einer Gattungsbezeichnung als Ausdruck der Vorliebe für eine spezifische Kompositionsstrategie zu sein. Seine poetologischen Bemerkungen legen nahe, dass fast seine gesamte Prosaproduktion deshalb als Novellen gedruckt wurde, weil er jedes Mal in einem spezifisch literarischen Sinn eine Novelle und eben nicht eine »Begebenheit, Geschichte, Erzählung, Vorfall oder gar Anecdote«[60] schreiben wollte. Doch auch in diesem Fall erzählen die Poetiken nicht die ganze Wahrheit. Selbst Tieck sollte man eher als Beispiel für eine politische und idiosynkratische Praxis betrachten, wie ich sie im Folgenden skizzieren werde.

Im Fall von Gattung als politische oder idiosynkratische Praxis bedeutet die beobachtete Korrelation von Gattungsbezeichnungen und Autornamen dagegen, dass die meisten Autoren eigentlich nur an einer übergreifenden Textsorte der mittellangen Erzählprosa (*MLP*) partizipieren, und jeweils bestimmte idiosynkratisch-dialektale Gewohnheiten oder strategische Gründe für ihre einseitige Wahl der Bezeichnungen hatten. Für das gesamte literarische Feld dürfte dieser zweite Fall am deutlichsten um 1865 vorliegen. Zu tun hat man es hier mit einer Autorenmacht, die sich nicht auf die Genreerwartungen bezieht, sondern nur auf idiosynkratische Verwendungsweisen austauschbarer Gattungsbezeichnungen. Dafür spricht, dass die Vorhersagegenauigkeit durch den Kontextfaktor Autor hoch, die Vorhersagegenauigkeit durch textmerkmalsbasierte Modelle dagegen gering ist. Gegen Ende des 19. Jahrhunderts ist dagegen eine steigende Textsortendifferenz zwischen Novellen und Erzählungen (nach $S_{ED}$) bei sinkender Idiosynkrasie in der Wahl der Gattungsbezeichnungen vonseiten der Autoren zu beobachten. Dass im Lauf des 19. Jahrhunderts zudem die Identifizierbarkeit der Gattungen als Textsorten (nach $S_{ED}$) mittels der komplexen und in den Poetiken kodifizierten Merkmale steigt, zeigt, dass sich unter den Autoren ein von idiosynkratischen Gebrauchsweisen lösendes Verständnis von Novellen etabliert. Das ist ein wichtiger Befund, weil er nahelegt, dass sich nun andere Gründe für die Wahl der Gattungsbezeichnung etablieren mussten. Eine zunehmende Konsolidierung von Textsorte und poetologisch artikulierter Genreerwartung, die sich in Abbildung 77 der Tendenz nach beobachten lässt, verweist auf eine marginal, aber kontinuierlich zunehmende ästhetische Funktion des Gattungsbegriffs auch in der Zuschreibungspraxis.

Es wäre falsch zu glauben, dass die Autoren von Novellen um 1900 alle gleichermaßen stark auf die Gattungspoetiken reagieren und gleich stark den darin formulierten Kompositionsstrategien folgen. Vielmehr ist anzunehmen, dass zunehmend

59 Tepe (2007, 21).

60 Tieck (1829, LXXXV), siehe auch Anm. 4 in der Einleitung.

mehr Autoren, die Texte als Novellen schreiben und diese auch als solche bezeichnen, partiell – d. h. für einzelne Teilaspekte der in den Poetiken formulierten komplexen Merkmale – an den Verfahren partizipierten, die zuvor als novellistisch kodifiziert worden waren. Die insgesamt erstaunlich geringe und zum Jahrhundertende wiederum sinkende Vorhersagegenauigkeit der Gattungsbezeichnungen durch den Faktor Autorschaft legt nahe, dass eine idiosynkratische – sozusagen dialektale – Festlegung auf einer der verfügbaren Gattungsbezeichnungen eine immer geringere Rolle gespielt haben dürfte. Dominant scheint dagegen der Faktor des Medienformats zu sein, auf dessen Interpretation Abschnitt 7.2.2 zur Politik der Medienformate zurückkommen wird.

Zuvor möchte ich das Verhältnis zwischen Kompositionsstrategie und politischer oder ökonomischer Strategie an einigen kontrastiven Beispielen für die geringe Zahl an Autoren mit hoher Marktmacht – nämlich für Tieck, Storm, Keller, E. T. A. Hoffmann und Wieland – skizzieren und dabei zeigen, wie dominant in der Regel die ökonomische und der Selbstpositionierung dienende Strategie ist. Dank der Arbeit von Schröder ist Tieck in seinem Gattungslabelgebrauch der am besten untersuchte Autor.[61] Das gängige und auch in dieser Arbeit bislang reproduzierte Bild, dass Tiecks Texte vor 1820 keine Novellen waren, während alle Erzählungen danach (sogar die mit Romanlänge) Novellen hießen, wird im algorithmischen Modell idiosynkratischer Praxis dadurch bestätigt, dass ein Vorhersagemodell für den Zeitraum von 1820 bis 1850, das alle Kontextfaktoren berücksichtigt, Tiecks Autorschaft sozusagen das zuverlässigste Merkmal (im Sinn der *Feature*-Gewichte in einer logistischen Regression) ist. Dieses hohe *Feature*-Gewicht kommt nicht nur dadurch zustande, dass Tieck nach 1820 das meiste als Novellen publiziert hat, sondern auch dadurch, dass er produktiv war und viel publiziert hat.

Um das Strategische an Tiecks später Bindung an den Novellenbegriff zu verstehen, gilt es einen Schritt zurückzutreten und die biographischen und zeitgeschichtlichen Koordinaten des Autors einzuholen. Hier ist wichtig, dass in Tiecks früher Schaffensphase bis 1800 der Gattungsname ›Novelle‹ keine Rolle spielte. Mit »Der Runenberg« und »Der blonde Eckbert« stammen aus dieser Phase zwei kanonisierte Erzähltexte, die der Literaturwissenschaft (im Sinn der Perspektivierung $S_K$) als Musterbeispiele der Novellen gelten. »Der blonde Eckbert« konnte auch im Abschnitt 4.1.6 oben als – unter stilometrischer Perspektive – potenziell modellbildendes Werk identifiziert werden. Zudem stammen aus dieser Zeit Erzählungen wie »Die beiden merkwürdigsten Tage aus Sigismunds Leben« (1796) aus dem Umfeld von Nicolais *Straußfedern* und der Spätaufklärung,[62] die hinsichtlich des Motivs der Schwärmerkur den Novellen nach 1820 nahe stehen.[63] Doch Tiecks Novellen aus der Dresdner Zeit, die 1821 mit der Novelle »Die Gemälde« im *Taschenbuch zum geselli-*

61 Siehe Anm. 788.

62 Vgl. Kremer (2011a, 502–503).

63 Die These der Kontinuität zwischen Früh- und Spätwerk hinsichtlich des Schwärmermotivs vertritt Kremer (2011b, 578).

*gen Vergnügen auf das Jahr 1822* einsetzt, können sich auf eine nun durchlaufene – und das heißt in diesem Fall: auf die vom Autor selbst durchlaufene – Epoche der Romantik beziehen, so dass die Schwärmerkur dann als Post-Romantik oder Romantik-Kritik semantisiert wird.[64] Tieck ist ein gutes Beispiel dafür, dass die Kohortenzugehörigkeit (Autorengeneration) eine mindestens ebenso starke Auswirkung auf die Prägung der Textgestalt haben kann als die konkrete Entstehungszeit (Epoche) der Werke.[65]

Für Tieck gilt beides, Generationen- und Epocheneffekt: Der programmatische zeitliche Einfluss der Jenaer Frühromantik in den 1790er Jahren war erheblich und ist in ästhetischer sowie rezeptionsgeschichtlicher Hinsicht wesentlich. Doch auch »Der blonde Eckbert« nutzt das alte aufklärerische und später biedermeierliche Motiv der Schwärmerkur, allerdings ohne Kur und mit radikal romantischer Auflösung einer Perspektive, die man auch als die Perspektive des gesunden Menschenverstands bezeichnen könnte, in der Eckbert als pathologisch und krankhaft erscheint. Im ›Eckbert‹ präsentiert Tieck vielmehr vielstimmige Welt- und Selbstwahrnehmungen, in der Eckberts und Berthas Perspektive nicht mehr als grundsätzlich epistemisch falsch disqualifiziert werden. Hinsichtlich seiner Schreibverfahren setzt Tieck 1820 wieder dort an, wo er Anfang der 1790er Jahre nur zum Teil aufgehört hatte. Dass Tiecks Dresdner und späte Novellen nach 1820 wie ein Beitrag zu einer neuen Gattung namens Novelle aussehen, liegt auch daran, dass sie sich zeitgeschichtlich in neue Semantisierung und vor allem Historisierungen u. a. von Schwärmerei einordnen.[66] Wichtige Aspekte der Problemreferenz bleiben gleichwohl konstant.

Man wird also immer Argumente für beide Seiten finden können: dafür, dass Tieck auch im Sinn einer Kompositionsstrategie nach 1820 eine neue Gattung für sich findet, und dafür, dass Tieck letztlich primär ein strategisches Spiel spielt. In seiner mittleren Schaffensphase scheint mir Tieck für den *Phantasus* (1812–1816) einen Novellenbegriff eher im Sinn eines zyklischen Novellariums und in Anlehnung an das *Decamerone* zu verwenden, der primär auf eine Kompositionsstrategie und eine ästhetische Tradition verweist.[67] Klarer sehen lässt sich nun aber, wie der strategische

---

64 Vgl. Neumann (2011, 562).

65 Vgl. Underwood et al. (2022), deren aus der quantitativen Sozialforschung kommendes Untersuchungsdesign für eine Kohortenstudie zugleich die Grundlage für das Kapitel 5 dieser Arbeit zum Vergleich von Gattung und Medium als textsortenprägenden Faktoren liefert. Diese Studie zeigt sogar, dass der Kohorteneffekt für zahlreiche Textmerkmale stärker ist als der Epocheneffekt. In welchem Grad dieser Befund für die deutschsprachige Literatur und konkret für den hier untersuchten Zeitraum auch in der Breite gilt, ist empirisch erst noch zu erforschen.

66 Explizit mit dem intertextuellen Selbstzitat des letzten Novellentitels »Waldeinsamkeit« (1840) als Referenz auf das romantische Programm aus »Der blonden Eckbert«, flankiert durch poetologische Reflexionen auf die damaligen Diskussionen um den von ihm eingeführten Begriff der Waldeinsamkeit beim Verfassen des ›Eckbert‹ im Kreis der Jenaer Romantiker (vgl. Köpke 1855, 211).

67 Meine Vermutung, dass es Tieck, mit dem Begriff der Novelle im *Phantasus* mehr um das Novellarium auf der Werkebene der Sammlung als um das Novellistische des Einzeltexts geht, ist spekulativ.

und politische Teil des gesamten Spiels funktioniert. Tieck kann im Sinn der literarischen Selbstpositionierung mit dem Novellenbegriff zwei Ernten zugleich einfahren, die seine Strategie in eine erstaunliche Nähe zu der des oben diskutierten Prologs »Die Neujahrsversammlung« von Schütze von 1812 rücken und zeigen, dass Tieck an der gleichen Problemlage partizipiert wie das Novellenpreisausschreiben der *Urania auf 1821*. Er kann seine Künstlerbiographie im Sinn der Werkpolitik so aussehen lassen, als würde er nun etwas ganz Neues machen und als habe er die Romantik hinter sich gelassen. Er kann sich so als innovativ positionieren. Zugleich aber springt er mit dem Label ›Novelle‹, auf das bereits fahrende Schiff eines beim Publikum beliebten Produkts auf, nachdem der Herausgeber des *Taschenbuchs zum geselligen Vergnügen* ihn indirekt darauf aufmerksam macht.[68] Strukturell ist die idealistische poetologische Tätigkeit des späten Tieck derjenigen von Storm ähnlich. Die Vorliebe für die Gattungsbezeichnung ›Novelle‹ dürfte Positionierungsstrategie und literaturpolitisches Kalkül sein, das werkpolitischen Gewinn und symbolisches Kapital mit Marktgängigkeit und ökonomischem Kapital verbindet. Dementsprechend muss der sich zwischenzeitlich im *Phantasus* andeutende Novellenbegriff im Sinn eines zyklischen

---

Dass für eine fundierte Einschätzung eine breitere philologische Analyse nötig sein wird, lässt sich allein daran ersehen, dass Tiecks Begriffsarbeit zur Novelle aus der Zeit zwischen seinen frühen und späten Werken, d. h. für den *Phantasus*, der *Sammlung von Mährchen, Schauspielen und Novellen*‹ von 1812 bzw. 1816 weitgehend ungeklärt ist. Fast alle dort gedruckten Texte wurden vor 1800 produziert und zum Teil – wie etwa »Der blonde Eckbert« – gründlich überarbeitet (vgl. Frank in Tieck 1985, 1201). Mit »Der Pokal«, »Liebeszauber«, und »Die Elfen« hat Tieck drei Texte neu für den Phantasus verfasst. Erzählung und Novelle werden dort so synonym gebraucht wie 1911 noch bei Musil, der die beiden Erzähltexte »Die Vollendung der Liebe« und »Die Versuchung der stillen Veronika« aus den *Vereinigungen* sowohl als Erzählungen als auch als Novellen publiziert. Der Untertitel zum *Phantasus* suggeriert, dass alles, was nicht Märchen oder Schauspiel ist, als Novelle gelten kann. Bei den umfassenden Überarbeitungen handelt es sich – obwohl dies theoretisch möglich wäre – nicht um eine Transformation, bei der »Der Blonde Eckbert« und »Der Runenberg« von der Textsorte des Märchens zur Novelle umgeformt wurden. Ebenso wenig sind die drei neu verfassten Texte im echten Sinn Novellen, während andere Erzählungen noch den Gattungsmodellen aus Tiecks früher Phase vor 1800 entstammen. Hinsichtlich der Unterscheidung von Novelle und Erzählung als Begriffen zur Bestimmung von Textsorten auf der Ebene einzelner Texte scheint mir Tiecks Wahl der Gattungsbezeichnungen noch indifferent. Es ging ihm m. E. um einen Rekurs zu A. W. und F. Schlegel sowie um die affirmative Bezugnahme zum Modell des *Decamerone*, vgl. Tieck, *Phantasus* ([ED 1812, 122–126] 1985, 91–95). Meißner (2011, 533) meint, dass die Ankündigung der Novellen im Titel des *Phantasus* schlicht uneingelöst geblieben und erst später mit Tiecks Dresdner Schaffenszeit eingelöst worden sei.

68 Tieck bekannte im Jahr 1846, dass »der erste Versuch in dieser Gattung der Novellen [zufällig] entstand« (Tieck 1985, 1004) und auf Drängen der Taschenbuchverleger zustande kam (vgl. Neumann 2011, 551). Diese Perspektive lässt sich auch durch die von Martus (2008, 371–377) herausgearbeitete werkpolitische und medienbewusste Aktivität Tiecks hinsichtlich der vollständigen Präsentation seines Gesamtwerks stützen. Die Wendung zur Novelle war ein gangbarer Weg, sich allein durch semantische Mittel neu zu erfinden und zugleich den Buchmarkt möglichst gewinnbringend für sich zu nutzen.

Novellariums einem Novellenbegriff des Einzeltexts weichen, der zu den Anforderungen des Taschenbuchs passte.

Komplementär zu Tieck verhält sich in der zweiten Hälfte des 19. Jahrhunderts Gottfried Keller, der bis in die 1870er Jahre seine Texte nicht als Novellen publiziert hatte, seit den 1880er Jahre aber neue und bereits ältere Texte als solche zu positionieren begann. *Das Fähnlein der Sieben Aufrechten* erschien im Herbst 1860 mit der Gattungsbezeichnung »Erzählung« in *Auerbachs Volkskalender auf 1861*. Dieser wird in der Figurenrede des fiktionalen *Discours* – auf Figuren- sowie Werkebene – selbstironisch als »Kalendergeschichte«[69] perspektiviert. In den brieflichen Vorabsprachen mit Auerbach skizziert Keller aber bereits »das Novellistische«[70], d. h. die Plot-Struktur bzw. »das hölzerne Gerüstchen«[71]. Anders als Storm, Heyse und C. F. Meyer war Keller sehr flexibel und grundsätzlich eher humoristisch aufgelegt, was den Umgang mit Gattungszuweisungen betraf. Unter anderem mit »Hadlaub«, »Der Landvogt von Greifensee« und »Der Narr auf Manegg« erschienen 1876 neu verfasste Erzählprosatexte in der *Deutschen Rundschau* als Novellen, die bereits kurz darauf in den *Züricher Novellen* (1876–1877) in einen nun auch explizit so genannten Zusammenhang einer Novellensammlung gebracht wurden. Der spielerische Umgang mit Gattungsbezeichnungen kulminiert schließlich in der Novellensammlung mit dem Titel: *Das Sinngedicht* (1881).

Wie Tieck wandelt sich Keller von einem Nicht-Novellenautor zu einem Novellenautor. Dass für Keller die Gattungsbezeichnung ›Novelle‹ in seiner frühen Schaffensphase bereits verfügbar gewesen wäre, ist hier gar nicht der interessanteste Unterschied zu Tieck. Interessanter ist, dass Keller nie auf den Zug poetologischer Novellenpolitik aufspringt. Keller gehört zu den wenigen Autoren, die auch in ihren poetologischen Äußerungen den Novellenbegriff nie ernstgenommen haben. Keller war im doppelten Sinn fröhlicher Materialist: Er hielt das Chaos auf dem Markt und nicht den poetologischen Diskurs für die literarische Realität.[72] Und er nutzte die zwei Kanonisierungsschübe seiner Zeit: erstens, dass Heyse ihn im *Novellenschatz* mit »Romeo und Julia auf dem Dorfe« zum wichtigsten zeitgenössischen Novellisten erklärt, und möglicherweise auch gemacht hat,[73] sowie zweitens, dass Julius Rodenberg in der *Deutschen Rundschau* mit ihm und C. F. Meyer auf zwei Schweizer als Zugpferde der hochliterarischen Novellenproduktion setzte. Kellers Wahl der Gattungsbezeichnungen ist daher gut als ökonomischer Opportunismus erklärbar, den Keller sich allerdings auch deshalb leisten konnte, weil Andere für seine Positionierung sorgten.

---

**69** Keller: »Das Fähnlein der Sieben Aufrechten« (1860, 48).

**70** Keller (1953, 188–190, hier 190).

**71** Keller (1953, 188–190, hier 190).

**72** Kellers Briefwechsel, u. a. mit Storm zeigt sich deutlich, vgl. beispielsweise seine Antwort vom 16. August 1881 auf Storms oben diskutierten Brief, vgl. Laage (1992, 76).

**73** Siehe Anm. 240 oben.

Für viele Autoren lassen sich in dieser Weise zeitbedingte Idiosynkrasien mit mehr oder weniger starken politischen oder ökonomischen und positionierungsstrategischen Hintergedanken beobachten. E. T. A. Hoffmann hat nur einen seiner Erzähltexte mit der Gattungsbezeichnung Novelle veröffentlicht, *Signor Formica*, 1919 zuerst im *Taschenbuch zum geselligen Vergnügen auf 1820* und kurz darauf im vierten Band der *Serapionsbrüder* erschienen. Schauplatz ist Rom. Solche Fälle einzelner Ausreißer (Novelle) bei ansonsten konstant idiosynkratischen Praxis der Präferenz für einen der beiden alternativen Gattungsbegriffe (Erzählung) spricht dafür, dass der Autor tatsächlich an gattungsspezifische Genreerwartungen gedacht hat. Die Ergebnisse der Arbeit legen nahe, dass das romanische Setting und die stilistische Orientierung an romanischen Vorbildern gute Kandidaten hierfür sein dürften. Hoffmann bezog sich bereits auf ein Merkmal, das man angesichts der poetologischen Äußerungen längst an den Novellenbegriff knüpfen konnte. Wie das Teilkapitel 6.2 gezeigt hat, wurde dieses Merkmal aber erst in der zweiten Jahrhunderthälfte in der Breite des Prosamarkts mit dem Gattungsbegriff verbunden.

Autoren wie Hoffmann, die das Label ›Novelle‹ nur in seltenen Fällen und daher potenziell ästhetisch bewusst mit Blick auf die Kommunikation bestimmter Genreerwartungen wählen, sind erstaunlich selten: Goethe suggeriert in dem berühmt gewordenen Gespräch über die unerhörte Begebenheit, von dem Eckermann 1836 behauptet, dass Goethe es am 29. Januar 1827 so mit ihm geführt habe, dass die Novelle »Die wunderlichen Nachbarskinder« aus dem zweiten Teil der Wahlverwandtschaften (1808/1809) und die »Novelle« seine beiden eigentlichen Novellen seien. Weder die *Unterhaltungen deutscher Ausgewanderten*, »Die neue Melusine«, »Ein Mann von Funfzig Jahren«, noch die *Wahlverwandtschaften* als ganzes Werk, die häufig als beste Beispiele für Goethes Novellistik gehandelt werden, spielten in Goethes Erinnerung an seine Novellenproduktion eine Rolle.[74] Goethes tentative Überlegungen aus dem Gespräch mit Eckermann sind, wie man selbst in der Novellenforschung längst eingeräumt hat, kein großer novellentheoretischer Wurf,[75] aber eines der wenigen Zeugnisse dafür, dass die Wahl der Gattungsbezeichnung ›Novelle‹ aus dem Kontext der Erstveröffentlichung gerechtfertigt wird; denn die ›Wunderlichen Nachbarskinder‹ und die »Novelle« sind tatsächlich Goethes einzige Produkte, die beim Erstdruck die Gattungsbezeichnung Novelle getragen haben. Dass die Gattungsbezeichnung im Paratext Ausdruck explizierbarer Genreerwartungen ist, die durch einen entsprechenden Gattungsbegriff aggregiert sind, sieht man nach Goethe – und abgesehen vom späten Tieck – so deutlich erst wieder bei Storm und Heyse.

Noch auffälliger als bei Goethe provoziert Wielands »Novelle ohne Titel« (Erstdruck im *Taschenbuch für das Jahr 1804. Der Liebe und Freundschaft gewidmet*) aus

---

74 Vgl. Goethe, in Eckermann (1836, 319). »Die Neue Melusine« beispielsweise ist für Heyse das Muster der Novelle, siehe Anm. 59 in Kapitel 3.

75 Vgl. Polheim (1970, XIV; 1981, 13) und Meyer (1987, 71).

dem *Hexameron von Rosenhain* (Buchfassung 1805) den Verdacht, dass es sich hier um eine literarisch gezielte und entsprechend interpretierbare Bezugnahme auf Genreerwartungen einer spezifischen ästhetischen Kategorie handeln dürfte. Und zwar aus vier Gründen: (1) Die Erzählung wird in den Rahmendiskurs gattungspoetologisch eingebettet.[76] (2) Die gesamte Sammlung orientiert sich explizit an der Tradition der Novellarien aus dem romanischen Raum.[77] (3) Von Wieland gibt es eine ältere Bemerkung zur Gattung der Novelle in einer Fußnote des *Don Sylvio von Rosalva.*[78] (4) Er hat den Gattungsnamen in seiner ganzen Karriere nur einmal verwendet, nämlich im ›Hexameron‹, und zwar zu einer Zeit, als das Label in der Breite noch nicht marktfähig war. Die Position der »Novelle ohne Titel« zwischen Märchen und Anekdote, die beiden poetologischen Bemerkungen von Wieland in der Fußnote des ›Don Sylvio‹ und in der Rahmendiskussion des ›Hexameron‹ legen nahe, dass es ihm um vier Merkmale geht: Das Realistische in Abgrenzung zum Märchen, Kürze, Einfachheit und die romanische Tradition.[79] Wenn man die Seltenheit der Gattung sowohl bei Wieland selbst als auch im Literaturmarkt um 1800 mit der expliziten Gattungsbestimmung und der Kontrastierung zu Nachbartexten aus anderen Textsorten zusammennimmt, dann erscheint es sehr wahrscheinlich, dass es Wieland tatsächlich um Gattungsmerkmale im engen Sinn spezifischer Genreerwartungen Sinn ging.

Solche Fälle sind, auch wenn sie in der Novellenforschung überrepräsentiert sind, in der Breite des historischen Markts die Ausnahme. Die Regel sind Autoren, deren Wahl von Gattungsbezeichnung entweder (zumindest jeweils phasenweise) gänzlich einseitig ist (wie bei Tieck, Storm, Heyse und – mit Einschränkungen – Keller) oder gar keine Regelmäßigkeit erkennen lässt. Bei letzterer Gruppe handelt es sich um die Gruppe der vom Medienmarkt dominierten Autoren mit geringer Marktmacht. Doch auch hier gibt es große Unterschiede. Annette von Droste-Hülshoff war eine Schriftstellerin, die von ihrer Macht über die Wahl der Gattungsbezeichnung dezidiert nicht Gebrauch machte und die Wahl nicht nur der Gattung, sondern gleich des ganzen Titels ihrem Redakteur Hermann Hauff überließ, der ihren Erzähltext 1842 in *Cottas Morgenblatt für gebildete Leser* als »Sittengemälde« mit dem Titel »Die Judenbuche« drucken ließ.[80] Doch auch in Fällen potenzieller, aber nicht aktualisierter Macht über die Gattungszuordnungen gilt: Wenn die Entscheidungen nicht durch die Autoren erfolgt, erfolgt sie durch die Redakteure, Herausgeber und Verleger innerhalb des Systems des Medienformats, in dem das Werk erschien.

---

76 Vgl. Wieland (1805, 172–174). Daraus geht das Merkmal des Realistischen in Abgrenzung zum Märchen hervor; vgl. auch Polheim (1970, 1–2).

77 Vgl. Aust (2012, 65).

78 Siehe Anm. 49 in Kapitel 6. Daraus gehen der Bezug zur romanischen Tradition, Kürze und die strukturelle Einfachheit als Gattungsmerkmale hervor.

79 So auch Aust (2012, 65–66). Zu einer Interpretation, die Wielands Novellenbegriff spekulativ und mit höherer Aggregationsdichte aus der Exegese des ›Hexameron‹ extrahiert, vgl. Schelle (1976).

80 Vgl. Meyer (1987, 183).

Ästhetische und nicht-ästhetische Funktionen in der Wahl der Gattungsbezeichnungen überlagern sich also in der Regel, wenn man die Wahl als intentionale Entscheidung der Autoren untersucht. Die strategischen Intentionen dürften jedoch deutlich stärker sein als bislang angenommen. Um strategische Motive zu plausibilisieren, bietet es sich an, von einem intentionalen in ein funktionales Erklärungsmodell zu wechseln und die zugrunde liegenden Bezugsprobleme zu identifizieren. Zwei Probleme dürften dominant gewesen sein: Aufmerksamkeit auf einem wachsenden Buchmarkt für das Produkt zu erlangen und, später im 19. Jahrhundert, literarischen Wert im Gattungsbegriff zu bündeln, der zunehmend als Bestandteil eines heteronomen Massenmarkts empfunden wurde. Das zweite Problem löste des erste nicht ab, sondern überlagerte es. Von den einzelnen Akteuren konnten diese Bezugsprobleme durchaus unterschiedlich aufgefasst werden. Der in diesem Kapitel an Einzelfällen herausgearbeitete Umgang mit dem Gattungsbegriff in nicht-ästhetischer Funktion zeichnet sich dadurch aus, dass für diese Bezugsprobleme Lösungen gefunden werden mussten. Wie auf das zweite Bezugsproblem auf der Ebene der Medienformate reagiert wurde, möchte ich im folgenden Abschnitt illustrieren.

### 7.2.2 Politik der Medienformate

Im Lauf des 19. Jahrhunderts wurden die Medienformate zum wichtigsten Faktor, wenn es um die Vorhersage des gewählten Gattungslabels im direkten Vergleich von ›Novelle‹ und ›Erzählung‹ geht. Dies ging aus Abbildung 78 hervor. Daraus ergeben sich zwei Fragen. Erstens: Welche Medienformate sind denn nun die wichtigen? Und Zweitens: In welcher Weise und in welcher Funktion beeinflussen die Medienformate die Wahl der Gattungsbezeichnungen? Die Antwort auf die erste Frage lautet: Das Medienformat Buch korreliert am stärksten mit der Gattungsbezeichnung ›Novelle‹. Dieser Befund zeigt auf einen literaturgeschichtlich entscheidenden Prozess an der Schnittstelle von Gattungs- und Werkpolitik. Zum Ende des 19. Jahrhunderts wird das Buch als das der Novelle eignende Format konzipiert, und zwar sukzessive schon seit 1850; zunächst noch nicht mit hoher Durchschlagskraft, dann nach 1880 umso deutlicher. Das Buchformat war bereits um 1800 eine Strategie in der Politik der Werkförmigkeit und damit ein Instrument literarischer Aufwertung. Der Begriff der Novelle koppelt sich zum Ende des 19. Jahrhunderts, allein was die Praxis der Gattungszuordnung in den Erstdrucken betrifft, an die Idee der autorseitigen Werkherrschaft.[81] Aber es dauerte bis zur Jahrhunderthälfte, bis sich dies auch in Erstdrucken niederschlug.

Die Medientypen Taschenbuch, Rundschau, Zeitung und Familienblatt haben, zumindest in der Granularität, in der die einzelnen Organe hier zu Formattypen gebündelt wurden, eine schwächere Erklärungskraft. Dies ändert sich jedoch, wenn man

81 Zu einer werkpolitischen Rahmung des Begriffs der Werkherrschaft vgl. Martus (2008, 13–15).

die Praktiken der einzelnen Formate ansieht. Dabei ist die Kombination zweier Perspektiven erhellend: Die bislang im Zentrum stehende empirische Frage, wie stark die einzelnen Formate oder Organe eine bestimmte Gattungsbezeichnung präferieren und durchsetzen, ist nur ein Aspekt einer potenziellen Gattungsstrategie. Ebenso aufschlussreich sind Praktiken der Verknappung oder der Streuung der Gattungsbezeichnungen in den einzelnen Blättern und Formaten.[82] Fallweise wurden diese Strategien am Beispiel der Familienblätter *Die Gartenlaube* und *Daheim* an anderer Stelle untersucht, so dass sie hier zusammengefasst werden können.

Abbildung 79 liefert bzw. illustriert vier wichtige Befunde: die homogene Praxis der Familienblätter, die Heterogenität im Taschenbuchmarkt der ersten Jahrhunderthälfte, die Gleichverteilung in der Sammlung *Pantheon* und die Novellenpolitik der *Deutsche Rundschau*. Für die Familienblätter zeigt sich, dass über den Gesamtzeitraum die Verteilung der Gattungslabel zwischen *Gartenlaube* und *Daheim* beinahe identisch ist, ebenso wie die Struktur der Inhaltsverzeichnisse beider Familienblätter mit der Rubrik »Erzählungen und Novellen«.[83] Die Familienblätter teilen eine auffällig homogene Praxis des Umgangs mit Gattungsbezeichnungen. Novellen und Erzählungen machen jeweils ca. 25%, Erzählungen 15% aus. Sonstige Gattungsnamen für Erzählprosa (*XE*) wie ›Geschichte‹, ›Begebenheit‹ sind sehr selten. Zwei Drittel aller Texte erscheinen ohne explizite Gattungsangabe, was auch deshalb nicht übermäßig überrascht, weil die Rubrik die Gattung über die Disjunktion als ›Erzählungen und Novellen‹ markiert.[84] Es hat sich ebenfalls gezeigt, dass beide Familienblätter gleichförmig die in der *Gartenlaube* in den 1850er und frühen 1860er Jahren hohe Anzahl

---

**82** Eine erste Analyse dieser Strategien am Beispiel der Familienblättern findet sich in Schröter/ Leitgeb/Valta (2023, 12–20).

**83** Die politische Praxis in die Funktionen der Praktiken des Sammelns, Auswählens und Rubrizierens einzuordnen, bedarf einer eigenständigen Studie, zu der es aber mittlerweile wichtige Forschung gibt. Man kann die Rubriken als Ordnungskategorien begreifen, die zugleich Katalogisierungsfunktion für die immer umfangreicher werdenden Jahrgangsregister übernehmen, vgl. Stockinger (2018, 86) und Scherer/Stockinger (2016). Man sollte aber nicht annehmen, dass dies erstmals in den Familienblättern nach 1850 geschah. Bereits die Taschenbücher vor 1820 hatten dieses Ordnungsinteresse, solange darin die unterschiedlichen Gattungen nebeneinander standen. Aber erst ab der Jahrhundertmitte übernehmen die Register Archivierungsfunktion, und zwar aufgrund der Größe der gesamten Jahrgangsregister und infolge der Vereinheitlichung der Rubriken. Auf diese Weise lässt sich auch in den für Erzählprosa zuständigen Medienformaten die – globale – Tendenz des 19. Jahrhunderts zu zunehmender quantifizierender Selbstvermessung beobachten, vgl. Osterhammel (2020, 57–62). Zur Archivierungsfunktion des *Deutschen Novellenschatzes* in Relation zu den Nachbarformaten wie der *Deutschen Rundschau* vgl. Herget (2025, 95–101).

**84** Selbst die nur für das Jahr 1871 eingeführte Rubrik »Der deutsch-französische Krieg« wird in beiden Blättern eingeführt. Umso interessanter ist, dass die *Gartenlaube* nicht darauf reagiert, dass *Daheim* 1870 die Rubrik »Sociales und Volkswirthschaftliches« einführt. Dies spricht dafür, dass die *Gartenlaube* sich nicht in die Rolle des Nachahmers begeben wollte (vgl. Schröter/ Leitgeb/Valta 2023, 14, dort insb. Tabelle 4).

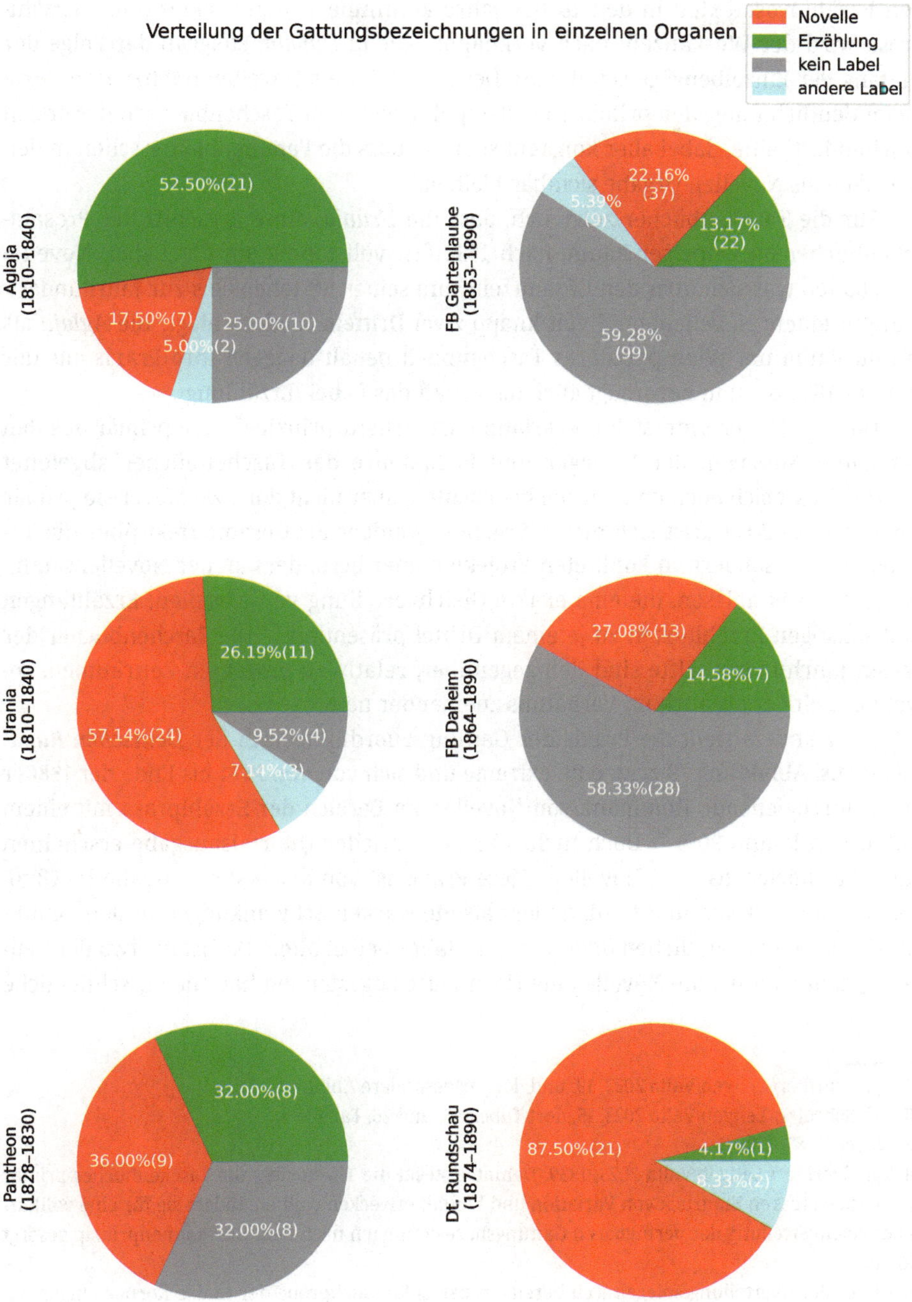


**Abbildung 79:** Verteilung der Gattungsbezeichnungen für Erzählprosa in ausgewählten Taschenbüchern (*Urania*, *Aglaja*), Familienblättern (*FB Gartenlaube*, *FB Daheim*), der Sammlung *Pantheon* und der *Deutschen Rundschau* im Zeitraum von 1810 bis 1890 für Novellen, Erzählungen, Erzählprosa mit anderer (*XE*: ›andere Label‹) sowie ohne Gattungsbezeichnung (*OE*: ›kein Label‹).

von Erzählprosatexten in den 1870er Jahre kontinuierlich zurückfahren.[85] Erzählprosa wird der Werkanzahl nach verknappt. Nur in *Daheim* steigt in der Folge der Umfang der Einzelbeiträge signifikant. Der Anteil der als Novellen publizierten Texte bleibt deutlich unter den primär Novellen publizierenden Taschenbüchern der ersten Jahrhunderthälfte, dabei aber konstant so hoch, dass die Familienblätter schon in den Rubriken als Novellen-Organe sichtbar bleiben.[86]

Für die Taschenbücher zeigt sich, dass die *Urania*, ein Flaggschiff der Prosataschenbücher im Leipziger Raum, nach 1830 fast vollständig auf das Label ›Novelle‹ umschaltet, was sich über den Gesamtzeitraum seines Bestehens bis zur Jahrhundertmitte in einem Novellenanteil von knapp zwei Dritteln niederschlägt. Die *Aglaja* als ein im Raum um Wien populäres Taschenbuch behält dagegen ihre Praxis aus der Zeit vor 1830 bei und bevorzugt auch dauerhaft das Label ›Erzählung‹.

Die von Meyer unterstellte »Variation als Strukturprinzip«[87], die primär aus den expliziten Aussagen der Verleger und Redakteure der Taschenbücher abgeleitet wurde,[88] lässt sich auch im Material beobachten, aber nicht dort, wo Meyer sie primär vermutet. Konkret lässt sich dieses Ergebnis weniger als Gesamteffekt über die Taschenbücher, sondern in konkreten Projekten, hier besonders an der Novellensammlung *Pantheon* ablesen, die eine exakte Gleichverteilung von Novellen, Erzählungen und sonstigen Erzähltexten zu je einem Drittel präsentiert.[89] Die Taschenbücher der ersten Jahrhunderthälfte sind demgegenüber, relativ zu einzelnen Zeiträumen, sowohl einseitiger als auch im Verhältnis zueinander heterogener.

Ganz anders sieht die Praxis der Gattungszuordnungen in der *Deutschen Rundschau* aus. Abbildung 79 zeigt eine extreme und sich von den 1874 bis Ende der 1880er Jahre durchziehende Dominanz von Novellen im Bereich der Erzählprosa mit einem Anteil von knapp 90%.[90] Doch nicht nur das. In jeder Quartalsausgabe erscheinen eine oder höchstens zwei Novellen. Diese Praxis ist von der ersten Ausgabe im Oktober 1874 an wirksam und wird, anders als die starken Schwankungen in den Familienblättern, im Wesentlichen über knapp 20 Jahre beibehalten. Das ist in etwa der Zeitraum, dem man für die Novelle eine Hochphase zugestanden hat. Die ausschließliche

85 Vgl. Schröter/ Leitgeb/Valta 2023, 19, und dort insbesondere Abbildung 2).

86 Vgl. Schröter/ Leitgeb/Valta 2023, 15, dort Tabelle 5, und 26, Tabelle 8).

87 Meyer (1987, 169).

88 Vgl. Schröter/ Leitgeb/Valta 2023, 1839. Dahinter steckt die These, dass die Taschenbücher primär den vermarktbaren Eindruck von Variation und Vielfalt erwecken wollten, indem sie für eine willkürliche Gleichverteilung der verfügbaren Gattungsbezeichnungen nach dem Gießkannenprinzip gesorgt haben.

89 Diese Gleichverteilung spiegelt sich bereits in der Zufallsstichprobe der in das Korpus aufgenommenen Texte, auf der auch die Abbildung 79 beruht.

90 Punktuell verdrängt ab der Mitte der 1890er Jahre und kontinuierlich in den 1920er Jahren das Label ›Erzählung‹ die Bezeichnung ›Novelle‹, deren Häufigkeit ab 1890 sukzessive abnimmt. Die hier beobachtete starke Novellenpolitik der *Deutschen Rundschau* gilt daher nur für die Zeit von 1874 bis 1890.

Konzentration auf Novellen bei nur gelegentlicher Zuflucht zu alternativen Bezeichnungen wie ›Erzählung‹ oder ›Geschichte‹ zeigt, dass die Deutsche Rundschau als ein Hochliteratur- und Kanon-Organ in diesem Zeitraum ein Novellen-Organ war.[91] Wie am Beispiel Fontanes bereits gezeigt wurde, war für Julius Rodenberg nicht jeder ›große‹ Prosaschriftsteller automatisch ein satisfaktionsfähiger und für die *Deutsche Rundschau* geeigneter Novellist.[92] Es ist strukturell ein homologes Verfahren wie in den kurz zuvor von Heyse, Kurz u. a. herausgegebenen Novellenschätzen. Drei Faktoren sind entscheidend dafür, dass über den *Deutschen Novellenschatz* und, mehr noch, über die *Deutsche Rundschau* Literatur- Gattungs- und Epochenverständnis verknüpft und geprägt wurden: Erstens das Äußere ihres Formats: Der Prestigedruck als hochwertiges Buch mit besonderer Sorgfalt auf der Ebene der Materialität. Zweitens die Ausschließlichkeit des Gattungslabels ›Novelle‹. Und drittens das jeweils durch unterschiedliche Strategien aktualisierte Prinzip der Verknappung: Im *Novellenschatz* wird die Verknappung durch Selektion aus einer abstrakt im literarischen Feld verfügbaren Masse erzeugt. In der *Deutschen Rundschau* dadurch, dass in jeder Ausgabe nur ein Beitrag eine Novelle war. Literatur in Form der Novelle sollte einen festen, aber begrenzten Bestandteil in der von der Rundschau bereitgestellten intellektuellen Tätigkeit zwischen Wissenschaftsvermittlung, historischer und philologischer Bildung ausmachen.

Durch die Parallelführung der Medienformate wird nicht nur sichtbar, was für eine erfolgreiche Gattungspolitik und für die Arbeit an der Novelle als Marke in der zweiten Hälfte des 19. Jahrhunderts als erforderlich betrachtet wurde, sondern auch, welche für künftige Forschung erklärungsbedürftigen Differenzen es gab. Die *Deutsche Rundschau* verzichtete auf die explizit poetologische Arbeit am Novellenbegriff und setzt stattdessen auf die von etablierten Philologen wie Wilhelm Scherer vorgetragenen Besprechungen der in der *Deutschen Rundschau* erschienenen Werke die dann tatsächlich kanonisch wurden oder es seither geblieben sind.[93]

Wichtig ist zu sehen, dass einzelne der im *Deutschen Novellenschatz* und der *Deutschen Rundschau* kombinierten Maßnahmen für sich genommen nicht unbedingt wirksam wären und auch in ihrer Funktionalität ambivalent wären: Die rein quantitative Reduktion von Erzählprosa insgesamt und die Beschränkung auf eine von mehreren möglichen Gattungsbezeichnungen könnte, je nach Deutungskontext, Gegensätzliches bewirken: Entweder Marginalisierung oder Wertsteigerung. Erst die beschriebene Kombination der Maßnahmen machte es wahrscheinlich, dass die Novelle als literarischer Wertbegriff wahrgenommen wurde und – das ist die entscheidende Pointe dieser Wertarbeit am Ende des 19. Jahrhunderts – zugleich so markttauglich

91 Zu den wenigen Ausnahmen gehören Storms »Aus engen Wänden«, die 1886 als »eine Geschichte« erschienen. Emmy v. Dincklages »Erich Lennep« erschien 1875 als ›Erzählung‹ und Fontanes »Effi Briest« ab Oktober 1894 in zwei Folgen als ›Roman‹.

92 Vgl. Günter (2008, 226).

93 Vgl. beispielsweise die Besprechung von Kellers *Züricher Novellen* im 17. Band 1878.

blieb, dass Schriftsteller wie Auerbach, Storm und Fontane sowie Schriftstellerinnen Marie von Ebner-Eschenbach, Georg Ebers, Wilhelmine von Hillern und Marie von Olfers alle Ebenen des in Form von Medienformaten ausdifferenzierten Literaturmarkts bedienen konnten.[94]

## 7.3 Zusammenfassung

Das zurückliegende Kapitel hat sich dem Bereich von Gebrauchsregeln der Gattungsbegriffe in der paarweise differenzialanalytischen Betrachtung von Novelle, Roman und Erzählung gewidmet, die nichts mit den textuellen Merkmalen und damit nicht primär etwas mit Gattung als Textsorte zu tun haben, sondern mit Gattung als einer idiosynkratischen und im weiten Sinn politischen Praxis, die auf ökonomische und positionierungsstrategische Probleme reagiert. Mit Verfahren maschinellen Lernens ließ sich zeigen, dass der Gebrauch der hier betrachteten Gattungsbezeichnungen durch Kontextfaktoren grundsätzlich besser vorhergesagt werden kann als durch textuelle Merkmale. Dieses Ergebnis legt nahe, dass dieser Bereich von Regeln stärker ist als die Gebrauchsregeln, die direkt auf Gattungen als Textsorten bezogen sind. Dass die Verwendung der Gattungsbezeichnungen in der Gegenüberstellung von Novelle und Roman nach 1850 in deutlichem geringeren Grad über die Kontextfaktoren Autor und Zeit erklärt werden kann als der Gebrauch der Gattungsbezeichnungen in den übrigen Paarkonstellationen, schließt an den Befund aus den vorangehenden Kapiteln an, dass sich im Verlauf des 19. Jahrhundert eine leichte Textsortendifferenz zwischen Novelle und Erzählung sowie, etwas stärker, zwischen Novelle und Roman einstellt: Während die Differenz zwischen Roman und Erzählung zu einer rein idiosynkratischen Differenz ›verkommt‹, der keine Textsortendifferenz entspricht, und während sich die Differenz zwischen Novelle und Roman – auch über die Regulation von Genreerwartungen – zu einer vergleichsweise starken Textsortendifferenz mit geringer Abhängigkeit von idiosynkratischem Sprachgebrauch entwickelt, handelt es sich beim Verhältnis zwischen Novelle und Erzählung um einen hochinteressanten Mix aus ästhetischer- und politischer Arbeit an den Gattungen. Um sichtbar zu machen, welche strategischen Funktionen der Umgang mit dem Gattungsbegriff der Novelle erfüllen sollte, wurden einzelne Beispiele in kontrastiven Konstellationen und in Form qualitativer Analysen besprochen.

Die auf den ersten Blick idiosynkratische Praxis und Präferenz einzelner Autoren für oder gegen die Gattungsbezeichnung ›Novelle‹ bzw. ›Erzählung‹ erweist sich in einer Perspektive, die den medialen Kontext einschließt, häufig als eine Praxis, die

94 C. F. Meyer und Gottfried Keller waren die beiden Ausnahmen, die zum Ende ihrer Karriere hin ausschließlich mit der Doppelstrategie eines Erstdrucks in der *Deutschen Rundschau* und direkt anschließender Buchpublikation operieren konnten.

gattungspolitische Effekte hatte. Dass eine Praxis politische Effekte hat, meint hier, dass sie nach vielfältigen und bei weitem nicht nur textbasierten Kriterien regelte, wer einem definierten Kreis von Autoren und einem bestimmten Verständnis von Literatur angehören konnte, und wer unter welchen Bedingungen vom sowohl ökonomischen als auch symbolischen Kapitel dieser Zugehörigkeit profitieren durfte. Es geht also in einem weiten Sinn um Ein- und Ausschlüsse. Der Novellenbegriff diente den Autoren der eigenen Positionierung im literarischen Feld. Das ökonomische und symbolische Kapitel, um das es dabei ging, war aber in jeweils epochengeschichtlich spezifischer Weise semantisiert und konfiguriert.

Die politische Praxis zielt in der Regel auf vier Probleme, die auch in Kombination auftreten können: (1) Ein grundsätzliches Bedürfnis zur materiellen Bestreitung des Lebensunterhalts einmal vorausgesetzt, trat nach 1800 die Situation ein, dass man mit dem Schreiben von Novellen seinen Lebensunterhalt verdienen konnte und dass mit den Verlegern und Herausgebern die über die Dispositionsmacht verfügenden Akteure zunehmend Novellen einforderten. In den poetologischen Bestimmungsversuchen dieser Zeit konnte man den Novellenmarkt entweder noch (idealistisch) ignorieren oder (materialistisch) als eine günstige Entwicklung begrüßen. Gleichwohl musste ein grundsätzlich auf ästhetischen Wert bedachtes System auch des Taschenbuchmarkts so vorbereitet werden, dass kultureller und Marktwert der Novelle zusammengeführt werden konnten. In dieser Zeit war es für Tieck möglich, den Begriff der Novelle werkpolitisch als Ausdruck einer neuen Schaffensphase und damit auch ästhetischer Innovation zu verkaufen.

Spätestens ab 1830 war die Lage problematischer, weil Novellen im kritischen Diskurs nun als minderwertiges Massenphänomen galten. Darauf mussten sowohl die Autoren als auch die Verleger mit Mitteln poetologisch-semantischer als auch praxeologischer Arbeit in der Zuordnung der Gattungsbezeichnungen zu Texten reagieren. Die Analysen haben gezeigt, dass die Reaktion darin bestand, die Häufigkeit des Novellenlabels zu reduzieren; doch während die Familienblätter, ähnlich wie zuvor die Taschenbücher, auf Variation und Reichhaltigkeit der Prosagattungen (Novelle, Erzählung, Geschichte etc. setzten), griff die *Deutsche Rundschau* zu einem radikalen Mittel: Verknappung der Prosa auf nur einen Beitrag je Ausgabe und Ausschließlichkeit der Gattungsbezeichnung ›Novelle‹. Übergreifend für den gesamten Novellenmarkt zeigt sich die zum Ende des 19. Jahrhunderts steigende Tendenz, Novellen bereits im Erstdruck als Bücher zu veröffentlichen und so den Wertbegriff der Novelle mit der Idee der Werkeinheit zu verknüpfen.

Die poetologisch betriebene Politik, der es um die Wertsteigerung des Gattungsbegriffs ging, operierte in einem Modus, der darauf zielte, die mediale Bedingtheit der Gattung und der Textproduktion unsichtbar zu machen. Sie ist aber eine politische Praxis, die in jeweils spezifischen medialen Konstellationen und in materialen Praktiken – bis zur Einbandgestaltung – ihre Wirksamkeit entfaltete. Das Interessante an dieser Praxis ist, dass nicht nur die Medienbedingtheit der Gattung unsichtbar gemacht werden sollte, sondern dass die Novelle zugleich allen Medienformaten und

Wertebenen offengehalten werden sollte. Gleichwohl gab es eine von medialer und materialer Bedingtheit scheinbar befreite Hochliteraturnovelle nur in Formaten der *Deutschen Rundschau* und im *Novellenschatz*, weil diese Formate mit ihrem medialen und materialen Kontext die Illusion eines rein literarischen Raums erzeugt haben.

In der Phase nach 1870 trat eine weitere Anforderung hinzu: die des kulturpolitischen Ausweises nationaler ästhetischer Größe. Die Novelle als seit Schlegel potenziell europäische Gattung bot einen geeigneten Rahmen für axiologische nationalistische Abgrenzung in Form einer als eine Art Europameisterschaft angelegten Reihung deutscher und ausländischer Novellenschätze. Die poetologische Arbeit an der Novelle als Wertbegriff war also in diesem Problemkontext sogar im buchstäblichen Sinn kulturpolitisch. Der Eindruck einer Hochphase der Novelle zur Zeit des späten Realismus zwischen 1870 und 1890 kann überdies innerhalb der zeitgenössischen literarischen Kultur ein Täuschungseffekt gewesen sein, der durch eine effektive poetologische, politische und praxeologische Arbeit am Gattungsbegriff im Zusammenspiel zwischen den Formaten des *Deutschen Novellenschatzes*, der *Deutschen Rundschau*, der *Familienblätter* und der Buchformate zustande kam. Zeitgenössische Autoren und Leser konnten den Eindruck gewinnen, die Novelle sei überall. In einem durch herausragende Organe institutionalisierten Teilbereich sah es dagegen zugleich so aus, als sei die Novelle – dies ist eine weitere Selbsttäuschung der zeitgenössischen Kultur – etwas Exzeptionelles, und zwar unabhängig davon, wie heterogen die Novelle als Textsorte blieb. Um alle Ebenen des Literaturmarkts und alle Medienformate bedienen zu können, war es sogar nützlich, wenn der Begriff der Novelle poetologische Strenge vorgab und zugleich in der Produktionspraxis möglichst vage bleiben konnte.

Man sollte diese Ergebnisse nicht im Sinn eines medientheoretischen *a priori* der Gattung überinterpretieren. Es wäre der historischen Erkenntnis nicht förderlich, allein aus der Beobachtung, dass die Texte jeder Gattung immer in einem Medium erscheinen, den Schluss zu ziehen, dass Gattung in jeder Hinsicht ein Medienprodukt oder -effekt sei. Für eine empirische Mediengeschichte der Novelle stellt sich vielmehr die Frage, in welchem Grad sich die jeweils beobachtbaren medialen Praktiken mit dem Gebrauch der Gattungsbegriffe verknüpfen. Zu klären ist dann, ob diese Verknüpfungen stabil bleiben, oder wie sich der Umgang mit Gattungsbegriffen dadurch ändert, dass sich auch die medialen Bedingungen ändern. Dieses Kapitel hat deutliche Anhaltspunkte dafür geliefert, dass die Novelle als literarischer Wertbegriff um 1870 den Eindruck einer Konsolidierung der Gattung als Genre und Textsorte befördert haben dürfte, und dass die Etablierung dieses Wertbegriffs auf ein Zusammenspiel zwischen poetologischer Arbeit, medialen Bedingungen und Interventionen einzelner Medienorgane zurückging. Medientheoretisch interessant ist dabei aber, wie sehr die Etablierung des Novellenbegriffs als literarischer Wertbegriff darüber lief, dass dessen mediale Bedingungen unsichtbar gemacht werden sollten.

# 8 Schluss

Summarische Zusammenfassungen oder Synthesen finden sich jeweils am Ende der Haupt- sowie einiger Teilkapitel und werden deshalb im Folgenden nicht in der gleichen Ausführlichkeit wiederholt. Ich beginne stattdessen mit einer Theorie für heterogene und schwach strukturierte Gattungen, wobei ich die Novelle als besonderen Fall einer solchen Gattung auffasse. Diese Abstraktion erlaubt es, die Ergebnisse nicht nur als Wissensstand für die Literaturgeschichte, sondern vor allem als Ausgangspunkt für ihre erneute, vertiefende und erweiternde Untersuchung zu formulieren: als Theorie, die es künftig mit neuen Daten und weiter zu entwickelnden Methoden zu prüfen als auch auszubauen gilt.

Im Wesentlichen hat das Buch drei Felder bearbeitet: Gattungstheorie, Methodenentwicklung der CLS, und eine hypothesengeleitete quantitative sowie empirische Erhellung der Gattungsgeschichte der Novelle. Wie das theoretische Kapitel 2 zum Problem der Novelle und zur Modellierung von Gattungsgeschichte gezeigt hat, kommt der grundlegende Dissens in der an Studien und Beitragen reichen Novellenforschung vor allem von unterschiedlichen Interessen an Gattungen und unterschiedlichen Auffassungen davon, was eine Gattung eigentlich sei. Auch wenn diese Arbeit kein normatives, sondern ein historisierend-deskriptives Interesse verfolgt und sich hierfür primär für das Zusammenspiel zwischen Gattung als historischer Textsorte und Gattung als Genreerwartung interessiert, bleibt die Lage komplex, weil eine Vielzahl von Entscheidungen getroffen, reflektiert und zugleich variabel gehalten werden muss. Mit der Integration der in Kapitel 2 theoretisch ausdifferenzierten Dimensionen von ästhetischer und politischer Funktionsanalyse (2.2.1 und 2.2.2), von Gattung als Textsorte und Genre (2.2.3), von unterschiedlichen begrifflichen Strukturen von Gattungen (2.2.4 bis 2.2.6), unterschiedlichen Modulationen nach Schaeffer (2.2.7), der kausalen Wirksamkeit von Gattungen als Faktoren literarischen Wandels (2.2.8) und der Bestimmung von Gattung als politischer Strategie (2.2.9) in eine übergreifende quantitative Modellierung von Gattungsstruktur (Kapitel 4 und 6) sowie von literarischem Wandel (Kapitel 5 bis 7) hat die Arbeit eine für künftige Gattungsforschung anschlussfähige Beschreibungsmatrix geliefert. Nicht alle Elemente dieser Matrix dürften von allen Gattungen zu jeder Zeit realisiert gewesen sein. Aber für eine anspruchsvolle Rekonstruktion gattungsgeschichtlichen Wandels sind beide, CLS und germanistische Literaturwissenschaft, gut beraten, von einer Matrix dieses Komplexitätsgrads auszugehen.

In den einzelnen Teilkapiteln wird die zentrale These dieses Buchs schrittweise aufgebaut und geprüft. Diese lautet: Eine Konsolidierung der Gattung Novelle im Lauf des 19. Jahrhunderts lässt sich beobachten, wenn man viele Perspektiven kombiniert, kleinste Tendenzen berücksichtigt und diese zu einem Gesamtbild zusammensetzt. Mit einer Konsolidierung der Gattung ist gemeint, dass die auf den Begriff der Novelle gebrachten Kondensate ästhetischer Genreerwartungen sich auch tatsächlich in den Schreibverfahren und damit der Produktion von Novellen niederschlagen; und zwar


https://doi.org/10.1515/9783112236697-008

derart, dass eine den Genreerwartungen entsprechende, zugleich aber immer historisch variable Textsorte entsteht. Die Schreibverfahren im Bereich der Erzählprosa entwickelten sich im frühen 19. Jahrhundert, so das Ergebnis der Arbeit, aus den medialen Bedingungen des Journal- und Taschenbuchmarkts und wurden anschließend durch eine poetologisch betriebene Literaturpolitik der Novelle zu Gattungsmerkmalen umgeschrieben; dies allerdings so, dass sich mit der poetologischen Novellenpolitik zugleich eine Textsorte und ein Genre der Novelle herausbilden, indem sich Poetik und Textproduktion zumindest der Tendenz nach annähern. Der Kern der übergreifenden These dieser Arbeit besagt, dass ein potenziell medialer Einfluss auf die Textprägung, sobald er wahrnehmbar wird, poetologisch als Gattungssemantik kodifiziert wird, so dass der poetologisch bearbeitete Novellenbegriff selbst zu einem textprägenden Faktor wird. Diese anspruchsvolle These, die Medien- und Ästhetikgeschichte der Gattung verbindet, ließ sich jedoch nur vereinzelt stützen. So konnte etwa in Kapitel 6.4 gezeigt werden, dass das über das Netzwerkmaß der Zentralisierung operationalisierte und poetologisch anspruchsvolle Merkmal der Konzentration ein zumindest für die Kanonisierung relevantes Novellenmerkmal wurde. Als allgemeines Gattungsmerkmal taugt das für die Poetiken aus der Mitte des 19. Jahrhunderts so zentrale Konzept der Konzentration dennoch nicht.

Sofern die zu Beginn der Einleitung unterschiedenen und gegensätzlichen Auffassungen zur Novelle – Glaube an die Novelle als strenge Form versus Ablehnung einer empirisch beobachtbaren Kontur der Gattung – offen für historisierende Nuancierungen sind, sollte die mit dieser Arbeit angebotene Rekonstruktion helfen, den Widerspruch aufzulösen. Wenn dies nicht möglich sein sollte, dann fürchte ich, dass es sich weniger um gegensätzliche Positionen der Forschung, sondern um unverrückbare Weltanschauungen handelt. Ein genauerer Blick in die poetologischen Äußerungen hat in Kapitel 7 immer wieder gezeigt, dass viele Autoren und Theoretiker im 19. Jahrhundert ihr Bewusstsein von der Heterogenität im Gebrauch des Novellenbegriffs explizit artikuliert und häufig mit Klagen über die weitgehend idiosynkratischen Begriffsverwendungen verbunden haben. Es gehört zu den Fehlern der älteren, von der Novelle als strenger Form überzeugten Forschung, diese historischen Beobachtungen gattungsstruktureller Unterbestimmtheit ausgeblendet, sich ausschließlich auf die Forderungen nach einer Bestimmung gestürzt und diese für eine Beschreibung der Wirklichkeit gehalten zu haben. Im Gegenzug hat auch die materialorientierte und skeptische Gruppe um Reinhart Meyer einen Fehler begangen, als sie frühzeitig aufgegeben hat, der literaturgeschichtlichen Relevanz einer durchaus erkennbaren Konsolidierung des Novellenbegriffs nachzuspüren.

Der größte Teil der beobachteten Konsolidierung der Gattung ist eine durch vielfältige Praktiken erzeugte und im weiten Sinn literaturpolitische Fiktion, die den Eindruck von Homogenität erweckt. Diese Fiktion hatte in den Jahren nach 1870 eine primäre Aufgabe: Sie sollte auf der einen Seite überdecken und zugleich die Möglichkeit offen halten, dass man sich *de facto* weiterhin in den ›unteren‹ Segmenten des literarischen Felds bewegen und die eigenen Erzeugnisse in den Familienblättern und Illustrierten gewinnbringend als Novellen publizieren konnte.[1] Auf der anderen Seite wurde mit der Novellenpoetik und den medialen Praktiken insbesondere der *Deutschen Rundschau* sowie des *Deutschen Novellenschatzes* in der historischen Situation eines sich ausdifferenzierenden Markts zugleich die Fiktion einer medienunabhängigen ›Hochliteratur-Novelle‹ geschaffen, und zwar zum Zweck einer Positionierung im ›höheren‹ Segment des literarischen Felds. Konsolidierung der Gattung als Textsorte und Genre, von Schreibverfahren und Poetik, laufen daher auf eine Zusammenführung von ästhetischer und politischer Funktion des Novellenbegriffs hinaus. Viel spricht für die Annahme, dass die politische Praxis gegenüber der ästhetischen Leistungsfähigkeit im Umfeld des Novellenbegriffs dominierte. Gerade weil die Novelle auf der Ebene der Textproduktion so flexibel und ästhetisch sowie formal doch eher schwach aufgestellt blieb, war sie für politische Funktionalisierung und Vereinnahmungen – übrigens auch während der Zeit des Nationalsozialismus (siehe Abschnitt 6.4.1) – immer besonders anfällig. Diese Anfälligkeit des Novellenbegriffs schlägt sich aber auch darin nieder, dass Autoren jeweils passend für sich ein ›Gattungsgesetz‹ der Novelle erfinden konnten, das ihre eigene Novellenproduktion in einem wahlweise innovativen, subversiven oder traditionsbildenden und somit für sie ästhetisch günstigen Licht erschienen ließ.

Dieses hier um seine Schattierungen und Grautöne verkürzte Ergebnis beruht auf einer Theorie der Gattung, die auch empirisch gehaltvoll formuliert werden sollte. Gattungsgeschichte meint hier den Wandel einer Gattung, die begrifflich verfasst ist. Damit beginnt die Geschichte der deutschsprachigen Novelle am Ende des 18. Jahrhunderts. Für diese in Abschnitt 2.2.1 begründete Festlegung gibt es gute Argumente, denn sobald eine Gattung begrifflich verfügbar ist, werden einige Mechanismen potenziell wirksam, die als Gattungsgeschichte untersuchbar werden. Der Gattungsbegriff ist auf Gruppen von Texten bezogen und soll diese als historische Textsorten beschreiben. Gattung wird aber zugleich zu einem von mehreren potenziell relevanten Faktoren der Prägung literarischen Wandels in Form von Genreerwartungen. ›Unproblematische‹ Auffassungen von Gattung nehmen dagegen häufig an, dass Genre und Textsorte in Balance zueinander stehen und dass Gattung als textprägender Faktor als nachträgliche Systematisierung letztlich einen einheitlichen abstrakten Gegenstand beschreibt.

Um das ›Problematische‹ verständlich zu machen, galt es eine zentrale Annahme für eine Theorie heterogener Gattungen ins Spiel zu bringen. Sobald Gattungsbegriffe

---

1 Von der doppelt naiven Erwartung ausgehend, erstens, dass begriffliches Nachdenken über literarische Gattungen immer deskriptiv sei, und zweitens, dass historische Gattungspoetiken den gleichen epistemischen Status wie literaturtheoretische Systematisierung genießen, hat die Forschung die politische Funktion der Gattungspoetiken lange nicht erkannt. Folglich hat insbesondere die Germanistik spät eingesehen, dass sie selbst lange Zeit dieser axiologischen Novellenpoetik in ihrer eigenen Systematik gefolgt ist und die politische Funktion der Gattungsbegriffsbestimmungen reproduziert hat; so auch die Diagnose von Neumann (2011, 554).

verfügbar werden, stehen sie in einem offenen diskursiven und damit auch literaturkritischen sowie poetologischen Raum. Wie Sprache insgesamt ist auch der literarische Diskurs ein soziales Phänomen; ein Phänomen, mit dem strategisch operiert wird. Auch für Gattungsbegriffe ist daher grundsätzlich zu erwarten, dass mit ihnen strategisch und politisch agiert wird. Dadurch entstehen mehrere, für die Gattungsforschung irritierende Spannungsverhältnisse und begriffliche Dopplungen. Poetologische Arbeit an Gattungsbegriffen in den zeitgenössischen Diskursen reagiert darauf, dass textprägende Faktoren bereits wahrgenommen werden, und dass Gattung als ein wichtiger Faktor betrachtet wird. Poetologische Arbeit zielt in der Regel darauf, literarischen Wandel auch dadurch zu bewirken, dass durch die Arbeit am Gattungsbegriff der Faktor Gattung verändert und Literaturgeschichte beeinflusst wird. Ob der poetologisch bearbeitete Begriff dann tatsächlich in seiner bearbeiteten Fassung zum Faktor wird, ist jedoch eine völlig offene Frage. Es ist eigentlich sogar unwahrscheinlich, dass dies erfolgreich passiert. In jedem Fall lässt sich auch hier eine Regelmäßigkeit beobachten, die in den Praxistheorien eine große Rolle spielt: Poetologische Reflexionspraktiken neigen nicht nur dazu, Konsens über die ›strenge Form‹ der Novelle herstellen zu wollen, sondern auch dazu, diesen Konsens – hier als Wirksamkeit der Novellentheorie für die Novellenpraxis – »erfolgreich zu überschätzen«[2].

Um eine schwach strukturierte Gattung wie die Novelle in ihren vielfältigen und zugleich marginalen Erscheinungsformen nachweisen zu können, sind Entscheidungen zu treffen: Man muss sich entscheiden, welche potenziell textprägenden Faktoren man neben Gattung für literatur- und im weiteren Sinn kulturgeschichtlich relevant hält. Mit dem Forschungsstand zur Novelle und den einschlägigen Arbeiten von Reinhart Meyer wurden die Medienformate neben dem Faktor Zeit als der wichtigste konkurrierende Faktor in die Theorie eingeschlossen. Die Festlegung auf Gattung, Medium und Zeit als zentrale textprägende Faktoren hatte weitere Konsequenzen: Da die Gattungsdifferenz zwischen Roman und den übrigen Erzählprosaformen weitgehend deckungsgleich mit der Medienformatdifferenz zwischen Buch und nichtselbständigen Publikationsformen ist, musste der Roman an den Kapiteln 5 und 6 aus der Faktorenanalyse und dem Gattungs- und Medienvergleich weitgehend ausgeschlossen werden. Wie in den Synthesen in Abschnitt 6.6 detaillierter ausgeführt wird, überwiegt unter den textprägenden Faktoren die Gattung gegenüber dem Medienformat. Deutlich stärker fällt jedoch die Zeit als Faktor ins Gewicht. Lediglich der

---

2 Luhmann (1970, 30); so auch von Martus/Spoerhase (2022, 346) im Zuge der Analyse der Organisationsform geisteswissenschaftlicher Hochschuleinrichtungen zitiert. Auch wenn man der Theorie literarischer Gattungen als Institutionen heute nicht mehr folgen muss, ist dies eine relevante generalisierbare Annahme zum Verhältnis zwischen Gattung als Produktions- und Reflexionspraxis. Ohne mich am Ende dieses Buchs schiefer Vergleiche schuldig machen zu wollen, kann man leicht an weitere Begriffe denken, die von Gesellschaften gerne überschätzt werden: zum Beispiel Generationenbegriffe. Ebenso wie Generationsbegriffe sind Gattungsbegriffe zu einem erheblichen Teil Fiktionen und trotzdem, bzw. eben gerade als Fiktionen, an die Menschen glauben, Faktoren kulturellen Wandels.

Einsatz von Spannungsmomenten, insbesondere in Form des Cliffhangers, lässt sich als ein stark medial geprägtes Merkmal ausmachen. Meyers These eines dominant medialen Regimes der Textproduktion, dem die Regulation literarischer Produktion durch Regeln der Gattung deutlich untergeordnet sei, ließ sich nicht bestätigen. Medium und Gattung sind erkennbare, aber doch ähnlich schwache Regulatoren.

Das sechste Kapitel hat sich die philologische Freiheit erlaubt, neben der hypothesengeleiteten und statistisch verfahrenden Analyse die literaturgeschichtlich auffälligen Besonderheiten in den Blick zu nehmen. So konnte gezeigt werden, dass eine heute vergessene Novellensammlung aus den Jahren um 1930 mit dem Titel *Pantheon* die für die Trivialliteratur des 20. Jahrhunderts charakteristische Verdichtung von Schädigungsspannung mit sozusagen protoheftromanartigen Erzählstrategien vorweggenommen hat (Abschnitt 6.3.3). Es sind also nicht immer ganze Medientypen wie Taschenbuch oder Familienblatt, die literaturgeschichtlichen Wandel bewirken. Häufig sind es konkretere einzelne Formate wie die Novellensammlungen *Pantheon* oder der *Deutsche Novellenschatz*, die der Gattung mit unterschiedlich erfolgreichen erzähltechnischen und literaturpolitischen Experimenten neue Wege eröffnet haben.

Mit dem in Kapitel 5 entfalteten Ansatz der Faktorenanalyse ist zugleich für künftige Forschung ein breiter Raum für die Integration weiterer, ebenfalls wichtiger Faktoren etwa zu Materialität – wie Papier, Drucktechnik, Einbandgestaltung – und ökonomischen sowie differenzierteren sozialen Faktoren eröffnet. Weitere Faktoren lassen sich jedoch nicht einfach so untersuchen. Sie erfordern ein geeignetes Metadatenmodell, das im Vorfeld der Datenerschließung spezifiziert werden muss, so dass zu jeder Werkmanifestation im Untersuchungskorpus alle nötigen Metadaten als Faktoreninformation erschlossen werden. Die systematische Erschließung der medialen und weiterer sozialgeschichtlicher Metadaten in Kapitel 3, die zusammen mit den Textdaten öffentlich zugänglich gemacht werden, ist ein eigenständiger Beitrag für die Wissenschaftsgemeinschaft, der durch die Korpuserschließung und sozial- sowie mediengeschichtlich breite Metadatenerfassung ermöglicht wurde.

Dafür, wie eine literarische Kultur zu einem Begriff von Gattung als Textsorte kommt, wurden in Abschnitt 3.4 mehrere Typen von Aggregations- und Semantisierungslogiken unterschieden. Die unter einer bestimmten Perspektive auf Gattung – etwa der Erstdrucke $S_{ED}$ oder kanonisierender Re-Perspektivierungen des *Deutschen Novellenschatzes* $S_{N\text{-}Sch}$ oder des heutigen Kanons $S_K$ – zu Gruppen und damit zu potenziellen Textsorten zusammenfassbaren Texte weisen einen bestimmten Grad an begrifflicher Kohäsion auf. Ich habe mich dafür entschieden, die Gattungszuordnung im Erstdruck als Indikator für Gattung als textprägenden Faktor zu betrachten. Davon unabhängig kann man aber den Grad an Textsortenkohäsion für jede der möglichen Perspektivierungen und Gruppierungen quantitativ ermessen. Dass sich mit Blick auf das Merkmal der Konzentration die Kontur einer historischen Textsorte am ehesten im Novellenkanon des 20. und 21. Jahrhunderts zeigt, macht deutlich, dass Gattungen in der Literaturwissenschaft bis heute – und Polheims bereits in die Jahre gekommener Kritik an dieser Art von normativem Erbe zum Trotz – nicht nur als deskriptive, sondern als Wertkategorien gebraucht werden.

Mit einer algorithmischen perspektivischen Modellierung in Teilkapitel 4.2 konnte ein begrifflicher Textsorteneffekt der Novelle sichtbar gemacht werden, indem der Grad an Vagheit und klassifikatorischer Unzuverlässigkeit von Gattungsbegriffen systematisch in die Modellierung eingebaut wurde. Mit diesem Modell konnte auch gezeigt werden, dass für eine historische Kultur die Illusion oder der ›Täuschungseffekt‹ semantischer Kohärenz von Gattungsbegriffen dadurch entstehen kann, dass viele marginale Differenzen zu mehreren Gattungen (hier der Novelle einerseits zum Roman und andererseits zur Erzählung) bestehen, und dass im Lauf der Zeit eine Kontrastgattung (im späten 19. Jahrhundert die Erzählung) in einer der Konstellationen (hier im Kontrast zum Roman) so marginal wird, dass die übrigen Gattungen (Novelle in Abgrenzung zum Roman) so wirken, als würden sie an Kontur gewinnen (4.2.2): Wenn aus einer Dreiecksbeziehung eine Gattung verschwindet, kann dies den – täuschenden – Effekt haben, dass der Kontrast zwischen den übrigen beiden Gattungen zunimmt. Der als Differenzialanalyse eingeführte Ansatz des paarweise vorgenommenen Vergleichs hat sich auch bei der Verwendung der komplexen Textmerkmale in der perspektivischen Modellierung in Kapitel 6 und noch einmal in Kapitel 7 als fruchtbar erwiesen, weil sich deutlich gezeigt hat, dass aus allen gewählten Perspektivierungen das Kontrastpaar Novelle versus Roman die Gattungspaarung darstellt, die zum Ende des 19. Jahrhunderts primär eine auf Genreerwartungen gestützte Textsortendifferenz ausbildet. Zugleich ist die Differenz zwischen Roman und Novelle in vergleichsweise geringem Grad durch Kontextfaktoren und damit im Sinn politischer oder idiosynkratischer Praktiken erklärbar. Dagegen ist die Differenz zwischen Roman und Erzählung, die am Anfang des 19. Jahrhunderts noch die Qualität einer Textsortendifferenz aufweist, nach 1900 nurmehr eine Differenz idiosynkratischer Bezeichnungspraktiken.

Fast immer wurden Textsorten in dieser Arbeit als historische, nach gemeinsamen Merkmalen aggregierte Textgruppen begriffen. Häufig meint man mit Textsorte in Gattungstheorie und Linguistik aber eine das Geschichtliche übergreifende und deshalb auch transhistorisch definierbare und somit systematische Textsorte, die für den literaturdidaktischen Gebrauch feststellbar ist und auf diese Weise handhabbar gemacht werden kann. Der Frage nach einer derart feststellenden oder systematischen Definierbarkeit der Gattungen ist die Arbeit in Abschnitt 6.1.2 nachgegangen. Textlänge und Suspense sind Merkmale, die empirisch eine Gruppe von Erzählprosa mittlerer Länge (einschließlich Novellen, Erzählungen) von Romanen gut unterscheidbar machen. Wenn man einen stabilen und das gesamte 19. Jahrhundert übergreifenden Gattungsbegriff benötigt, ist man daher mit einem sehr weiten – auf die Postulate von Geschlossenheit, Konzentration usw. verzichtenden – Textsortenbegriff von Erzählprosa mittlerer Länge in Abgrenzung zum Roman am besten beraten. Um nicht ständig ins terminologische Gehege mit den poetologisch formierten und an den Begriff der Novelle geknüpften Ansprüchen zu geraten, ist es ratsam, sich für die Benennung einer derart verallgemeinerbaren Textsorte, sofern man ein solches Konstrukt überhaupt benötigt, mit einem unverfänglichen Terminus, wie z. B. ›Erzählprosa mittlerer Länge‹ (MLP), zu begnügen. Den Begriff der Novelle würde ich dagegen nur mit Bezug auf historische Textsorten, historische Semantik und historische Praxis, also nur rekonstruierend und – um die Unterscheidung aus Abschnitt 3.4 aufzugreifen – in perspektivischer Einstellung verwenden, unter keinen Umständen aber in natürlicher Einstellung.

Das in der Gattungstheorie zurecht kritisierte Modell von Gattung als Klassenbegriff ist als historisches Modell von Gattung als Prozess paarweiser Unterscheidung (4.2.2) und Abgrenzung von großem Wert. Es geht dabei nicht um den wissenschaftlichen Vollzug, sondern – in perspektivischer Einstellung – um die historisierende Rekonstruktion von Handlungen, die auf klassifikatorischer Logik beruhen. Eine der Leistungen dieser Arbeit im Bereich der Methodenentwicklung von Metriken des Maschinellen Lernens besteht darin, die auf den ersten Blick binär operierenden algorithmischen Klassifikationsmodelle überwachten Lernens für die Analyse schwacher, prototypentheoretisch (Abschnitt 4.2.3) und im Sinn der Familienähnlichkeit (4.2.4) organisierter, in multiplen Paarrelationen (4.2.5) stehender Gattungen entwickelt zu haben. Es wurden Modelle historischer Gattungsbegriffe entfaltet, mit denen die Logik der historischen Praxis des Klassifizierens so rekonstruiert werden kann, dass diese klassifikatorische Logik zugleich mit einem hohen Grad an resultierender begrifflicher Vagheit verrechenbar wird. Wie in Abschnitt 4.2.5 dargelegt wurde, gewinnt der Novellenbegriff in Abgrenzung zur Erzählung und vor allem in Abgrenzung zum Roman als historische Textsorte vor allem dann an Kontur, wenn man die begriffliche Differenz als prototypentheoretisch organisierte Differenz modelliert und quantitativ erfasst. Gestützt wird dieses Ergebnis in Kapitel 6.6 dadurch, dass auch auf Grundlage der Modellierung mit komplexen Textmerkmalen eine prototypentheoretische Struktur unter allen möglichen Gattungspaaren am deutlichsten für das Verhältnis zwischen Novelle und Roman zu beobachten ist. Das Ergebnis lässt sich philologisch wie folgt deuten: Die Differenz zwischen den als Novellen und den als Romanen publizierten Texten lässt sich als eine Differenz zweier unterschiedlicher historischer Textsorten begreifen, wenn man in Rechnung stellt, dass es eine Reihe von Werken gibt, die zwar mit der einen oder anderen Gattungsbezeichnung gedruckt wurden, die aber aufgrund ihrer Merkmalsverteilung in einen Graubereich fallen, so dass sie entsprechend der historischen Gebrauchsregeln in einen Bereich fallen, in denen sie der einen Gattung ebenso gut angehören könnten wie der anderen.

Schließlich kann Gattung noch auf eine weitere Art einer historischen Kultur als Textzusammenhang erscheinen: nämlich – und dies auch weitgehend unabhängig von den historischen Gattungszuordnungen – durch die Wahrnehmung genealogischer Reihen und Verkettung zwischen einzelnen, als ästhetisch besonders relevant und vorbildhaft wahrgenommenen Texten. Dass das in Kapitel 4.1 entwickelte Verfahren der Analyse von stilometrischer Distanz zwischen Textgruppen althergebrachte Urteile zu den wichtigsten Novellen des 19. Jahrhunderts reproduziert, zeigt zweierlei:

zum einen, dass Novellengeschichte bislang tatsächlich sehr stark in diesem Sinn genealogischer Reihung bei gleichzeitiger Missachtung der historischen Gattungszuschreibungen operiert hat (Abschnitt 4.1.6). Neben dem als Märchen publizierten ›Blonden Eckbert‹ von Tieck und einigen Texten heute dekonanonisierter Autorinnen und Autoren wie Marlitt ist es bei Goethe nicht die späte *Novelle*«, sondern eine Erzählung aus den *Unterhaltungen deutscher Ausgewanderten*, die stilistische Vorbildfunktion für die Erzählprosa des 19. Jahrhunderts eingenommen haben dürfte. Gattungen wurden auch in der Kultur des 19. Jahrhunderts in diesem Sinn als Textsorten begriffen. Dies ist eine These, die zugleich die Relevanz von Prototypen- und Familienähnlichkeitsmodellen auch für historische Gattungsbegriffe unterstreicht. Zum anderen zeigt sich, dass die in hermeneutischen Kontexten durch komplexe motivische, formale und thematische Ähnlichkeiten konstituierten genealogischen Reihen sich auch auf der hier gemessenen stilometrischen Ebene syntaktischer und lexikalischer Einheiten niederschlagen.

Die aus dieser Arbeit resultierende Theorie für heterogene Gattungen besagt daher: Eine Konsolidierung von Gattungssemantik ist in der Weise zu erwarten, dass die historischen Gattungsbegriffe konturierte Textgruppen als Textsorten umreißen, aber nur in mehr oder weniger stark ausgeprägten Tendenzen. Gegen diese Tendenzen arbeiten politische und andere strategische Bedürfnisse, die an der poetologischen Arbeit zu den Gattungsbegriffen ansetzen: Mit der Arbeit an Gattungsbegriffen wird auf die Veränderungen in der sozialen und medialen Landschaft sowie auf die Veränderungen ökonomischer Voraussetzung dadurch reagiert, dass man, wie Kapitel 7 gezeigt hat, Gattung als Marke in bestimmten Teilfeldern aufladen muss und dass man mit Gattungsbegriffen nützliche Illusionen literarischer Eigenlogik aufbauen kann. Diese poetologische Arbeit tut zwar so, als beziehe sie sich auf die Gattung als Textsorte; doch der produktive Literaturmarkt muss nicht mitziehen. Die poetologisch regulierten Gattungsbegriffe können mehr oder weniger schwach als kodifizierte Genreerwartungen zu textprägenden Faktoren werden.

In diesem Buch und vor allem in diesem Schlusskapitel war viel von einer zwar vielfältigen und in ihrer Vielfalt deutlichen, zugleich aber immer nur schwachen Konturierung von Gattung die Rede. Die beobachtete Schwäche der gesuchten Konturen macht die grundsätzlichen methodologischen Herausforderungen dieser Arbeit deutlich, auf die ich abschließend blicken möchte, soweit diese Herausforderungen erst noch zu lösen sind. Zunächst ist zu befürchten, dass ich die Novelle als Gattung in der falschen historischen Perspektivierung (d. h. mit den Erstdrucken $S_{ED}$ und nach Kanonisierung $S_{N\text{-}Sch}$ sowie $S_K$) und mit den falschen Methoden (d. h. mit schlechten Operationalisierungen, oder mit Operationalisierungen der falschen Merkmale) gesucht haben könnte. Das letztgenannte Operationalisierungsproblem wurde insbesondere in Abschnitt 6.4 für das Merkmal der Konzentration erörtert, die durch das Netzwerkmaß der Zentralisierung in Teilen erfasst werden kann. Zu bedenken ist jedoch, dass Konzentration und Geschlossenheit im literarischen und philologischen Sprachgebrauch vielfältige, und zum Teil auch weitgehend unklare Bedeutungen annehmen konnten. Gleiches gilt für die ›geschlossene Form‹ oder für ein strukturell breitere Auffassung von Spannung jenseits der Schädigungssuspense. Die in den Abschnitten 6.3 und 6.4 entwickelte These, dass die Merkmale der Geschlossenheit, der in diesem Buch ebenfalls nicht weiter untersuchten metadiegetischen Rahmung (›Rahmennovelle‹) und der Konzentration die Ablehnung eines allzu sehr auf emotionale Erregung zielenden Spannungserzählens kompensieren sollten, bedarf für eine korpusbasierte Prüfung einer anspruchsvolleren Operationalisierung und Validierung komplexer Merkmale. Auf diese Weise ließe sich insgesamt das Zusammenwirken formaler und inhaltlicher Merkmale bei der Konsolidierung von Gattung als Textsorte und Genreerwartung noch differenzierter beschreiben.[3] Neben der metadiegetischen Rahmung sind aus dem Feld der in diesem Buch nicht berücksichtigten, poetologisch aber relevanten Merkmale die beiden ›Klassiker‹ in Betracht zu ziehen: Wendepunkt und unerhörte Begebenheit, letztere auch hinsichtlich des Anspruchs an die Faktizität des Erzählten. Hier hilft nur: Weitersuchen und an den Methoden arbeiten. Insbesondere die Entwicklung großer Sprachmodelle (LLMs) hat dem, was man früher *Feature Engineering* nannte und was in Kapitel 6 dieser Arbeit im Zuge der Operationalisierung und Validierung komplexer Merkmale ausgearbeitet wurde, just zu der Zeit eine besondere Dynamik gewonnen, als die Entwicklung der Methoden für diese Arbeit gerade abgeschlossen war. Überdies gilt es das Korpus weiter auszubauen und noch mehr sozial- und mediengeschichtlich relevante Metadaten zu erschließen.

Daneben wird die Modellierung des in Abschnitt 2.2.8 skizzierten und in Kapitel 5 mit statistischen Methoden entfalteten Faktoreneinflusses weiterzuentwickeln sein. Dazu wird ein grundsätzliches literaturtheoretisches Problem weiter zu vertiefen sein, das in diesem Buch reflexiv und nebenbei mitverfolgt wurde. Dieses Problem lässt sich durch die Frage fassen, in welcher Weise Medium, Zeit, Gattung und andere mögliche Faktoren zu kausal wirksamen Ursachen literarischen Wandels werden können. Insbesondere stellt sich die Frage, wie Gattungen ihre Wirksamkeit eigentlich entfalten. Je besser man sich über den verwendeten Kausalitätsbegriff verständigt, desto besser kann man die vielen potenziell relevanten Faktoren aufeinander beziehen. Das gilt in erster Linie für die Vielfalt der in der Literaturwissenschaft häufig als heteronom wahrgenommenen politischen, ökonomischen, medialen, materialen und medialen Faktoren. Kausalannahmen laufen immer mit, auch

3 Einer kritischen Bemerkung von Stockinger (2017, 120) gegen die Methoden des *Distant Reading* auf dem Stand der Arbeit von Moretti (2013c) stimme ich zumindest zum Teil zu: Da einige der komplexen Novellenmerkmale sehr abstrakt seien und über Verallgemeinerungen (in diesem Fall der Konfliktstruktur) laufen, seien sie, so der Hinweis, nicht quantitativ messbar. Komplexere Modellierungen werden zumindest einige solcher komplexen Merkmale künftig besser beobachtbar machen, dies setzt aber ein klareres philologisches Verständnis dieser Merkmale voraus. Das Problem liegt also nicht nur im Entwicklungsstand der quantitativen Methoden, sondern – so mein Argument aus Kapitel 6.4 – auch darin, dass die Funktionsweise der komplexen Merkmale philologisch noch nicht hinreichend geklärt ist.

wenn man so tut, als spiele Kausalität keine Rolle.[4] Gerade die Gattungsgeschichte verzichtet auch aus dem Grund häufig auf eine derartige Klärung, weil sie ihre Degradierung zur bloßen Sozialwissenschaft fürchtet, der dann das spezifisch Literarische ihres Gegenstands und damit ihre eigene disziplinäre Eigenständigkeit abhanden zu kommen drohe.[5] Diese Befürchtung, so scheint mir, ruht auf einigen Fehlannahmen; insbesondere auf der Annahme, dass man dem Postulat der Autonomie des Untersuchungsgegenstands dadurch gerecht wird, dass man das Heteronome ignoriert. Dagegen glaube ich, dass die spezifisch literarischen und ›autonomieästhetischen‹ Prozesse literarischen Wandels, selbst wenn man sie ›ernst‹ nimmt und nicht selbst als ›bloße‹ Konstrukte zum Gegenstand einer semantischen, ideologiekritischen oder wie auch immer gearteten Analyse macht,[6] nur als solche, d. h. hinsichtlich ihrer Relevanz, beurteilt werden können, wenn man sie ins Verhältnis zu den anderen, kulturellen Wandel *de facto* ebenfalls bewirkenden Faktoren setzt.

Mit dem Versuch, die für literarischen Wandel relevanten Faktoren aufzuklären, hatte diese Arbeit nicht nur den Anspruch deskriptiver Rekonstruktion.[7] Sie hat, um mit Daniel Fulda zu sprechen, den Anspruch starker Historisierung.[8] Sie will erklärende Literaturgeschichte sein. Das insbesondere in der Diskussion um literaturgeschichtliche Modellierung prominente Projekt der *New History of German Literature*[9] von Wellbery war ein Versuch einer Geschichte, die von vielen punktuellen und idiosynkratischen Ereignissen ausgehen und gerade nicht auf die (Re-)Konstruktion großer Zusammenhänge und sinnstiftender Narrative setzen sollte. Solche Ansätze zu möglichst schwacher Historisierung können als Literaturgeschichten literarischer Prozesse aber meines Erachtens nur überzeugen, wenn sie erklärende Ansätze in ihre Situationsbeschreibungen aufnehmen und alle Prozesse in ein Verhältnis zueinander setzen.

Ob man die Faktoren in einem starken Sinn und ontologisch als kausale Elemente begreift, oder eher als konditionale Ermöglichungsbedingungen für gattungsbezogene literarische Handlungen,[10] ob man daran glaubt, dass die richtigen Faktoren zuverlässig ermittelt werden können oder nur mehr oder weniger erkenntnisförderliche Kon-

---

4 Für die von Michel Foucault kommende Diskursanalyse hat die sozialtheoretische Diskussion beispielsweise gezeigt, wie zentral dort kausale Annahmen sind, ohne je geklärt worden zu sein; vgl. Sayer (2012) mit einer Perspektive, die sich dem *Critical Realism* zurechnet, auf den ich mich für die kausalitätstheoretische Rahmung stützen werde.

5 Siehe Anm. 412.

6 Wie ein Modell von Gattung als autonomes ästhetisches Funktionssystem aussehen kann, habe ich in Abschnitt 2.2.1 rekonstruiert.

7 Vgl. zu den vielen möglichen Funktionen von Literaturgeschichte Borkowski/Heine (2013, 40–42), die von der Aufgabe der Rekonstruktion die Bereiche der Erinnerung, Applikation, Kritik, Popularisierung, Reflexion, Kodifizierung und Information abgrenzen.

8 Vgl. Fulda (2014, 107). Zu den üblichen Einwänden gegen starke Historisierung vgl. ebd., 110–114.

9 Vgl. Wellbery (2004).

10 Zu einem Ansatz, der eher konditionale als kausale Analysen empfiehlt, vgl. Abend (2022).

struktionen kausaler Prozesse, lasse ich hier offen, soweit dies metaphysische Fragen des Verhältnisses zwischen Realismus und Antirealismus betrifft.[11] Die Konzeption von Gattung als Faktor läuft über Semantiken und damit über das, was man in einigen Spielarten von Sozialtheorie als Normkreise (*norm circles*) kennt.[12] Als kausal besonders wirksame Typen von gattungssemantisch organisierten Normkreisen wurden in Kapitel 7 das Preisausschreiben (am Beispiel der *Urania auf 1821*) und die Novellensammlung (am Beispiel des *Deutschen Novellenschatzes* in den Jahren nach 1871) rekonstruiert. Ihre Wirksamkeit erlangen diese Normkreise dadurch, dass die Motivation zur Befolgung der Genreerwartungen mit eingebaut ist.

Über weite Teile dieser Arbeit habe ich von Faktoren gesprochen, weil das in Kapitel 5 ausgearbeitete Analyseverfahren aus der quantitativen Sozialforschung kommt, und weil dort von konkreten und individuierbaren kausalen Faktoren die Rede ist. In der Literaturwissenschaft kann der Begriff des Faktors jedoch die Befürchtung wecken, es sei von simplifizierender Monokausalität und unidirektionalen Kräften die Rede. Die Rede von Faktoren als kausalen Kräften ist hier jedoch sehr weit gefasst: Unterschiedliche Faktoren können interagieren, und das übergreifende literarische Regelsystem dürfte aus einer Vielzahl von regulierenden und wechselseitig interagierenden Kräften und Mechanismen zusammengesetzt sein. Die Rede von Faktoren sollte daher auch Konfigurationen nicht im Wege stehen, die von komplexeren Regelsystemen bis hin zu komplexen Systemen im terminologischen Sinn ausgehen.

Die hier vorgestellte quantitative Geschichte der Novelle im 19. Jahrhundert hat nicht die These vertreten, dass Gattung, Medium und Zeit die einzigen Triebkräfte literarischen Wandels im Umkreis der Novellistik und Erzählprosa waren. Vielmehr hat sie versucht, einen systematischen Einstieg anzubieten, mit dem sich die ästhetischen und literaturpolitischen Dimensionen von Gattung in einer Weise in den Blick

---

11 Ich halte es für sinnvoll, Realismus von Antirealismus im Bereich empirischer Wissenschaft dadurch zu unterscheiden, dass Realisten sich bereit erklären, die ontologische Struktur des besten Modells für die Struktur der Wirklichkeit zu halten, während Konstruktivisten und andere Antirealisten einen solchen Transfer ablehnen. Popper (1983) ist in diesem Sinn ein wissenschaftlicher Realist, der aber von Schurz (2013) rational so rekonstruiert wird, dass sein kritischer Umgang mit dem sogenannten Induktionsproblem kohärent in einer grundsätzlich antirealistischen Haltung hätte konstruiert werden müssen. Bekanntester Ausdruck eines Antirealismus in Modellierungsfragen ist Box' (1976, 792) Phrase: »All models are wrong«.

12 Vgl. Elder-Vass (2007, 2010, 122–130) und die Tradition des *Critical Realism* (vgl. Lindner/Mader 2017a, Elder-Vass 2017). Ich erlaube mir hier die ausblickende Bemerkung, dass eine Modellierung kausaler Kräfte in der literaturwissenschaftlichen Gattungsforschung von den Arbeiten aus dem Kreis des *Critical Realism* proftieren könnte. Der Nachweis steht noch aus. Anders als in Positionen der Frankfurter Schule und an der am Regelfolgen aus den *Philosophischen Untersuchungen* des späten Wittgenstein orientierten Konzeption von Peter Winch, die den Raum des Normativen als nicht-kausal begreifen, interagieren soziale Strukturen, Praktiken und Normen in diesem Ansatz kausal mit dem ›Rest der Welt‹.

nehmen lassen, die die literaturgeschichtliche Wirksamkeit der Gattung, den Grad ihrer Kohäsion als historische Textsorten sowie ihrer begrifflichen Verfasstheit ausmisst. Dabei sollten der Literaturmarkt in seiner Breite mit der komplexen Poetik- sowie Begriffsgeschichte der Gattung vermittelt und auf diese Weise korpusbasierte und statistische Perspektivierung mit philologischem Interesse trianguliert werden. Triangulation, und das ist ein letzter theoretischer Beitrag dieses Buchs, läuft gerade nicht darauf hinaus, einen festgestellten und klar identifizierten Gegenstand (z. B. die Gattung Novelle) aus verschiedenen methodologischen Blickrichtungen und von verschiedenen Seiten beleuchtet zu haben. Im Gegenteil: Es sollte deutlich geworden sein, dass die unterschiedlichen Methoden verschiedene und einander zum Teil widersprechende Auffassungen von Gattung in den Blick nehmen. Das ist kein spezifisches Problem quantitativer Forschung, sondern eines, das die Novellenforschung immer hatte. Die eigentliche Herausforderung bestand darin, diese unterschiedlichen Auffassungen durch eine geeignete Modellierung von Gattung und literarischem Wandel aufeinander zu beziehen. Und zwar in die eine Richtung so, dass literaturgeschichtliche Fragestellungen, die nach einer ›datenreichen‹ Lösungsstrategie verlangen, mit empirischen Mitteln beantwortet werden konnten; in die andere Richtung aber auch in der Absicht, Denkräume zu eröffnen, in denen historischer Sinn mit quantitativer Modellierung vermittelbar wird; in der Absicht also, den Dialog zwischen germanistischer und computergestützter Literaturwissenschaft zu stärken.

# 9 Literaturverzeichnis

## 9.1 Quellen


Anonym (1781): *Der Bassa von Algier. Eine dramatisierte Novelle.* Frankfurt a. M., Leipzig.

Anonym (1830): »Fabio und Bibiana. Aus dem Italienischen.« In: *Pantheon* Bd. 20 (1830), 194–195.

Brockhaus, Friedrich Arnold (Hrsg.) (1820): *Taschenbuch Urania auf das Jahr 1821.* Leipzig: Brockhaus; darin:

Brockhaus, F. A.: »Programm über die Preisaufgaben zur Urania auf das Jahr 1822«, XLI–XLVIII.

Redaktion der Urania: »Bericht über die zur Preisbewerbung eingegangen poetischen Erzählungen, dramatischen Gedichte, Übersetzungen und prosaischen Aufsätze«, X–XXXII.

Brockhaus, Friedrich Arnold (Hrsg.) (1821): *Taschenbuch Urania auf das Jahr 1822*. Leipzig: Brockhaus.

Eckermann, Johann Peter (1836): *Gespräche mit Goethe in den letzten Jahren seines Lebens*. Bd. 1. Leipzig Brockhaus.

Eichendorff, Joseph von (1851): *Der deutsche Roman des achtzehnten Jahrhunderts in seinem Verhältniß zum Christenthum.* Leipzig: Brockhaus.

Feuchtersleben, Ernst Freiherr von (1841): »Die Novelle. Didaskalie.« In: *Beiträge zur Literatur, Kunst- und Lebenstheorie*, 2. Lebensblätter. Wien, Leipzig: Stöckholzer, 48–68.

Forster, E. M. [1927] (1961): *Aspects of the Novel*. Pocket edition, reprinted. London: Arnold.

Freytag, Gustav (1863): *Die Technik des Dramas*. Leipzig: Hirzel.

Goethe, Johann Wolfgang (1816/1818): »Die neue Melusine«:
»Die neue Melusine«, in: *Taschenbuch für Damen auf das Jahr 1817*. Tübingen: Cotta, 1–24;
»Die neue Melusine (Beschluß)«, in: *Taschenbuch für Damen auf das Jahr 1819*. Tübingen: Cotta, XIX–XXXVI.

Goethe, Johann Wolfgang (1992): *Sämtliche Werke, Briefe, Tagebücher und Gespräche*. 40 Bde.; Bd. 9, Romane II: I. Abteilung, *Wilhelm Meisters theatralische Sendung u. a*. Herausgegeben von Wilhelm Voßkamp und Herbert Jaumann. Unter Mitwirkung von Almuth Voßkamp. Frankfurt a. M. (Frankfurter Ausgabe, Bd. I/9).

Hart, Heinrich (1905): »Roman und Novelle.« In: *Gesammelte Werke. IV. Band: Ausgewählte Aufsätze*. Herausgegeben von J. Hart. Berlin: Fleischel, 111–113.

Hebbel, Friedrich (1905): *Sämmtliche Werke. Historisch-Kritische Ausgabe. Zweite Abteilung. Tagebücher. Bd. I, 1835–1839. Hamburg–Heidelberg–München–Hamburg.* Herausgegeben von Richard Maria Werner. Berlin: Behr.

Heyse, Paul/Kurz, Hermann (1871): »Einleitung.« In: *Deutscher Novellenschatz*. Herausgegeben von Paul Heyse und Hermann Kurz. Erster Band. München: Rudolf Oldenbourg, V-XXIV.

Heyse, Paul/Kurz, Hermann (1872): »Vorwort.« In: *Novellenschatz des Auslandes*. Herausgegeben von Paul Heyse und Hermann Kurz. Erster Band. München: Rudolf Oldenbourg, VII–XI.

Heyse, Paul (1912): *Jugenderinnerungen und Bekenntnisse*. Fünfte Auflage, neu durchgesehen und stark vermehrt. Erster Band: Aus dem Leben. Stuttgart, Berlin: Cotta'sche Buchhandlung Nachfolger.

Keil, Ernst (Hrsg.) (1867): *Die Gartenlaube. Familienblatt*. Leipzig: Verlag von Ernst Keil.

Keller, Gottfried (1860): »Das Fähnlein der Sieben Aufrechten.« In: *Auerbachs Volkskalender auf das Jahr 1861*, 17–67. Leipzig: Ernst Keil.

Keller, Gottfried (1953): *Gesammelte Briefe*. 4 Bde.; Bd. 3,2. Herausgegeben von Carl Helbling, Bern: Benteli.

Köpke, Rudolph (1855): *Ludwig Tieck: Erinnerungen aus dem Leben des Dichters nach dessen mündlichen und schriftlichen Mitteilungen*. Erster Theil. Leipzig: Brockhaus.

Laube, Heinrich (1833): »Wilhelm Marsano, Die unheimlichen Gäste. Marco Doloroso. Die Abenteuer einer Nacht.« *Zeitung für die elegante Welt* 33 (108). Leipzig: Voß, 429–430.

Lukács, Georg (1911): »Bürgerlichkeit und *l'art pour l'art*: Theodor Storm.« In: Ders.: *Die Seele und die Formen. Essays*. Berlin: Egon Fleischel & Co, 119–169.




https://doi.org/10.1515/9783112236697-009

Meyer, Conrad Ferdinand (2022): *Conrad Ferdinand Meyers Briefwechsel. Historisch-kritische Ausgabe. Bd. 5: Korrespondenzen mit Hermann Lingg und Paul Heyse.* Herausgegeben von Stephan Landshuter. Göttingen: Wallstein.

Mundt, Theodor (1833): »Über Novellenpoesie.« In: *Kritische Wälder. Blätter zur Beurtheilung der Literatur, Kunst und Wissenschaft unserer Zeit*, 131–149. Leipzig: Wolbrecht.

Mundt, Theodor (1837): *Die Kunst der deutschen Prosa. Aesthetisch, literaturgeschichtlich, gesellschaftlich.* 2. umgearbeitete Auflage. Berlin: Simion.

Musil, Robert (1914): »Die Novelle als Problem.« In: *Die Neue Rundschau.* 25 (2), 1166–1167.

Oesterley, Hermann (1870): *Die Dichtkunst und ihre Gattungen.* Mit einer Vorrede von K. Goedeke. Breslau: Leuckart.

Riehl, Wilhelm Heinrich (1876): »Novelle und Sonate.« In: *Familienblatt Daheim.* Leipzig, Bielefeld: Velhagen & Klasing, Heft 47, 745–752; Heft 48, 762–766.

Reinbeck, Georg (1841): »Einige Worte über die Theorie der Novelle.« In: Ders.: *Situationen. Ein Novellenkranz. Nebst einigen Worten über die Theorie der Novelle.* Stuttgart: Beck und Fränkel, XI–XXIV.

Schiller, Friedrich/Johann Wolfgang Goethe (1984): *Der Briefwechsel zwischen Schiller und Goethe 1794 – 1805.* Bd. 1: Briefe der Jahre 1794–1797. Herausgegeben von Siegfried Seidel. München: Beck.

Schiller, Friedrich/Johann Wolfgang Goethe (2005): *Der Briefwechsel zwischen Schiller und Goethe.* Herausgegeben von Emil Staiger. Revidierte Neuausgabe von Hans-Georg Dewitz. Frankfurt a. M.: Insel.

Schlegel, August Wilhelm (1884): *A. W. Schlegels Vorlesungen über schöne Litteratur und Kunst (Band 3) 1803–1804) – Geschichte der romantischen Litteratur.* Heilbronn: Henninger.

Schlegel, August Wilhelm/Schlegel, Friedrich (1800): *Athenäum.* Bd. 3. Berlin: Frölich.

Schlegel, Friedrich (1967): *Kritische Friedrich-Schlegel-Ausgabe.* 1. Abt., Bd. 2: *Charakteristiken und Kritiken I. 1796–1801.* Herausgegeben von Hans Eichner. Darmstadt: Wiss. Buchges (KFSA I/2).

Schütze, Stephan (1812): »Die Neujahrsversammlung. Ein dramatischer Prolog.« In: *Taschenbuch für das Jahr 1813. Der Liebe und Freundschaft gewidmet.* Frankfurt a. M.: Wilmans 1812, 1–20.

Spielhagen, Friedrich (1876): »Novelle oder Roman? (Gelegentlich der Novellen von Marie v. Olfers).« In: Ders.: *Beiträge zur Theorie und Technik des Romans.* Leipzig: Staackmann, 245–248.

Spielhagen, Friedrich (1882): »Roman oder Novelle? Eine ästhetische Studie.« Herausgegeben von Theophil Zolling. *Die Gegenwart. Wochenschrift für Literatur, Kunst und öffentliches Leben.* Berlin: Georg Stilke, Bd. 22: Nr. 38, 198–202, Nr. 39, 214–218.

Storm, Theodor (1920): »Eine zurückgezogene Vorrede.« In: *Theodor Storms Sämtliche Werke.* Herausgegeben von Albert Köster, Bd. 8. Leipzig: Insel, 122–123.

Storm, Theodor/Paul Heyse (1969): *Briefwechsel I: 1853–1875.* Herausgegeben von Clifford A. Bernd. Berlin: Schmidt.

Storm, Theodor/Gottfried Keller (1992): *Theodor Storm – Gottfried Keller: Briefwechsel.* Kritische Ausgabe. Herausgegeben von Karl Ernst Laage. Berlin: Erich Schmidt.

Storm, Theodor/Heinrich Schleiden (1995): *Briefwechsel.* Kritische Ausgabe. Herausgegeben von Peter Goldhammer. Berlin: Erich Schmidt.

Storm, Theodor/George Westermann (2019): *Briefwechsel.* Kritische Ausgabe. Herausgegeben von Anne Petersen. Berlin: Erich Schmidt.

Theodor-Fontane-Archiv (Hrsg.) (1988/2021 ff.): *Die Briefe Theodor Fontanes: Verzeichnis und Register.* Potsdam (https://www.fontanearchiv.de/briefdatenbank/04zg/).

Tieck, Ludwig (1797): »Der blonde Eckbert«, In: Ders.: *Volksmährchen.* Herausgegeben von Peter Leberecht. Berlin: Nicolai.

Tieck, Ludwig (1812): *Phantasus. Eine Sammlung von Mährchen, Erzählungen, Schausspielen und Novellen.* Bd. 1. Berlin: Realschulbuchhandlung.

Tieck, Ludwig (1829): »Vorbericht zur dritten Lieferung.« In: Ders. (Hrsg.): *Schriften. Band 11 Schauspiele: Alla Moddin. Schauspiel – Carl von Berneck. Trauerspiel – Das Ungeheuer und der verzauberte Wald. Musikalisches Märchen.* Berlin: Reimer 1829, III–XC.
Tieck, Ludwig (1928): *Aus Tiecks Novellenzeit: Briefwechsel zwischen Ludwig Tieck und F. A. Brockhaus.* Herausgegeben von Heinrich Lüdeke von Möllendorf. Aus dem Archiv F. A. Brockhaus, Bd. 3. Leipzig: F. A. Brockhaus.
Tieck, Ludwig (1985): *Schriften in 12 Bänden*. Bd. 6: Phantasus. Herausgegeben von Manfred Frank. Frankfurt a. M.: Dt. Klassiker-Verl.
Vischer, Friedrich Theodor (1846; 1854; 1857). *Aesthetik oder Wissenschaft des Schönen.* Stuttgart: Mäcken; zitierte Einzelbände:
Bd. 1 (1846).
Bd. 3.2.3 (1854): *Dritter Theil. Zweiter Abschnitt. Die Künste. Drittes Heft: Die Malerei;*
Bd. 3.2.5 (1857): *Dritter Theil. Zweiter Abschnitt. Die Künste. Fünftes Heft: Die Dichtkunst (Schluß des ganzen Werkes).*
Vischer, Friedrich Theodor (1882): »Mein Lebensgang«. In: *Altes und Neues*, 3. Heft. Stuttgart: Bonz, 250–366.
Weber, Wilhelm Ernst (1831): *Vorlesungen zur Ästhetik, vornehmlich in Bezug auf Göthe und Schiller.* Hannover: Hahn.
Weber, Wilhelm Ernst (1835): *Die Ästhetik aus dem Gesichtspunkte gebildeter Freunde des Schönen*, 1. Abt. Darmstadt: Leske.
Wieland, Christoph Martin (1780): *Don Sylvio von Rosalva*, Erster Theil. Carlsruhe.
Wieland, Christoph Martin (1805): *Das Hexameron von Rosenhain* (= C. M. Wielands Sämmtliche Werke, Bd. 38). Leipzig: Göschen.

## 9.2 Nicht zugängliche Quellen

Hauff, Wilhelm (1827): *Stuttgarter Morgenblatt* 292/293 (1827), 6./7. Dezember. Hier zit. n. Hofmann (1902, 250).
Meyer, Wilhelm (1839): »Drei Vorlesungen über das Wesen der epischen Poesie und über den Roman und die Novelle insbesondere.« In: *Bremisches Album.* Herausgegeben von H. Hülle. Bremen: Heyse, 111–119. Hier zit. n. Polheim (1970, 79–82).
Mundt, Theodor (1828): »Zur Geschichte und Kritik der Novellen-Poesie.« *Berliner Conversations-Blatt für Poesie, Literatur und Kritik.* Redigiert von F. Förster und W. Häring (W. Alexis), 101–104 (24, 27, 29, 30), 395–401.

## 9.3 Forschungsliteratur

Digitale Objektbezeichner wie *URN* oder *DOI* werden im Folgenden nur angegeben, wenn die Referenzierung ansonsten nicht eindeutig wäre. Wenn in solchen Fällen kein Objektbezeichner verfügbar ist, wird ausnahmsweise die *URL* angegeben.

Abdi, Hervé/Lynne J. Williams (2010): »Principle Component Analysis.« *Wiley Interdisciplinary Reviews: Computational Statistics* 2 (4), 433–459.
Abend, Gabriel (2022): »Making Things Possible.« *Sociological Methods & Research* 51 (1), 68–107.

Abraham, Ulf (2009): »Stil als ganzheitliche Kategorie: Gestalthaltigkeit.« In: *Rhetorik und Stilistik*. Bd. 2. Herausgegeben von Andreas Gardt, Joachim Knape und Ulla Fix. New York: Mouton de Gruyter, 1348–1367.

Abril-Pla, Oriol/Virgile Andreani/Colin Carroll et al. (2023): »PyMC: A Modern, and Comprehensive Probabilistic Programming Framework in Python.« *PeerJ Computer Science* 9 (9), e1516.

Ackermann, Kathrin (2007): »›Sospesi sull'esito di quel fiero combattimento‹: Spannungserzeugung im manieristischen Roman am Beispiel von G. A. Marinis Calloandro fedele.« In: *Gespannte Erwartungen. Beiträge zur Geschichte der literarischen Spannung*. Herausgegeben von Kathrin Ackermann und Judith Moser-Kroiss. Wien, Berlin, Münster: Lit, 99–124.

Aitchison, Jean (2012): *Words in the Mind: An Introduction to the Mental Lexicon*. 4. Auflage. Malden: Wiley-Blackwell.

Ajouri, Philip (2021): »Der Cliffhanger im Kolportageroman um 1900.« *KulturPoetik* 21 (1), 47–69.

Akaike, Hirotsuge (1974): »A new look at the statistical model identification.« *IEEE Transactions on Automatic Control* 19 (6), 716–723.

Albert, Hans (2000): *Kritischer Rationalismus*. Tübingen: Mohr Siebeck.

Algee-Hewitt, Mark/Mark McGurl (2015): »Between Canon and Corpus: Six Perspectives on 20th Century Novels.« *Literary Lab*. (https://litlab.stanford.edu/LiteraryLabPamphlet8.pdf).

Andersen, Jack (2015): »What Genre Theory Does.« In: *Genre Theory in Information Studies*. Herausgegeben von Jack Andersen. Bingley, England: Emerald, 1–12.

Anderson, John R. (2015): *Cognitive Psychology and its Implications*. 8. Auflage. New York: Worth Publishers.

Andresen, Melanie/Heike Zinsmeister (2019): *Korpuslinguistik*. Tübingen: Narr Francke Attempto.

Anton, Christine (1998): *Selbstreflexivität der Kunsttheorie in den Künstlernovellen des Realismus*. New York: Peter Lang.

Anz, Thomas (2007): »Spannung«. In: *Reallexikon der deutschen Literaturwissenschaft*. Bd. 3. Herausgegeben von Georg Braungart, Harald Fricke, Klaus Grubmüller, Jan-Dirk Müller, Friedrich Vollhardt und Klaus Weimar. Berlin, New York: de Gruyter, 464–467.

Arx, Bernhard von (1953): *Novellistisches Dasein. Spielraum einer Gattung in der Goethezeit*. Zürich: Atlantis.

Aust, Hugo (2012): *Novelle*. 5., aktualisierte und erweiterte Auflage. Stuttgart: Metzler.

Bailey, Richard W./Lubomír Doležel (1968): *An Annotated Bibliography of Statistical Stylistics*. Ann Arbor: Department of Slavic Languages and Literature, University of Michigan.

Baker, Christine L. (1999): *Landscacpes in Theodor Storm's Novellen. An Aspect of the Development of Strom's Descriptive Style into Poetic Realism*. University of Leicester.

Bally, Charles [1909] (1921): *Traité de stylistique française*. 2. Auflage. Paris: Klincksieck.

Bartelborth, Thomas (2017): *Die erkenntnistheoretischen Grundlagen induktiven Schließens*. 2. Auflage. eBook (urn:nbn:de:bsz:15-qucosa-220168).

Barth, Dieter (1974): *Zeitschrift für alle. Das Familienblatt im 19. Jahrhundert. Ein sozialhistorischer Beitrag zur Massenpresse in Deutschland*. Münster: Institut für Publizistik der Universität Münster.

Barth, Volker (2011): »Medien, Transnationalität und Globalisierung 1830–1960. Neuerscheinungen und Desiderata.« *Archiv für Sozialgeschichte* 51, 717–36.

Baßler, Moritz (2010): »Interpretation und Gattung.« In: *Handbuch Gattungstheorie*. Herausgegeben von Rüdiger Zymner. Stuttgart, Weimar: Metzler, 54–56.

Baßler, Moritz (2017): »Mythos Intention.« In: *Theorien und Praktiken der Autorschaft*. Herausgegeben von Matthias Schaffrick und Marcus Willand. Berlin, Boston: de Gruyter, 151–168.

Bastian, Mathieu/Sebastien Heymann/Mathieu Jacomy (2009): »Gephi: An Open Source Software for Exploring and Manipulating Networks.« *Proceedings of the International AAAI Conference on Web and Social Media* 3 (1), 361–362.

Bennett, Edwin Keppel (1961): *A History of the German Novelle*. 2. Auflage. Cambridge: Cambridge Univ. Press.

Berbig, Roland (2000): *Theodor Fontane im literarischen Leben*. Schriften der Theodor-Fontane-Gesellschaft 3. Berlin, New York: de Gruyter.
Berg, Gunhild (2012): »Strukturwandel der Lesererwartung. Eine Mediengeschichte des frühen Cliffhangers in Moralischen Wochenschriften.« In: *Periodische Erziehung des Menschengeschlechts. Moralische Wochenschriften im deutschsprachigen Raum*. Herausgegeben von Misia Sophia Doms und Bernhard Walcher. Bern: Lang, 315–337.
Berg-Ehlers, Luise (1990): *Theodor Fontane und die Literaturkritik*. Bochum: Winkler.
Bergson, Henri (2014): *Dauer und Gleichzeitigkeit*. Hamburg: Philo Fine Arts.
Bhatti, Anil/Dorothee Kimmich (2015): *Ähnlichkeit. Ein kulturtheoretisches Paradigma*. Konstanz: Konstanz Univ. Press.
Bhatti, Anil/Dorothee Kimmich/Albrecht Koschorke/Rudolf Schlögl/Jürgen Wertheimer (2011): »Ähnlichkeit. Ein kulturtheoretisches Paradigma.« *Internationales Archiv für Sozialgeschichte der deutschen Literatur (IASL)* 36 (1), 233–247.
Biber, Douglas (1993): »Representativeness in Corpus Design.« *Literary and Linguistic Computing* 8 (4), 243–257.
Biber, Douglas/Susan Conrad/Randi Reppen (1998): »Introduction: Goals and Methods of the Corpus-Based Approach (Chapter 1).« In: *Corpus Linguistics. Investigating Language Structure and Use*. Herausgegeben von Douglas Biber, Susan Conrad und Randi Reppen. Cambridge: Cambridge Univ. Press, 1–18.
Bies, Michael/Michael Gamper/Ingrid Kleeberg (Hrsg.) (2013): *Gattungs-Wissen: Wissenspoetologie und literarische Form*. Göttingen: Wallstein.
Blamberger, Günter (1991): *Das Geheimnis des Schöpferischen oder: Ingenium est ineffabile? Studien zur Literaturgeschichte der Kreativität zwischen Goethezeit und Moderne*. Stuttgart: Metzler.
Blei, David M. (2012): »Probabilistic Topic Models.« *Communications of the ACM* 55 (4), 77–84.
Blumson, Ben (2018): »Two Conceptions of Similarity.« *Philosophical Quarterly* 68 (270), 21–37.
Bode, Katherine (2018): *A World of Fiction. Digital Collections and the Future of Literary History*. Ann Arbor: Univ. of Michigan Press.
Bonferroni, Carlo E. (1936): *Teoria statistica delle classi e calcolo delle probabilità*. Pubblicazioni del R. Istituto superiore di scienze economiche e commerciali di Firenze.
Bommasani, Rishi/Drew A. Hudson/Ehsan Adeli/Russ Altman/Simran Arora, Sydney von Arx/Michael S. Bernstein et al. (2021): »On the Opportunities and Risks of Foundation Models« *arXiv* (https://doi.org/10.48550/arXiv.2108.07258).
Borcherdt, Hans Heinrich (1926): *Geschichte des Romans und der Novelle in Deutschland*. Leipzig: Weber.
Borgards, Roland (2007): »Wissen und Literatur. Eine Replik auf Tilmann Köppe.« *Zeitschrift für Germanistik* 17 (2), 425–428.
Borkowski, Jan/Philipp David Heine (2013): »Ziele der Literaturgeschichtsschreibung.« *Journal of Literary Theory* 7 (1–2), 31–63.
Bormann, Alexander von/Walter Hinck, Hrsg. (1977): *Textsortenlehre, Gattungsgeschichte*. 1. Auflage. Heidelberg: Quelle & Meyer.
Bortz, Jürgen/Christof Schuster (2010): *Statistik für Human- und Sozialwissenschaftler*. 7. Auflage. Berlin Springer.
Böttcher, Philipp (2011): »Tieck und seine Verleger.« In: *Ludwig Tieck. Leben – Werk – Wirkung*. Herausgegeben von Claudia Stockinger und Stefan Scherer. Berlin, Boston: de Gruyter, 148–164.
Bourdieu, Pierre [1992] (2001): *Die Regeln der Kunst*. Frankfurt a. M.: Suhrkamp.
Booth, Wayne C. (1961): *The Rhetoric of Fiction*. Chicago: Chicago Univ. Press.
Box, George (1976): »Science and Statistics.« *Journal of the American Statistical Association* 71 (356), 791–799.
Brandes, Ulrik (2010): »Graphentheorie.« In: *Handbuch Netzwerkforschung*. Herausgegeben von Christian Stegbauer. Wiesbaden: VS, Verlag für Sozialwissenschaften, 345–353.
Breiman, Leo (2001a): »Statistical Modeling: The Two Cultures.« *Statistical Science* 16 (3), 199–215.

Breiman, Leo (2001b): »Random Forests.« *Machine Learning* 45 (1), 5–32.
Brewer, William F./Edward H. Lichtenstein (1982): »Stories Are to Entertain: A Structural-Affect Theory of Stories.« *Journal of Pragmatics* 6 (5), 473–486.
Bridgman, Percy W. (1960): *The Logic of Modern Physics*. New York: Macmillan.
Brockhaus, F. A. (1820): *Urania. Taschenbuch auf das Jahr 1821*. Leipzig: Brockhaus.
Brottrager, Judith/Annina Stahl/Arda Arsla (2021): »Predicting Canonization: Comparing Canonization Scores Based on Text-Extrinsic and -Intrinsic Features.« In: *CEUR Workshop Proceedings*. Amsterdam, 195–205.
Brottrager, Judith/Annina Stahl/Arda Arslan, Ulrik Brandes/Thomas Weitin (2022): »Modeling and Predicting Literary Reception. A Data-Rich Approach to Literary Historical Reception.« *Journal of Computational Literary Studies* 1, 1–25.
Brunner, Annelen (2015): *Automatische Erkennung von Redewiedergabe*. Berlin, New York: de Gruyter.
Brunner, Annelen/Ngoc Duyen Tanja Tu/Lukas Weimer/Fotis Jannidis (2020): »To BERT or Not to BERT – Comparing Contextual Embeddings in a Deep Learning Architecture for the Automatic Recognition of Four Types of Speech, Thought and Writing Representation.« *Proceedings of the 5th Swiss Text Analytics Conference (SwissText) & 16th Conference on Natural Language Processing (KONVENS)* 2624 (11).
Brunner, Christine (2024): »Die Idylle als Mediendispositiv der Familienzeitschrift Die Gartenlaube: Funktionalisierung von Gattungswissen über Eugenie Marlitts Debütroman Goldelse.« In: *Idylle als Denkraum im 19. Jahrhundert: Literaturen, Künste, Medien*. Herausgegeben von Franziska Frei Gerlach und Sabine Schneider. Berlin, Boston: de Gruyter, 251–284.
Bühler, Axel (2002): »Nutzen und methodische Eigenheiten rationaler Rekonstruktionen im Rahmen ideengeschichtlicher Untersuchungen.« *Internationale Zeitschrift für Philosophie* 1, 117–126.
Burnard, Lou (2014): *What Is the Text Encoding Initiative? How to Add Intelligent Markup to Digital Resources*. Marseille: OpenEdition Press.
Burnard, Lou/Syd Bauman (Hrsg.) (2010): *TEI P5: Guidelines for Electronic Text Encoding and Interchange*. Version 1.9.1, March 2011. Charlottesville: TEI Consortium.
Butzer, Günter (2000): »Programmatischer oder poetischer Realismus? Zur Bedeutung der Massenkommunikation für das Verständnis der deutschen Literatur im 19. Jahrhundert.« *Internationales Archiv für Sozialgeschichte der deutschen Literatur (IASL)* 25 (2), 206–217.
Butzer, Günter/Manuela Günter/Renate von Heydebrand (1999): »Strategien zur Kanonisierung des ›Realismus‹ am Beispiel der ›Deutschen Rundschau‹.« *Internationales Archiv für Sozialgeschichte der deutschen Literatur (IASL)* 24 (1), 55–81.
Cadwell, Cornelia Becher (1990): *Generation und Genre: Ein Beitrag zur Deutschen Novelle des 19. Jahrhunderts*. Erlangen: Palm und Enke.
Calvo Tello, José (2021): *The Novel in the Spanish Silver Age. A Digital Analysis of Genre Using Machine Learning*. Bielefeld: Bielefeld Univ. Press.
Capretto, Tomás/Camen Piho/Ravin Kumar/Jacob Westfall/Tal Yarkoni/Osvaldo A. Martin (2022): »Bambi: A Simple Interface for Fitting Bayesian Linear Models in Python.« *Journal of Statistical Software* 103 (15), 1–29.
Carnap, Rudolf (1950): *Logical Foundations of Probability*. Chicago: Univ. of Chicago Press.
Carroll, Noël (1990): *The Philosophy of Horror: Or, Paradoxes of the Heart*. New York: Routledge.
Carroll, Noël (1996): »The Paradox of Suspense.« In: *Suspense: Conceptualizations, Theoretical Analyses, and Empirical Explorations*. Herausgegeben von Peter Vorderer, Hans J. Wulff und Mike Friederichsen. New York: Routledge, 71–91.
Chan, Branden/Stefan Schweter/Timo Möller (2020): »German's Next Language Model.« *arXiv* (http://arxiv.org/abs/2010.10906).
Cheong, Yun-Gyung/R. Michael Young (2014): »Suspenser: A Story Generation System for Suspense.« *IEEE Transactions on Computational Intelligence and AI in Games* 7 (1), 39–52.
Clark, David (1944): *Plane & Geodetic Surveying For Engineers*. 2. Bd., 3. Auflage. London: Constable.

Clear, Jeremy (1992): »Corpus Sampling.« In: *New Directions in English Language Corpora*. Herausgegeben von Gerhard Leitner. Berlin, Boston: de Gruyter Mouton, 21–32.
Cochran, William G. (1972): *Stichprobenverfahren*. Berlin, New York: de Gruyter.
Cohen, Ralph (1986): »History and Genre.« *New Literary History* 17 (2), 203–218.
Cohn, Dorrit (1978): *Transparent Minds. Narrative Modes for Presenting Consciousness in Fiction*. Princeton: Princeton Univ. Press.
Cohn, Dorrit (1990): »Signposts of Fictionality: A Narratological Perspective.« *Poetics Today* 11 (4), 775–804.
Corbineau-Hoffmann, Angelika (2013): *Einführung in die Komparatistik*. 3., neu bearb. Auflage. Berlin: Erich Schmidt.
Couronné, Raphael/Philipp Probst/Anne-Laure Boulesteix (2018): »Random Forest vs. Logistic Regression: a Large-scale Benchmark Experiment.« *BMC Bioinformatics* 19 (270), 1–14.
Culler, Jonathan D (1975): *Structuralist Poetics*. London: Routledge & Kegan Paul.
Culler, Jonathan D (2020): »Literarische Kompetenz.« In: *Gattungstheorie*. Herausgegeben von Paul Keckeis und Werner Michler. Berlin: Suhrkamp, 96–112.
Da, Nan Z (2019): »The Computational Case against Computational Literary Studies.« *Critical Inquiry* 45 (3), 601–639.
Danneberg, Lutz (1995): »Die Historiographie des hermeneutischen Zirkels: Fake und Fiktion eines Behauptungsdiskurses.« *Zeitschrift für Germanistik* Neue Folge V, 611–624.
Danneberg, Lutz/Annette Gilbert/Carlos Spoerhase (2019): »Zur Gegenwart des Werks.« In: *Das Werk: Zum Verschwinden und Fortwirken eines Grundbegriffs*. Herausgegeben von Lutz Danneberg, Annette Gilbert und Carlos Spoerhase. Berlin, Boston: de Gruyter, 3–26.
Dedert, Hartmut (1993): »Vor einer Theorie der Novelle: Die Erzählung im Spiegel der aufklärerischen Gattungsdiskussion.« *Zeitschrift für Deutsche Philologie* 112 (4), 481–508.
Degering, Thomas (1994): *Kurze Geschichte der Novelle*. München: Fink.
Delatorre, Pablo/Carlos León/Pablo Gervás/Manuel Palomo-Duarte (2017): »A computational model of the cognitive impact of decorative elements on the perception of suspense.« *Connection Science* 29 (4), 295–331.
Deleuze, Gilles/Felix Guattari (2020): »1874/Drei Novellen oder ›Was ist passiert?‹« In: *Gattungstheorie*. Herausgegeben von Paul Keckeis und Werner Michler. Berlin: Suhrkamp, 404–428.
Derrida, Jacques (1980): »The Law of Genre.« *Critical Inquiry* 7 (1), 55–81.
Derrida, Jacques (1986): »La loi du genre.« In: Ders.: *Parages*. Paris: Galilée, 249–285.
Derrida, Jacques (1994): »Das Gesetz der Gattung.« In: Ders.: *Gestade*. Wien: Passagen, 245–284.
Detel, Wolfgang (2016): *Hermeneutik der Literatur und Theorie des Geistes*. Frankfurt a. M.: Klostermann
Detering, Heinrich (2013): *Geschichte des deutschsprachigen Romans*. Herausgegeben von Volker Meid. Stuttgart: Reclam.
Detering, Heinrich/Kai Sina (2013): »Der deutschsprachige Roman 1900–1950.« In: *Geschichte des deutschsprachigen Romans*. Herausgegeben von Volker Meid. Stuttgart: Reclam, 445–623.
Deupmann, Christoph (2008): »Langeweile. Das Andere der Spannung.« In: *Zwischen Text und Leser. Studien zu Begriff, Geschichte und Funktion literarischer Spannung*. Herausgegeben von Ingo Irsigler, Christoph Jürgensen und Daniela Langer. München: Edition text + kritik, 103–122.
Deupmann, Christoph (2017): »Schweigen (1883)« In: *Storm-Handbuch: Leben – Werk – Wirkung*. Herausgegeben von Christian Demandt und Philipp Theisohn. Stuttgart: Metzler, 228–229.
Devlin, Jacob/Ming-Wei Chang/Kenton Lee/Kristina Toutanova (2019): »BERT: Pre-training of Deep Bidirectional Transformers for Language Understanding.« *arXiv* (http://arxiv.org/abs/1810.04805).
Doležel, Lubomír [1969] (1972): »Ein Begriffsrahmen für die statistische Stilanalyse.« In: *Literaturwissenschaft und Linguistik*. Herausgegeben von Jens Ihwe, Band 1. Frankfurt a. M.: Athenäum, 67–87.
Doležel, Lubomír/Richard W Bailey (Hrsg.) (1969): *Statistics and Style*. New York: Elsevier.

Döring, Nicola/Jürgen Bortz (2016): *Forschungsmethoden und Evaluation in den Sozial- und Humanwissenschaften*. Berlin, Heidelberg: Springer.

Doust, Richard/Paul Piwek (2017): »A Model of Suspense for Narrative Generation.« In: *Proceedings of the 10th International Conference on Natural Language Generation*. Santiago de Compostela: Association for Computational Linguistics, 178–187.

Draper, Norman R./Harry Smith (2014): *Applied Regression Analysis*. 3. Auflage. Wiley: New York u.a.

Dröse, Astrid (2024): »Journalpoetik und Luisenkult. Kleists ›Berliner Abendblätter‹ im Spektrum der Hauptstadtpresse.« In: *Kleist-Jahrbuch 2024*. Herausgegeben von Anne Fleig et al. Berlin: Metzler, 315–330.

Dröse, Astrid/Jörg Robert (2019): »Journalpoetik. Kleists Erdbeben in Chili in Cottas Morgenblatt.« In: *Jahrbuch der deutschen Schillergesellschaft. Internationales Organ für neuere deutsche Literatur* 63, 197–216.

Dücker, Burckhard (2014): »Vorbereitende Bemerkungen zu Theorie und Praxis einer performativen Literaturgeschichtsschreibung.« In: *Praxeologie, Beiträge zur interdisziplinären Reichweite praxistheoretischer Ansätze in den Geistes- und Sozialwissenschaften*. Herausgegeben von Friederike Elias, Albrecht Franz, Henning Murmann und Ulrich Wilhelm Weiser. Berlin, Boston: de Gruyter, 97–128.

Dutt, Carsten (2011): »Historische Semantik als Begriffsgeschichte. Theoretische Grundlagen und paradigmatische Anwendungsfelder.« *Historische Semantik. Jahrbuch für Germanistische Sprachgeschichte* 2 (1), 37–50.

Düwell, Susanne (2018): »Kanonische Kriminalliteratur des 19. Jahrhunderts.« In: *Handbuch Kriminalliteratur: Theorien – Geschichte – Medien*. Herausgegeben von Susanne Düwell, Andrea Bartl, Christof Hamann und Oliver Ruf. Stuttgart: Metzler, 285–293.

Eder, Maciej (2018): »Authorship verification with the package ›stylo‹.« *Computational Stylistics Group* (Blog: https://computationalstylistics.github.io/blog/imposters/).

Eder, Maciej/Jan Rybicki/Mike Kestemont (2016): »Stylometry with R: A Package for Computational Text Analysis.« *The R Journal* 8 (1), 107–121.

Edler, Erich (1977): *Die Anfänge des sozialen Romans und der sozialen Novelle in Deutschland*. Frankfurt a. M.: Klostermann.

Efimova, Svetlana/Mark-Georg Dehrmann (2020): »Große Formen. Ästhetik und Epistemologie des extensiven Schreibens. Vorwort.« *Zeitschrift für Germanistik* 30 (3), 535–539.

Ehrmanntraut, Anton/Leonard Konle/Fotis Jannidis (2023): »LLpro: A Literary Language Processing Pipeline for German Narrative Text.« *Proceedings of the 10th Conference on Natural Language Processing*. Ingolstadt: KONVENS 2023, 28–39.

Eibl, Karl (1996): »Literaturgeschichte, Ideengeschichte, Gesellschaftsgeschichte – und ›Das Warum der Entwicklung‹.« *Internationales Archiv für Sozialgeschichte der deutschen Literatur (IASL)* 21 (2), 1–26.

Elder-Vass, Dave (2007): »Reconciling Archer and Bourdieu in an Emergentist Theory of Action.« *Sociological Theory* 25 (4), 325–346.

Elder-Vass, Dave (2010): *The Causal Power of Social Structures*. Cambridge u.a.: Cambridge Univ. Press.

Elder-Vass, Dave (2017): »Wie wirken Normen? *Critical Realism* und die kausale Kraft sozialer Strukturen.« In: *Critical Realism meets kritische Sozialtheorie: Ontologie, Erklärung und Kritik in den Sozialwissenschaften*. Herausgegeben von Urs Lindner und Dimitri Mader. Sozialtheorie. Bielefeld: transcript, 77–93.

Elias, Friederike/Albrecht Franz/Henning Murmann/Ulrich Wilhelm Weiser (Hrsg.) (2014): *Praxeologie: Beiträge zur interdisziplinären Reichweite praxistheoretischer Ansätze in den Geistes- und Sozialwissenschaften*. Berlin, Boston: de Gruyter.

Endres, Johannes (2017): »Nachricht von den poetischen Werken des Johannes Boccaccio.« In: *Friedrich Schlegel-Handbuch: Leben – Werk – Wirkung*. Herausgegeben von Johannes Endres. Stuttgart: Metzler, 134–137.

Ermatinger, Emil (1930): »Das Gesetz in der Literaturwissenschaft.« In: Ders.: *Philosophie der Literaturwissenschaft*. Berlin: Junker und Dünnhaupt, 331–375.
*Erzählungen und Novellen des 19. Jahrhunderts* (2011). Nachdruck. 2 Bände. Stuttgart: Reclam.
Estermann, Monika/Stephan Füssel (2003): »Belletristische Verlage.« In: *Geschichte des deutschen Buchhandels im 19. und 20. Jahrhundert. Bd. 1 Das Kaiserreich 1871–1918, Teil 2*. Herausgegeben von Georg Jäger. Frankfurt a. M.: MVB Marketing- und Verlagsservice des Buchhandels, 164–299.
Eversberg, Gerd/Harro Segeberg (1999): *Theodor Storm und die Medien: Zur Mediengeschichte eines poetischen Realisten*. Berlin: Erich Schmidt.
Evert, Stefan/Thomas Proisl/Fotis Jannidis/Isabella Reger/Steffen Pielström/Christof Schöch/Thorsten Vitt (2017): »Understanding and Explaining Delta Measures for Authorship Attribution.« *Digital Scholarship in the Humanities* 32 (2), 4–16.
Faulstich, Werner (2004): *Medienwandel im Industrie- und Massenzeitalter*. Die Geschichte der Medien. Göttingen: Vandenhoeck & Ruprecht.
Fill, Alwin (2003): *Das Prinzip Spannung*. Tübingen: Narr.
Fischer, Frank/Robert Jäschke (2023): »Ein Quantum Literatur. Empirische Daten zu einer Theorie des literarischen Textumfangs.« In: *Digitale Literaturwissenschaft: DFG-Symposion 2017*. Herausgegeben von Fotis Jannidis. Stuttgart: Metzler, 777–812.
Fischer, Nanda (1973): »›Eine plötzliche und umgrenzt bleibende geistige Erregung ... ‹: Zum Novellenbegriff Robert Musils.« *Monatshefte* 65 (3), 224–240.
Fish, Stanley E. (1973): »What Is Stylistics and Why Are They Saying Such Terrible Things About It?« In: *Approaches to Poetics: Selected Papers from the English Institute*. Herausgegeben von Seymour Chatman. New York: Columbia Univ. Press, 109–152.
Fishelov, David (1991): »Genre Theory and Family Resemblance – Revisited.« *Poetics* 20, 123–138.
Fishelov, David (1993): *Metaphors of Genre: The Role of Analogies in Genre Theory*. University Park: Pennsylvania State Univ. Press.
Fix, Ulla (Hrsg.) (1997): *Stile, Stilprägungen, Stilgeschichte. Über Epochen-, Gattungs- und Autorenstile: sprachliche Analysen und didaktische Aspekte*. Heidelberg: Winter.
Fix, Ulla (2007): *Stil – ein sprachliches und soziales Phänomen. Beiträge zur Stilistik*. Berlin: Frank & Timme.
Fix, Ulla/Stephan Habscheid/Josef Klein (Hrsg.) (2001): *Zur Kulturspezifik von Textsorten*. Tübingen: Stauffenburg.
Flick, Uwe (2012): *Triangulation. Eine Einführung*. Dritte Auflage. Wiesbaden: VS, Verlag für Sozialwissenschaften.
Føllesdal, Dagfinn (1979): »Hermeneutics and the Hypothetico-Deductive Method.« *Dialectica* 33 (3–4) 319–336.
Foote, Jonathan (2000): »Automatic Audio Segmentation Using a Measure of Audio Novelty.« *Proceedings of IEEE International Conference on Multimedia and Expo* 1, 452–455.
Frank, Manfred (1989): »Was ist ein literarischer Text, und was heißt es, ihn zu verstehen?« In: Ders.: *Das Sagbare und das Unsagbare. Studien zur deutsch-französischen Hermeneutik und Texttheorie*, Erweiterte Neuausgabe. Frankfurt a. M.: Suhrkamp, 121–195.
Franzbach, Martin (2016): *Sozialgeschichte der spanischen Literatur in Deutschland*. Frankfurt a. M.: Lang.
Franzen, Johannes (2025): »Elemente einer Konflikttheorie und Konfliktgeschichte der Literatur.« *Internationales Archiv für Sozialgeschichte der deutschen Literatur (IASL)* 50 (1), 174–189.
Freeman, Linton C. (1978): »Centrality in Social Networks. Conceptual Clarification.« *Social Networks* 1 (3), 215–239.
Freeman, Linton C. (2004): *The Development of Social Network Analysis: A Study in the Sociology of Science*. Vancouver: Empirical Press.
Freund, Winfried (1998): *Deutsche Novellen*. 2., Unveränderte Auflage. UTB. München: Fink.
Freund, Winfried (2009): *Novelle*. Erweiterte und bibliographisch ergänzte Ausgabe. Stuttgart: Reclam.
Fricke, Harald (1981): *Norm und Abweichung. Eine Philosophie der Literatur*. München: Beck.

Fricke, Harald (2010a): »(A) Aspekte der literaturwissenschaftlichen Gattungsbestimmung. 1 Methodische Aspekte. 1.1 Definitionen und Begriffsformen.« In: *Handbuch Gattungstheorie*. Herausgegeben von Rüdiger Zymner. Stuttgart, Weimar: Metzler, 7–10.

Fricke, Harald (2010b): »(A) Aspekte der literaturwissenschaftlichen Gattungsbestimmung. 1 Methodische Aspekte. 1.5 Invarianz und Variabilität von Gattungen.« In: *Handbuch Gattungstheorie*. Herausgegeben von Rüdiger Zymner. Stuttgart, Weimar: Metzler, 19–21.

Fröhlich, Vincent (2015): *Der Cliffhanger und die serielle Narration: Analyse einer transmedialen Erzähltechnik. Der Cliffhanger und die serielle Narration*. Bielefeld: transcript.

Fuchs, Florian (2023): *Civic Storytelling*. New York: Zone Books.

Fulda, Daniel (2014): »Starke und schwache Historisierung im wissenschaftlichen Umgang mit Literatur: Zur Frage, was heute noch möglich ist – mit einer disziplingeschichtlichen Rückblende.« In: *Literaturgeschichte: Theorien – Modelle – Praktiken*. Herausgegeben von Matthias Buschmeier, Walter Erhart und Kai Kaufmann. Berlin, Boston: de Gruyter, 101–121.

Füllmann, Rolf (2010): *Einführung in die Novelle*. Darmstadt: Wiss. Buchges.

Füllmann, Rolf (2012): »Francesco Boncianis Novellenpoetik (1574) im deutschen Kontext. Das Muster der *novella* bei Paul Ernst und Georg Heym.« In: *Gattung und Geschichte*. Herausgegeben von Oliver Kohns und Claudia Liebrand. Literalität und Liminalität. Bielefeld: transcript.

Gansel, Christina (2011): *Textsortenlinguistik*. Göttingen: Vandenhoeck & Ruprecht.

Gao, Jianbo/Matthew L. Jockers/John Laudun/Timothy Tangherlini (2016): »A Multiscale Theory for the Dynamical Evolution of Sentiment in Novels.« In: *2016 International Conference on Behavioral, Economic and Socio-cultural Computing (BESC)*, 1–4.

Garrido Miñambres, Germán (2009): *Die Novelle im Spiegel der Gattungstheorie*. Würzburg: Königshausen & Neumann.

Gelfert, Hans-Dieter (2013): *Wie interpretiert man eine Novelle und eine Kurzgeschichte?* Stuttgart: Reclam.

Genette, Gerard (1979): *Introduction à l'architexte*. Paris: Seuil.

Germanistentag [1979] (1983): *Textsorten und literarische Gattungen*. Berlin: Erich Schmidt.

Géron, Aurélien (2020): *Praxiseinstieg Machine Learning mit Scikit-Learn, Keras und TensorFlow*, 2. Auflage. Heidelberg: dpunkt.

Gerrig, Richard J./Allan B. I. Bernardo (1994): »Readers as Problem-Solvers in the Experience of Suspense.« *Poetics* 22 (6), 459–472.

Gittel, Benjamin (2021): *Fiktion und Genre. Theorie und Geschichte referenzialisierender Lektürepraktiken 1870–1910*. Berlin, Boston: de Gruyter.

Gittel, Benjamin/Tilmann Köppe (2022): »On the Distance Between Traditional and DH-Based Genre Theory.« *Digitale Verfahren in Der Literaturwissenschaft. Sonderausgabe von Textpraxis. Digitales Journal Für Philologie*. Herausgegeben von Jan Horstmann und Frank Fischer. 6 (1) (https://doi.org/10.17879/64059431694).

Gius, Evelyn/Katharina Krüger/Carla Sökefeld (2019): »Korpuserstellung als literaturwissenschaftliche Aufgabe.« In: *DHd2019. Digital Humanities: multimedial & multimodal. Konferenzabstracts, Universitäten zu Mainz und Frankfurt, 25. bis 29. März 2019*, 164–166.

Gius, Evelyn/Nils Reiter/Marcus Willand (2019): »A Shared Task for the Digital Humanities Chapter 2: Evaluating Annotation Guidelines.« *Journal of Cultural Analytics* (https://doi.org/10.22148/16.049).

Gius, Evelyn/Michael Vauth (2022): »Towards an Event Based Plot Model. A Computational Narratology Approach.« *Journal of Computational Literary Studies* 1 (1) (https://doi.org/10.48694/jcls.110).

Gordon, Rachel (2020): »Regression Analysis.« In: *SAGE Research Methods Foundations*. Herausgegeben von Paul Atkinson, Sara Delamont, Alexandru Dernat, Joseph W. Sakshaug und Richard A. Williams. London (https://doi.org/10.4135/9781526421036878175).

Göttsche, Dirk (2011): »Gattungsstilistik.« In: *Handbuch Gattungstheorie*. Herausgegeben von Rüdiger Zymner. Stuttgart, Weimar: Metzler, 42–43.

Graf, Andreas/Susanne Pellatz (2003): »Familien- und Unterhaltungszeitschriften.« In: *Geschichte des deutschen Buchhandels im 19. und 20. Jahrhundert. Bd. 1 Das Kaiserreich 1871–1918, Teil 2.* Herausgegeben von Georg Jäger. Frankfurt a. M.: MVB Marketing- und Verlagsservice des Buchhandels, 409–522.

Greene, Jennifer C./Jori N. Hall (2008): »Is Mixed Methods Social Inquiry a Distinctive Methodology.« *Journal of Mixed Methods Research* 2 (1), 7–22.

Greiner, Bernhard (2000): *Kleists Dramen und Erzählungen*. Tübingen: Francke.

Gretz, Daniela (Hrsg.) (2011): *Medialer Realismus*. 1. Auflage. Freiburg i. Br.: Rombach.

Gretz, Daniela (2016): »Happy End im ›Kampf ums Dasein‹? Vergessens Konstellationen von Literatur und Wissen in Kellers ›Sinngedicht‹ und Raabes ›Lar‹.« In: *Vergessene Konstellationen literarischer Öffentlichkeit zwischen 1840 und 1885*. Herausgegeben von Katja Mellmann und Jesko Reiling. Berlin, Boston: de Gruyter, 321–344.

Gries, Stefan Thomas (2009): »Dispersions and Adjusted Frequencies in Corpora: Further Explorations.« *Language and Computers*, 197–212.

Grube, Christoph (2017): »Der Briefwechsel Storm – Paul Heyse.« In: *Storm-Handbuch: Leben – Werk – Wirkung*. Herausgegeben von Christian Demandt und Philipp Theisohn. Stuttgart: Metzler, 307–309.

Günter, Manuela (2007): »Die Medien des Realismus.« In: *Realismus. Epoche – Werke – Autoren*. Herausgegeben von Christian Begemann. Darmstadt: Wiss. Buchges, 669–716.

Günter, Manuela (2008): *Im Vorhof der Kunst: Mediengeschichten der Literatur im 19. Jahrhundert*. Bielefeld: transcript.

Gymnich, Marion/Birgit Neumann (2007): »Vorschläge für eine Relationierung verschiedener Aspekte und Dimensionen des Gattungskonzepts: Der Kompaktbegriff Gattung.« In: *Gattungstheorie und Gattungsgeschichte*. Herausgegeben von Marion Gymnich, Birgit Neumann und Ansgar Nünning. Trier: Wiss. Verl. Trier, 31–52.

Haacke, Wilmont (1940): »Fontane, Theodor.« Herausgegeben von Walther Heide. *Handbuch der Zeitungswissenschaft* 1, Sp. 1052–1057.

Hacking, Ian (1994): »Styles of Scientific Thinking or Reasoning: A New Analytical Tool for Historians and Philosophers of the Sciences.« In: *Trends in the Historiography of Science*. Herausgegeben von Kostas Gavroglu, Jean Christianidis und Efthymios Nicolaidis. Dordrecht: Springer, 31–48.

Hacking, Ian (2000): *The Social Construction of What?* Revidierte Ausgabe. Cambridge, Mass.: Harvard Univ. Press.

Hagberg, Aric A./Daniel A. Schult/Pieter J. Swart (2008): »Exploring Network Structure, Dynamics, and Function using NetworkX.« In: *Proceedings of the 7th Python in Science Conference*. Herausgegeben von Gaël Varoquaux, Travis Vaught und Jarrod Millman. Pasadena, 11–15.

Hallenberger, Gerd (2007): »Medien«. In: *Reallexikon der deutschen Literaturwissenschaft*. Bd. 2 Herausgegeben von Georg Braungart, Harald Fricke, Klaus Grubmüller, Jan-Dirk Müller, Friedrich Vollhardt und Klaus Weimar. Berlin, New York: de Gruyter, 551–554.

Hammersley, Martyn (2008): »Troubles with Triangulation.« In: *Advances in Mixed Methods Research*. Herausgegeben von Manfred Max Berman. London: Sage, 22–36.

Harris, Zellig (1954): »Distributional Structure.« *Word* 10 (34), 146–162.

Haug, Christine/Fotis Jannidis (2023): »Der deutschsprachige Heftroman: Umriss eines Forschungsfelds.« In: *Heftromane. KODEX. Jahrbuch der internationalen buchwissenschaftlichen Gesellschaft* 11 [2021/2022], 9–142.

Hausenblas, Philip (2017): *Spannung und Textverstehen: Die kognitionslinguistische Perspektive auf ein textsemantisches Phänomen*. Tübingen: Narr Francke Attempto.

Heath, Joseph (2020): »Methodological Individualism.« In: *The Stanford Encyclopedia of Philosophy*. Herausgegeben von Edward N. Zalta, Summer 2020. Metaphysics Research Lab, Stanford University (https://plato.stanford.edu/archives/sum2020/entries/methodological-individualism/).

Heidegger, Martin (2006): *Sein und Zeit*. 19. Auflage [Unveränderter Nachdruck der fünfzehnten, an Hand der Gesamtausgabe durchgesehenen Auflage mit den Randbemerkungen aus dem Handexemplar des Autors im Anhang]. Tübingen: Niemeyer.

Heintze, Horst (1977): »Das Decamerone und die Welt in der Novelle.« In: *Realismus in der Renaissance: Aneignung der Welt in der erzählenden Prosa*. Berlin: Aufbau-Verlag, 297–358.

Heinzle, Joachim (1979): »Boccaccio und die Tradition der Novelle: Zur Strukturanalyse und Gattungsbestimmung kleinepischer Formen zwischen Mittelalter und Neuzeit.« *Wolfram-Studien* 5, 41–62.

Hempel, Carl Gustav (1936): *Der Typusbegriff im Lichte der neuen Logik: wissenschaftstheoretische Untersuchungen zur Konstitutionsforschung und Psychologie*. Leiden: Sijthoff.

Hempel, Carl Gustav (1977): *Aspekte wissenschaftlicher Erklärung*. Berlin: de Gruyter.

Hempfer, Klaus W. (1973): *Gattungstheorie. Information und Synthese*. München: Fink.

Hempfer, Klaus W. (2010a): »Generische Allgemeinheitsgrade.« In: *Handbuch Gattungstheorie*. Herausgegeben von Rüdiger Zymner. Stuttgart, Weimar: Metzler, 15–19.

Hempfer, Klaus W. (2010b): »Ontologie und Gattung.« In: *Handbuch Gattungstheorie*. Herausgegeben von Rüdiger Zymner. Stuttgart, Weimar: Metzler, 121–123.

Hempfer, Klaus W. (2010c): »Zum begrifflichen Status der Gattungsbegriffe: Von ›Klassen‹ zu ›Familienähnlichkeiten‹ und ›Prototypen‹.« *Zeitschrift für französische Sprache und Literatur* 120, 14–32.

Henel, Heinrich (1985): »Anfänge der deutschen Novelle.« *Monatshefte für Deutschen Unterricht, Deutsche Sprache und Literatur* 4, 433–448.

Henny-Krahmer, Ulrike (2023): *Genre Analysis and Corpus Design: Nineteenth-Century Spanish-American Novels (1830–1910)*. Berlin: IDE.

Herget, Katharina (2025): *Reading at Scale. Eine Mixed-Methods-Analyse der »Deutschen Novellenschätze«*. Berlin: Metzler/Springer.

Herrmann, J. Berenike/Christof Schöch/Karina van Dalen-Oskam (2015): »Revisiting Style, a Key Concept in Literary Studies.« *Journal of Literary Theory* 9 (1), 25–52.

Hettche, Walter (2020): »Rezension zu: Theodor Storm – George Westermann, Briefwechsel. Kritische Ausgabe. Herausgegeben von Anne Petersen. (Storm-Briefwechsel 20) Erich Schmidt, Berlin 2019.« *Arbitrium* 38 (3), 367–74.

Hettche, Walter (2023): »Rezension zu: Conrad Ferdinand Meyers Briefwechsel. Historisch-kritische Ausgabe. Bd. 5: Korrespondenzen mit Hermann Lingg und Paul Heyse. Herausgegeben von Stephan Landshuter. Göttingen: Wallstein 2022.« *Arbitrium* 41 (1), 71–82.

Hettinger, Lena/Martin Becker/Isabella Reger/Fotis Jannidis/Andreas Hotho (2015): »Genre Classification on German Novels.« *Proceedings of the 12th International Workshop on Text-based Information Retrieval*.

Heydebrand, Renate von/Simone Winko (1996): *Einführung in die Wertung von Literatur*. Paderborn, München: Schöningh.

Hilbe, Joseph M (2009): *Logistic Regression Models*. Boca Raton, FL., London, New York: CRC Press.

Hillenbrand, Rainer (2001): »Heyses sogenannte Falkentheorie.« In: *Paul Heyse*. Herausgegeben von Roland Berbig und Walter Hettche. Frankfurt a. M.: Lang, 77–86.

Himmel, Hellmuth (1963): *Geschichte der deutschen Novelle*. Bern, München: Francke.

Hipp (2016): »Prosaistinnen in Kulturzeitschriften der Jahre 1871 bis 1890. Zur statistischen Repräsentanz und Autornamenwahl schreibender Frauen in *Die Gartenlaube, Westermanns illustrirte deutsche Monatshefte* und *Deutsche Rundschau*.« In: *Vergessene Konstellationen literarischer Öffentlichkeit zwischen 1840 und 1885*. Herausgegeben von Katja Mellmann und Jesko Reiling. Berlin, Boston: de Gruyter, 81–106.

Hirsch, Arnold (1928): *Der Gattungsbegriff ›Novelle‹*. Berlin: Ebering.

Hoffmann, E. T. A. (2008): *Die Serapionsbrüder*. Herausgegeben von Wulf Segebrecht und Ursula Segebrecht. Frankfurt a. M.: Dt. Klassiker-Verl.

Hoffmeister, Werner (1990): »Die deutsche Novelle und die amerikanische ›Tale‹: Ansätze zu einem gattungstypologischen Vergleich.« *The German Quarterly* 63 (1), 32–49.

Hofmann, Hans (1902): *Wilhelm Hauff: Eine nach neuen Quellen bearbeitete Darstellung seines Werdeganges*. Frankfurt a.M.: Diesterweg.

Honnibal, Matthew/Ines Montani/Sofie Van Landeghem (2021): »SpaCy: Industrial-strength NLP.« Python and Cython. Berlin: Explosion.

Hosmer, David W (2013): *Applied Logistic Regression*. 3. Auflage. Hoboken: Wiley.

Hunter, J. D. (2007): »Matplotlib: A 2D Graphics Environment.« *Computing in Science & Engineering* 9 (3) 90–95.

Husserl, Edmund [1913] (1967): *Ideen zu einer reinen Phänomenologie und phänomenologischen Philosophie. Erstes Buch. Allgemeine Einführung in die Phänomenologie*. Herausgegeben von Karl Schumann. 1. Halbband. Den Haag: Nijhoff.

Ingarden, Roman (1968): *Vom Erkennen des literarischen Kunstwerks*. Darmstadt: Wiss. Buchges.

International Federation of Library Associations and Institutions (2009): *Functional Requirements for Bibliographic Records: Final Report*. International Federation of Library Associations and Institutions (IFLA).

Irsigler, Ingo/Christoph Jürgensen (2008): »Über all ›das spukhafte Zeug‹. Zum Spannungsdiskurs in E. T. A. Hoffmanns ›Der unheimliche Gast‹.« In: *Zwischen Text und Leser. Studien zu Begriff, Geschichte und Funktion literarischer Spannung*. Herausgegeben von Ingo Irsigler, Christoph Jürgensen und Daniela Langer. München: Edition text + kritik, 208–224.

Jacobs, Jürgen (2007): »Bildungsroman«. In: *Reallexikon der deutschen Literaturwissenschaft*. Bd. 1. Herausgegeben von Georg Braungart, Harald Fricke, Klaus Grubmüller, Jan-Dirk Müller, Friedrich Vollhardt und Klaus Weimar. Berlin, New York: de Gruyter, 230–233.

Jäger, Georg (2001): »Der Verlagsbuchhandel.« In: *Geschichte des deutschen Buchhandels im 19. und 20. Jahrhundert. Band 1, Das Kaiserreich 1870–1918. Teil 1*. Im Auftrag der Historischen Kommission herausgegeben von Georg Jäger in Verbindung mit Dieter Langewiesche und Wolfram Siemann. Frankfurt a. M.: Buchhändler-Vereinigung GmbH, 197–215.

Jäger, Georg (2003): *Geschichte des deutschen Buchhandels im 19. und 20. Jahrhundert*. Frankfurt a. M.: Buchhändler-Vereinigung GmbH.

Jameson, Fredric (1981): *The Political Unconscious: Narrative as a Socially Symbolic Act*. London: Methuen.

Jannidis, Fotis (2004): *Figur und Person: Beitrag zu einer historischen Narratologie*. Berlin, New York: de Gruyter.

Jannidis, Fotis (2014): »Der Autor ganz nah.« In: *Theorien und Praktiken der Autorschaft*. Herausgegeben von Matthias Schaffrick und Marcus Willand. Berlin, Boston: de Gruyter, 169–196.

Jannidis, Fotis (2017): »Perspektiven quantitativer Untersuchungen des Novellenschatzes.« *Scalable Reading* (= *LiLi: Zeitschrift für Literaturwissenschaft und Linguistik* 47). Herausgegeben von Thomas Weitin, 7–28.

Jannidis, Fotis (2021): »Netzwerke.« In: *Digital Humanities. Eine Einführung*. Herausgegeben von Fotis Jannidis, Hubertus Kohle und Malte Rehbein, 2., aktualisierte und erweiterte Auflage. Stuttgart: Metzler, 147–161.

Jannidis, Fotis/Leonard Konle/Peter Leinen (2019): »Makroanalytische Untersuchung von Heftromanen.« In: *DHd 2019. Digital Humanities: multimedial & multimodal. Konferenz-abstracts*, 167–172.

Jannidis, Fotis/Gerhard Lauer (2014): »Burrows's Delta and its Use in German Literary History.« In: *Distant Readings. Topologies of German Culture in the Long Nineteenth Century*. Herausgegeben von Lynne Tatlock und Matt Erlin. Rochester: Camden House, 29–54.

Jannidis, Fotis/Gerhard Lauer/Simone Winko (2009): »Radikal historisiert: Für einen pragmatischen Literaturbegriff.« In: *Grenzen der Literatur*. Herausgegeben von Simone Winko, Fotis Jannidis und Gerhard Lauer. Berlin, New York: de Gruyter, 3–40.

Jannidis, Fotis/Steffen Pielström/Christof Schöch/Thorsten Vitt (2015): »Improving Burrows' Delta – An Empirical Evaluation of Text Distance Measures.« In: *Conference: DH 2015*. Sydney.

Jauß, Hans Robert (1993): »Literaturgeschichte als Provokation der Literaturwissenschaft.« In: *Rezeptionsästhetik. Theorie und Praxis*. Herausgegeben von Rainer Warning. München: Fink, 126–162.
Jeßing, Benedikt (2013): »Das 19. Jahrhundert.« In: *Geschichte des deutschsprachigen Romans*. Herausgegeben von Volker Meid. Stuttgart: Reclam, 305–444.
Jockers, Matthew (2015a): »More Syuzhet Validation.« (Blog: https://www.matthewjockers.net/2016/08/11/more-syuzhet-validation/).
Jockers, Matthew (2015b): »That Sentimental Feeling.« (Blog: https://www.matthewjockers.net/2015/12/20/that-sentimental-feeling/.
Jockers, Matthew (2015c): »Syuzhet: Extracts Sentiment and Sentiment-Derived Plot Arcs from Text.« (https://rdrr.io/cran/syuzhet/).
Jockers, Matthew L (2013): *Macroanalysis: Digital Methods and Literary History*. Urbana: Univ. of Illinois Press.
Jockers, Matthew/David Mimno (2012): »Significant Themes in 19th-Century Literature.« *Faculty Publications – Department of English* (http://digitalcommons.unl.edu/englishfacpubs/105).
Johnson, Burke/Robert Gray (2010): »A History of Philosophical and Theoretical Issues for Mixed Methods Research.« In: *Handbook of Mixed Methods in Social & Behavioral Research*. Herausgegeben von Abbas Tashakkori und Charles Teddlie, 2. Auflage. Thousand Oaks: Sage, 69–94.
Johnson, R. Burke/Anthony J. Onwuegbuzie (2004): »Mixed Methods Research: A research Paradigm whose Time has Come.« *Educational Researcher* 33, 14–26.
Jolles, André (2006): *Einfache Formen*. 8., Unveränderte Auflage. Tübingen: Niemeyer.
Jolles, Charlotte (1975): »Theodor Fontane als Essayist und Journalist.« *Jahrbuch für Internationale Germanistik* 7 (2), 98–119.
Jose, Paul E./William F. Brewer (1984): »Development of Story Liking: Character Identification, Suspense, and Outcome Resolution.« *Developmental Psychology* 20 (5), 911–924.
Junkerjürgen, Ralf (2002): *Spannung – Narrative Verfahrensweisen der Leseraktivierung. Eine Studie am Beispiel der Reiseromane von Jules Verne*. Frankfurt a. M.: Lang.
Jurafsky, Dan/James H. Martin (2000): *Speech and Language Processing: An Introduction to Natural Language Processing, Computer Linguistics, and Speech Recognition*. Upper Sadle River, N.J.: Prentice Hall.
Kalisch, Markus (2021): *Logistische Regression*. Wiesbaden: Springer.
Kaminski, Nicola/Nora Ramtke/Carsten Zelle (2014): »Zeitschriftenliteratur/Fortsetzungsliteratur: Problemaufriß.« In: *Zeitschriftenliteratur – Fortsetzungsliteratur*. Herausgegeben von Nicola Kaminski, Nora Ramtke und Carsten Zelle. Hannover: Wehrhahn, 7–40.
Karsdorp, Folgert/Antal van den Bosch (2016): »The Structure and Evolution of Story Networks.« *Royal Society Open Science* 160071 3 (6) (http://dx.doi.org/10.1098/rsos.160071).
Kasper, Norman (2020): »Die Geburt der ästhetischen Moderne aus dem Geist ihrer kunst- und literaturgeschichtlichen Erschließung bei Friedrich Theodor Vischer.« *Ästhetik im Vormärz. Jahrbuch Forum Vormärz Forschung* 26, 17–35.
Kastner, Barbara (2003): »Statistik und Topographie des Verlagswesens.« In: *Geschichte des deutschen Buchhandels im 19. und 20. Jahrhundert. Bd. 1 Das Kaiserreich 1871–1918, Teil 2*. Herausgegeben von Georg Jäger. Frankfurt a. M.: MVB Marketing- und Verlagsservice des Buchhandels, 300–367.
Keckeis, Paul/Werner Michler (2020a): »Einleitung: Gattungen und Gattungstheorie.« In: *Gattungstheorie*. Herausgegeben von Paul Keckeis und Werner Michler. Berlin: Suhrkamp, 7–48.
Keckeis, Paul/Werner Michler (Hrsg.) (2020b): *Gattungstheorie*. Erste Auflage. Berlin: Suhrkamp.
Kelle, Udo (2017): »Die Integration qualitativer und quantitativer Forschung – theoretische Grundlagen von ›Mixed Methods‹.« *Kölner Zeitschrift für Soziologie und Sozialpsychologie* 69 (2), 39–61.
Kelleter, Frank (2012): *Populäre Serialität: Narration – Evolution – Distinktion*. Kultur- und Medientheorie. Bielefeld: transcript.
Kessler, Matt/Charlene Pollo (Hrsg.) (2024): *Conducting Genre-based Research in Applied Linguistics*. New York, London: Routledge.

Kestemont, Mike/Folgert Karsdorp (2021): *Humanities Data Analysis: Case Studies with Python*. Princeton, Oxford: Princeton Univ. Press.

Kestemont, Mike/Folgert Karsdorp/Elisabeth de Bruijn/Matthew Driscoll/Katarzyna A. Kapitan/Pádraig Ó Macháin/Daniel Sawyer/Remco Sleiderink/Anne Chao (2022): »Forgotten Books: The Application of Unseen Species Models to the Survival of Culture.« *Science* 375 (6582), 765–769.

Kestemont, Mike/Justin Stover/Moshe Koppel/Folgert Karsdorp/Walter Daelemans (2016): »Authenticating the Writings of Julius Caesar.« *Expert Systems with Applications* 63, 86–96.

Kiefer, Sascha (2010): *Die deutsche Novelle im 20. Jahrhundert*. Köln, Weimar, Wien: Böhlau.

Kindt, Tom (2009): »Novelle.« In: *Handbuch der literarischen Gattungen*. Herausgegeben von Dieter Lamping. Stuttgart: Kröner, 540–548.

Kindt, Tom/Hans-Harald Müller (2006): *The Implied Author. Concept and Controversy*. Berlin: de Gruyter.

Kirasich, Kaitlin/Trace Smith/Bivin Sadler (2018): »Random Forest vs Logistic Regression: Binary Classification for Heterogeneous Datasets.« *SMU Data Science Review* 1 (3), Artikel 9.

Klärner, Holger (2003): *Der Schluß auf die beste Erklärung*. Berlin: de Gruyter.

Klauk, Tobias/Niels Klenner/Tilmann Köppe (2020): »Thematische Kohärenz als interpretationsleitendes Prinzip?: Eine Untersuchung zur Charakterisierung fiktionaler Gehalte am Beispiel literaturwissenschaftlicher Interpretationstexte zu E.T.A. Hoffmanns ›Der Sandmann‹.« *Textpraxis. Digitales Journal für Philologie* 18 (https://doi.org/10.17879/49099577091).

Klauk, Tobias/Tilmann Köppe (2014): »Bausteine einer Theorie der Fiktionalität.« In: *Fiktionalität*. Herausgegeben von Tobias Klauk und Tilmann Köppe. Revisionen. Berlin, Boston: de Gruyter, 3–31.

Klein, Johannes (1960): *Geschichte der deutschen Novelle von Goethe bis zur Gegenwart*. 4., verbesserte und erweiterte Auflage. Wiesbaden: Steiner.

Kleinschmidt, Erich (2007): »Prosa.« In: *Reallexikon der deutschen Literaturwissenschaft. Band 3*. Herausgegeben von Georg Braungart, Harald Fricke, Klaus Grubmüller, Jan-Dirk Müller, Friedrich Vollhardt und Klaus Weimar. Berlin, New York: de Gruyter, 168–172.

Kleinwort, Malte (2008): »Spannung(en) bei Kafka.« In: *Zwischen Text und Leser. Studien zu Begriff, Geschichte und Funktion literarischer Spannung*. Herausgegeben von Ingo Irsigler, Christoph Jürgensen und Daniela Langer. München: Edition text + kritik, 265–282.

Kleymann, Rabea (2022): »Datendiffraktion: Von Mixed zu Entangled Methods in den Digital Humanities.« *Fabrikation von Erkenntnis – Experimente in den Digital Humanities*. (Zeitschrift für digitale Geisteswissenschaften, Sonderband) Herausgegeben von Manuel Burghardt und Lisa Dieckmann. (https://doi.org/10.17175/sb005_008).

Kocher, Ursula (2005): *Boccaccio und die deutsche Novellistik: Formen der Transposition italienischer »novelle« im 15. und 16. Jahrhundert*. Amsterdam: Rodopi.

Kohns, Oliver/Claudia Liebrand (Hrsg.) (2012): *Gattung und Geschichte. Literatur- und medienwissenschaftliche Ansätze zu einer neuen Gattungstheorie*. Bielefeld: transcript.

Konrad, Eva-Maria/Thomas Petraschka (2016): »›Seltsamer und wunderlicher kann nichts erfunden werden‹ – zur aktuellen Diskussion um die Interpretation von E.T.A. Hoffmanns ›Der Sandmann‹ und Adelbert von Chamissos ›Peter Schlemihls wundersame Geschichte‹.« *E. T. A. Hoffmann-Jahrbuch* 24, 98–119.

Koolen, Corina/Karina van Dalen-Oskam/Andreas van Cranenburgh/Erica Nagelhout (2020): »Literary Quality in the Eye of the Dutch Reader: The National Reader Survey.« *Poetics* 79, 1–13.

Köppe, Tilmann (2007): »Vom Wissen in Literatur.« *Zeitschrift für Germanistik* 17 (2), 398–410.

Köppe, Tilmann (2008): »Kann man ein Buch spannend finden, obwohl man weiß, wie es endet? Überlegungen zum ›Paradox‹ der Spannung.« In: *Zwischen Text und Leser. Studien zu Begriff, Geschichte und Funktion literarischer Spannung*. Herausgegeben von Ingo Irsigler, Christoph Jürgensen und Daniela Langer. München: Edition text + kritik, 68–81.

Köppe, Tilmann (2014): »Die Institution Fiktionalität.« In: *Fiktionalität*. Herausgegeben von Tobias Klauk und Tilmann Köppe. Revisionen. Berlin, Boston: de Gruyter, 35–49.

Köppe, Tilmann/Edgar Onea (2023): »The Nearly Missed Account of Narrative Suspense.« *Frontiers of Narrative Studies* 9 (2), 273–289.

Korten, Lars (2009): *Poietischer Realismus. Zur Novelle der Jahre 1848–1888. Stifter, Keller, Meyer, Storm.* Tübingen: Niemeyer.

Koselleck, Reinhart (1979): *Historische Semantik und Begriffsgeschichte. Sprache und Geschichte. Bd. 1.* Stuttgart: Klett-Cotta.

Koselleck, Reinhart (2006): *Begriffsgeschichten*. 1. Auflage. Frankfurt a. M.: Suhrkamp.

Koskimies, Rafael (1959): »Die Theorie der Novelle.« *Orbis Litterarum* 14 (2–4), 65–88.

Kremer, Detlev (2011a): »Frühes Erzählen (Auftragsarbeiten, Kunstmärchen).« In: *Ludwig Tieck. Leben – Werk – Wirkung*. Herausgegeben von Claudia Stockinger und Stefan Scherer. Berlin, Boston: de Gruyter, 496–514.

Kremer, Detlev (2011b): »Späte Prosa.« In: *Ludwig Tieck. Leben – Werk – Wirkung.* Herausgegeben von Claudia Stockinger und Stefan Scherer. Berlin, Boston: de Gruyter, 568–586.

Kromer, Wolfram (1972): *Die französische Novelle im neunzehnten Jahrhundert.* Frankfurt a. M.: Athenäum.

Kruschke, John (2014): *Doing Bayesian Data Analysis*. 2. Auflage. Academic Press.

Kunz, Josef (1970): *Die deutsche Novelle im 19. Jahrhundert.* Berlin: Schmidt.

Kunz, Josef (Hrsg.) (1973): *Novelle*. 2., wesentlich veränderte. und verbesserte Auflage. Darmstadt: Wiss. Buchges.

Kunz, Josef (1992): *Die deutsche Novelle zwischen Klassik und Romantik.* Berlin: Schmidt.

Kutschera, Franz von (1975): *Sprachphilosophie*. 2., Völlig neu bearb. und erweiterte Auflage. München: Fink.

Lamarque, Peter/Stein Haugom Olsen (1994): *Truth, Fiction, and Literature: A Philosophical Perspective*. Oxford: Oxford Univ. Press.

Langer, Daniela (2008): »Literarische Spannung/en: Spannungsformen in erzählenden Texten und Möglichkeiten ihrer Analyse.« In: *Zwischen Text und Leser. Studien zu Begriff, Geschichte und Funktion literarischer Spannung*. Herausgegeben von Ingo Irsigler, Christoph Jürgensen und Daniela Langer. München: Edition text + kritik, 12–32.

Lemnitzer, Lothar/Heike Zinsmeister (2015): *Korpuslinguistik: eine Einführung*. 3., überarbeitete und erweiterte Auflage. Tübingen: Narr Francke Attempto.

Levinson, Jerrold (1996): »Intention and Interpretation in Literature.« In: *The Pleasures of Aesthetics: Philosophical Essays*. Herausgegeben von Jerrold Levinson. Ithaca: Cornell Univ. Press, 175–213.

Lincoln, Yvonna S./Egon G. Guba (1985): *Naturalistic Inquiry.* Newbury Park: Sage.

Lincoln, Yvonna S./Egon G. Guba (2000): »Paradigmatic Controversies, Contradictions, and Emerging Confluences.« In: *Handbook of Qualitative Research*. Herausgegeben von Norman K. Denzin. Thousand Oaks: Sage, 163–188.

Lindner, Urs/Dimitri Mader (Hrsg.) (2017a): *Critical Realism meets kritische Sozialtheorie: Ontologie, Erklärung und Kritik in den Sozialwissenschaften*. Sozialtheorie. Bielefeld: transcript.

Lindner, Urs/Dimitri Mader (2017b): »Einleitung: *Critical Realism* als Philosophie der Sozialwissenschaften.« In: *Critical realism meets kritische Sozialtheorie: Ontologie, Erklärung und Kritik in den Sozialwissenschaften*. Sozialtheorie. Bielefeld: transcript, 7–73.

Linke, Angelika (2004): *Studienbuch Linguistik*. 5., erweiterte Auflage. Tübingen: Niemeyer.

Luhmann, Niklas (1970): »Institutionalisierung. Funktion und Mechanismus im sozialen System der Gesellschaft.« In: *Zur Theorie der Institution*. Herausgegeben von Helmut Schelsky. Düsseldorf: Bertelsmann, 27–41.

Luhmann, Niklas (1984): *Soziale Systeme: Grundriß einer allgemeinen Theorie*. Frankfurt a. M.: Suhrkamp.

Lukas, Wolfgang (1998): »Novellistik.« In: *Zwischen Restauration und Revolution 1815–1848*. Hansers Sozialgeschichte der deutschen Literatur, Bd. 5. Herausgegeben von Gert Sautermeister und Ulrich Schmid. München: Hanser, 251–280.

Lukas, Wolfgang/Madleen Podewski (2011): »Novellenpoetik.« In: *Ludwig Tieck. Leben – Werk – Wirkung*. Herausgegeben von Claudia Stockinger und Stefan Scherer. Berlin, Boston: de Gruyter, 353–364.

Mackey, Alison Jayne/Lara Bryfonski (2018): »Mixed Methodology.« In: *The Palgrave Handbook of Applied Linguistics Research Methodology*. Herausgegeben von A. Phakiti, P. De Costa, L. Plonsky und S. Starfield. London: Palgrave Macmillan, 103–121.

Malmede, Hans Hermann (1966): *Wege zur Novelle: Theorie und Interpretation der Gattung Novelle in der deutschen Literaturwissenschaft*. Stuttgart: Kohlhammer.

Mann, Henry B./Donald Ransom Whitney (1947): »On a Test of Whether One of Two Random Variables Is Stochastically Larger than the Other.« *The Annals of Mathematical Statistics* 18 (1), 50–60.

Martus, Steffen (2008): *Werkpolitik: Zur Literaturgeschichte kritischer Kommunikation vom 17. bis ins 20. Jahrhundert mit Studien zu Klopstock, Tieck, Goethe und George*. Berlin, New York: de Gruyter.

Martus, Steffen (2015): »Wandernde Praktiken ›after theory‹?« *Internationales Archiv für Sozialgeschichte der deutschen Literatur (IASL)* 40 (1), 177–195.

Martus, Steffen/Carlos Spoerhase (2022): *Geistesarbeit: Eine Praxeologie der Geisteswissenschaften*. Berlin: Suhrkamp.

Maslinsky, Kirill (2023): »How Exactly Does Literary Content Depend on Genre? A Case Study of Animals in Children's Literature.« *CHR 2023: Computational Humanities Research Conference.* December 6 – 8, Paris.

McElreath, Richard (2020): *Statistical Rethinking: a Bayesian Course With Examples in R and Stan*. 2. Auflage. Boca Raton, London, New York: CRC Press.

McEnerny, Tony/Andrew Wilson (2001): *Corpus Linguistics: An Introduction*. Edinburgh: Edinburgh Univ. Press.

Meier, Albert/Simone Vrckovski (2014): *Novelle: eine Einführung*. Berlin: Erich Schmidt.

Meißner, Thomas (2011): »Literarische Geselligkeit: *Phantasus*.« In: *Ludwig Tieck. Leben – Werk – Wirkung*. Herausgegeben von Claudia Stockinger und Stefan Scherer. Berlin, Boston: de Gruyter, 533–550.

Meister, Jan Christoph (2003): *Computing Action: A Narratological Approach*. Berlin, New York: de Gruyter.

Mellmann, Katja (2006): »Literatur als emotionale Attrape. Eine evolutionspsychologische Lösung des ›paradox of fiction‹.« In: *Heuristiken der Literaturwissenschaft*. Herausgegeben von Uta Klein. Paderborn: mentis, 145–166.

Mellmann, Katja (2007): »Vorschlag zu einer emotionspsychologischen Bestimmung von Spannung.« In: *Im Rücken der Kulturen*. Herausgegeben von Karl Eibl. Paderborn: mentis, 241–268.

Mellmann, Katja (2014): »Die Clauren-Marlitt: Rekonstruktion eines Literaturstreits um 1885.« *Internationales Archiv für Sozialgeschichte der deutschen Literatur (IASL)* 39 (2), 285–324.

Mellmann, Katja (2016): »Literarische Öffentlichkeit im mittleren 19. Jahrhundert.« In: *Vergessene Konstellationen literarischer Öffentlichkeit zwischen 1840 und 1885*. Herausgegeben von Katja Mellmann und Jesko Reiling. Studien und Texte zur Sozialgeschichte der Literatur. Berlin, Boston: de Gruyter, 1–32.

Mellmann, Katja/Jesko Reiling (Hrsg.) (2016): *Vergessene Konstellationen literarischer Öffentlichkeit zwischen 1840 und 1885*. Berlin, Boston: de Gruyter.

Mellmann, Katja/Marcus Willand (2013): »Historische Rezeptionsanalyse. Zur Empirisierung von Textbedeutungen.« In: *Empirie in der Literaturwissenschaft*. Herausgegeben von Philip Ajouri, Katja Mellmann und Christoph Rauen. Münster: mentis, 263–281.

Meyer, Reinhart (1987): *Novelle und Journal, I: Titel und Normen: Untersuchungen zur Terminologie der Journalprosa, zu ihren Tendenzen, Verhältnissen und Bedingungen*. Stuttgart: Steiner.

Meyer, Reinhart (1998): »Novelle und Journal.« In: *Zwischen Restauration und Revolution 1815–1848*. Hansers Sozialgeschichte der deutschen Literatur, Bd. 5. Herausgegeben von Gert Sautermeister und Ulrich Schmid. München: Hanser, 234–250.

Mikheev, Andrej (2003): »Text Segmentation.« In: *The Oxford Handbook of Computational Linguistics*. Herausgegeben von Ruslan Mitkov. Oxford, New York: Oxford Univ. Press.

Miller, Carolyn R (1984): »Genre as Social Action.« *Quarterly Journal of Speech* 70, 151–167.

Moretti, Franco (2011): »Network Theory, Plot Analysis.« *Stanford Literary Lab* Pamphlet 2 (https://litlab.stanford.edu/LiteraryLabPamphlet2.pdf).

Moretti, Franco (2013a): »›Operationalizing‹: Or, the Function of Measurement in Modern Literary Theory.« *Stanford Literary Lab* Pamphlet 6 (https://litlab.stanford.edu/LiteraryLabPamphlet6.pdf).

Moretti, Franco (2013b): »The Slaughterhouse of Literature.« In: Ders.: *Distant Reading.* London: Verso, 63–89.

Moretti, Franco (2013c): *Distant Reading*. London: Verso.

Müller, Joachim (1961): »Novelle und Erzählung.« *Etudes Germaniques* 16, 97–107.

Müller, Julian/Armin Nassehi (2013): »9. Struktur und Zeit (8. Kapitel).« In: *Niklas Luhmann: Soziale Systeme.* Herausgegeben von Detlev Horster. München: Akademie-Verlag, 97–106.

Müller, Ralph (2010): »1.7 Korpusbildung.« In: *Handbuch Gattungstheorie*. Herausgegeben von Rüdiger Zymner. Stuttgart, Weimar: Metzler, 23–25.

Müller, Stephan (2017): »›Cliffhanger‹. Mittelhochdeutsche Epik als Serie am Beispiel der Aventiure-Enden des Nibelungenlieds in Handschrift C. « In: *Stimme und Performanz in der mittelalterlichen Literatur.* Herausgegeben von Monika Unzeitig. Berlin, Boston: de Gruyter, 352–361.

Müller, Wolfgang (2009): »Epochenstil/Zeitstil.« In: *Rhetorik und Stilistik. Ein internationales Handbuch historischer und systematischer Forschung / Rhetoric and Stylistics. An International Handbook of Historical and Systematic Research.* Bd. 2. Herausgegeben von Ulla Fix, Andreas Gardt und Joachim Knape. Berlin: de Gruyter, 1271–1285.

Nassehi, Armin (2003): *Studien zur Theorie der modernen Gesellschaft*. 1. Auflage. Frankfurt a. M.: Suhrkamp.

Nassehi, Armin (2011): *Gesellschaft der Gegenwarten. Studien zur Theorie der modernen Gesellschaft II.* Frankfurt a. M.: Suhrkamp.

Neumann, Birgit/Ansgar Nünning (2007): »Einleitung: Probleme, Aufgaben und Perspektiven der Gattungstheorie und Gattungsgeschichte.« In: *Gattungstheorie und Gattungsgeschichte.* Herausgegeben von Marion Gymnich, Birgit Neumann und Ansgar Nünning. Trier: Wiss. Verl. Trier, 1–28.

Neumann, Hans (2016): »RENNEWART: Paradoxe Schnittstelle zwischen Christen und Heiden in Wolframs ›Willehalm‹. Rennewarts Verschwinden: ein misslungener Cliffhanger?« In: *Jassy liegt am Meer.* Herausgegeben von Alexander Rubel und Ion Lihaciu. Konstanz: Hartung, 187–202.

Neumann, Michael (2011): »Dresdner Novellen.« In: *Ludwig Tieck. Leben – Werk – Wirkung.* Herausgegeben von Claudia Stockinger und Stefan Scherer. Berlin, Boston: de Gruyter, 551–567.

Newman, David/Jey Han Lau/Karl Grieser/Timothy Baldwin (2010): »Automatic Evaluation of Topic Coherence.« In: *Human Language Technologies: The 2010 Annual Conference of the North American Chapter of the Association for Computational Linguistics.* HLT '10. Stroudsburg, PA, USA: Association for Computational Linguistics, 100–108.

Niebisch, Arndt (2019): *Kleists Medien.* Berlin, Boston: de Gruyter.

O'Brien, Robert M. (2007): »A Caution Regarding Rules of Thumb for Variance Inflation Factors.« *Quality & Quantity* 41 (5), 673–690.

O'Neill, Brian/Mark Riedl (2014): »Dramatis: A Computational Model of Suspense.« *Association for the Advancement of Artificial Intelligence*, 944–950.

Osgood, Charles E. (1952): »The Nature and Measurement of Meaning.« *Psychological Bulletin* 49 (3), 197–237.

Osterhammel, Jürgen (2020): *Die Verwandlung der Welt.* 3. Auflage der Sonderausgabe. München: Beck.

Pabst, Walter (1949): »Die Theorie der Novelle in Deutschland (1920–1940).« *Romanistisches Jahrbuch* 2 (1), 81–124.

Pabst, Walter (1953): *Novellentheorie und Novellendichtung. Zur Geschichte ihrer Antinomie in den romanischen Literaturen.* Hamburg: Cram, de Gruyter.

Paige, Nicholas (2021): *Technologies of the Novel. Quantitative Data and the Evolution of Literary Systems.* Cambridge: Cambridge Univ. Press.

Pawłowski, Tadeusz (1980): *Begriffsbildung und Definition*. Berlin, New York: de Gruyter.

Pearl, Judea (2013): *Causality*. 2. Auflage. Cambridge: Cambridge Univ. Press.

Pearl, Judea (2016): *Causal Inference in Statistics. A primer*. Chichester, West Sussex: Wiley.

Pedregosa, Fabian/G. Varoquaux/A. Gramfort et al. (2011): »Scikit-learn: Machine Learning in Python.« *Journal of Machine Learning Research* 12, 2825–2830.

Peñas, Anselmo/Alvaro Rodrigo (2011): »A Simple Measure to Assess Non-response.« *Proceedings of the 49th Annual Meeting of the Association for Computational Linguistics*, 1415–1424.

Pennbaker, James (2011): *The Secret Life of Pronouns: What Our Words Say about Us*. New York: Bloomsbury.

Percillier, Michael (2017): »Creating and Analyzing Literary Corpora.« In: *Data Analytics in Digital Humanities*. Herausgegeben von Shalin Hai-Jew. Cham (Schweiz): Springer, 91–118.

Pfister, Manfred (1985): »Konzepte der Intertextualität.« In: *Intertextualität: Formen, Funktionen, anglistische Fallstudien*. Herausgegeben von Ulrich Broich und Manfred Pfister. Tübingen: Niemeyer, 1–30.

Pfister, Manfred (2001): *Das Drama. Theorie und Analyse*. 11. Auflage. München: Fink.

Piper, Andrew (2015): »Validation and Subjective Computing.« *txtLab* (Blog: txtlab.org/?p=470).

Piper, Andrew (2018): *Enumerations. Data and Literary Study*. Chicago, London: Univ. of Chicago Press.

Piper, Andrew/Richard Jean So/David Bamman (2021): »Narrative Theory for Computational Narrative Understanding.« In: *Proceedings of the 2021 Conference on Empirical Methods in Natural Language Processing*, 298–311.

Podewski, Madleen (2022): »Schnitzler und der Buch- und Zeitschriftenmarkt seiner Zeit.« In: *Schnitzler-Handbuch: Leben – Werk – Wirkung*. Herausgegeben von Christoph Jürgensen, Wolfgang Lukas und Michael Scheffel, 2. Auflage. Stuttgart: Metzler, 72–76.

Polheim, Karl Konrad (1965): *Novellentheorie und Novellenforschung. Ein Forschungsbericht.* Erweiterter Sonderdruck aus: *Deutsche Vierteljahrsschrift für Literaturwissenschaft und Geistesgeschichte*, Jg. 38/1964. Stuttgart: Metzler.

Polheim, Karl Konrad (Hrsg.) (1970): *Theorie und Kritik der deutschen Novelle von Wieland bis Musil.* Tübingen: Niemeyer.

Polheim, Karl Konrad (1981): »Gattungsproblematik.« In: *Handbuch der deutschen Erzählung*. Herausgegeben von Karl Konrad Polheim. Düsseldorf: Bagel, 9–16.

Pongs, Hermann (1929): »Über die Novelle.« *Zeitschrift für deutsche Bildung* 5, 175–185.

Popper, Karl R. (1962): »Die Logik der Sozialwissenschaften.« In: *Der Positivismusstreit in den Sozialwissenschaften*. Herausgegeben von Theodor W. Adorno. Neuwied, Berlin: Luchterhand, 103–124.

Popper, Karl R. (1983): *Realism and the Aim of Science*. Reprint. with corr. London, New York: Routledge.

Pötters, Wilhelm (1991): *Begriff und Struktur der Novelle: Linguistische Betrachtungen zu Boccaccios »Falken.«* Tübingen: Niemeyer.

Rabinowitz, Peter J. (1987): *Before Reading. Narrative Conventions and the Politics of Interpretation*. Ithaca: Cornell Univ. Press.

Raible, Wolfgang (1980): »Was sind Gattungen? Eine Antwort aus semiotischer und textlinguistischer Sicht.« *Poetica* 12, 320–449.

Rarisch, Ilsedore (1976): *Industrialisierung und Literatur Buchproduktion, Verlagswesen und Buchhandel in Deutschland im 19. Jahrhundert in ihrem statistischen Zusammenhang*. Berlin: Colloquium Verl.

Rath, Wolfgang (2008): *Die Novelle: Konzept und Geschichte*. 2., überarbeitete und aktualisierte Auflage. Göttingen: Vandenhoeck & Ruprecht.

Reger, Isabella (2016): »Figurennetzwerke als Ähnlichkeitsmaß.« Universität Würzburg (urn:nbn:de:bvb:20-opus-149106).

Reich-Ranicki, Marcel (2013): »Wer will, soll's besser machen.« *Die Welt*, 21.10.2013.

Remak, Henry H. H. (1972): »Der Rahmen in der deutschen Novelle: Dauer im Wechsel.« In: *Traditions and Transitions: Studies in Honor of Harold Jantz*. Herausgegeben von Liselotte Kurt-Voigt. München: Delp, 246–262.

Remak, Henry H. H. (1982): »Die Novelle in der Klassik und Romantik.« In: *Europäische Romantik* 1. Herausgegeben von Karl-Robert Mandelkow. Wiesbaden: Akademische Verlagsgesellschaft, 291–318.
Renner, Ursula (2022): »Lieutenant Gustl (1900).« In: *Schnitzler-Handbuch: Leben – Werk – Wirkung*. Herausgegeben von Christoph Jürgensen, Wolfgang Lukas und Michael Scheffel, 2. Auflage. Stuttgart: Metzler, 239–243.
Resch, Sascha (2024): »Mandragola und Clizia aus der Perspektive der digitalen Netzwerkanalyse.« *Philologie im Netz* (im Druck).
Richter, Steffen/Jochen Vogt (2009): »Novelle.« In: *Einladung zur Literaturwissenschaft. Ein Vertiefungsprogramm zum Selbststudium*. Duisburg, Essen: Universität Duisburg-Essen (http://www.einladung-zur-literaturwissenschaft.de).
Rohwer, Götz/Ulrich Pötter (2001): *Kausale und funktionale Erklärungen in der Sozialforschung*. Version 0.7. Bochum (eBook: www.stat.ruhr-uni-bochum.de/papers/dkfe.pdf).
Rölleke, Heinz (2007): »Märchen.« In: *Reallexikon der deutschen Literaturwissenschaft. Bd. 2*. Herausgegeben von Georg Braungart, Harald Fricke, Jan-Dirk Müller, Friedrich Vollhardt und Klaus Weimar. Berlin, New York: de Gruyter, 513–517.
Rosch, Eleanor (1978): »Principles of Categorization.« In: *Cognition and Categorization*. Herausgegeben von Eleanor Rosch und Barbara B. Lloyd. Hillsdale: Erlbaum, 27–48.
Ryan, Marie-Laure (1981): »Introduction: On the Why, What, and How of Generic Taxonomy.« *Poetics* 20 (2–3), 109–126.
Ryan, Marie-Laure (1980): »Fiction, Non-Factuals, and the Principle of Minimal Departure.« *Poetics* 9 (4), 403–422.
Salgaro, Massimo (2023): *Stylistics, Stylometry and Sentiment Analysis in German Studies*. Göttingen: Vandenhoeck & Ruprecht.
Sayer, Andrew (2012): »Power, Causality and Normativity: a Critical Realist Critique of Foucault.« *Journal of Political Power* 5 (2), 179–194.
Schaeffer, Jean-Marie (1989): *Qu'est-ce qu'un genre littéraire?* Paris: Seuil.
Scheffel, Michael (2022): »Narrative Modernität: Schnitzler als Erzähler.« In: *Schnitzler-Handbuch: Leben – Werk – Wirkung*. Herausgegeben von Christoph Jürgensen, Wolfgang Lukas und Michael Scheffel, 2. Auflage. Stuttgart: Metzler, 390–396.
Schelle, Hansjörg (1976): »Zur Entstehung und Gestalt von C. M. Wielands *Das Hexameron von Rosenhain*.« *Neophilologus* 60, 107–123.
Schelsky, Helmut (1970): »Zur soziologischen Theorie der Institutionen.« In: *Zur Theorie der Institution*. Herausgegeben von Helmut Schelsky. Düsseldorf: Bertelsmann, 9–26.
Scherer, Stefan/Claudia Stockinger (2016): »Archive in Serie. Literatur- und Kulturzeitschriften des 19. Jahrhunderts.« In: *Archiv/Fiktionen. Verfahren des Archivierens in Kultur und Literatur des langen 19. Jahrhunderts*. Herausgegeben von Daniela Gretz und Nicolas Pethes. Freiburg i.Br., Berlin, Wien: Rombach.
Schlaffer, Hannelore (1993): *Poetik der Novelle*. Stuttgart, Weimar: Metzler, 255–278.
Schmidt, Ben (2019): »A Computational Critique of a Computational Critique of Computational Critique.« (Blog: https://benschmidt.org/post/critical_inquiry/2019-03-18-nan-da-critical-inquiry/).
Schmitz-Emans, Monika (2010): »Normativität und Gattung.« In: *Handbuch Gattungstheorie*. Herausgegeben von Rüdiger Zymner. Stuttgart, Weimar: Metzler, 119–121.
Schmücker, Reinold (2001): »Funktionen der Kunst.« In: *Wozu Kunst? Die Frage nach ihrer Funktion*. Herausgegeben von Bernd Kleimann und Reinold Schmücker. Darmstadt: Wissenschaftliche Buchgesellschaft, 13–33.
Schneider, Jost (2004): *Sozialgeschichte des Lesens*. Berlin, New York: de Gruyter.
Schöch, Christof (2013): »Computational Literary Genre Stylistics.« In: *Herrenhausen Conference (digital) Humanities Revisited*. Hannover (https://doi.org/10.5281/zenodo.7596).

Schöch, Christof (2016): »Ein digitales Textformat für die Literaturwissenschaften. Die Richtlinien der Text Encoding Initiative und ihr Nutzen für Textedition und Textanalyse.« *Romanische Studien*, 4.

Schöch, Christof (2017a): »Aufbau von Datensammlungen.« In: *Digital Humanities: eine Einführung*. Herausgegeben von Fotis Jannidis, Hubertus Kohle und Malte Rehbein. Stuttgart: Metzler, 223–233.

Schöch, Christof (2017b): »Topic Modeling Genre: An Exploration of French Classical and Enlightenment Drama.« *Digital Humanities Quarterly* 11 (2).

Schöch, Christof/Frédéric Döhl/Achim Rettinger/Evelyn Gius/Peer Trilcke/Peter Leinen/Fotis Jannidis/Maria Hinzmann/Jörg Röpke (2020): »Abgeleitete Textformate: Text und Data Mining mit urheberrechtlich geschützten Textbeständen.« *Zeitschrift für digitale Geisteswissenschaften*.

Schöch, Christof/Roxana Patras/Tomaž Erjavec/Diana Santos (2021): »Creating the European Literary Text Collection (ELTeC): Challenges and Perspectives.« *Modern Languages Open* 1 (https://doi.org/10.3828/mlo.v0i0.364).

Schrader, Hans-Jürgen (2001): »Preß-Autorität. Mitformende Marktfaktoren der realistischen Erzählkunst an Beispielen Storms, Raabes und Kellers.« *Jahrbuch der Raabe-Gesellschaft* 42 (1), 1–40.

Schröder, Rolf (1970): *Novelle und Novellentheorie in der frühen Biedermeierzeit.* Tübingen: Niemeyer.

Schröter, Julian (2018): *Theorie der literarischen Selbstdarstellung. Begriff – Hermeneutik – Analyse*. Münster: mentis.

Schröter, Julian (2019): »Gattungsgeschichte und ihr Gattungsbegriff am Beispiel der Novellen.« *Journal of Literary Theory* 13 (2), 227–257.

Schröter, Julian (2022a): »Representing and Modeling Cultural Relevance in Corpora for Historical Analysis (Poster Presentation).« In: *The book of Abstracts of DH 2022*, 686–687.

Schröter, Julian (2022b): »Modeling Prototypicality for Genre Concepts (Poster presentation at the iSchool Showcase, University of Illinois at Urbana-Champaign).« *Zenodo* (https://doi.org/10.5281/zenodo.7945007).

Schröter, Julian (2023a): »Mixed Methods.« In: *Begriffe der Digital Humanities. Ein diskursives Glossar (= Zeitschrift für digitale Geisteswissenschaften / Working Papers, 2)*. Herausgegeben von AG Digital Humanities Theorie des Verbandes Digital Humanities im deutschsprachigen Raum.

Schröter, Julian (2023b): »›Spannung ist Männersache‹? Zur quantitativen Analyse von Suspense in Heftromanen.« In: *Heftromane. KODEX. Jahrbuch der internationalen buchwissenschaftlichen Gesellschaft* 11 [2021/2022], 283–299.

Schröter, Julian (2023c): »›Tod des Autors‹ und andere Topoi der Autorschaftstheorie. Eine rhetorische Analyse der Debattenkonstellation.« In: *Topik der Theorie ›nach der Theorie‹. Zur rhetorischen Struktur der Theorie nach deren proklamiertem Ende. (= LiLi: Studien zu Literaturwissenschaft und Linguistik* 6) Herausgegeben von Michael Eggers und Adrian Robanus, 203–214.

Schröter, Julian (2024a): »Abstract (short proposal): Der Cliffhanger im seriellen Spannungserzählen. Zu einem repräsentativen Korpus populären Erzählens im 19. Jahrhundert Julian Schröter.« *Zenodo* (https://doi.org/10.5281/zenodo.10789497).

Schröter, Julian (2024b): »Machine-Learning as a Measure of the Conceptual Looseness of Disordered Genres. Studies on German Novellen.« In: *Digital Genre Stylistics in Romance Studies and Beyond*. Herausgegeben von Christof Schöch, Robert Hesselbach, José Calvo Tello und Ulrike Henny-Krahmer. Heidelberg: Heidelberg Univ. Publishing, 173–195.

Schröter, Julian (2024c): »19CproseCorpus: 19th Century Prose Corpus (Habilitationsschrift).« *Zenodo* (https://doi.org/10.5281/zenodo.10935330).

Schröter, Julian (2024d): »PyNovellaHistory: Python Code for the Project on the History of the German 19th-Century Novella.« *Zenodo* (https://doi.org/10.5281/zenodo.10984130).

Schröter, Julian/Keli Du (2022): »Validating Topic Modeling as a Method of Analyzing Sujet and Theme.« *Journal of Computational Literary Studies* 1 (https://doi.org/10.48694/jcls.91).

Schröter, Julian/Keli Du/Julia Dudar/Cora Rok/Christof Schöch (2021): »From Keyness to Distinctiveness – Triangulation and Evaluation in Computational Literary Studies.« *Journal of Literary Theory* 15 (1–2), 81–108.

Schröter, Julian/Johannes Leitgeb/Theresa Valta (2023): »Ein digitales Korpus der Novellen und Journalprosa des 19. Jahrhunderts: Herausforderungen der Metadatenerschließung.« *Dariah Working Papers* 46 (https://doi.org/10.47952/gro-publ-131).

Schruhl, Friederike (2019): »Objektumgangsnormen in der Literaturwissenschaft.« *Wie Digitalität die Geisteswissenschaften verändert: Neue Forschungsgegenstände und Methoden*. Sonderband der Zeitschrift für digitale Geisteswissenschaften 3 (https://doi.org/10.17175/sb003_012).

Schulz, Gerhard (1989): *Geschichte der deutschen Literatur von den Anfängen bis zur Gegenwart, Bd. 7.2.* München: Beck.

Schulz-Buschhaus, Ulrich (1985): »Gattungsmischung – Gattungskombination – Gattungsnivellierung. Überlegungen zum Gebrauch des literarhistorischen Epochenbegriffs ›Barock‹.« In: *Epochenschwellen und Epochenstrukturen im Diskurs der Literatur- und Sprachhistorie*. Herausgegeben von Hans-Ulrich Gumbrecht und Ursula Heer. Frankfurt a. M.: Suhrkamp, 213–233.

Schumacher, Mareike (2018): »Netwerkanalyse.« *forTEXT. Literatur digital erforschen* (https://fortext.net/routinen/methoden/netzwerkanalyse).

Schumann, Martin (2008): »Warum mittelhochdeutsche Literatur spannend ist.« In: *Zwischen Text und Leser. Studien zu Begriff, Geschichte und Funktion literarischer Spannung*. Herausgegeben von Ingo Irsigler, Christoph Jürgensen und Daniela Langer. München: Edition text + kritik, 123–139.

Schunicht, Manfred (1973): »Der ›Falke‹ am Wendepunkt.« In: *Novelle*. 2., wesentlich veränderte und verbesserte Auflage. Herausgegeben von Josef Kunz. Darmstadt: Wiss. Buchges, 439–468.

Schurz, Gerhard (2013): »Das Problem der Induktion.« In: *Karl Popper, Logik der Forschung*. Herausgegeben von Herbert Keuth und Karl R. Popper, 4., bearbeitete Auflage. Klassiker auslegen 12. Berlin: Akademie-Verlag, 25–40.

Schwarz, Anette (2013): »›Bis hierher; niemals weiter‹. Krankheit als Grenze literarischer Darstellung in Theodor Storms Novelle ›Schweigen‹.« In: *Wirklichkeit und Wahrnehmung. Neue Perspektiven auf Theodor Storm*. Herausgegeben von Elisabeth Strowick und Ulrike Vedder. Bern: Lang, 205–221.

Schwarz, Gideon (1978): »Estimating the Dimension of a Model.« *The Annals of Statistics* 6 (2), 461–464.

Seabold, Skipper/Josef Perktold (2010): »Statsmodels: Econometric and Statistical Modeling with Python.« *Proceedings of the 9th Python in Science Conference*, 92–96.

Sengle, Friedrich [1957] (1980): »Der Umfang als Problem der Dichtungswissenschaft.« zuerst in: *Gestaltprobleme der Dichtung*. Festschrift für Günther Müller. Herausgegeben von Richard Alewyn et al. Bonn 1957, 299–306; nachgedruckt und hier zitiert nach: Friedrich Sengle: *Literaturgeschichtsschreibung ohne Schulungsauftrag. Werkstattberichte, Methodenlehre, Kritik.*: Tübingen: Niemeyer, 56–64.

Shieh, Gwowen (2008): »Improved Shrinkage Estimation of Squared Multiple Correlation Coefficient and Squared Cross-Validity Coefficient.« *Organizational Research Methods* 11 (2), 387–407.

Siegel, Andrew (1982): »Robust Regression Using Repeated Medians.« *Biometrika* 69, 242–244.

Siemann, Wolfram (1988): »Von der offenen zur mittelbaren Kontrolle. Der Wandel in der deutschen Preßgesetzgebung und Zensurpraxis des 19. Jahrhunderts.« In: *»Unmoralisch an sich ... « Zensur im 18. und 19. Jahrhundert*. Herausgegeben von Herbert G. Göpfert und Erdmann Weyrauch. Wiesbaden: Harrassowitz, 293–308.

Simmel, Georg (1911): *Einleitung in die Moralwissenschaft*. 3. Auflage., 2. Neudruck der Ausgabe von 1892/93. Stuttgart: Cotta.

Sinclair, John (1991): *Corpus, Concordance, Collocation*. Oxford: Oxford Univ. Press.

Sinclair, John (2004): »Corpus and Text – Basic Principles.« In: *Developing Linguistic Corpora: a Guide to Good Practice*. Herausgegeben von Martin Wynne. Oxford: AHDS (https://users.ox.ac.uk/~martinw/dlc/index.htm).

Sommer, Roy (2000): »Funktionsgeschichten. Überlegungen zur Verwendung des Funktionsbegriffs in der Literaturwissenschaft und Anregungen zu seiner terminologischen Differenzierung.« *Literaturwissenschaftliches Jahrbuch* 41, 319–341.
Speer, Robyn/Joshua Chin/Catherine Havasi (2018): »ConceptNet 5.5: An Open Multilingual Graph of General Knowledge.« *arXiv* (https://doi.org/10.48550/arXiv.1612.03975).
Sperber, Dan/Deirdre Wilson (1995): *Relevance*. 2. Auflage. Oxford: Blackwell.
Spitzer, Leo (1967): *Linguistics and Literary History: Essays in Stylistics*. Princeton: Princeton Univ. Press.
Spoerhase, Carlos (2007): *Autorschaft und Interpretation: methodische Grundlagen einer philologischen Hermeneutik*. Berlin, New York: de Gruyter.
Spoerhase, Carlos (2017): *Linie, Fläche, Raum: Die drei Dimensionen des Buches in der Diskussion der Gegenwart und der Moderne (Valéry, Benjamin, Moholy-Nagy)*. Göttingen: Wallstein.
Spoerhase, Carlos (2018): *Das Format der Literatur: Praktiken materieller Textualität zwischen 1740 und 1830*. Göttingen: Wallstein.
Staiger, Emil (1951): *Grundbegriffe der Poetik*. 2., erweiterte Auflage. Zürich: Atlantis.
Stamatatos, Efstathios (2009): »A Survey of Modern Authorship Attribution Methods.« *Journal of the Association for Information Science and Technology* 60 (3), 538–556.
Steger, Angelika (2007): *Diskrete Strukturen*. 2. Auflage. Berlin, Heidelberg: Springer.
Stegmüller, Wolfgang (1965): *Glauben, Wissen und Erkennen*. Darmstadt: Wiss. Buchges.
Stegmüller, Wolfgang (1969): *Probleme und Resultate der Wissenschaftstheorie und Analytischen Philosophie. Band I: Wissenschaftliche Erklärung und Begründung*. Berlin, Heidelberg, New York: de Gruyter.
Stegmüller, Wolfgang (1970): *Aufsätze zu Kant und Wittgenstein*. Darmstadt: Wiss. Buchges.
Steinhauer, Harry (1970): »Toward a Definition of the Novella.« *Seminar* 6, 154–174.
Stiening, Gideon (2007): »Am ›Ungrund‹ oder: Was sind und zu welchem Ende studiert man Poetologien des Wissens?« *KulturPoetik. Zeitschrift für kulturgeschichtliche Literaturwissenschaft* 7 (2), 234–248.
Stockinger, Claudia (2006): »Storms ›Immensee‹ und die Liebe der Leser. Medienhistorische Überlegungen zur literarischen Kommunikation im 19. Jahrhundert.« In: *Jahrbuch der Deutschen Schillergesellschaft* 50, 286–315.
Stockinger, Claudia (2010): *Das 19. Jahrhundert: Zeitalter des Realismus*. Berlin: Akademie-Verlag.
Stockinger, Claudia (2017): »Storms Verständnis des Genres Novelle: Novellenpoetik als Medienpoetik«. In: *Storm-Handbuch: Leben – Werk – Wirkung*. Herausgegeben von Christian Demandt und Philipp Theisohn. Stuttgart: Metzler, 118–126.
Stockinger, Claudia (2018): *An den Ursprüngen populärer Serialität. Das Familienblatt »Die Gartenlaube«*. Göttingen: Wallstein.
Strosetzki, Christoph (2007): »Ludwig Tieck und das Spanieninteresse der deutschen Romantik.« In: *Ludwig Tieck – Literaturprogramm und Lebensinszenierung im Kontext seiner Zeit*. Tübingen: Niemeyer, 235–252.
Strube, Werner (1982): »Die komplexe Logik des Begriffs ›Novelle‹. Zur Problematik der Definition literarischer Gattungsbegriffe.« *Germanisch-Romanische Monatsschrift* 32, 379–386.
Strube, Werner (1986): »Sprachanalytisch-philosophische Typologie literaturwissenschaftlicher Begriffe.« In: *Zur Terminologie der Literaturwissenschaft*. Herausgegeben von Christian Wagenknecht. Stuttgart: Metzler, 35–49.
Swales, Martin (1977): *The German Novelle*. Princeton: Princeton Univ. Press.
Szondi, Peter (2004): *Theorie des modernen Dramas*. 25. Auflage. Frankfurt a. M.: Suhrkamp.
Tashakkori, Abbas/Charles Teddlie (1998): *Mixed Methodology*. Thousand Oaks: Sage.
Taylor, John R. (2007): *Linguistic categorization*. 3. Auflage. Oxford textbooks in linguistics. Oxford [u. a.]: Oxford Univ. Press.
Teddlie, Charles/Abbas Tashakkori (2010): »Overview of Contemporary Issues in Mixed Methods Research.« In: *SAGE Handbook of Mixed Methods in Social & Behavioral Research*. Herausgegeben von Charles Teddlie und Abbas Tashakkori. 2. Auflage. Thousand Oaks: Sage, 1–42.
Tepe, Peter (2007): *Kognitive Hermeneutik*. Würzburg: Königshausen & Neumann.

Tepe, Peter/Jürgen Rauter/Tanja Semlow (2009): *Interpretationskonflikte am Beispiel von E. T. A. Hoffmanns »Der Sandmann.«* Würzburg: Königshausen & Neumann.

Thomas, C. L. Paul/Elen Schofield (2013): *Sampling Source Book: A Indexed Bibliography of the Literature of Sampling*. Oxford, London, Boston: Butterworth-Heinemann.

Thomé, Horst/Winfried Wehle (2007): »Novelle.« In: *Reallexikon der deutschen Literaturwissenschaft.* Bd. 2. Herausgegeben von Georg Braungart, Harald Fricke, Jan-Dirk Müller, Friedrich Vollhardt und Klaus Weimar. Berlin, New York: de Gruyter, 725–731.

Titzmann, Michael (2007): »Epoche.« In: *Reallexikon der Deutschen Literaturwissenschaft.* Bd. 1 Herausgegeben von Georg Braungart, Harald Fricke, Jan-Dirk Müller, Friedrich Vollhardt und Klaus Weimar. Berlin, New York: de Gruyter, 476–480.

Todorov, Tzvetan [1970] (2015): *Introduction à la littérature fantastique*. Paris: Seuil.

Todorov, Tzvetan (1977): *The Poetics of Prose*. Blackwell.

Tomaševskij, Boris Viktorovič [1931] (1985): *Theorie der Literatur, Poetik*. Wiesbaden: Harrassowitz.

Trappen, Stefan (2001): *Gattungspoetik. Studien zur Poetik des 16. bis 19. Jahrhunderts und zur Geschichte der triadischen Gattungslehre*. Heidelberg: Winter.

Trilcke, Peer (2013): »Social Network Analysis (SNA) als Methode einer textempirischen Literaturwissenschaft.« In: *Empirie in der Literaturwissenschaft*. Herausgegeben von Philip Ajouri, Katja Mellmann und Christoph Rauen, 201–47. Münster: mentis.

Trilcke, Peer/Frank Fischer (2018): »Literaturwissenschaft als Hackathon. Zur Praxeologie der Digital Literary Studies und ihren epistemischen Dingen.« In: *Wie Digitalität die Geisteswissenschaften verändert: Neue Forschungsgegenstände und Methoden.* (= Sonderband der *Zeitschrift für digitale Geisteswissenschaften*, 3). (http://dx.doi.org/10.17175/sb003_003). Herausgegeben von Martin Huber und Sybille Krämer.

Tuomela, Raimo (2002): *The Philosophy of Social Practices. A Collective Acceptance View.* Cambridge, New York: Cambridge Univ. Press.

Turau, Volker (2009): *Algorithmische Graphentheorie*. 3. überarbeitete Auflage. München: Oldenbourg.

Türschmann, Jörg (2007): »Spannung und serielles Erzählen. Vom Feuilletonroman zur Fernsehserie.« In: *Gespannte Erwartungen. Beiträge zur Geschichte der literarischen Spannung*. Herausgegeben von Kathrin Ackermann und Judith Moser-Kroiss. Wien, Berlin, Münster: Lit, 201–220.

Underwood, Ted (2016): »The Life-Cycle of Genres.« *Journal of Cultural Analytics* (https://doi.org/10.22148/16.005).

Underwood, Ted (2019a): »Algorithmic Modeling.« In: *The Shape of Data in Digital Humanities: Modeling Texts and Text Based Resources*. Herausgegeben von Fotis Jannidis und Julia Flanders. London: Routledge, 250–263.

Underwood, Ted (2019b): *Distant Horizons. Digital Evidence and Literary Change*. Chicago, London: Univ. of Chicago Press.

Underwood, Ted (2020): »Machine Learning and Human Perspective.« *PMLA* 135 (1), 92–109.

Underwood, Ted (2023): »Using GPT-4 to Measure the Passage of Time in Fiction.« 19.03.2023 (Blog: https://tedunderwood.com/2023/03/19/using-gpt-4-to-measure-the-passage-of-time-in-fiction/.

Underwood, Ted/Kevin Kiley/Wenyi Shang/Stephen Vaisey (2022): »Cohort Succession Explains Most Change in Literary Culture.« *Sociological Science* 9 (8), 184–205.

Underwood, Ted/Jordan Sellers (2015): »How Quickly Do Literary Standards Change?“ *The Stone and the Shell* (Blog: https://tedunderwood.com/2015/05/18/how-quickly-do-literary-standards-change/.

Underwood, Ted/Jordan Sellers (2016): »The Longue Durée of Literary Prestige.« *Modern Language Quarterly* 77 (3), 321–344.

Vaisey, Stephen/Omar Lizardo (2016): »Cultural Fragmentation or Acquired Dispositions? A New Approach to Accounting for Patterns of Cultural Change.« *Socius* 2 (https://doi.org/10.1177/2378023116669726).

Venzl, Tilman (2019): *»Itzt kommen die Soldaten.« Studien zum deutschsprachigen Militärdrama des 18. Jahrhunderts*. Frankfurt a. M.: Vittorio Klostermann.

Viollet, Catherine (1994): »Schriftlichkeit und Literatur.« In: *Schrift und Schriftlichkeit. Ein interdisziplinäres Handbuch internationaler Forschung*. Herausgegeben von Hartmut Günther und Otto Ludwig. Berlin, New York: de Gruyter, 658–672.

Virtanen, Pauli/Ralf Gommers/Travis E. Oliphant/Matt Haberland/Tyler Reddy/David Cournapeau/Evgeni Burovski et al. (2020): »SciPy 1.0: Fundamental Algorithms for Scientific Computing in Python.« *Nature Methods* 17 (3), 261–272.

Vogl, Joseph (2007): »Robuste und idiosynkratische Theorie.« *KulturPoetik. Zeitschrift für kulturgeschichtliche Literaturwissenschaft* 7 (2), 249–258.

Vorderer, Peter (1996): »Toward a Psychological Theory of Suspense.« In: *Suspense: Conceptualizations, Theoretical Analyses, and Empirical Explorations*. Herausgegeben von Peter Vorderer, Hans J. Wulff und Mike Friederichsen. New York: Routledge, 233–254.

Voßkamp, Wilhelm (1977): »Gattungen als literarisch-soziale Institutionen.« In: *Textsortenlehre – Gattungsgeschichte*. Herausgegeben von Walter Hinck und Alexander von Bormann. Heidelberg: Quelle & Meyer, 27–44.

Voßkamp, Wilhelm (1983): »Literaturgeschichte als Funktionsgeschichte der Literatur (Am Beispiel der frühneuzeitlichen Utopie).« In: *Literatur und Sprache im historischen Prozeß. Vorträge des Deutschen Germanistentages Aachen 1982*. Bd. 1. Literatur. Herausgegeben von Thomas Cramer. Tübingen: de Gruyter Mouton, 32–54.

Voßkamp, Wilhelm (1987): »Interdisziplinarität in den Geisteswissenschaften (am Beispiel einer Forschungsgruppe zur Funktionsgeschichte der Utopie).« In: *Interdisziplinarität. Praxis – Herausforderung – Ideologie*. Herausgegeben von Jürgen Kocka. Frankfurt a. M.: Suhrkamp, 92–104.

Voßkamp, Wilhelm (1989): »Der Bildungsroman als literarisch-soziale Institution. Begriffs- und funktionsgeschichtliche Überlegungen zum deutschen Bildungsroman am Ende des 18. und Beginn des 19. Jahrhunderts.« In: *Zur Terminologie der Literaturwissenschaft. Akten des IX. Germanistischen Symposiums der Deutschen Forschungsgemeinschaft 9*. Herausgegeben von Christian Wagenknecht. Tübingen: Metzler, 337–352.

Voßkamp, Wilhelm (2000): »Literaturgeschichte und Gesellschaftsgeschichte.« In: *Perspektiven der Gesellschaftsgeschichte*. Herausgegeben von Paul Nolte. München: Beck, 79–89.

Voßkamp, Wilhelm (2016): »Literaturgeschichte als Funktionsgeschichte der Utopie.« In: Ders.: *Emblematik der Zukunft*. Berlin, Boston: de Gruyter, 92–109.

Wagenknecht, Christian (2007): »Ballade«. In: *Reallexikon der deutschen Literaturwissenschaft*. Bd. 1 Herausgegeben von Georg Braungart, Harald Fricke, Klaus Grubmüller, Jan-Dirk Müller, Friedrich Vollhardt und Klaus Weimar. Berlin, New York: de Gruyter, 192–196.

Walton, Kendall L (1970): »Categories of Art.« *Philosophical Review* 79 (3), 334–367.

Walton, Kendall L (1990): *Mimesis as Make-believe. On the Foundations of the Representational Arts.* Cambridge, Mass.: Harvard Univ. Press.

Walzel, Oskar (1915): »Die Kunstform der Novelle.« *Zeischrift für den Deutschunterricht* 29, 161–184.

Waskom, Michael L. (2021): »Seaborn: Statistical Data Visualization.« *Journal of Open Source Software* 6 (60), 3021 (https://doi.org/10.21105/joss.03021).

Weber, Dietrich (1998): *Erzählliteratur*. Göttingen: Vandenhoeck & Ruprecht.

Weitin, Thomas (Hrsg.) (2017): *Scalable Reading*. (= *LiLi: Zeitschrift für Literaturwissenschaft und Linguistik* 47).

Weitin, Thomas (2018): »Average and Distinction. The *Deutsche Novellenschatz* Between Literary History and Corpus Analysis.« *Digital Humanities Cooperation* (https://www.digitalhumanitiescooperation.de/pamphlete/pamphlet-6-average-and-distinction-the-deutscher-novellenschatz-between-literary-history-and-corpus-analysis/).

Weitin, Thomas (o. J.): »Reading at Scale. Mixing Methods in Literary Corpus Analysis.« *Digital Humanities Cooperation.* (https://www.digitalhumanitiescooperation.de/en/projects/reading-at-scale/.

Weitin, Thomas/Digital Humanities Cooperation der Technischen Universität Darmstadt und der Universität Konstanz (Hrsg.) (2023): »Korpus Deutscher Novellenschatz. Deutsches Textarchiv.« Korpus (https://www.deutschestextarchiv.de/novellenschatz/).

Weitin, Thomas/Katharina Herget (2017): »Falkentopics: Über einige Probleme beim Topic Modeling literarischer Texte.« In: *Scalable Reading* (= *LiLi: Zeitschrift für Literaturwissenschaft und Linguistik* 47). Herausgegeben von Thomas Weitin, 29–48.

Weitin, Thomas (2021): *Digitale Literaturgeschichte: Eine Versuchsreihe mit sieben Experimenten*. Berlin: Metzler/Springer.

Wellbery, David E (2004): *A New History of German Literature*. Harvard Univ. Press Cambridge, Mass.: Harvard Univ. Press.

Werber, Niels (2005): »Paullinis Gespenster.« In: *Gespenster. Erscheinungen – Medien – Theorien*. Herausgegeben von Moritz Baßler, Bettina Gruber und Martina Wagner-Egelhaaf. Würzburg: Königshausen & Neumann, 215–227.

Werner, Renate (1996): »Ästhetische Kunstauffassung am Beispiel des ›Münchner Dichterkreises‹.« In: *Bürgerlicher Realismus und Gründerzeit 1848–1890*. Hansers Sozialgeschichte der deutschen Literatur, Bd. 6. Herausgegeben von Edward McInnes und Gerhard Plumpe. München: Hanser, 308–342.

Wetzel, Hermann H. (1977): *Die romanische Novelle bis Cervantes*. Stuttgart: Metzler.

Wiese, Benno von (1956): *Die deutsche Novelle von Goethe bis Kafka. Interpretationen*. Düsseldorf: Bagel.

Wiese, Benno von (1963): *Novelle*. Stuttgart: Metzler.

Wilcoxon, Frank (1945): »Individual Comparisons by Ranking Methods.« *Biometrics Bulletin* 1 (6), 80–83.

Willems, Marianne (2013). »›Das Erdbeben in Chili‹ in seinem Veröffentlichungskontext: Zum Zusammenhang von Naturkonzeption und Nationalismus bei Heinrich von Kleist.« *Aufklärung. Interdisziplinäres Jahrbuch zur Erforschung des 18. Jahrhunderts und seiner Wirkungsgeschichte* 25, 247–282.

Winko, Simone (1991): *Wertungen und Werte in Texten*. Wiesbaden: Vieweg Teubner.

Winko, Simone (2002): »Autor-Funktionen. Zur argumentativen Verwendung von Autorkonzepten in der gegenwärtigen literaturwissenschaftlichen Interpretationspraxis.« In: *Autorschaft. Positionen und Revisionen*. Herausgegeben von Heinrich Detering. Stuttgart: Metzler, 334–354.

Wittgenstein, Ludwig [1953] (2001): *Philosophische Untersuchungen*. Leseausgabe auf Grundlage der kritisch-genetischen Edition von Joachim Schulte. Frankfurt a. M.: Suhrkamp.

Wittmann, Reinhard (1982): *Buchmarkt und Lektüre im 18. und 19. Jahrhundert. Beiträge zum literarischen Leben, 1750 – 1880*. Tübingen: Niemeyer.

Wolf, Norbert Richard (2009): »Historische Textsorten und Stil.« In: *Rhetorik und Stilistik. Ein internationales Handbuch historischer und systematischer Forschung / Rhetoric and Stylistics. An International Handbook of Historical and Systematic Research*, Bd. 2. Herausgegeben von Ulla Fix, Andreas Gardt und Joachim Knape. Berlin: de Gruyter, 1691–1705.

Worthmann, Friederike (2004): *Literarische Wertungen. Vorschläge für ein deskriptives Modell*. Wiesbaden: Deutscher Universitätsverlag.

Wulff, Hans J. (1996): »Suspense and the Influence of Cataphora on Viewers' Expectation.« In: *Suspense: Conceptualizations, Theoretical Analyses, and Empirical Explorations*. Herausgegeben von Peter Vorderer, Hans J. Wulff und Mike Friederichsen. New York: Routledge, 1–18.

Wulff, Hans J. (2003): »Empathie als Dimension des Filmverstehens. Ein Thesenpapier.« *montage AV: Zeitschrift für Theorie & Geschichte audiovisueller Kommunikation* 12 (1), 136–161.

Wünsch, Marianne (1992): »Experimente Storms an den Grenzen des Realismus: neue Realitäten in ›Schweigen‹ und ›Ein Bekenntnis‹.« *Schriften der Theodor-Storm-Gesellschaft* 41 (92), 13–23.

Wynne, Martin (Hrsg.) (2004): *Developing Linguistic Corpora: a Guide to Good Practice*. Oxford: AHDS (http://www.ahds.ac.uk/creating/guides/linguistic-corpora/index.htm).

Zehe, Albin/Leonard Konle/Lea Dümpelmann/Evelyn Gius/Andreas Hotho/Fotis Jannidis/Lucas Kaufmann et al. (2021): »Detecting Scenes in Fiction: A new Segmentation Task.« In: *Proceedings of the 16th Conference of the European Chapter of the Association for Computational Linguistics*, 3167–3177.

Zehe, Albin/Julian Schröter/Andreas Hotho (2023): »Towards a Computational Analysis of Suspense: Detecting Dangerous Situations.« *arXiv* (https://doi.org/10.48550/arXiv.2305.06818).

Zeller, Jana (2020): *German Sentiment Lexicon* (https://github.com/Jana-Z/german-sentiment-lexicon).

Ziegler, Edda (2006): *Literarische Zensur in Deutschland*. 2., revidierte Auflage. München: Allitera-Verl.

Zillmann, Dolf (1991): »The Logic of Suspense and Mystery.« In: *Responding to the Screen. Reception and Reaction Processes*. Herausgegeben von Jennings Bryant und Dolf Zillmann. Hillsdale: Erlbaum, 281–303.

Zillmann, Dolf (1996): »The Psychology of Suspense in Dramatic Exposition.« In: *Suspense: Conceptualizations, Theoretical Analyses, and Empirical Explorations*. Herausgegeben von Peter Vorderer, Hans J. Wulff und Mike Friederichsen. New York: Routledge, 199–231.

Zipfel, Frank (2010): »Gattungstheorie im 20. Jahrhundert.« In: *Handbuch Gattungstheorie*. Herausgegeben von Rüdiger Zymner. Stuttgart, Weimar: Metzler, 213–216.

Zuber, Margarete (1955): *Die deutschen Musenalmanache und schöngeistigen Taschenbücher des Biedermeier. 1815 – 1848*. München, Univ., Diss. Nachdruck in: *Archiv für Geschichte des Buchwesens*, Bd. 1. Frankfurt a. M.: Buchhändler-Vereinigung 1958, 398–489.

Zymner, Rüdiger (2003): *Gattungstheorie. Probleme und Positionen der Literaturwissenschaft*. Paderborn: mentis.

Zymner, Rüdiger (Hrsg.) (2010): *Handbuch Gattungstheorie*. Stuttgart, Weimar: Metzler.

# 10 Anhang

## 10.1 Forschungsdaten

Die Architektur des Programmcodes *PyNovellaHistory* sowie die Ordnerstruktur, die zur Datenanalyse vorgesehen ist, werden in der Dokumentation der Bibliothek erläutert.[1] Die im Rahmen des Projekts angefallenen Forschungsdaten sind umfangreich. Die wichtigsten Daten sind jedoch übersichtlich im Repositorium *19CproseCorpus* im Ordner »data« zugänglich:[2]

- Metadaten des Gesamtkorpus: »Bibliographie.csv«.
- Für die Analysen in Kapitel 4 die Korpusrepräsentation nach dem Textmodell der Bag of Words:
  - »red-to-2500mfw_scaled_raw_dtm_lemmatized_l1__use_idf_False6000mfw.csv.« Diese Datei enthält die Document-Termmatrix mit den 2500 häufigsten, lemmatisierten, *L1*-normalisierten, und *z*-transformierten (nicht *TF-IDF*-normalisierten) Wörtern.
  - »raw_dtm_l1_lemmatized_use_idf_False2500mfw.csv«. Für eine aktualisierte Fassung ohne *Z*-Transformation:
- Komplexe Merkmale zu Kapitel 6: »all_complex_features_matrix.csv«.
- Annotationen: »textanalytic_metadata.csv«.

Die weiteren Forschungsdaten sind aufgrund ihrer Größe oder aufgrund urheberrechtlicher Schranken an anderen und gegebenenfalls geschützten Speicherorten auffindbar:

- Weitere *Feature*-Repräsentationen für die komplexen *Features* aus Kapitel 6 sowie weitere Dokument-Wort-Matrizen mit rekursiver *Feature*-Elimination oder *Feature*-Reduktionen können separat heruntergeladen werden.
- Die in Form von Abbildungen, Tabellen oder als unstrukturierter Output gespeicherten Ergebnisse können ebenfalls separat heruntergeladen werden.
- Ein Ordner mit Wörterbüchern und Listen, die für das Preprocessing und die Analyse relevant sind: *vocab_lists_dicts*.
- Das Korpus enthält eine Reihe noch urheberrechtlich geschützter Texte. Für Zwecke der Replikation können die Volltexte sowie die im Zuge der *NLP*-Pipeline *LLpro*[3] erzeugten Textrepräsentationen direkt bei mir angefragt werden.
- Zu weiteren Daten siehe Abschnitt 10.5 unten.

1 Vgl. Schröter (2024d) oder https://github.com/julianschroeter/PyNovellaHistory. Und dort neben der »README.md« insbesondere die Datei »Anleitung_zur_Replikation_der Habilitationsschrift.md«, die eine ZIP-Archiv-Datei zum Download bereitstellt, in der alle im Folgenden erläuterten Daten enthalten sind, soweit sie nicht von urheberrechtlichen Schranken betroffen sind.

2 Vgl. Schröter (2024c) oder https://github.com/julianschroeter/19CproseCorpus.

3 Vgl. Ehrmanntraut/Konle/Jannidis (2023).


https://doi.org/10.1515/9783112236697-010

## 10.2 Förderhinweise

### 10.2.1 Walter-Benjamin-Stipendium

Teile der Arbeit an diesem Buch wurden durch ein Walter-Benjamin-Stipendium der DFG von 2022 bis 2023 gefördert, das an den Universität Antwerpen bei Mike Kestemont und Thomas Ernst sowie an der University of Illinois at Urbana-Champaign bei Ted Underwood durchgeführt wurde.

- Projekttitel: »Ein Mixed-Methods-Programm für die Analyse schwach strukturierter Gattungen. Ästhetische und soziale Funktionen der Erzählungen und Novellen im 19. Jahrhundert.«
- Förderinstitution: DFG.
- Projektnummer: 449668519.
- Förderdauer: 12 Monate (März 2022 bis Februar 2023).

### 10.2.2 Korpusaufbau

Der Aufbau des in Kapitel 3 beschriebenen Korpus und die Erschließung der historischen Metadaten wurde mit Mitteln aus dem Forschungsfonds der Philosophischen Fakultät der Universität Würzburg gefördert.

- Projekttitel: »Geschichte der Novellen 1815 – 1890.«
- Förderinstitution: Philosophische Fakultät der Universität Würzburg (Forschungsfonds).
- Beteiligte: Julian Schröter (Projektleiter), Theresa Valta, Johannes Leitgeb und Martin Ruhl (studentische Hilfskräfte).
- Förderdauer: 18 Monate (Oktober 2018 bis März 2020).

### 10.2.3 Cliffhanger in serieller Journalprosa (Vogel-Stiftung)

Seit 2023 wird ein weiterer Ausbau des Korpus mit Blick auf ein Projekt zur computergestützten Analyse von Formen des *Suspense*-Erzählens gefördert.

- Projekttitel: »Der Cliffhanger im seriellen Spannungserzählen. Zu einem repräsentativen Korpus populären Erzählens im 19. Jahrhundert.«
- Förderinstitution: Vogel Stiftung Würzburg.
- Beteiligte: Julian Schröter (Projektleiter), Martin Ruhl, Franziska Danner, Jana Grimm (studentische Hilfskräfte).
- Förderdauer: April 2023 bis August 2025.

## 10.3 Hinweise zur Annotation

Da die Annotation der Texte für die Analysen wesentlich ist, selbst aber keine methodischen Neuerungen für die *CLS* ins Spiel bringt, ist die Beschreibung des Annotationsprozesses in den Anhang verlagert. Von studentischen Hilfskräften wurden eine Reihe der für die Textanalyse relevanten inhaltlichen, stilistischen und narratologischen Kategorien auf Textebene (nicht auf Satz oder Absatzebene) für eine Stichprobe des Gesamtkorpus von etwa 100 Texten annotiert. Diese Analysekategorien umfassen: Formen der Spannung wie *Suspense*, Liebesspannung, Rätselspannung, die Verortung der Handlung in der Stadt oder auf dem Land, die Region der Handlung, den Grad an Integration und Voraussetzung historischen, wissenschaftlichen, klassisch-mythologischen oder kunst-, zeitgeschichtlichen Wissens, den tragischen oder glücklichen Ausgang, die im Text dominierenden Formen des Humors, der Erotik und der Gewalt, die Anzahl der Wendepunkte/Peripetien, die Ein- oder Mehrsträngigkeit der Handlung, das Vorliegen eines zentralen Konflikts sowie ggf. dessen Gestalt, das Vorliegen von Verwechslungsmotiven, den Zufall als Handlungsträger, das Vorliegen von Rätsel-Enthüllungen innerhalb einer Binnenerzählung, die Anzahl der Haupt- und Nebenfiguren, die Komplexität der Figurennetzwerke über die Zählung der *Cluster* und die Form der *Cluster*, den Stand des Figureninventars (Adel oder Bürgertum), die Betonung von Familienverhältnissen und -zugehörigkeit, das Geschlecht der Hauptfiguren und die Betonung alltagsökonomischer Verhältnisse. Zur Annotationstabelle siehe Abschnitt 10.1. Diese Auflistung dürfte in dieser Zusammenstellung arbiträr wirken. Sie hat sich aus den für die folgenden Analysen relevanten Aspekten der Texte ergeben, wobei diese Annotationstabelle zwei Funktionen erfüllt: In erster Linie dient sie als Validierungsstandard für die quantitativen Operationalisierungen der computergestützten Analyse der entsprechenden Textaspekte. Die einzelnen Kategorien werden daher im Lauf der quantitativen Analysen in Kapitel 6 erläutert. Zum anderen und nur in zweiter Linie ist sie eine auch qualitative Zusammenstellung für die philologische Arbeit mit den Texten.

## 10.4 Manuelle Korrektur, automatische Normalisierung

Eine Herausforderung beim Aufbau eines Korpus aus Journalprosa des 19. Jahrhunderts war die nach wie vor mangelhafte OCR-Qualität bei der automatischen Erkennung von Frakturschrift. Aufgrund der begrenzten Ressourcen manueller Textkorrektur durch studentische Hilfskräfte wurden unterschiedliche Teile des Gesamtkorpus in drei Qualitätsstufen aufbereitet. Folgende vier Prinzipien wurden im Zuge der manuellen und automatischen Korrekturen und Normalisierungen berücksichtigt Der Erhalt der ursprünglichen textuellen Gestalt, die Korrektur von Vorverarbeitungsfehlern (Emendation), die Konstruktion von Einheitlichkeit (Normalisierung) und Anpassungen der Textgestalt für bessere Analyseergebnisse (Optimierung). Die Kombination erfordert Kompromisse, die dem Projektbedarf angepasst wurden.

Für die bereits digital verfügbaren und hochwertig digital edierten Texte, wie die Texte aus dem *TextGrid*-Repositorium, aus dem Deutschen Textarchiv (und daraus insbesondere die von Thomas Weitin digital edierten Texte des *Deutschen Novellenschatzes*) wurde ein Bereich nahezu fehlerfreier Texte erschlossen. Ein weiterer Teil umfasst die im Rahmen des Projekts digitalisierten Texte, die auf eine mittlere, für die meisten maschinellen Analyseverfahren zumindest hinreichende Textqualität angehoben wurden. Ein dritter Teil umfasst Taschenbuchjahrgänge aus der ersten Hälfte des 19. Jahrhunderts in niedriger Qualität, die nur geringfügig korrigiert wurden. Die Aufbereitungsqualität ist in der Metadatentabelle als die auf die digitale Datei bezogene (d. h. technische) Metadatenkategorie »Bearbeitungsqualität« mit den kategorialen Werten »normalisiert«, »niedrig_norm«, »niedrig_original«, »ext_aufb« (extern aufbereitet), und »unknown« erfasst. Diese Werte sind selbst nicht stark standardisiert. Der Wert »normalisiert« steht für eine starke Intervention bei der Korrektur und der manuellen Normalisierung im Zuge der Korrekturlektorate, »niedrig_norm« für eine nur schwache und oberflächliche Intervention, »niedrig_original« für keine weitere Intervention bei schwacher Ausgangsqualität.

Alle Texte des Korpus werden, soweit sie nicht urheberrechtlich geschützt sind, nach Abschluss des Projekts zusammen mit den Metadaten als *Plaintext*-Dateien öffentlich zugänglich gemacht.[4] Ebenso werden alle abgeleiteten Textformate, d. h. *Document-Feature* Matrizen wie Dokument-Wort-Matrizen (*DTM*), Dokument-Topic-Matrizen etc. veröffentlicht. Diese enthalten, soweit dies juristisch zulässig ist, auch die Repräsentationen der urheberrechtlich geschützten Texte.

Automatische Normalisierungen werden in *PyNovellaHistory* in der Klasse *Text* im Modul *preprocessing.text* mit optional aufrufbaren Methoden durchgeführt. Diese Methoden werden bei der Erzeugung von Dokument-Term-Matrizen in der Klasse DTM (*document term matrix*) im Modul preprocessing.corpus flexibel über die Klassenattribute aufgerufen. Abbildung 80 zeigt den Workflow sowie rechts die Methoden in der Klasse Text. Für die Normalisierung, automatische Korrektur und zahlreiche weitere Schritte der Vorverarbeitung wurden Wörterbücher (*dictionaries*) und Wortlisten verwendet, die im folgenden Abschnitt erläutert und referenziert werden. Automatische Normalisierung im Rahmen der *NLP*-Pipeline *LLpro*[5] können nicht kontrolliert werden.

---

4 Vgl. zu den in dieser Arbeit genutzten Lösungen für das Problem im Umgang mit urheberrechtsgeschützten Texten und zur rechtlich geschützten Veröffentlichung abgeleiteter Textformate Schöch et al. (2020).

5 Siehe Anm. 3 im Anhang.

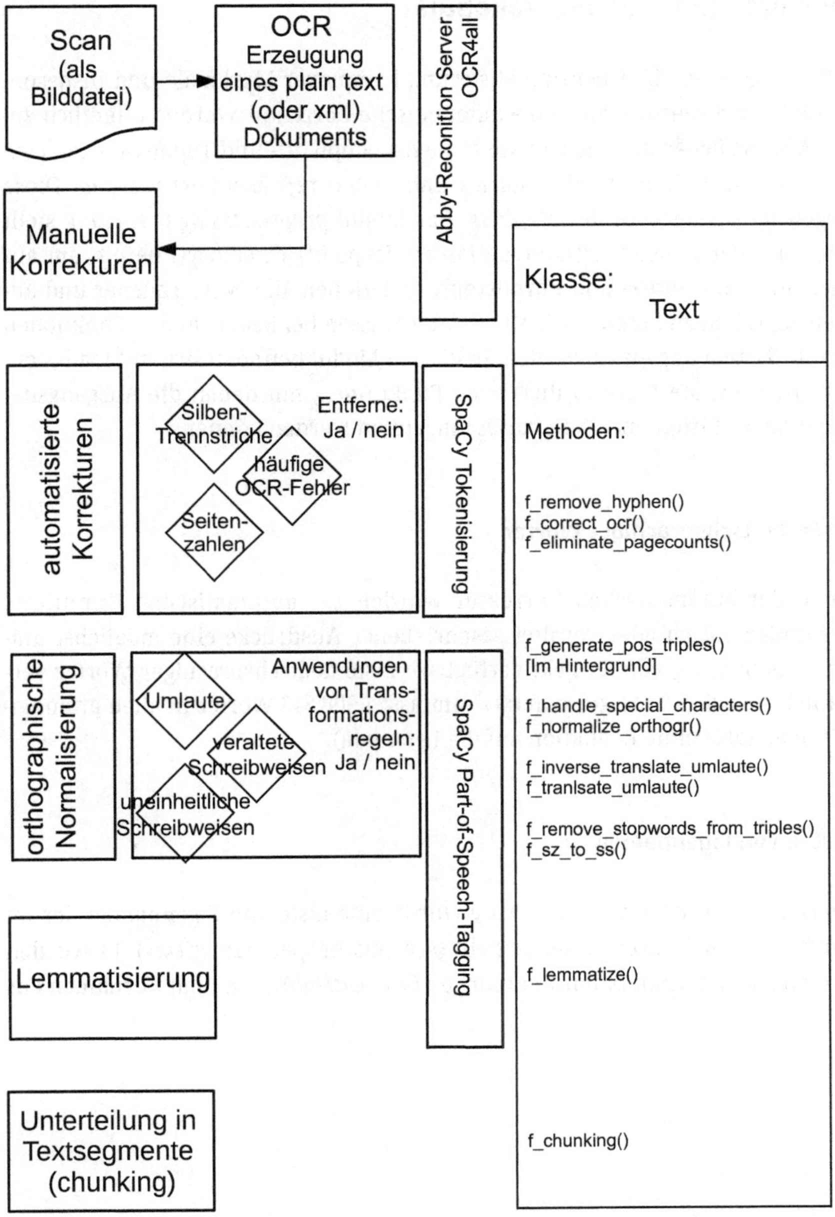


**Abbildung 80:** *Flowchart* zur manuellen und automatischen Korrektur sowie Normalisierung.

## 10.5 Wörterbücher, Listen, Vokabular

Für das Preprocessing, die Operationalisierung komplexer Merkmale und insbesondere für die Normalisierung sowie die automatische Korrektur wurden öffentlich zugängliche Wörterbücher und Listen (wie Namens-, Stopwort- und Toponymlisten etc.) verwendet, die in Python als *dictionaries* und Listen repräsentiert werden. Diese Daten liegen im Ordner: *vocab_lists_dicts*. Das Modul *preprocessing.presetting* stellt Funktionen mit der Benennungskonvention set_[type of]_directory() bereit, um auf die Ordner mit den *Feature*- und Korpusrepräsentationen, die Wörterbücher und andere Daten zugreifen zu können. Die Dateipfade müssen bei Bedarf in den Funktionen an das lokale System angepasst werden. In diesem Modul befinden sich mit load_stoplist und word_translate_table_to_dict) auch Funktionen, mit denen die Ausgangsdateien in Python als Listen und *dictionaries* eingelesen werden können.

### 10.5.1 Liste deutschsprachiger Wörter

Im Rahmen der automatischen Korrektur wurden zur automatischen Ermittlung falsch erkannter, falsch oder veraltet geschriebener Ausdrücke eine möglichst umfangreiche, unabhängig vom Projekt verfügbare Liste deutschsprachiger Wörter verwendet. Die Liste »all_words_german.txt«[6] umfasst 1.908.815 Wörter in allen grammatischen Formen (also ohne Reduktion auf die Lemmata).

### 10.5.2 Listen von Eigennamen

Über *Named Entity Recognition* mit *SpaCy* wurde eine Liste von Eigennamen der im Korpus auftretenden Figurennamen erstellt (»corpus_proper_names.txt«). Es wurden aus öffentlich zugänglichen Datensammlungen (von *GitHub*) Listen mit Vornamen aus

6 Die Liste wurde übernommen aus: https://gist.githubusercontent.com/MarvinJWendt/2f4f4154b8ae218600eb091a5706b5f4/raw/36b70dd6be330aa61cd4d4cdfda6234dcb0b8784/wordlist-german.txt).

den relevanten Sprachen Französisch,[7] Italienisch, Spanisch und Deutsch[8] verwendet und mit den Korpusnamen abgeglichen.

### 10.5.3 Listen von Toponymen und Exonymen

Für das Merkmal des romanischen Settings (Kapitel 6.2) wurden Toponymlisten verwendet. Nach Möglichkeit wurden die Listen von Toponymen und deutschsprachigen Exonymen deutscher und nicht-deutscher Exonyme aus Aufbereitungen normierter Geodaten extrahiert.[9] Listen deutschsprachiger und originalsprachiger Toponyme bzw. Exonyme wurden für folgende Regionen aus den jeweils mit Fußnoten vermerkten Aufbereitungen erstellt: für den deutschsprachigen Raum, für Frankreich (über eine in *GitHub* verfügbare Extraktion von *geonames.org*),[10] Italien (aus der italienischen Wikipedia),[11] Spanien (aus *Wikipedia*)[12], und Süd- mit Mittelamerika. Wenn die Tabellen mit Orts- und Regionsbezeichnungen direkt aus der Wikipedia in der jeweiligen Landessprache entnommen wurden (für Italien und Spanien), dann wurden die Wiki-Tabellen mit Gregor Weichbrodts *Wikitable2csv-Converter*[13] in ein *csv*-Format exportiert. Die Namen aus dieser Tabelle wurden mit *Google-Translation* ins Deutsche übersetzt.[14] Anhand einer aus der englischsprachigen Wikipedia ins *csv*-Format exportierte Tabelle deutscher Exonyme internationaler Orts- und Städtenamen,[15] wurden alle Listen jeweils um die älteren deutschen Exonyme für die Toponyme der jeweiligen Regionen aus der Datei ergänzt, sofern diese durch die Google-Übersetzung nicht erzeugt wurden. Dies betrifft die Liste der französischen Toponyme, aber nicht die der italienischen. Diese Listen bilden nicht präzise die historischen territorialen Grenzen ab, zumal die Landesgrenzen auch nicht während des gesamten 19. Jahrhunderts konstant waren. Zudem sind nicht alle alten deutschen Exonyme der Toponyme der jeweiligen Regionen ermittelbar. Es handelt sich hierbei mithin nur um eine grobe Annäherung, die aber nur zu einer sehr geringen Fehlerrate führt.

---

7 https://gist.github.com/dmassiani/d3ad74eed7903dd2e36fb71b0d5de39e für männliche Vornamen und https://gist.github.com/marciuz/5874478 für weibliche Vornamen.

8 https://github.com/PenTestical/german_names.

9 Insbesondere http://www.geonames.org/data-sources.html.

10 https://gist.github.com/hrbrmstr/0fd37cf3825fc8e3eddf042a4443d1dc.

11 https://it.wikipedia.org/wiki/Comuni_d%27Italia_per_popolazione.

12 https://es.wikipedia.org/wiki/Anexo:Municipios_de_Espa%C3%B1a.

13 https://wikitable2csv.ggor.de/.

14 https://translate.google.com/.

15 https://en.wikipedia.org/wiki/List_of_cities_with_historical_German_exonyms. Die konvertierte Datei lautet »german_exonmys.csv«.

### 10.5.4 Orthographisches Normalisierungswörterbuch

Das orthographische Normalisierungswörterbuch ordnet jedem Lemma, das eine alte oder uneinheitliche Schreibweise erfasst (z. B. ›Thüre‹) die normalisierte Schreibweise zu (z. B. ›Türe‹). Die Textdatei, die dieses Wörterbuch enthält, heißt »normalization_-table.txt«. Das Wörterbuch enthält etwa 370 Einträge, die in einem quantitativen und qualitativen Untersuchungsgang ermittelt wurden. Für den quantitativen Vorselektionsschritt wurde ermittelt, welche Zeichenfolgen im Korpus auftreten, aber nicht in der Gesamtliste deutscher Wörter (Abschnitt 10.5.1). Dazu gehören (1) offensichtliche Fehler (OCR-Fehler), (2) veraltete Formen (z. B. ›muß‹, ›Todte‹), (3) ungewöhnliche Eigennamen (z. B. ›Wallrade‹) und (4) Wörter, die nach Einschätzung des jeweiligen Beobachters dem deutschen Wortschatz zugehören, aber nicht in der verwendeten Gesamtwortschatzliste aufgeführt waren und einer alternativen Schreibung bedürfen. Grundsätzlich wurde nie der Textbestand des Korpus insgesamt normalisiert. Stattdessen wurden immer nur im *Preprocessing* der einzelnen *Feature*-Extraktionen unterschiedliche Arten der Normalisierung vorgenommen. Auf diese Weise ist der ursprüngliche Zustand der Textdaten nicht gefährdet.

## 10.6 *Feature*-Auswahl und Verarbeitung

Für die Frage nach den Kriterien der Merkmalsrepräsentation stellen sich unterschiedliche methodologische Fragen. Zunächst ist zu unterscheiden, welche Merkmale, entweder auf der Basis eines Parsers (zum *Part of speech tagging*/*POS*-Tagging oder zur *Named Entity Recognition* /NER) oder durch die im zurückliegenden Abschnitt erläuterten Wortlisten oder durch eine Kombination aus Beidem entfernt wurden. Dazu gehörten die Elimination von Funktionswörtern, die Elimination von Nicht-Funktionswörtern, die Elimination von Namen (Personennamen, Ortsnamen, etc.). Im nächsten Schritt wurden mit dem Parser in *SpaCy* (und der *NLP*-Pipeline *LLpro*) eine Lemmatisierung vorgenommen sowie die im zurückliegenden Abschnitt verwendeten Normalisierungen verwendet. Im Bereich der Skalierungen und statistischen Normalisierungen können in der Klasse *DTM L1*- sowie *L2*-Normalisierung, *TF-IDF*-Gewichtung und eine Standardisierung durch *Z*-Transformation (*Z*-Scores) vorgenommen werden. Dokument-Term-Matrizen nach dem *BoW*-Modell mit allen *Feature*-Selektionen können mit den Skripten im Ordner »preprocessing_operations/generate_modify_doc_feature_matrices« erzeugt und manipuliert werden. Die Klassen zur Erzeugung der komplexen *Features* sind, wie die Klasse *DTM* (*document term matrix*) Unterklassen der Oberklasse *DocFeatureMatrix*, und finden sich als *DocThemesMatrix* im Modul *semantic_analysis*, *DocSentFearMatrix* im Modul *sent_fear_analysis.fear* und *DocNetworkFeatureMatrix* im Modul preprocessing.corpus. Dafür werden jeweils Unterklassen der Klasse Text zur *Feature*-Extraktion genutzt (*SettingShare* im Modul *semantic_analysis.themes*, FearShare im Modul *fear* und *NEnetwork* im Modul *preprocessing.sna*). Die Figurenreferenzen, Figurennetzwerkinformationen, *Named Entity Recognition, Sentence Parsing, Part-of-Speech-Tagging* sowie die Extraktionen von direkter und indirekter Rede aus der *NLP*-Pipeline *LLpro* erfolgt über Skripte, die die Tabellenformate der Pipeline (»conll«) im Ordner »preprocessing_operations« auswerten.

## 10.7 Zusätzliche Analysen und Simulationen

### 10.7.1 Hypothesen zur Autorschaft anonym publizierter Texte

Die Prüfung gleicher Autorschaft in anonym publizierten Texten ist in dieser Arbeit kein Selbstzweck, sondern dient in erster Linie dazu, in gattungsstilometrischen Studien das Autorsignal dadurch zu kontrollieren, dass die Häufung von Texten derselben Autoren in den Stichproben vermieden wird. Hierfür gilt es Hypothesen zu bilden, welche anonym publizierten Texte von denselben Autoren stammen können.

Der Leseeindruck von Texten der Sammlung *Pantheon* und das Vorwort legen nahe, dass die sehr freien Nacherzählungen von Vorbildern aus anderen Sprachen von einer kleinen Gruppe von Redakteuren vorgenommen wurde. Für die in das Korpus aufgenommenen Texte ergibt sich, mit den 500 häufigsten Wörtern als Features und Cosinus als Distanzmetrik, eine besondere stilometrische Nähe jeweils zwischen den Textpaaren 00181-00 (*Der braune Erich*) und 00182-00 (*Alexis und Natalie*), 00601-00 (*Das Ideal*) und 00326-00 (*Gomez Arias*), sowie zwischen 00195-00 (*Die Zigeuner*) und 00606-00 (*Amalie Laurier*). Für diese sechs Texte wurde die gezielt zur Verifikation von Autorschaft in *Stylo* implementierte Methode *imposter* verwendet.[16] Diese sucht für jeden der Texte den Text des wahrscheinlichsten Autors. Dabei tritt jedoch das methodische Problem auf, dass unbekannt, allerdings wahrscheinlich ist, ob bzw. dass mehrere der anonymen Texte vom selben Autor sind. Die Ergebnisse der Verifikation legen den Verdacht nahe, dass alle sechs Texte vom selben Autor sein könnten. Für die Analysen wurde angenommen, dass die im Dendrogramm besonders eng miteinander clusternden Textpaare vom selben Bearbeiter stammen. Diesen Texten wurde daher das gleiche *Dummy*-Label für Autorschaft zugeteilt, so dass in den Stichprobenziehungen, in denen jeder Autor mit nur einem Text vertreten sein soll, nur ein Text der genannten drei Textpaare gezogen wird.

16 Vgl. Kestemont et al. (2016) und Eder (2018).

### 10.7.2 Simulation von Prototypikalität

Im Folgenden wird die Simulation von *Features* für die Modellierung von Vagheit im Sinn begrifflicher Prototypikalität erläutert. Ausgangspunkt ist die Beobachtung aus Tabelle 20, wonach die dort gezeigten Kennzahlen für Enthaltungsbereiche und Verbesserungsrate sehr eng beieinander liegen. Um die Verhaltensweise des *C@1-scores* im Verhältnis zur Verteilung der *Features* verstehen können zu können, ist es nützlich, Simulationen von Daten und Klassifikationsergebnissen zu vergleichen. Die Ergebnisse der Simulation werden in Abbildung 91 illustriert. In jeder Spalte wird ein künstlich erzeugtes Klassifikationsproblem generiert. Für jeweils binäre Klassifikationsaufgaben wurden jeweils 5 *Features* erzeugt: In der linken Spalte findet sich ein Szenario, bei dem 2 der 5 *Features* informativ sind und jede Klasse nur genau ein *Cluster* aufweist. Wichtig ist, dass in allen Fällen der Standardwert 1 für die Klassenseparation, also den mittleren Abständen zwischen den Klassenelementen gewählt wurde. Die mittlere Spalte zeigt das gleiche Szenario mit zwei *Clustern* je Klasse. In der rechten Spalte enthält jede Klasse 3 *Cluster*, die deutlich schlechter linear trennbar sind. In der obersten Zeile ist eine *PCA* mit einer Reduktion auf die ersten beiden Komponenten abgebildet. Die zweite Zeile zeigt den Funktionsgraph zur Ermittlung des optimalen Enthaltungsbereichs, die dritte die kreisförmige Projektion der Vorhersagewahrscheinlichkeiten mit dem optimalen Enthaltungsbereich. Für die letzten beiden Zeilen wurden auf gleichbleibenden Hyperparameter-Einstellungen jeweils 500 mal Daten erzeugt und jeweils die optimalen Enthaltungsbereiche sowie die Verbesserungsrate berechnet, und zur Illustration der Verteilung der Werte als Boxplots dargestellt. Man sieht, dass die optimalen Enthaltungsbereiche (4. Zeile) sehr breit streuen. Dies kommt daher, dass wenige Instanzen in den Bereichen mittlerer Vorhersagewahrscheinlichkeit liegen, und die meisten Instanzen bei annähernd 0 oder 1. Je nachdem, wie die Instanzen dazwischen liegen, ist der optimale Enthaltungsbereich manchmal sehr groß oder klein. Die Verbesserungsrate bleibt indes konstant. Dies zeigt zunächst, dass die Verbesserungsrate grundsätzlich der aussagekräftigere Kennwert ist als die Breite des optimalen Enthaltungsbereichs.

Interessant ist es, die Parameter der Simulation weiter zu manipulieren, um systematische Unterschiede im Verhalten der Verbesserungsrate durch c@1-Score im Verhältnis zur Verbesserungsrate durch nicht-lineare Modelle festzustellen. Abbildung 92 zeigt die gleiche Simulation mit einer um den Faktor 2 (Klassenseparator = 3) gegenüber den Standardeinstellungen stärkeren Abgrenzung der Klassen und einer Verringerung des Anteils zufällig verteilter Labels. Die Ergebnisse lassen sich klar interpretieren: Je größer die Anzahl von Clustern innerhalb jeder Klasse ist (rechte Spalte), desto klarer ist der Vorteil einer Verbesserungsrate durch nicht-lineare Modelle im Vergleich zu linearen Modellen (in der untersten Zeile jeweils berechnet für das Verhältnis aus einem nicht-linearen *support vector classifier* (SVC) gegenüber einem linearen *support vector classifier*. Dagegen liegt die Verbesserungsrate durch c@1-score bei der geringeren Klassenseparation (Klassenseparation = 1) deutlich höher als die Verbesserungsrate durch nicht-lineare Modelle. Im Fall geringer Klassenseparation liegt die c@1-Verbesserungsrate bei 3%, während nicht-lineare Modelle überhaupt keine Verbesserung erzielen. Dagegen zeigt sich im Fall von deutlicher Klassenseparation und vielen Clustern pro Klasse (rechts) eine unveränderte Verbesserungsrate durch c@1-Score (wiederum etwa 3%) bei deutlich höherer Verbesserungsrate durch nichtlineare Modelle (bis zu 17%).

Vorbehaltlich weiterer Experimente und auf Simulationen beruhender Analysen lässt sich daher festhalten, dass ein Vergleich der beiden Kennwerte für Verbesserung (Verbesserung durch c@1 und Verbesserung durch nicht-lineare Modelle) interpretierbar ist: Eine deutliche Verbesserung durch c@1 ohne Verbesserung durch nicht-lineare Modelle spricht dafür, dass man es mit einem linearen Klassifikationsproblem mit einem starken Überlappen der Datenpunkte und mit einer Art struktureller Prototypikalität zu tun hat. Je höher die Verbesserung durch nicht-lineare Modelle, desto stärker sind die Anhaltspunkte, dass die Basis für Schwierigkeiten klassifikatorischer Zuordnung auch in komplexen Datenmustern und struktureller polyzentrischer Familienähnlichkeit liegen.

### 10.7.3 Polyzentrische Familienähnlichkeit: Nicht-überwachte *Cluster*-Analysen

Der folgende Ansatz zu einer *Cluster*-Analyse mit Verfahren nicht-überwachten maschinellen Lernens dient dazu, auf eine weitere Art und Weise die Idee eines polyzentrischen Familienähnlichkeitsbegriffs indirekt zu modellieren. Dafür wird untersucht, ob eine optimale *Cluster*-Struktur Gruppen innerhalb der Gattungsgruppen aufklärt. Dieses Verfahren hat folgenden Versuchsaufbau:

1. Zwei Gattungsgruppen werden in die Analyse gegeben und in ein Trainings- und ein Validierungs-*Sample* unterteilt.
2. Dem nicht überwachten *Cluster*-Algorithmus (z. B. *K-Means*) werden die Gattungslabels zunächst nicht mitgeteilt.
3. Es wird ermittelt, wie viele *Cluster* zur maximal konsistenten Gruppenbildungen führen. Verwendet wird hierfür der *silhouette score*.[17]
4. Ein *Clustering* mit der optimalen Anzahl *k* der *Cluster* wird durchgeführt.
5. Es wird überprüft, ob die nun gebildeten *Cluster* innerhalb der beiden Gattungsgruppen stattfinden.
    1. Wenn dies der Fall ist, ist das Ergebnis ein Beleg dafür, dass die beiden Gattungen tatsächlich eine begriffliche Struktur mit einiger Vagheit haben und zwar derart, dass die Vagheit durch polyzentrische Subtypen innerhalb jeder Gattung zustande kommen.

17 Ich folge Géron (2020, 240–250). Siehe Abbildung 93.

2. Wenn die *Cluster* die Gattungen vermengen, lässt sich die Annahme einer polyzentrischen Familienähnlichkeitsstruktur als Basis begrifflicher Vagheit nicht erhärten; denn irgendein *Cluster*-Ergebnis wird es immer geben. Das Ergebnis des *Clusterings* hätte dann nicht in erkennbarer Weise etwas mit der historischen Gattungssemantik zu tun.

Da die Ergebnisse des *Clustering*-Verfahrens nicht aussagekräftig sind, wird das Verfahren hier lediglich im Anhang beschrieben. Für alle drei Paarungen zeigt der *silhouette score* ein leichte Präferenz für 2 oder 3 *Cluster*, allerdings mit sehr niedrigen Werten nur knapp über 0,1. Abbildung 94 illustriert dies für die Paarung Novelle vs. Erzählung, die für alle drei Paare ähnlich ausfällt. Validiert man die nicht-überwachte Zuordnung des *Clusterings* zu Gruppen mit den tatsächlichen Gattungslabels, sieht man, dass die *Cluster* nicht in Übereinstimmung mit den Gattungsgruppen gebildet wurden; denn die *Accuracy scores* für das nicht-überwachte *Cluster-Labeling* liegen für alle drei Paarungen bei etwa 0,5. Abbildung 94 macht dies sichtbar. Das *Clustering* wurde auf dem gesamten Merkmalsraum (mit 2500 häufigsten Wörtern als *Features*) berechnet. Anschließend wurde eine *PCA* durchgeführt, so dass das Ergebnis mit einer Dimensionsreduktion auf den zwei wichtigsten Komponenten sichtbar wird. Links finden sich die Labels der Erstpublikation, rechts werden die Instanzen nach den nicht-überwachten Gruppenzuordnungen des *K-Means* Algorithmus eingefärbt. Es zeigt sich, dass das Problem nicht darin besteht, dass der *Clustering*-Algorithmus die Zentren tatsächlich bestehender *Cluster* verfehlt. Eine höhere Iterationsrate würde hier keine weitere Verbesserung mehr erwarten lassen. Vielmehr zeigt sich, dass in den Daten und bei den hier verwendeten *Features* keine ausgeprägten und gut separierbaren Untergruppen enthalten sind.

### 10.7.4 Maschinelles Lernen und Neuere Sprachmodelle

Zur Einschätzung der klassischen Algorithmen, für die in dieser Arbeit als lineares Modell die logistische Regression und als nicht-lineares Modell ein Random Forest verwendet wurden,[18] bietet es sich an, neuere *Transformer*-basierte Sprachmodelle zu verwenden, die man in den *CLS* nach wie vor zum *State of the Art* zählt, obwohl sie größtenteils aus den Jahren 2017 bis 2019 stammen. Dazu gehören für Klassifikationsaufgaben das *BERT*-Modell und dessen Abkömmlinge, sowie für generative Aufgaben das *Decoder-Encoder*-Modell *GPT* (hier in der Variante *GPT2*). Ich habe die Klassifikation im Rahmen der perspektivischen Modellierung aus Kapitel 4.2 für die Unterscheidung zwischen Novellen und Erzählungen mit einem *BERT*-Modell durchgeführt.[19]

18 Für einen Vergleich mit anderen klassischen Algorithmen siehe Schröter (2024b, 185).

19 Für das *Preprocessing* siehe das Skript »run_preprocessing_classification_bert.py«. Für das Training siehe »run_bert_classification.py« und für die Evaluation »load_evaluate_model.py«. Es handelt

Die Ergebnisse bleiben mit *Accuracy scores* von maximal 0,7 (für die Unterscheidung von Novellen und Erzählungen nach $S_{ED}$) etwas hinter der logistischen Regression zurück. Aufgrund der kleinen Textfenster haben es Modelle mit *Attention Layer* besonders schwer. Durch gezieltes *Resampling* ließe sich die Modell-Performance verbessern; dadurch würde aber weitgehend unklar werden, wie sich die Leistung mit den hier verwendeten Modellen vergleichen und interpretieren lässt. Der Grund, weshalb neuere *Foundation Models*[20] in dieser Arbeit eine geringe Rolle spielen, liegt darin, dass ich – mit Underwood – dafür plädiere, quantitative Literaturforschung primär methodologisch und nicht primär technologisch zu betreiben.[21] Für einen primär methodologischen Ansatz war es wichtig, eine gute Balance zwischen Vergleichbarkeit und Interpretierbarkeit der verwendeten Modelle zu finden. Dafür schienen mir die gewählten Algorithmen und Verfahren am geeignetsten. Das Preprocessing mit der *LLpro*-Pipeline beruht aber auf *Transformer*-Modellen und *POS*-Tagging mit neuronalen Netzen.

Eher eine Spielerei, die sich aus Diskussionen mit Ted Underwood während meines Aufenthalts in Urbana-Champaign ergeben hat, war der Versuch, ein generatives Sprachmodell (hier *GPT2*) jeweils auf Sprachverwendung der Novellen und auf die Sprachverwendung von Erzählungen nach Erstdrucken ($S_{ED}$) einem *Fine-Tuning* zu unterziehen, und dann die nach den Kapiteln 4 und 6 als besonders prototypisch erkannten Novellen und Erzählungen – eben generativ – ›weitererzählen‹ zu lassen. Die Ergebnisse haben im Moment noch keinen eigenständigen Erkenntniswert. Es kann aber einen interessanten Ausgangspunkt für anspruchsvollere literaturgeschichtliche Aufgabenstellungen werden, die auch von Ideen der Simulation kontrafaktischer Ereignisse Gebrauch macht. Das Verfahren kann reproduziert und weiterentwickelt werden.[22]

## 10.8 Hinweise zu den Abbildungen

Außer für die folgenden Abbildungen liegen die Urheber- und Nutzungsrechte bei mir:

- Abbildung 9 entstammt Evert et al. (2017, 7).
- Abbildung 22 entstammt Aitchison (2012, 69).
- Abbildung 58 entstammt Jannidis (2017, 18).

---

sich um geringfügige Überarbeitungen der mir dankenswerterweise von Leonhard Konle zur Verfügung gestellten Skripte.

**20** Vgl. Bommasani et al. (2021).

**21** Vgl. Underwood (2019b, 156–161).

**22** Siehe das Skript »finetune_gpt2-german_novellas.py«.

Alle übrigen Abbildungen stammen von mir. Abgesehen von den Abbildungen 1, 2, 7, 13, 21 und 80, die manuell gezeichnet sind, können alle Abbildungen mit dem Programmcode *PyNovellaHistory* reproduziert werden. Alle Abbildungen, deren Urheber- und Nutzungsrechte bei mir liegen, sind neben zahlreichen weiteren Visualisierungen im Ordner mit den Tabellen, Abbildungen und sonstigen Forschungsdaten zugänglich.[23] Alle Abbildungen wurden mit *Matplotlib*[24] und *Seaborn*[25] erstellt. Für gerichtete azyklische Graphen (DAG) wurden die Pakete *causalgraphicalmodels* und *Daft*[26] verwendet. Die Visualisierungen der mit *PYMC* und *bambi* generierten bayesschen Analyseergebnisse nutzen die Bibliothek *Arviz*.[27]

## 10.9 Tabellen und Abbildungen

**Tabelle 44:** Innergruppen- und Zwischengruppendistanzen für alle Gattungsgruppen nach $S_{ED}$; mit 2500 lemmatisierten mfw, ohne Funktionswörter und ohne Eigennamen.

| Vergleichs-gruppen | | *DQ* | av. $D_{intra}$ | Var. $D_{intra}$ | group_1_dist | group_2_dist | max_in_dist | sample 1_size | sample 2_size |
|---|---|---|---|---|---|---|---|---|---|
| *N* | | | 0,9986 | 0,0411 | | | | 55 | |
| *E* | | | 0,9997 | 0,0471 | | | | 34 | |
| *M* | | | 0,9815 | 0,0416 | | | | 11 | |
| *R* | | | 0,9814 | 0,0813 | | | | 57 | |
| *OE* | | | 1,0010 | 0,0424 | | | | 50 | |
| *XE* | | | 0,9952 | 0,0456 | | | | 19 | |
| *rd* | | | 0,9988 | 0,0531 | | | | 82 | |
| *N* | *E* | 1,0020 | 1,0017 | 0,0427 | 0,9986 | 0,9997 | 0,9997 | 30 | 51 |
| *N* | *M* | 1,0046 | 1,0032 | 0,0367 | 0,9986 | 0,9815 | 0,9986 | 8 | 54 |
| *N* | *R* | 0,9982 | 0,9968 | 0,0550 | 0,9986 | 0,9814 | 0,9986 | 49 | 52 |
| *N* | *OE* | 0,9986 | 0,9996 | 0,0404 | 0,9986 | 1,0010 | 1,0010 | 44 | 49 |
| *N* | *XE* | 0,9999 | 0,9985 | 0,0400 | 0,9986 | 0,9952 | 0,9986 | 54 | 17 |
| *N* | *rd* | 0,9999 | 0,9985 | 0,0439 | 0,9986 | 0,9969 | 0,9986 | 41 | 41 |
| *E* | *M* | 1,0085 | 1,0082 | 0,0379 | 0,9997 | 0,9815 | 0,9997 | 34 | 10 |
| *E* | *R* | 1,0065 | 1,0062 | 0,0571 | 0,9997 | 0,9814 | 0,9997 | 30 | 55 |
| *E* | *OE* | 1,0004 | 1,0014 | 0,0463 | 0,9997 | 1,0010 | 1,0010 | 45 | 29 |
| *E* | *XE* | 1,0028 | 1,0024 | 0,0419 | 0,9997 | 0,9952 | 0,9997 | 32 | 17 |
| *M* | *R* | 1,0261 | 1,0071 | 0,0502 | 0,9815 | 0,9814 | 0,9815 | 9 | 56 |

23 Siehe Anm. 844.
24 Vgl. Hunter (2007).
25 Vgl. Waskom (2021).
26 Vgl. https://github.com/ijmbarr/causalgraphicalmodels und https://github.com/daft-dev/daft.
27 Vgl. https://python.arviz.org/en/stable/community.html.

**Tabelle 44** (fortgesetzt)

| **Vergleichs-gruppen** | | ***DQ*** | **av. $D_{intra}$** | **Var. $D_{intra}$** | **group_ 1_dist** | **group_ 2_dist** | **max_ in_dist** | **sample 1_size** | **sample 2_size** |
|---|---|---|---|---|---|---|---|---|---|
| *M* | *OE* | 0,9994 | 1,0004 | 0,0387 | 0,9815 | 1,0010 | 1,0010 | 49 | 9 |
| *M* | *XE* | 1,0061 | 1,0012 | 0,0401 | 0,9815 | 0,9952 | 0,9952 | 10 | 18 |
| *R* | *OE* | 0,9967 | 0,9977 | 0,0554 | 0,9814 | 1,0010 | 1,0010 | 45 | 53 |
| *R* | *XE* | 1,0076 | 1,0027 | 0,0506 | 0,9814 | 0,9952 | 0,9952 | 55 | 16 |
| *OE* | *XE* | 1,0005 | 1,0015 | 0,0412 | 1,0010 | 0,9952 | 1,0010 | 48 | 16 |
| Mittelwerte | | 1,0026 | 0,9994 | 0,0473 | 0,9933 | 0,9950 | 0,9984 | | |

**Tabelle 45:** Effektstärke der Zwischengruppendistanzen für den Vergleich von 30-Jahres-Zeiträumen. Grau hinterlegt sind die Vergleiche nicht unmittelbar aufeinander folgender Perioden.

| **Gruppe 1** | **Gruppe 2** | ***DQ*** | **Größen beider Samples** | |
|---|---|---|---|---|
| 1880–1910 | 1910–1940 | 0,9985 | 35 | 18 |
| 1850–1880 | 1880–1910 | 1,0058 | 154 | 35 |
| 1790–1820 | 1820–1850 | 1,0087 | 101 | 170 |
| 1850–1880 | 1910–1940 | 1,0105 | 154 | 18 |
| 1820–1850 | 1850–1880 | 1,0161 | 170 | 154 |
| 1790–1820 | 1850–1880 | 1,0210 | 101 | 154 |
| 1790–1820 | 1910–1940 | 1,0265 | 101 | 18 |
| 1790–1820 | 1880–1910 | 1,0275 | 101 | 35 |
| 1820–1850 | 1880–1910 | 1,0368 | 170 | 35 |
| 1820–1850 | 1910–1940 | 1,0369 | 170 | 18 |
| **Mittelwert *DQ*** | | **1,0188** | | |

**Tabelle 46:** Relativer t-Test für *N/E* und *R/M* im Vergleich zum MannWhitneyU-Test.

| | Vergleichspaar | p-Wert | Test-Statistik | Sample-Größe |
|---|---|---|---|---|
| MannWhitneyU-Test | *N/E* | 0,41 | 33091406.236 | 125/67[28] |
| | *R/M* | 0 | 24948.587 | 59/11 |
| | *RD/RD* | 0,94 | 372943709 | ca. 200 |
| Relativer t-Test | *N/E*[29] | 0,28 | | 125/67 |
| | *R/M* | 0,0000018 | | 59/11 |
| | *RD/RD* | 0,33 | | ca. 200 |

**Tabelle 47:** Vergleich der *Feature*-Selektion anhand von Effektstärke (*DQ* und Sifinifkanz (p-Wert).

| | ***Feature*-Set** | ***N* vs. *E*** | ***M* vs. *R*** | **Mittlerer *DQ*** |
|---|---|---|---|---|
| 6000 mfw | alle | 1,0018 | 1,0223 | 1,0044 |
| | | p = 0,00096 | $p = 2{,}70 \cdot 10^{-6}$ | 1,0044 |
| | Semantische Lemmata ohne Namen | 1,0011 | 1,0271 | 1,0043 |
| | | p = 0,06 | $p = 3{,}7 \cdot 10^{-5}$ | 1,0043 |
| | Semantische Lemmata | 1,0016 | 1,0250 | 1,0025 |
| | | p = 0,13 | $p = 2.91 \cdot 10^{-5}$ | 1,0025 |
| 2500 mfw | alle | 1,0012 | 1,0308 | 1,0060 |
| | | p = 0.027 | $p = 4.7 \cdot 10^{-7}$ | 1,0060 |
| | Semantische Lemmata ohne Namen | 1,0007 | 1,0268 | 1,0044 |
| | | p = 0,10 | $p = 5{,}4 \cdot 10^{-5}$ | 1,0044 |
| | Semantische Lemmata | 1,0020 | 1,0261 | 0,0000 |
| | | p = 0,09 | $p = 8{,}1 \cdot 10^{-6}$ | 0,0000 |

28 Um empirisch zu prüfen, ob sich durch die unterschiedlichen *Sample*-Größen eine Verzerrung ergibt, wurde der Test außerdem der Test mit gleichen *Sample*-Größen, d. h. der Größe des kleineren Samples (für Novellen / Erzählungen also Samples mit einer Größe von jeweils $n = 67$) durchgeführt. Dies macht jedoch in den Resultaten des Signifikanztests keinen Unterschied.

29 Der paarweise t-Test hat den Nachteil, dass er asymmetrische Gattungsvergleichsgruppen erzeugt, denn die Gruppe $D_{inter}(E, N)$ führt alle Texte aus *E* als Instanzen, während $D_{inter}(N, E)$ die Texte aus *N* als Instanzen führt. Man muss sich daher für eine von beiden Vergleichsweisen entscheiden, ohne dass es eine plausible Rechtfertigung für eine Entscheidung gibt. In dieser Weise wurde hier der größte und damit ungünstigste p-Wert gewählt, der zeigt, dass der Unterschied zwischen *E* und *N* unter mindestens einer Anordnung nicht signifikant ist.

**Tabelle 47** (fortgesetzt)

| | *Feature*-Set | *N* vs. *E* | *M* vs. *R* | Mittlere *DQ* |
|---|---|---|---|---|
| 1000 mfw | | 1,0026 | 1,0345 | 1,0086 |
| | | p = 0,0150 | p = 0,0002 | 1,0086 |
| | Semantische Lemmata ohne Namen | 1,0009 | 1,0338 | 1,0060 |
| | | p = 0,15 | p = $1{,}9 \cdot 10^{-6}$ | 1,0060 |
| | Semantische Lemmata | 1,0016 | 1,0315 | 1,0033 |
| | | p = 0,17 | p = $1{,}87 \cdot 10^{-5}$ | |
| 500 mfw | | 1,0037 | 1,0373 | 0,0000 |
| | | p = 0,09 | p = 0,0014 | 0,0000 |
| | Semantische Lemmata ohne Namen | 1,0003 | 1,0406 | 1,0066 |
| | | p = 0,20 | p = $7{,}1 \cdot 10^{-5}$ | 1,0066 |
| 100 mfw | alle | 0,9977 | 1,0317 | 1,0114 |
| | | p = 0,35 | p = 0,020 | 1,0114 |
| | Semantische Lemmata ohne Namen | 1,0023 | 1,0317 | 1,0114 |
| | | p = 0,19 | p = 0,018 | 1,0114 |
| RFECV (hier eine Reduktion auf: 515 Wörter) | | 1,0045 | 1,0350 | 0,0000 |
| | | p = $6{,}4 \cdot 10^{-5}$ | p = $2{,}6 \cdot 10^{-6}$ | 0,0000 |

**Tabelle 48:** Medienformate: Größe der *Cluster*. (Stand: Mai 2022).

| Format | erschlossen | Jahrgänge | Anteil am Gesamtumfang des Formats (geschätzt) |
|---|---|---|---|
| *Urania* | 63 | auf 1821–24, 1826, 1830–1832, 1835, 1836, 1841, | |
| *Aglaja* | 51 | auf 1815–16, 1820–1832 | |
| *Pantheon* | 33 | 1828–31 | |
| Grimms *KHM* | 16 | | 0,08 (200) |
| *Die Gartenlaube* | 65 | 1853–1888 | |
| *Daheim* | 90 Folgen (46 Ganztexte) | 1864–1876 | |
| *Deutscher Novellenschatz* | 86 | | 100% |
| Gesamtkorpus | 777 | | |

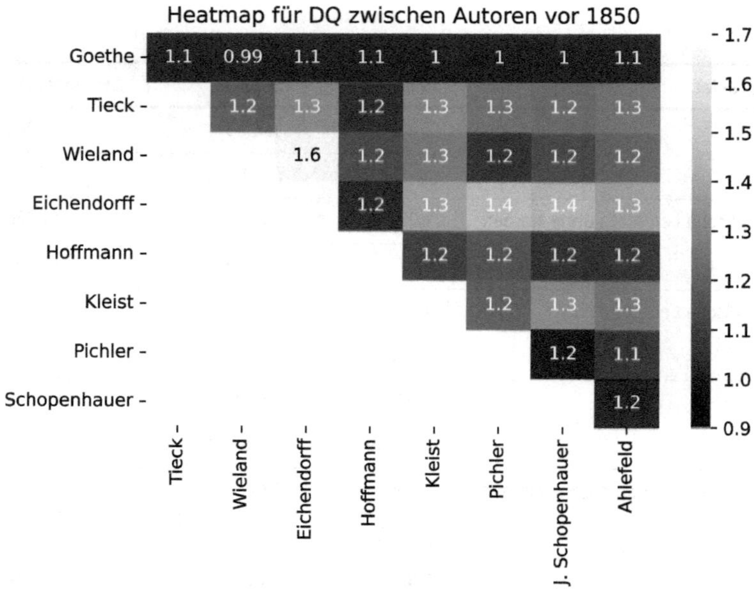


**Abbildung 81:** *Heatmap* für den Distanzquotienten (*DQ*) für Autoren einschließlich der Schriftstellerinnen Charlotte von Ahlefeld, Caroline Pichler und Johanna Schopenhauer für die Zeit vor 1850 mit gleicher *Feature*-Wahl wie in den übrigen stilometrischen Analysen (2500 *mfw*, lemmatisiert, *L1*-Normalisierung und mit Distanzpaaren nach Cosinus-Distanz).

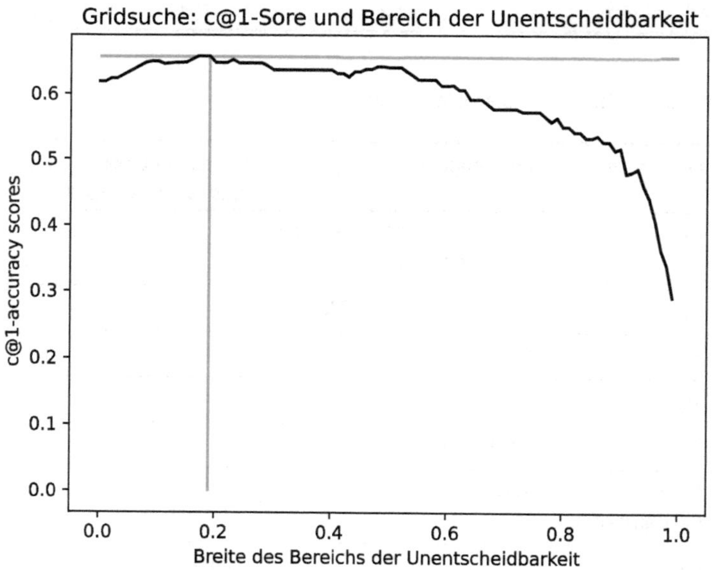


**Abbildung 82:** Bestimmung eines optimalen Bereichs der Unterscheidbarkeit für die Entscheidungsfunktion mit einer Gridsuche.

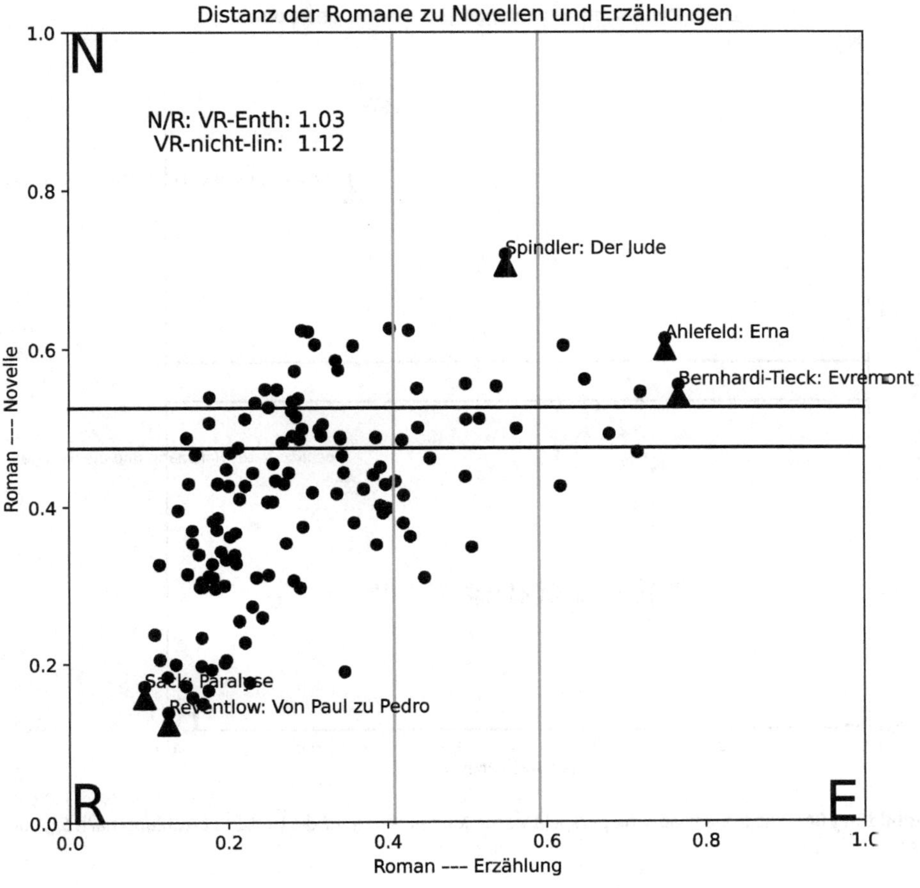


**Abbildung 83:** Triadische Perspektivische Modellierung für die Gattung Roman.

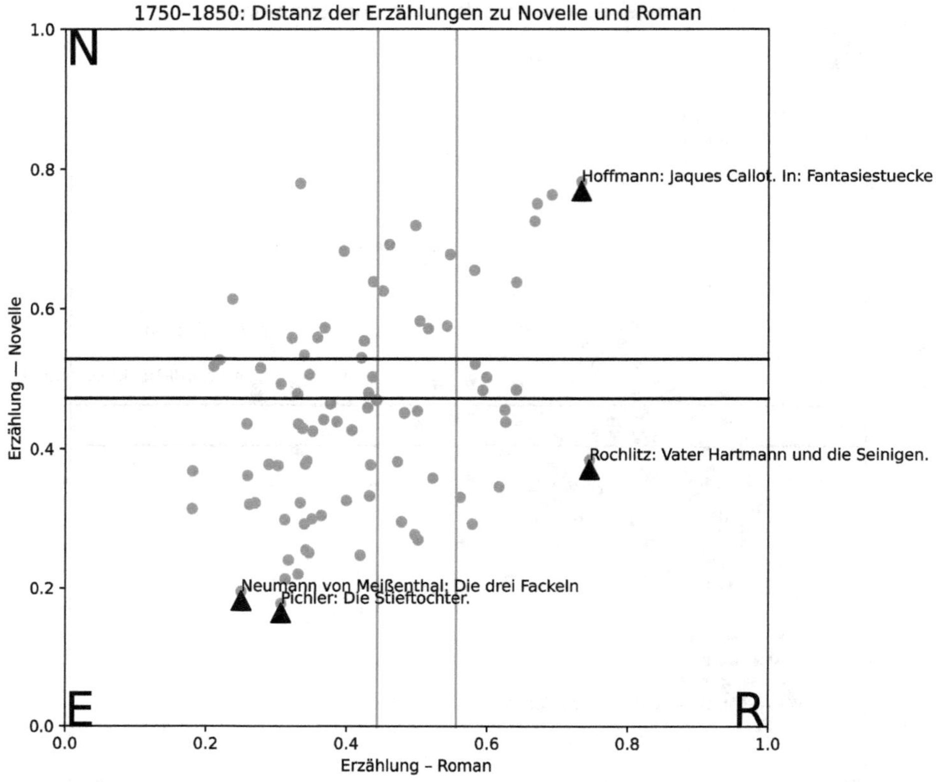


**Abbildung 84:** Diachrone triadische perspektivische Modellierung für die Gattung Erzählung nach $S_{ED}$ vor 1850.

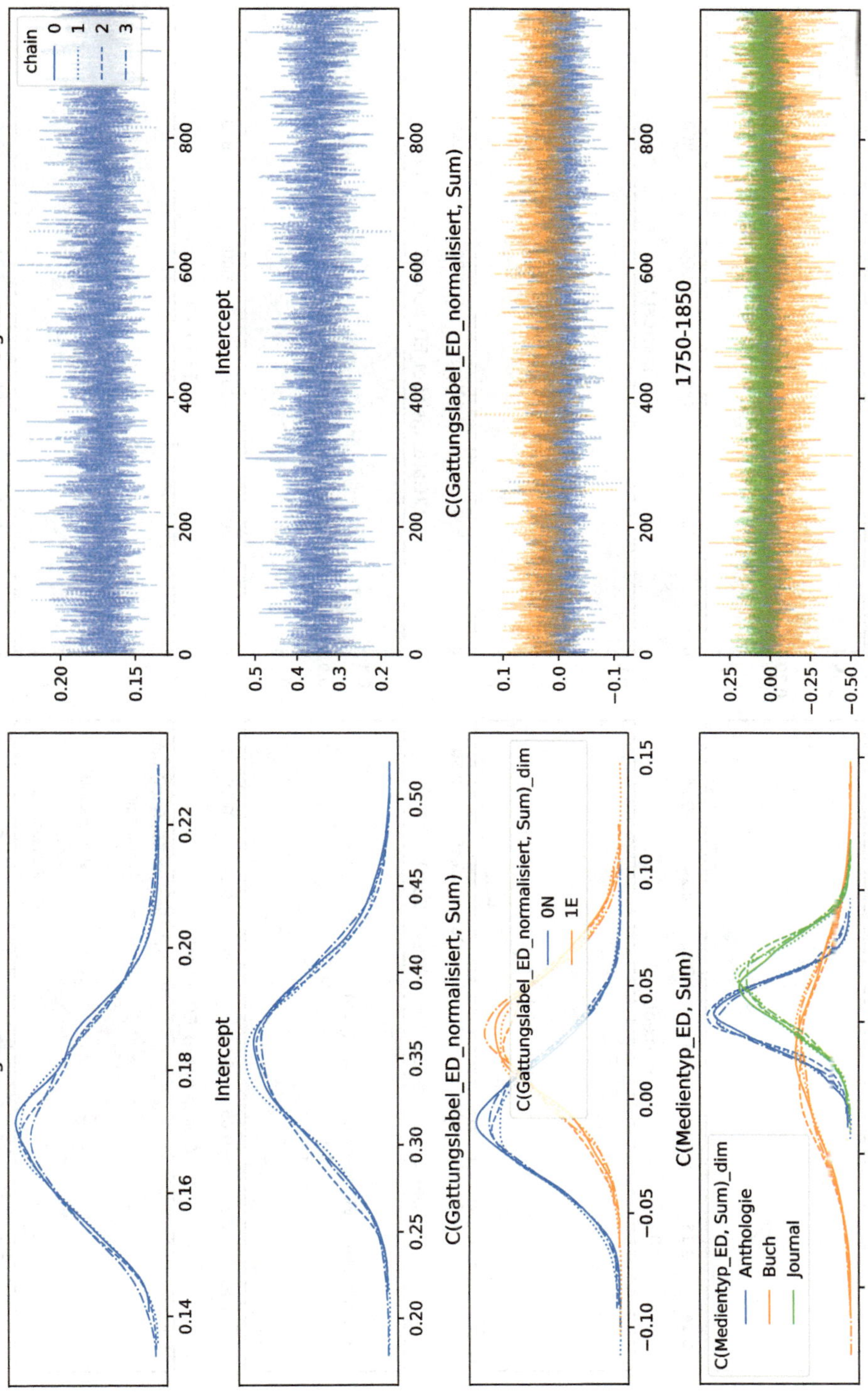


**Abbildung 85:** Aufklärung des Merkmals Zentralisierung. 1750–1850: Verteilung der Koeffizienten für Gattungen (*0N*: Novelle, *1E*: Erzählung) und Medienformate (Anthologie, Buch, Journal) in Bayesschem Sampling. Die Farbwahl folgt hier nicht dem ansonsten einheitlichen Farbcode.

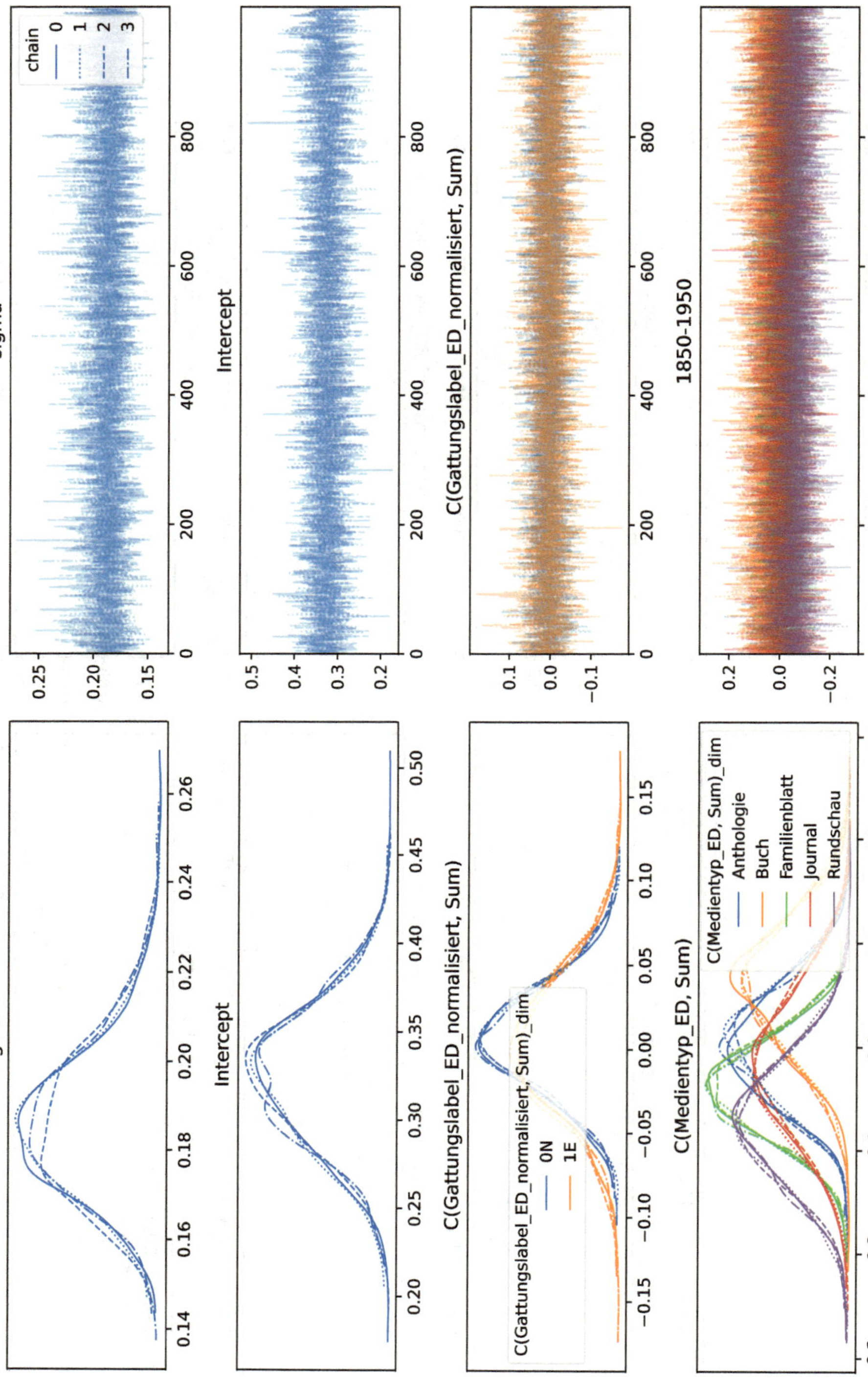


**Abbildung 86:** Aufklärung des Merkmals Zentralisierung. 1850–1950: Verteilung der Koeffizienten für Gattungen (*0N*: Novelle, *1E*: Erzählung) nach $S_{ED}$ und Medienformate (Anthologie, Buch, Journal) in bayesschem Sampling.

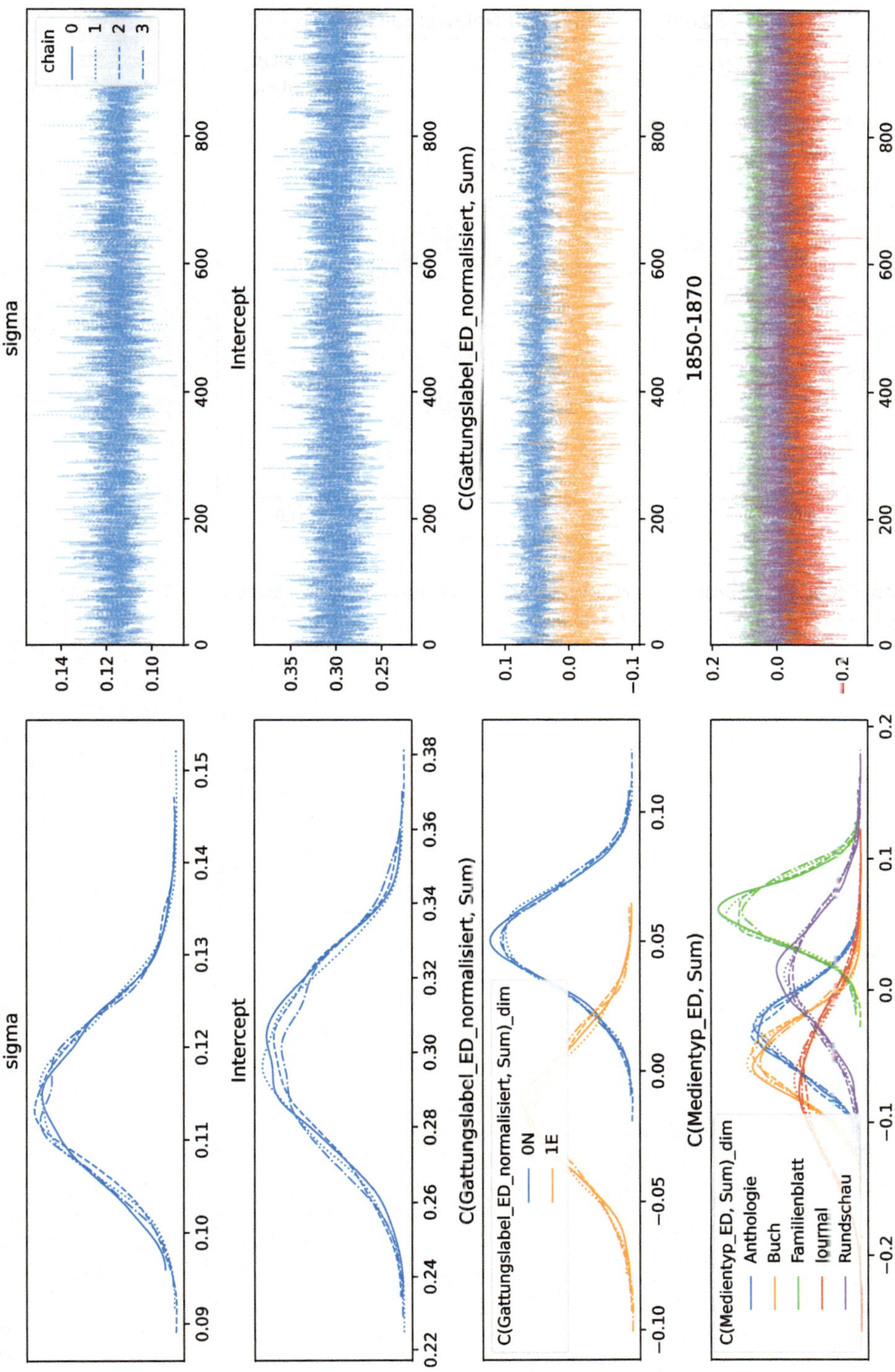


**Abbildung 87:** Aufklärung des Merkmals der Direkten Figurenrede. Verteilung der Koeffizienten für die Faktoren Gattung (mit den Werten 0 für Novelle und 1 für Erzählung) sowie Medienformat (mit den Werten Anthologie, Buch, Familienblatt, Journal, Rundschau) für den Zeitraum 1850 bis 1870 in einer bayesschen Modellierung.

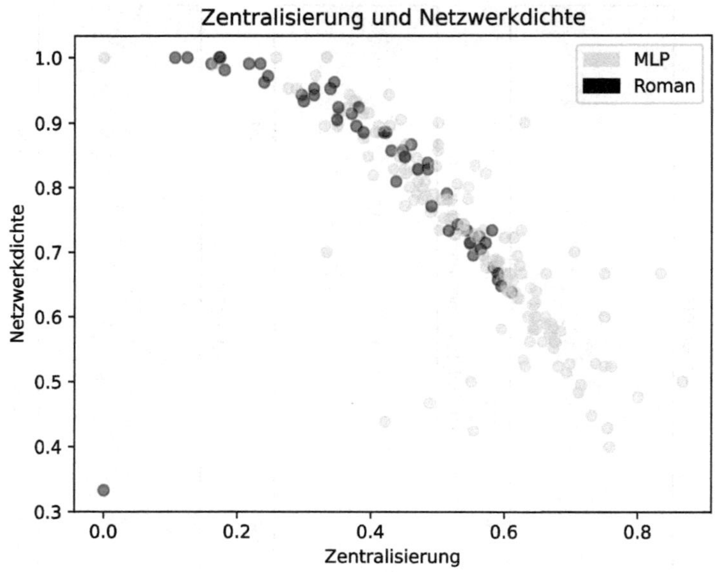


**Abbildung 88:** Korrelation von Netzwerkdichte und Zentralisierung: Pearson's $\rho$ = -0,79, Spearman's $\rho$ = -0,89 (mit den 15 häufigsten Figuren).

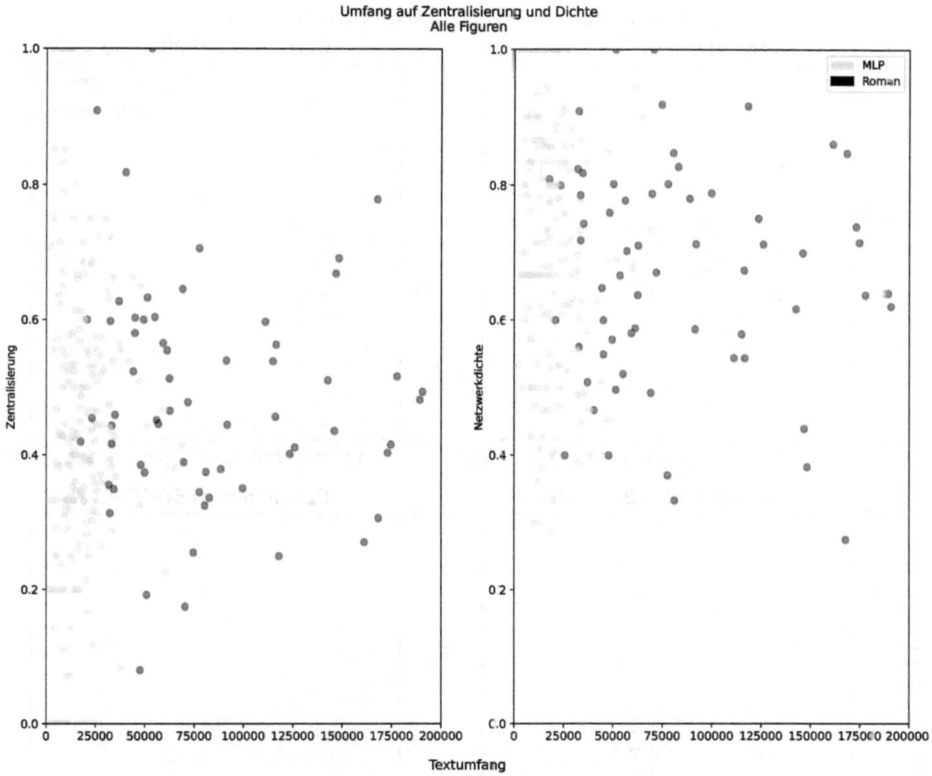


**Abbildung 89:** Korrelation von Umfang und Zentralisierung (links) sowie Umfang und Dichte (rechts) mit allen Figuren je Text.

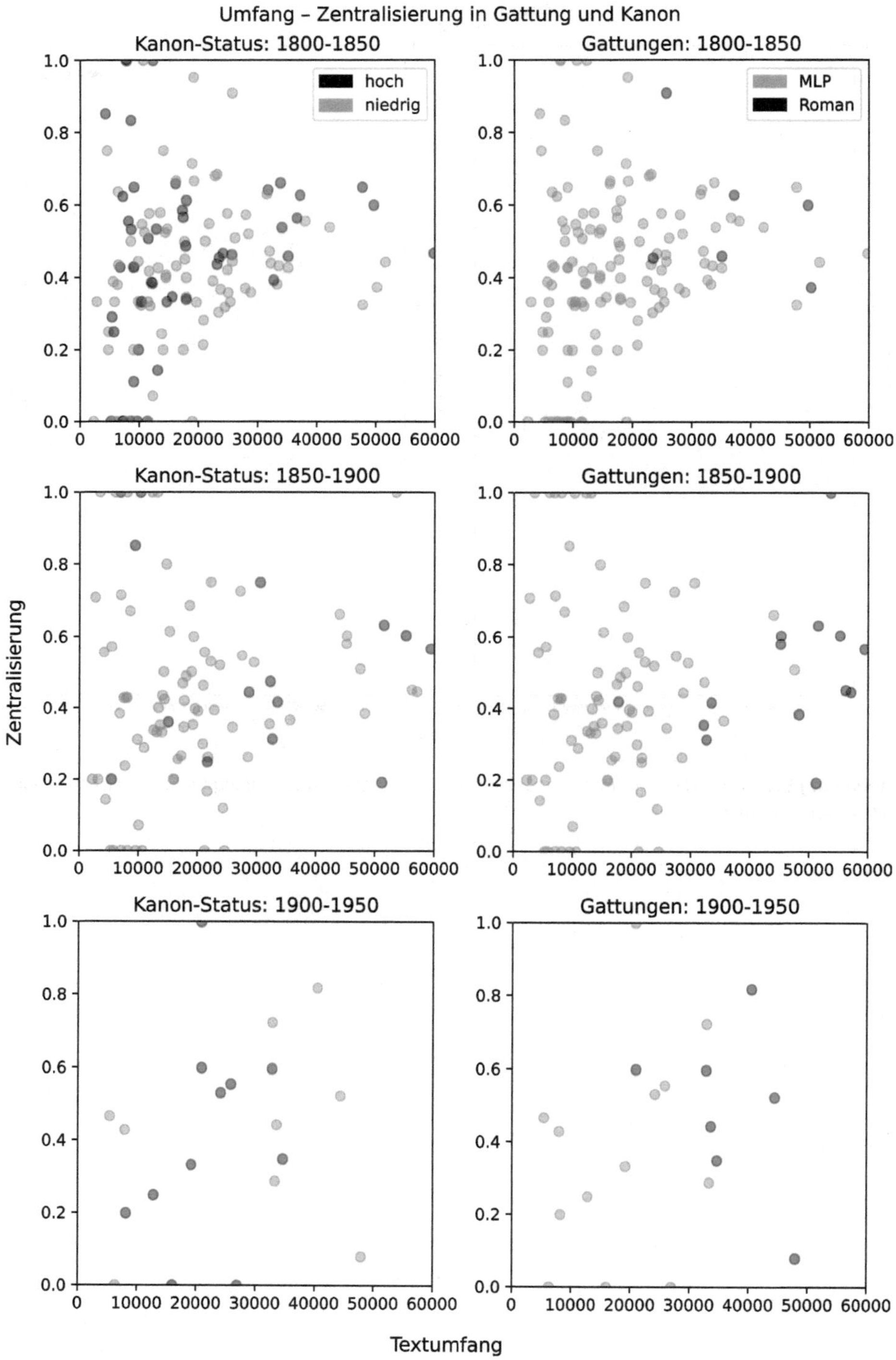


**Abbildung 90:** Verhältnis zwischen Textumfang und Zentralisierung im zeitlichen Verlauf (vertikal) für Kanon $S_K$ (links) und Gattungen nach $S_{ED}$ (rechts).

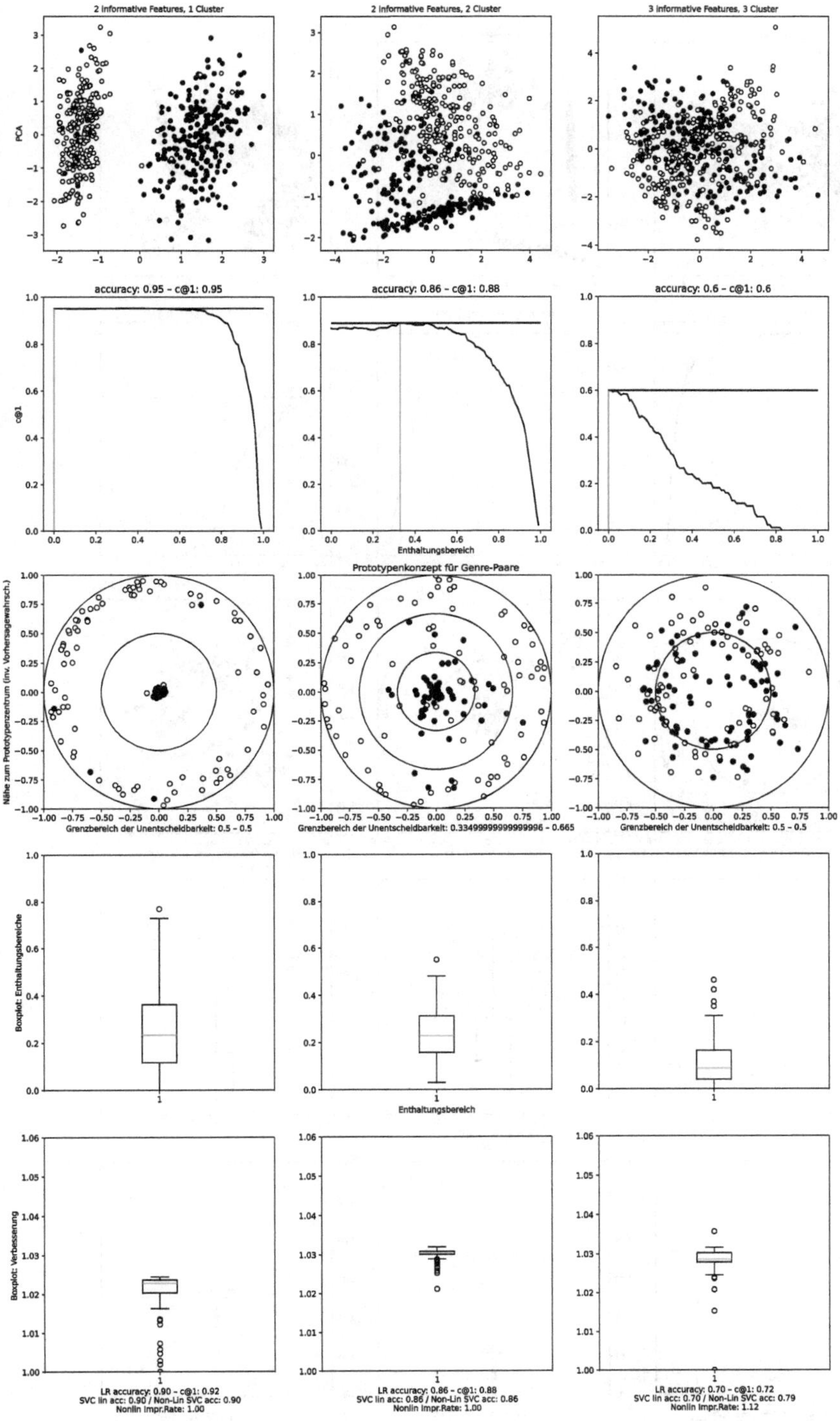


**Abbildung 91:** Simulation von Datenclustern und Berechnung von optimaler Enthaltungsbreite mit Verbesserungsrate; mit *Default*-Einstellung: 2 informative *Features*, 5 *Features* insgesamt, Klassenseparation *class_sep* = 1, Anteil zufällig verteilter Labels: *flyp_y* = 0,1, 100 Iterationen je Parametereinstellung, Samplegröße n = 500 Anordnung auf einem Hyperwürfel, 1 (links) bis 3 (rechts) Cluster und 2 (links sowie Mitte) bzw. 3 informative *Features* (rechts), 100 Iterationen je Parametereinstellung, Samplegröße n = 500.

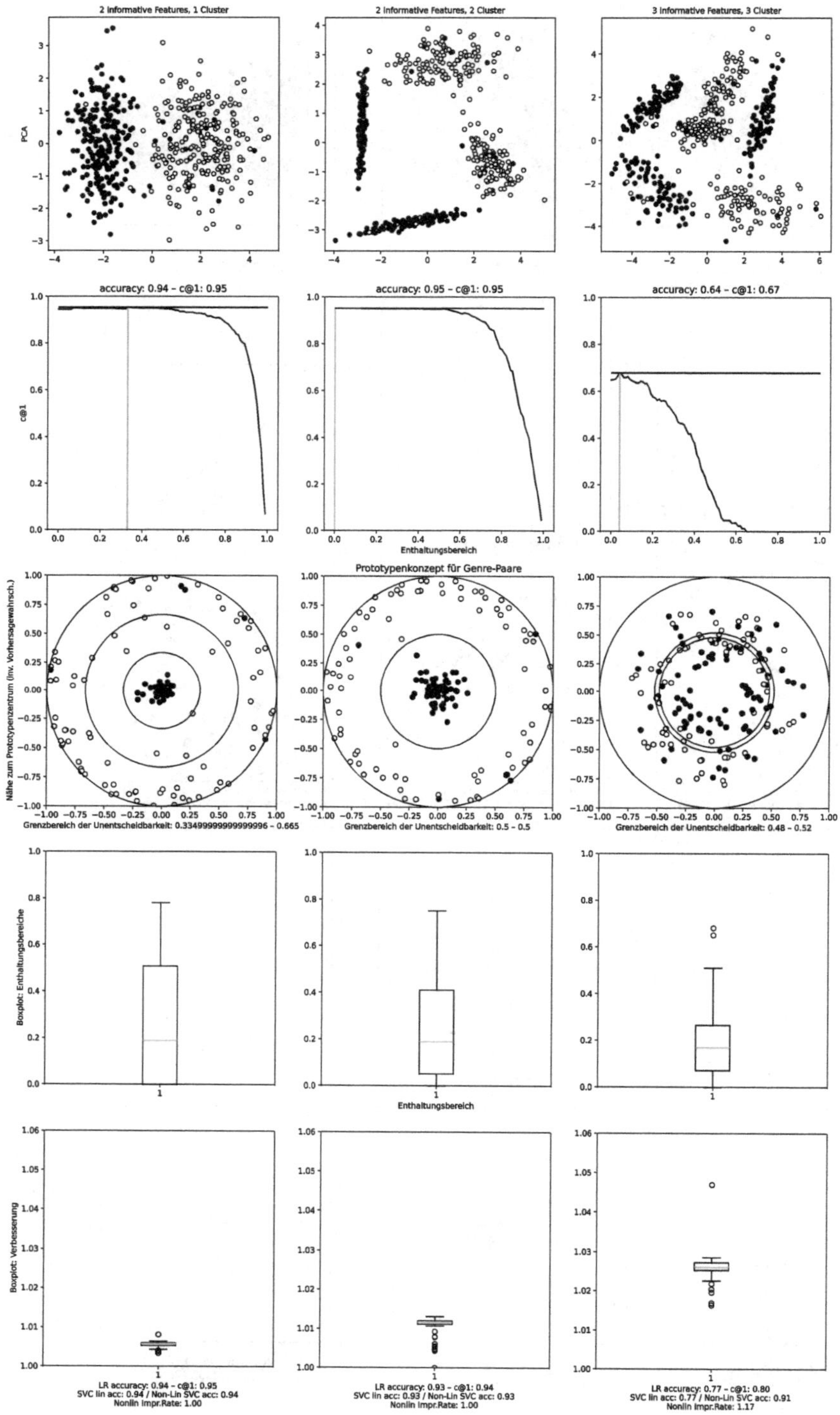


**Abbildung 92:** Simulation von Datenclustern und Berechnung optimaler Enthaltungsbreite mit Verbesserungsrate, mit erhöhter Klassenseparation *class_sep* = 3; alle anderen Parameter wie in Abbildung 91.

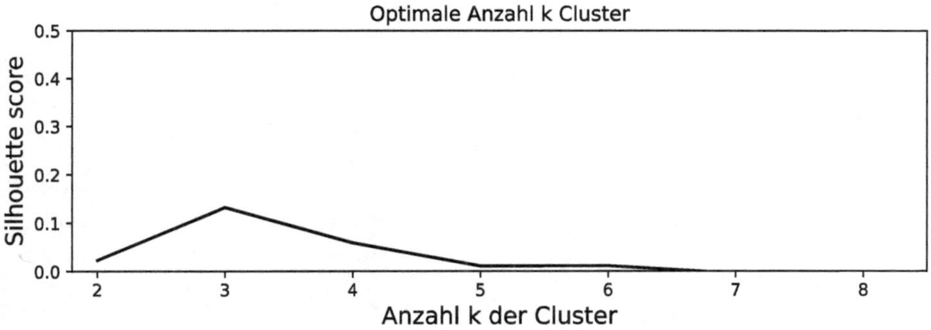


**Abbildung 93:** Silhouette score für *k* cluster mit *K-Means* für Novellen vs. Erzählungen nach $S_{ED}$.

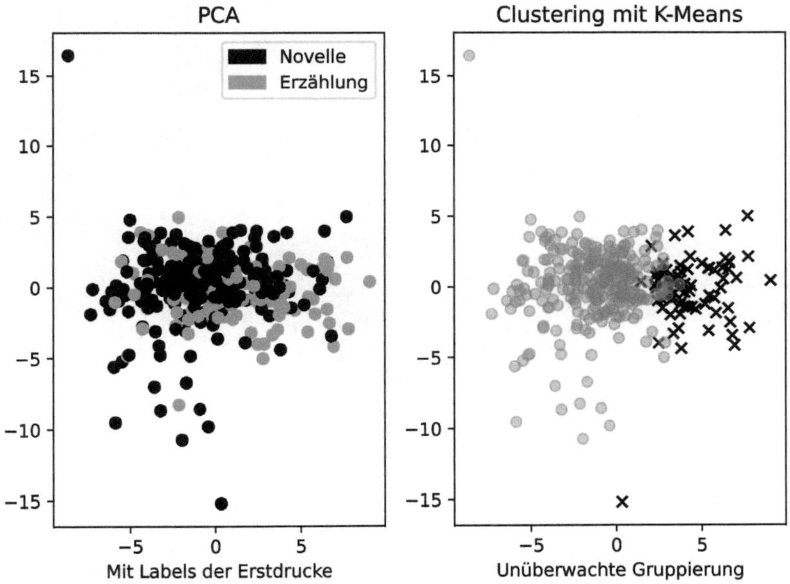


**Abbildung 94:** Clustering der Gattungs-Paarungen: *PCA* mit den Gattungslabels der Erstdrucke ($S_{ED}$) (links); nicht-überwachte Labels gemäß Cluster-Zuordnung mit optimalem $k = 2$ mit *K-Means*; und mit Clustering vor Dimensionsreduktion der PCA.

# Personenregister

Vorbemerkung: Das Personenregister umfasst nur historische Personen, die in diesem Buch namentlich genannt werden. Personen, die als Verfasserinnen und Verfasser von Forschungsliteratur genannt werden, sind im Register nicht aufgeführt. Die Seitenangaben beziehen sich auf die Nennungen im Fließtext. Für ein vollständiges Verzeichnis aller Autorinnen und Autoren siehe die Bibliographie in den Korpus- und Projekt-Repositorien (Schröter 2024c und 2024d).





https://doi.org/10.1515/9783112236697-011